U0942134

五灯会元【下】

【宋】释普济 集编

毛寔 校订

华龄出版社
HUALING PRESS

目 录

五灯会元　卷第十一

五灯会元　卷第十二

五灯会元　卷第十三

五灯会元　卷第十四

五灯会元　卷第十五

五灯会元　卷第十六

五灯会元　卷第十七

五灯会元　卷第十八

五灯会元　卷第十九

五灯会元　卷第二十

五灯会元　卷第十一

南岳下四世

黄檗运禅师法嗣

临济义玄禅师

镇州临济义玄禅师，曹州南华邢氏子。幼负出尘之志，及落发进具，便慕禅宗。初在黄檗会中，行业纯一。时睦州为第一座，乃问："上座在此多少时？"师曰："三年。"州曰："曾参问否？"师曰："不曾参问，不知问个什么？"州曰："何不问堂头和尚，如何是佛法的的大意？"师便去。问声未绝，檗便打。师下来，州曰："问话作么生？"师曰："某甲问声未绝，和尚便打，某甲不会。"州曰："但更去问。"师又问，檗又打。如是三度问，三度被打。师白州曰："早承激劝问法，累蒙和尚赐棒，自恨障缘，不领深旨。今且辞去。"州曰："汝若去，须辞和尚了去。"师礼拜退。州先到黄檗处曰："问话上座，虽是后生，却甚奇特。若来辞，方便接伊。已后为一株大树，覆荫天下人去在。”师来日辞黄檗，檗曰：“不须他去，只往高安滩头参大愚，必为汝说。”师到大愚，愚曰：“甚处来？”师曰：“黄檗来。”愚曰：“黄檗有何言句？”师曰：“某甲三度问佛法的的大意，三度被打。不知某甲有过无过？”愚曰：“黄檗与么老婆心切，为汝得彻困，更来这里问有过无过？”师于言下大悟。乃曰：“元来黄檗佛法无多子。”愚搊住曰：“这尿床鬼子，适来道有过无过，如今却道黄檗佛法无多子。你见个什么道理？速道！速道！”师于大愚肋下筑三拳，愚拓开曰：“汝师黄檗，非干我事。”师辞大愚，却回黄檗。檗见便问：“这汉来来去去，有甚了期？”师曰：“只为老婆心切。”便人事了，侍立，檗问：“甚处去来？”师曰：“昨蒙和尚慈旨，令参大愚去来。”檗曰：“大愚有何言句？”师举前话。檗曰：“大愚老汉饶舌，待来痛与一顿。”师曰：“说甚待来，即今便打。”随后便掌。檗曰：“这风颠汉来这里捋虎须。”师便喝。檗唤侍者曰：“引这风颠汉参堂去。”〔沩山举问仰山：“临济当时得大愚力？得黄檗力？”仰云：“非但骑虎头，亦解把虎尾。”〕

黄檗一日普请次，师随后行。檗回头见师空手，乃问：“镢在何处？”师曰：“有一人将去了也。”檗曰：“近前来共汝商量个事。”师便近前，檗竖起镢曰：“只这个天下人拈掇不起。”师就手掣得，竖起曰：“为什么却在某甲手里？”檗曰：“今日自有人普请。”便回寺。〔仰山侍沩山次，沩举此话未了，仰便问：“镢在黄檗手里，为什么却被临济夺却？”沩云：“贼是小人，智过君子。”〕师普请锄地次，见黄檗来，拄镢而立。檗曰：“这汉困那！”师曰：“镢也未举，困个什么？”檗便打。师接住棒一送送倒，檗呼维那：“扶起我来。”维那扶起曰：“和尚争容得这风颠汉无礼？”檗才起便打维那。师镢地曰：“诸方火葬，我这里活埋。”〔沩山问仰山：“黄檗打维那意作么生？”仰云：“正贼走却，逻赃人吃棒。”〕

师一日在僧堂里睡，檗入堂见，以拄杖打板头一下。师举首见是檗，却又睡。檗又打板头一下，却往上间。见首座坐禅，乃曰：

“下间后生却坐禅，汝在这里妄想作么？”座曰：“这老汉作什么？”檗又打板头一下，便出去。〔沩山举问仰山：“只如黄檗，意作么生？”仰云：“两彩一赛。”〕师栽松次，檗曰：“深山里栽许多松作什么？”师曰：“一与山门作境致，二与后人作标牓。”道了，将䦆头𡎺地三下。檗曰：“虽然如是，子已吃吾三十棒了也。”师又𡎺地三下，嘘一嘘。檗曰：“吾宗到汝，大兴于世。”〔沩山举问仰山：“黄檗当时只嘱临济一人，更有人在？”仰云：“有。只是年代深远，不欲举似和尚。”沩云：“虽然如是，吾亦要知，汝但举看。”仰云：“一人指南，吴越令行，遇大风即止。”〕

黄檗因入厨下，问饭头：“作什么？”头曰：“拣众僧饭米。”檗曰：“一顿吃多少？”头曰：“二石五。”檗曰：“莫太多么？”头曰：“犹恐少在。”檗便打。头举似师，师曰：“我与汝勘这老汉。”才到侍立。檗举前话，师曰：“饭头不会，请和尚代一转语。”檗曰：“汝但举。”师曰：“莫太多么？”檗曰：“来日更吃一顿。”师曰：“说什么来日，即今便吃。”随后打一掌。檗曰：“这风颠汉又来这里捋虎须。”师喝一喝，便出去。〔沩山举问仰山：“此二尊宿意作么生？”仰山云：“和尚作么生？”沩山云：“养子方知父慈。”仰山云：“不然。”沩山云：“子又作么生？”仰山云：“大似勾贼破家。”〕

师半夏上黄檗山，见檗看经。师曰：“我将谓是个人，元来是唵〔或作揞〕黑豆老和尚。”住数日，乃辞，檗曰：“汝破夏来，何不终夏去？”师曰：“某甲暂来礼拜和尚。”檗便打趁令去。师行数里疑此事，却回终夏。后又辞檗，檗曰：“甚处去？”师曰：“不是河南，便归河北。”檗便打。师约住与一掌，檗大笑。乃唤侍者：“将百丈先师禅板几案来。”师曰：“侍者将火来。”檗曰：“不然。子但将去，已后坐断天下人舌头去在。”师到达磨塔头，塔主问：“先礼佛，先礼祖？”师曰：“祖佛俱不礼。”主曰：“祖佛与长老有甚冤家？”师拂袖便出。师为黄檗驰书至沩山，与仰山语次，仰曰：“老兄向后北去，有个住处。”师曰：“岂有与么事。”仰曰：“但去，已后有

一人佐辅汝。此人只是有头无尾，有始无终。”〔悬记普化。〕

师后住镇州临济，学侣云集。一日，谓普化克符二上座曰：“我欲于此建立黄檗宗旨，汝且成褫我。”二人珍重下去。三日后，普化却上来问：“和尚三日前说什么？”师便打。三日后克符上来问：“和尚前日打普化作什么？”师亦打。至晚小参，曰：“有时夺人不夺境，有时夺境不夺人，有时人境两俱夺，有时人境俱不夺。”〔问答语具克符章。〕僧问：“如何是真佛、真法、真道？乞师开示。”师曰：“佛者心清净是，法者心光明是，道者处处无碍净光是。三即一，皆是空名而无实有。如真正作道人，念念心不间断。自达磨大师从西土来，只是觅个不受人惑底人。后遇二祖，一言便了，始知从前虚用工夫。山僧今日见处，与祖佛不别。若第一句中荐得，堪与祖佛为师。若第二句中荐得，堪与人天为师。若第三句中荐得，自救不了。”僧便问：“如何是第一句？”师曰：“三要印开朱点窄，未容拟议主宾分。”曰：“如何是第二句？”师曰：“妙解岂容无著问，沤和争负截流机。”曰：“如何是第三句？”师曰：“但看棚头弄傀儡，抽牵全藉里头人。”乃曰：“大凡演唱宗乘，一句中须具三玄门，一玄门须具三要。有权有实，有照有用。汝等诸人作么生会？”师谓僧曰：“有时一喝如金刚王宝剑，有时一喝如踞地师子，有时一喝如探竿影草，有时一喝不作一喝用。汝作么生会？”僧拟议，师便喝。

示众：“参学之人，大须子细。如宾主相见，便有言论往来。或应物现形，或全体作用，或把机权喜怒，或现半身，或乘师子，或乘象王，如有真正学人便喝，先拈出一个胶盆子，善知识不辨是境，便上他境上作模作样，便被学人又喝，前人不肯放下，此是膏肓之病，不堪医治，唤作宾看主。或是善知识，不拈出物，只随学人问处即夺，学人被夺，抵死不肯放，此是主看宾。或有学人应一个清净境，出善知识前，知识辨得是境，把得抛向坑里。学人言：大好善知识。知识即云：咄哉！不识好恶。学人便礼拜。

此唤作主看主。或有学人，披枷带锁，出善知识前，知识更与安一重枷锁。学人欢喜，彼此不辨，唤作宾看宾。大德，山僧所举，皆是辨魔拣异，知其邪正。”

师问洛浦：“从上来，一人行棒，一人行喝，阿那个亲？”曰：“总不亲。”师曰：“亲处作么生？”浦便喝。师乃打。上堂：“有一人论劫在途中，不离家舍。有一人离家舍，不在途中。那个合受人天供养？”师问院主：“甚处去来？”曰：“州中粜黄米来。”师曰：“粜得尽么？”主曰：“粜得尽。”师以拄杖画一画曰：“还粜得这个么？”主便喝，师便打。典座至，师举前话。座曰：“院主不会和尚意？”师曰：“你又作么生？”座礼拜，师亦打。

上堂：“一人在孤峰顶上，无出身路。一人在十字街头，亦无向背。且道那个在前，那个在后？不作维摩诘，不作傅大士。珍重！”有一老宿参，便问：“礼拜即是，不礼拜即是？”师便喝，宿便拜。师曰：“好个草贼。”宿曰：“贼！贼！”便出去。师曰：“莫道无事好！”时首座侍立，师曰：“还有过也无？”座曰：“有。”师曰：“宾家有过，主家有过？”曰：“二俱有过。”师曰：“过在什么处？”座便出去。师曰：“莫道无事好！”〔南泉闻云：“官马相踏。”〕

师到京行化，至一家门首，曰：“家常添钵。”有婆曰：“太无厌生！”师曰：“饭也未曾得，何言太无厌生？”婆便闭却门。师升堂，有僧出，师便喝，僧亦喝，便礼拜，师便打。赵州游方到院，在后架洗脚次，师便问：“如何是祖师西来意？”州曰：“恰遇山僧洗脚。”师近前作听势，州曰：“会即便会，啗啄作什么？”师便归方丈。州曰：“三十年行脚，今日错为人下注脚。”问：“僧甚处来？”曰：“定州来。”师拈棒，僧拟议，师便打，僧不肯。师曰：“已后遇明眼人去在。”僧后参三圣，才举前话，三圣便打。僧拟议，圣又打。

师应机多用喝，会下参徒亦学师喝。师曰：“汝等总学我喝，我今问汝：‘有一人从东堂出，一人从西堂出，两人齐喝一声，这里分得宾主么？汝且作么生分？’若分不得，已后不得学老僧喝。”示众：“我有时先照后用，有时先用后照，有时照用同时，有时照用不同时。先照后用有人在，先用后照有法在，照用同时，驱耕夫之牛，夺饥人之食，敲骨取髓，痛下针锥。照用不同时，有问有答，立宾立主，合水和泥，应机接物。若是过量人，向未举已前，撩起便行，犹较些子。”

师行脚时到龙光，值上堂，师出问：“不展锋铓，如何得胜？”光据坐。师曰：“大善知识，岂无方便？”光瞪目曰：“嗄。”师以手指曰：“这老汉今日败缺也。”次到三峰平和尚处，平问：“甚处来？”师曰：“黄檗来。”平曰：“黄檗有何言句？”师曰：“金牛昨夜遭涂炭，直至如今不见踪。”平曰：“金风吹玉管，那个是知音？”师曰：“直透万重关，不住青霄内。”平曰：“子这一问太高生！”师曰：“龙生金凤子，冲破碧琉璃。”平曰：“且坐吃茶。”又问：“近离甚处？”师曰：“龙光。”平曰：“龙光近日如何？”师便出去。又往凤林，路逢一婆子。婆问：“甚处去？”师曰：“凤林去。”婆曰：“恰值凤林不在。”师曰：“甚处去？”婆便行。师召婆，婆回首。师便行。〔一作师曰：“谁道不在。”〕到凤林。林曰：“有事相借问，得么？”师曰：“何得剜肉作疮。”林曰：“海月澄无影，游鱼独自迷。”师曰：“海月既无影，游鱼何得迷？”林曰：“观风知浪起，玩水野帆飘。”师曰：“孤蟾独耀江山静，长啸一声天地秋。”林曰：“任张三寸挥天地，一句临机试道看。”师曰：“路逢剑客须呈剑，不是诗人不献诗。”林便休。师乃有颂曰：“大道绝同，任向西东。石火莫及，电光罔通。”〔沩山问仰山：“石火莫及，电光罔通，从上诸圣，以何为人？”仰云：“和尚意作么生？”沩云：“但有言说，都无实义。”仰云：“不然。”沩云：“子又作么生？”仰云：“官不容针，私通车马。”〕

麻谷问：“十二面观音，那个是正面？”师下禅床擒住曰：“十二面观音，甚处去也？速道！速道！”谷转身拟坐，师便打。谷接住棒，相捉归方丈。师问一尼："善来？恶来？"尼便喝。师拈棒曰："更道！更道！"尼又喝，师便打。师一日拈糊饼示洛浦曰："万种千般，不离这个，其理不二。"浦曰："如何是不二之理？"师再拈起饼示之。浦曰："与么则万种千般也。"师曰："屙屎见解。"浦曰："罗公照镜。"师见僧来，举起拂子。僧礼拜，师便打。又有僧来，师亦举拂子。僧不顾，师亦打。又有僧来参，师举拂子。僧曰："谢和尚指示。"师亦打。〔云门代云："只宜老汉。"大觉云："得即得，犹未见临济机在。"〕

麻谷问："大悲千手眼，那个是正眼？"师搊住曰："大悲千手眼，作么生是正眼？速道！速道！"谷拽师下禅床，却坐。师问讯曰："不审。"谷拟议，师便喝。拽谷下禅床，却坐。谷便出。上堂，僧问："如何是佛法大意？"师竖起拂子，僧便喝，师便打。又僧问："如何是佛法大意？"师亦竖拂子，僧便喝，师亦喝。僧拟议，师便打。乃曰："大众！夫为法者，不避丧身失命。我于黄檗先师处，三度问佛法的的大意，三度被打，如蒿枝拂相似。如今更思一顿，谁为下手？"时有僧出曰："某甲下手。"师度与拄杖，僧拟接，师便打。同普化赴施主斋次，师问："毛吞巨海，芥纳须弥，为复是神通妙用，为复是法尔如然。"化趯倒饭床。师曰："太粗生！"曰："这里是什么所在，说粗说细？"次日又同赴斋，师复问："今日供养，何似昨日？"化又趯倒饭床。师曰："得即得，太粗生！"化喝曰："瞎汉，佛法说什么粗细？"师乃吐舌。师与王常侍到僧堂，王问："这一堂僧还看经么？"师曰："不看经。"曰："还习禅么？"师曰："不习禅。"曰："既不看经，又不习禅，毕竟作个什么？"师曰："总教伊成佛作祖去！"曰："金屑虽贵，落眼成翳。"师曰："我将谓你是个俗汉。"师上堂次，两堂首座相见，同时下喝。僧问师："还有宾主也无？"师曰："宾主历然。"师召众曰："要会临济宾主句，问取堂中二首座。"师后居大名府兴化寺东堂。咸通八年丁亥四月十日，将示灭，说传法偈曰："沿流不止问如何，真照无边说似他。

离相离名人不禀，吹毛用了急须磨。”复谓众曰：“吾灭后，不得灭却吾正法眼藏。”三圣出曰：“争敢灭却和尚正法眼藏？”师曰：“已后有人问，你向他道什么？”圣便喝。师曰：“谁知吾正法眼藏，向这瞎驴边灭却。”言讫，端坐而逝。塔全身于府西北隅，谥慧照禅师，塔曰澄灵。

南岳下五世

临济玄禅师法嗣

兴化存奖禅师

魏府兴化存奖禅师，在三圣会里为首座。常曰：“我向南方行脚一遭，拄杖头不曾拨着一个会佛法底人。”三圣闻得，问曰：“你具个什么眼，便恁么道？”师便喝。圣曰：“须是你始得。”后大觉闻举，遂曰：“作么生得风吹到大觉门里来？”师后到大觉为院主。一日觉唤院主：“我闻你道，向南方行脚，一遭拄杖头，不曾拨着一个佛法底。你凭个什么道理，与么道？”师便喝，觉便打。师又喝，觉又打。师来日从法堂过，觉召院主：“我直下疑你昨日这两喝。”师又喝，觉又打。师再喝，觉又打。师曰：“某甲于三圣师兄处，学得个宾主句，总被师兄折倒了也。愿与某甲个安乐法门。”觉曰：“这瞎汉来这里纳败缺，脱下衲衣，痛打一顿。”师于言下荐得临济先师于黄檗处吃棒底道理。师后开堂日，拈香曰：“此一炷香本为三圣师兄，三圣于我太孤；本为大觉师兄，大觉于我太赊。不如供养临济先师。”

僧问：“多子塔前，共谈何事？”师曰：“一人传虚，万人传实。”师有时唤僧，僧应诺。师曰：“点即不到。”又唤一僧，僧应诺。师曰:“到即不点。”僧问:“四方八面来时如何?”师曰:“打中间底。”僧便礼拜。师曰:“昨日赴个村斋,中途遇一阵卒风暴雨,却向古庙里躲避得过。”问僧:“甚处来?”曰:“崔禅处来。”师曰:“将得崔禅喝来否?”曰:“不将得来。”师曰:“恁么则不从崔禅处来。”僧便喝,师便打。示众:“我闻前廊下也喝,后架里也喝。诸子。汝莫盲喝乱喝,直饶喝得兴化向虚空里,却扑下来一点气也无,待我苏苏息起来向汝道,未在。何故?我未曾向紫罗帐里撒真珠,与汝诸人去在胡喝乱喝作么?”云居住三峰庵时,师问:“权借一问,以为影草时如何?”居无对。师云:“想和尚答这话不得,不如礼拜了退。”二十年后,居云:“如今思量,当时不消道个何必。”后遣化主到师处,师问:“和尚住三峰庵时,老僧问伊话,对不得,如今道得也未?”主举前话,师云:“云居二十年只道得个何必,兴化即不然,争如道个不必。”

师谓克宾维那曰:“汝不久为唱导之师。”宾曰:“不入这保社。”师曰:“会了不入,不会了不入?”曰:“总不与么。”师便打。曰:“克宾维那法战不胜,罚钱五贯,设馔饭一堂。”次日,师自白椎曰:“克宾维那法战不胜,不得吃饭。”即便出院。僧问:“国师唤侍者,意作么生?”师曰:“一盲引众盲。”师在临济为侍者,洛浦来参,济问:“甚处来?”浦曰:“銮城来。”济曰:“有事相借问,得么?”浦曰:“新戒不会。”济曰:“打破大唐国,觅个不会底人也无?参堂去!”师随后,请问曰:“适来新到,是成褫他,不成褫他?”济曰:“我谁管你成褫不成褫?”师曰:“和尚只解将死雀就地弹,不解将一转语盖覆却。”济曰:“你又作么生?”师曰:“请和尚作新到。”济遂曰:“新戒不会。”师曰:“却是老僧罪过。”济曰:“你语藏锋。”师拟议,济便打。至晚济又曰:“我今日问新到,是将死雀就地弹,就窠子里打?及至你出得语,又喝起了向青云里打。”师曰:“草贼大败!”济便打。师见同参来,才上法堂,师便喝,僧亦喝。师又喝,僧亦喝。师近前拈棒，僧又喝。师曰：“你看这瞎汉犹作主在！”僧拟议，师直打下法堂。侍者请问：“适来那僧有甚触忤和尚？”师曰：“他适来也有权，也有实，也有照，也有用。及乎我将手向伊面前横两横，到这里却去不得。似这般瞎汉，不打更待何时？”僧礼拜，问：“宝剑知师藏已久，今日当场略借看。”师曰：“不借。”曰：“为什么不借？”师曰：“不是张华眼，徒窥射斗光。”曰：“用者如何？”师曰：“横身当宇宙，谁是出头人？”僧便作引颈势，师曰：“嗄。”僧曰：“喏。”便归众。后唐庄宗车驾幸河北，回至魏府行宫，诏师问曰：“朕收中原，获得一宝，未曾有人酬价。”师曰：“请陛下宝看！”帝以两手舒幞头脚。师曰：“君王之宝，谁敢酬价？”〔玄觉徵云：“且道兴化肯庄宗不肯庄宗，若肯庄宗，兴化眼在什么处？若不肯庄宗，过在什么处？”〕龙颜大悦。赐紫衣、师号，师皆不受。乃赐马与师乘骑，马忽惊，师坠伤足。帝复赐药救疗。师唤院主：“与我做个木拐子。”主做了将来。师接得，绕院行，问僧曰：“汝等还识老僧么？”曰：“争得不识和尚？”师曰：“蹶脚法师，说得行不得。”又至法堂，令维那声钟集众。师曰：“还识老僧么？”众无对。师掷下杨子，端然而逝。谥广济禅师。

宝寿沼禅师

镇州宝寿沼禅师〔第一世〕。僧问：“万境来侵时如何？”师曰：“莫管他。”僧礼拜，师曰：“不要动着，动着即打折汝腰。”师在方丈坐，因僧问讯次，师曰：“百千诸圣，尽不出此方丈内。”曰：“只如古人道，大千沙界海中沤，未审此方丈向什么处着？”师曰：“千圣现在。”曰：“阿谁证明？”师便掷下拂子。僧从西过东立，师便打。僧曰：“若不久参，焉知端的？”师曰：“三十年后，此话大行。”赵州来，师在禅床背面而坐，州展坐具礼拜。师起入方丈。州收坐具而出。师问僧，“甚处来？”曰：“西山来。”师曰：“见猕猴么？”曰：“见。”师曰：“作什么伎俩？”曰：“见某甲一个伎俩也作不得。”

师便打。胡钉铰参,师问:“汝莫是胡钉铰么?”曰:“不敢。”师曰:“还钉得虚空么!”曰:“请和尚打破。”师便打,胡曰:“和尚莫错打某甲。”师曰:“向后有多口阿师与你点破在。”胡后到赵州。举前话,州曰:“汝因什么被他打?”胡曰:“不知过在什么处?”州曰:“只这一缝尚不奈何?”胡于此有省。赵州曰:“且钉这一缝。”僧问:“万里无云时如何?”师曰:“青天也须吃棒。”曰:“未审青天有什么过?”师便打。问:“如何是祖师西来意?”师曰:“面黑眼睛白。”西院来参,问:“踏倒化城来时如何?”师曰:“不斩死汉。”院曰:“斩。”师便打,院连道:“斩!斩!”师又随声打。师却回方丈曰:“适来这僧,将赤肉抵他干棒,有甚死急!”

三圣院慧然禅师

镇州三圣院慧然禅师,自临济受诀,遍历丛林。至仰山,山问:“汝名什么?”师曰:“慧寂。”山曰:“慧寂是我名。”师曰:“我名慧然。”山大笑而已。仰山因有官人相访,山问:“官居何位?”曰:“推官。”山竖起拂子曰:“还推得这个么?”官人无对。山令众下语,皆不契。时师不安,在涅槃堂内将息。山令侍者去请下语,师曰:“但道和尚今日有事。”山又令侍者问:“未审有什么事?”师曰:“再犯不容。”到香严,严问:“甚处来?”师曰:“临济。”严曰:“将得临济喝来么?”师以坐具蓦口打。又到德山,才展坐具,山曰:“莫展炊巾,这里无残羹馊饭。”师曰:“纵有也无着处。”山便打,师接住棒,推向禅床上。山大笑,师哭苍天,便下参堂。堂中首座号踢天泰,问:“行脚高士,须得本道公验,作么生是本道公验?”师曰:“道什么?”座再问,师打一坐具曰:“这漆涌前后触忤多少贤良!”座拟人事,师便过第二座人事,又到道吾。吾预知,以绯抹额,持神杖于门下立。师曰:“小心祇候。”吾应喏。师参堂了,再上人事。吾具威仪,方丈内坐。师才近前,吾曰:“有事相借问,得么？”师曰：“也是适来野狐精。”便出去，住后，上堂：“我逢人即出，出则不为人。”便下坐。〔兴化云：“我逢人即不出，出则便为人。”〕僧问：“如何是祖师西来意？”师曰：“臭肉来蝇。”〔兴化云：“破驴脊上足苍蝇。”〕问：“僧近离甚处？”僧便喝。师亦喝。僧又喝，师又喝。僧曰：“行棒即瞎。”便喝。师拈棒，僧乃转身作受棒势。师曰：“下坡不走快便难逢。”便棒，僧曰：“这贼！”便出去。师遂抛下棒。次有僧问：“适来争容得这僧？”师曰：“是伊见先师来。”

魏府大觉和尚

魏府大觉和尚，参临济。济才见，竖起拂子。师展坐具，济掷下拂子。师收坐具，参堂去。时僧众曰：“此僧莫是和尚亲故，不礼拜又不吃棒？”济闻说，令侍者唤适来新到上来。师随侍者到方丈，济曰：“大众道汝来参长老，又不礼拜，又不吃棒，莫是老僧亲故？”师乃珍重下去。师住后，僧问：“如何是本来身？”师曰：“头枕衡山，脚踏北岳。”问：“如何是佛法大意？”师曰：“良马不窥鞭，侧耳知人意。”问：“如何是镇国宝？”师曰：“穿耳卖不售。”问：“香草未生时如何？”师曰：“嗅着脑裂。”曰：“生后如何？”师曰：“脑裂。”问：“如何是祖师西来意？”师曰：“十字街头，望空启告。”问：“如何是大觉？”师曰：“恶觉。”曰：“乖极。”师便打。问：“忽来忽去时如何？”师曰：“风吹柳絮毛毬走。”曰：“不来不去时如何？”师曰：“华岳三峰头指天。”问：“一饱忘百饥时如何？”师曰：“纵遇临岐食，随分纳些些。”临终时谓众曰：“我有一只箭，要付与人。”时有一僧出，曰：“请和尚箭。”师曰：“汝唤什么作箭？”僧喝，师打数下，便归方丈。却唤其僧入来，问曰：“汝适来会么？”曰：“不会。”师又打数下，掷却拄杖。曰：“已后遇明眼人，分明举似。”便乃告寂。

灌溪志闲禅师

灌溪志闲禅师，魏府馆陶史氏子。幼从柏岩禅师披剃受具。后见临济，济蓦胸挡住，师曰：“领，领。”济拓开曰：“且放汝一顿。”师离临济至末山。〔语见末山章。〕师住后，上堂曰：“我在临济爷爷处得半杓，末山娘娘处得半杓，共成一杓。吃了，直至如今饱不饥。”僧问：“请师不借借。”师曰：“满口道不得。”师又曰：“大庾岭头佛不会，黄梅路上没众生。”师会下一僧，去参石霜。霜问：“甚处来？”曰：“灌溪来。”霜曰：“我南山，不如他北山。”僧无对。僧回举似师，师曰：“何不道灌溪修涅槃堂了也？”问：“久向灌溪，到来只见沤麻池。”师曰：“汝只见沤麻池，且不见灌溪。”曰：“如何是灌溪？”师曰：“劈箭急。”〔后人举似玄沙，沙云：“更学三十年未会禅。”〕问：“如何是古人骨？”师曰：“安置不得。”曰：“为什么安置不得？”师曰：“金乌那教下碧天。”问：“金锁断后如何？”师曰：“正是法汝处。”问：“如何是祖师西来意？”师曰：“钵里盛饭，镄里盛羹。”曰：“学人不会。”师曰：“饥则食，饱则休。”上堂：“十方无壁落，四畔亦无门。露裸裸，赤洒洒，无可把。”便下座。问：“如何是一色？”师曰：“不随。”曰：“一色后如何？”师曰：“有阇黎承当分也无？”问：“今日一会，祇敌何人？”师曰：“不为凡圣。”问：“一句如何？”师曰：“不落千圣机。”问：“如何是洞中水？”师曰：“不洗人。”唐乾宁二年乙卯五月二十九日，问侍者曰：“坐死者谁？”曰：“僧伽。”师曰：“立死者谁？”曰：“僧会。”师乃行七步，垂手而逝。

涿州纸衣和尚

涿州纸衣和尚〔即克符道者〕，初问临济：“如何是夺人不夺境？”济曰：“煦日发生铺地锦，婴儿垂发白如丝。”师曰：“如何是夺境不夺人？”济曰：“王令已行天下遍，将军塞外绝烟尘。”师曰：“如何是人境俱夺？”济曰：“并汾绝信，独处一方。”师曰：“如何是人境俱不夺？”济曰：“王登宝殿，野老讴歌。”师于言下领旨。后有颂曰：“夺人不夺境，缘自带诮讹。拟欲求玄旨，思量反责么。骊珠光灿烂，蟾桂影婆娑。觌面无差互，还应滞网罗。夺境不夺人，寻言何处真。问禅禅是妄，究理理非亲。日照寒光澹，山摇翠色新。直饶玄会得，也是眼中尘。人境两俱夺，从来正令行。不论佛与祖，那说圣凡情。拟犯吹毛剑，还如值木盲。进前求妙会，特地斩情灵。人境俱不夺，思量意不偏。主宾言少异，问答理俱全。踏破澄潭月，穿开碧落天。不能明妙用，沦溺在无缘。”僧问：“如何是宾中宾？”师曰：“倚门傍户犹如醉，出言吐气不惭惶。”曰：“如何是宾中主？”师曰：“口念弥陀双拄杖，目瞽瞳人不出头。”曰：“如何是主中宾？”师曰：“高提禅师当机用，利物应知语带悲。”曰：“如何是主中主？”师曰：“横按镆铘全正令，太平寰宇斩痴顽。”曰：“既是太平寰宇，为什么却斩痴顽？”师曰：“不计夜行刚把火，直须当道与人看。”

定州善崔禅师

定州善崔禅师，州将王令公于衙署张座，请师说法，师升座，拈拄杖曰：“出来也打，不出来也打。”僧出曰：“崔禅聻！”师掷下拄杖曰：“久立令公，伏惟珍重！”僧问：“如何是祖师西来意？”师曰：“定州瓷器似钟鸣。”曰：“学人不会意旨如何？”师曰：“口口分明没喎斜。”

镇州万寿和尚

镇州万寿和尚，僧问：“如何是迦叶上行衣？”师曰：“鹤飞千点雪，云锁万重山。”问：“如何是丈六金身？”师曰：“袖头打领，腋下剜襟。”曰：“学人不会。”师曰：“不会请人裁。”师访宝寿，寿坐不起。师展坐具，寿下禅床。师却坐，寿骤入方丈，闭却门。知事见师坐不起，曰：“请和尚库下吃茶。”师乃归院。翌日，宝寿来复谒，师踞禅床。寿展坐具，师亦下禅床。寿却坐，师归方丈闭却门。寿入侍者寮，取灰围却方丈门，便归去。师遂开门见曰："我不恁么，他却恁么。"

幽州谭空和尚

幽州谭空和尚，镇州牧有姑为尼，行脚回，欲开堂为人，牧令师勘过。师问曰："见说汝欲开堂为人，是否？"尼曰："是。"师曰："尼是五障之身，汝作么生为人？"尼曰："龙女八岁，南方无垢世界成等正觉又作么生？"师曰："龙女有十八变，你试一变看。"尼曰："设使变得，也只是个野狐精。"师便打。牧闻举乃曰："和尚棒折那！"僧问："德山棒，临济喝，未审那个最亲？"师曰："已前在众里，老僧也曾商量来。"僧便喝。师曰："却是汝会。"僧曰："错。"师便打。上堂，众集。有僧出曰："拟问不问时如何？"师曰："嗄。"僧便喝。师曰："囫。"僧又喝。师拈拄杖，僧曰："瞎。"师抛下拄杖，曰："今日失利。"僧曰："草贼大败。"便归众。师以手向空点一点，曰："大众！还有人辨得么？若有辨得者，出来对众道看。"师良久，曰："顶门上眼，也鉴不破。"便下座。宝寿和尚问："除却中上二根人来时，师兄作么生？"师曰："汝适来举早错也。"寿曰："师兄也不得无过？"师曰："汝却与我作师兄。"寿侧掌曰："这老贼！"

襄州历村和尚

襄州历村和尚，僧问："如何是观其音声而得解脱？"师将火箸敲柴曰："汝还闻么？"曰："闻。"师曰："谁不解脱？"师煎茶次，僧问："如何是祖师西来意？"师举起茶匙。僧曰："莫只这便当否？"师掷向火中。

沧州米仓和尚

沧州米仓和尚，州牧请师与宝寿入厅供养。令人传语，请二长老谭论佛法。寿曰："请师兄答话。"师便喝。寿曰："某甲话也未问，喝作么？"师曰："犹嫌少在。"寿却与一喝。

智异山和尚

新罗国智异山和尚，一日示众曰："冬不寒，腊后看。"便下座。

善权彻禅师

常州善权山彻禅师，僧问："祖意、教意，是同是别？"师曰："冬寒夏热。"曰："此意如何？"师曰："炎天宜散袒，冬后更深藏。"

金沙和尚

金沙和尚，僧问："如何是祖师西来意？"师曰："听。"曰："恁么则大众侧聆。"师曰："十万八千。"

齐耸禅师

齐耸禅师，僧问："如何是佛？"师曰："老僧并不知。"曰："和尚是大善知识，为什么不知？"师曰："老僧不曾接下机。"问："如何是道？"师曰："往来无障碍。"复曰："忽遇大海，作么生过？"僧拟议，师便打。

云山和尚

云山和尚，有僧从西京来，师问："还将得西京主人书来否？"曰："不敢妄通消息。"师曰："作家师僧，天然有在。"曰："残羹馊饭谁吃？"师曰："独有阇黎不甘吃。"其僧乃作吐势，师唤侍者曰："扶出这病僧着。"僧便出去。师见僧来，便作起势，僧便出去。师曰："得恁么灵利。"

僧便喝曰:“作这个眼目，承嗣临济，也太屈哉！”师曰:“且望阇黎善传。”僧回首，师喝曰:“作这个眼目，错判诸方名言。”随后便打。

虎溪庵主

虎溪庵主，僧问:“庵主在这里多少年也？”师曰:“只见冬凋夏长，年代总不记得。”曰:“大好不记得。”师曰:“汝道我在这里得多少年也？”曰:“冬凋夏长,聻！”师曰:“闹市里虎。”僧到相看，师不顾。僧曰:“知道庵主有此机锋！”师鸣指一下，僧曰:“是何宗旨？”师便打。僧曰:“知道今日落人便宜。”师曰:“犹要棒吃在。”有僧才入门,师便喝。僧默然,师便打,僧却喝。师曰:“好个草贼。”有僧到,近前曰:“不审庵主？”师曰:“阿谁？”僧便喝。师曰:“得恁么无宾主？”曰:“犹要第二喝在。”师便喝。有僧问:“和尚何处人？”师曰:“陇西人。”曰:“承闻陇西出鹦鹉,是否？”师曰:“是”。曰:“和尚莫不是否？”师便作鹦鹉声。僧曰:“好个鹦鹉！”师便打。

覆盆庵主

覆盆庵主问僧:“甚处来？”僧曰:“覆盆山下来。”师曰:“还见庵主么？”僧便喝，师便打。僧曰:“作什么！”师住棒。僧拟议，师又打。一日,有僧从山下哭上,师闭却门。僧于门上画一圆相,门外立地。师从庵后出，却从山下哭上。僧喝曰:“犹作这个去就在。”师便换手捶胸曰:“可惜先师一场埋没。”僧曰:“苦！苦！”师曰:“庵主被谩。”

桐峰庵主

桐峰庵主,僧问:“和尚这里忽遇大虫,作么生？”师便作大虫吼。僧作怖势，师大笑。僧曰:“这老贼。”师曰:“争奈老僧何！”有僧到庵前便去,师召阇黎,僧回首便喝。师良久,僧曰:“死却这老汉。”师便打。僧无语，师呵呵大笑。有僧入庵便把住师，师叫:“杀人！

杀人！”僧拓开曰：“叫唤作什么？”师曰：“谁？”僧便喝，师便打。僧出外回首曰：“且待！且待！”师大笑。有老人入山参，师曰：“住在甚处？”老人不语。师曰：“善能对机。”老人地上拈一枝草示师，师便喝。老人礼拜，师便归庵。老人曰：“与么疑杀一切人在！”

杉洋庵主

杉洋庵主，有僧到参，师问：“阿谁？”曰：“杉洋庵主。”师曰：“是我。”僧便喝，师作嘘声。僧曰：“犹要棒吃在。”师便打。僧问：“庵主得什么道理，便住此山？”师曰：“也欲通个来由，又恐遭人点检。”僧曰：“又争免得。”师便喝，僧曰：“恰是。”师便打，僧大笑而出。师曰：“今日大败。”

定上座

定上座，初参临济，问：“如何是佛法大意？”济下禅床擒住，师拟议。济与一掌，师伫思。傍僧曰：“定上座何不礼拜？”师方作礼，忽然大悟。后南游，路逢岩头、雪峰、钦山三人。岩头问：“上座甚处来？”师曰：“临济来。”岩曰：“和尚万福。”师曰：“和尚已顺世也。”岩曰：“某甲三人特去礼拜，薄福不遇，不知和尚在日有何言句，请上座举一两则。”师遂举临济上堂曰：“赤肉团上，有一无位真人，常在汝等诸人面门出入，未证据者看看。”时有僧问：“如何是无位真人？”济下禅床搊住曰：“道！道！”僧拟议，济拓开曰：“无位真人是什么干屎橛？”岩头不觉吐舌。雪峰曰：“临济大似白拈贼。”钦山曰：“何不道赤肉团上非无位真人？”师便擒住曰：“无位真人与非无位真人，相去多少？速道！速道！”钦山被擒，直得面黄面青，语之不得。岩头、雪峰曰：“这新戒不识好恶，触忤上座，且望慈悲。”师曰：“若不是这两个老汉，㧐杀这尿床鬼子。”师在镇府斋，回到桥上坐次，逢三人座主，一人问：“如何是禅河深处，须穷到底？”师擒住，拟抛向桥下。二座主近前谏曰：“莫怪触忤上座，且望慈悲。”师曰：“若不是这两个座主，直教他穷到底。”

奯上座

奯上座，离临济参德山，山才见，下禅床作抽坐具势。师曰：“这个且置，或遇心境一如底人来，向伊道个什么，免被诸方检责。”山曰：“犹较昔日三步在，别作个主人公来。”师便喝，山默然。师曰：“塞却这老汉咽喉也。”拂袖便出。〔沩山闻举云：“奯上座虽得便宜，争奈掩耳偷铃。”〕又参百丈，茶罢，丈曰：“有事相借问得么？”师曰：“幸自非言，何须谇谘诺？”师曰：“更请一瓯茶。”丈曰：“与么则许借问。”丈曰：“收得安南，又忧塞北。”师擘开胸曰：“与么不与么？”丈曰：“要且难构，要且难构。”师曰：“知即得，知即得。”〔仰山云：“若有人知得此二人落处，不妨奇特。若辨不得，大似日中迷路。”〕

南岩下六世

兴化奖禅师法嗣

南院慧颙禅师

汝州南院慧颙禅师〔亦曰宝应〕，上堂：“赤肉团上，壁立千仞。”僧问：“赤肉团上，壁立千仞，岂不是和尚道？”师曰：“是。”僧便掀倒禅床。师曰：“这瞎驴乱作。”僧拟议，师便打。问：“僧近离甚处？”曰：“长水。”师曰：“东流西流？”曰：“总不恁么。”师曰：“作么生？”僧珍重，师便打。僧参，师举拂子，僧曰：“今日败缺。”师放下拂子。僧曰：“犹有这个在。”师便打。问僧：“近离甚处？”曰：“襄州。”师曰：“来作什么？”曰：“特来礼拜和尚。”师曰：“恰遇宝应老不在。”僧便喝。师曰:“向汝道不在,又喝作什么?”僧又喝,师便打。僧礼拜,师曰:“这棒本是汝打我,我且打汝。要此话大行,瞎汉参堂去。”思明和尚未住西院时,到参礼拜了,曰:“无可人事,从许州来,收得江西剃刀一柄,献和尚。”师曰:“汝从许州来,为甚却收得江西剃刀?”明把师手搯一搯。师曰:“侍者收取。”明以衣袖拂一拂便行。师曰:“阿剌剌,阿剌剌!”

上堂:“诸方只具啐啄同时眼,不具啐啄同时用。”僧便问:“如何是啐啄同时用?”师曰:“作家不啐啄,啐啄同时失。”曰:“此犹未是某甲问处。”师曰:“汝问处作么生?”僧曰:“失。”师便打,其僧不肯。后于云门会下,闻二僧举此话。一僧曰:“当时南院捧折那!”其僧忽契悟,遂奔回省觐,师已圆寂。乃谒风穴,穴一见便问:“上座莫是当时问先师啐啄同时话底么?”僧曰:“是。”师曰:“汝当时作么生会?”曰:“某甲当时如在灯影里行相似。”穴曰:“汝会也。”

问:“古殿重兴时如何?”师曰:“明堂瓦插檐。”曰:“与么则庄严毕备也。”师曰:“斩草蛇头落。”问:“如何是佛法大意?”师曰:“无量大病源。”曰:“请师医。”师曰:“世医拱手。”问:“匹马单枪来时如何?”师曰:“且待我斫棒。”问:“如何是无相涅槃?”师曰:“前三点,后三点。”曰:“无相涅槃,请师证照。”师曰:“三点前,三点后。”问:“凡圣同居时如何?”师曰:“两个猫儿一个狞。”问:“如何是无缝塔?”师曰:“八花九裂。”曰:“如何是塔中人?”师曰:“头不梳,面不洗。”问:“如何是佛?”师曰:“待有即向你道。”曰:“与么则和尚无佛也。”师曰:“正当好处。”曰:“如何是好处?”师曰:“今日是三十日。”

问园头:“瓠子开花也未?”曰:“开花已久。”师曰:“还着子也无?”曰:“昨日遭霜了也。”师曰:“大众吃个什么?”僧拟议,师便打。问僧:“名什么?”曰:“普参。”师曰:“忽遇屎橛作么生?”僧便不审,师便打。问:“人逢碧眼时如何?”师曰:“鬼争漆桶。”问:“龙跃江湖时如何?”师曰:“瞥嗔瞥喜。”曰:“倾湫倒岳时如何?”

师曰："老鸦没嘴。"问："万里无云时如何？"师曰："饿虎投崖。"问："二王相见时如何？"师曰："十字路头吹尺八。"问："如何是薝蔔林？"师曰："鬼厌箭。"问："如何是金刚不坏身？"师曰："老僧在汝脚底。"僧便喝，师曰："未在。"僧又喝，师便打。问："上上根器人来，师还接也无？"师曰："接。"曰："便请和尚接。"师曰："且喜共你平交。"问："祖意教意，是同是别？"师曰："王尚书、李仆射。"曰："意旨如何？"师曰："牛头南，马头北。"问："如何是祖师西来意？"师曰："五男二女。"问："拟伸一问，师意如何？"师曰："是何公案？"僧曰："喏。"师曰："放汝三十棒。"

问："如何是宝应主？"师曰："杓大碗小。"问僧："近离甚处？"曰："龙兴。"曰："发足莫过叶县也无？"僧便喝。师曰："好好问你，又恶发作么？"曰："唤作恶发即不得。"师却喝，曰："你既恶发，我也恶发。近前来，我也没量罪过，你也没量罪过。瞎汉参堂去！"问僧："近离甚处？"曰："襄州。"师曰："是什么物恁么来！"曰："和尚试道看。"师曰："适来礼拜底。"曰："错。"师曰："礼拜底错个什么？"曰："再犯不容。"师曰："三十年弄马骑，今日被驴扑。瞎汉参堂去！"问："从上诸圣，向什么处去？"师曰："不上天堂，则入地狱。"曰："和尚又作么生？"师曰："还知宝应老汉落处么？"僧拟议，师打一拂，曰："你还知吃拂子底么？"曰："不会。"师曰："正令却是你行。"又打一拂子。

守廓侍者

守廓侍者，问德山曰："从上诸圣，向什么处去？"山曰："作么，作么？"师曰："敕点飞龙马，跛鳖出头来。"山便休去。来日浴出，师过茶与山，山于背上拊一下曰："昨日公案作么生？"师曰："这老汉今日方始瞥地。"山又休去。师行脚到襄州华严和尚会下。一日，严上堂，曰："大众，今日若是临济、德山、高亭、大愚、鸟窠、船子儿孙，不用如何若何，便请单刀直入，华严与汝证据。"

师出，礼拜起，便喝，严亦喝，师又喝，严亦喝。师礼拜起，曰：“大众，看这老汉一场败缺。”又喝一喝，拍手归众。严下座归方丈。时风穴作维那，上去问讯。严曰：“维那，汝来也，叵耐守廓适来把老僧扭捏一上，待集众打一顿趁出。”穴曰：“趁他迟了也。自是和尚言过，他是临济下儿孙，本分恁么。”严方息怒。穴下来举似师。师曰：“你着甚来由劝这汉，我未问前，早要棒吃。得我话行，如今不打，搭却我这话也。”穴曰：“虽然如是，已遍天下也。”

宝寿沼禅师法嗣

西院思明禅师

汝州西院思明禅师，僧问：“如何是伽蓝？”师曰：“荆棘丛林。”曰：“如何是伽蓝中人？”师曰：“獾儿貉子。”问：“如何是不变易底物？”师曰：“打帛石。”问：“如何是临济一喝？”师曰：“千钧之弩，不为鼷鼠而发机。”曰：“和尚慈悲何在？”师便打。从漪上座到法度，旬日，常自曰：“莫道会佛法人，觅个举话底人也无？”师闻而默之。漪异日上法堂次，师召从漪，漪举首。师曰：“错。”漪进三两步，师又曰：“错。”漪近前，师曰：“适来两错，是上座错，是思明老汉错？”曰：“是从漪错。”师曰：“错！错！”乃曰：“上座且在这里过夏，共汝商量这两错。”漪不肯，便去。后住相州天平山，每举前话曰：“我行脚时被恶风吹到汝州，有西院长老勘我，连下两错，更留我过夏，待共我商量。我不道恁么时错，我发足向南方去时，早知错了也。”〔首山念云：“据天平作恁么解会，未梦见西院在，何故？话在。”〕

宝寿和尚

宝寿和尚〔第二世〕在先宝寿为供养主，寿问：“父母未生前，还我本来面目来！”师立至夜深，下语不契。翌日辞去。寿曰：“汝何往？”师曰：“昨日蒙和尚设问，某甲不契，往南方参知识去。”寿曰：“南方禁夏不禁冬，我此间禁冬不禁夏。汝且作街坊过夏。若是佛法，阛阓之中，浩浩红尘，常说正法。”师不敢违。一日，街头见两人交争，挥一拳曰：“你得恁么无面目？”师当下大悟，走见宝寿。未及出语，寿便曰：“汝会也，不用说。”师便礼拜。寿临迁化时，嘱三圣请师开堂。师开堂日，三圣推出一僧，师便打。圣曰：“与么为人，非但瞎却这僧眼，瞎却镇州一城人眼去在。”〔法眼云：“什么处是瞎却人眼处？”〕师掷下拄杖，便归方丈。僧问：“不占阃域，请师不谤。”师曰：“莫。”问：“种种庄严、殷勤奉献时如何？”师曰：“莫污我心田。”师将顺寂，谓门人曰：“汝还知吾行履处否？”曰：“知和尚长坐不卧。”师又召僧近前来，僧近前，师曰：“去，非吾眷属。”言讫而化。

三圣然禅师法嗣

镇州大悲和尚

镇州大悲和尚，僧问：“除上去下，请师别道？”师曰：“开口即错。”曰：“真是学人师也。”师曰：“今日向弟子手里死。”问：“如何是和尚密作用？”师拈棒，僧转身受棒。师抛下棒曰：“不打这死汉。”问：“如何是谛实之言？”师曰：“舌拄上腭。”曰：“为什么如此？”师便打。问：“如何是大悲境？”师曰：“千眼都来一只收。”曰：“如何是境中人？”师曰：“手忙脚乱。”问：“不着圣凡，请师答话。”师曰：“好。”僧拟议，师便喝。

淄州水陆和尚

淄州水陆和尚，僧问：“如何是学人用心处？”师曰：“用心即错。”曰：“不起一念时如何？”师曰：“没用处汉。”问：“此事如何保任？”师曰：“切忌。”问：“如何是最初一句？”师便喝，僧礼拜。

师以拂子点曰:“且放。”问:“狭路相逢时如何?”师便拦胸拓一拓。

魏府大觉和尚法嗣

庐州大觉和尚

庐州大觉和尚,僧问:“牛头未见四祖时,为什么鸟兽衔华?”师曰:“有恁么畜生无所知。”曰:“见后为什么不衔华?”师曰:“无恁么畜生有所知。”

澄心院旻德禅师

庐州澄心院旻德禅师,在兴化遇示众曰:“若是作家战将,便请单刀直入,更莫如何若何?”师出礼拜起便喝,化亦喝。师又喝,化亦喝。师礼拜归众。化曰:“适来若是别人,三十棒一棒也较不得。何故?为他旻德会一喝不作一喝用。”住后,僧问:“如何是澄心?”师曰:“我不作这活计。”曰:“未审作么生?”师便喝。僧曰:“大好不作这活计。”师便打。问:“如何是道?”师曰:“老僧久住澄心院。”曰:“如何是道中人?”师曰:“破衲长披经岁年。”问:“露地不通风时如何?”师曰:“漆。”问:“既是澄心,为什么出来入去?”师曰:“鼻孔上着灸。”僧礼拜,师便打。

竹园山和尚

荆南府竹园山和尚,僧问:“久向和尚会禅,是否?”师曰:“是。”僧曰:“苍天!苍天!”师近前,以手掩僧口。曰:“低声!低声!”僧打一掌,便拓开。师曰:“山僧招得。”僧拂袖出去,师笑曰:“早知如是,悔不如是。”问:“既是竹园,还生笋也无?”师曰:“千株万株。”曰:“恁么则学人有分也。”师曰:“汝作么生?”僧拟议,师便打。

法华院和尚

宋州法华院和尚，僧问："如何是佛？"师曰："独坐五峰前。"问："如何是初生月？"师曰："不高不低。"曰："还许学人瞻敬也无？"师曰："三日后看。"问："如何是法华家风？"师曰："寒时寒杀，热时热杀。"曰："如何是寒时寒杀？"师曰："三三两两抱头行。"曰："如何是热时热杀。"师曰："东西南北见者嗤。"问："学人手持白刃，直进化门时如何？"师曰："你试用看。"僧便喝。师擒住，僧随手打一掌，师拓开曰："老僧今日失利。"僧作舞而出。师曰："贼首头犯。"

灌溪闲禅师法嗣

鲁祖山教禅师

池州鲁祖山教禅师，僧问："如何是祖师西来意？"师曰："今日不答话。"曰："大好不答话。"师便打。问："如何是双林树？"师曰："有相身中无相身。"曰："如何是有相身中无相身？"师曰："金香炉下铁昆仑。"问："如何是孤峰独宿底人？"师曰："半夜日头明，日午打三更。"问："如何是格外事？"师曰："化道缘终后,虚空更那边。"问："进向无门时如何？"师曰："太钝生！"曰："不是钝生，直下进向无门时如何？"师曰："灵机未曾论边际，执法无门在暗中。"问："如何是学人着力处？"师曰："春来草自青，月上已天明。"曰："如何是不着力处？"师曰："崩山石头落，平川烧火行。"

纸衣和尚法嗣

镇州谈空和尚

镇州谈空和尚,僧问："如何是佛？"师曰："麻缠纸裹。"问："百了千当时如何？”师和声便打。问：“格外之谭，请师举唱。”师曰：“隘路不通风。”曰：“莫只这便是也无？”师乃嘘嘘。

际上座

际上座，行脚到洛京南禅，时有朱行军设斋，入僧堂顾视曰：“直下是。”遂行香，口不住道，至师面前，师便问：“直下是个什么？”行军便喝。师曰：“行军幸是会佛法底人，又恶发作什么？”行军曰：“唤作恶发即不得。”师便喝。行军曰：“钩在不疑之地。”师又喝，行军便休。斋退，令客司：“请适来下喝僧来。”师至，便共行军言论，并不顾诸人。僧录曰：“行军适来争容得这僧无礼？”行军曰：“若是你诸人喝，下官有剑。”僧录曰：“某等固是不会，须是他晖长老始得。”行军曰：“若是南禅长老，也未梦见在。”僧问：“如何是佛法的的大意？”师曰：“龙腾沧海，鱼跃深潭。”曰：“毕竟如何？”师曰：“夜闻祭鬼鼓，朝听上滩歌。”问：“如何是上座家风？”师曰：“三脚虾蟆背大象。”

南岳下七世

南院颙禅师法嗣

风穴延沼禅师

汝州风穴延沼禅师，余杭刘氏子。幼不茹荤，习儒典，应进士。一举不遂，乃出家，依本州开元寺智恭披削受具，习天台止观。年二十五，谒镜清。清问：“近离甚处？”师曰：“自离东来。”清曰：“还过小江也无？”师曰：“大舸独飘空，小江无可济。”清曰：“镜水秦山，鸟飞不度。子莫道听途言？”师曰：“沧溟尚怯艨艟势，列汉飞帆渡五湖。”清竖拂子曰：“争奈这个何！”师曰：“这个是什么？”清曰：“果然不识。”师曰：“出没卷舒，与师同用。”清曰：“杓卜听虚声，熟睡饶谵语。”师曰：“泽广藏山，理能伏豹。”清曰：“舍罪放愆，速须出去。”师曰：“出去即失。”便出，到法堂乃曰：“夫行脚人，因缘未尽其善，不可便休去。”却回曰：“某甲适来，辄陈小騃，冒渎尊颜，伏蒙慈悲，未赐罪责。”清曰：“适来言从东来，岂不是翠岩来？”师曰：“雪窦亲栖宝盖东。”清曰：“不逐忘羊狂解息，却来这里念篇章。”师曰：“路逢剑客须呈剑，不是诗人莫献诗。”清曰：“诗速秘却，略借剑看。”师曰：“枭首甑人携剑去。”清曰：“不独触风化，亦自显颟顸。”师曰：“若不触风化，争明古佛心？”清曰：“如何是古佛心？”师曰：“再许允容，师今何有？”清曰：“东来衲子，菽麦不分。只闻不已而已，何得抑而已。”师曰：“巨浪涌千寻，澄波不离水。”清曰：“一句截流，万机寝削。”师便礼拜。清曰：“衲子俊哉！衲子俊哉！”

师到华严，严问：“我有牧牛歌，辄请阇黎和。”师曰：“羯鼓掉鞭牛豹跳，远村梅树觜卢都。”师参南院，入门不礼拜。院曰：“入门须辨主。”师曰：“端的请师分。”院于左膝拍一拍，师便喝。院于右膝拍一拍，师又喝。院曰：“左边一拍且置，右边一拍作么生？”师曰：“瞎！”院便拈棒，师曰：“莫盲枷瞎棒，夺打和尚，莫言不道。”院掷下棒曰：“今日被黄面浙子钝置一场。”师曰：“和尚大似持钵不得，诈道不饥。”院曰：“阇黎曾到此间么？”师曰：“是何言欤？”院曰：“老僧好好相借问。”师曰：“也不得放过。”便下。参众了，却上堂头礼谢。院曰：“阇黎曾见什么人来？”师曰：“在襄州华严与廓侍者同夏。”院曰：“亲见作家来。”院问：“南方一棒作么商量？”师曰：“作奇特商量。”师却问：“和尚此间一棒作么商量？”院拈拄杖曰：“棒下无生忍，临机不见师。”师于言下大彻玄旨，遂依止六年，四众请主风穴。又八年，李史君与阖城士庶，再请开堂演法矣。

上堂：“夫参学眼目临机，直须大用现前，勿自拘于小节。设使言前荐得，犹是滞壳迷封。纵然句下精通，未免触途狂见。应是从前依他作解，明昧两歧，与你一时扫却。直教个个如师子儿，吒呀地哮吼一声，壁立千仞，谁敢正眼觑着？觑着即瞎却渠眼。”时有僧问：“如何是正法眼？”师曰：“即便戳瞎。”曰：“戳瞎后如何？”师曰：“捞天摸地。”师后因本郡兵寇作孽，与众避地于郢州，谒前请主李使君，留于衙内度夏。普设大会，请师上堂。才升座，乃曰：“祖师心印，状似铁牛之机。去即印住，住即印破。只如不去不住，印即是，不印即是？还有人道得么？”时有卢陂长老出，问：“学人有铁牛之机，请师不搭印。”师曰：“惯钓鲸鲵澄巨浸，却嗟蛙步辗泥沙。”陂伫思，师喝曰：“长老何不进语？”陂拟议，师便打一拂子，曰：“还记得话头么？试举看。”陂拟开口，师又打一拂子。牧主曰：“信知佛法与王法一般。”师曰：“见什么道理？”牧主曰：“当断不断，反招其乱。”师便下座。至九月，汝州大师宋侯舍宅为寺，复来郢州，请师归新寺住持。至周广顺元年，赐额广慧。师住二十二年，常余百众。

上堂，僧问：“如何是佛？”师曰：“如何不是佛？”曰：“未晓玄言，请师直指。”师曰：“家住海门洲，扶桑最先照。”问：“朗月当空时如何？”师曰：“不从天上辊，任向地中埋。”问：“古曲无音韵，如何和得齐？”师曰：“木鸡啼子夜，刍狗吠天明。”

上堂，举寒山诗曰：“梵志死去来，魂识见阎老。读尽百王书，未免受捶拷。一称南无佛，皆以成佛道。”僧问：“如何是一称南无佛？”师曰：“灯连凤翅当堂照，月映娥眉颖面看。”问：“如何是佛？”师曰：“嘶风木马缘无绊，背角泥牛痛下鞭。”问：“如何是广慧剑？”师曰：“不斩死汉。”问：“古镜未磨时如何？”师曰：“天魔胆裂。”曰：“磨后如何？”师曰：“轩辕无道。”问：“矛盾本成双翳病，帝网明珠事若何？”师曰：“为山登九仞，捻土定千钧。”问：“干木奉文侯，知心有几人？”师曰：“少年曾决龙蛇阵，老倒还听稚子歌。”问：“如何是清凉山中主？”师曰：“一句不遑无著问，迄今犹作野盘僧。”问：“如何是和尚家风？”师曰：“鹤有九皋难翥翼，马无千里谩追风。”问:“未有之言，请师试道。”师曰:“入市能长啸，归家着短衣。”问:“夏终今日，师意如何？”师曰:“不怜鹅护雪,且喜蜡人冰。”问:“归乡无路时如何？”师曰:“平窥红烂处,畅杀子平生。”问:“满目荒郊翠，瑞草却滋荣时如何？”师曰:“新出红炉金弹子,簉破阇黎铁面皮。”问:“如何是互换之机？”师曰:“和盲悖愬瞎。”问:“真性不随缘，如何得证悟？”师曰:“猪肉案上滴乳香。”问:“如何是清净法身？”师曰:“金沙滩头马郎妇。”问:“一色难分,请师显示。”师曰:“满炉添炭犹嫌冷,路上行人只守寒。”问:“如何是学人立身处？”师曰:“井底泥牛吼,林间玉兔惊。”问:“如何是道？”师曰:“五凤楼前。”曰:“如何是道中人？”师曰:“问取皇城使。”问:“不伤物义，请师便道。”师曰:“劈腹开心，犹未性燥。”问:“未定浑浊,如何得照？”师曰:“下坡不走,快便难逢。”问:“如何是衲僧行履处？”师曰:“头上吃棒,口里喃喃。”问:“灵山话月,曹溪指月,去此二途,请师直指。”师曰:“无言不当哑。”曰:“请师定当。”师曰:“先度汨罗江。”问:“任性浮沉时如何？”师曰:“牵牛不入栏。”问:“凝然便会时如何？”师曰:“截耳卧街。”问:“狼烟永息时如何？”师曰:“两脚捎空。”问:“祖令当行时如何？”师曰:“点。”问:“不施寸刃,便登九五时如何？”师曰:“鞭尸屈项。”

上堂，举古云:“我有一只箭，曾经久磨炼。射时遍十方，落处无人见。”师曰:“山僧即不然，我有一只箭，未尝经磨炼，射不遍十方，要且无人见。”僧便问:“如何是和尚箭？”师作弯弓势，僧礼拜。师曰:“拖出这死汉。”问:“牛头未见四祖时如何？”师曰:“披席把碗。”曰:“见后如何？”师曰:“披席把碗。”问:“未达其源时如何？”师曰:“鹤冷移巢易,龙寒出洞难。”问:“不露锋铓句,如何辨主宾？”师曰:“口衔羊角鳔胶粘。”问:“将身御险时如何？”师曰:“布露长书写罪原。”问:“学人解问谞讹句，请师举起讶人机。”师曰:“心里分明眼睛黑。”问:“生死到来时如何？”师曰:“青布裁衫招犬吠。”曰:“如何得不吠去?”师曰:“自宜躲避寂无声。”问:“如何是真道人?”师曰:“竹竿头上礼西方。”问:“鱼隐深潭时如何?”师曰:“汤荡火烧。”问:“如何是诸佛行履处?”师曰:“青松绿竹下。”问:“如何是大善知识?”师曰:“杀人不眨眼。”曰:“既是大善知识,为什么杀人不眨眼?”师曰:“尘埃影里不拂袖,尽戟门前磨寸金。”问:“一即六,六即一。一六俱亡时如何?”师曰:“一箭落双雕。”曰:“意百如何?”师曰:“身亡迹谢。”问:“摘叶寻枝即不问,直截根源事若何?”师曰:“赴供凌晨去,开塘带雨归。”问:“问问尽是捏怪,请师直指根源。”师曰:“罕逢穿耳客,多遇刻舟人。”问:“正当恁么时如何?”师曰:“盲龟值木虽优稳,枯木生华物外春。”问:“宝塔元无缝,金门即日开时如何?”师曰:“智积佐来空合掌,天王捧出不知音。”曰:“如何是塔中人?”师曰:“萎花风扫去,香水雨飘来。”问:“随缘不变者,忽遇知音时如何?”师曰:“披莎侧立千峰外,引水浇蔬五老前。”问:“刻舟求不得,常用事如何?”师曰:“大勋不立赏,柴扉草自深。”问:“从上古人,印印相契,如何是相契底眼?”师曰:“轻器道者知机变,拈却招魂拭泪巾。”问:“九夏赏劳,请师言荐。”师曰:“出袖拂开龙洞雨,泛杯波涌钵囊华。”问:“最初自恣,合对何人?”师曰:“一把香刍拈未暇,六环金锡响遥空。”问:“西祖传来,请师端的。”师曰:“一犬吠虚,千猱啀实。”问:“王道与佛道,相去几何?”师曰:“刍狗吠时天地合,木鸡啼后祖灯辉。”问:“祖师心印,请师拂拭。”师曰:“祖月凌空圆圣智,何山松桧不青青。”

上堂:“若立一尘,家国兴盛,野老颦蹙。不立一尘,家国丧亡,野老安怗。于此明得,阇黎无分,全是老僧,于此不明,老僧却是阇黎。阇黎与老僧,亦能悟却天下人,亦能瞎却天下人。欲识阇黎么?”右边一拍曰:“这里是。欲识老僧么?”左边一拍曰:“这里是。”僧问:“大众云集,请师说法。”师曰:“赤脚人趁兔,着靴人吃肉。”问:“不曾博览空王教，略借玄机试道看。”师曰:“白玉无瑕，卞和刖足。”问:“如何是无为之句？”师曰:“宝烛当轩显，红光烁太虚。”问:“如何是临机一句？”师曰:“因风吹火，用力不多。”问:“素面相呈时如何？”师曰:“拈却盖面帛。”问:“紫菊半开秋已老，月圆当户意如何？”师曰:“月生蓬岛人皆见，昨夜遭霜子不知。”问:“如何是直截一路？”师曰:“直截是迂曲。”问:“如何是师子吼？”师曰:“阿谁要汝野干鸣？”问:“如何是谛实之言？”师曰:“口悬壁上。”

上堂:“若是上上之流，各有证据，略赴个程限。中下之机，各须英俊，当处出生，随处灭尽。如爆龟纹，爆即成兆，不爆成钝。欲爆不爆，直下便捏。”问:“心不能缘，口不能言时如何？”师曰:“逢人但恁么举。”问:“龙透清潭时如何？”师曰:“印骏捺尾。”问:“任性浮沉时如何？”师曰:“牵牛不入栏。”问:“有无俱无去处时如何？”师曰:“三月懒游花下路，一家愁闭雨中门。”问:“语默涉离微,如何通不犯？”师曰:“常忆江南三月里,鹧鸪啼处百花香。”问:“百了千当时如何？”师曰:“不许夜行，投明须到。”

上堂:“三千剑客，耻见庄周。赤眉横肩，得无讹谬。他时变豹，后五日看。珍重！”问:“心印未明时如何？”师曰:“虽闻酋帅投归款，未见牵羊纳璧来。”问:“如何是临济下事？”师曰:“桀犬吠尧。”问:“如何是啮镞事？”师曰:“孟浪借辞论马角。”

上堂,大众集定,师曰:“不是无言,各须英鉴。”问:“大众云集，师意如何？”师曰:“景谢初寒，骨肉疏冷。”问:“不修禅定，为什么成佛无疑？”师曰:“金鸡专报晓，漆桶夜生光。”问:“一念万年时如何？”师曰:“拂石仙衣破。”问:“洪钟未击时如何？”师曰:“充塞大千无不韵，妙含幽致岂能分。”曰:“击后如何？”师曰:“石壁山河无障碍，翳消开后好咨闻。”问:“古今才分，请师密要。”师曰:“截却重舌。”问:“如何是大人相？”师曰:“赫赤穷汉。”曰:“未审将何受用？”师曰：“携篓挈杖。”问：“如何是宾中主？”师曰：“入市双瞳瞽。”曰：“如何是主中宾？”师曰：“回銮两曜新。”曰：“如何是宾中宾？”师曰：“攒眉坐白云。”曰：“如何是主中主？”师曰：“磨砻三尺剑，待斩不平人。”问：“如何是镬头边意？”师曰：“山前一片青。”问：“如何是佛？”师曰：“杖林山下打筋鞭。”

颖桥安禅师

颖桥安禅师〔号铁胡〕，与钟司徒向火次，钟忽问：“三界焚烧时如何出得？”师以香匙拨开火。钟拟议，师曰：“司徒！司徒！”钟忽有省。

西院明禅师法嗣

兴阳归静禅师

郢州兴阳归静禅师，初参西院，便问：“拟问不问时如何？”院便打。师良久，院曰：“若唤作棒，眉须堕落。”师于言下大悟。住后，僧问：“师唱谁家曲，宗风嗣阿谁？”师曰：“少室山前无异路。”

南岳下八世

风穴沼禅师法嗣

首山省念禅师

汝州首山省念禅师，莱州狄氏子。受业于本郡南禅寺，才具尸罗，遍游丛席。常密诵法华经，众目为念法华也。晚于风穴会中充知客。一日侍立次，穴乃垂涕告之曰：“不幸临济之道，至吾将坠于地矣。”师曰：“观此一众，岂无人邪？”穴曰：“聪敏者多，见性者少。”师曰：“如某者如何？”穴曰：“吾虽望子之久，犹恐耽着此经，不能放下。”师曰：“此亦可事，愿闻其要。”穴遂上堂，举世尊以青莲目顾视大众，乃曰：“正当恁么时，且道说个什么？若道不说而说，又是埋没先圣。且道说个什么？”师乃拂袖下去。穴掷下拄杖，归方丈。侍者随后请益，曰：“念法华因甚不祇对和尚？”穴曰：“念法华会也。”次日，师与真园头同上，问讯次，穴问真曰：“作么生是世尊不说说？”真曰：“鹁鸠树头鸣。”穴曰：“汝作许多痴福作么？何不体究言句。”又问师曰：“汝作么生？”师曰：“动容扬古路，不堕悄然机。”穴谓真曰：“汝何不看念法华下语。”师受风穴印可之后，泯迹韬光，人莫知其所以。因白兆楚和尚至汝州宣化，风穴令师往传话。才相见，提起坐具。便问：“展即是，不展即是？”兆曰：“自家看取。”师便喝。兆曰：“我曾亲近知识来，未尝辄敢恁么造次。”师曰：“草贼大败。”兆曰：“来日若见风穴和尚，待一一举似。”师曰：“一任一任，不得忘却。”师乃先回，举似风穴。穴曰：“今日又被你收下一员草贼。”师曰：“好手不张名。”兆次日才到，相见便举前话。穴曰：“非但昨日，今日和赃捉败。”师于是名振四方，学者望风而靡。开法首山，为第一世也。

入院上堂曰：“佛法付与国王大臣，有力檀越，令其佛法不断绝，灯灯相续，至于今日。大众且道，续个什么？”良久曰：“须是迦叶师兄始得。”时有僧问：“灵山一会，何异今朝？”师曰：“堕坑落堑。”曰：“为什么如此？”师曰：“瞎。”问：“师唱谁家曲，宗风嗣阿谁？”师曰：“少室岩前亲掌示。”曰：“便请洪音和一声。”师曰：“如今也要大家知。”问：“如何是径截一路？”师曰：“或在山间，或在树下。”问：“如何是学人亲切处？”师曰：“五九尽日又逢春。”曰：“毕竟事如何？”师曰：“冬到寒食一百五。”问：“如何是和尚家风？”师曰：“一言截断千江口，万仞峰前始得玄。”问：“如何是首山境？”师曰：“一任众人看。”曰:“如何是境中人?”师曰:“吃棒得也未?”僧礼拜,师曰:“吃棒且待别时。”问:“如何是祖师西来意?”师曰:“风吹日炙。”问:“从上诸圣,向什么处行履?”师曰:“牵犁拽杷。”问:“古人拈槌竖拂,意旨如何?”师曰:“孤峰无宿客。”曰:“未审意旨如何?”师曰:“不是守株人。”问:“如何是菩提路?”师曰:“此去襄县五里。”曰:“向上事如何?”师曰:“往来不易。”问:“诸圣说不到处,请师举唱。”师曰:“万里神光都一照,谁人敢并日轮齐。”问:“临济喝,德山棒,未审明什么边事?”师曰:“汝试道看。”僧便唱。师曰:“瞎。”僧又喝,师曰:“这瞎汉只么乱喝作么?”僧礼拜,师便打。问:“和尚是大善知识,为什么却首山?”师曰:“不坐孤峰顶,常伴白云闲。”问:“四众围绕,师说何法?”师曰:“打草蛇惊。”曰:“未审作么生下手?”师曰:“适来几合丧身失命。”问:“二龙争珠,谁是得者?”师曰:“得者失。”曰:“不得者又如何?”师曰:“珠在什么处?”问:“一切诸佛,皆从此经出,如何是此经?”师曰:“低声!低声!”曰:“如何受持?”师曰:“切不得污染。”问:“世尊灭后,法付何人?”师曰:“好个问头,无人答得。”曰:“如何是世尊不说说?”师曰:“任从沧海变,终不为君通。”曰:“如何是迦叶不闻闻?”师曰:“聩人徒侧耳。”问:“古人道,见色便见心,诸法无形,将何所见?”师曰:“一家有事百家忙。”曰:“学人不会,乞师再指。”师曰:“五日后看取。”问:“菩萨未成佛时如何?”师曰:“众生。”曰:“成佛后如何?”师曰:“众生,众生。”问:“路逢达道人,不将语默对,未审将什么对?”师曰:“瞥尔三千界。”曰:“与么则目视不劳也。”师曰:“天恩未遇,后悔难追。”

上堂:“第一句荐得,堪与祖佛为师。第二句荐得,堪与人天为师。第三句荐得,自救不了。”时有僧问:“如何是第一句?”师曰:“大用不扬眉,棒下须见血。”曰:“慈悲何在?”师曰:“送出三门外。”问:“如何是第二句?”师曰:“不打恁么驴汉。”曰:“将接何人?”师曰:“如斯争奈何!”问:“如何是第三句?”师曰:“解问无人答。”曰:“即今祇对者是谁?”师曰:“莫使外人知。”曰:“和尚是第几句荐得?”师曰:“月落三更穿市过。”问:“维摩默然,文殊赞善,未审此意如何?”师曰:“当时听众必不如是。”曰:“既不如是,维摩默然,又且如何?”师曰:“知恩者少,负恩者多。”乃曰:“若论此事实,不挂一个元字脚。”便下座。问:“如何是古佛心?”师曰:“镇州萝卜重三斤。”问:“如何是玄中的?”师曰:“有言须道却。”曰:“此意如何?”师曰:“无言鬼也瞋。”问:“如何是衲僧眼?”师曰:“此问不当。”曰:“当后如何?”师曰:“堪作什么?”问:“如何得离众缘去?”师曰:“千年一遇。”曰:“不离时如何?”师曰:“立在众人前。”问:“如何是大安乐底人?”师曰:“不见有一法。”曰:“将何为人?”师曰:“谢阇黎领话。”问:“如何是常在底人?”师曰:“乱走作么?”问:“如何是首山?”师曰:“东山高,西山低。”曰:“如何是山中人?”师曰:“恰遇棒不在。”问:“如何是道?”师曰:“炉中有火无心拨,处处纵横任意游。”曰:“如何是道中人?”师曰:“坐看烟霞秀,不与白云齐。”问:“一毫未发时如何?”师曰:“路逢穿耳客。”曰:“发后如何?”师曰:“不用更迟疑。”问:“无弦一曲,请师音韵。”师良久,曰:“还闻么?”曰:“不闻。”师曰:“何不高声问着。”问:“学人久处沉迷,请师一接。”师曰:“老僧无这闲工夫。”曰:“和尚岂无方便?”师曰:“要行即行,要坐即坐。”问:“如何是离凡圣底句?”师曰:“嵩山安和尚。”曰:“莫便是和尚极则处否?”师曰:“南岳让禅师。”问:“学人乍入丛林,乞师指示。”师曰:“阇黎到此多少时也?”曰:“已经冬夏。”师曰:“莫错举似人。”问:“有一人荡尽来时,师还接否?”师曰:“荡尽即置,那一人是谁?”曰:“风高月冷。”师曰:“僧堂内几人坐卧?”僧无对。师曰:“赚杀老僧!”问:“如何是梵音相?”师曰:“驴鸣狗吠。”乃曰:“要得亲切,第一莫将问来问。还会么?问在答处,答在问处。汝若将问来问,老僧在汝脚底。汝若拟议，即没交涉。”时有僧出礼拜，师便打。僧便问：“挂锡幽岩时如何？”师曰：“错。”僧曰：“错。”师又打。问：“如何是佛？”师曰：“新妇骑驴何家牵？”曰：“未审此语什么句中收？”师曰：“三玄收不得，四句岂能该！”曰：“此意如何？”师曰：“天长地久，日月齐明。”问：“曹溪一句，天下人闻。未审和尚一句，什么人得闻？”师曰：“不出三门外。”曰：“为什么不出三门外？”师曰：“举似天下人。”问：“如何是和尚不欺人底眼？”师曰：“看看冬到来。”曰：“究竟如何？”师曰：“即便春风至。”问：“远闻和尚无丝可挂，及至到来，为什么有山可守？”师曰：“道什么！”僧便喝，师亦喝。僧礼拜，师曰：“放汝三十棒。”

次住广教及宝应，三处法席，海众常臻。淳化三年十二月四日午时，上堂说偈曰：“今年六十七，老病随缘且遣日。今年记却来年事，来年记着今朝日。”至四年，月日无爽前记。上堂辞众，仍说偈曰：“白银世界金色身，情与非情共一真。明暗尽时俱不照，日轮午后示全身。”言讫，安坐而逝。荼毗收舍利建塔。

广慧真禅师

汝州广慧真禅师，尝在风穴作园头。穴问曰：“会昌沙汰时，护法善神向什么处去？”师曰：“常在阛阓中，要且无人识。”穴曰：“汝彻也。”师礼拜，出世。开堂日，僧问：“如何是广慧境？”师曰：“小寺前，资庆后。”问：“如何是和尚家风？”师曰：“杴爬镢子。”

长兴院满禅师

凤翔府长兴院满禅师，僧问：“如何是古佛道场？”师曰：“行便踏着。”曰：“踏着后如何？”师曰：“冰消瓦解。”曰：“为甚如此？”师曰：“城内君子，郭外小儿。”问：“大用现前时如何？”师曰：“闹市里辊。”

潭州灵泉院和尚

潭州灵泉院和尚，僧问："如何是和尚活计？"师曰："一物也无。"曰："未审日用何物？"师便喝。僧礼拜，师便打。问："先师道：'金沙滩上马郎妇。'意旨如何？"师曰："上东门外人无数。"曰："便恁么会时如何？"师曰："天津桥上往来多。"

南岳下九世

首山念禅师法嗣

太子院善昭禅师

汾州太子院善昭禅师，太原俞氏子。剃发受具，杖策游方。所至少留，随机叩发，历参知识七十一员。后到首山，问："百丈卷席，意旨如何？"山曰："龙袖拂开全体现。"曰："师意如何？"山曰："象王行处绝狐踪。"师于言下大悟，拜起而曰："万古碧潭空界月，再三捞摝始应知。"有问者曰："见何道理，便尔自肯？"师曰："正是我放身命处。"后游衡湘及襄沔间，每为郡守以名刹力致。前后八请，坚卧不答。洎首山殁，西河道俗遣僧契聪迎请住持。师闭关高枕，聪排闼而入，让之曰："佛法大事，靖退小节。风穴惧应谶，忧宗旨坠灭，幸而有先师。先师已弃世，汝有力荷担如来大法者，今何时而欲安眠哉？"师矍起，握聪手曰："非公不闻此语。趣办严，吾行矣。"

住后上堂，谓众曰："汾阳门下有西河师子，当门踞坐。但有来者，即便咬杀。有何方便，入得汾阳门，见得汾阳人？若见汾阳人者，堪与祖佛为师。不见汾阳人，尽是立地死汉。如今还有人入得么？快须入取，免得孤负平生。不是龙门客，切忌遭点额。

那个是龙门客，一齐点下。”举起拄杖曰：“速退！速退！珍重。”

上堂：“先圣云，一句语须具三玄门，一玄门须具三要。阿那个是三玄三要底句？快会取好。各自思量，还得稳当也未？古德已前行脚，闻一个因缘，未明中间，直下饮食无味，睡卧不安，火急决择，莫将为小事。所以大觉老人，为一大事因缘出现于世。想计他从上来行脚，不为游山玩水，看州府奢华，片衣口食，皆为圣心未通。所以驱驰行脚，决择深奥，传唱敷扬。博问先知，亲近高德。盖为续佛心灯，绍隆祖代。兴崇圣种，接引后机。自利利他，不忘先迹。如今还有商量者么？有即出来，大家商量。”僧问：“如何是接初机底句？”师曰：“汝是行脚僧。”曰：“如何是辨衲僧底句？”师曰：“西方日出外。”曰：“如何是正令行底句？”师曰：“千里持来呈旧面。”曰：“如何是立乾坤底句？”师曰：“北俱卢洲长粳米，食者无贪亦无瞋。”乃曰：“将此四转语验天下衲僧，才见你出来，验得了也。”问：“如何是学人着力处？”师曰：“嘉州打大像。”曰：“如何是学人转身处？”师曰：“陕府灌铁牛。”曰：“如何是学人亲切处？”师曰：“西河弄师子。”乃曰：“若人会得此三句，已辨三玄。更有三要语在，切须荐取，不是等闲。与大众颂出：三玄三要事难分，得意忘言道易亲。一句明明该万象，重阳九日菊花新。”

师为并汾苦寒，乃罢夜参。有异比丘振锡而至，谓师曰：“会中有大士六人，奈何不说法？”言讫而去。师密记以偈曰：“胡僧金锡光，为法到汾阳。六人成大器，劝请为敷扬。”上堂：“凡一句语须具三玄门，每一玄门须具三要。有照有用，或先照后用，或先用后照，或照用同时，或照用不同时。先照后用，且要共你商量。先用后照，你也须是个人始得。照用同时，你作么生当抵？照用不同时，你又作么生凑泊？”僧问：“如何是大道之源？”师曰：“掘地觅天。”曰：“何得如此！”师曰：“不识幽玄。”问：“如何是宾中宾？”师曰：“合掌庵前问世尊。”曰：“如何是宾中主？”师曰：“对面无俦侣。”曰：“如何是主中宾？”师曰：“阵云横海上，拔剑搅龙门。”曰：“如何是主中主？”师曰：“三头六臂擎天地，忿怒那吒扑帝钟。”

上堂：“汾阳有三诀，衲僧难辨别。更拟问如何，拄杖蓦头楔。”时有僧问：“如何是三诀？”师便打，僧礼拜。师曰：“为汝一时颂出：第一诀，接引无时节，巧语不能诠，云绽青天月。第二诀，舒光辨贤哲，问答利生心，拔却眼中楔。第三诀，西国胡人说，济水过新罗，北地用镔铁。”复曰：“还有人会么？会底出来通个消息。要知远近，莫只恁么记言记语，以当平生，有什么利益！不用久立，珍重！”

僧问：“如何是祖师西来意？”师曰：“青绢扇子足风凉。”问：“布鼓当轩挂，谁是知音者？”师曰：“停锄倾麦饭，卧草不抬头。”问：“如何是道场？”师曰：“下脚不得。”问：“如何是祖师西来意？”师曰：“彻骨彻髓。”曰：“此意如何？”师曰：“遍天遍地。”问：“真正修道人，不见世间过。未审不见个什么过？”师曰：“雪埋夜月深三尺，陆地行舟万里程。”曰：“和尚是何心行？”师曰：“却是你心行。”问：“大悲千手眼，如何是正眼？”师曰：“瞎。”曰：“恁么则一条拄杖两人舁。”师曰：“三家村里唱巴歌。”曰：“恁么则和尚同在里显。”师曰：“谢汝殷勤。”问：“如何是和尚家风？”师曰：“三玄开正道，一句破邪宗。”曰：“如何是和尚活计。”师曰：“寻常不掌握，供养五湖僧。”曰：“未审吃个什么？”师曰：“天酥陀饭非珍馔，一味良羹饱即休。”问：“牛头未见四祖时如何？”师曰：“新神更着师婆赛。”曰：“见后如何？”师曰：“古庙重遭措大题。”

上堂，谓众曰：“夫说法者，须具十智同真。若不具十智同真，邪正不辨，缁素不分，不能与人天为眼目，决断是非，如鸟飞空而折翼，如箭射的而断弦。弦断故射的不中，翼折故空不可飞。弦壮翼牢，空的俱彻。作么生是十智同真？与诸上座点出：一同一质，二同大事，三总同参，四同真志，五同遍普，六同具足，七同得失，八同生杀，九同音吼，十同得入。”又曰：“与什么人同得入？与阿谁同音吼？作么生是同生杀？什么物同得失？阿那个同具足？是什么同遍普？何人同真志？孰能总同参？那个同大事？何物同一质？有点得出底么，点得出者不吝慈悲。点不出来，未有参学眼在，切须辨取。要识是非，面目见在，不可久立，珍重！”龙德府尹李侯与师有旧，虚承天寺致之，使三反不赴。使者受罚，复至曰：“必欲得师俱往，不然有死而已。”师笑曰：“老病业已不出山，借往当先后之，何必俱邪？”使曰：“师诺，则先后唯所择。”师令馔设，且儆装曰：“吾先行矣！”停箸而化，阇维收舍利起塔。

叶县广教院归省禅师

汝州叶县广教院归省禅师，冀州贾氏子。弱冠依易州保寿院出家，受具后游方，参首山。山一日举竹篦，问曰：“唤作竹篦即触，不唤作竹篦即背。唤作什么？”师掣得掷地上曰：“是什么？”山曰：“瞎。”师于言下，豁然顿悟。

开堂，僧问：“祖祖相传传祖印，师今得法嗣何人？”师曰：“寰中天子，塞外将军。”曰：“汝海一滴蒙师指，向上宗风事若何？”师曰：“高祖殿前樊哙怒，须知万里绝烟尘。”问：“维摩丈室不以日月为明，和尚丈室以何为明？”师曰：“眉分八字。”曰：“未审意旨如何？”师曰：“双耳垂肩。”问：“如何是超师之作？”师曰：“老僧眉毛长多少！”问：“如何是尘中独露身？”师曰：“塞北千人帐，江南万斛船。”曰：“恁么即非尘也。”师曰：“学语之流，一札万行。”问：“如何是和尚深深处？”师曰：“猫有歃血之功，虎有起尸之德。”曰：“莫便是也无？”师曰：“碓捣东南，磨推西北。”问：“如何是金刚不坏身？”师曰：“百杂碎。”曰：“意旨如何？”师曰：“终是一堆灰。”问：“不落诸缘，请师便道。”师曰：“落。”问：“如何是清净法身？”师曰：“厕坑头筹子。”问：“如何是戒定慧？”师曰：“破家具。”

师一日升座，僧问：“才上法堂来时如何？”师拍禅床一下，僧曰：

"未审此意如何？"师曰："无人过价，打与三百。"问："忽遇大阐提人来，还相为也无？"师曰："法久成弊。"曰："慈悲何在？"师曰："年老成魔。"上堂："宗师血脉，或凡或圣。龙树马鸣，天堂地狱。镬汤炉炭，牛头狱卒。森罗万象，日月星辰。他方此土，有情无情。"以手画一画云："俱入此宗。此宗门中，亦能杀人，亦能活人。杀人须得杀人刀，活人须得活人句。作么生是杀人刀、活人句？道得底，出来对众道看。若道不得，即孤负平生。珍重！"问："如何是和尚四无量心？"师曰："放火杀人。"曰："慈悲何在？"师曰："遇明眼人举似。"问："不在内，不在外，不在中间。未审在什么处？"师曰："南斗六，北斗七。"问："如何是毗卢师法身主？"师曰："僧排夏腊，俗列耆年。"曰："向上更有事也无？"师曰："有。"曰："如何是向上事？"师曰："万里崖州君自去，临行惆怅怨他谁。"

上堂，良久曰："夫行脚禅流，直须着忖，参学须具参学眼，见地须得见地句，方有相亲分，始得不被诸境惑，亦不落于恶道。毕竟如何委悉？有时句到意不到，妄缘前尘，分别影事。有时意到句不到，如盲摸象，各说异端。有时意句俱到，打破虚空界，光明照十方。有时意句俱不到，无目之人纵横走，忽然不觉落深坑。"问："如何是古今无异路？"师曰："俗人尽里头。"曰："意旨如何？"师曰："阇黎无席帽。"问："已事未明，以何为验？"师曰："闹市里打静槌。"曰："意旨如何？"师曰："日午点金灯。"问："布鼓当轩击，谁是知音者？"师曰："眼中有涩钉。"曰："未审此意如何？"师曰："乔翁赛南神。"僧请益"柏树子"话，师曰："我不辞与汝说，还信么？"曰："和尚重言，争敢不信。"师曰："汝还闻檐头水滴声么？"其僧豁然，不觉失声云："哪。"师曰："你见个什么道理？"僧便以颂对曰："檐头水滴，分明历历。打破乾坤，当下心息。"师乃忻然。问僧："日暮投林，朝离何处？"曰："新戒不曾学禅。"师曰："生身入地狱。"下去后，有僧举到智门宽和尚处，门曰："何不道锁匙在和尚手里？”师因去将息寮看病僧。僧乃问曰：“和尚！四大本空,病从何来？”师曰：“从阇黎问处来。”僧喘气,又问曰：“不问时如何？”师曰：“撒手卧长空。”僧曰：“啷。”便脱去。

神鼎洪諲禅师

潭州神鼎洪諲禅师，襄水扈氏子。自游方，一衲以度寒暑。尝与数耆宿至襄沔间，一僧举论宗乘，颇敏捷。会野饭山店中，供办而僧论说不已。师曰：“三界唯心，万法唯识。唯识唯心，眼声耳色，是什么人语？”僧曰：“法眼语。”师曰：“其义如何？”曰：“唯心故根境不相到，唯识故声色摐然。”师曰：“舌味是根境否？”曰：“是。”师以箸夹菜置口中，含胡而语曰：“何谓相入邪？”坐者骇然，僧不能答。师曰：“途路之乐，终未到家。见解入微，不名见道。参须实参，悟须实悟。阎罗大王，不怕多语。”僧拱而退。后返长沙，隐于衡岳三生藏。有湘阴豪贵，来游福严，即师之室，见其气貌闲静，一钵挂壁，余无长物。倾爱之，遂拜跪，请曰：“神鼎乃我家植福之地，久乏宗匠，愿师俱往，何如？”师笑而诺之。即以己马负师至，十年始成丛席。一朽床为说法座，其甘枯淡无比。又以德腊俱高，诸方尊之，如古赵州。僧问：“诸法未闻时如何？”师曰：“风萧萧，雨飒飒。”曰：“闻后如何？”师曰：“领话好！”问：“鱼鼓未鸣时如何？”师曰：“看天看地。”曰：“鸣后如何？”师曰：“捧钵上堂。”问：“古涧寒泉时如何？”师曰：“不是衲僧行履处。”曰：“如何是衲僧行履处？”师曰：“不见有古涧寒泉。”问：“两手献尊堂时如何？”师曰：“是什么？”问：“学人到宝山，空手回时如何？”师曰：“腊月三十日。”问：“如何是和尚家风？”师曰：“饥不择食。”问：“如何是和尚为人句？”师曰：“拈柴择菜。”曰：“莫只这便是也无？”师曰：“更须子细。”问：“拨尘见佛时如何？”师曰：“佛亦是尘。”问：“如何是道人活计？”师曰：

“山僧自小不曾入学堂。”官人指木鱼问：“这个是什么？”师曰：“惊回多少瞌睡人。”官曰：“洎不到此间？”师曰：“无心打无心。”问：“如何是清净法身？”师曰：“灰头土面。”曰：“为什么如此？”师曰：“争怪得山僧。”曰：“未审法身向上还有事也无？”师曰：“有。”曰：“如何是向上事？”师曰：“毗卢顶上金冠子。”问：“菩提本无树，何处得子来？”师曰：“唤作无，得么？”问：“持地菩萨修路等佛，和尚修桥等何人？”师曰：“近后。”问：“和尚未见先德时如何？”师曰：“东行西行。”曰：“见后如何？”师曰：“横担拄杖。”上堂，举洞山曰：“贪嗔痴，太无知，赖我今朝识得伊。行便打，坐便槌，分付心王子细推。无量劫来不解脱，问汝三人知不知？”师曰：“古人与么道，神鼎则不然。贪嗔痴，实无知，十二时中任从伊。行即往，坐即随，分付心王拟何为？无量劫来元解脱，何须更问知不知？”

谷隐山蕴聪慈照禅师

襄州谷隐山蕴聪慈照禅师，初参百丈恒和尚，因结夏。百丈上堂，举《中观论》曰：“正觉无名相，随缘即道场。”师便出问：“如何是正觉无名相？”丈曰：“汝还见露柱么？”师曰：“如何是随缘即道场？”丈曰：“今日结夏。”次参首山，问：“学人亲到宝山，空手回时如何？”山曰：“家家门前火把子。”师于言下大悟。呈偈曰：“我今二十七，访道曾寻觅。今朝喜得逢，要且不相识。”后到大阳，玄和尚问：“近离甚处？”师曰：“襄州。”阳曰：“作么生是不隔底句？”师曰：“和尚住持不易。”阳曰：“且坐吃茶。”师便参众去。侍者问：“适来新到，祗对住持不易，和尚为什么教坐吃茶。”阳曰：“我献他新罗附子，他酬我舶上茴香。你去问，他有语在。”侍者请师吃茶，问：“适来祗对和尚，道住持不易，意旨如何？”师曰：“真榆不博金。”住后，僧问：“如何是佛？”师曰：“邛州多出九节杖。”曰：“谢师指示。”师曰：“且莫作答佛话会。”却问：“来时无物去时空，二路俱迷，如何得不迷去？”师曰：“秤头半斤，秤尾八两。”问：“如何是古佛心？”师曰：“踏着秤锤硬似铁。”曰：“意旨如何？”师曰：“明日向汝道。”问：“青山渌水即不问，急切一句作么生道？”师曰：“手过膝，耳垂肩。”问：“如何是道？”师曰：“车碾马踏。”曰：“如何是道中人？”师曰：“横眠竖坐。”问：“日往月来迁，不觉年衰老，还有不老者么？”师曰：“有。”曰：“如何是不老者？”师曰：“虬龙筋力高声叫，晚后精灵转更多。”问：“如何是学人深深处？”师曰：“乌龟水底深藏穴。”曰：“未审其中事若何？”师曰：“路上行人莫与知。”问：“古人索火，意旨如何？”师曰：“任他灭。”曰：“灭后如何？”师曰：“初三十一。”

因作清凉河堰，僧问：“忽遇洪水滔天，还堰得也无？”师曰：“上拄天，下拄地。”曰：“劫火洞然，又作么生？”师曰：“横出竖没。”问：“深山岩崖中还有佛法也无？”师曰：“有。”曰：“如何是深山岩崖中佛法？”师曰：“奇怪石头形似虎，火烧松树势如龙。”问：“古人道，见色便见心。露柱是色，那个是心？”师曰：“昼见簸箕星。”曰：“意旨如何？”师曰：“柳营节级横阶上。”问：“如何是道？”师曰：“善犬带牌。”曰：“为甚如此？”师曰：“令人惧见。”

上堂：“十五日已前诸佛生，十五日已后诸佛灭。十五日已前诸佛生，你不得离我这里。若离我这里，我有钩子钩你。十五日已后诸佛灭，你不得住我这里，若住我这里，我有锥子锥你。且道正当十五日，用钩即是，用锥即是？”遂有偈曰：“正当十五日，钩锥一时息。更拟问如何，回头日又出。”问：“如何是无缝塔？”师曰：“直下看。”曰：“如何是塔中人？”师曰：“退后！退后！”问：“承古有言，只这如今谁动口，意旨如何？”师曰：“莫认驴鞍桥作阿爷下颔。”张茂崇太保问：“摩腾入汉，已涉繁词。达磨单传，请师直指。”师曰：“冬不寒，腊后看。”问：“若能转物，即同如来。万象是物，如何转得？”师曰：“吃了饭，无些子意智。”问：“寸丝不挂，法网无边。为什么却有迷悟？”师曰：“两桶一担。”问：“有情有用，无情无用。如何是无情无用？”师曰：“独扇门子尽夜开。”

上堂：“春景温和，春雨普润，万物生芽，什么处不沾恩？且道承恩力一句，作么生道？”良久曰：“春雨一滴滑如油。”问：“如何是学人自己法身？”师曰：“每日般柴不易。”曰：“此是大众底，如何是学人底？”师曰：“三生六十劫。”问：“逐日开单展钵，以何报答施主之恩？”师曰：“被这一问，和我愁杀。”曰：“恁么则谢供养也。”师曰：“得什么人气力？”僧礼拜，师曰：“明日更吃一顿。”问：“古人急水滩头毛毬子，意旨如何？”师曰：“云开月朗。”问：“急水滩头连底石，意旨如何？”师曰：“屋破见青天。”曰：“屋破见青天，意旨如何？”师曰：“通上彻下。”问：“一处火发，任从你救。八方齐发时如何？”师曰：“快。”曰：“还求出也无？”师曰：“若求出，即烧杀你。”僧礼拜，师曰：“直饶你不求出，也烧杀你。”示众：“第一句道得，石里迸出。第二句道得，挨拶将来。第三句道得，自救不了。”上堂：“五白猫儿爪距狞，养来堂上绝虫行。分明上树安身法，切忌遗言许外生。作么生是许外生底句？莫错举。”僧入室问：“正当与么时，还有师也无？”师曰：“灯明连夜照，甚处不分明。”曰：“毕竟事如何？”师曰：“来日是寒食。”

广慧院元琏禅师

汝州广慧院元琏禅师，泉州陈氏子。到首山，山问：“近离甚处？”师曰：“汉上。”山竖起拳曰：“汉上还有这个么？”师曰：“这个是什么碗鸣声？”山曰：“瞎。”师曰：“恰是。”拍一拍便出。他日又问：“学人亲到宝山，空手回时如何？”山曰：“家家门前火把子。”师当下大悟，云：“某甲不疑天下老和尚舌头也。”山曰：“汝会处作么生，与我说来看。”师曰：“只是地上水碙砂也。”山曰：“汝会也。”师便礼拜。住后，僧问：“如何是祖师西来意？”师曰：“竹竿头上曜红旗。”杨亿侍郎问：“天上无弥勒，地下无弥勒，未审在什么处？”师曰：

"敲砖打瓦。"又问:"风穴道,金沙滩头马郎妇,意旨如何?"师曰:"更道也不及。"僧问:"如何是无位真人?"师曰:"上木下铁。"曰:"恁么则罪归有处也。"师曰:"判官掷下笔。"僧礼拜,师曰:"拖出。"问:"如何是佛?"师曰:"两个不是多。"上堂:"临济两堂首座相见,同时下喝,诸人且道还有宾主也无?若道有,只是个瞎汉。若道无,亦是个瞎汉。不有不无,万里崖州,若向这里道得,也好与三十棒。若道不得,亦与三十棒。衲僧家到这里,作么生出得山僧禨去。"良久曰:"苦哉!虾蟆蚯蚓,跨跳上三十三天,撞着须弥山百杂碎。"拈拄杖曰:"一队无孔铁锤。速退!速退!"

三交智嵩禅师

并州承天院三交智嵩禅师,参首山,问:"如何是佛法的的大意?"山曰:"楚王城畔,汝水东流。"师于此有省,顿契佛意。乃作三玄偈曰:"须用直须用,心意莫定动。三岁师子吼,十方没狐种。我有真如性,如同幕里隐。打破六门关,显出毗卢印。真骨金刚体可夸,六尘一拂求无遮。廓落世界空为体,体上无为真到家。"山闻乃请吃茶。问:"这三颂是汝作来邪?"师曰:"是。"山曰:"或有人教汝现三十二相时如何?"师曰:"某甲不是野狐精。"山曰:"惜取眉毛。"师曰:"和尚落了多少?"山以竹篦头上打。曰:"这汉向后乱作去在。"

住后,上堂:"文殊仗剑,五台横行,唐明一路,把断妖讹。三世诸佛,未出教乘。网底游鱼,龙门难渡。垂钩四海,只钓狞龙。格外玄谈,为求知识。若也举扬宗旨,须弥直须粉碎。若也说佛说祖,海水便须枯竭。宝剑挥时,毫光万里。放汝一路,通方说话。把断咽喉,诸人甚处出气?"僧问:"钝根乐小法,不自信作佛。作佛后如何?"师曰:"水里捉麒麟。"曰:"与么则便登高座也。"师曰:"骑牛上三十三天。"问:"古人拈椎竖拂,意旨如何?"师曰:"骑驴不着靴。"问:"如何是夺人不夺境?"师曰:"家乡有路无人到。"曰:

“如何是夺境不夺人？”师曰：“暗传天子敕，陪行一百程。”曰：“如何是人境两俱夺。”师曰：“无头虾蟆脚指天。”曰：“如何是人境俱不夺？”师曰：“晋祠南畔长柳巷。”问：“古人东山西岭青，意作么生？”师曰：“波斯鼻孔大。”曰：“与么则西天迦叶，东土我师。”师曰：“金刚手板阔。”问：“大悲千手眼，那个是正眼？”师曰：“开化石佛拍手笑，晋祠娘子解讴歌。”问：“临济推倒黄檗，因甚维那吃棒？”师曰：“正狗不偷油，鸡衔灯盏走。”问：“如何是截人之机？”师曰：“要用便用。”曰：“请和尚用。”师曰：“拖出这死汉。”

郑工部问：“百尺竿头独打毬，万丈悬崖丝系腰时如何？”师曰：“幽州着脚，广南厮扑。”郑无语。师曰：“勘破这胡汉。”郑曰：“二十年江南界里，这回却见禅师。”师曰：“瞎老婆吹火。”僧问：“二边纯莫立，中道不须安。未审意旨如何？”师曰：“广南出象牙。”曰：“不会，请师直指。”师曰：“番国皮毬八百价。”上堂：“寒温冷暖，着衣吃饭，自不欠少。波波地觅个什么？只是诸人不肯承当，如今还有承当底么？有则不得孤负山河大地，珍重！”问：“祖师西来，三藏东去，当明何事？”师曰：“佛殿部署修，僧堂老僧羞。”僧曰：“与么则全明今日事也。”师曰：“今日事作么生？”僧便喝，师便打。问：“如何是学人用心处？”师曰：“光剃头，净洗钵。”曰：“如何是学人行履处？”师曰：“僧堂前，佛殿后。”上堂，举法眼偈曰：“见山不是山，见水何曾别。山河与大地，都是一轮月。大小法眼未出涅槃堂，三交即不然，见山河与大地，锥刀各自用。珍重！”

铁佛院智嵩禅师

忻州铁佛院智嵩禅师，有同参到，师见便问：“还记得相识么？”参头拟议，第二僧打参头一坐具曰：“何不快祇对和尚？”师曰：“一箭两垛。”师问：“僧甚处来？”曰：“台山来。”师曰：“还见龙王么？”曰：“和尚试道看。”师曰：“我若道，即瓦解冰消。”僧拟议，师曰：“不信道。”问:“亡僧迁化向什么处去也?”师曰:“下坡不走,快便难逢。”

首山怀志禅师

汝州首山怀志禅师,僧问:“如何是祖师西来意?”师曰:“三尺杖子破瓦盆。”问:“如何是佛?”师曰:“桶底脱。”问:“从上诸圣有何言句?”师曰:“如是我闻。”曰:“不会。”师曰:“信受奉行。”

仁王院处评禅师

池州仁王院处评禅师,问首山:“如何是佛法大意?”山便喝。师礼拜,山拈棒。师曰:“老和尚没世界那!”山抛下拄杖曰:“明眼人难谩。”师曰:“草贼大败。”

智门迥罕禅师

随州智门迥罕禅师,为北塔僧使点茶次,师起揖曰:“僧使近上坐。”使曰:“鹞子头上,争敢安巢?”师曰:“捧上不成龙。”随后打一坐具。使茶罢,起曰:“适来却成触忤和尚。”师曰:“江南杜禅客,觅什么第二碗。”

鹿门慧昭山主

襄州鹿门慧昭山主,杨亿侍郎问曰:“入山不畏虎,当路却防人时如何?”师曰:“君子坦荡荡。”僧问:“如何是鹿门山?”师曰:“石头大底大,小底小。”曰:“如何是山中人?”师曰:“横眠竖卧。”

丞相王随居士

丞相王随居士,谒首山,得言外之旨。自尔履践,深明大法。临终书偈曰:“尽堂灯已灭,弹指向谁说。去住本寻常,春风扫残雪。”

五灯会元　卷第十二

南岳下十世

汾阳昭禅师法嗣

石霜楚圆慈明禅师

潭州石霜楚圆慈明禅师，全州李氏子。少为书生，年二十二，依湘山隐静寺出家。其母有贤行，使之游方。闻汾阳道望，遂往谒焉。阳顾而默器之。经二年，未许入室。每见必骂诟，或毁诋诸方，及有所训，皆流俗鄙事。一夕诉曰："自至法席已再夏，不蒙指示，但增世俗尘劳，念岁月飘忽，已事不明，失出家之利。"语未卒，阳熟视，骂曰："是恶知识，敢裨贩我！"怒举杖逐之。师拟伸救，阳掩师口，乃大悟曰："是知临济道出常情。"服役七年，辞去，依唐明嵩禅师。嵩谓师曰："杨大年内翰知见高，入道稳实，子不可不见。"师乃往见大年。年问曰："对面不相识，千里却同风。"师曰："近奉山门请。"年曰："真个脱空。"师曰："前月离唐明。"年曰："适来悔相问。"师曰：

"作家。"年便喝。师曰:"恰是。"年复喝。师以手划一划。年吐舌曰:"真是龙象。"师曰:"是何言欤?"年唤客司:"点茶来,元来是屋里人。"师曰:"也不消得。"茶罢又问:"如何是上座为人一句?"师曰:"切。"年曰:"与么,则长裙新妇拖泥走。"师曰:"谁得似内翰?"年曰:"作家!作家!"师曰:"放你二十棒。"年拊膝曰:"这里是什么所在?"师拍掌曰:"也不得放过。"年大笑。又问:"记得唐明当时悟底因缘么?"师曰:"唐明问首山,如何是佛法的的大意?"山曰:"楚王城畔,汝水东流。"年曰:"只如此语,意旨如何?"师曰:"水上挂灯毬。"年曰:"与么则孤负古人去也。"师曰:"内翰疑则别参。"年曰:"三脚虾蟆跳上天。"师曰:"一任跨跳。"年乃大笑。馆于斋中,日夕质疑智证,因闻前言往行,恨见之晚。

朝中见驸马都尉李公遵勖曰:"近得一道人,真西河师子。"李曰:"我以拘文,不能就谒,奈何!"年默然,归语师曰:"李公佛法中人,闻道风远至,有愿见之心,政以法不得与侍从过从。"师于是黎明谒李公,公阅谒使童子问曰:"道得即与上座相见。"师曰:"今日特来相看。"又令童子曰:"碑文刊白字,当道种青松。"师曰:"不因今日节,余日定难逢。"童又出曰:"都尉言,与么则与上座相见去也。"师曰:"脚头脚底。"公乃出,坐定问曰:"我闻西河有金毛狮子,是否?"师曰:"什么处得此消息?"公便喝。师曰:"野干鸣。"公又喝。师曰:"恰是。"公大笑。师辞,公问:"如何是上座临行一句?"师曰:"好将息。"公曰:"何异诸方。"师曰:"都尉又作么生?"公曰:"放上座二十棒。"师曰:"专为流通。"公又喝。师曰:"瞎。"公曰:"好去。"师应喏喏。自是往来杨李之门,以法为友。久之,辞还河东。年曰:"有一语寄与唐明,得么?"师曰:"明月照见夜行人。"年曰:"却不相当。"师曰:"更深犹自可,午后更愁人。"年曰:"开宝寺前金刚,近日因什么汗出?"师曰:"知。"年曰:"上座临行,岂无为人底句?"师曰:"重叠关山路。"年曰:"与么则随上座去也。"师嘘一声。年曰:"真师子儿,大师子吼。"

师曰:“放去又收来。”年曰:“适来失脚踏倒，又得家童扶起。”师曰:“有什么了期？”年大笑。师还唐明，李公遣两僧讯师，师于书尾画双足，写来僧名以寄之。公作偈曰:“黑毫千里余，金椁示双趺。人天浑莫测，珍重赤须胡。”师以母老，南归至瑞州，首众于洞山，时聪禅师居焉。先是，汾阳谓师曰:“我遍参云门儿孙，特以未见聪为恨。”故师依止三年，乃游仰山。杨大年以书抵宜春太守黄宗旦，使请师出世说法。守以南源致师，师不赴，旋特谒守愿行。守问其故，对曰:“始为让，今偶欲之耳。”守大贤之。

住后，上堂:“一切诸佛及诸佛阿耨多罗三藐三菩提法，皆从此经出。”乃竖起拄杖曰:“这个是南源拄杖子，阿那个是经？”良久曰:“向下文长，付在来日。”喝一喝，下座。上堂，良久曰:“无为无事人，犹是金锁难。”喝一喝，下座。问:“如何是佛？”师曰:“水出高原。”问:“如何是南源境？”师曰:“黄河九曲，水出昆仑。”曰:“如何是境中人？”师曰:“随流人不顾，斫手望扶桑。”上堂:“云收雾卷，杲日当空。不落明暗，如何通信？”僧问:“山深觅不得时如何？”师曰:“口能招祸。”问:“如何是佛法大意？”师曰:“洞庭湖里浪滔天。”问:“东涌西没时如何？”师曰:“寻。”问:“夜静独行时如何？”师曰:“三把茆。”问:“宝剑未出匣时如何？”师曰:“响。”曰:“出匣后如何？”师嘘一声。问:“闹中取静时如何？”师曰:“头枕布袋。”问:“牛头未见四祖时如何？”师曰:“堆堆地。”曰:“见后如何？”师曰:“堆堆地。”问:“一得永得时如何？”师曰:“抱石投河。”问:“仗镆铘剑,拟取师头时如何？”师曰:“斩将去。”僧拟议，师便打。师住三年，弃去谒神鼎諲禅师。

鼎，首山高第，望尊一时，衲子非人类精奇，无敢登其门者。住山三十年,门弟子气吞诸方。师发长不剪，弊衣楚音，通谒称法侄，一众大笑。鼎遣童子问:“长老谁之嗣？”师仰视屋曰:“亲见汾阳来！”鼎杖而出，顾见颀然。问曰:“汾州有西河师子，是否？”师指其后，绝叫曰:“屋倒矣!”童子返走,鼎回顾相矍铄。师地坐,脱只履而视之。鼎老忘所问,又失师所在。师徐起整衣,且行且语曰:“见面不如闻名。”遂去。鼎遣人追之不可。叹曰:“汾州乃有此儿邪?”师自是名重丛林。

定林沙门本延有道行，雅为士大夫所信敬。鼎见延，称师知见可兴临济。会道吾虚席，延白郡，请以师主之。法令整肃，亡躯为法者集焉。上堂:“先宝应曰:第一句荐得，堪与祖佛为师。第二句荐得，堪与人天为师。第三句荐得，自救不了。道吾则不然:第一句荐得，和泥合水。第二句荐得，无绳自缚。第三句荐得，四棱着地。所以道，起也海晏河清，行人避路;住也乾坤失色，日月无光。汝辈向什么处出气?如今还有出气者么?有即出来，对众出气看。如无，道吾为汝出气去也。”乃嘘一声，卓拄杖下座。

上堂:“道吾打鼓，四大部洲同参。拄杖横也挑括乾坤大地，钵盂覆也盖却恒沙世界。且问诸人向什么处安身立命?若也知得，向北俱卢洲吃粥吃饭。若也不知，长连床上吃粥吃饭。”次住石霜，当解夏，谓众曰:“昨日作婴孩，今朝年已老。未明三八九，难踏古皇道。手铄黄河干，脚踢须弥倒，浮生梦幻身，人命夕难保。天堂并地狱,皆由心所造。南山北岭松,北岭南山草。一雨润无边,根苗壮枯槁。五湖参学人,但问虚空讨。死脱夏天衫,生披冬月袄。分明无事人，特地生烦恼。”喝一喝，下座。

上堂:“一喝分宾主，照用一时行。要会个中意，日午打三更。”遂喝一喝，曰:“且道是宾是主?还有分得者么?若也分得，朝打三千，暮打八百。若也未能，老僧失利。”因同道相访。上堂:“飒飒凉风景，同人访寂寥。煮茶山上水，烧鼎洞中樵。珍重!”问:“达磨未来时如何?”师曰:“长安夜夜家家月。”曰:“来后如何?”师曰:“几处笙歌几处愁。”问:“一物不将来时如何?”师曰:“槐木成林。”曰:“四山火来时如何?”师曰:“物逐人兴。”曰:“步步登高时如何?”师曰:“云生足下。”问:“古人封白纸,意旨如何?”

师曰："家贫路富。"问："如何是祖师西来意？"师曰："三日风，五日雨。"上堂："夫宗师者，夺贫子之衣珠，究达人之见处。若不如是，尽是和泥合水汉。"良久曰："路逢剑客须呈剑，不是诗人莫献诗。"喝一喝。上堂："我有一言，绝虑忘缘。巧说不得，只要心传。更有一语，无过直举。且作么生是直举一句？"良久，以拄杖画一画，喝一喝。问："已事未明，以何为验？"师曰："玄沙曾见雪峰来。"曰："意旨如何？"师曰："一生不出岭。"问："祖意教意，是同是别？"师曰："马有垂缰之报，犬有\u7ed1骡草之恩。"曰："与么则不别也。"师曰："西天东土。"问："如何是学人自己？"师曰："打骨出髓。"

上堂："入水见长人。珍重！"上堂："面西行向东，北斗正离宫。道去何曾去，骑牛卧牧童。珍重！"上堂："春生夏长即不问，你诸人脚跟下一句作么生道？"良久曰："华光寺主。"便下座。上堂："药多病甚，网细鱼稠。"便下座。示众，以拄杖击禅床一下云："大众还会么？不见道，一击忘所知，更不假修持。诸方达道者，咸言上上机。香严恁么悟去，分明悟得如来禅，祖师禅未梦见在。且道祖师禅有甚长处？若向言中取则，误赚后人，直饶棒下承当，辜负先圣。万法本闲，唯人自闹。所以山僧居福严，只见福严境界，晏起早眠。有时云生碧嶂，月落寒潭，音声鸟飞鸣般若台前，娑罗花香散祝融峰畔。把瘦筇，坐磐石，与五湖衲子时话玄微。灰头土面住兴化，只见兴化家风，迎来送去，门连城市，车马骈阗。渔唱潇湘，猿啼岳麓，丝竹歌谣，时时入耳。复与四海高人，日谈禅道，岁月都忘。且道居深山、住城郭，还有优劣也无？试道看！"良久云："是处是慈氏，无门无善财。"问："行脚不逢人时如何？"师曰："钓丝绞水。"问："寻枝摘叶即不问，如何是直截根源？"师曰："榔栗拄杖。"曰："意旨如何？"师曰："行即肩挑云水衲，坐来安在掌中擎。"问："既是护法善神，为什么张弓架箭？"师曰："礼防君子。"问："如何是佛？"师曰："有钱使钱。"上堂："祖师心印，一印印空，一印印水，一印印泥。如今还有印不着者么？试向脚跟下，道将一句来。设你道得倜傥分明，第一不得行过衲僧门下，且道衲僧有什么长处？”良久曰：“人王三寸铁，遍地是刀枪。”喝一喝，卓拄杖下座。

上堂：“天已明，鼓已响。圣众臻，齐合掌，如今还有不合掌者么？有即尼乾欢喜，无则瞿昙恶发。久立，珍重。”问：“磨砻三尺剑，去化不平人。师意如何？”师曰：“好去。”僧曰：“点。”师曰：“你看。”僧拍手一下，归众。师曰：“了。”

上堂：“北山南，南山北，日月双明天地黑。大海江河尽放光，逢着观音问弥勒。珍重！”问：“有理难伸时如何？”师曰：“苦。”曰：“恁么则舌拄上腭也。”师嘘一声。僧曰：“将谓胡须赤。”师曰：“梦见兴化脚跟么？”示徒偈曰：“黑黑黑，道道道，明明明，得得得。”师室中插剑一口，以草鞋一对，水一盆，置在剑边。每见入室，即曰：“看！看！”有至剑边拟议者，师曰：“险丧身失命了也。”便喝出。师冬日牓僧堂，作此字：“◦◦◦☰☰☰几耜柂。”其下注曰：“若人识得，不离四威仪中。”首座见曰：“和尚今日放参。”师闻而笑之。宝元戊寅李都尉遣使邀师曰：“海内法友，唯师与杨大年耳。大年弃我而先，仆年来顿觉衰落，忍死以一见公。仍以书抵潭师，敦遣之。”师恻然与侍者舟而东下，舟中作偈曰：“长江行不尽，帝里到何时？既得凉风便，休将橹棹施。”至京师，与李公会月余，而李公果殁。临终画一圆相，又作偈献师：“世界无依，山河匪碍。大海微尘，须弥纳芥。拈起幞头，解下腰带。若觅死生，问取皮袋。”师曰：“如何是本来佛性？”公曰：“今日热如昨日。”随声便问师：“临行一句作么生？”师曰：“本来无挂碍，随处任方圆。”公曰：“晚来困倦。”更不答话。师曰：“无佛处作佛。”公于是泊然而逝。仁宗皇帝尤留神空宗，闻李公之化，与师问答，加叹久之。师哭之恸，临圹而别。有旨赐官舟南归，中途谓侍者曰：“我忽得风痹疾。”视之口吻已喎斜，侍者以足顿地曰：“当奈何！平生呵佛骂祖，今乃尔。”师曰：“无忧，为汝正之。”以手整之如故。曰：“而今而后，不钝置汝。”后年正月五日示寂，寿五十四，腊三十二。铭行实于兴化，塔全身于石霜。〔《续通鉴》则平河东，在太平兴国己卯。据《佛运统纪》，则师入灭于康定庚辰，以寿数逆而推之，则雍熙丁亥师始生，《僧宝传》所载，恐失考证。〕

琅邪山慧觉广照禅师

滁州琅邪山慧觉广照禅师，西洛人也。父为衡阳太守，因疾倾丧。师扶榇归洛，过澧阳药山古刹，宛若夙居。缘此出家，游方参问。得法汾阳，应缘滁水，与雪窦明觉同时唱道。四方皆谓二甘露门,逮今淮南遗化如在。僧问:“如何是佛？”师曰:“铜头铁额。”曰:“意旨如何？”师曰:“鸟嘴鱼腮。”上堂:“奇哉十方佛，元是眼中花。欲识眼中花，元是十方佛。欲识十方佛，不是眼中花。欲识眼中花，不是十方佛。于此明得，过在十方佛。于此未明，声闻起舞，独觉临妆。珍重！”僧问:“阿难结集即不问,迦叶微笑事如何？”师曰:“克时克节。”曰:“自从灵鹫分灯后，直至支那耀古今。”师曰:“点朱点漆。”问:“如何是宾中宾？”师曰:“手携书剑谒明君。”曰:“如何是宾中主？”师曰:“卷起帘来无可睹。”曰:“如何是主中宾？”师曰:“三更过孟津。”曰:“如何是主中主？”师曰:“独坐镇寰宇。”问:“莲花未出水时如何？”师曰:“猫儿戴纸帽。”曰:“出水后如何？”师曰:“狗子着靴行。”问:“拈椎竖拂即不问，瞬目扬眉事若何？”师曰:“赵州曾见南泉来。”曰:“学人未晓。”师曰:“今冬多雨雪，贫家争奈何！”

上堂:“欲知常住身，当观烂坏体。欲知常住性，当观拄杖子。拄杖子吞却须弥，须弥吞却拄杖子。衲僧到这里，若也拟议，剑梁落膊输降款,铁作胸襟到海隅。”击禅床,下座。上堂:“见闻觉知，俱为生死之因。见闻觉知，正是解脱之本。譬如师子反踯，南北东西且无定止。汝等诸人，若也不会，且莫孤负释迦老子。吽。”

上堂:“山僧今日为诸人说破,明眼衲僧莫去泥里打坐。珍重！”

上堂："天高莫测，地厚宁知？白云片片岭头飞，绿水潺潺涧下急。东涌西没一句即不问，你生前杀后一句作么生道？"良久曰："时寒吃茶去。"

上堂："阿呵呵，是什么？开口是，合口过。轻舟短棹泛波心，蓑衣箬笠从他破。咦！"

上堂："十方诸佛是个烂木橛，三贤十圣是个茅溷头筹子。汝等诸人来到这里作么？"良久曰："欲得不招无间业，莫谤如来正法轮。"

上堂："剪除狂寇，扫荡搀枪，犹是功勋边事。君臣道合，海晏河清，犹是法身边事。作么生是衲僧本分事？"良久曰："透网金鳞犹滞水，回途石马出纱笼。"

上堂："承言须会宗，勿自立规矩。若人下得通方句，我当刎颈而谢之。"上堂：拈起拄杖曰："山僧有时一棒作个漫天网，打俊鹰快鹞。有时一棒作个布丝网，摝蚬捞虾。有时一棒作金毛师子，有时一棒作虾蟆蚯蚓。山僧打你一棒，且作么生商量？你若缁素得出，不妨拄杖头上眼，开照四天下。若也未然，从教立在古屏畔，待使丹青入画图。"

上堂："击水鱼头痛，穿林宿鸟惊。黄昏不击鼓，日午打三更。诸禅德既是日午，为甚却打三更？"良久曰："昨见垂杨绿，今逢落叶黄。"

上堂："拈起拄杖，更无上上。放下拄杖，是何模样？髑髅峰后即不问汝诸人，马镫里藏身一句作么生道？若道不得，拄杖子道去也。"卓一下，便归方丈。

上堂："进前即死，退后即亡。不进不退，又落在无事之乡。何故？长安虽乐，不是久居。"

上堂："汝等诸人在我这里过夏，与你点出五般病：一、不得向万里无寸草处去。二、不得孤峰独宿。三、不得张弓架箭。四、不得物外安身。五、不得滞于生杀。何故？一处有滞，自救难为。五处若通，方名导师。汝等诸人若到诸方，遇明眼作者，与我通个消息，贵得祖风不坠。若是常徒，即便寝息。何故？裸形国里夸服饰，想君太煞不知时。”

上堂：“山僧因看《华严金师子》章第九《由心回转善成门》，又释曰：如一尺之镜，纳重重之影象。若然者道有也得，道无也得，道非亦得，道是亦得。虽然如是，更须知有拄杖头上一窍。若也不会，拄杖子穿灯笼，入佛殿，撞着释迦，磕倒弥勒，露柱拊掌，呵呵大笑。你且道笑个什么？”卓拄杖下座。上堂，拈拄杖曰：“盘山道向上一路滑，南院道壁立千仞险，临济道石火电光钝。琅邪有定乾坤底句，各各高着眼，高着眼。”卓拄杖下座。

大愚山守芝禅师

瑞州大愚山守芝禅师，才升座，僧问：“如何是和尚家风？”师曰：“一言出口，驷马难追。”问：“如何是城里佛？”师曰：“十字街头石幢子。”问：“不落三寸时如何？”师曰：“乾三长，坤六短。”曰：“意旨如何？”师曰：“切忌地盈虚。”问：“昔日灵山分半座，二师相见事如何？”师曰：“记得么？”僧良久，师打禅床一下，曰：“多年忘却也。”乃曰：“且住！且住！若向言中取则，句里明机，也似迷头认影。若也举唱宗乘，大似一场寐语。虽然如是，官不容针，私通车马。放一线道，有个葛藤处。”遂敲禅床一下，曰：“三世诸佛，尽皆头痛。且道大众，还有免得底么？若一人免得，无有是处。若免不得，海印发光。”师乃竖起拂子曰：“这个是印，那个是光？这个是光，那个是印？掣电之机，徒劳伫思。会么？老僧说梦，且道梦见个什么？南柯十更若不会，听取一颂：‘北斗挂须弥，杖头挑日月。林泉好商量，夏末秋风切。’珍重！”

问：“如何是祖师西来意？”师曰：“天寒日短。”问：“心法无形，如何雕琢？”师曰：“一丁两丁。”曰：“未晓者如何领会？”师曰：“透七透八。”上堂：“一击响玲珑，喧轰宇宙通。知音才侧耳，项羽过江东。与么会，恰认得驴鞍桥作阿爷下颔。”上堂：“大愚相接大雄孙，五湖云水竞头奔。竞头奔，有何门，击箭宁知枯木存。枯木存，一年还曾两度春。两度春，帐里真珠撒与人。撒与人，思量也是慕西秦。”上堂：“竖穷三际，横遍十方，拈起也帝释心惊，放下也地神胆战。不拈不放，唤作什么？”自云：“虾蟆。”

上堂：“三世诸佛不知有，狸奴白牯却知有。”乃拈起拂子云：“狸奴白牯总在这里放光动地，何谓如此两段不同？”问：“如何是佛？”师曰：“锯解秤锤。”上堂，大众集定，乃曰：“现成公案，也是打揲不办。”便下座。上堂：“大洋海底排班立，从头第二鬓毛斑。为什么不道第一鬓毛斑？要会么，金蕊银丝成玉露，高僧不坐凤凰台。”上堂众集，乃曰：“为众竭力，祸出私门。”便下座。上堂：“翠岩路险巇，举步涉千溪。更有洪源水，滔滔在岭西。”击禅床，下座。示众，擎起香合云：“明头合，暗头合。道得天下横行，若道不得且合却。”下座。问：“如何是为人一句？”师曰：“四角六张。”曰：“意旨如何？”师曰：“八凹九凸。”上堂：“沙里无油事可哀，翠岩嚼饭喂婴孩。他时好恶知端的，始觉从前满面埃。”击禅床下座。

石霜法永禅师

潭州石霜法永禅师，僧问：“如何是佛？”师曰：“臂长衫袖短。”问：“如何是祖师西来意？”师曰：“布裤膝头穿。”

法华院全举禅师

舒州法华院全举禅师，到公安远和尚处，安问：“作么生是伽蓝？”师曰：“深山藏独虎，浅草露群蛇。”曰：“作么生是伽蓝中人？”师曰：“青松盖不得，黄叶岂能遮。”曰：“道什么？”师曰：“少年玩尽天边月，潦倒扶桑没日头。”曰：“一句两句，云开月露。作么生？”师曰：“照破佛祖。”

到大愚芝和尚处，愚问：“古人见桃花意作么生？”师曰：“曲不藏直。”曰：“那个且从，这个作么生？”师曰：“大街拾得金，四邻争得知？”曰：“上座还知么？”师曰：“路逢剑客须呈剑，不是诗人不献诗。”曰：“作家诗客！”师曰：“一条红线两人牵。”曰：“玄沙道，谛当甚谛当，敢保老兄未彻在，又作么生？”师曰：“海枯终见底，人死不知心。”曰：“却是。”师曰：“楼阁凌云势，峰峦叠翠层。”

到琅邪觉和尚处，邪问：“近离甚处？”师曰：“两浙。”曰：“船来陆来？”师曰：“船来。”曰：“船在甚处？”师曰：“步下。”曰：“不涉程途一句，作么生道？”师以坐具摵一摵曰：“杜撰长老，如麻似粟。”拂袖而出。邪问侍者：“此是什么人？”者曰：“举上座。”邪曰：“莫是举师叔么？先师教我寻见伊。”遂下。旦过问：“上座莫是举师叔么？莫怪适来相触忤。”师便喝，复问：“长老何时到汾阳？”邪曰：“某时到。”师曰：“我在浙江早闻你名，元来见解只如此，何得名播寰宇？”邪遂作礼曰：“某甲罪过。”

师到杭州西庵，庵主曾见明招，主举颂曰：“绝顶西峰上，峻机谁敢当。超然凡圣外，瞥起两重光。”师曰：“如何是两重光？”主曰：“月从东出，日向西没。”师曰：“庵主未见明招时如何？”主曰：“满盏油难尽。”师曰：“见后如何？”主曰：“多心易得乾。”

住后，僧问：“如何是夺人不夺境？”师曰：“白菊乍开重日暖，百年公子不逢春。”曰：“如何是夺境不夺人？”师曰：“大地绝消息，翛然独任真。”曰：“如何是人境两俱夺？”师曰：“草荒人变色，凡圣两齐空。”曰：“如何是人境俱不夺？”师曰：“清风与明月，野老笑相亲。”

上堂：“释迦不出世，达磨不西来，佛法遍天下，谈玄口不开。”上堂：“钟鸣鼓响，鹊噪鸦鸣。为你诸人说《般若》、讲《涅槃》了也。诸人还信得及么？观音菩萨向诸人面前作大神通；若信不及，却往他方救苦利生去也。”上堂：“开口又成增语，不开口又成剩语。”乃曰：“金轮天子敕，草店家风别。”上堂：“三世诸佛，口挂壁上。天下老和尚作么生措手？你诸人到诸方作么生举？山僧恁么道，也是久日桦来唇。”喝一喝。上堂：“古者道，我若一向举扬宗教，法堂里草深一丈，不可为阇黎锁却僧堂门去也。虽然如是,也是乌龟陆地弄尘行。”上堂:“语渐也返常合道，论顿也不留朕迹。直饶论其顿返其常，也是抑而为之。”问:“牛头未见四祖时，为什么百鸟衔花献？”师曰:“果熟猿兼重。”曰:“见后为什么不衔花？”师曰:“林疏鸟不过。”问:“七星光彩天将晓，不犯皇风试道看。”师曰:“将军马蹄红。”曰:“错。”师便打，僧礼拜，展坐具始收。师曰:“一展一收，法法皆周。拟欲更问，着甚其来由。”遂问:“会么？”僧曰:“不会。”师便打。

芭蕉庵大道谷泉禅师

南岳芭蕉庵大道谷泉禅师，泉州人也。受法汾阳，放荡湖湘，后省同参慈明禅师。明问:“白云横谷口，道人何处来？”师左右顾视，曰:“夜来何处火，烧出古人坟。”明曰:“未在更道。”师作虎声，明以坐具便摵，师接住，推明置禅床上，明却作虎声。师大笑曰:“我见七十余员善知识，今日始遇作家。”

师因倚遇上座来参〔遇后住法昌〕，问:“庵主在么？”师曰:“谁？”曰:“行脚僧。”师曰:“作什么？”曰:“礼拜庵主。”师曰:“恰值庵主不在。”曰:“你聻！”师曰:“向道不在，说什么你我。”拽棒趁出。遇次日再来，师又趁出。遇一日又来，问:“庵主在么？”师曰:“谁？”曰:“行脚僧。”揭帘便入。师拦胸扭住曰:“我这里狼虎纵横，尿床鬼子，三回两度来讨什么？”曰:“人言庵主亲见汾阳来。”师解衣抖擞曰:“你道我见汾阳有多少奇特？”曰:“如何是庵中主？”师曰:“入门须辨取。”曰:“莫只这便是么？”师曰:“赚却几多人？”曰:“前言何在？”师曰:“听事不真，唤钟作瓮。”曰:“万法泯时全体现，君臣合处正中邪去也。”师曰:“驴汉不会便休，乱统作么？”曰:“未审客来将何祇待？”师曰:“云门糊饼赵州茶。”曰:“恁么则谢师供养去也。”师叱曰:“我这里火种也未有，早言谢供养。”师因大雪，作偈曰:“今朝甚好雪，纷纷如秋月。

文殊不出头，普贤呈丑拙。”慈明迁住福严，师又往省之。少留而还，作偈寄之曰：“相别而今又半年，不知谁共对谈禅。一般秀色湘山里，汝自匡徒我自眠。”明览笑而已。

龙华寺晓愚禅师

蕲州黄梅龙华寺晓愚禅师，到五祖戒和尚处，祖问曰：“不落唇吻一句，作么生道？”师曰：“老老大大，话头也不照顾。”祖便喝，师亦喝。祖拈棒，师拍手便出。祖召曰：“阇黎且住，话在。”师将坐具搭在肩上，更不回首。上堂：“摩腾入汉，已涉繁词。达磨西来，不守己分。山僧今日与么道，也是为他闲事长无明。”

天圣皓泰禅师

安吉州天圣皓泰禅师，到琅邪，邪问：“埋兵掉斗，未是作家。匹马单枪，便请相见。”师指邪曰：“将头不猛，带累三军。”邪打师一坐具，师亦打邪一坐具。邪接住曰：“适来一坐具，是山僧令行，上座一坐具，落在什么处？”师曰：“伏惟尚飨。”邪拓开曰：“五更侵早起，更有夜行人。”师曰：“贼过后张弓。”邪曰：“且坐吃茶。”住后，僧问：“如何是佛？”师曰：“黑漆圣僧。”曰：“如何是佛法大意？”师曰：“看墙似土色。”

龙潭智圆禅师

唐州龙潭智圆禅师，辞汾阳，阳曰：“别无送路，与子一枝拄杖，一条手巾。”师曰：“手巾和尚受用，拄杖即不消得。”阳曰：“汝但将去，有用处在。”师便收。阳曰：“又道不用。”师便喝。阳曰：“已后不让临济。”师曰：“正令已行。”阳来日送出三门，乃问：“汝介山逢尉迟时如何？”师曰：“一刀两段。”阳曰：“彼现那吒，又作么生？”师便拽拄杖，阳喝曰：“这回全体分付。”住后，僧问：“承教有言，是真精进，是名真法。供养如来，如何是真法？”师曰：“夜聚晓散。”问：“如何是龙潭剑？”师曰：“触不得。”曰：“用者如何？”师曰：“白骨连山。”问：“昔日穷经，今日参禅，此理如何？”师曰：“两彩一赛。”曰：“作么生领会？”师曰：“去后不留踪。”曰：“如何是佛？”师曰：“火烧不燃。”问：“古殿无佛时如何？”师曰：“三门前合掌。”

投子圆修禅师

舒州投子圆修禅师，僧问：“达磨未来时如何？”师曰：“出口入耳。”曰：“来后如何？”师曰：“叉手并足。”

太子院道一禅师

汾州太子院道一禅师，僧问：“如何是佛？”师曰：“卖扇老婆手遮日。”问：“红轮未出时如何？”师曰：“照烛分明。”曰：“出后如何？”师曰：“捞天摸地。”问：“如何是学人亲切处？”师曰：“慈母抱婴儿。”曰：“如何是学人转身处？”师曰：“街头巷尾。”曰：“如何是学人着力处？”师曰：“千斤担子两头摇。”问：“古曲无音韵，如何和得齐？”师曰：“三九二十七，篱头吹觱栗。”曰：“宫商角徵非关妙，石人拊掌笑呵呵。”师曰：“同道方知。”

叶县省禅师法嗣

浮山法远圆鉴禅师

舒州浮山法远圆鉴禅师，郑州人也。投三交嵩和尚出家。幼为沙弥，见僧入室请问赵州庭柏因缘，嵩诘其僧，师傍有省。进具后，谒汾阳、叶县，皆蒙印可。尝与达观颖、薛大头七八辈游蜀，几遭横逆，师以智脱之。众以师晓吏事，故号远录公。开堂拈香曰：“汝海枯木上生花，别迎春色。”僧问：“师唱谁家曲，宗风嗣阿谁？”师曰：“八十翁翁辊绣毬。”曰:“恁么则一句迥然开祖胄,三玄戈甲振丛林。”师曰:“李陵元是汉朝臣。”问:“如何是佛?”师曰:“大者如兄,小者如弟。”问:“如何是祖师西来意?”师曰:“平地起骨堆。”问:“祖师门下,壁立千仞。正令当行,十方坐断。和尚将何表示?”师曰:“寒猫不捉鼠。”曰:“莫便是为人处也无?”师曰:“波斯不系腰。”问:“新岁已临,旧岁何往?”师曰:“目前无异怪,不用贴钟馗。”曰:“毕竟如何?”师曰:“将谓目前无。”僧以手画曰:“争奈这个何!”师便打。师与王质待制论道,画一圆相,问曰:“一不得匹马单枪,二不得衣锦还乡,鹊不得喜,鸦不得殃,速道!速道!”王罔措,师曰:“勘破了也。”

上堂:“更莫论古话今,只据目前事与你诸人定夺区分。”僧便问:“如何是目前事?”师曰:“鼻孔。”曰:“如何是向上事?”师曰:“眼睛。”欧阳文忠公闻师奇逸,造其室,未有以异之。与客棋,师坐其旁。文忠遽收局,请因棋说法。师即令挝鼓升座,曰:“若论此事,如两家着棋相似,何谓也?敌手知音,当机不让。若是缀五饶三,又通一路始得。有一般底,只解闭门作活,不会夺角冲关,硬节与虎口齐彰,局破后徒劳绰斡。所以道,肥边易得,瘦肚难求。思行则往往失粘,心粗而时时头撞。休夸国手,谩说神仙。赢局输筹即不问,且道黑白未分时,一着落在什么处?”良久曰:“从来十九路,迷悟几多人。”文忠加叹,从容谓同僚曰:“修初疑禅语为虚诞,今日见此老机缘,所得所造,非悟明于心地,安能有此妙旨哉!”

上堂:“天得一以清,地得一以宁,君王得一以治天下。衲僧得一,祸患临身。”击禅床,下座。上堂:“诸佛出世,建立化门,不离三身智眼,亦如摩醯首罗三目。何故?一只水泄不通,缁素难辨。一只大地全开,十方通畅。一只高低一顾,万类齐瞻。虽然若是,本分衲僧陌路相逢,别具通天正眼始得。所以道,三世诸佛不知有,狸奴白牯却知有。且道狸奴白牯知有个什么事?要会么?深秋帘幕千家雨,落日楼台一笛风。”

师暮年休于会圣岩，叙佛祖奥义，作《九带》曰：“佛正法眼带，佛法藏带，理贯带，事贯带，理事纵横带，屈曲垂带，妙叶兼带，金针双锁带，平怀常实带。”学者既已传诵，师曰：“若据圆极法门，本具十数，今此九带，已为诸人说了。更有一带，还见得么？若也见得亲切分明，却请出来，对众说看。说得分明，许汝通前九带圆明道眼。若见不亲切，说不相应，唯依吾语而为已解，则名谤法。诸人到此如何？”众无语，师叱之而去。

宝应院法昭演教禅师

汝州宝应院法昭演教禅师，僧问：“一言合道时如何？”师曰：“七颠八倒。”曰：“学人礼拜。”师曰：“教休不肯休，直待雨淋头。”问：“大通智胜佛，十劫坐道场。佛法不现前，不得成佛道。为什么不得成佛道？”师曰：“赤脚骑铁驴，直至海南居。”上堂：“十二时中，许你一时绝学，即是学佛法。不见阿难多闻第一，却被迦叶摈出，不得结集。方知聪明博学，记持忆想，向外驰求，与灵觉心转没交涉。五蕴壳中透脱不过，顺情生喜，违情生怒。盖覆深厚，自缠自缚，无有解脱。流浪生死，六根为患。众苦所逼，无自由分，而被妄心于中主宰。大丈夫儿早构取好！”喝一喝，曰：“参。”上堂：“宝应门风险，入者丧全身。作么生是出身一句？若道不得，三十年后。”

大乘山慧果禅师

唐州大乘山慧果禅师，僧问：“如何是从上来传底意？”师曰：“金盘拓出众人看。”问：“拨尘见佛时如何？”师曰：“拨尘即乖，见佛即错。”曰：“总不如是时如何？”师曰：“错。”问：“如何是道？”师曰：“宽处宽，窄处窄。”曰：“如何是道中人？”师曰：“苦处苦，乐处乐。”曰：“道与道中人相去多少？”师曰：“十万八千。”问：“如何是祖师西来意？”师曰：“天晴日出。”曰：“学人不会。”师曰：“雨下泥生。”

神鼎諲禅师法嗣

开圣宝情山主

荆南府开圣宝情山主，僧问："如何是开圣境？"师曰："三乌引路。"曰："如何是境中人？"师曰："二虎巡山。"

妙智寺光云禅师

天台山妙智寺光云禅师，僧问："如何是祖师西来意？"师曰："东篱黄菊。"曰："意旨如何？"师曰："九月重阳。"

谷隐聪禅师法嗣

金山昙颖达观禅师

润州金山昙颖达观禅师，首谒大阳玄禅师，遂问："洞山特设偏正君臣，意明何事？"阳曰："父母未生时事。"师曰："如何体会？"阳曰："夜半正明，天晓不露。"师罔然。遂谒谷隐，举前话，隐曰："大阳不道不是，只是口门窄，满口说未尽。老僧即不然。"师问："如何是父母未生时事？"隐曰："粪墼子。"师曰："如何是夜半正明，天晓不露？"隐曰："牡丹花下睡猫儿。"师愈疑骇。一日普请，隐问："今日运薪邪？"师曰："然。"隐曰："云门问：'僧人般柴柴般人？'如何会？"师无对。隐曰："此事如人学书，点画可效者工，否者拙，盖未能忘法耳。当笔忘手，手忘心，乃可也。"师于是默契。良久曰："如石头云，执事元是迷，契理亦非悟。"隐曰："汝以为药语，为病语？"师曰："是药语。"隐呵曰："汝以病为药，又安可哉？"师曰："事如函得盖，理如箭直锋妙，宁有加者？而犹以为病，实未喻旨。"隐曰："妙至是，亦只名理事。祖师意旨，智识所不能到，矧事理能尽乎？故世尊云：理障碍正见知，事障续诸生死。"师恍如梦觉，曰：

“如何受用？”隐曰：“语不离窠臼，安能出盖缠？”师叹曰：“才涉唇吻，便落意思。尽是死门，终非活路。”住后，示众曰：“才涉唇吻，便落意思。尽是死门，俱非活路。直饶透脱，犹在沉沦。莫教孤负平生，虚度此世。要得不孤负平生么？”拈拄杖卓一下，曰：“须是莫被拄杖瞒始得。看看拄杖子，穿过你诸人髑髅，跨跳入你鼻孔里去也。”又卓一下。僧问：“经文最初两字是什么字？”师曰：“以字。”曰：“有什么交涉？”师曰：“八字。”曰：“好赚人！”师曰：“谤此经，故获罪如是。”问：“一百二十斤铁枷，教阿谁担？”师曰：“老僧。”曰：“自作自受。”师曰：“苦！苦！”问：“和尚还曾念佛也无？”师曰：“不曾念佛。”曰：“为什么不念佛？”师曰：“怕污人口。”

上堂，众集定，首座出礼拜。师曰：“好好问着。”座低头。问话次，师曰：“今日不答话。”便归方丈。上堂：“山僧门庭别，已改诸方辙。为文殊拔出眼里楔，教普贤休嚼口中铁，劝人放开髂〔枯驾切〕蛇手，与汝斫却系驴橛。”驻意拟思量，喝曰：“捏捏参。”上堂：“山僧平生，意好相扑，只是无人搭对。今日且共首座搭对。”卷起袈裟，下座索首座相扑。座才出，师曰：“平地上吃交。”便归方丈。

上堂：“三世诸佛是奴婢，一大藏教是涕唾。”良久曰：“且道三世诸佛是谁奴婢？”乃将拂子画一画曰：“三世诸佛过这边，且道一大藏教是谁涕唾？”师乃自唾一唾。上堂：“秤锤井底忽然浮，老鼠多年变作牛。慧空见了拍手笑，三脚猢狲差异猴。”上堂：“五千教典，诸佛常谈。八万尘劳，众生妙用，犹未是金刚眼睛在。如何是金刚眼睛？”良久曰：“瞎。”上堂，大众集定，有僧才出礼拜，师曰：“欲识佛性义，当观时节因缘。”僧便问：“如何是时节因缘？”师便下座。问：“如何是向去底人？”师曰：“从归青嶂里，不出白云来。”曰：“如何是却来底人？”师曰：“自从游紫陌，谁肯隐青山？”问：“如何是夺人不夺境？”师曰：“家里已无回日信，路边空有望乡牌。”曰：“如何是夺境不夺人？”师曰：“沧海尽教枯到底，青山直得碾为尘。”曰：“如何是人境两俱夺？”师曰：

“天地尚空秦日月，山河不见汉君臣。”曰:“如何是人境俱不夺？”师曰:“莺啭千林花满地，客游三月草侵天。”问:“如何有和尚家风？”师曰:“伸手不见掌。”曰:“忽遇仙陀客来，又作么生？”师曰:“对面千里。”问:“师唱谁家曲，宗风嗣阿谁？”师曰:“临济。”曰:“恁么则谷隐的子也。”师曰:“德山。”问:“如何是长法身？”师曰:“拄杖六尺。”曰:“如何是短法身？”师曰:“算子三寸。”曰:“恁么则法身有二也。”师曰:“更有方圆在。”上堂:“诸方钩又曲，饵又香，奔凑犹如蜂抱王。因圣这里，钩又直，饵又无，犹如水底捺葫芦。”举拄杖作钓鱼势，曰:“深水取鱼长信命，不曾将酒祭江神。”掷拄杖，下座。

洞庭翠峰慧月禅师

苏州洞庭翠峰慧月禅师，僧问:“一花开五叶，结果自然成时如何？”师曰:“脱却笼头，卸却角驮。”曰:“拶出虚空去，处处尽闻香。”师曰:“云愁闻鬼哭，雪压髑髅吟。”问:“和尚未见谷隐时一句作么生道？”师曰:“步步登山远。”曰:“见后如何？”师曰:“驱驱信马蹄。”

仗锡山修己禅师

明州仗锡山修己禅师，与净山远公游。尝卓庵庐山佛手岩。后至四明山心，独居十余载，虎豹为邻。尝曰:“羊肠鸟道无人到，寂寞云中一个人。”尔后道俗闻风而至，遂成禅林。僧问:“如何是无缝塔？”师曰:“四棱着地。”曰:“如何是塔中人？”师曰:“高枕无忧。”问:“如何是祖师西来意？”师曰:“舶船过海，赤脚回乡。”

大乘山德遵禅师

唐州大乘山德遵禅师，问谷隐曰:“古人索火，意旨如何？”曰:“任他灭。”师曰:“灭后如何？”曰:“初三十一。”师曰:“恁么则好时节也。”曰:“汝见什么道理？”师曰:“今日一场困。”隐便打。

师乃有颂曰："索火之机实快哉，藏锋妙用少人猜。要会我师亲的旨，红炉火尽不添柴。"僧问："世界圆融一句，请师道。"师曰："团团七尺余。"问："如何是祖师西来意？"师曰："鼻大眼深。"上堂："上来又不问，下去又不疑。不知是不是，是即也大奇。"便下座。

竹园法显禅师

荆南府竹园法显禅师，僧问："如何是佛？"师曰："好手画不成。"问："如何是道？"师曰："交横十字。"曰："如何是道中人？"师曰："往往不相识。"

永福院延照禅师

彭州永福院延照禅师，僧问："如何是彭州境？"师曰："人马合杂。"僧以手作拽弓势，师拈棒。僧拟议，师便打。

景清院居素禅师

安吉州景清院居素禅师，僧问："即此见闻非见闻，为什么法身有三种病，二种光？"师曰："填凹就缺。"问："承和尚有言，寰中天子敕，塞外将军令，如何是塞外将军令？"师曰："揭。"曰："其中事如何？"师曰："蹴。"曰："莫便是和尚为人处也无？"师弹指一下。问："远远投师，乞师一接。"师曰："新罗人打鼓。"曰："如何领会？"师曰："舶主未曾逢。"问："如何是末上一句？"师曰："金刚树下。"曰："如何是末后一句？"师曰："拘尸城边。"曰："向上更有事也无？"师曰："有。"曰："如何是向上事？"师曰："波旬拊掌呵呵笑，迦叶抬头不识人。"

仁寿嗣珍禅师

处州仁寿嗣珍禅师，僧问："知师已得禅中旨，当阳一句为谁宣？”师曰：“土鸡瓦犬。”曰：“如何领会？”师曰：“门前不与山童扫，任意松钗满路岐。”上堂：“明明无悟，有法即迷。日上无云，丽天普照。眼中无翳，空本无花。无智人前，不得错举。参！”

云门显钦禅师

越州云门显钦禅师，上堂，良久曰：“好个话头，若到诸方，不得错举。”便下座。

永庆光普禅师

果州永庆光普禅师，初问谷隐：“古人道，来日大悲院里有斋。意旨如何？”曰：“日出隈阳坐，天寒不举头。”师入室次，隐曰：“适来因缘汝作么生会？”师曰：“会则途中受用，不会则世谛流布。”曰：“未在更道。”师拂袖便出。住后，僧问：“如何是佛法大意？”师曰：“蜀地用镔铁。”

驸马李遵勖居士

驸马都尉李遵勖居士，谒谷隐，问出家事。隐以崔赵公问径山公案答之。公于言下大悟，作偈曰：“学道须是铁汉，着手心头便判。直趣无上菩提，一切是非莫管。”公一日与坚上座送别，公问：“近离上党，得届中都，方接尘谈，遽回虎锡。指云屏之翠峤，访雪岭之清流。未审此处彼处，的的事作么生？”座曰：“利剑拂开天地静，霜刀才举斗牛寒。”公曰：“恰值今日耳聩。”座曰：“一箭落双雕。”公曰：“上座为什么着草鞋睡？”座以衣袖一拂，公低头曰：“今日可谓降伏也。”座曰：“普化出僧堂。”公临终时，膈胃躁热，有尼道坚谓曰：“众生见劫尽，大火所烧时，都尉切宜照管主人公。”公曰：“大师与我煎一服药来。”坚无语。公曰：“这师姑药也不会煎得。”公与慈明问答罢，泊然而终。语见《慈明传》中。

英公夏竦居士

英公夏竦居士，字子乔。自契机于谷隐，日与老衲游。偶上蓝溥禅师至，公问:“百骸溃散时，那个是长老自家底？”蓝曰:“前月二十离蕲阳。”公休去。蓝却问:“百骸溃散时，那个是相公自家底？”公便喝。蓝曰:“喝则不无，毕竟那个是相公自家底？”公对以偈曰:“休认风前第一机，太虚何处著思惟。山僧若要通消息，万里无云月上时。”蓝曰:“也是弄精魂。”

广慧琏禅师法嗣

华严道隆禅师

东京华严道隆禅师，初参石门彻和尚，问曰:“古者道，但得随处安闲，自然合他古辙。虽有此语，疑心未歇时如何？”门曰:“知有乃可随处安闲。如人在州县住，或闻或见，千奇百怪，他总将作寻常。不知有而安闲，如人在村落住，有少声色则惊怪传说。”师于言下有省。门尽授其洞上厥旨，后为广慧嗣。一日，福严承和尚问曰:“禅师亲见石门，如何却嗣广慧？”师曰:“我见广慧，渠欲剃发，使我擎凳子来。慧曰:‘道者,我有《凳子诗》听取。’乃曰:‘放下便平稳。’我时便肯伊。因叙在石门处所得。广慧曰:‘石门所示,如百味珍羞,只是饱人不得。’”

师至和初游京，客景德寺，日纵观都市，归常二鼓。一夕不得入，卧于门之下。仁宗皇帝梦至寺门，见龙蟠地，惊觉。中夜遣中使视之，睹师热睡鼻鼾，撼之惊矍，问名归奏。帝闻名道隆，乃喜曰:“吉征也。”明日召至便殿，问宗旨。师奏对详允，帝大悦。后以偈句相酬唱，络绎于道，或入对留宿禁中，礼遇特厚，赐号应制明悟禅师。皇祐间，诏大觉琏禅师于化成殿演法，召师问话，机锋迅捷，帝大悦，侍卫皆山呼。师即奏疏举琏自代，禁林待问，秘殿谭禅，乞归庐山。帝览表不允。有旨:于曹门外建精舍延师，赐号华严禅院。开堂，僧问:“如何是道？”师曰:“高高低低。”曰:“如何是道中人？”师曰:“脚瘦草鞋宽。”师年八十余,示寂于盛暑。安坐七日,手足柔和。全身塔于寺之东。

慧力慧南禅师

临江军慧力慧南禅师，僧问:“师唱谁家曲，宗风嗣阿谁？”师曰:“铁牛不吃栏边草，直上须弥顶上眠。”曰:“恁么则昔日汝阳亲得旨,临江今日大敷扬。”师曰:“礼拜了退。”问:“如何是佛？”师曰:“头大尾小。”曰:“未晓玄言，乞师再指。”师曰:“眉长三尺二。”曰:“恁么则人人皆顶戴，见者尽攒眉。”师长嘘一声，僧拍一拍便礼拜。师曰:“一任踍跳。”

广慧德宣禅师

汝州广慧德宣禅师，僧问:“祖祖相传传祖印，师今得法嗣何人？”师曰:“仲氏吹埙，伯氏吹篪。”曰:“恁么则广慧的子，首山亲孙也。”师曰:“椽頭里坐地，不打阇黎。”

文公杨亿居士

文公杨亿居士，字大年。幼举神婴，及壮负才名而未知有佛。一日过同僚，见读《金刚经》，笑且罪之，彼读自若。公疑之曰:“是岂出孔孟之右乎？何佞甚！”因阅数板，懵然始少敬信。后会翰林李公维,勉令参问。及由秘书监出守汝州,首谒广慧。慧接见,公便问:“布鼓当轩击,谁是知音者？”慧曰:“来风深辨。”公曰:“恁么则禅客相逢只弹指也。”慧曰:“君子可入。”公应“喏喏。”慧曰:“草贼大败。”夜语次，慧曰:“秘监曾与甚人道话来？”公曰:“某曾问云岩谅监寺:‘两个大虫相咬时如何？’谅曰:‘一合相。’某曰:‘我只管看。’未审恁么道还得么？”慧曰:“这里即不然。”公曰:“请和尚别一转语。”慧以手作拽鼻势，曰:“这畜生更踍跳在。”公于言下脱然无疑。有偈曰："八角磨盘空里走，金毛师子变作狗。拟欲将身北斗藏，应须合掌南辰后。"复抒其师承密证，寄李翰林曰："病夫夙以顽惷，获受奖顾。预闻南宗之旨，久陪上国之游。动静咨询，周旋策发，俾其刳心之有诣，墙面之无惭者，诚出于席间床下矣。矧又故安公大师每垂诱导，自双林灭影，只履西归，中心浩然，罔知所止。仍岁沈痾，神虑迷恍，殆及小间，再辨方位。又得云门谅公大士见顾蓬蒿，谅之旨趣，正与安公同辙，并自庐山云居归宗而来，皆是法眼之流裔。去年假守兹郡，适会广慧禅伯，实承嗣南院念，念嗣风穴，穴嗣先南院，南院嗣兴化，兴化嗣临济，临济嗣黄檗，黄檗嗣百丈，丈嗣马祖，祖出让和尚，让即曹溪之长谪也。斋中务简，退食之暇，或坐邀而至，或命驾从之。请扣无方，蒙滞顿释。半岁之后，旷然弗疑。如忘忽记，如睡忽觉。平昔碍膺之物，嚗然自落。积劫未明之事，廓尔现前。固亦决择之洞分，应接之无蹇矣。重念先德，率多参寻。如雪峰九上洞山，三到投子，遂嗣德山；临济得法于大愚，终承黄檗；云岩多蒙道吾训诱，乃为药山之子；丹霞亲承马祖印可，而终作石头之裔。在古多有，于理无嫌。病夫今继绍之缘，实属于广慧；而提激之自，良出于鳌峰也。欣幸！欣幸！"公问广慧曰："承和尚有言，一切罪业，皆因财宝所生，劝人疏于财利。况南阎浮提众生，以财为命，邦国以财聚人，教中有财法二施，何得劝人疏财乎？"慧曰："幡竿尖上铁龙头。"公曰："海坛马子似驴大。"慧曰："楚鸡不是丹山凤。"公曰："佛灭二千岁，比丘少惭愧。"公置一百问，请广慧答。慧一一答回。公问李都尉曰："释迦六年苦行，成得什么事？"尉曰："担折知柴重。"公因微恙，问环大师曰："某今日忽违和，大师慈悲，如何医疗？"环曰："丁香汤一碗。"公便作吐势，环曰："恩爱成烦恼。"环为煎药次，公叫曰："有贼！"环下药于公前，叉手侧立。公瞠目视之曰："少丛林汉。"环拂袖而出。又一日，问曰："某四大将欲离散，大师如何相救？”环乃槌胸三下。公曰：“赖遇作家。”环曰：“几年学佛法，俗气犹未除。”公曰：“祸不单行。”环作嘘嘘声。公书偈遗李都尉曰：“沤生与沤灭，二法本来齐。欲识真归处，赵州东院西。”尉见遂曰：“泰山庙里卖纸钱。”尉即至，公已逝矣。

南岳下十一世

石霜圆禅师法嗣

翠岩可真禅师

洪州翠岩可真禅师，福州人也。尝参慈明，因之金銮同善侍者坐夏。善乃慈明高第，道吾真、杨岐会皆推伏之。师自负亲见慈明，天下无可意者。善与语，知其未彻，笑之。一日山行，举论锋发。善拈一片瓦砾，置磐石上，曰：“若向这里下得一转语，许你亲见慈明。”师左右视，拟对之。善叱曰：“伫思停机，情识未透，何曾梦见？”师自愧悚，即还石霜。慈明见来，叱曰：“本色行脚人，必知时节，有甚急事，夏未了早已至此？”师泣曰：“被善兄毒心，终碍塞人，故来见和尚。”明遽问：“如何是佛法大意？”师曰：“无云生岭上，有月落波心。”明嗔目喝曰：“头白齿豁，犹作这个见解，如何脱离生死？”师悚然，求指示。明曰：“汝问我。”师理前语问之。明震声曰：“无云生岭上，有月落波心。”师于言下大悟。师爽气逸出，机辩迅捷，丛林惮之。

住翠岩日，僧问：“如何是佛？”师曰：“同坑无异土。”问：“如何是祖师西来意？”师曰：“深耕浅种。”问：“如何是学人转身处？”师曰：“一堵墙，百堵调。”曰：“如何是学人着力处？”师曰：“千日斫柴一日烧。”曰：“如何是学人亲切处？”师曰：“浑家送上渡头船。”问：“利人一句，请师垂示？”师曰：“三脚虾蟆飞上天。”

曰:“前村深雪里,昨夜一枝开。”师曰:“饥逢王膳不能飡。”问:“如何是道?”师曰:“出门便见。”曰:“如何是道中人?”师曰:“担枷过状。”上堂:“先德道,此事如爆龟文,爆即成兆,不爆成钝。爆与不爆,直下便捏。上蓝即不然,无固无必,虚空走马,旱地行船,南山起云,北山下雨。”遂拈拄杖曰:“拄杖子变作天大将军,巡历四天下。有守节不守节,有戒行无戒行,一时奏与天帝释。”乃喝一喝曰:“丈夫自有冲天志,莫向如来行处行。”卓一下上堂,举龙牙颂曰:“学道如钻火,逢烟未可休。直待金星现,归家始到头。”神鼎曰:“学道如钻火,逢烟即便休。莫待金星现,烧脚又烧头。”师曰:“若论顿也,龙牙正在半途。若论渐也,神鼎犹少悟在。于此复且如何?诸仁者,今年多落叶,几处扫归家。”上堂:“临阵抗敌,不惧生死者,将军之勇也。入山不惧虎兕者,猎人之勇也。入水不惧蛟龙者,渔人之勇也。作么生是衲僧之勇?”拈拄杖曰:“这个是拄杖子,拈得,把得,动得,三千大千世界,一时摇动;若拈不得,把不得,动不得,文殊自文殊,解脱自解脱。参!”

上堂,举:“僧问巴陵:‘如何是道?’陵曰:‘明眼人落井。’又问宝应:‘如何是道?’应曰:‘五凤楼前。’又问首山:‘如何是道?’山曰:‘脚下深三尺。’此三转语,一句壁立千仞,一句陆地行船,一句宾主交参。诸人莫有拣得者么?出来道看。如无,且行罗汉慈,破结贼故。行菩萨慈,安众生故。行如来慈,得如相故。”问:“如何是佛法大意?”师曰:“五通贤圣。”曰:“学人不会。”师曰:“舌至梵天。”师将入灭,示疾甚劳苦。席藁于地,转侧不少休。喆侍者垂泣曰:“平生诃佛骂祖,今何为乃尔?”师熟视,诃曰:“汝亦作此见解邪?”即起趺坐,呼侍者烧香,烟起遂示寂。

蒋山赞元觉海禅师

蒋山赞元觉海禅师,婺州义乌人。姓傅氏,乃大士之裔也。夙修种智，随愿示生。父母感祥，闾里称异。三岁出家，七岁为僧。十五游方，远造石霜，升于丈室。慈明一见曰："好好着槽厂。"师遂作驴鸣。明曰："真法器耳。"俾为侍者。二十年中，运水搬柴，不惮寒暑，悉已躬亲。求道后出世苏台、天峰、龙华、白云，府帅请居志公道场，提纲宗要，机锋迅敏，解行相应，诸方推服。丞相王公安石重师德望，特奏章服师号。公又坚辞鼎席，结庐定林山中，与师萧散林下，清谈终日。赠师颂曰："不与物违真道广，每随缘起自禅深。舌根已净谁能坏，足迹如空我得寻。"此亦明世希有事也。僧问："如何是和尚家风？"师曰："东壁打西壁。"曰："客来如何祇待？"师曰："山上樵，井中水。"问："如何是诸佛出身处？"师曰："驴胎马腹。"问："鲁祖面壁，意旨如何？"师曰："住持事繁。"问："如何是大善知识？"师曰："屠牛剥羊。"曰："为什么如此？"师曰："业在其中。"上堂："这个若是，如虎戴角。这个若不是，唤作什么？"良久曰："喂驴喂马，珍重！"元祐元年，师乃迁化。丞相王公恸哭于塔，赞师真曰："贤哉人也！行厉而容寂，知言而能默。誉荣弗喜，辱毁弗戚。弗矜弗克，人自称德。有缁有白，来自南北。弗顺弗逆，弗抗弗抑。弗观汝华，唯食已实。孰其嗣之，我有遗则。"

武泉山政禅师

瑞州武泉山政禅师，僧问："如何是佛法大意？"师曰："衣成人，水成田。"上堂："黄梅席上，海众千人。付法传衣，碓坊行者。是则红日西升，非则月轮东上。参！"

双峰寺省回禅师

南岳双峰寺省回禅师，上堂："南番人泛船，塞北人摇橹。波斯入大唐，须弥山作舞。是什么说话？"师元丰六年九月十七日净发，沐浴辞众。偈曰："九十二光阴，分明对众说。远洞散寒云，幽窗度残月。”言讫坐逝。荼毗齿顶不坏，上有五色异光。

大宁道宽禅师

洪州大宁道宽禅师，僧问：“饮光正见，为什么见拈花却微笑？”师曰：“忍俊不禁。”问：“丹霞烧木佛，院主为什么眉须堕落？”师曰：“贼不打贫儿家。”问：“既是一真法界，为什么却有千差万别？”师曰：“根深叶茂。”僧打圆相曰：“还出得这个也无？”师曰：“弄巧成拙。”问：“如何是前三三，后三三？”师曰：“数九不到九。”问：“如何是佛法大意？”师曰：“点茶须是百沸汤。”曰：“意旨如何？”师曰：“吃尽莫留滓。”有僧造师之室，问：“如何是露地白牛？”师以火箸插火炉中，曰：“会么？”曰：“不会。”师曰：“头不欠，尾不剩。”师在同安日，时有僧问：“既是同安，为什么却有病僧化去？”师曰：“布施不如还却债。”上堂：“少林妙诀，古佛家风。应用随机，卷舒自在。如拳作掌，开合有时。似水成沤，起灭无定。动静俱显，语默全彰。万用自然，不劳心力。到这里唤作顺水放船，且道逆风举棹，谁是好手？”良久曰：“弄潮须是弄潮人。”喝一喝曰：“珍重！”上堂：“无念为宗，无住为本。真空为体，妙有为用。所以道，尽大地是真空，遍法界是妙有。且道是什么人用得，四时运用，日月长明，法本不迁，道无方所，随缘自在，逐物升沉。此土他方，入凡入圣。虽然如是，且道入乡随俗一句作么生道？”良久曰：“西天梵语，此土唐言。”

道吾悟真禅师

潭州道吾悟真禅师，上堂：“古今日月，依旧山河。若明得去，十方薄伽梵，一路涅槃门。若明不得，谤斯经故，获罪如是。”上堂：“师子儿哮吼，龙马驹跨跳。古佛镜中明，三山孤月皎。”遂作舞，下座。上堂，举：“洞山道：‘五台山上云蒸饭，佛殿阶前狗尿天。刹竿头上煎䭔子，三个猢狲夜簸钱。’老僧即不然。三面狸奴脚踏月，两头白牯手拏烟。戴冠碧兔立庭柏，脱壳乌龟飞上天。老僧葛藤尽被汝诸人觑破了也。洞山老人，甚是奇特。虽然如是，只行得三步四步，且不过七跳八跳。且道诸讹在什么处？老僧今日不惜眉毛，一时布施。”良久曰：“叮咛损君德，无言真有功，任从沧海变，终不为君通。”问：“凝然便会时如何？”师曰：“老鼠尾上带研槌。”问：“如何是真如体？”师曰：“夜叉屈膝眼睛黑。”曰：“如何是真如用？”师曰：“金刚杵打铁山摧。”问：“如何是常照？”师曰：“针锋上须弥。”曰：“如何是寂照？”师曰：“眉毛里海水。”曰：“如何是本来照？”师曰：“草鞋里踍跳。”僧退，师曰：“寂照常照本来照，草鞋底下常踍跳。更会针锋上须弥，眉毛中水常渺渺。”问：“如何是佛？”师曰：“洞庭无盖。”

上堂：“山前麦熟，庐陵米价，镇州萝卜，更有一般。”良久曰：“时挑野菜和根煮，旋斫生柴带叶烧。”上堂：“古人道，认着依前还不是，实难会。土宿颔下髭须多，波斯眼深鼻孔大。甚奇怪，欻然透过新罗界。”问僧：“甚处来？”曰：“堂中来。”师曰：“圣僧道什么？”僧近前不审。师曰：“东家作驴，西家作马。”曰：“过在什么处？”师曰：“万里崖州。”师不安，僧问：“和尚近日尊位如何？”师曰：“粥饭头不了事。”僧无语。师鸣指一下。

上堂：“普化明打暗打，布袋横撒竖撒，石室行者踏碓，因甚志却下脚。”问：“如何是第一玄？”师曰：“释尊光射阿难肩。”曰：“如何是第二玄？”师曰：“孤轮众象攒。”曰：“如何是第三玄？”师曰：“泣向枯桑泪涟涟。”曰：“如何是第一要？”师曰：“最好精粗照。”曰：“如何是第二要？”师曰：“闪电乾坤光晃耀。”曰：“如何是第三要？”师曰：“路夹青松老。”上堂，举：“僧问首山：‘如何是佛？’山曰：‘新妇骑驴阿家牵。’”师曰：“手提巴鼻脚踏尾，仰面看天听流水。天明送出路傍边，夜静还归茅屋里。”

蒋山保心禅师

蒋山保心禅师，僧问："月未圆时如何？"师曰："顺数将去。"曰："圆后如何？"师曰："倒数将来。"问："如何是吹毛剑？"师曰："黑漆露柱。"问："声色两字如何透得？"师曰："一手吹，一手拍。"

百丈惟政禅师

洪州百丈惟政禅师，上堂："岩头和尚用三文钱索得个妻，只解捞虾摝蚬，要且不解生男育女，直至如今，门风断绝。大众要识龛公妻么？百丈今日不惜唇吻，与你诸人注破：蓬鬓荆钗世所稀，布裙犹是嫁时衣。"僧问："牛头未见四祖时，为什么百鸟衔花献？"师曰："有钱千里通。"曰："见后为什么不衔花？"师曰："无钱隔壁聋。"问："达磨未来时如何？"师曰："六六三十六。"曰："来后如何？"师曰："九九八十一。"问："如何是祖师西来意？"师曰："本耳树头生。"问："一切法是佛法，意旨如何？"师曰："一重山下一重人。"问："上行下教，未是作家。背楚投吴，方为达士。岂不是和尚语？"师曰："是。"曰："父财子用也。"师曰："汝试用看。"僧拟议，师便打。上堂："天台普请，人人知有，南岳游山，又作么生？会则灯笼笑你，不会有眼如盲。"

香山蕴良禅师

明州香山蕴良禅师，僧问："如何是透法身句？"师曰："刹竿头上舞三台。"曰："如何是接初机句？"师曰："上大人。"曰："如何是末后句？"师曰："双林树下。"问："如何是学人转身处？"师曰："磨坊里。"上堂，良久，呵呵大笑曰："笑个什么？笑他鸿鹄冲天飞，乌龟水底逐鱼儿。三个老婆六只奶，金刚背上烂如泥。呵呵呵，知不知，东村陈大耆。参！"

南峰惟广禅师

苏州南峰惟广禅师，上堂："一问一答，如钟含响，似谷应声。盖为事不获已,且于建化门中,放一线道。若据衲僧门下,天地悬殊,且道衲僧有什么长处？"良久曰:"尽日觅不得,有时还自来。咄！"

大沩德乾禅师

潭州大沩德乾禅师，僧问:"如何是祖师西来意？"师曰:"水从山上出。"曰:"意旨如何？"师曰:"溪涧岂能留？"乃曰:"山花似锦，文殊撞着眼睛；幽鸟绵蛮，观音塞却耳际。诸仁者更思量个什么？昨夜三更睡不着，翻身捉得普贤，贬向无生国里，一觉直至天明。今朝又得与诸人相见说梦。噫！是什么说话。"卓拄杖,下座。

灵山本言禅师

全州灵山本言禅师，僧问:"如何是佛？"师曰:"谁教汝恁么问？"曰:"今日起动和尚也。"师曰:"谢访及。"

广法院源禅师

安吉州广法院源禅师,僧问:"如何是祖师西来意？"师曰:"砖头瓦片。"问:"闹中取静时如何？"师曰:"冤不可结。"问:"如何是正法眼？"师曰:"眉毛下。"曰:"便与么会时如何？"师曰:"瞳儿笑点头。"问:"如何是向上事？"师曰:"日月星辰。"曰:"如何是向下事？"师曰:"地狱镬汤。"问:"万里无云时如何？"师曰:"猢狲忍饿。"曰:"乞师拯济。"师曰:"什么火色。"问:"古人拈槌举拂,意旨如何？"师曰:"白日无闲人。"曰:"如何承当？"师曰:"如风过耳。"问:"握剑当胸时如何？"师曰:"老鸦成队。"曰:"正是和尚见处。"师曰:"蛇穿鼻孔。"僧拂袖便出。师曰:"大众相逢。"问:"从上诸圣向什么处行履？"师曰:"十字街头。"曰:"与么则败缺也。”师曰：“知你不到这田地。”曰：“到后如何？”师曰：“家常茶饭。”问：“祖意教意，是同是别？”师曰：“干姜附子。”曰：“与么则不同也。”师曰：“冰片雪团。”上堂：“春雨微微，檐头水滴，闻声不悟，归堂面壁。”上堂：“若论大道，直教杼山无开口处。你诸人试开口看。”僧便问：“如何是大道？”师曰：“担不起。”曰：“为什么担不起？”师曰：“大道。”上堂：“若论此事，切莫道着。道着即头角生。”有僧出曰：“头角生也。”师曰：“祸事。”曰：“某甲罪过。”师曰：“龙头蛇尾，伏惟珍重！”师元丰八年十月十二晚，忽书偈曰：“雪鬓霜髭九九年，半肩毳衲尽诸缘。廓然笑指浮云散，玉兔流光照大千。”掷笔而寂。

灵隐德章禅师

灵隐德章禅师，初住大相国寺西经藏院。庆历八年九月一日，仁宗皇帝诏师于延春阁下斋，宣普照大师问：“如何是当机一句？”师曰：“一言迥出青霄外，万仞峰前险处行。”曰：“作么生是险处行？”师便喝。曰：“皇帝面前,何得如此？”师曰：“也不得放过。”明年又宣入内斋，复宣普照问：“如何是夺人不夺境？”师曰：“雷惊细草萌芽发，高山进步莫迟迟。”曰：“如何是夺境不夺人？”师曰：“戴角披毛异,来往任纵横。”曰：“如何是人境两俱夺？”师曰：“出门天外迥,流山影不真。”曰：“如何是人境俱不夺？”师曰：“寒林无宿客,大海听龙吟。”后再宣入化成殿斋,宣守贤问：“斋筵大启,如何报答圣君？”师曰：“空中求鸟迹。”曰：“意旨如何？”师曰：“水内觅鱼踪。”师进《心珠歌》曰：“心如意，心如意，任运随缘不相离。但知莫向外边求，外边求，终不是，枉用工夫隐真理，识心珠，光耀日，秘藏深密无形质。拈来掌内众人惊，二乘精进争能测。碧眼胡须指出，临机妙用何曾失？寻常切忌与人看，大地山河动岌岌。”师皇祐二年乞归山林养老。御批杭州灵隐寺住持,赐号明觉。

琅邪觉禅师法嗣

定慧院超信海印禅师

苏州定慧院超信海印禅师，僧问："如何是佛法的的大意？"师曰："湘源斑竹杖。"曰："意旨如何？"师曰："枝枝带泪痕。"问："如何是第一句？"师曰："那吒忿怒。"曰："如何是第二句？"师曰："衲僧罔措。"曰："如何是第三句？"师曰："西天此土。"上堂："泥蛇咬石鳖，露柱啾啾叫。须弥打一棒，阎老呵呵笑。参！"上堂："若识般若，即被般若缚。若不识般若，亦被般若缚。识与不识，拈放一边，却问诸人，如何是般若体？参堂去！"上堂："莺声阑，蝉声急，入水乌龟头不湿。鹭鸶飞入芦花丛，雪月交辉俱不及。吽！"

泐潭晓月禅师

洪州泐潭晓月禅师，僧问："修多罗教，如标月指，未审指个什么？"师曰："请高着眼。"曰："曙色未分人尽望，及乎天晓也寻常。"师曰："年衰鬼弄人。"

姜山方禅师

越州姜山方禅师，僧问："如何是不动尊？"师曰："单着布衫穿市过。"曰："学人未晓。"师曰："骑驴踏破洞庭波。"曰："透过三级浪，专听一声雷。"师曰："伸手不见掌。"曰："还许学人进向也无？"师曰："踏地告虚空。"曰："雷门之下，布鼓难鸣。"师曰："八花毬子上，不用绣红旗。"曰："三十年后，此话大行。"师便打。问："莲花未出水时如何？"师曰："穿针嫌眼小。"曰："出水后如何？"师曰："尽日展愁眉。"问："如何是一尘入正受？"师曰："蛇衔老鼠尾。"曰："如何是诸尘三昧起？"师曰："鳖咬钓鱼竿。"曰："恁么则东西不辨，南北不分去也。"师曰："堂前一碗夜明灯，帘外数茎青瘦竹。"问："诸佛未出世时如何？”师曰：“不识酒望子。”曰：“出世后如何？”师曰：“钓鱼船上赠三椎。”问：“如何是佛？”师曰：“留髭表丈夫。”问：“奔流度刃，疾焰过风，未审姜山门下还许借借也无？”师曰：“天寒日短夜更长。”曰：“锦帐绣鸳鸯，行人难得见。”师曰：“髑髅里面气冲天。”僧召和尚，师曰：“鸡头凤尾。”曰：“诸方泥里洗，姜山画将来。”师曰：“姜山今日为客，且望阇黎善传。虽然如是，不得放过。”便打。上堂：“穿云不渡水，渡水不穿云。乾坤把定不把定，虚空放行不放行。横三竖四，乍离乍合，将长补短，即不问汝诸人，饭是米做一句，要且难道。”良久曰：“私事不得官酬。”上堂：“不是道得道不得，诸方尽把为奇特。寒山烧火满头灰，笑骂丰干这老贼。”

白鹿山显端禅师

福州白鹿山显端禅师，僧问：“如何是道？”师曰：“九州百粤。”曰：“如何是道中人？”师曰：“乘肥衣锦。”问：“如何是大善知识？”师曰：“持刀按剑。”曰：“为什么如此？”师曰：“礼防君子。”问：“如何是异类？”师曰：“鸦巢生凤。”上堂：“摩腾入汉，肉上剜疮。僧会来吴，眼中添屑。达磨九年面壁，鬼魅之由。二祖立雪求心，翻成不肖。汝等诸人到这里，如何吐露？若也道得，海上横行。若道不得，林间独卧。”以拄杖击禅床一下。问：“如何是无相佛？”师曰：“滩头石师子。”曰：“意旨如何？”师曰：“有心江上住，不怕浪淘沙。”问：“凝然湛寂时如何？”师曰：“不是阇黎安身立命处。”曰：“如何是学人安身立命处？”师曰：“云有出山势，水无投涧声。”问：“如何是教意？”师曰：“楞伽会上。”曰：“如何是祖意？”师曰：“熊耳山前。”曰：“教意祖意，相去几何？”师曰：“寒松连翠竹，秋水对红莲。”

琅邪山智迁禅师

滁州琅邪山智迁禅师，僧问：“如何是琅邪境？”师曰：“松因有恨萧疏老，花为无情取次开。”曰：“如何是境中人？”师曰：“发长僧貌丑。”问：“如何是和尚为人句？”师曰：“眼前三尺雪。”曰：“莫便是也无？”师曰：“脑后一枝花。”

凉峰洞渊禅师

泉州凉峰洞渊禅师，僧问：“如何是涅槃？”师曰：“刀斫斧劈。”曰：“如何是解脱。”师曰：“衫长裤短。”问：“诸圣不到处，师还知也无？”师曰：“老来无力下禅床。”问：“离四句，绝百非时如何？”师曰：“柴门草自深。”问：“狗子还有佛性也无？”师曰：“松直棘曲。”问：“如何是佛？”师曰：“金沙照影。”曰：“如何是道？”师曰：“玉女抛梭。”曰：“佛与道相去几何？”师曰：“龟毛长一丈，兔角长八尺。”

真如院方禅师

真州真如院方禅师，参琅邪，唯看柏树子话。每入室，陈其所见，不容措词，常被喝出。忽一日大悟，直入方丈曰：“我会也。”琅邪曰：“汝作么生会？”师曰：“夜来床荐暖，一觉到天明。”琅邪可之。

兴教院坦禅师

宣州兴教院坦禅师，永嘉牛氏子。业打银，因淬砺瓶器有省。即出家，参琅邪，机语顿契。后依天衣怀禅师，时住兴教，擢为第一座。衣受他请，欲闻州乞师继之。时刁景纯学士守宛陵，衣恐刁涉外议，乃于观音前祝曰：“若坦首座道眼明白，堪任住持，愿示梦于刁学士。”刁夜梦牛在兴教法座上。衣凌晨辞州，刁举所梦，衣大笑。刁问其故，衣曰：“坦首座姓牛，又属牛。”刁就座出帖请之，师受请升座。有雪窦化主省宗出，问：“诸佛未出世，人人鼻孔辽天。出世后为什么杳无消息？”师曰：“鸡足峰前风悄然。”宗曰：“未在更道。”师曰：“大雪满长安。”宗曰：“谁人知此意，令我忆南泉？”拂袖归众，更不礼拜。师曰:“新兴教今日失利。”便归方丈。令人请宗至,师曰:“适来错祗对一转语,人天众前何不礼拜盖覆却?”宗曰:“大丈夫膝下有黄金,争肯礼拜无眼长老?”师曰:“我别有语在。”宗乃理前语,至“未在更道”处,师曰:“我有三十棒寄你打雪窦。”宗乃礼拜。

归宗可宣禅师

江州归宗可宣禅师,汉州人也。壮为僧,即出峡依琅邪,一语忽投,群疑顿息。琅邪可之。未几,令分座。净空居士郭功甫过门问道,与厚,及师领归宗,时功甫任南昌尉,俄郡守恚师不为礼,捃甚。遂作书寄功甫曰:“某世缘尚有六年,奈州主抑逼,当弃余喘,托生公家,愿无见阻。”功甫阅书惊喜,且颔之。中夜,其妻梦间见师入其寝,失声曰:“此不是和尚来处。”功甫撼而问之,妻详以告。呼灯取书示之,相笑不已。遂孕,及生,乃名宣老。期年记问如昔。至三岁,白云端禅师抵其家,始见之。曰:“吾侄来也。”云曰:“与和尚相别几年?”宣倒指曰:“四年矣。”〔盖与相别一年方死。〕云曰:“甚处相别?”曰:“白莲庄上。”云曰:“以何为验?”曰:“爹爹妈妈明日请和尚斋。”忽闻推车声,云问:“门外是什么声?”宣以手作推车势。云曰:“过后如何?”曰:“平地两条沟。”果六周无疾而逝。

长水子璿讲师

秀州长水子璿讲师,郡之嘉兴人也。自落发诵《楞严》不辍。从洪敏法师讲至“动静二相,了然不生”,有省。谓敏曰:“敲空击木,〔木一作竹。〕尚落筌蹄。举目扬眉,已成拟议。去此二途,方契斯旨。”敏拊而证之。然欲探禅源,罔知攸往。闻琅邪道重当世,即趋其席。值上堂次,出问:“清净本然,云何忽生山河大地?”琅邪凭陵答曰:“清净本然,云何忽生山河大地?”师领悟,礼谢曰:“愿侍巾瓶。”琅邪谓曰:“汝宗不振久矣,宜厉志扶持,报佛恩德,勿以殊宗为介也。”乃如教,再拜以辞。后住长水，承禀日顾众曰："道非言象得，禅非拟议知。会意通宗，曾无别致。"由是二宗仰之。尝疏《楞严》等经，盛行于世。

大愚芝禅师法嗣

云峰文悦禅师

南岳云峰文悦禅师，南昌徐氏子。初造大愚，闻示众曰："大家相聚吃茎齑，若唤作一茎齑，入地狱如箭射。"便下座。师大骇，夜造方丈,愚问:"来何所求？"师曰:"求心法。"愚曰:"法轮未转，食轮先转。后生趁色力健，何不为众乞食？我忍饥不暇，何暇为汝说禅乎？"师不敢违。未几,愚移翠岩,师纳疏罢,复过翠岩求指示。岩曰:"佛法未到烂却，雪寒宜为众乞炭。"师亦奉命，能事罢复造方丈。岩曰:"堂司阙人，今以烦汝。"师受之不乐，恨岩不去心地。坐后架，桶箍忽散，自架堕落。师忽然开悟，顿见岩用处。走搭伽梨，上寝堂。岩迎笑曰:"维那，且喜大事了毕。"师再拜，不及吐一辞而去。服勤八年，后出世翠岩。时首座领众出迎，问曰:"德山宗乘即不问,如何是临济大用？"师曰:"你甚处去来？"座拟议，师便掌。座拟对，师喝曰:"领众归去！"自是一众畏服。

僧问:"如何是道？"师曰:"路不拾遗。"曰:"如何是道中人？"师曰:"草贼大败。"僧礼拜,师嘘一声。问:"万法归一,一归何所？"师曰:"黄河九曲。"曰:"如何是第一句？"师曰:"垂手过膝。"曰:"如何是第二句？"师曰:"万里崖州。"曰:"如何是第三句？"师曰:"粪箕扫帚。"问:"如何是深山岩崖佛法？"师曰:"猢狲倒上树。"问:"如何是衲衣下事？"师曰:"皮里骨。"问:"不涉廉纤，请师速道。"师曰:"须弥山。"问:"如何是清净法身？"师曰:"柴场荻草。"上堂:"语不离窠道，焉能出盖缠？片云横谷口，迷却几人源。所以道，言无展事，语不投机，承言者丧，滞句者迷。汝等诸人，到这里凭何话会？”良久曰：“欲得不招无间业，莫谤如来正法轮。”上堂：“过去诸佛已灭，未来诸佛未生。正当今日，佛法委在翠岩。放行则随机利物，把住则瓦解冰消。且道把住好，放行好？”良久曰：“咄！这野狐精。”击禅床下座。

上堂：“汝等诸人，与么上来，大似刺脑入胶盆。与么下去，也是平地吃交，直饶不来不去，朝打三千，暮打八百。”上堂：“道远乎哉？触事而真。圣远乎哉？体之则神。所以娑婆世界，以音声为佛事。香积世界，以香饭为佛事。翠岩这里，只于出入息内供养承事。过现未来，尘沙诸佛，无一空过者。过现未来，尘沙诸佛，是翠岩侍者，无一不到。如一不到，三十拄杖。诸上座还会么？将此深心奉尘刹，是则名为报佛恩。”

上堂：“有情之本，依智海以为源；含识之流，总法身而为体。只为情生智隔，想变体殊；达本情忘，知心体合。诸禅德会么？古佛与露柱相交，佛殿与灯笼斗额。若也不会，单重交拆。”上堂：“竿木随身，逢场作戏。然虽如是，一手不独拍，众中莫有作家禅客，本分衲僧，出来共相唱和。有么？”时有僧出，礼拜，师曰：“依稀似曲才堪听，又被风吹别调中。”便下座。

上堂：“天明平旦，万事成办。北俱卢洲长粳米饭。”下座。上堂：“有佛处不得住，无佛处急走过。你等诸人，横担拄杖，向什么处行脚？”良久曰：“东胜身洲持钵，西瞿耶尼吃饭。”上堂：“假使心通无量时，历劫何曾异今日？且道今日事作么生？”良久曰：“乌龟钻破壁。”上堂：“见闻觉知无障碍，声香味触常三昧。衲僧道，会也，山是山，水是水，饥来吃饭，困来打睡。忽然须弥山跨跳入你鼻孔里，摩竭鱼穿你眼睛中，作么生商量？”良久曰：“参堂去！”

上堂：“一刀两段，未称宗师。就下平高，固非作者。翠岩到这里，口似匾担，你等诸人作么生商量？”良久曰：“欲得不招无间业，莫谤如来正法轮。”上堂：“若见诸相非相，即山河大地，并无过咎。诸上座终日着衣吃饭，未曾咬着一粒米，未曾挂着一缕丝，便能变大地作黄金，搅长河为酥酪。然虽如是，着衣吃饭即不无，衲僧门下汗臭气也未梦见在。”上堂：“普贤行，文殊智，补陀岩上清风起，瞎驴趁队过新罗，吉獠舌头三千里。”上堂，拈起拄杖曰：“掌钵盂向香积世界，为什么出身无路？挑日月于拄杖头上，为什么有眼如盲？直得风行草偃，响顺声和，无纤芥可留，犹是交争底法。作么生是不交争底法？”卓拄杖下座。

上堂：“临济先锋，放过一着，德山后令，且在一边。独露无私一句作么生道？”良久曰：“堪嗟楚下钟离昧〔音抹〕。”以拂子击禅床，下座。上堂：“教中道，种种取舍，皆是轮回。未出轮回而辨圆觉，彼圆觉性即同流转。若免轮回，无有是处？你等诸人，到这里且作么生辨圆觉？”良久曰：“荷叶团团团似镜，菱角尖尖尖似锥。”以拂击禅床。

上堂：“古人道，山河石壁，不碍眼光。”师曰：“作么生是眼？”拈拄杖打禅床一下，曰：“须弥山百杂碎即不问，你且道娑竭罗龙王年多少？”俗士问：“如何是佛？”师曰：“着衣吃饭量家道。”曰：“恁么则退身三步，叉手当胸去也。”师曰：“醉后添杯不如无。”小参，举百丈岁夜示众曰：“你这一队后生，经律论固是不知，入众参禅禅又不会，腊月三十日，且作么生折合去！”师曰：“灼然！诸禅德，去圣时遥，人心澹泊，看却今时丛林，更是不得所在之处，或聚徒三百五百，浩浩地只以饭食丰浓、寮舍稳便为旺化。中间孜孜为道者无一人。设有十个五个，走上走下，半青半黄，会即总道我会，各各自谓握灵蛇之珠，孰肯知非；及乎挨拶鞭逼将来，直是万中无一。苦哉！苦哉！所谓般若丛林岁岁凋，无明荒草年年长。就中今时后生，才入众来，便自端然拱手，受他别人供养，到处菜不择一茎，柴不搬一束，十指不沾水，百事不干怀。虽则一期快意，争奈三涂累身。岂不见教中道，宁以热铁缠身，不受信心人衣，宁以洋铜灌口，不受信心人食。上座若也是去，直饶变大地作黄金，搅长河为酥酪，供养上座，未为分外。若也未是，至于滴水寸丝，便须披毛戴角，牵犁拽杷，偿他始得。不见祖师道，入道不通理，复身还信施。此是决定底事，终不虚也。诸上座，光阴可惜，时不待人。莫待一朝眼光落地，缁田无一篑之功，铁围陷百刑之痛。莫言不道。珍重！”

瑞光月禅师

苏州瑞光月禅师，僧问：“俱胝一指，意旨如何？”师曰：“月落三更穿市过。”

洞山子圆禅师

瑞州洞山子圆禅师，上堂，有僧出抛下坐具。师曰：“一钓便上。”僧提起坐具。师曰：“弄巧成拙。”僧曰：“自古无生曲，须是遇知音。”师曰：“波斯入唐土。”僧大笑归众。

石霜永禅师法嗣

福严保宗禅师

南岳福严保宗禅师，上堂：“世尊周行七步，举足全乖。目顾四方，触途成滞。金襕授去，殃及儿孙。玉偈传来，挂人唇吻。风幡悟性，未离色尘。钵水投针，全成管见。祖师九年面壁，不见纤毫。卢公六代传衣，图他小利。江西一喝，不解慎初。德峤全施，未知护末。南山鳖鼻，谩指踪由。北院枯松，徒彰风彩。云门顾鉴，落二落三。临济全提，错七错八。若说君臣五位，直如纸马过江。更推宾主交参，恰似泥人澡洗。独超象外，且非捉兔之鹰。混迹尘中，未是咬猪之狗。何异越坑堕堑，正是避溺投罝。如斯之解，正在常途。出格道人，如何话会？岂不见陶潜俗子尚自睹事见机。而今祖室子孙，不可皮下无血。”喝一喝。

大阳如汉禅师

郢州大阳如汉禅师，僧问：“如何是敲磕底句？”师曰：“槛外竹摇风，惊起幽人睡。”曰：“观音门大启也。”师曰：“师子咬人。”乃曰：“闻声悟道，失却观音眼睛。见色明心，昧了文殊巴鼻。一出一入，半开半合。泥牛昨夜游沧海，直至如今不见回。咄！”

浮山远禅师法嗣

净因院道臻净照禅师

东京净因院道臻净照禅师，僧问：“如何是佛？”师曰：“朝装香，暮换水。”问：“如何是观音妙智力？”师曰：“河南犬吠，河北驴鸣。”上堂，拈拄杖曰：“榔栗木杖子，善能谈佛祖。聋人既得闻，哑人亦解语。指白石为玉，点黄金为土。便恁么会去，他家未相许。不相许，莫莽卤。南街打鼓北街舞。”

兴化仁岳禅师

庐州兴化仁岳禅师，泉南人也。僧问：“如何是佛法大意？”师曰：“临济问黄檗。”曰：“学人不会。”师曰：“三回吃棒来。”问：“如何是和尚家风？”师曰：“曲录禅床。”曰：“客来如何祇待？”师曰：“拄杖子。”问：“一大藏教尽是名言，离此名言，如何指示？”师曰：“癞马揩枯柳。”曰：“学人不会。”师曰：“骆驼好吃盐。”曰：“毕竟如何？”师曰：“铁鞭指处马空嘶。”

玉泉谓芳禅师

荆门军玉泉谓芳禅师，僧问：“从上诸圣，以何法示人？”师拈起拄杖，僧曰："学人不会。"师曰："两手分付。"僧拟议，师便打。

定林惠琛禅师

宿州定林惠琛禅师，僧问："如何是道？"师曰："只在目前。"僧曰："为什么不见？"师曰："瞎。"

本觉若珠禅师

秀州本觉若珠禅师，僧问："如何是道？"师举起拳，僧曰："学人不会。"师曰："拳头也不识。"上堂："说佛说祖，埋没宗乘。举古谈今，淹留衲子。拨开上路，谁敢当头。齐立下风，不劳拈出。无星秤子，如何辨得斤两？若也辨得，须弥只重半铢。若辨不得，拗折秤衡，向日本国与诸人相见。"

华岩普孜禅师

东京华严普孜禅师，僧问："如何是宾中宾？"师曰："客路如天远。"曰："如何是宾中主？"师曰："侯门似海深。"曰："如何是主中主？"师曰："寰中天子敕。"曰："如何是主中宾？"师曰："塞外将军令。"乃曰："宾中问主，互换机锋。主中问宾，同生同死。主中辨主，饮气吞声。宾中觅宾，白云万里。故句中无意，意在句中。于斯明得，一双孤雁扑地高飞。于斯未明，一对鸳鸯池边独立。知音禅客，相共证明。影响异流，切须子细。"良久曰："若是陶渊明，攒眉便归去。"

清隐院惟湜禅师

南康军清隐院惟湜禅师，僧问："如何是道？"师曰："斜街曲巷。"曰："如何是道中人？"师曰："百艺百穷。"

衡岳寺奉能禅师

潭州衡岳寺奉能禅师，上堂："宗风才举，万里云收。法令若行，千峰寒色。须弥顶上,白浪滔天。大海波中,红尘满地。应思黄梅昔日，少室当年,不能退己让人,遂使舂糠答志,断臂酬心。何似衡岳这里，山畲粟米饭，一桶没盐羹。苦乐共住，随高就低。且不是南头买贵，北头卖贱。直教文殊稽首，迦叶攒眉，龙树马鸣吞声饮气。目连鹙子且不能为。为甚如此。谛观法王法，法王法如是。"

宝应昭禅师法嗣

琅邪方锐禅师

滁州琅邪方锐禅师，上堂："造化无生物之心，而物物自成。雨露非润物之意，而灵苗自荣。所以药剂不食而病自损，良师不亲而心自明。故知妙慧灵光，不从缘得。到这里方许你进步，琅邪与你别作个相见。还有么？若无，不可压良为贱。"

兴阳山希隐禅师

郢州兴阳山希隐禅师，僧问："如何是悬崖撒手底句？"师曰："明月照幽谷。"曰："如何是绝后再苏底句？"师曰："白云生太虚。"曰："恁么则樵夫出林丘，处处歌春色。"师曰："是人道得。"上堂："了见不见，见了未了。路上行人，林间宿鸟。月里塔高十二层，天外星缠百杪。要会么？手执夜明符，几个知天晓。参！"

石门进禅师法嗣

瑞岩智才禅师

明州瑞岩智才禅师,僧问："如何是截断众流句？"师曰："好。"曰："如何是随波逐浪句？"师曰："随。"曰："如何是函盖乾坤句？"

师曰:“合。”曰:“三句蒙师指，如何辨古今？”师曰:“向后不得错举。”上堂:“天平等故常覆,地平等故常载,日月平等故四时常明,涅槃平等故圣凡不二，人心平等故高低无诤。”拈拄杖卓一下，曰:“诸禅者，这拄杖子昼夜为诸人说平等法门，还闻么？若闻去，敢保诸人行脚事毕。若言不闻,亦许诸人顶门眼正。何故？是法平等，无有高下，是名阿耨多罗三藐三菩提。”良久，笑曰:“向下文长。”

金山颖禅师法嗣

普慈院崇珍禅师

润州普慈院崇珍禅师，僧问:“如何是普慈境？”师曰:“出门便见鹤林山。”曰:“如何是境中人？”师曰:“入门便见珍长老。”

瑞竹仲和禅师

太平州瑞竹仲和禅师，僧问:“得坐披衣人尽委，向上宗乘事若何？”师曰:“但知冰是水。”曰:“更有事也无？”师曰:“休问水成冰。”曰:“弄潮须是弄潮人。”师曰:“这僧从浙中来。”

金山怀贤圆通禅师

润州金山怀贤圆通禅师，僧问:“师扬宗旨，得法何人？”师拈起拂子。僧曰:“铁瓮城头曾印证,碧溪崖畔祖灯辉。”师拂一拂，曰:“听事不真，唤钟作瓮。”

石佛寺显忠禅师

越州石佛寺显忠祖印禅师，僧问:“如何是不动尊？”师曰:“热鏊上猢狲。”曰:“如何是千百亿化身？”师曰:“添香换水，点灯扫地。”曰:“如何是毗卢师法身主？”师曰:“系马柱。”曰:“有什么交涉？”师曰：“缚杀这汉。”问：“会杀佛祖底始是作家。如何是杀佛祖底剑？”师曰：“不斩死汉。”曰：“如何是和尚剑？”师曰：“令不重行。”问：“如何是相生？”师曰：“山河大地。”曰：“如何是想生？”师曰：“兔子望月。”曰：“如何是流注生？”师曰：“无间断。”曰：“如何是色空？”师曰：“五彩屏风。”上堂：“咄咄咄！海底鱼龙尽枯竭，三脚虾蟆飞上天，脱壳乌龟火中活。”上堂：“点时不到，皂白未分。到时不点，和泥合水。露柱跨跳入灯笼里，即且从他。汝眉毛因什么却拖在脚跟下，直饶于此明得，也是猢狲戴席帽。于此未明，何异曲蟮穿靴。然虽如此，笑我者多，哂我者少。”

净住院居说禅师

杭州净住院居说真净禅师，参达观，遂问曰：“某甲经论粗明，禅直不信，愿师决疑。”观曰：“既不信禅，岂可明经？禅是经纲，经是禅网。提纲正网，了禅见经。”师曰：“为某甲说禅看。”观曰：“向下文长。”师曰：“若恁么，经与禅乃一体。”观曰：“佛及祖非二心，如手搦拳，如拳搦手。”师因而有省，乃成偈曰：“二十余年用意猜，几番曾把此心灰。而今潦倒逢知己，李白元来是秀才。”

西余山拱辰禅师

安吉州西余山拱辰禅师，上堂：“灵云见华，眼中着翳。玄沙蹩指，体上遭迍。不如且恁么过时，自然身心安乐。”上堂：“理因事有，心逐境生。事境俱忘，千山万水。作么生得恰好去？”良久曰：“且莫剜肉成疮。”师有《祖源通要》三十卷行于世。

般若寺善端禅师

苏州昆山般若寺善端禅师，僧问：“有生有灭，尽是常仪。无生无灭时如何？”师曰：“昆仑着靴空中立。”曰：“莫便是为人处也无？”

师曰:“石女簪花火里眠。”曰:“大众证明。”师曰:“更看泥牛斗入海。”

节使李端愿居士

节使李端愿居士,儿时在馆舍,常阅禅书。长虽婚宦,然笃志祖道,遂于后圃筑室类兰若,邀达观处之。朝夕咨参,至忘寝食。观一日视公曰:“非示现力,岂致尔哉?奈无个所入何!”公问曰:“天堂地狱,毕竟是有是无?请师明说。”观曰:“诸佛向无中说有,眼见空花。太尉就有里寻无,手扭水月。堪笑眼前见牢狱,不避心外闻天堂。欲生殊不知忻怖在心,善恶成境。太尉但了自心,自然无惑。”公曰:“心如何了?”观曰:“善恶都莫思量。”公曰:“不思量后,心归何所?”观曰:“且请太尉归宅。”公曰:“只如人死后,心归何所?”观曰:“未知生,焉知死?”公曰:“生则某已知之。”观曰:“生从何来?”公罔措。观起揕其胸曰:“只在这里。更拟思量个什么?”公曰:“会得也。”观曰:“作么生会?”公曰:“只知贪程,不觉蹉路。”观拓开曰:“百年一梦,今朝方省。”既而说偈曰:“三十八岁,懵然无知。及其有知,何异无知。滔滔汴水,隐隐隋堤,师其归矣,箭浪东驰。”

洞庭月禅师法嗣

荐福院亮禅师

苏州荐福亮禅师,僧问:“不假言诠,请师示诲。”师曰:“大众总见汝恁么问。”曰:“莫只这便是也无?”师曰:“罕逢穿耳客。”

仗锡已禅师法嗣

黄岩保轩禅师

台州黄岩保轩禅师,僧问:“不欲无言,略凭施设时如何?”

师曰:“知而故犯。”僧礼拜，师便打。

龙华岳禅师法嗣

西余师子净端禅师

安吉州西余师子净端禅师，本郡人也。姓丘氏。始见弄师子，发明心要，往见龙华，蒙印可，遂旋里。合彩为师子皮，时被之，因号端师子。丞相章公慕其道，躬请开法吴山，化风盛播。开堂日，僧官宣疏，至“推倒回头，趯翻不托。七轴之《莲经》未诵，一声之《渔父》先闻。”师止之。遂登座拈香，祝圣罢，引声吟曰:“本是潇湘一钩客，自西自东自南北。”大众杂然称善。师顾笑曰:“谛观法王法,法王法如是。”便下座。上堂:“二月二,禅翁有何谓，春风触目百花开，公子王孙日日醺醺醉。唯有殿前陈朝桧，不入时人意。禅家流只这是莫思虑,坦然斋后一瓯茶,长连床上伸脚睡。咄！”师到华亭,众请上堂:“灵山师子,云间哮吼,佛法无可商量。不如打个筋斗。”便下座。问:“羚羊未挂角时如何？”师曰:“怕。”曰:“既是善知识,因何却怕？”师曰:“山僧不曾见恁么差异畜生。”

南岳下十二世

翠岩真禅师法嗣

大沩慕喆真如禅师

潭州大沩慕喆真如禅师，抚州临川闻氏子。僧问:“赵州庭柏意旨如何？”师曰:“夜来风色紧，孤客已先寒。”曰:“先师无此语，又作么生？”师曰:“行人始知苦。”曰:“十载走红尘,今朝独露身。”

师曰:“雪上加霜。”问:“如何是城里佛? ”师曰:“万人丛里不插标。”曰:“如何是村里佛? ”师曰:“泥猪疥狗。”曰:“如何是山里佛? ”师曰:“绝人往还。”曰:“如何是教外别传底一句? ”师曰:“翻译不出。”问:“牛头未见四祖时如何? ”师曰:“寒毛卓竖。”曰:“见后如何? ”师曰:“额头汗出。”上堂:“月生一，天地茫茫谁受屈。月生二，东西南北没巴鼻。月生三，善财特地向南参。所以道，放行也怛萨舒光,把住也泥沙匿曜。且道放行是? 把住是? ”良久曰:“圆伊三点水，万物自尖新。”上堂:“古佛道，昔于波罗奈转四谛法轮，堕坑落堑，今复转最妙无上大法轮，土上加泥。如今还有不历阶梯、独超物外者么? ”良久曰:“出头天外看，谁是个中人? ”上堂:“阿剌剌是什么? 翻思当年破灶堕，杖子忽击着，方知孤负我。”以拄杖击香台一下曰:“堕! 堕! ”上堂:“扪空追响，劳汝精神。梦觉觉非，复有何事? 德山老人在汝诸人眉毛眼睫上，诸人还觉么? 若也觉去，梦觉觉非; 若也未觉，扪空追响，终无了期。直饶向这里倜傥分明，犹是梯山入贡。还有独超物外者么? ”良久曰:“且莫诈明头。”问:“大通智胜佛,十劫坐道场。为什么不得成佛道? ”师曰:“苦杀人。”

上堂:“白云澹泞，水注沧溟。万法本闲，复有何事? 所以道，也有权，也有实，也有照，也有用。诸人到这里，如何履践? ”良久曰:“但有路可上，更高人也行。”上堂:“山僧本无积畜，且得粥足饭足，困来即便打眠，一任东卜西卜。”上堂:“古者道，一释迦，二元和，三佛陀，自余是什么碗脱丘。慧光即不然，一释迦，二元和，三佛陀，总是碗脱丘，诸人还知慧光落处么? 若也知去，许你具铁眼铜睛。若也不知，莫谓几经风浪险，肩舟曾向五湖游。”上堂，拈起拄杖曰:“一尘才起，大地全收。”卓一下曰:“妙喜世界百杂碎，且道不动如来即今在什么处? 若人识得，可谓不动步而登妙觉。若也未识，向诸人眉毛眼睫里涅槃去也。”又卓一下。

上堂:“不用思而知,不用虑而解。庐陵米价高,镇州萝卜大。”上堂,拈起拄杖曰:“智海拄杖,或作金刚王宝剑,或作踞地师子,或作探竿影草,或不作拄杖用。诸人还相委悉么?若也委悉去,如龙得水,似虎靠山,出没卷舒,纵横应用。如未相委,大似日中逃影。”上堂:“十方同聚会,个个学无为。此是选佛场,心空及第归。慧光门下直拔超升,不历科目。诸人既到这里,风云布地,牙爪已成,但欠雷声烧尾。如今为你诸人震忽雷去也。”以拄杖击禅床,下座。师于绍圣二年十月八日,无疾说偈曰:“昨夜三更,风雷忽作。云散长空,前溪月落。”良久,别众趋寂。阇维舍利斗许,大如豆。目睛齿爪不坏。门弟子分塔于京潭。

西林崇奥禅师

南岳西林崇奥禅师,僧问:“一问一答,宾主历然。不问不答,如何辨别?”师曰:“坐底坐,立底立。”曰:“便恁么会时如何?”师曰:“舌拄上腭。”僧礼拜,师曰:“不得讳却。”

蒋山元禅师法嗣

雪窦法雅禅师

明州雪窦法雅禅师,僧问:“学人不问西来意,乞师方便指迷情。”师曰:“霹雳过头犹瞌睡。”曰:“谢师答话。”师曰:“再三启口问何人?”曰:“争奈学人未礼拜何!”师曰:“休钝置。”

丞熙应悦禅师

邵州丞熙应悦禅师,抚之宜黄戴氏子。上堂:“我宗无语句,徒劳寻露布。现成公案已多端,那堪更涉他门户。觌面当机直下提,何用波吒受辛苦。咄!”

双峰回禅师法嗣

光国文赞禅师

阆州光国文赞禅师,僧问:“不二之法,请师速道。”师曰:“领。”曰:“恁么则人人有分也。”师曰:“了。”曰:“锦屏天下少,光国世间稀。”师曰:“退。”

定慧信禅师法嗣

穹窿智圆禅师

苏州穹窿智圆禅师,上堂:“福臻不说禅,无事日高眠。有问祖师意,连擉两三拳。大众且道,为什么如此?不合恼乱山僧睡。”

云峰悦禅师法嗣

寿宁齐晓禅师

桂州寿宁齐晓禅师,上堂:“触目不会道,犹较些子。运足焉知路,错下名言。诸仁者,山僧今日将错就错,汝等诸人,见有眼,闻有耳,嗅有鼻,味有舌,因什么却不会?”良久曰:“武帝求仙不得仙,王乔端坐却升天。咄!”僧问:“大众云臻,合谈何事?”师曰:“波斯入闹市。”曰:“恁么则草偃风行去也。”师曰:“万里望乡关。”

净因臻禅师法嗣

长庆惠暹文慧禅师

福州长庆惠暹文慧禅师,僧问:“离上生之宝刹,登延圣之道场。如何是不动尊?”师曰:“孤舟载明月。”曰:“忽遇橹棹俱停,又作么生?”

师曰:“渔人偏爱宿芦花。”问:“长期进道西天，以蜡人为验，未审此间以何为验？”师曰:“铁弹子。”曰:“意旨如何？”师曰:“大底大,小底小。”

栖胜继超禅师

福州栖胜继超禅师，上堂，拈拄杖，良久曰:“三世诸佛，尽在这里踍跳。大众还会么？过去诸佛说了，未来诸佛未说，现在诸佛今说。敢问诸人,作么生是说底事？”卓一下曰:“苏嚧苏嚧！”

兴化岳禅师法嗣

兴化绍清禅师

潭州兴化绍清禅师，上堂:“祖师门下，佛法不存。善法堂前，仁义休说。然虽如是，事无一向。窃闻哀哀父母，生我劬劳。欲报深恩，昊天罔极。发肤身体，弗敢毁伤。此鲁仲尼之孝也。轮转三界中，恩爱不能舍，弃恩入无为，真实报恩者。故我大觉世尊，雪山苦行，摩竭成道，往忉利天为母说法。此释迦之孝也。得大解脱，运大神通，手擎金锡，掌拓龙盂，诣地狱门，卓然寻省，见其慈母，悲泣无量。此目连之孝也。作么生是兴化之孝？”良久曰:“兴化今日不上天堂，不入地狱，于善法堂中、灯王座上，为母说法，以报劬劳。且道我母即今在什么处？”乃曰:“我母生前足善缘，无劳问佛定生天。人间上寿古今少，九十春秋减一年。”下座。“敢烦大众烧一炷香，以助山僧报孝。既是山僧之母，为什么却烦诸人烧香？不见道，东家人死，西家人助哀。”以手槌胸曰:“苍天！苍天！”

玉泉芳禅师法嗣

慧力善周禅师

临江军慧力善周禅师，上堂:“辽天鹘，万重云，只一突，是什么？咄！”师元祐元年十二月望日，沐浴净发，说偈曰：“山僧住瑞筠，未尝形言句。七十三年来，七十三年去。”言毕而逝。五日后须发再生。

南岳下十三世

大沩喆禅师法嗣

智海普融道平禅师

东京智海普融道平禅师，上堂：“山僧不会佛法，为人总没来由。或时半开半合，或时全放全收。还如万人丛里，冷地掉个石头，忽然打着一个，方知触处周流。”上堂：“赵州有四门，门门通大道。玉泉有四路，路路透长安。门门通大道，毕竟谁亲到？路路透长安，分明进步看。”拍膝一下曰：“岁晚未归客，西风门外寒。”上堂，举盘山示众曰：“似地擎山，不知山之孤峻。如石含玉，不知玉之无瑕。古人恁么说话，大似抱赃叫屈。智海门下，人人慷慨。生擒虎兕，活捉狞龙。眼里着得须弥山，耳里着得大海水。”遂拈拄杖曰：“不是向人夸伎俩，丈夫标致合如斯。”卓拄杖，下座。

泐潭景祥禅师

洪州泐潭景祥禅师，建昌南城傅氏子。僧问：“如何是祖师西来意？”师曰：“十个指头八个丫。”问：“我手何似佛手？”师曰：“金鍮难辨。”曰：“我脚何似驴脚？”师曰：“黄龙路险。”曰：“人人有个生缘，如何是和尚生缘？”师曰：“把定要津，不通凡圣。”中秋上堂：“灵山话，曹溪指，放过初生斫额底。未问龙眠老古锥，昨夜三更转向西。正当恁么时，有人问如何是月，向明暗未分处道得一句，便与古人共出一只手。如或未然，宝峰不免依模画样，应个时节。”乃打一圆相曰：“清光万古复千古，岂止人间一夜看。”师室中问僧：“达磨西归，手携只履。当时何不两只都将去？”曰：“此土也要留个消息。”师曰：“一只脚在西天，一只脚在东土。着甚来由？”僧无语。问僧：“唯一坚密身，一切尘中现。如何是尘中现底身？”僧指香炉曰：“这个是香炉。”师曰：“带累三世诸佛，生陷地狱。”僧罔措，师便打。师不安次，有僧问：“和尚近日尊候如何？”师曰：“土地前烧二陌纸着。”师常叉手夜坐，如对大宾。初坐手与趺缀，至五鼓必齐膺，因号祥叉手焉。

光孝慧兰禅师

和州光孝慧兰禅师，不知何许人也。自号碧落道人。尝以触衣书七佛名，丛林称为兰布裈。有《拟草庵歌》一篇行于世，具载《普灯》。建炎末逆虏犯淮，执师见酋长。长曰：“闻我名否？”师曰：“我所闻者，唯大宋天子之名。”长恚，令左右以锤击之。锤至辄断坏。长惊异，延麾下敬事之。经旬，师索薪自焚，无敢供者。亲拾薪成龛，怡然端坐。烟焰一起，流光四腾，虏跪伏灼肤者多。火绝，得五色舍利，并其骨而北归。所执僧尼，悉得自便。和人至今咏之。

东明仁仙禅师

潭州东明仁仙禅师，开堂日，僧问：“世尊出世，梵王前引，帝释后随。和尚出世，有何祥瑞？”师曰：“任是百千诸佛，一时赶向水牯栏里。”曰：“有何祥瑞？”师曰：“山僧不曾眼花。”

普照晓钦明悟禅师

泗州普照晓钦明悟禅师，僧问：“师唱谁家曲，宗风嗣阿谁？”师曰：“东边更近东。”曰：“沩山的子、智海亲孙也。”师曰：“却笑傍人把钓竿。”上堂:“引手撮空,展转莫及。翻身掷影,徒自劳形。当面拈来,却成蹉过。毕竟如何?”拍禅床曰:“洎合错商量。”

东林自遵正觉禅师

庐山东林自遵正觉禅师,上堂:“十五日已前放过一着,十五日已后未可商量。正当十五日,试道一句看。”良久曰:“山色翠秾春雨歇,柏庭香拥木兰开。”

福严置禅师

潭州福严置禅师,上堂:“福严山上云,舒卷任朝昏。忽尔落平地,客来难讨门。”

东明迁禅师

潭州东明迁禅师,久侍真如,晚居沩山。真如庵忠道者高其风,每叩之。一日阅《首楞严》次,忠问:"'如我按指,海印发光。'佛意如何?”师曰:“释迦老子好与二十棒。”曰:“为什么如此?”师曰:“用按指作么?”曰:“汝暂举心,尘劳先起又作么生?”师曰:“亦是海印发光。”

雪窦雅禅师法嗣

光孝普印慈觉禅师

衢州光孝普印慈觉禅师,泉州许氏子。室中问僧:“父母未生已前,在什么处行履?”僧拟对,即打出。或曰:“达磨在你脚下。”僧拟看,亦打出。或曰:“道!道!”僧拟开口,复打出。

庆善震禅师法嗣

庆善院普能禅师

杭州庆善院普能禅师，上堂："事不获已，与诸人葛藤。一切众生，只为心尘未脱，情量不除，见色闻声，随波逐浪。流转三界，汩没四生。致使正见不明，触途成滞。若也是非齐泯，善恶都忘。坐断报化佛头，截却圣凡途路。到这里方有少许相应。直饶如是，衲僧分上未为奇特。何故如此？才有是非，纷然失心。咄！"上堂，拈拄杖曰："未入山僧手中，万法宛然。既入山僧手中，复有何事。"良久曰："有意气时添意气，不风流处也风流。"卓拄杖一下。

净土思禅师法嗣

万寿法诠禅师

杭州灵凤山万寿法诠禅师，僧问："如何是佛？"师曰："抱椿打拍浮。"曰："如何是法？"师曰："黄泥弹子。"曰："如何是僧？"师曰："剃除须发。"曰："三宝外，还别有为人处也无？"师举起一指。僧曰："不会。"师曰："指在唯观月，风来不动幡。"上堂："德山棒，临济喝，尽是无风波币币。灯笼踍跳过青天，露柱魂惊头脑裂。然虽如是，大似食盐加得渴。"喝一喝。

庆善守隆禅师

杭州庆善守隆禅师，开堂日，僧问："知师久蕴囊中宝，今日当筵略借看。"师曰："多少分明。"曰："师子吼时全露现，文殊仗剑又如何？"师曰："惊杀老僧。"问："千佛出世，各有奇祥。和尚今日，以何为验？"师曰："木人把板云中拍。"曰："意旨如何？"

师曰："石女拈笙水底吹。"上堂："花簇簇，锦簇簇，盐酱年来事事足。留得南泉打破锅，分付沙弥煮晨粥。晨粥一任诸人吃，洗钵盂一句作么生会？多少人疑着。"

护国月禅师法嗣

护国慧本禅师

江陵府护国慧本禅师，僧问："有物先天地，无形本寂寥。未审是什么物？"师曰："一铤墨。"曰："恁么则耀古照今去也。"师曰："作么生是耀古照今底？"僧便喝，师便打。上堂："好个时节，谁肯承当？苟或无人，不如惜取。"良久曰："弹雀夜明珠。"

南岳下十四世

智海平禅师法嗣

净因蹒庵继成禅师

东京净因蹒庵继成禅师，袁之宜春刘氏子。上堂，拈拄杖曰："清净本然，云何忽生山河大地？看看富楼那穿过释迦老子鼻孔，释迦老子钻破虚空肚皮。且道山河大地在什么处？"掷下拄杖，召大众曰："虚空翻筋斗，向新罗国里去也。是你诸人，切忌认叶止啼，刻舟寻剑。"上堂："茫茫尽是觅佛汉，举世难寻闲道人。棒喝交驰成药忌，了亡药忌未天真。"上堂："昆仑奴着铁裤，打一棒行一步，争似火中钓鳖，日里藏冰。阴影间翻魍魉，虚空缚杀麻绳。"上堂："狭路相逢且莫疑，电光石火已迟迟。若教直下三心彻，只在如今一饷时。到这里，直使问来答去，火迸星飞，互换主宾，照用得失。波翻岳立，玉转珠回，衲僧面前了无交涉。岂不见拈花鹫岭，独许饮光，问疾毗耶，谁当金粟？那知微笑已成途辙，纵使默然，未免风波。要须格外相逢，始解就中颖契。还会么？一曲寥寥动今古，洛阳三十六峰西。”

上堂：“举不顾，即差互。拟思量，何劫悟？大众，枯桑知天风，是顾不顾？海水知天寒，是思不思？且唤什么作悟底道理？兔角杖头挑法界，龟毛拂子舞三台。”上堂：“鼻里音声耳里香，眼中咸淡舌玄黄。意能觉触身分别，冰室如春九夏凉。如斯见得，方知男子身中入定时，女子身中从定出。葵花随日转，犀纹玩月生。香枫化老人，螟蠕成蜾蠃。若也不知，苦哉！佛陀耶许你具只眼。”上堂：“一念心清净，佛居魔王殿。一念恶心生，魔王居佛殿。怀禅师曰：“但恁么信去，唤作脚踏实地而行。终无别法，亦无别道理。”老僧恁么举了，只恐你诸人见兔放鹰，刻舟求剑。何故？功德天、黑暗女，有智主人，二俱不受。”上堂，举汾阳拈拄杖示众曰：“三世诸佛在这里，为汝诸人无孔窍。遂走向山僧拄杖里去，强生节目。”师曰：“汾阳与么示徒，大似担雪填井，傍若无人。山僧今日为汝诸人出气。”拈起柱杖曰：“三世诸佛不敢强生节目，却从山僧拄杖里走出，向诸人道，我不敢轻于汝等，汝等皆当作佛。说是语已，翻筋斗向拘尸罗城里去也。”掷下拄杖曰：“若到诸方，分明举似。”

师同圆悟、法真、慈受并十大法师、禅讲千僧，赴太尉陈公良弼府斋。时徽宗皇帝私幸观之，太师鲁国公亦与焉。有善华严者，乃贤首宗之义虎也。对众问诸禅曰：“吾佛设教，自小乘至于圆顿，扫除空有，独证真常。然后万德庄严，方名为佛。尝闻禅宗一喝，能转凡成圣，则与诸经论似相违背。今一喝若能入吾宗五教，是为正说；若不能入，是为邪说。”诸禅视师，师曰：“如法师所问，不足三大禅师之酬。净因小长老可以使法师无惑也。”师召善，善应诺。师曰：“法师所谓愚法小乘教者，乃有义也。大乘始教者，乃空义也。大乘终教者，乃不有不空义也。大乘顿教者，乃即有即空义也。一乘圆教者，乃不有而有，不空而空〔或作空而不有，有而不空。〕义也。如我一喝，非唯能入五教，至于工巧技艺，诸子百家悉皆能入。”师震声喝一喝，问善曰：“闻么？”曰：“闻。”师曰：“汝既闻。此一喝是有，能入小乘教。”须臾，又问善曰：“闻么？”曰：“不闻。”师曰：“汝既不闻，适来一喝是无。能入始教。”遂顾善曰：“我初一喝，汝既道有；喝久声销，汝复道无。道无则元初实有，道有则而今实无。不有不无，能入终教。我有一喝之时，有非是有，因无故有。无一喝之时，无非是无，因有故无。即有即无，能入顿教。须知我此一喝，不作一喝用。有无不及，情解俱忘。道有之时，纤尘不立。道无之时，横遍虚空。即此一喝入百千万亿喝，百千万亿喝入此一喝。是故能入圆教。”善乃起再拜。师复谓曰：“非唯一喝为然。乃至一语一默，一动一静，从古至今，十方虚空，万象森罗，六趣四生，三世诸佛，一切圣贤，八万四千法门，百千三昧无量妙义，契理契机，与天地万物一体，谓之法身。三界唯心，万法唯识，四时八节，阴阳一致，谓之法性。是故《华严经》云：法性遍在一切处，有相无相，一声一色，全在一尘中含四义。事理无边，周遍无余，参而不杂，混而不一。于此一喝中，皆悉具足。犹是建化门庭，随机方便。谓之小歇场，未至宝所。殊不知吾祖师门下，以心传心，以法印法，不立文字，见性成佛。有千圣不传底向上一路在。”善又问曰：“如何是向上一路？”师曰：“汝且向下会取。”善曰：“如何是宝所？”师曰：“非汝境界。”善曰：“望禅师慈悲。”师曰：“任从沧海变，终不为君通。”善胶口而退。闻者靡不叹仰。皇帝顾谓近臣曰：“禅宗玄妙深极如此，净因才辩亦罕有也。”近臣奏曰：“此宗师之绪余也。”

法轮彦孜禅师

南岳法轮彦孜禅师，处之龙泉陈氏子。上堂："若是谛当汉，通身无隔碍。举措绝毫厘，把手出红尘。拨开向上窍，当头劄定，不犯锋棱。转握将来，应用恰好。丝毫不漏，函盖相应。任是诸佛诸祖，觑着寒毛卓竖。会么？吃茶去。"僧问："如何是不涉烟波底句？"师曰："皎皎寒松月，飘飘谷口风。"曰："万差俱扫荡，一句截流机。"师曰："点。"僧曰："到。"师曰："借人面具舞三台。"问："如何是佛？"师曰："白额大虫。"曰："只如洞山道，麻三斤。又作么生？"师曰："毒蛇钻露柱。"曰："学人不晓。"师曰："踏着始惊人。"

开福崇哲禅师

衡州开福崇哲禅师，邵州刘氏子。上堂："妙体堂堂触处彰，快须回首便承当。今朝对众全分付，莫道侬家有覆藏。"掷拂子，召侍者曰："因甚打下老僧拂子？"问："一水吞空远，三峰峭壁危。猊台重拂拭，共喜主人归。未审到家如何施设？"师曰："空手捻双拳。"曰："意旨如何？"师曰："突出难辨。"上堂："山僧有三印，更无增减剩。觌面便相呈，能转凡成圣。诸人还知么？若也未知，不免重重注破。一印印空，日月星辰列下风。一印印泥，头头物物显真机。一印印水，捩转鱼龙头作尾。三印分明体一同，看来非赤又非红。互换高低如不荐，青山依旧白云中。"

泐潭祥禅师法嗣

鸿福德升禅师

台州鸿福德升禅师，衡阳人也。上堂："诸人恁么上来，堕在见闻觉知。恁么下去，落在动静施为。若也不去不来，正是鬼窟活计。如何道得出身底句？若也道得，则分付拄杖子。若道不得，依而行之。”卓拄杖，下座。

万寿慧素禅师

建宁府万寿慧素禅师，上堂，僧问：“劫火洞然，大千俱坏。未审这个还坏也无？大随曰‘坏’，修山主曰‘不坏’。未审孰是孰非？”师曰：“一坏一不坏，笑杀观自在。师子蓦咬人，狂狗尽逐块。”复曰：“会么？”曰：“不会。”师曰：“漆桶不快。”便下座。一日，有僧来作礼，师问：“甚处来？”曰：“和尚合知某来处。”师曰：“湖南担屎汉，江西刈禾客。”曰：“和尚真人天眼目。某在大沩充园头，东林作藏主。”师打三棒，喝出。绍兴三十三年六月朔，沐浴趺坐，书偈曰：“昨夜风雷忽尔，露柱生出两指。天明笑倒灯笼，拄杖依前扶起。拂子踍跳过流沙，夺转胡僧一只履。”于是俨然而逝。

香山道渊禅师

明州香山道渊禅师，本郡人。上堂：“酒市鱼行，头头宝所。鸦鸣鹊噪，一一妙音。”卓拄杖曰：“且道这个是何佛事，狼籍不少！”上堂：“香山有个话头，弥满四大神洲。若以佛法批判，还如认马作牛。诸人既不作佛法批判，毕竟是什么道理？击拂子、无镖锁子，不厌动摇。半夜枕头，要须摸着。”下座。

开善木庵道琼首座

建宁府开善木庵道琼首座，信之上饶人。丛林以耆德尊之。泐潭亦谓其饱参。分座日尝举只履西归语，谓众曰：“坐脱立亡倒化即不无，要且未有逝而复出遗履者。为复后代儿孙不及祖师，为复相师剩有这一着子？”乃大笑曰：“老野狐。”绍兴庚申冬，信守以超化律革为禅迎为第一祖。师语专使曰：“吾初无意人间，欲为山子，正为宗派耳。然恐多不能往受请已。”取所藏泐潭绘像与木庵二字，仍书偈嘱清泉亨老寄得法弟子慧山曰：“口嘴不中祥老子，爱向丛林鼓是非。分付雪峰山首座，为吾痛骂莫饶伊。”顾专使曰：“为我传语侍郎，行计迫甚，不及修答。”声绝而化。

景淳知藏

景淳知藏，梅州人，于化度寺得度。往依泐潭，入室次，潭问：“陕府铁牛重多少？”师叉手近前曰：“且道重多少！”潭曰：“尾在黄河北，头枕黄河南。善财无鼻孔，依旧向南参。”师拟议，潭便打。忽顿彻。巾侍有年，竟隐居林壑。尝作偈曰：“怕寒懒剃鬓松发，爱暖频添榾柮柴。破衲伽黎撩乱搭，谁能劳力强安排。”

怀玉用宣首座

信州怀玉用宣首座，四明彭氏子，幼为僧，径趋丛席，侍泐潭于黄檗。一日自临川持钵归，值潭晚参，有云：“一叶飘空便见秋，法身须透闹啾啾。”师闻领旨，潭为证据。后依大慧，慧亦谓其类己。以是名卿钜公列刹迎礼，不就。尝有颂《大愚答佛话话曰锯解秤锤》，出老杜诗：“红稻啄残鹦鹉颗，碧梧栖老凤凰枝。”

光孝兰禅师法嗣

芦山无相法真禅师

明州芦山无相法真禅师，江南李主之裔也。上堂：“欲明向上事，须具顶门眼。若具顶门眼，始契出家心。既契出家心，常具顶门眼。要会顶门眼么？四京人着衣吃饭，两浙人饱暖自如。通玄峰顶香风清，花发蟠桃三四株。”

南岳下十五世

净因成禅师法嗣

瑞岩如胜佛灯禅师

台州瑞岩如胜佛灯禅师，上堂："人人领略释迦，个个平欺达磨，及乎问着宗纲，束手尽云放过。放过即不无，只如女子出定，赵州洗钵盂，又作么生话会？鹤有九皋难翥翼，马无千里谩追风。"

冶父实际道川禅师

无为军冶父实际道川禅师，昆山狄氏子。初为县之弓级，闻东斋谦首座为道俗演法，往从之，习坐不倦。一日因不职遭笞，忽于杖下大悟，遂辞职依谦。谦为改名道川，且曰："汝旧呼狄三，今名道川，川即三耳。汝能竖起脊梁，了办个事，其道如川之增；若放倒，则依旧狄三也。"师铭于心。建炎初，圆顶游方，至天封蹒庵，与语锋投，庵称善。归憩东斋，道俗愈敬。有以《金刚般若经》请问者，师为颂之，今盛行于世。隆兴改元，殿撰郑公乔年漕淮西，适冶父，虚席迎开法。上堂："群阴剥尽一阳生，草木园林尽发萌。唯有衲僧无底钵，依前盛饭又盛羹。"上堂，举："雪峰一日登座，拈拄杖东觑曰：'东边底。'又西觑曰：'西边底。诸人还知么？'掷下拄杖曰：'向这里会取。'"师曰："东边觑了复西观，拄杖重重话岁寒。带雨一枝花落尽，不烦公子倚栏干。"

五灯会元　卷第十三

青原下四世

云岩晟禅师法嗣

洞山良价悟本禅师

瑞州洞山良价悟本禅师，会稽俞氏子。幼岁从师念《般若心经》，至“无眼耳鼻舌身意”处，忽以手扪面，问师曰：“某甲有眼耳鼻舌等，何故经言无？”其师骇然异之，曰：“吾非汝师。”即指往五泄山礼默禅师披剃。年二十一，诣嵩山具戒。游方首诣南泉，值马祖讳辰修斋。泉问众曰：“来日设马祖斋，未审马祖还来否？”众皆无对。师出对曰：“待有伴即来。”泉曰：“此子虽后生，甚堪雕琢。”师曰：“和尚莫压良为贱。”次参沩山，问曰：“顷闻南阳忠国师有无情说法话，某甲未究其微。”沩曰：“阇黎莫记得么？”师曰：“记得。”沩曰：“汝试举一遍看。”师遂举：“僧问：“如何是古佛心？”国师曰：“墙壁瓦砾是。”僧曰：“墙壁瓦砾，岂不是无情？”国师曰：“是。”僧曰：“还解说法否？”国师曰：“常说炽然，说无间歇。”僧曰：“某甲为什么不闻？”国师曰：“汝自不闻，不可妨他闻者也。”僧曰：“未审什么人得闻？”国师曰：“诸圣得闻。”僧曰：“和尚还闻否？”国师曰：“我不闻。”僧曰：“和尚既不闻，争知无情解说法？”国师曰：“赖我不闻，我若闻，即齐于诸圣，汝即不闻我说法也。”僧曰：“恁么则众生无分去也。”国师曰：“我为众生说，不为诸圣说。”僧曰：“众生闻后如何？”国师曰：“即非众生。”僧曰：“无情说法，据何典教？”国师曰：“灼然。言不该典，非君子之所谈。汝岂不见《华严经》云：刹说、众生说、三世一切说。”师举了，沩曰：“我这里亦有，只是罕遇其人。”师曰：“某甲未明，乞师指示。”沩竖起拂子曰：“会么？”师曰：“不会，请和尚说。”沩曰：“父母所生口，终不为子说。”师曰：“还有与师同时慕道者否？”沩曰：“此去澧陵攸县，石室相连，有云岩道人，若能拨草瞻风，必为子之所重。”师曰：“未审此人如何？”沩曰：“他曾问老僧：‘学人欲奉师去时如何？’老僧对他道：‘直须绝渗漏始得。’他道：‘还得不违师旨也无？’老僧道：‘第一不得道老僧在这里。’”师遂辞沩山，迳造云岩，举前因缘了，便问：“无情说法，什么人得闻？”岩曰：“无情得闻。”师曰：“和尚闻否？”岩曰：“我若闻，汝即不闻吾说法也。”师曰：“某甲为什么不闻？”岩竖起拂子曰：“还闻么？”师曰：“不闻。”岩曰：“我说法汝尚不闻，岂况无情说法乎？”师曰：“无情说法，该何典教？”岩曰：“岂不见《弥陀经》云，水鸟树林，悉皆念佛念法。”师于此有省。乃述偈曰：“也大奇，也大奇，无情说法不思议。若将耳听终难会，眼处闻时方得知。”师问云岩：“某甲有余习未尽。”岩曰：“汝曹作什么来？”师曰：“圣谛亦不为。”岩曰：“还欢喜也未？”师曰：“欢喜则不无，如粪扫堆头，拾得一颗明珠。”师问云岩：“拟欲相见时如何？”曰：“问取通事舍人。”师曰：“见问次。”曰：“向汝道什么？”师辞云岩，岩曰：“什么处去？”师曰：“虽离和尚，未卜所止。”曰：“莫湖南去？”师曰：“无。”曰：“莫归乡去？”

师曰:“无。”曰:“早晚却回。”师曰:“待和尚有住处即来。”曰:“自此一别,难得相见。”师曰:“难得不相见。”临行又问:“百年后忽有人问,还邈得师真否,如何祇对?”岩良久,曰:“只这是。”师沈吟,岩曰:“价阇黎承当个事,大须审细。”师犹涉疑,后因过水睹影,大悟前旨。有偈曰:“切忌从他觅,迢迢与我疏。我今独自往,处处得逢渠。渠今正是我,我今不是渠。应须恁么会,方得契如如。”他日,因供养云岩真次,僧问:“先师道只这是,莫便是否?”师曰:“是。”曰:“意旨如何?”师曰:“当时几错会先师意。”曰:“未审先师还知有也无?”师曰:“若不知有,争解恁么道?若知有,争肯恁么道?”〔长庆云:“既知有,为什么恁么道?”又云:“养子方知父慈。”〕

师在泐潭,见初首座,有语曰:“也大奇,也大奇。佛界道界不思议。”师遂问曰:“佛界道界即不问,只如说佛界道界底是什么人?”初良久无对。师曰:“何不速道?”初曰:“争即不得。”师曰:“道也未曾道,说什么争即不得?”初无对。师曰:“佛之与道,俱是名言,何不引教?”初曰:“教道什么?”师曰:“得意忘言。”初曰:“犹将教意向心头作病在。”师曰:“说佛界道界底病大小?”初又无对。次日忽迁化,时称师为问杀首座价。师自唐大中末于新丰山接诱学徒,厥后盛化豫章高安之洞山。权开五位,善接三根。大阐一音,广弘万品。横抽宝剑,剪诸见之稠林。妙叶弘通,截万端之穿凿。又得曹山深明的旨,妙唱嘉猷。道合君臣,偏正回互。由是洞上玄风,播于天下。故诸方宗匠,咸共推尊之曰“曹洞宗”。师因云岩讳日营斋,僧问:“和尚于云岩处得何指示?”师曰:“虽在彼中,不蒙指示。”曰:“既不蒙指示,又用设斋作什么?”师曰:“争敢违背他!”曰:“和尚初见南泉,为什么却与云岩设斋?”师曰:“我不重先师道德佛法,只重他不为我说破。”曰:“和尚为先师设斋,还肯先师也无?”师曰:“半肯半不肯。”曰:“为什么不全肯?”师曰:“若全肯,即孤负先师也。”问:“欲见和尚本来师,如何得见？”师曰：“年牙相似，即无阻矣。”僧拟进语，师曰：“不蹑前踪，别请一问。”僧无对。〔云居代云：“恁么则不见和尚本来师也。”僧问长庆：“如何是年牙相似者？”庆云：“古人恁么道，阇黎久向这里觅个什么？”〕问：“寒暑到来，如何回避？”师曰：“何不向无寒暑处去？”曰：“如何是无寒暑处。”师曰：“寒时寒杀阇黎，热时热杀阇黎。”上堂：“还有不报四恩三有者么？”众无对。又曰：“若不体此意，何超始终之患？直须心心不触物，步步无处所，常无间断，始得相应。直须努力，莫闲过日。”问僧：“甚处来？”曰：“游山来。”师曰：“还到顶么？”曰：“到。”师曰：“顶上有人么？”曰：“无人。”师曰：“恁么则不到顶也。”曰：“若不到顶，争知无人？”师曰：“何不且住。”曰：“某甲不辞住，西天有人不肯。”师曰：“我从来疑着这汉。”

师与泰首座冬节吃果子次，乃问：“有一物上拄天，下拄地，黑似漆，常在动用中。动用中收不得，且道过在什么处？”泰曰：“过在动用中。”〔同安显别云“不知。”〕师唤侍者，掇退果卓。问雪峰：“从甚处来？”曰：“天台来。”师曰：“见智者否？”曰：“义存吃铁棒有分。”僧问：“如何是西来意？”师曰：“大似骇鸡犀。”问：“蛇吞虾蟆，救则是，不救则是？”师曰：“救则双目不睹，不救则形影不彰。”有僧不安，要见师。师遂往，僧曰：“和尚何不救取人家男女。”师曰：“你是什么人家男女？”曰：“某甲是大阐提人家男女。”师良久。僧曰：“四山相逼时如何？”师曰：“老僧日前也向人家屋檐下过来。”曰：“回互不回互？”师曰：“不回互。”曰：“教某甲向甚处去？”师曰：“粟畬里去。”僧嘘一声，曰：“珍重。”便坐脱。师以拄杖敲头三下，曰：“汝只解与么去，不解与么来。”

因夜参，不点灯，有僧出问话。退后，师令侍者点灯，乃召适来问话僧出来。其僧近前，师曰：“将取三两粉来，与这个上座。”其僧拂袖而退。自此省发，遂罄舍衣资设斋。得三年后，辞师。师曰：“善为！”时雪峰侍立，问曰：“只如这僧辞去，几时却来？”师曰：

“他只知一去，不解再来。”其僧归堂，就衣钵下坐化。峰上报师，师曰:“虽然如此，犹较老僧三生在。”雪峰上问讯，师曰:“入门来须有语，不得道早个入了也。”峰曰:“某甲无口。”师曰:“无口且从，还我眼来。”峰无语。〔云居别前语云:“待某甲有口即道。”长庆别云:“恁么则某甲谨退。”〕雪峰般柴次,乃于师面前抛下一束。师曰:“重多少? ”峰曰:“尽大地人提不起。”师曰:“争得到这里? ”峰无语。

问僧:“甚处来? ”曰:“三祖塔头来。”师曰:“既从祖师处来，又要见老僧作什么? ”曰:“祖师即别，学人与和尚不别。”师曰:“老僧欲见阇黎本来师，还得否? ”曰:“亦须待和尚自出头来，始得。”师曰:“老僧适来暂时不在。”官人问:“有人修行否? ”师曰:“待公作男子即修行。”僧问:“相逢不拈出，举意便知有时如何? ”师乃合掌顶戴。问僧:“作什么来? ”曰:“孝顺和尚来。”师曰:“世间什么物最孝顺? ”僧无对。

上堂:“有一人在千人万人中，不背一人，不向一人，你道此人具何面目? ”云居出曰:“某甲参堂去。”师有时曰:“体得佛向上事，方有些子语话分。”僧问:“如何是语话? ”师曰:“语话时阇黎不闻。”曰:“和尚还闻否? ”师曰:“不语话时即闻。”问:“如何是正问正答? ”师曰:“不从口里道。”曰:“若有人问,师还答否? ”师曰:“也未曾问。”问:“如何是从门入者非宝? ”师曰:“便好休。”问:“和尚出世几人肯? ”师曰:“并无一人肯。”曰:“为什么并无一人肯? ”师曰:“为他个个气宇如王。”师问讲《维摩经》僧曰:“不可以智知，不可以识识，唤作什么语? ”曰:“赞法身语。”师曰:“唤作法身，早是赞也。”问:“时时勤拂拭，为什么不得他衣钵? 未审什么人合得? ”师曰:“不入门者。”曰:“只如不入门者,还得也无? ”师曰:“虽然如此,不得不与他。”却又曰:“直道本来无一物,犹未合得他衣钵,汝道什么人合得? 这里合下得一转语，且道下得什么语? ”时有一僧，下九十六转语，并不契，末后一转，始惬师意。师曰:“阇黎何不早恁么道？”别有一僧密听，只不闻末后一转，遂请益其僧。僧不肯说，如是三年相从，终不为举。一日因疾，其僧曰：“某三年请举前话，不蒙慈悲，善取不得，恶取去。”遂持刀白曰：“若不为某举，即杀上座去也。”其僧悚然，曰：“阇黎且待，我为你举。”乃曰：“直饶将来亦无处着。”其僧礼谢。有庵主不安，凡见僧便曰：“相救！相救！”多下语不契。师乃去访之。主亦曰：“相救。”师曰：“什么相救？”主曰：“莫是药山之孙，云岩嫡子么？”师曰：“不敢。”主合掌曰：“大家相送。”便迁化。僧问：“亡僧迁化向什么处去？”师曰：“火后一茎茆。”问：“师寻常教学人行鸟道，未审如何是鸟道？”师曰：“不逢一人。”曰：“如何行？”师曰：“直须足下无私去。”曰：“只如行鸟道，莫便是本来面目否？”师曰：“阇黎因甚颠倒？”曰：“什么处是学人颠倒？”师曰：“若不颠倒，因什么却认奴作郎？”曰：“如何是本来面目？”师曰：“不行鸟道。”师谓众曰：“知有佛向上人，方有语话分。”僧问：“如何是佛向上人？”师曰：“非佛。”〔保福别云：“佛非。”法眼别云：“方便呼为佛。”〕

师与密师伯过水，乃问：“过水事作么生？”伯曰：“不湿脚。”师曰：“老老大大，作这个语话。”伯曰：“你又作么生？”师曰：“脚不湿。”问僧：“甚处去来？”曰：“制鞋来。”师曰：“自解依他。”曰：“依他。”师曰：“他还指教汝也无？”曰：“允即不违。”僧问茱萸：“如何是沙门行？”萸曰：“行则不无，有觉即乖。”别有僧举似师，师曰：“他何不道未审是什么行？”僧遂进此语，萸曰：“佛行，佛行。”僧回举似师，师曰：“幽州犹似可，最苦是新罗。”〔东禅齐拈云：“此语还有疑讹也无？若有，且道什么处不得？若无，他又道最苦是新罗。还点检得出么？他道行则不无，有觉即乖。却令再问是什么行？又道佛行，那僧是会了问，不会了问？请断看。”〕僧却问：“如何是沙门行？”师曰：“头长三尺，颈长二寸。”师令侍者持此语问三圣然和尚，圣于侍者手上掐一掐。侍者回，举似师。师肯之。师见幽上座来，遽起向禅床后立。幽曰：“和尚为什么回避学人？”师曰：“将谓阇黎不见老僧？”问：“如何是玄中又玄？”师曰：“如死人舌。”师洗钵次，见两乌争虾蟆。有僧便问：“这个因什么到恁么地？”师曰：“只为阇黎。”问：“如何是毗卢师法身主？”师曰：“禾茎粟干。”问：“三身之中，阿那身不堕众数？”师曰：“吾常于此切。”〔僧问曹山：“先师道吾常于此切，意作么生？”山云：“要头便斫去。”又问雪峰，峰以拄杖劈口打云：“我亦曾到洞山来。”〕

会下有老宿去云岩回，师问：“汝去雪岩作什么？”宿曰：“不会。”师代曰：“堆堆地。”师行脚时，会一官人，曰：“三祖《信心铭》，弟子拟注。”师曰：“才有是非，纷然失心，作么生注？”〔法眼代云：“恁么则弟子不注也。”〕

师看稻次，见朗上座牵牛。师曰：“这个牛须好看，恐伤人苗稼。”朗曰：“若是好牛，应不伤人苗稼。”僧问：“如何是青山白云父？”师曰：“不森森者是。”曰：“如何是白云青山儿？”师曰：“不辨东西者是。”曰：“如何是白云终日倚？”师曰：“去离不得。”曰：“如何是青山总不知？”师曰：“不顾视者是。”问：“清河彼岸是什么草？”师曰：“是不萌之草。”

师作《五位君臣颂》曰：“正中偏，三更初夜月明前。莫怪相逢不相识，隐隐犹怀旧日嫌。偏中正，失晓老婆逢古镜。分明觌面别无真，休更迷头犹认影。正中来，无中有路隔尘埃。但能不触当今讳，也胜前朝断舌才。兼中至，两刃交锋不须避。好手犹如火里莲，宛然自有冲天志。兼中到，不落有无谁敢和。人人尽欲出常流，折合还归炭里坐。”上堂：“向时作么生？奉时作么生？功时作么生？共功时作么生？功功时作么生？”僧问：“如何是向？”师曰：“吃饭时作么生？”曰：“如何是奉？”师曰：“背时作么生？”曰：“如何是功？”师曰：“放下镢头时作么生？”曰：“如何是共功？”师曰：“不得色。”曰：“如何是功功？”师曰：“不共。”乃示颂曰：“圣主由来法帝尧，御人以礼曲龙腰。有时闹市头边过，到处文明贺圣朝。

净洗浓妆为阿谁，子规声里劝人归。百花落尽啼无尽，更向乱峰深处啼。枯木花开劫外春，倒骑玉象趁麒麟。而今高隐千峰外，月皎风清好日辰。众生诸佛不相侵，山自高兮水自深。万别千差明底事。鹧鸪啼处百花新。头角才生已不堪，拟心求佛好羞惭。迢迢空劫无人识，肯向南询五十三。”师因曹山辞，遂嘱曰:“吾在云岩先师处，亲印宝镜三昧，事穷的要，今付于汝。”词曰:“如何之法，佛祖密付。汝今得之，宜善保护。银碗盛雪，明月藏鹭。类之弗齐，混则知处。意不在言，来机亦赴，动成窠臼，差落顾伫。背触俱非，如大火聚。但形文彩，即属染污。夜半正明，天晓不露。为物作则，用拔诸苦。虽非有为，不是无语。如临宝镜，形影相睹。汝不是渠，渠正是汝。如世婴儿，五相完具。不去不来，不起不住。婆婆和和，有句无句。终不得物，语未正故。重离六爻，偏正回互，叠而为三，变尽成五。如荎〔徒结切〕草味，如金刚杵。正中妙挟，敲唱双举。通宗通涂，挟带挟路。错然则吉，不可犯忤。天真而妙，不属迷悟。因缘时节，寂然昭著。细入无间，大绝方所。毫忽之差，不应律吕。今有顿渐，缘立宗趣。宗趣分矣，即是规矩。宗通趣极，真常流注。外寂中摇，系驹伏鼠。先圣悲之，为法檀度。随其颠倒，以缁为素。颠倒想灭，肯心自许。要合古辙，请观前古。佛道垂成，十劫观树。如虎之缺，如马之馵〔之戍切。〕以有下劣，宝几珍御。以有惊异，狸奴白牯。羿以巧力，射中百步。箭锋相直，巧力何预。木人方歌，石女起舞。非情识到，宁容思虑。臣奉于君，子顺于父。不顺非孝，不奉非辅。潜行密用，如愚若鲁。但能相续，名主中主。”师又曰:“末法时代，人多乾慧。若要辨验真伪，有三种渗漏。一曰见渗漏，机不离位，堕在毒海。二曰情渗漏，滞在向背，见处偏枯。三曰语渗漏，究妙失宗，机昧终始，浊智流转。于此三种，子直知之。”又《纲要偈》三首，一、《敲唱俱行偈》曰:“金针双锁备，叶路隐全该。宝印当风妙，重重锦缝开。”二、《金锁玄路偈》曰:“交互明中暗，功齐转觉难。

力穷忘进退，金锁网鞔鞔。”三、《不堕凡圣》〔亦名《理事不涉》。〕偈曰：“事理俱不涉，回照绝幽微。背风无巧拙，电火烁难追。”上堂：“道无心合人，人无心合道。欲识个中意，一老一不老。”〔后僧问曹山：“如何是一老？”山云：“不扶持。”云：“如何是一不老？”山云：“枯木。”僧又举似逍遥忠，忠云：“三从六义。”〕问僧：“世间何物最苦？”曰：“地狱最苦。”师曰：“不然，在此衣线下，不明大事，是名最苦。”师与密师伯行次，指路傍院曰：“里面有人说心说性？”伯曰：“是谁？”师曰：“被师伯一问，直得去死十分。”伯曰：“说心说性底谁？”师曰：“死中得活。”问僧：“名什么？”曰：“某甲。”师曰：“阿那个是阇黎主人公？”曰：“见祗对次。”师曰：“苦哉！苦哉！今时人例皆如此，只认得驴前马后底，将为自己，佛法平沈，此之是也。宾中主尚未分，如何辨得主中主？”僧便问：“如何是主中主？”师曰：“阇黎自道取。”曰：“某甲道得，即是宾中主。〔云居代云：‘某甲道得，不是宾中主。’〕如何是主中主？”师曰：“恁么道即易，相续也大难。”遂示颂曰：“嗟见今时学道流，千千万万认门头。恰似入京朝圣主，只到潼关便即休。”师不安，令沙弥传语云居，乃嘱曰：“他或问和尚安乐否，但道云岩路相次绝也。汝下此语须远立，恐他打汝。”沙弥领旨去，传语声未绝，早被云居打一棒，沙弥无语。〔同安显代云：“恁么则云岩一枝不坠也。”云居锡云：“上座且道云岩路绝不绝。”崇寿稠云：“古人打此一棒，意作么生？”〕师将圆寂，谓众曰：“吾有闲名在世，谁人为吾除得？”众皆无对。时沙弥出曰：“请和尚法号。”师曰：“吾闲名已谢。”〔石霜云：“无人得他肯。”云居云：“若有闲名，非吾先师。”曹山云：“从古至今，无人辨得。”疏山云：“龙有出水之机，无人辨得。”〕僧问：“和尚违和，还有不病者也无？”师曰：“有。”曰：“不病者还看和尚否？”师曰：“老僧看他有分。”曰：“未审和尚如何看他？”师曰：“老僧看时，不见有病。”师乃问僧：“离此壳漏子，向什么处与吾相见。”僧无对。师示颂曰：“学者恒沙无一悟，过在寻他舌头路。欲得忘形泯踪迹，努力殷勤空里步。”乃命剃发、澡身、披衣，声钟辞众，俨然坐化。时大众号恸，移晷不止。师忽开目谓众曰："出家人心不附物，是真修行。劳生惜死，哀悲何益？"复令主事办愚痴斋，众犹慕恋不已。延七日，食具方备，师亦随众斋毕。乃曰："僧家无事，大率临行之际，勿须喧动。"遂归丈室，端坐长往。当咸通十年三月，寿六十三，腊四十二，谥悟本禅师，塔曰慧觉。

青原下五世

洞山价禅师法嗣

曹山本寂禅师

抚州曹山本寂禅师，泉州莆田黄氏子。少业儒，年十九，往福州灵石出家，二十五登戒。寻谒洞山，山问："阇黎名什么？"师曰："本寂。"山曰："那个聻！"师曰："不名本寂。"山深器之。自此入室，盘桓数载，乃辞去。山遂密授洞上宗旨，复问曰："子向什么处去？"师曰："不变异处去。"山曰："不变异处，岂有去邪？"师曰："去亦不变异。"遂往曹溪礼祖塔，回吉水。众向师名，乃请开法。师志慕六祖，遂名山为曹。寻值贼乱，乃之宜黄。有信士王若一，舍何王观请师住持。师更何王为荷玉，由是法席大兴，学者云萃。洞山之宗，至师为盛。师因僧问："五位君臣旨诀？"师曰："正位即空界，本来无物。偏位即色界，有万象形。正中偏者，背理就事。偏中正者，舍事入理。兼带者冥应众缘，不堕诸有，非染非净，非正非偏，故曰虚玄大道无著真宗。从上先德，推此一位，最妙最玄，当详审辨明。君为正位，臣为偏位。臣向君是偏中正，君视臣是正中偏。君臣道合是兼带语。"僧问："如何是君？"师曰："妙德尊寰宇，高明朗太虚。”曰:“如何是臣?”师曰:“灵机弘圣道，真智利群生。”曰:“如何是臣向君?”师曰:“不堕诸异趣，凝情望圣容。”曰:“如何是君视臣?”师曰:“妙容虽不动，光烛本无偏。”曰:“如何是君臣道合?”师曰:“混然无内外,和融上下平。”师又曰:“以君臣偏正言者，不欲犯中，故臣称君，不敢斥言是也。此吾法宗要。”乃作偈曰:“学者先须识自宗，莫将真际杂顽空。妙明体尽知伤触，力在逢缘不借中。出语直教烧不着，潜行须与古人同。无身有事超岐路，无事无身落始终。”复作五相:◓、偈曰:“白衣须拜相，此事不为奇。积代簪缨者，休言落魄时。”◒、偈曰:“子时当正位，明正在君臣。未离兜率界，乌鸡雪上行。”⊙、偈曰:“焰里寒冰结，杨花九月飞。泥牛吼水面，木马逐风嘶。”○、偈曰:“王宫初降日，玉兔不能离。未得无功旨，人天何太迟。”●、偈曰:“浑然藏理事，眹兆卒难明。威音王未晓，弥勒岂惺惺。”稠布衲问:“披毛带角是什么堕?”师曰:“是类堕。”曰:“不断声色是什么堕?”师曰:“是随堕。”曰:“不受食是什么堕?”师曰:“是尊贵堕。”乃曰:“食者即是本分事，知有不取，故曰尊贵堕。若执初心，知有自己及圣位，故曰类堕。若初心知有己事，回光之时，摈却色声香味触法，得宁谧即成功勋。后却不执六尘等事，随分而昧，任之则碍。所以外道六师，是汝之师。彼师所堕，汝亦随堕。乃可取食，食者即是正命食也。亦是就六根门头，见闻觉知，只是不被他染污将为堕。且不是同向前均他，本分事尚不取，岂况其余事邪?”师凡言堕，谓混不得、类不齐，凡言初心者，所谓悟了同未悟耳。师作《四禁偈》曰:“莫行心处路，不挂本来衣。何须正恁么，切忌未生时。”僧问:“学人通身是病，请师医。”师曰:“不医。”曰:“为什么不医?”师曰:“教汝求生不得，求死不得。”问:“沙门岂不是具大慈悲底人?”师曰:“是。”曰:“忽遇六贼来时如何?”师曰:“亦须具大慈悲。”曰:“如何具大慈悲?”师曰:“一剑挥尽。”曰:“尽后如何?”师曰:“始得和同。”问:“五位对宾时如何？”师曰：“汝即今问那个位？”曰：“某甲从偏位中来，请师向正位中接。”师曰：“不接。”曰：“为什么不接？”师曰：“恐落偏位中去。”师却问僧：“只如不接是对宾，是不对宾？”曰：“早是对宾了也。”师曰：“如是！如是！”问：“万法从何而生？”师曰：“从颠倒生。”曰：“不颠倒时万法何在？”师曰：“在。”曰：“在什么处？”师曰：“颠倒作么？”问：“不萌之草为什么能藏香象？”师曰：“阇黎幸是作家，又问曹山作么？”问：“三界扰扰，六趣昏昏，如何辨色？”师曰：“不辨色。”曰：“为什么不辨色？”师曰：“若辨色即昏也。”师闻钟声，乃曰：“阿哪！阿哪！”僧问：“和尚作什么？”师曰：“打着我心。”僧无对。〔五祖戒代云：“作贼人心虚。”〕问：“维那甚处来？”曰：“牵醋槽去来。”师曰：“或到险处，又作么生牵？”那无对。〔云居代云：“正好着力。”疏山代云：“切须放却始得。”〕问金峰志曰：“作什么来？”曰：“盖屋来。”师曰：“了也未。”曰：“这边则了。”师曰：“那边事作么生？”曰：“候下工日白和尚。”师曰：“如是！如是！”师一日入僧堂向火，有僧曰：“今日好寒！”师曰：“须知有不寒者。”曰：“谁是不寒者？”师筴火示之。僧曰：“莫道无人好！”师抛下火。僧曰：“某甲到这里却不会。”师曰：“日照寒潭明更明。”问：“不与万法为侣者是什么人？”师曰：“汝道洪州城里如许多人，什么处去？”问：“眉与目还相识也无？”师曰：“不相识。”曰：“为什么不相识？”师曰：“为同在一处。”曰：“恁么则不分去也。”师曰：“眉且不是目。”曰：“如何是目？”师曰：“端的去。”曰：“如何是眉？”师曰：“曹山却疑。”曰：“和尚为什么却疑？”师曰：“若不疑，即端的去也。”问：“如何是无刃剑？”师曰：“非淬炼所成。”曰：“用者如何？”师曰：“逢者皆丧。”曰：“不逢者如何？”师曰：“亦须头落。”曰：“逢者皆丧则固是，不逢者为什么头落？”师曰：“不见道能尽一切。”曰：“尽后如何？”师曰：“方知有此剑。”问：“于相何真？”师曰：“即相即真。”曰：“当何显示？”师竖起拂子。问：“幻本何真？”师曰：“幻本元真。”〔法眼别云:"幻本不真。"〕曰:"当幻何显?"师曰:"即幻即显。"〔法眼别云:"幻即无当。"〕曰:"恁么则始终不离于幻也。"师曰:"觅幻相不可得。"问:"即心即佛即不问,如何是非心非佛?"师曰:"兔角不用无,牛角不用有。"问:"如何是常在底人?"师曰:"恰遇曹山暂出。"曰:"如何是常不在底人?"师曰:"难得。"僧问:"清税孤贫,乞师赈济。"师召税阇黎,税应诺。师曰:"清原白家酒三盏,吃了犹道未沾唇。"〔玄觉云:"什么处是与他酒吃?"〕问:"拟岂不是类?"师曰:"直是不拟亦是类。"曰:"如何是异?"师曰:"莫不识痛痒好!"镜清问:"清虚之理,毕竟无身时如何?"师曰:"理即如此,事作么生?"曰:"如理如事。"师曰:"谩曹山一人即得,争奈诸圣眼何!"曰:"若无诸圣眼,争鉴得个不恁么?"师曰:"官不容针,私通车马。"云门问:"不改易底人来,师还接否?"师曰:"曹山无恁么闲工夫。"问:"人人尽有弟子在尘中,师还有否?"师曰:"过手来。"其僧过手,师点曰:"一二三四五六足。"问:"鲁祖面壁,用表何事?"师以手掩耳。问:"承古有言,未有一人倒地,不因地而起。如何是倒?"师曰:"肯即是。"曰:"如何是起?"师曰:"起也。"问:"子归就父,为什么父全不顾?"师曰:"理合如何。"曰:"父子之恩何在?"师曰:"始成父子之恩。"曰:"如何是父子之恩?"师曰:"刀斧斫不开。"问:"灵衣不挂时如何?"师曰:"曹山孝满。"曰:"孝满后如何?"师曰:"曹山好颠酒!"问:"教中道,大海不宿死尸,如何是大海?"师曰:"包含万有者。"曰:"既是包含万有,为什么不宿死尸?"师曰:"绝气息者不着。"曰:"既是包含万有,为什么绝气息者不着?"师曰:"万有非其功,绝气息者有其德。"曰:"向上还有事也无?"师曰:"道有道无即得,争奈龙王按剑何!"问:"具何知解,善能问难?"师曰:"不呈句。"曰:"问难个什么?"师曰:"刀斧斫不入。"曰:"恁么问难,还有不肯者么?"师曰:"有。"曰:"是谁?"师曰:"曹山。"问:"世间什么物最贵?"师曰:"死猫儿头最贵。"曰:"为什么死猫儿头最贵?"师曰:

"无人着价。"问:"无言如何显?"师曰:"莫向这里显。"曰:"什么处显?"师曰:"昨夜床头失却三文钱。"问:"日未出时如何。"师曰:"曹山也曾恁么来。"曰:"出后如何?"师曰:"犹较曹山半月程。"问僧:"作什么?"曰:"扫地。"师曰:"佛前扫,佛后扫?"曰:"前后一时扫。"师曰:"与曹山过靸鞋来。"僧问:"抱璞投师,请师雕琢。"师曰:"不雕琢。"曰:"为什么不雕琢?"师曰:"须知曹山好手。"问:"如何是曹山眷属?"师曰:"白发连头戴,顶上一枝花。"问:"古德道,尽大地唯有此人,未审是什么人?"师曰:"不可有第二月也。"曰:"如何是第二月?"师曰:"也要老兄定当。"曰:"作么生是第一月?"师曰:"险。"师问德上座:"菩萨在定,闻香象渡河,出什么经?"曰:"出《涅槃经》。"师曰:"定前闻,定后闻?"曰:"和尚流也。"师曰:"道也太煞道,只道得一半。"曰:"和尚如何?"师曰:"滩下接取。"问:"学人十二时中,如何保任?"师曰:"如经蛊毒之乡,水也不得沾着一滴。"问:"如何是法身主?"师曰:"谓秦无人。"曰:"这个莫便是否?"师曰:"斩。"问:"亲何道伴,即得常闻于未闻。"师曰:"同共一被盖。"曰:"此犹是和尚得闻,如何是常闻于未闻?"师曰:"不同于木石。"曰:"何者在先,何者在后?"师曰:"不见道常闻于未闻。"问:"国内按剑者是谁?"师曰:"曹山。"〔法灯别云:"汝不是恁么人。"〕曰:"拟杀何人?"师曰:"一切总杀。"曰:"忽逢本生父母又作么生?"师曰:"拣什么!"曰:"争奈自己何!"师曰:"谁奈我何!"曰:"何不自杀?"师曰:"无下手处。"问:"一牛饮水,五马不嘶时如何?"师曰:"曹山解忌口。"问:"常在生死海中沉没者,是什么人?"师曰:"第二月。"曰:"还求出也无?"师曰:"也求出,只是无路。"曰:"未审什么人接得伊?"师曰:"担铁枷者。"问:"雪覆千山,为什么孤峰不白?"师曰:"须知有异中异。"曰:"如何是异中异?"师曰:"不堕诸山色。"纸衣道者来参,师问:"莫是纸衣道者否?"者曰:"不敢。"师曰:"如何是纸衣下事?"者曰:"一裘才挂体,万法悉皆如。"师曰:“如何是纸衣下用?”者近前应诺,便立脱。师曰:“汝只解恁么去,何不解恁么来?”者忽开眼,问曰:“一灵真性,不假胞胎时如何?”师曰:“未是妙。”者曰:“如何是妙?”师曰:“不借借。”者珍重便化。师示颂曰:“觉性圆明无相身,莫将知见妄疏亲。念异便于玄体昧,心差不与道为邻。情分万法沉前境,识鉴多端丧本真。如是句中全晓会,了然无事昔时人。”问强上座曰:“佛真法身,犹若虚空,应物现形,如水中月。作么生说个应底道理?”曰:“如驴觑井。”师曰:“道则太煞道,只道得八成。”曰:“和尚又如何?”师曰:“如井觑驴。”僧举:“药山问僧:‘年多少?’曰:‘七十二。’山曰:‘是七十二那!’曰:‘是。’山便打。此意如何?”师曰:“前箭犹似可,后箭射人深。”曰:“如何免得此棒?”师曰:“王敕既行,诸侯避道。”问:“如何是佛法大意?”师曰:“填沟塞壑。”问:“如何是师子?”师曰:“众兽近不得。”曰:“如何是师子儿?”师曰:“能吞父母者。”曰:“既是众兽近不得,为什么却被儿吞?”师曰:“岂不见道,子若哮吼,祖父俱尽。”曰:“尽后如何?”师曰:“全身归父。”曰:“未审祖尽时父归何所?”师曰:“所亦尽。”曰:“前来为什么道全身归父?”师曰:“譬如王子,能成一国之事。”又曰:“阇黎,此事不得孤滞,直须枯木上更撒些子华。”云门问:“如何是沙门行?”师曰:“吃常住苗稼者是。”曰:“便恁么去时如何?”师曰:“你还畜得么?”曰:“畜得。”师曰:“你作么生畜?”曰:“着衣吃饭有什么难?”师曰:“何不道披毛戴角?”门便礼拜。陆亘大夫问南泉:“姓什么?”泉曰:“姓王。”曰:“王还有眷属也无?”泉曰:“四臣不昧。”曰:“王居何位?”泉曰:“玉殿苔生。”后僧举问师:“玉殿苔生,意旨如何?”师曰:“不居正位。”曰:“八方来朝时如何?”师曰:“他不受礼。”曰:“何用来朝?”师曰:“违则斩。”曰:“违是臣分上,未审君意如何?”师曰:“枢密不得旨。”曰:“恁么则燮理之功,全归臣相也。”师曰:“你还知君意么?”曰:“外方不敢论量。”师曰:“如是!如是!”问:“才有是非,纷然失心时如何？”师曰：“斩。”僧问香严：“如何是道？”严曰：“枯木里龙吟。”曰：“如何是道中人？”严曰：“髑髅里眼睛。”〔玄沙别云：“龙藏枯木。”〕僧不领，乃问石霜：“如何是枯木里龙吟？”霜曰：“犹带喜在。”曰：“如何是髑髅里眼睛？”霜曰：“犹带识在。”又不领，乃问师：“如何是枯木里龙吟？”师曰：“血脉不断。”曰：“如何是髑髅里眼睛？”师曰：“干不尽。”曰：“未审还有得闻者么？”师曰：“尽大地未有一人不闻。”曰：“未审枯木里龙吟是何章句？”师曰：“不知是何章句，闻者皆丧。”遂示偈曰：“枯木龙吟真见道，髑髅无识眼初明。喜识尽时消息尽，当人那辨浊中清。”问：“朗月当空时如何？”师曰：“犹是阶下汉。”曰：“请师接上阶。”师曰：“月落后来相见。”师寻常应机，曾无轨辙。于天复辛酉夏夜，问知事曰：“今日是几何日月？”曰：“六月十五。”师曰：“曹山平生行脚到处，只管九十日为一夏。明日辰时行脚去。”及时，焚香宴坐而化。阅世六十二，腊三十七。葬全身于山之西阿，谥元证禅师，塔曰福圆。

云居道膺禅师

洪州云居道膺禅师，幽州玉田王氏子。童丱出家于范阳延寿寺。二十五成大僧。其师令习声闻，篇聚非其好，弃之。游方至翠微问道，会有僧自豫章来，盛称洞山法席，师遂造焉。山问：“甚处来？”师曰：“翠微来。”山曰：“翠微有何言句示徒？”师曰：“翠微供养罗汉。某甲问：‘供养罗汉，罗汉还来否？’微曰：‘你每日噇个什么？’”山曰：“实有此语否？”师曰：“有。”山曰：“不虚参见作家来！”山问：“汝名什么？”师曰：“道膺。”山曰：“向上更道。”师曰：“向上即不名道膺。”山曰：“与老僧祇对道吾底语一般。”师问：“如何是祖师意？”山曰：“阇黎，他后有把茅盖头。忽有人问，如何祇对？”师曰：“道膺罪过。”山谓师曰：“吾闻思大和尚生倭国作王，是否？”师曰：“若是思大，佛亦不作。”山然之。山问师：“甚处去来？”师曰：“蹋山来。”

山曰："那个山堪住？"师曰："那个山不堪住？"山曰："恁么则国内总被阇黎占却。"师曰："不然。"山曰："恁么则子得个入路。"师曰："无路。"山曰："若无路，争得与老僧相见？"师曰："若有路，即与和尚隔山〔山或作生〕去也。"山乃曰："此子已后，千人万人把不住去在。"师随洞山渡水次，山问："水深多少？"师曰："不湿。"山曰："粗人。"师曰："请师道。"山曰："不干。"南泉问僧："讲什么经？"曰："《弥勒下生经。》"泉曰："弥勒几时下生？"曰："见在天宫，当来下生。"泉曰："天上无弥勒，地下无弥勒。"师问洞山："天上无弥勒，地下无弥勒，未审谁与安名？"山被问直得禅床震动，乃曰："膺阇黎，吾在云岩曾问老人，直得火炉震动，今日被子一问，直得通身汗流。"师后结庵于三峰，经旬不赴堂。山问："子近日何不赴斋？"师曰："每日自有天神送食。"山曰："我将谓汝是个人，犹作这个见解在？汝晚间来。"师晚至，山召："膺庵主。"师应诺。山曰："不思善，不思恶，是什么？"师回庵，寂然宴坐，天神自此竟寻不见。如是三日乃绝。山问师："作什么？"师曰："合酱。"山曰："用多少盐？"师曰："旋入。"山曰："作何滋味？"师曰："得。"山问："大阐提人作五逆罪，孝养何在？"师曰："始成孝养。"自尔洞山许为室中领袖。初止三峰，其化未广。后开法云居，四众臻萃。上堂，举先师道："地狱未是苦，向此衣线下不明大事，却是最苦。"师曰："汝等既在这个行流，十分去九，不较多也更着些子精彩。便是上座不屈平生行脚，不孤负丛林。古人道，欲得保任此事，须向高高山顶立，深深海底行，方有些子气息。汝若大事未办，且须履践玄途。"上堂："得者不轻微，明者不贱用，识者不咨嗟，解者无厌恶。从天降下则贫穷，从地涌出则富贵。门里出身易，身里出门难。动则埋身千丈，不动则当处生苗。一言迥脱，独拔当时。言语不要多，多则无用处。"僧问："如何是从天降下则贫穷？"师曰："不贵得。"曰："如何是从地涌出则富贵？"师曰："无中忽有。"刘禹端公问："雨从何来？"师曰："从端公问处来。”公欢喜赞叹。师却问公:“雨从何来?”公无语。〔有老宿代云:“适来道什么?”归宗柔别云:“谢和尚再三。”〕问:“如何是沙门所重?”师曰:“心识不到处。”问:“佛与祖还有阶级否?”师曰:“俱在阶级。”问:“如何是西来意?”师曰:“古路不逢人。”问:“如何是一法?”师曰:“如何是万法?”曰:“未审如何领会。”师曰:“一法是你本心,万法是你本性,且道心与性,是一是二?”僧礼拜,师示颂曰:“一法诸法宗,万法一法通。唯心与唯性,不说异兼同。”问:“如何是口诀。”师曰:“近前来。”僧近前,师掷拂子曰:“会么?”曰:“不会。”师曰:“趁雀儿也不会。”僧问:“有人衣锦锈入来见和尚,后为甚寸丝不挂?”师曰:“直得琉璃殿上行,扑倒也须粉碎。”问:“马祖出八十四人善知识,未审和尚出多少人?”师展手示之。问:“如何是向上人行履处?”师曰:“天下太平。”问:“游子归家时如何?”师曰:“且喜归来。”曰:“将何奉献?”师曰:“朝打三千,暮打八百。”问:“如何是诸佛师?”师喝曰:“这田库儿。”僧礼拜。师曰:“你作么生会?”僧喝曰:“这老和尚!”师曰:“元来不会。”僧作舞出去。师曰:“沿台盘乞儿。”师曾令侍者送裤与一住庵道者。道者曰:“自有娘生裤。”竟不受。师再令侍者问:“娘未生时着个什么?”道者无语。后迁化有舍利,持似于师。师曰:“直饶得八斛四斗,不如当时下得一转语好。”师在洞山作务,误铲杀蚯蚓。山曰:“这个聻!”师曰:“他不死。”山曰:“二祖往邺都,又作么生?”师不对。后有僧问:“和尚在洞山铲杀蚯蚓因缘,和尚岂不是无语?”师曰:“当时有语,只是无人证明。”问:“山河大地从何而有?”师曰:“从妄想有。”曰:“与某甲想出一铤金得么?”师便休去。僧不肯。师问雪峰:“门外雪消也未?”曰:“一片也无,消个什么?”师曰:“消也。”僧问:“一时包裹时如何?”师曰:“旋风千匝。”上堂:“如人将三贯钱买个猎狗,只解寻得有踪迹底。忽遇羚羊挂角,莫道踪迹,气息也无。”僧问:“羚羊挂角时如何?”师曰:“六六三十六。”曰:“挂角后如何?”师曰:“六六三十六。”僧礼拜。师曰："会么？"曰："不会。"师曰："不见道无踪迹。"其僧举似赵州，州曰："云居师兄犹在。"僧便问："羚羊挂角时如何？"州曰："九九八十一。"曰："挂角后如何？"州曰："九九八十一。"曰："得恁么难会？"州曰："有什么难会？"曰："请和尚指示。"州曰："新罗！新罗！"又问长庆："羚羊挂角时如何？"庆曰："草里汉。"曰："挂后如何？"庆曰："乱叫唤。"曰："毕竟如何？"庆曰："驴事未去，马事到来。"众僧夜参，侍者持灯来，影在壁上。僧见便问："两个相似时如何？"师曰："一个是影。"问："学人拟欲归乡时如何？"师曰："只这是。"新罗僧问："佛陀波利见文殊，为甚却回去？"师曰："只为不将来，所以却回去。"问："如何是佛？"师曰："赞叹不及。"曰："莫只这便是否？"师曰："不劳赞叹。"问："教中道是人先世罪业，应堕恶道。以今世人轻贱故，此意如何？"师曰："动则应堕恶道，静则为人轻贱。"〔崇寿稠别云："心外有法，应堕恶道。守住自己，为人轻贱。"〕问："香积饭什么人得吃？"师曰："须知得吃底人入口也须抉出。"有僧在房内念经，师隔窗问："阇黎念者是什么经？"僧曰："《维摩经》。"师曰："不问《维摩经》，念者是什么经？"其僧从此得入。上堂：孤迥迥，峭巍巍。"僧出问曰："某甲不会。"师曰："面前案山子也不会？"新罗僧问："是什么得恁么难道！"师曰："有什么难道？"曰："便请和尚道。"师曰："新罗！新罗！"问："明眼人为什么黑如漆？"师曰："何怪！"荆南节度使成汭入山设供，问曰："世尊有密语，迦叶不覆藏。如何是世尊密语？"师召尚书，书应诺。师曰："会么？"书曰："不会。"师曰："汝若不会，世尊有密语，汝若会，迦叶不覆藏。"僧问："才生为什么不知有？"师曰："不同生。"曰："未生时如何？"师曰："不曾灭。"曰："未生时在什么处？"师曰："有处不收。"曰："什么人不受灭？"师曰："是灭不得者。"上堂："僧家发言吐气，须有来由，莫将等闲。这里是什么所在，争受容易。凡问个事，也须识些子好恶。若不识尊卑良贱，不知触犯，信口乱道，也无利益。傍家行脚，到处觅相似语，所以寻常向兄弟道，莫怪不相似，恐同学太多去。第一莫将来，将来不相似，言语也须看前头。八十老人入场屋，不是小儿嬉，不是因循事。一言参差即千里万里，难为收摄。盖为学处不着力，敲骨打髓，须有来由。言语如钳如夹，如钩如锁，须教相续不断，始得头头上具，物物上明，岂不是得妙底事？一种学大须子细研究，直须谛当的的无差。到这里有什么踃跣处，有什么拟议处，向去底人常须惨悚戢翼始得。若是知有底人自解护惜，终不取次。十度发言，九度休去。为什么如此？恐怕无利益。体得底人，心如腊月扇子，直得口边醭出，不是强为，任运如此。欲得恁么事，须是恁么人。既是恁么人，不愁恁么事。恁么事即难得。”上堂：“汝等诸人，直饶学得佛边事，早是错用心。不见古人讲得天花落，石点头，亦不干自己事，自余是什么闲，拟将有限身心向无限中用，如将方木逗圆孔，多少诮讹。若无恁么事，饶你攒花蔟锦，亦无用处，未离情识在。一切事须向这里及尽，若有一毫去不尽，即被尘累。岂况更多！差之毫厘，过犯山岳。不见古人道，学处不玄，尽是流俗；闺阁中物，舍不得俱为渗漏。直须向这里及取、及去、及来，并尽一切事，始得无过。如人头头上了，物物上通，只唤作了事人，终不吃作尊贵。将知尊贵一路自别。不见道，从门入者非宝，捧上不成龙，知么？”师为南昌钟王尊之，愿为世世师。天复元年秋，示疾。明年正月三日，问侍者曰：“今日是几？”曰：“初三。”师曰：“三十年后，但道只这是。”乃告寂。谥弘觉禅师。

疏山匡仁禅师

抚州疏山匡仁禅师，吉州新淦人。投本州元证禅师出家。一日，告其师，往东都。听习未经岁月，忽曰：“寻行数墨，语不如默。舍己求人，假不如真。”遂造洞山。值山早参，出问：“未有之言，请师示诲。”山曰：“不诺无人肯。”师曰：“还可功也无？”山曰:“你即今还功得么?”师曰:“功不得即无讳处。”山他日上堂曰:“欲知此事,直须如枯木生花,方与他合。”师问:“一切处不乖时如何?”山曰:“阇黎,此是功勋边事。幸有无功之功,子何不问?”师曰:“无功之功,岂不是那边人?”山曰:“大有人笑子恁么问。”师曰:“恁么则迢然去也。”山曰:“迢然非迢然,非不迢然。”师曰:“如何是迢然?”山曰:“唤作那边人,即不得。”师曰:“如何是非迢然?”山曰:“无辨处。”山问师:“空劫无人家,是什么人住处?”师曰:“不识。”山曰:“人还有意旨也无?”师曰:“和尚何不问他?”山曰:“现问次。”师曰:“是何意旨?”山不对。洎洞山顺世,弟子礼终,乃到潭州大沩,值沩示众。曰:“行脚高士,直须向声色里睡眠,声色里坐卧,始得。”师出问:“如何是不落声色句?”沩竖起拂子。师曰:“此是落声色句。”沩放下拂子,归方丈。师不契,便辞香严。严曰:“何不且住?”师曰:“某甲与和尚无缘。”严曰:“有何因缘,试举看。”师遂举前话。严曰:“某甲有个话。”师曰:“道什么?”严曰:“言发非声,色前不物。”师曰:“元来此中有人。”遂嘱香严曰:“向后有住处,某甲却来相见。”乃去。沩问严曰:“问声色话底矮阇黎在么?”严曰:“已去也。”沩曰:“曾举向子么?”严曰:“某甲亦曾对他来。”沩曰:“试举看。”严举前话,沩曰:“他道什么?”严曰:“深肯某甲。”沩失笑曰:“我将谓这矮子有长处,元来只在这里。此子向去,若有个住处,近山无柴烧,近水无水吃。”师闻福州大沩安和尚示众曰:“有句无句,如藤倚树。”师特入岭到彼,值沩泥壁,便问:“承闻和尚道,有句无句,如藤倚树。是否?”沩曰:“是。”师曰:“忽遇树倒藤枯,句归何处?”沩放下泥槃,呵呵大笑,归方丈。师曰:“某甲三千里卖却布单,特为此事而来,和尚何得相弄?”沩唤侍者,取二百钱与这上座去。遂嘱曰:“向后有独眼龙为子点破在。”为山次日上堂,师出问:“法身之理,理绝玄微,不夺是非之境,犹是法身边事。如何是法身向上事?”沩举起拂子。师曰："此犹是法身边事。"沩曰："如何是法身向上事？"师夺拂子，摺折掷向地上，便归众。沩曰："龙蛇易辨，衲子难瞒。"后闻婺州明招谦和尚出世，谦眇一目，径往礼拜。招问："甚处来？"师曰："闽中来。"招曰："曾到大沩否？"师曰："到。"招曰："有何言句？"师举前话，招曰："沩山可谓头正尾正，只是不遇知音。"师亦不省。复问："忽遇树倒藤枯，句归何处？"招曰："却使沩山笑转新。"师于言下大悟。乃曰："沩山元来笑里有刀。"遥望礼拜，悔过。招一日问："虎生七子，那个无尾巴？"师曰："第七个无尾巴。"香严出世，师不爽前约，遂往访之。严上堂，僧问："不求诸圣、不重己灵时如何？"严曰："万机休罢，千圣不携。"师在众作呕声，曰："是何言欤？"严闻便下座。曰："适对此僧语必有不是，致招师叔如是，未审过在什么处？"师曰："万机休罢，犹有物在。千圣不携，亦从人得。如何无过？"严曰："却请师叔道。"师曰："若教某甲道，须还师资礼始得。"严乃礼拜，蹑前问。师曰："何不道肯诺不得全。"严曰："肯又肯个什么？诺又诺于阿谁？"师曰："肯即肯他千圣，诺即诺于己灵。"严曰："师叔恁么道，向去倒屙三十年在。"师到夹山，山上堂。师问："承师有言，目前无法，意在目前。如何是非目前法？"山曰："夜月流辉，澄潭无影。"师作掀禅床势。山曰："阇黎作么生？"师曰："目前无法，了不可得。"山曰："大众看取，这一员战将。"师参岩头，头见来，乃低头佯睡。师近前而立，头不顾。师拍禅床一下，头回首曰："作什么？"师曰："和尚且瞌睡。"拂袖便行。头呵呵大笑曰："三十年弄马骑，今日被驴扑。"回谒石霜，〔机语具石霜章。〕遂归故里，出主蓝田。信士张霸迁问："和尚有何言句？"师示偈曰："吾有一宝琴，寄之在旷野。不是不解弹，未遇知音者。"后迁疏山。上堂："病僧咸通年前，会得法身边事。咸通年后，会得法身向上事。"云门出问："如何是法身边事？"师曰："枯椿。"曰："如何是法身向上事？"师曰："非枯椿。”曰:“还许某甲说道理也无?”师曰:“许。”曰:“枯椿岂不是明法身边事?”师曰:“是。”曰:“非枯椿岂不是明法身向上事?”师曰:“是。”曰:“只如法身,还该一切也无?”师曰:“法身周遍,岂得不该?”门指净瓶曰:“只如净瓶,还该法身么?”师曰:“阇黎莫向净瓶边觅。”门便礼拜。师问镜清:“肯诺不得全,子作么生会?”清曰:“全归肯诺。”师曰:“不得全又作么生?”清曰:“个中无肯路。”师曰:“始惬病僧意。”问僧:“甚处来?”曰:“雪峰来。”师曰:“我已前到时,事事不足,如今足也未?”曰:“如今足也。”师曰:“粥足饭足?”僧无对。〔云门代云:“粥足饭足。”〕有僧为师造寿塔毕,白师。师曰:“将多少钱与匠人?”曰:“一切在和尚。”师曰:“为将三钱与匠人,为将两钱与匠人,为将一钱与匠人?若道得,与吾亲造塔来。”僧无语。后僧举似大岭庵闲和尚,〔即罗山也。〕岭曰:“还有人道得么?”僧曰:“未有人道得。”岭曰:“汝归与疏山道,若将三钱与匠人,和尚此生决定不得塔。若将两钱与匠人,和尚与匠人共出一只手。若将一钱与匠人,累他匠人眉须堕落。”僧回如教而说。师具威仪望大岭作礼,叹曰:“将谓无人,大岭有古佛放光,射到此间。虽然如是,也是腊月莲花。”大岭后闻此语,曰:“我恁么道,早是龟毛长三尺。”僧问:“如何是诸佛师?”师曰:“何不问疏山老汉。”僧无对。师常握木蛇,有僧问:“手中是什么?”师提起曰:“曹家女。”问:“如何是和尚家风?”师曰:“尺五头巾。”曰:“如何是尺五头巾?”师曰:“圆中取不得。”因鼓山举威音王佛师,师乃问:“作么生是威音王佛师?”山曰:“莫无惭愧好!”师曰:“阇黎恁么道即得,若约病僧即不然。”山曰:“作么生是威音王佛师?”师曰:“不坐无贵位。”问:“灵机未运时如何?”师曰:“夜半放白牛。”问:“如何是一句?”师曰:“不道。”曰:“为什么不道?”师曰:“少时辈。”问:“久负不逢时如何?”师曰:“饶你雄信解拈枪,比逐秦王较百步。”曰:“正当恁么时如何?”师曰:“将军不上便桥，金牙徒劳拈筈。”问：“如何是直指？”师曰：“珠中有水君不信，拟向天边问太阳。”冬至上堂，僧问：“如何是冬来意？”师曰：“京师出大黄。”问：“和尚百年后向什么处去？”师曰：“背抵芒丛，四脚指天。”师临迁化，有偈示众曰：“我路碧空外，白云无处闲。世有无根树，黄叶风送还。”偈终而逝，塔于本山。

青林师虔禅师

青林师虔禅师，初参洞山，山问：“近离甚处。”师曰：“武陵。”曰：“武陵法道何似此间？”师曰：“胡地冬抽笋。”山曰：“别甑炊香饭供养此人。”师拂袖便出。山曰：“此子向后，走杀天下人在。”师在洞山栽松次，有刘翁者求偈。师作偈曰：“长长三尺余，郁郁覆青草。不知何代人，得见此松老。”刘得偈呈洞山，山谓曰：“此是第三代洞山主人。”师辞洞山，山曰：“子向什么处去？”师曰：“金轮不隐的，遍界绝红尘。”山曰：“善自保任！”师珍重而出。洞山门送，谓师曰：“恁么去一句作么生道？”师曰：“步步踏红尘，通身无影像。”山良久，师曰：“老和尚何不速道！”山曰：“子得恁么性急？”师曰：“某甲罪过。”便礼辞。师至山南府青锉山住庵。经十年，忽记洞山遗言，乃曰：“当利群蒙，岂拘小节邪？”遂往随州，众请住青林，后迁洞山。凡有新到，先令搬柴三转，然后参堂。有一僧不肯，问师曰：“三转内即不问，三转外如何？”师曰：“铁轮天子寰中旨。”僧无对。师便打，趁出。僧问：“昔年病苦，又中毒药，请师医。”师曰：“金錍拨破脑，顶上灌醍醐。”曰：“恁么则谢师医。”师便打。上堂：“祖师门下，鸟道玄微。功穷皆转，不究难明。汝等诸人，直须离心意识参，出凡圣路学，方可保任。若不如是，非吾子息。”问：“久负不逢时如何？”师曰：“古皇尺一寸。”问：“请师答话。”师曰：“修罗掌于日月。”上堂：“祖师宗旨，今日施行。法令已彰，复有何事？”僧问：“正法眼藏，祖祖相传，未审和尚传付何人？”师曰：“灵苗生有地，大悟不存师。"问:"如何是道?"师曰:"回头寻远涧。"曰:"如何是道中人?"师曰:"拥雪首扬眉。"问:"千差路别,如何顿晓?"师曰:"足下背骊珠,空怨长天月。"问:"学人径往时如何?"师曰:"死蛇当大路,劝子莫当头。"曰:"当头者如何?"师曰:"丧子命根。"曰:"不当头者如何?"师曰:"亦无回避处。"曰:"正当恁么时如何?"师曰:"失却也。"曰:"向什么处去?"师曰:"莫深无觅处。"曰:"和尚也须堤防始得。"师拊掌曰:"一等是个毒气。"

白水本仁禅师

高安白水本仁禅师,因设先洞山忌斋,僧问:"供养先师,先师还来也无?"师曰:"更下一分供养着。"上堂:"老僧寻常不欲向声前色后,鼓弄人家男女。何故?且声不是声,色不是色。"僧问:"如何是声不是声?"师曰:"唤作色得么?"曰:"如何是色不是色?"师曰:"唤作声得么?"僧作礼。师曰:"且道为汝说,答汝话,若向这里会得,有个入处。"上堂:"眼里着沙不得,耳里着水不得。"僧问:"如何是眼里着沙不得?"师曰:"应真无比。"曰:"如何是耳里着水不得?"师曰:"白净无垢。"问:"文殊与普贤,万法悉同源。文殊普贤即不问,如何是同源底法?"师曰:"却问取文殊普贤。"曰:"如何是文殊普贤?"师曰:"一钓便上。"师谓镜清曰:"时寒道者清。"曰:"不敢。"师曰:"还有卧单也无?"曰:"设有,亦无展底工夫。"师曰:"直饶道者滴水冰生,亦不干他事。"曰:"滴水冰生,事不相涉。"师曰:"是。"曰:"此人意作么生?"师曰:"此人不落意。"曰:"不落意,此人聻!"师曰:"高山顶上,无可与道者啖啄。"长生然和尚问:"如何是西来意?"师曰:"还见庭前杉檄树否?"曰:"恁么则和尚今日,因学人致得是非。"师曰:"多口座主。"然去后,师方知是雪峰禅客。乃曰:"盗法之人,终不成器。"〔然住后,众缘不备,果符师记。因僧问:"从上宗乘,如何举唱?"然云:"不可为阇黎一人,荒却长生山也。"玄沙闻云:"然师兄佛法即大行,受记之缘亦就。〕僧问:"如何是不迁义?"师曰:"落花随流水,明月上孤岑。"师将顺世,焚香白众曰:"香烟绝处是吾涅槃时也。"言讫跏趺而坐,息随烟灭。

白马遁儒禅师

洛京白马遁儒禅师,僧问:"如何是衲僧本分事?"师曰:"十道不通风,哑子传来信。"曰:"传什么信?"师乃合掌顶戴。问:"如何是密室中人?"师曰:"才生不可得,不贵未生时。"曰:"是个什么不贵未生时?"师曰:"是汝阿爷。"问:"三千里外向白马,及乎到来为什么不见?"师曰:"是汝不见,不干老僧事。"曰:"请和尚指示。"师曰:"指即没交涉。"问:"如何是学人本分事?"师曰:"昨夜三更月正午。"问:"如何是法身向上事?"师曰:"井底虾蟆吞却月。"〔僧问黄龙:"如何是井底虾蟆吞却月?"龙曰:"不奈何。"曰:"恁么则吞却去也。"龙曰:"任吞。"曰:"吞后如何?"龙曰:"好虾蟆。"〕问:"如何是学人急切处?"师曰:"俊鸟犹嫌钝,瞥然早已迟。"问:"如何是西来意?"师曰:"点额猢狲探月波。"

龙牙山居遁证空禅师

潭州龙牙山居遁证空禅师,抚州人也。因参翠微,乃问:"学人自到和尚法席一个余月,不蒙一法示诲,意在于何?"微曰:"嫌什么?"师又问洞山,山曰:"争怪得老僧?"〔法眼别云:"祖师来也。"云居齐云:"此三人尊宿,还有亲疏也无?若有,那个亲?若无亲疏,眼在什么处?"〕师又问翠微:"如何是祖师意?"微曰:"与我将禅板来。"师遂过禅板,微接得便打。师曰:"打即任打,要且无祖师意。"又问临济:"如何是祖师意?"济曰:"与我将蒲团来。"师乃过蒲团,济接得便打。师曰:"打即任打,要且无祖师意。"后有僧问:"和尚行脚时,问二尊宿祖师意,未审二尊宿明也未?"师曰:"明即明也,要且无祖师意。"〔东禅齐云:"众中道,佛法即有,只是无祖师意。若恁么会，有何交涉；别作么生会无祖师意底道理？”〕师复举德山头落底语，因自省过，遂止于洞山，随众参请。一日问：“如何是祖师西来意？”山曰：“待洞水逆流，即向汝道。”师始悟厥旨，服勤八稔。湖南马氏请住龙牙。上堂：“夫参玄人，须透过祖佛始得。新丰和尚道，祖佛言教似生冤家，始有参学分。若透不得，即被祖佛谩去。”僧问：“祖佛还有谩人之心也无？”师曰：“汝道江湖还有碍人之心也无？”乃曰：“江湖虽无碍人之心，为时人过不得。江湖成碍人去，不得道江湖不碍人。祖佛虽无谩人之心，为时人透不得。祖佛成谩人去，不得道祖佛不谩人。若透得祖佛过，此人过却祖佛。若也如是，始体得佛祖意，方与向上人同。如未透得，但学佛学祖，则万劫无有出期。”僧曰：“如何得不被祖佛谩去？”师曰：“道者直须自悟去始得。”问：“十二时中如何着力？”师曰：“如无手人欲行拳，始得。”问：“终日区区，如何顿息？”师曰：“如孝子丧却父母，始得。”〔东禅齐云：“众中道，如丧父母，何有闲暇，恁么会还息得人疑情么？除此外且作么生会龙牙意。”〕问：“如何是道？”师曰：“无异人心是。”乃曰：“若人体得道无异人心，始是道人。若是言说，则没交涉。道者，汝知行底道人否？十二时中，除却着衣吃饭，无丝发异于人心，无诳人心，此个始是道人。若道我得我会，则没交涉，大不容易。”问：“如何是祖师西来意？”师曰：“待石乌龟解语，即向汝道。”曰：“石乌龟语也。”师曰：“向汝道什么！”问：“古人得个什么，便休去？”师曰：“如贼入空室。”问：“无边身菩萨，为什么不见如来顶相？”师曰：“汝道如来还有顶相么？”问：“大庾岭头提不起时如何？”师曰：“六祖为什么将得去？”问：“二鼠侵藤时如何？”师曰：“须有隐身处始得。”曰：“如何是隐身处？”师曰：“还见侬家么？”问：“维摩掌擎世界，未审维摩向什么处立？”师曰：“道者，汝道维摩掌擎世界？”问：“知有底人，为什么却有生死？”师曰：“恰似道者未悟时。”问：“如何是西来意？”师曰：“此一问最苦。”〔报慈云：“此一问最好。”〕问：“祖意教意，是同是别？”师曰：“祖师在后来。”问：“如何是无事沙门？”师曰：“若是沙门，不得无事。”曰：“为什么不得无事？”师曰：“觅一个也难得。”问：“蟾蜍无反照之功，玉兔无伴月之意时如何？”师曰：“道者，尧舜之君犹有化在。”问：“如何得此身安去？”师曰：“不被别身谩始得。”〔法眼别云：“谁恼乱汝？”〕报慈屿赞师真曰：“日出连山，月圆当户。不是无身，不欲全露。”师一日在帐中坐，僧问：“不是无身，不欲全露，请师全露。”师拨开帐子曰：“还见么？”曰：“不见。”师曰：“不将眼来？”〔报慈屿闻云：“龙牙只道得一半。”法眼别云：“饱丛林。”〕师将顺寂，有大星陨于方丈前。

华严寺休静禅师

京兆华严寺休静禅师，在洛浦作维那时，一日白槌普请曰：“上间般柴，下间锄地。”第一座问：“圣僧作什么？”师曰：“当堂不正坐，不赴两头机。”师问洞山：“学人无个理路，未免情识运为。”山曰：“汝还见有理路也无？”师曰：“见无理路。”山曰：“甚处得情识来？”师曰：“学人实问。”山曰：“恁么则直须向万里无寸草处去。”师曰：“万里无寸草处，还许某甲去也无？”山曰：“直须恁么去。”师般柴次，洞山把住曰：“狭路相逢时如何？”师曰：“反侧！反侧！”山曰：“汝记吾言，向南住有一千人，向北住止三百而已。”初住福州东山之华严，众满一千。未几，属后唐庄宗征入辇下，大阐玄风，其徒果止三百。庄宗问：“祖意教意，是同是别？”师曰：“探尽龙宫藏，众义不能诠。”问：“大悟底人为什么却迷？”师曰：“破镜不重照，落花难上枝。”问：“大军设天王斋求胜，贼军亦设天王斋求胜。未审天王赴阿谁愿？”师曰：“天垂雨露，不拣荣枯。”庄宗请入内斋，见大师大德总看经，唯师与徒众不看经。帝问：“师为什么不看经？”师曰：“道泰不传天子令，时清休唱太平歌。”帝曰：“师一人即得，徒众为什么也不看经？”师曰：“师子窟中无异兽，象王行处绝狐踪。”帝曰：“大师大德为什么总看经？”师曰：“水母元无眼，求食须赖虾。”帝曰：“既是后生，为什么却称长老？”师曰：“三岁国家龙凤子，百年殿下老朝臣。”师后游河朔，于平阳示灭。荼毗获舍利，建四浮图：一晋州，一房州，一终南山逍遥园，一华严寺。谥宝智禅师、无为之塔。

九峰普满禅师

瑞州九峰普满禅师，僧问：“如何是不迁义？”师曰：“东生明月，西落金乌。”曰：“非师不委。”师曰：“理当则行。”僧礼拜，师便打。僧曰：“仁义道中，礼拜何咎？”师曰：“来处不明，须行严令。”问：“眼不到色尘时如何？”师指香台曰：“面前是什么？”曰：“请师子细。”师曰：“不妨遭人检点。”问：“人人尽道请益，未审师还拯济也无？”师曰：“汝道巨岳还乏寸土么？”曰：“四海参寻，当为何事？”师曰：“演若迷头心自狂。”曰：“还有不狂者也无？”师曰：“有。”曰：“如何是不狂者？”师曰：“突晓途中眼不开。”问僧：“近离甚处？”曰：“闽中。”师曰：“远涉不易。”曰：“不难，动步便到。”师曰：“有不动步者么？”曰：“有。”师曰：“争得到此间？”僧无对。师以拄杖趁下。问：“对境心不动时如何？”师曰：“汝无大人力。”曰：“如何是大人力？”师曰：“对境心不动。”曰：“适来为什么道无大人力？”师曰：“在舍只言为客易，临川方觉取鱼难。”问：“如何是道？”师曰：“见通车马。”曰：“如何是道中人？”师便打。僧作礼，师便喝。问：“十二时中如何合道？”师曰：“与心合道。”曰：“毕竟如何？”师曰：“土上加泥犹自可，离波求水实堪悲。”问：“如何是不坏身？”师曰：“正是。”曰：“学人不会，请师直指。”师曰：“适来曲多少？”问：“古人道，真因妄立，从妄显真，是否？”师曰：“是。”曰：“如何是真？”师曰：“不杂食。”曰：“如何是妄？”师曰：“起倒攀缘。”曰：“去此二途，如何合得圆常？”师曰：“不敬功德天，谁嫌黑暗女？”问：“九峰一路，今古咸知。向上宗乘，请师提唱。”师竖起拂子。僧曰:“大众侧聆，愿垂方便。”师曰:“清波不睹鱼龙现，迅浪风高下底钩。”曰:“若不久参,那知今日？”师曰:“人生无定止,像没镜中圆。”问:“如何是祖师西来意？”师曰:“更问阿谁？”曰:“恁么则学人全体是也。”师曰:“须弥顶上戴须弥。”

北院通禅师

益州北院通禅师，初参夹山，问曰:“目前无法，意在目前，不是目前法，非耳目之所到，岂不是和尚语？”山曰:“是。”师乃掀倒禅床，叉手而立。山起来打一拄杖，师便下去。〔法眼云:“是他掀倒禅床，何不便去？须待他打一棒了去，意在什么处？”〕次参洞山，山上堂曰:“坐断主人公，不落第二见。”师出众曰:“须知有一人不合伴。”山曰:“犹是第二见。”师便掀倒禅床。山曰:“老兄作么生？”师曰:“待某甲舌头烂，即向和尚道。”后辞洞山拟入岭，山曰:“善为！飞猿岭峻好看！”师良久，山召:“通阇黎！”师应诺。山曰:“何不入岭去？”师因有省，更不入岭。住后，上堂:“诸上座有什么事，出来论量取。若上上根机，不假如斯。若是中下之流，直须铲削门头户底，教索索地，莫教入泥水。第一速须省事，直须无心去。学得千般万般，只成知解，与衲僧门下有什么交涉？”僧问:“直须无心学时如何？”师曰:“不管系。”问:“如何是佛？”师曰:“峭壁本无苔,洒墨图斑驳。”问:“二龙争珠,谁是得者？”师曰:“得者失。”曰:“不得者如何？”师曰:“还我珠来。”问:“如何是清净法身？”师曰:“无点污。”问:“转不得时如何？”师曰:“功不到。”问:“如何是大富贵底人？”师曰:“如轮王宝藏。”曰:“如何是赤穷底人？”师曰:“如酒店腰带。”问:“水洒不着时如何？”师曰:“干剥剥地。”问:“一槌便成时如何？”师曰:“不是偶然。”问:“如何是祖师西来意？”师曰:“壁上尽枯松，游蜂竞采蕊。”灭后谥证真禅师。

洞山道全禅师

洞山道全禅师，问先洞山："如何是出离之要？"山曰："阇黎足下烟生。"师当下契悟，更不他游。云居进语曰："终不孤负和尚足下烟生。"山曰："步步玄者，即是功到。"暨洞山圆寂，众请踵迹住持。僧问："佛入王宫，岂不是大圣再来？"师曰："护明不下生。"曰："争奈六年苦行何？"师曰："幻人呈幻事。"曰："非幻者如何？"师曰："王宫觅不得。"问："清净行者不入涅槃，破戒比丘不入地狱时如何？"师曰："度尽无遗影，还他越涅槃。"问："极目千里，是什么风范？"师曰："是阇黎风范。"曰："未审和尚风范如何？"师曰："不布婆娑眼。"

京兆府蚬子和尚

京兆府蚬子和尚，不知何许人也。事迹颇异，居无定所。自印心于洞山，混俗闽川，不畜道具，不循律仪。冬夏唯披一衲，逐日沿江岸采掇虾蚬，以充其腹。暮即宿东山白马庙纸钱中。居民目为蚬子和尚。华严静禅师闻之，欲决真假，先潜入纸钱中。深夜师归，严把住曰："如何是祖师西来意？"师遽答曰："神前酒台盘。"严放手曰："不虚与我同根生。"严后赴庄宗诏入长安，师亦先至。每日歌唱自拍，或乃佯狂泥雪，去来俱无踪迹，厥后不知所终。

幽栖道幽禅师

台州幽栖道幽禅师，镜清问："如何是少父？"师曰："无标的。"曰："无标的以为少父邪？"师曰："有什么过？"曰："只如少父作么生？"师曰："道者是什么心行？"问："如何是佛？"师曰："汝不信是众生。"曰："学人大信。"师曰："若作胜解，即受群邪。"问："如何是道？"师曰："但有路可上，更高人也行。"曰："如何是道中人？"师曰："解驱云里信。"师一日斋时，入堂白槌曰："白大众。"众举头，师曰："且吃饭。"师将示灭，僧问："和尚百年后向什么处去？”师曰：“迢然！迢然！”言讫坐亡。

越州乾峰和尚

越州乾峰和尚，上堂：“法身有三种病，二种光，须是一一透得，始解归家稳坐，须知更有向上一窍在。”云门出，问：“庵内人为什么不知庵外事？”师呵呵大笑。门曰：“犹是学人疑处。”师曰：“子是什么心行？”门曰：“也要和尚相委。”师曰：“直须与么始解稳坐。”门应“喏喏”。上堂：“举一不得举二，放过一着，落在第二。”云门出众曰：“昨日有人从天台来，却往径山去。”师曰：“典座来日不得普请。”便下座。问僧：“甚处来？”曰：“天台。”师曰：“见说石桥作两段，是否？”曰：“和尚甚处得这消息来？”师曰：“将谓华顶峰前客，元平田庄里人。”问：“如何得出三界去？”师曰：“唤院主来，趁出这僧着。”师问：“众僧轮回六趣，具什么眼？”众无对。僧问：“如何是超佛越祖之谈？”师曰：“老僧问聻！”曰：“和尚问则且置。”师曰：“老僧问尚不奈何，说什么超佛越祖之谈？”问：“十方薄伽梵，一路涅槃门。未审路头在什么处？”师以拄杖画云：“在这里。”〔僧后请益云门，门拈起扇子云：“扇子踍跳上三十三天，筑着帝释鼻孔，东海鲤鱼打一棒，雨似盆倾。会么？”〕

吉州禾山和尚

吉州禾山和尚，僧问：“学人欲伸一问，师还答否？”师曰：“禾山答汝了也。”问：“如何是西来意？”师曰：“禾山大顶。”问：“如何和尚家风？”师曰：“满目青山起白云。”曰：“或遇客来，如何祇待？”师曰：“满盘无味醍醐果。”问：“无言童子居何国土？”师曰：“当轩木马嘶风切。”

天童咸启禅师

明州天童咸启禅师,问伏龙:“甚处来?”曰:“伏龙来。”师曰:“还伏得龙么?”曰:“不曾伏这畜生。”师曰:“且坐吃茶。”简大德问:“学人卓卓上来,请师的的。”师曰:“我这里一屙便了,有什么卓卓的的?”曰:“和尚恁么答话,更买草鞋行脚好!”师曰:“近前来。”简近前,师曰:“只如老僧恁么答,过在什么处?”简无对。师便打。问:“如何是本来无物?”师曰:“石润元含玉,矿异自生金。”问:“如何是真常流注?”师曰:“涓滴无移。”

宝盖山和尚

潭州宝盖山和尚,僧问:“一间无漏舍,合是何人居?”师曰:“无名不挂体。”曰:“还有位也无?”师曰:“不处。”问:“如何是宝盖?”师曰:“不从人天得。”曰:“如何是宝盖中人?”师曰:“不与时人知。”曰:“佛来时如何?”师曰:“觅他路不得。”问:“世界坏时,此物何处去?”师曰:“千圣寻不得。”曰:“时人如何归向?”师曰:“直须似他去。”曰:“还有的当也无?”师曰:“不立标则。”问:“不居正位底人,如何行履?”师曰:“红焰丛中骏马嘶。”

钦山文邃禅师

澧州钦山文邃禅师,福州人也。少依杭州大慈山寰中禅师受业,时严头、雪峰在众,睹师吐论,知是法器,相率游方。二大士各承德山印记,师虽屡激扬,而终然凝滞。一日,问德山曰:“天皇也恁么道,龙潭也恁么道,未审和尚作么生道?”山曰:“汝试举天皇龙潭道底看。”师拟进语,山便打。师被打归延寿堂,曰:“是则是,打我太煞。”岩头曰:“汝恁么道,他后不得道见德山来。”〔法眼别云:“是则是错打我。”〕后于洞山言下发解,乃为之嗣。年二十七,止于钦山,对大众前自省过,举参洞山时语。山问:“什么处来?”师曰:“大慈来。”曰:“还见大慈么?”师曰:“见。”曰:“色前见,色后见?”师曰:“非色前后见。”洞山默置。师乃曰:“离师太早,不尽师意。”〔法眼云:“不尽师意,不易承嗣得他”。〕僧问:“如何是祖师西来意?”师曰:“梁公曲尺,志公剪刀。”问:“一切诸佛及诸佛法,皆从此经出,如何是此经?”师曰:“常转。”曰:“未审经中说什么?”师曰:“有疑请问。”问:“如何是和尚家风?”师曰:“锦绣银香囊,风吹满路香。”岩头闻,令僧去云:“传语十八子,好好事潘郎。”有僧写师真呈,师曰:“还似我也无?”僧无对。师自代曰:“众僧看取。”德山侍者来参,才礼拜,师把住曰:“还甘钦山与么也无?”者曰:“某甲却悔久住德山,今日无言可对。”师乃放手曰:“一任祗对。”者拨开胸曰:“且听某通气一上。”师曰:“德山门下即得,这里一点用不着。”者曰:“久闻钦山不通人情。”师曰:“累他德山眼目。参堂去。”师与岩头、雪峰坐次,洞山行茶来,师乃闭眼。洞曰:“什么处去来?”曰:“入定来。”洞曰:“定本无门,从何而入?”师入浴院,见僧踏水轮。僧下问讯,师曰:“幸自辘辘地转,何须恁么?”曰:“不恁么又争得?”师曰:“若不恁么,钦山眼堪作什么?”曰:“作么生是师眼?”师以手作拨眉势,曰:“和尚又何得恁么?”师曰:“是我恁么,你便不恁么。”僧无对。师曰:“索战无功,一场气闷。”良久,乃问曰:“会么?”曰:“不会。”师曰:“钦山为汝担取一半。”师与岩头、雪峰过江西,到一茶店吃茶次,师曰:“不会转身通气者,不得茶吃。”头曰:“若恁么我定不得茶吃。”峰曰:“某甲亦然。”师曰:“这两个老汉话头也不识?”头曰:“甚处去也?”师曰:“布袋里老鸦虽活如死。”头退后曰:“看!看!”师曰:“奯公且置,存公作么生?”峰以手画一圆相,师曰:“不得不问。”头呵呵曰:“太远生。”师曰:“有口不得茶吃者多。”巨良禅客参,礼拜了便问:“一镞破三关时如何?”师曰:“放出关中主看。”良曰:“恁么则知过必改。”师曰:“更待何时?”良曰:“好只箭,放不着所在。”便出去。师曰:“且来,阇黎。”良回首,师下禅床擒住曰:“一镞破三关即且置,试为钦山发箭看。”良拟议，师打七棒曰：“且听个乱统汉疑三十年。”有僧举似同安察，安曰：“良公虽解发箭，要且未中的。”僧便问：“未审如何得中的去？”安曰：“关中主是什么人？”僧回举似师，师曰：“良公若解恁么，也免得钦山口。然虽如此，同安不是好心，亦须看始得。”僧参，师竖起拳曰：“开即成掌，五指参差；如今为拳，必无高下。汝道钦山还通商量也无？”僧近前，却竖起拳。师曰：“你恁么只是个无开合汉。”曰：“未审和尚如何接人？”师曰：“我若接人，共汝一般去也。”曰：“特来参师，也须吐露个消息。”师曰：“汝若特来，我须吐露。”曰：“便请。”师便打，僧无语。师曰：“守株待兔，枉用心神。”上堂，横按拄杖，顾视大众曰：“有么有么？如无，钦山唱《菩萨蛮》去也，啰啰哩哩。”便下座。师与道士论义。士立义曰：“粗言及细语，皆归第一义。”师曰：“道士是佛家奴。”士曰：“太粗生！”师曰：“第一义何在？”士无语。

九峰通玄禅师

瑞州九峰通玄禅师，郢州程氏子。初参德山，后于洞山言下有省。住后，僧问：“自心他心，得相见否？”师曰：“自己尚不见，他人何可观。”问：“罪福之性，如何了达，得无同异？”师曰：“絺绤不御寒。”

青原下六世

曹山寂禅师法嗣

洞山道延禅师

瑞州洞山道延禅师，因曹山垂语云：“有一人向万丈岩头腾身直下，此是什么人？”众无对。师出曰：“不存。”山曰：“不存个什么？”师曰：“始得扑不碎。”山深肯之。后有僧问：“请和尚密付真心。”师曰：“欺这里无人作么？”

金峰从志玄明禅师

抚州金峰从志玄明禅师，僧问：“如何是金峰正主？”师曰：“此去镇县不遥，阇黎莫造次。”曰：“何不道取？”师曰：“口如磉盘。”问：“千峰万峰，那个是金峰？”师乃斫额。问：“千山无云，万里绝霞时如何？”师曰：“飞猿岭那边何不吐却？”问：“如何是西来意？”师曰：“壁边有鼠耳。”问：“如何是和尚家风？”师曰：“金峰门前无五里牌。”新到参，师曰：“不用通时暄，第一句道将来。”曰：“孟春犹寒，伏惟和尚。”师曰：“犹有这个在。”曰：“不可要人点检去也。”师曰：“谁？”僧指自身。师曰：“不妨遭人点检。”拈起枕子，示僧曰：“一切人唤作枕子，金峰道不是。”僧曰：“未审和尚唤作什么？”师拈起枕子，僧曰：“恁么则依而行之。”师曰：“你唤作什么？”僧曰：“枕子。”师曰：“落在金峰窠里。”问：“金杯满酌时如何？”师曰：“金峰不胜酩酊。”僧扫地次，师问：“作什么？”僧竖起苕帚。师曰：“犹有这个在。”曰：“和尚适来见个什么？”师竖起拄杖。僧参，才入方丈，师便打。僧曰：“是！是！”师又打。僧曰：“不是！不是！”师作礼拜势，僧作拓势。师曰：“老僧眼暗，阇黎耳聋。”曰：“将饭喂鱼，还须克己。”师曰：“施食得长寿报。”曰：“和尚年多少？”师曰：“不落数量。”曰：“长寿者谁？”师曰：“金峰。”曰：“果然眼昏。”师曰：“是，是。”问僧：“甚处来？”僧近前，良久师曰：“阇黎参见什么人？”曰：“参什么碗？”师曰：“金峰有过。”曰：“是！是！”师良久。师问僧：“甚处来？”曰：“东国来。”师曰：“作么生过得金峰关？”曰：“公验分明。”师曰：“试呈似金峰看。”僧展两手，师曰：“金峰关从来无人过得。”曰：“和尚还过得么？”师曰：“波斯吃胡椒。”问僧：“姓什么？”曰：“姓何。”师曰：

"至竟不脱俗。"曰:"因师致得。"师曰:"若恁么,过在金峰。"曰:"不敢。"师曰:"灼然金峰有过。"僧问讯次,师把住曰:"辄不得向人道,我有一则因缘举似你。"僧作听势,师与一掌。僧曰:"为什么打某甲?"师曰:"我要这话行。"看经次,骈道者来,师擎起经作揽衣势,以目视之。骈提起坐具,以目视师。师曰:"一切人道你会禅。"骈曰:"和尚作么生?"师笑曰:"草贼大败。"问:"是身无知,如土木瓦石,此意如何?"师下禅床,扭僧耳朵。僧负痛作声。师曰:"今日始捉著个无知汉。"僧作礼出去。师召:"阇黎!"僧回首。师曰:"若到堂中,不可举着。"曰:"何故?"师曰:"大有人笑金峰老婆心。"上堂:"老僧二十年前有老婆心,二十年后无老婆心。"僧问:"如何是二十年前有老婆心?"师曰:"问凡答凡,问圣答圣。"曰:"如何是二十年后无老婆心?"师曰:"问凡不答凡,问圣不答圣。"师见僧来,乃举手曰:"此是大人分上事,你试通个消息看?"曰:"某甲不欲瞒和尚。"师曰:"知孝养人,也还稀有。"曰:"莫是大人分上事么?"师曰:"老僧瞒阇黎。"曰:"到这里不易辨白。"师曰:"灼然灼然!"僧礼拜,师曰:"发足何处?"曰:"只这里。"师曰:"不唯自瞒,兼瞒老僧。"上堂:"我若举来,又恐遭人唇吻;不举,又遭人笑怪。于其中间,如何即是?"有僧才出,师便归方丈。至晚,别僧请益曰:"和尚今日为甚不答这僧话?"师曰:"大似失钱遭罪。"问僧:"你还知金峰一句子么?"曰:"知来久矣。"师曰:"作么生!"僧便喝。师良久,僧曰:"金峰一句,今日粉碎。"师曰:"老僧大曾问人,唯有阇黎门风峭峻。"曰:"不可须要人点检。"师曰:"真鍮不博金。"问:"如何是非言之言?"师曰:"不加文彩。"问:"四海晏清时如何?"师曰:"犹是阶下汉。"上堂:"事存函盖合,理应箭锋拄。还有人道得么?如有人道得,金峰分半院与他住。"时有僧出作礼,师曰:"相见易得好,共住难为人。"便下座。僧辞,师问:"何处去?"曰:"不敢妄通消息。"师曰:"若到诸方,切忌着金峰为人处。”曰:“已领尊旨。”师曰:“忽有人问,你作么生?”僧提起袈裟角。师曰:“捷弱于阇黎。”

鹿门山处真禅师

襄州鹿门山处真禅师,僧问:“如何是和尚家风?”师曰:“有盐无醋。”曰:“忽遇客来,如何祗待?”师曰:“柴门草户,谢子远来。”问:“如何是道人?”师曰:“口似鼻孔。”问:“祖祖相传,传什么物?”师曰:“金襕袈裟。”问:“如何是函中般若?”师曰:“佛殿挟头六百卷。”问:“和尚百年后,向什么处去?”师曰:“山下李家使牛去。”曰:“还许学人相随也无?”师曰:“汝若相随,莫同头角。”曰:“诺。”师曰:“合到什么处?”曰:“佛眼辨不得。”师曰:“若不放过,亦是茫茫。”问:“如何是鹿门高峻处?”师曰:“汝还曾上主山也无?”问:“如何是禅?”师曰:“鸾凤入鸡笼。”曰:“如何是道?”师曰:“藕丝牵大象。”问:“劫火洞然,大千俱坏。未审此个还坏也无?”师曰:“临崖看浒眼,特地一场愁。”问:“如何是和尚转身处?”师曰:“昨夜三更,失却枕子。”问:“一句下豁然时如何?”师曰:“汝是谁家子?”上堂:“一片凝然光灿烂,拟意追寻卒难见。瞥然撞着豁人情,大事分明总成办。实快活,无系绊,万两黄金终不换。任他千圣出头来,总是向渠影中现。”

曹山慧霞了悟禅师

抚州曹山慧霞了悟禅师,僧问:“佛未出世时如何?”师曰:“曹山不如。”曰:“出世后如何?”师曰:“不如曹山。”问:“四山相逼时如何?”师曰:“曹山在里许。”曰:“还求出也无?”师曰:“在里许,即求出。”僧侍立,师曰:“道者可煞热。”曰:“是。”师曰:“只如热向甚处回避?”曰:“向镬汤炉炭里回避。”师曰:“只如镬汤炉炭,又作么生回避?”曰:“众苦不能到。”

草庵法义禅师

华州草庵法义禅师，僧问："如何是祖师西来意？"师曰："烂炒浮沤饱满吃。"问："拟心即差，如何进道？"师曰："有人常拟，为什么不差？"曰："此犹是和尚分上事。"师曰："红焰莲花朵朵开。"问："如何是和尚得力处？"师曰："如盲似聋。"曰："不会。"师曰："恰与老僧同参。"

曹山光慧玄悟禅师

抚州曹山光慧玄悟禅师，上堂，良久曰："雪峰和尚为人，如金翅鸟入海取龙相似。"僧出问："未审和尚此间如何？"师曰："甚处去来。"问："如何是西来的的意？"师曰："不礼拜更待何时？"问："如何是密传底心？"师良久。僧曰："恁么则徒劳侧耳也。"师唤："侍者来,烧香着。"问："古人云：如红炉上一点雪。意旨如何？"师曰："惜取眉毛好！"问："如何指示，即得不昧去？"师曰："不可雪上更加霜。"曰："恁么则全因和尚去也。"师曰："因个什么？"问："如何是妙明真性？"师曰："款款莫磕损。"上堂，良久，僧出曰："为众竭力，祸出私门。未审放过不放过？"师默然。问："古人道：生也不道，死也不道。意旨如何？"师良久。僧礼拜，师曰："会么？"曰："不会。"师曰："也是厨寒甑足尘。"上堂，举拄杖曰："从上皆留此一路，方便接人。"有僧出曰："和尚又是从头起也。"师曰："谢相委悉。"问："机关不转，请师商量。"师曰："哑得我口么？"问："路逢猛虎时如何？"师曰："放憨作么！"

曹山羌慧智炬禅师

抚州曹山羌慧智炬禅师，初问先曹山曰："古人提持那边人，学人如何体悉？"山曰："退步就己，万不失一。"师于言下，顿忘玄解，乃辞去遍参。至三祖，因看经次，僧问："禅僧心不挂元字脚，何得多学？"师曰："文字性异，法法体空。迷则句句疮疣，悟则文文般若。苟无取舍，何害圆伊？”后离三祖到瑞州，众请住龙泉。僧问：“如何是文殊？”师曰：“不可有第二月也。”曰：“即今事如何？”师曰：“正是第二月。”问：“如何是如来语？”师曰：“猛风可绳缚。”问：“如何履践，即得不昧宗风？”师曰：“须知龙泉好手。”曰：“请和尚好手。”师曰：“却忆钟子期。”问：“古人道，若记一句，论劫作野狐精。未审古人意旨如何？”师曰：“龙泉僧堂未曾锁。”曰：“和尚如何？”师曰：“风吹耳朵。”问：“如何是一句？”师曰：“无闻。”问：“如何是声前一句？”师曰：“恰似不道。”问：“如何是和尚为人一句？”师曰：“汝是九色鹿。”问：“抱璞投师时如何？”师曰：“不是自家珍。”曰：“如何是自家珍？”师曰：“不琢不成器。”

育王山弘通禅师

衡州育王山弘通禅师，僧问：“混沌未分时如何？”师曰：“混沌。”曰：“分后如何？”师曰：“混沌。”上堂：“释迦如来四十九年说不到底句，今夜山僧不避羞耻，与诸尊者共谭。”良久曰：“莫道错。珍重！”僧问：“学人有病，请师医。”师曰：“将病来，与汝医。”曰：“便请。”师曰：“还老僧药价钱来。”问：“曹源一路即不问，衡阳江畔事如何？”师曰：“红炉焰上无根草，碧潭深处不逢鱼。”问：“心法双亡时如何？”师曰：“三脚虾蟆背大象。”问：“如何是西来意？”师曰：“老僧毛竖。”问：“如何是佛法大意？”师曰：“直待文殊过，即向你道。”曰：“文殊过也，请和尚道。”师便打。问：“如何是和尚家风？”师曰：“浑身不直五文钱。”曰：“太贫寒生！”师曰：“古代如是。”曰：“如何施设？”师曰：“随家丰俭。”问：“如何是急切处？”师曰：“针眼里打筋斗。”问：“如何是本来身？”师曰：“回光影里见方亲。”

华光范禅师

衡州华光范禅师，僧问：“如何是无缝塔？”师指僧堂曰：“此间僧堂无门户。”问僧：“曾到紫陵么？”曰：“曾到。”师曰：“曾到鹿门么？”曰：“曾到。”师曰：“嗣紫陵即是，嗣鹿门即是？”曰：“即今嗣和尚得么？”师曰：“人情不打即不可。”便打。问：“非隐显处是和尚，那个是某甲？”师曰：“尽乾坤无一不是。”曰：“此犹是和尚，那个是某甲？”师曰：“木人石女笑分明。”

广利容禅师

处州广利容禅师，初住贞溪，僧参，师举拂子曰：“贞溪老僧还具眼么？”曰：“某甲不敢见和尚过。”师曰：“老僧死在阇黎手里也。”问：“如何是和尚家风？”师曰：“谢阇黎道破。”问：“西院拍手笑呵呵，意作么生？”师曰：“卷上帘子着。”问：“自己不明，如何得明？”师曰：“不明。”曰：“为什么不明？”师曰：“不见道自己事。”问：“鲁祖面壁,意作么生？”师良久曰：“还会么？”曰：“不会。”师曰：“鲁祖面壁。”因郡守受代归，师出送接话次，守问：“和尚远出山门，将什么物来？”师曰：“无尽之宝呈献。”守无对。后有人进语曰：“便请。”师曰：“太守尊严。”问：“千途路绝，语思不通时如何？”师曰：“犹是阶下汉。”曰：“如何是阶上汉？”师曰：“龙楼不举手。”乃曰：“作么生是尊贵底人，试道看。莫只向长连床上坐地，见他人不肯，忽被明眼人拶着，便向铁围山里藏身。若到广利门下，须道得第一句，即开一线道与兄弟商量。”时有僧出礼拜，师曰：“将谓是异国舶主，元来是此土商人。”

小溪院行传禅师

泉州庐山小溪院行传禅师，青原周氏子。僧问：“久向庐山石门，为什么入不得？”师曰：“钝汉。”僧曰：“忽遇猛利者，还许也无？”师曰：“吃茶去。”

布水岩和尚

益州布水岩和尚，僧问：“如何是西来意？”师曰：“一回思着一伤心。”问：“宝剑未磨时如何？”师曰：“用不得。”曰：“磨后如何？”师曰：“触不得。”

蜀川西禅和尚

蜀川西禅和尚，僧问：“佛是摩耶降生，未审和尚是谁家子？”师曰：“水上卓红旗。”问：“三十六路，阿那一路最妙？”师曰：“不出第一手。”曰：“忽遇出时如何？”师曰：“脊着地也不难。”

韶州华严和尚

韶州华严和尚，僧问：“既是华严，还将得华来么？”师曰：“孤峰顶上千枝秀，一句当机对圣明。”僧录问：“法身无相，不可言宣。皇帝诏师，将何接引？”师曰：“金钟回出云中响，万里归朝贺圣君。”问：“如何是佛法大意？”师曰：“惊天动地。”曰：“还当也无？”师曰：“灵机永布千家月，只这如今万世传。”

云居膺禅师法嗣

凤栖山同安丕禅师

洪州凤栖山同安丕禅师，僧问：“如何是无缝塔？”师曰：“吽！吽！”曰：“如何是塔中人？”师曰：“今日大有人从建昌来。”问：“一见便休去时如何？”师曰：“是也。更来这里作么？”问：“如何是点额鱼？”师曰：“不透波澜。”曰：“惭耻时如何？”师曰：“终不仰面。”曰：“恁么则不变其身也。”师曰：“是也。青云事作么生？”问：“如何是和尚家风？”师曰：“金鸡抱子归霄汉，玉兔怀胎入紫微。”曰：“忽遇客来，将何祇待？”师曰：“金果朝来猿摘去，玉花晚后凤衔归。”问：“无情还解说法也无？”师曰：“玉犬夜行，不知天晓。”问：“路逢达道人，不将语默对。未审将什么对？”师曰：“要踢要拳。”问：“才有言诠，尽落今时，不落言诠，请师直说。”师曰：“木人解语非干舌，石女抛梭岂乱丝。”问：“依经解义，三世佛冤。离经一字，即同魔说。此理如何？”师曰：“孤峰迥秀，不挂烟萝。片月行空，白云自在。”新到参，师问：“甚处来？”曰：“湖南。”师曰：“还知同安这里风云体道，花槛璇玑么？”曰：“知。”师曰：“非公境界。”僧便喝。师曰：“短贩樵人，徒夸书剑。”僧拟进语，师曰：“剑甲未施，贼身已露。”问：“佛未出世时如何？”师曰：“藕丝系大象。”曰：“出世后如何？”师曰：“铁锁锁石牛。”问：“不伤王道如何？”师曰：“吃粥吃饭。”曰：“莫便是不伤王道也无？”师曰：“迁流左降。”问：“玉印开时，何人受信？”师曰：“不是恁么人。”曰：“亲宫事如何？”师曰：“道什么！”问：“如何是毗卢师？”师曰：“阇黎在什么处出家？”问：“如何是触目菩提？”师曰：“面前佛殿。”问：“片玉无瑕，请师不触。”师曰：“落汝后。”问：“玉印开时，何人受信？”师曰：“不是小小。”问：“迷头认影如何止？”师曰：“告阿谁？”曰：“如何即是？”师曰：“从人觅，即转远也。”曰：“不从人觅时如何？”师曰：“头在什么处？”问：“如何是同安一只箭？”师曰：“脑后看。”曰：“脑后事如何？”师曰：“过也。”问：“亡僧衣众人唱，祖师衣什么人唱？”师曰：“打。”问：“将来不相似，不将来时如何？”师曰：“什么处着。”问：“未有这个时，作么生行履？”师曰：“寻常又作么生？”曰：“恁么则不改旧时人也。”师曰：“作何行履？”问：“如何是异类中人？”师曰：“露地藏白牛，长空吞日月。”师看经次，见僧来参，遂以衣袖盖却头，僧近前作吊慰势，师放下衣袖，提起经曰：“会么？”僧却以衣袖盖头。师曰：“苍天！苍天！”

归宗寺怀恽禅师

庐山归宗寺怀恽禅师，僧问：“无佛无众生时如何？”师曰：“什么人如此。”问:“水清鱼现时如何?”师曰:“把一个来。”僧无对。〔同安代云:“动即失。”〕问:“如何是五老峰?”师曰:“突兀地。”问:“截水停轮时如何?”师曰:“磨不转。”曰:“如何是磨不转?”师曰:“不停轮。”问:“如何是尘中弟子?”师曰:“灰头土面。”〔同安代云:“不拂拭。”〕问:“如何是世尊不说说?”师曰:“正恁么。”曰:“如何是迦叶不闻闻?”师曰:“不附物。”问:“不佛不众生时如何?”师曰:“是什么人如此?”问:“学人不到处,请师说。”师曰:“汝不到什么处来?”

池州嵇山章禅师

池州嵇山章禅师,在投子作柴头。投子同吃茶次,谓师曰:“森罗万象,总在里许。”师泼却茶曰:“森罗万象,在什么处?”子曰:“可惜一碗茶。”师后谒雪峰,峰问:“莫是章柴头么?”师乃作轮椎势,峰肯之。

云居怀岳禅师

南康军云居怀岳禅师,僧问:“如何是大圆镜?”师曰:“不鉴照。”曰:“忽遇四方八面来时作么生?”师曰:“胡来胡现,汉来汉现。”曰:“大好不鉴照。”师便打。问:“如何是一丸疗万病底药?”师曰:“汝患什么?”问:“如何是本来瑞草?”师曰:“好手拈不出。”曰:“如何是无根树?”师曰:“处处着不得。”

杭州佛日本空禅师

杭州佛日本空禅师,初游天台山,尝曰:“如有人夺得我机者,即吾师矣。”寻谒云居,作礼问曰:“二龙争珠,谁是得者?”居曰:“卸却业身来,与子相见。”师曰:“业身已卸。”居曰:“珠在什么处?”师无对。〔同安代云:“回头即没交涉。”〕遂投诚入室,时始年十三。后四年,参夹山。才入门,见维那。那曰:“此间不着后生。”师曰:“某甲不求挂搭，暂来礼谒和尚。”维那白夹山，山许相见。师未升阶，山便问：“甚处来？”师曰：“云居来。”曰：“即今在什么处？”师曰：“在夹山顶巅上。”山曰：“老僧行年在坎，五鬼临身。”师拟上阶，山曰：“三道宝阶，从何而上？”师曰：“三道宝阶，曲为今时。向上一路，请师直指。”山便揖，师乃上阶礼拜。山问：“阇黎与什么人同行？”师曰：“木上座。”山曰：“何不来相看老僧？”师曰：“和尚看他有分？”山曰：“在甚处？”师曰：“在堂中。”山便同师下到堂中，师遂取拄杖掷在山面前。山曰：“莫从天台得否？”师曰：“非五岳之所生。”山曰：“莫从须弥得否？”师曰：“月宫亦不逢。”山曰：“恁么则从人得也。”师曰：“自己尚是冤家，从人得堪作什么？”山曰：“冷灰里有一粒豆爆。”乃唤维那：“明窗下安排着。”师曰：“未审明窗还解语也无？”山曰：“待明窗解语，即向汝道。”夹山来日上堂，问：“昨日新到在什么处？”师出应喏。山曰：“子未到云居已前，在什么处？”师曰：“天台国清。”山曰：“吾闻天台有潺潺之瀑，渌渌之波。谢子远来，此意如何？”师曰：“久居岩谷，不挂松萝。”山曰：“此犹是春意，秋意作么生？”师良久，山曰：“看君只是撑船汉，终归不是弄潮人。”来日普请，维那令师送茶。师曰：“某甲为佛法来，不为送茶来。”那曰：“奉和尚处分。”师曰：“和尚尊命即得。”乃将茶去作务处，摇茶瓯作声。山回顾，师曰：“酽茶三五碗，意在镢头边。”山曰：“瓶有倾茶势，篮中几个瓯？”师曰：“瓶有倾茶势，篮中无一瓯。”便行茶，时众皆举目。师曰：“大众鹤望，请师一言。”山曰：“路逢死蛇莫打杀，无底篮子盛将归。”师曰：“手执夜明符，几个知天晓？”山曰：“大众有人也。归去来，归去来。”遂住普请，归院众皆仰叹。师终于佛日，卵塔存焉。

永光院真禅师

苏州永光院真禅师，上堂：“言锋若差，乡关万里。直须悬崖撒手,自肯承当。绝后再苏,欺君不得。非常之旨,人焉廋哉?”问:“道无横径,立者皆危。如何得不被横径所侵去?”师以杖拄僧口,僧曰:“此犹是横径。”师曰:“合取口。”问:“如何是常在底人?”师曰:“来往不易。”问:“如何是祖师西来意?”师曰:“铁山夜锁千家月,金乌常照不当门。”

归宗澹权禅师

庐山归宗澹权禅师,僧问:“金鸡未鸣时如何?”师曰:“失却威音王。”曰:“鸣后如何?”师曰:“三界平沉。”问:“尽身供养时如何?”师曰:“将什么来?”曰:“所有不惜。”师曰:“供养什么人?”僧无语。问:“学人为佛法来,如何是佛法?”师曰:“正空闲。”曰:“便请商量。”师曰:“周匝有余。”问:“大众云集,合谭何事?”师曰:“三三两两。”问:“路逢达道人,不将语默对,未审将什么对?”师曰:“争能肯得人。”僧良久,师曰:“会么?”曰:“不会。”师曰:“长安路上厕坑子。”问:“如何是佛法大意?”师曰:“三枷五棒。”问:“通彻底人如何语道?”师曰:“汝只今作么生?”曰:“任性随流。”师曰:“不随流争得息?”

蕲州广济禅师

蕲州广济禅师,僧问:“匹马单枪时如何?”师曰:“头落也。”问:“如何是方外之谭?”师曰:“汝道什么?”问:“如何是广济水?”师曰:“饮者绝饥渴。”曰:“恁么则学人不虚到也。”师曰:“情知你受人安排。”问:“远远来接,乞师指示。”师曰:“有口只解吃饭。”问:“温伯雪与仲尼相见时如何?”师曰:“此间无恁么人。”问:“不识不见,请师道出。”师曰:“不昧。”曰:“不昧时作么生?”师曰:“汝唤作什么?”问:“如何是奇特事?”师曰:“焰里牡丹花。”问:“如何是无心道人?”师曰:“丹霞放火烧。”

水西南台和尚

潭州水西南台和尚，僧问:“如何是此间一滴水？”师曰:“入口即抉出。”问:“如何是西来意？”师曰:“靴头线绽。”问:“祖祖相传，未审传个什么？”师曰:“不因阇黎问，老僧亦不知。”

朱溪谦禅师

歙州朱溪谦禅师,韶国师到,参次闻犬咬灵鼠声。国师便问:“是什么声？”师曰:“犬咬灵鼠声。”国师曰:“既是灵鼠，为什么却被犬咬？”师曰:“咬杀也。”国师曰:“好个犬。”师便打。国师曰:“莫打，某甲话在。”师休去。因造佛殿毕，一僧同看。师曰:“此殿着得什么佛？”曰:“着即不无,有人不肯。”师曰:“我不问那个人！”曰:“恁么，则某甲亦未曾祇对和尚。”

杨州丰化和尚

杨州丰化和尚，僧问:“上无片瓦，下无卓锥时如何？”师曰:“莫飘露么？”问:“不具得失时如何？”师曰:“道什么？”

云居道简禅师

南康军云居道简禅师，范阳人也。久入先云居之室，密受真印，而分掌寺务，典司樵爨。以腊高，堂中为第一座。属先云居将顺寂，主事请问:“谁堪继嗣？”居曰:“堂中简。”主事虽承言而意不在师，谓:“令拣择可当说法者。”佥曰:“第二座可。然且备礼,先请第一座。若谦让，即坚请第二座。”师既密承授记，略不辞免。即自持道具入方丈，摄众演法。主事等不惬素志，罔循规式。师察其情，乃潜弃去。其夜安乐树神号泣诘旦，主事大众奔至麦庄悔过，哀请归院。众闻空中连声唱曰:“和尚来也。”僧问:“如何是和尚家风？”师曰:“随处得自在。”问:“维摩岂不是金粟如来？”师曰:“是。”曰:“为什么却在释迦会下听法？”师曰：“他不担人我。”问：“横身盖覆时如何？”师曰：“还盖覆得么？”问：“蛇子为什么吞却蛇师？”师曰：“在理何伤？”问：“诸圣道不得处，和尚还道得么？”师曰：“汝道什么处诸圣道不得？”问：“路逢猛虎时如何？”师曰：“千人万人不逢，为什么阇黎偏逢？”问：“孤峰独宿时如何？”师曰：“闲却七间僧堂不宿，阿谁教汝孤峰独宿？”师后无疾而寂，塔于本山。

大善慧海禅师

洪州大善慧海禅师，僧问：“不坐青山顶时如何？”师曰：“且道是什么人？”问：“如何是解作客底人？”师曰：“不占上。”问：“灵泉忽逢时如何？”师曰：“从什么处来？”问：“如何道即不违于师？”师曰：“莫惜口。”曰：“道后如何。”师曰：“道什么？”问：“如何道得相亲去？”师曰：“快道。”曰：“恁么则不道也。”师曰：“用口作什么？”问：“如何是西来意？”师曰：“三界平沉。”

鼎州德山和尚

鼎州德山和尚，僧问：“路逢达道人，不将语默对。未审将什么对？”师曰：“只恁么。”僧良久，师曰：“汝更问。”僧再问，师乃喝出。

南岳南台和尚

南岳南台和尚，僧问：“直上融峰时如何？”师曰：“见么？”

云居昌禅师

南康军云居昌禅师，僧问：“相逢不相识时如何？”师曰：“既相逢为什么不相识？”问：“红炉猛焰时如何？”师曰：“里头是什么？”问：“不受商量时如何？”师曰：“来作什么？”曰：“来亦不商量。”

师曰:“空来何益?”问:“方丈前容身时如何?”师曰:“汝身大小?”

晋州大梵和尚

晋州大梵和尚,僧问:“如何是学人顾望处?”师曰:“井底架高楼。”曰:“恁么则超然去也。”师曰:“何不摆手?”

新罗国云住和尚

新罗国云住和尚,僧问:“诸佛道不得,什么人道得?”师曰:“老僧道得。”曰:“诸佛道不得,和尚作么生道?”师曰:“诸佛是我弟子。”曰:“请和尚道。”师曰:“不是对君王,好与二十棒。”问:“达磨未来时如何?”师曰:“夜半石牛吼。”曰:“来后如何?”师曰:“特地使人愁。”问:“既是普眼,为甚不见普贤?”师曰:“只为贪程太速。”

岭珏和尚

岭珏和尚,僧问:“学人不负师机,还免披毛戴角也无?”师曰:“阇黎何得对面不相识?”曰:“恁么,则吞尽百川水,方明一点心。”师曰:“虽脱毛衣,犹披鳞甲。”曰:“好来和尚具大慈悲。”师曰:“尽力道,也出老僧格不得。”

疏山仁禅师法嗣

护国院守澄净果禅师

随州护国院守澄净果禅师,上堂:“诸方老宿,尽在曲录木床上为人,及有人问着祖师西来意,未曾有一人当头道着。”时有僧问:“请和尚当头道。”师曰:“河北驴鸣,河南犬吠。”问:“如何是佛?”师咄曰:“这驴汉。”问:“尽大地是一只眼底人来时如何?”师曰:“阶下汉。”问:“诸佛不到处,是什么人行履?”师曰:“聃耳鬅头。”

曰："何人通得彼中信？"师曰："驴面兽腮。"问："随缘认得时如何？"师曰："错。"问："如何是西来意？"师曰："一人传虚，万人传实。"问："不落干将手，如何是太阿？"师曰："七星光彩耀，六国罢烟尘。"问："鹤立枯松时如何？"师曰："地下底一场懡㦬。"问："会昌沙汰时，护法善神向什么处去？"师曰："三门前两个一场懡。"问："滴水滴冻时如何？"师曰："日出后一场懡。"

灵泉归仁禅师

洛京灵泉归仁禅师，初问疏山："枯木生花，始与他合。是这边句，是那边句？"山曰："亦是这边句。"师曰："如何是那边句？"山曰："石牛吐出三春雾，灵雀不栖无影林。"住后，僧问："如何是灵泉家风？"师曰："十日作活九日病。"曰："此病如何？"师曰："回避不得。"曰："还疗得也无？"师曰："耆婆稽首，医王皱眉。"问："祖意教意，是同是别？"师曰："牛马同群放。"曰："还分不分？"师曰："夜半昆仑穿市过，午后乌鸡带雪飞。"问："急切相投时如何？"师曰："见佛似冤家。"问："如何是灵泉竹？"师曰："不从栽种得。"曰："还变动也无？"师曰："三冬瑞雪应难改，九夏凝霜色转鲜。"问："如何是灵泉心印？"师曰："不传不受。"曰："或遇交代时如何？"师曰："淮南船子看洛阳。"问："六国未宁时如何？"师曰："作乱者谁？"问："如何是祖师西来意？"师曰："仰面独扬眉，回头自拍手。"问："如何是和尚家风？"师曰："骑牛戴席帽，过水着靴衫。"问："如何是无问而自说？"师曰："死人口里活人舌。"曰："未审是何人领会？"师曰："无角水牯牛。"问："如何是灵泉活计？"师曰："东壁打倒西壁。"曰："凭个什么过朝夕。"师曰："折脚铛子无烟火。"曰："二时将何奉献？"师曰："野老共炊无米饭，溪边大会不来人。"问："如何是灵泉境？"师曰："枯椿花烂漫。"曰："如何是境中人？"师曰："子规啼断后，花落布阶前。"问："如何是沙门行？"师曰："恰似个屠儿。”曰:“如何行履?”师曰:“破斋犯戒。”曰:“究竟作么生?”师曰:“因不收,果不入。”俗士问:“俗人还许会佛法否?”师曰:“那个台无月，谁家树不春。”

五峰遇禅师

瑞州五峰遇禅师,僧问:“佛未出世时如何?”师曰:“一堆泥土。”问:“如何是不拨不触底人?”师曰:“闭目藏三寸，翻眉盖眼睛。”

疏山证禅师

抚州疏山证禅师,初参先疏山得旨,后历诸方,谒投子。子问:“近离甚处?”曰:“延平。”子曰:“还将得剑来么?”曰:“将得来。”子曰:“呈似老僧看。”师乃指面前地。子便休。至晚问侍者:“新到在么?”者曰:“当时去也。”子曰:“三十年弄马骑,今日被驴扑。”住后,僧问:“如何是就事学?”师曰:“着衣吃饭。”曰:“如何是就理学?”师曰:“骑牛去秽。”曰:“如何是向上事?”师曰:“溥际不收。”问:“如何是声色混融句?”师曰:“不辨消不及。”曰:“如何是声色外别行底句?”师曰:“难逢不可得。”问:“亲切处乞一言。”师以拄杖敲之。僧曰:“为什么不道?”师曰:“得恁么不识好恶!”

百丈明照安禅师

洪州百丈明照安禅师，新罗人也。僧问:“一藏圆光，如何是体?”师曰:“劳汝远来。”曰:“莫便是一藏圆光么?”师曰:“更吃一碗茶。”问:“如何是和尚家风?”师曰:“手巾寸半布。”问:“万法归一,一归何处?”师曰:“未有一个人不问。”问:“如何是极则处?”师曰:“空王殿里登九五，野老门前不立人。”问:“随缘认得时如何?”师曰:“未认得时作么生?”问:“如何是毗卢师?”师曰:“人天收不得。”曰:“如何是一代时教?”师曰:“义例分明。”

黄檗山慧禅师

瑞州黄檗山慧禅师，洛阳人也。少出家，业经论。因增受菩萨戒，而叹曰："大士摄律仪，与吾本受声闻戒，俱止持作犯也。然于篇聚增减，支本通别，制意且殊，既微细难防，复于摄善中未尝行于少分，况饶益有情乎？且世间泡幻，身命何可留恋哉！"由是置讲课，欲以身捐于水中，饲鳞甲之类。念已将行，偶二禅者接之款话，说："南方颇多知识，何滞于一隅？"师从此回志参寻，属关津严紧，乃谓守吏曰："吾非玩山水，誓求祖道，他日必不忘恩也。"吏者察其志，遂不苛留，且谓之曰："师既为法忘身，回时愿无吝所闻。"师欣谢，直造疏山，时仁和尚坐法堂受参。师先顾视大众，然后致问曰："刹那便去时如何？"山曰："逼塞虚空，汝作么生去？"师曰："逼塞虚空，不如不去。"山便休。师下堂参第一座，座曰："适来祇对甚奇特。"师曰："此乃率尔，敢望慈悲，开示愚昧。"座曰："一刹那间还有拟议否？"师于言下顿省，礼谢。住后，僧问："黄檗一路荒来久，今日当阳事若何？"师曰："虚空不假金锤炼，日月何曾待照人？"师示灭，塔于本山，肉身至今如生。

伏龙山奉璘禅师

延州伏龙山奉璘禅师，僧问："如何是和尚家风？"师曰："横身卧海，日里挑灯。"问："如何是伏龙境？"师曰："山峻水流急，三冬发异华。"问："和尚还爱财色也无？"师曰："爱。"曰："既是善知识，为什么却爱财色？"师曰："知恩者少。"师问火头："培火了也未？"曰："低声。"师曰："什么处得这消息来？"曰："不假多言。"师曰："省钱易饱，吃了还饥。"问："如何是和尚家风？"师曰："长虀冷饭。"曰："太寂寞生！"师曰："僧家合如是。"

大安山省禅师

安州大安山省禅师，僧问："失路迷人，请师直指。"师曰："三门前去。"问："举步临危，请师指月。"师曰："不指月。"曰："为什么不指月？"师曰："临坑不推人。"问："离四句，绝百非，请和尚道。"师曰："我王库内无如是刀。"问："重重关锁，信息不通时如何？"师曰："争得到这里？"曰："到后如何？"师曰："彼中事作么生？"问："如何是真中真？"师曰："十字路头泥佛子。"问："无为无事人，犹是金锁难。金锁牵不住，是什么人？"师曰："向阇黎道即得，不可荒却大安山去也。"

百丈超禅师

洪州百丈超禅师，海东人也。僧问："祖意教意，是同是别？"师曰："金鸡玉兔，听绕须弥。"问："日落西山去，林中事若何？"师曰："洞深云出晚，涧曲水流迟。"问："某甲今日辞去，或有人问和尚说什么法，向他道什么？"师曰："但道大雄山顶上，虎生师子儿。"

天王院和尚

洪州天王院和尚，僧问："国内按剑者是谁？"师曰："天王。"问："百骸俱溃散，一物镇长灵时如何？"师曰："不堕无坏烂。"问："如何是佛？"师曰："错。"问："如何是无相道场。"师曰："门外列金刚。"

正勤院蕴禅师

常州正勤院蕴禅师，魏府韩氏子。幼而出家，老有童颜。僧问："师唱谁家曲，宗风事若何？"师曰："迥出箫韶外，六律岂能过？"曰："不过底事作么生？"师曰："声前拍不散，句后觅无踪。"问："如何是正勤一路？"师曰："泥深三尺。"曰："如何到得？"师曰：

"阇黎从什么处来?"问:"如何是禅?"师曰:"石上莲华火里泉。"曰:"如何是道?"师曰:"楞伽峰顶一茎草。"曰:"禅道相去几何?"师曰:"泥人落水木人捞。"晋天福中顺寂,葬于院侧。经二稔,门人发塔,睹全身俨然,发爪俱长。乃阇维,收舍利真骨重建塔焉。

洞山瑞禅师

襄州洞山瑞禅师,僧问:"道有又无时如何?"师曰:"龙头蛇尾,腰间一剑。"问:"如何是无生曲?"师曰:"未问已前。"

京兆三相和尚

京兆府三相和尚,僧问:"如何是无缝塔?"师曰:"觅缝不得。"曰:"如何是塔中人?"师曰:"对面不相见。"问:"如何是西来意?"师曰:"雪覆孤峰白,残照露瑕痕。"

青林虔禅师法嗣

万铜山广德延禅师

襄州万铜山广德延禅师,僧问:"如何是和尚家风?"师曰:"山前人不住,山后人更忙。"问:"如何是透法身句?"师曰:"无力登山水,茅户绝知音。"问:"如何是佛法大意?"师曰:"始嗟黄叶落,又见柳条青。"问:"尽大地是个死尸,向什么处葬?"师曰:"北邙山下,千丘万丘。"师不安,僧问:"和尚患个什么?"师曰:"无私不坠的。"曰:"恁么则已知和尚病源也。"师曰:"你道老僧患什么?"曰:"和尚忌口好!"师便打。问:"如何是佛?"师曰:"画戟门开见坠仙。"僧后问悟空:"画戟门开见坠仙,意旨如何?"空曰:"直饶亲见释迦来,智者咸言不是佛。"

石门献蕴禅师

襄州石门献蕴禅师，京兆人也。初问青林：“如何用心，得齐于诸圣？”林仰面良久曰：“会么？”师曰：“不会。”林曰：“去，无子用心处。”师礼拜，乃契悟，更不他游，遂作园头。一日归侍立次，林曰：“子今日作什么来？”师曰：“种菜来。”林曰：“遍界是佛身，子向甚处种？”师曰：“金锄不动土，灵苗在处生。”林欣然。来日入园，唤：“蕴阇黎！”师应喏。林曰：“剩栽无影树，留与后人看。”师曰：“若是无影树，岂受栽邪？”林曰：“不受栽且止，你曾见他枝叶么？”师曰：“不曾见。”林曰：“既不曾见，争知不受栽？”师曰：“只为不曾见，所以不受栽。”林曰：“如是！如是！”林将顺寂，召师，师应诺。林曰：“日转西山后，不须取次安。”师曰：“雪满金檀树，灵枝万古春。”林曰：“或有人问你金针线囊事，子道什么？”师曰：“若是毛羽相似者，某甲终不敢造次。”

初住南岳兰若，未几迁夹山。道由潭州时，楚王马氏出城延接。便问：“如何是祖师西来大道？”师曰：“好大哥，御驾六龙千古秀，玉街排仗出金门。”王大喜，延入天册府，供养数日，方至夹山。开堂，僧问：“今日一会，何异灵山？”师曰：“天垂宝盖重重异，地涌金莲叶叶新。”曰：“未审将何法示人？”师曰：“无弦琴韵流沙界，清音普应大千机。”问：“师唱谁家曲，宗风嗣阿谁？”师曰：“一曲宫商才品弄，辨宝还他碧眼胡。”曰：“恁么则清流分洞下，满月照青林去也。”师曰：“多子塔前分的意，至今异世度洪音。”问：“何如是夹山正主？”师曰：“好手须知栾布作，韩光虚妄立功勋。”问：“如何是西来意？”师曰：“玉玺不离天子手，金箱岂许外人知。”问：“不落机关，请师便道。”师曰：“湛月迅机无可比，君今曾问几人来？”曰：“即今问和尚。”师曰：“好大哥，云绽不须藏九尾，恕君残寿速归丘。”师以蛮夷作乱，遂离夹山至襄州，创石门寺，再振玄风。上堂：“琉璃殿上光辉，而日日无私。七宝山中晃耀，而头头有据。泥牛运步，木马嘶声。野老讴歌，樵人舞袖。太阳路上，古曲玄音。林下相逢，更有何事？”僧问：“月生云际时如何？”师曰：“三个孩儿抱华鼓，好大哥，莫来拦我毬门路。”问：“如何是和尚家风？”师曰：“常骑骏马骤高楼，铁鞭指尽胡人路。”问：“如何是石门境？”师曰：“遍界黄金无异色,往来游子罢追寻。”曰：“如何是境中人？”师曰：“无相不居凡圣位，经行鸟道没踪由。”问：“猛虎当轩时如何？”师曰：“性命不存。”曰：“恁么则遭他毒手。”师曰：“一任咬嚼。”问：“如何是净土中人？”师曰：“披毛游火聚，戴角混尘泥。”问：“道界无穷际，通身绝点痕时如何？”师曰：“渺渺白云漫雪岳，转身玄路莫迟迟。”曰：“未审转身路在什么处？”师曰：“石人举手分明记，万年枯骨笑时看。”问：“如如不动时如何？”师曰：“有什么了日？”曰：“如何即是？”师曰：“石户非关锁。”般若寺遭焚，有人问曰：“既是般若，为什么被火烧？”师曰：“万里一条铁。”师应机多云“好大哥”，时称大哥和尚。

龙光諲禅师

韶州龙光諲禅师，僧问：“人王与法王，相见时如何？”师曰：“越国君王曾按剑，龙光一句不曾亏。”上堂，良久曰：“不烦珍重。”问：“如何是西来意？”师曰：“胡风一扇，汉地成规。”问：“拨尘见佛时如何？”师拊掌顾视。问：“如何是龙光一句？”师曰：“不空罥索。”曰：“学人不会。”师曰：“唵。”问：“如何是极则为人处？”师曰：“殷勤嘱付后来人。”问：“宾头卢一身,为什么赴四天下供？”师曰：“千江同一月，万户尽逢春。”遂有偈曰：“龙光山顶宝月轮，照耀乾坤烁暗云。尊者不移元一质，千家影现万家春。”

郢州芭蕉和尚

郢州芭蕉和尚，僧问：“十二时中如何用心？”师曰：“茏葱一木盆。”问:“如何是道?”师曰:“或横三,或竖五。”曰:“如何是道中人?”师曰:“罢举云中信,半夜太阳辉。”

石藏慧炬禅师

定州石藏慧炬禅师,僧问:“如何是西来意?”师曰:“树带沧浪色,山横一抹青。”问:“如何是伽蓝?”师曰:“只这是。”曰:“如何是伽蓝中人?”师曰:“作么!作么!”曰:“忽遇客来,将何祇待?”师曰:“吃茶去。”

白水仁禅师法嗣

重云智晖禅师

京兆府重云智晖禅师,咸秦高氏子。总角之岁,好游佛宇,誓志出家,父母不能止。礼圭峰温禅师,剃度后谒白水,独领微言,潜通秘键。寻回洛卜于中滩,创温室院,常施水给药为事。有比丘患白癞,众恶之,唯师与之摩洗如常。俄有神光异香,既而讶之,遂失所在。遗疮痂,馨香酷烈,遂聚而塑观音像以藏之。师后忽欲归终南圭峰旧居,一日闲步岩岫间,如常寝处,倏睹摩衲数珠,铜瓶棕笠,触之即坏。谓侍者曰:“此吾前身道具耳。就兹建寺,以酬宿因。”当薙草间,有祥云蔽日,屯于峰顶,久而不散,因目为重云山,猛兽皆自引去。及塞龙潭以通径,龙亦他徙。后唐明宗赐额曰长兴,学侣臻萃。上堂,僧问:“如何是归根得旨?”师曰:“早是忘却,不忆尘生。”曰:“如何是随照失宗?”师曰:“家遭劫贼。”问:“不忆尘生,如何是进身一路?”师曰:“足下已生草,前程万丈坑。”问:“要路坦然,如何践履?”师曰:“我若指汝,则东西南北去也。”问:“如何是重云秤?”师曰:“任将天下勘。”问:“如何是截铁之言?”师曰:“宁死不犯。”问:“如何是迦叶亲闻底事?”

师曰:“重云记不得。”问:“如何是重云境?”师曰:“四时花蔟蔟,三冬异草青。”师阐法四十余年,节度使王彦超微时常从师游,欲为沙门。师熟视曰:“汝世缘深,当为我家垣墙。”王公后果镇永兴,申弟子礼。师将顺世,先与王公言别,嘱护法门。王公泣曰:“师忍弃弟子乎?”师笑曰:“借千年亦一别耳。”及归,书偈示众曰:“我有一间舍,父母为修盖。住来八十年,近来觉损坏。早拟移别处,事涉有憎爱。待他摧毁时,彼此无妨碍。”及跏趺而逝,塔于本山。

瑞龙院幼璋禅师

杭州瑞龙院幼璋禅师,唐相国夏侯孜之犹子也。大中初,伯父司空出镇广陵,师方七岁,游慧照寺,闻诵《法华》,志求出家。伯父初不允,因师绝饮食,不得已而许之。师慧远禅师,后游诸禅会,薯山白水,咸受心诀。咸通十三年至江陵,腾腾和尚嘱之曰:“汝往天台寻静而栖,遇安即止。”已而又值憨憨和尚抚而记曰:“汝却后四十年,有巾子山下菩萨,王于江南,当此时吾道昌矣。”寻抵天台山,于静安乡创福唐院,乃契腾腾之言。又住隐龙院。中和四年,浙东饥疫,师于温台明三郡收瘗遗骸,时谓悲增大士,雪峰尝往见之,遗棕榈拂子而去。天祐三年,钱尚父遣使童建赍衣服香药,入山致请,至府庭,署志德大师,馆于功臣堂,日亲问法。师请每年于天台山建金光明道场,诸郡黑白大会,逾月而散。〔光明大会始于师也。〕将辞归山,王加恋慕,于府城建瑞龙院,〔文穆王改为宝山院。〕延请开法。时禅门兴盛,斯则憨憨县记应矣。上堂:“老僧顷年游历江外、岭南、荆湖,但有知识丛林,无不参问来。盖为今日与诸人聚会,各要知个去处。然诸方终无异说,只教当人歇却狂心,休从他觅。但随方任真,亦无真可任。随时受用,亦无时可用。设垂慈苦口,且不可呼昼作夜。更饶善巧,终不能指东为西。脱或能尔,自是神通作怪,非干我事。若是学语之流,不自省己知非,直欲向空里采花，波中取月，还着得心力么？汝今各且退思，忽然肯去，始知瑞龙老汉事不获已，迂回太甚。还肯么？”时有僧问：“如何是瑞龙境？”师曰：“道汝不见得么？”曰：“如何是境中人？”师曰：“后生可畏。”问：“廓然无云，如何是中秋月？”师曰：“最好是无云。”曰：“恁么则一轮高挂，万国同观去也。”师曰：“捏目之子难与言。”天成二年丁亥四月，乞坟塔于尚父。父命陆仁璋于西关选胜地，建塔创院，改天台隐龙为隐迹。塔毕，师入府庭辞尚父，嘱以护法。克期顺寂。尚父悲悼，遣僧正集在城宿德，迎引入塔。

白马儒禅师法嗣

青剉山如观禅师

兴元府青剉山如观禅师，僧问：“如何是和尚家风？”师曰：“无底篮子拾生菜。”问：“如何是青剉境？”师曰：“三冬华木秀，九夏雪霜飞。”

龙牙遁禅师法嗣

报慈藏屿匡化禅师

潭州报慈藏屿匡化禅师，僧问：“心眼相见时如何？”师曰：“向汝道什么？”问：“如何是实见处？”师曰：“丝毫不隔。”曰：“恁么则见也。”师曰：“南泉甚好去处。”问：“如何是西来意？”师曰：“昨夜三更送过江。”问：“临机便用时如何？”师曰：“海东有果树头心。”问：“如何是真如佛性？”师曰：“阿谁无？”问：“如何是向上一路？”师曰：“郴连道永。”问：“和尚年多少？”师曰：“秋来黄叶落，春到便开花。”问僧：“甚处来？”曰：“卧龙来。”师曰：“在彼多少时？”曰：“经冬过夏。”师曰：“龙门无宿客，为什么在彼许多时？”曰：“师子窟中无异兽。”师曰：“汝试作师子吼看。”曰：“某甲若作师子吼，即无和尚。”师曰：“念汝新到，放汝三十棒。”问：“如何是湖南境？”师曰：“艘船战棹。”曰：“还许学人游玩也无？”师曰：“一任阇黎打僜。”问：“和尚百年后，有人问如何衹对？”师曰：“分明记取。”问：“情生智隔，想变体殊。只如情未生时如何？”师曰：“隔。”曰：“情未生时，隔个什么？”师曰：“这个梢郎子未遇人在。”问：“如何是龙牙山？”师曰：“益阳那边。”曰：“如何即是？”师曰：“不拟。”曰：“如何是不拟去？”师曰：“恁么则不是。”问：“古人面壁，意旨如何？”师良久却召僧，僧应诺。师曰：“你去，别时来。”上堂：“一句遍大地，一句才问便道，一句问亦不道。”僧问：“如何是遍大地句？”师曰：“无空缺。”曰：“如何是才问便道句？”师曰：“低声，低声。”曰：“如何是问亦不道句？”师曰：“便合知时。”

含珠山审哲禅师

襄州含珠山审哲禅师，僧问：“如何是和尚深深处？”师曰：“寸钉才入木，九牛拽不出。”问：“如何是正法眼？”师曰：“门前神树子。”问：“如何是佛法大意？”师曰：“贫儿抱子渡，恩爱竞随流。”问僧：“有亦不是，无亦不是，不有不无亦不是。汝本来名个什么？”曰：“学人已具名了。”师曰：“具名即不无，毕竟名个什么？”曰：“只这莫便是否？”师曰：“且喜没交涉。”曰：“如何即是？”师曰：“亲切处更请一问？”曰：“学人道不得，请和尚道。”师曰：“别日来与汝道。”曰：“即今为什么不道？”师曰：“觅个领话人不可得。”又问僧：“张王李赵不是汝本来姓，汝本来姓个什么？”曰：“与和尚同姓。”师曰：“同姓即且从汝，本来姓个什么？”曰：“待汉水逆流，却向和尚道。”师曰：“即今为什么不道？”曰：“汉水逆流也未？”师休去。问：“随缘认得时如何？”师曰：“是什么？”问：“如何是无位真人？”师曰:“别安排,又争得。”曰:“不安排时如何？”师曰:“无位真人？”问:“如何是真经？”师曰:“《阿弥陀》。”

西川存禅师

西川存禅师,僧问:“学人解问诸讹句,请师举起讶人机。”师曰:“巢父不牵牛,许由不洗耳。”问:“具足底人来,师还接否？”师便打。

华严静禅师法嗣

紫陵匡一定觉禅师

凤翔府紫陵匡一定觉禅师，初到蟠龙，见僧问:“碧潭清似镜，蟠龙何处安？”龙曰:“沉沙不见底，浮浪足巑岏。”师不肯。龙请师道，师曰:“金龙迥透青霄外，潭中岂滞玉轮机。”龙肯之。住后，僧问:“未作人身已前，作什么来？”师曰:“石牛步步火中行，返顾休衔日中草。”问:“智识路绝，思议并忘时如何？”师曰:“停囚长智，养病丧躯。”

九峰满禅师法嗣

同安院威禅师

洪州同安院威禅师,僧问:“牛头未见四祖时如何？”师曰:“路边神树子，见者尽擎拳。”曰:“见后如何？”师曰:“室内无灵床，浑家不着孝。”问:“祖意教意，是同是别？”师曰:“玉兔不曾知晓意，金乌争肯夜头明。”问:“如何是同安一曲？”师曰:“灵琴不别人间韵，知音岂度伯牙门。”曰:“未审何人和得？”师曰:“木马嘶时从彼听,石人拊掌阿谁闻。”曰:“或遇知音时如何？”师曰:“知音不度耳，达者岂同闻。”师一日游山，大众随后。师曰:“阶前翠竹，砌下黄花。古人道真如般若，同安即不然。”有僧曰：“古人也好和尚。”师曰：“不贪香饵味，可谓碧潭龙。”曰：“诸方眼目，不怪渊明。”师曰：“阇黎闭目中秋坐,却笑月无光。”曰：“阶前翠竹，砌下黄花，又作么生？”师曰：“安南未伏，塞北那降？”僧礼拜，师曰：“名称普闻。”师问僧：“寅晡饮啄，无处藏身。你道有此道理么？”曰：“和尚作么生？”师打一拂子，僧曰：“扑手征人，徒夸好手。”师曰：“握鞭侧帽，岂是阇黎。”曰：“今古之道，何处藏身？”师曰：“阇黎作么生？”僧珍重，便出。师曰：“未在。”

北院通禅师法嗣

京兆府香城和尚

京兆府香城和尚,初参北院,问曰：“一似两个时如何？”院曰：“一个赚汝。”师乃有省。僧问：“三光景色谢照烛事如何？”师曰：“朝邑峰前卓五彩。”曰：“不涉文彩事作么生？”师曰：“如今特地过江来。”问：“向上一路,请师举唱。”师曰：“钓丝钩不出。”问：“牛头还得四祖意否？”师曰：“沙书下点落千字。”曰：“下点后如何？”师曰：“别将一撮俵人天。”曰：“恁么则人人有也。”师曰：“汝又作么生？”问：“囊无系虮之丝，厨绝聚蝇之糁时如何？”师曰：“日舍不求，思从忘得。”

五灯会元　卷第十四

青原下七世

洞山延禅师法嗣

上蓝院庆禅师

瑞州上蓝院庆禅师，初游方，问雪峰：“如何是雪峰的的意？”峰以杖子敲师头，师应诺。峰大笑。师后承洞山印解，开法上蓝。僧问：“如何是上蓝无刃剑？”师曰：“无。”曰：“为什么无？”师曰：“阇黎，诸方自有。”

同安慧敏禅师

洪州同安慧敏禅师，初参洞山，问：“诸圣以何为命？”山曰：“以不间断。”师曰：“还有向上事也无？”山曰：“有。”师曰：“如何是向上事？”山曰：“不从间断。”师于言下有省。住后，僧问：“请师一句。”师曰：“好记取。”

金峰志禅师法嗣

庐山天池智隆禅师

庐山天池智隆禅师，在金峰普请般柴次，峰问："般柴人过水否？"师曰："有一人,不过水。"曰："不过水还般柴否？"师曰："虽不般柴，也不得动着他。"

鹿门真禅师法嗣

谷隐智静悟空禅师

襄州谷隐智静悟空禅师，僧问："如何是和尚转身处？"师曰："卧单子下。"问："如何是道？"师曰："凤林关。"曰："学人不会。"师曰："直至荆南。"问："如何是指归之路？"师曰："莫用伊。"曰："还使学人到也无？"师曰："什么处着得汝。"问："灵山一会，何异今时？"师曰："不异如今。"曰："不异底事作么生？"师曰："如来密旨，迦叶不闻。"问："古涧寒泉，什么人得饮？"师曰："绝饥渴者。"曰："绝饥渴者如何得饮？"师曰："东畎东流,西畎西流。"

益州崇真禅师

益州崇真禅师，僧问："如何是禅。"师曰："澄潭钓玉兔。"曰："如何是道？"师曰："拍手笑清风。"问："如何是大人相？"师曰："泥捏三官土地堂。"

鹿门志行谭禅师

襄州鹿门志行谭禅师，僧问："如何是实际理地？"师曰："南赡部洲,北郁单越。"曰："恁么则事同一家也。"师曰："隔须弥在。"问："远远投师,请师一接。"师曰："从什么处来？"曰："江北来。"

师曰:“南堂里安下。”问:“如何是清净法身?”师曰:“戌亥年生。”

佛手岩行因禅师

庐山佛手岩行因禅师,雁门人也。首谒鹿门,师资契会。寻抵庐山,山之北,有岩如五指,下有石窟,可三丈余。师宴处其中,因号佛手岩和尚。江南李主三召不起,坚请就栖贤。开堂不逾月,潜归岩室。僧问:“如何是对现色身?”师竖一指。〔法眼别云:“还有也未?”〕后示微疾,谓侍僧曰:“日午吾去矣。”及期,僧报日午也。师下床,行数步,屹然立化。李主备香薪,荼毗,塔于岩之阴。

曹山霞禅师法嗣

嘉州东汀和尚

嘉州东汀和尚,僧问:“如何是向去底人?”师曰:“石女纺麻缕。”曰:“如何是却来底人?”师曰:“扇车关棙断。”问:“遍界是佛身,教某甲什么处立?”师曰:“孤峰顶上木人叫,红焰辉中石马嘶。”

草庵义禅师法嗣

龟洋慧忠禅师

泉州龟洋慧忠禅师,本州陈氏子。谒草庵,庵问:“何方来?”师曰:“六眸峰。”庵曰:“还见六眸否?”师曰:“患非重瞳。”庵然之。师寻回故山,属唐武宗废教,例民其衣。暨宣宗中兴,师曰:“古人有言,上升道士不受箓,成佛沙弥不具戒。”只为白衣,过中不食。不宇而禅,迹不出山者三十年。述三偈以自见曰:“雪后始知松柏操,云收方见济河分。不因世主教还俗,那辨鸡群与鹤群!多年尘事谩腾腾，虽著方袍未是僧。今日修行依善慧，满头留发候然灯。形仪虽变道常存，混俗心源亦不昏。试读善财巡礼偈，当时岂例作沙门。”谓门弟子曰：“众生不能解脱者，情累尔。悟道易，明道难。”僧问：“如何得明道去。”师曰：“但脱情见，其道自明矣。夫明之为言，信也。如禁蛇人，信其咒力药力，以蛇绾弄揣怀袖中无难，未知咒药等力者怖骇弃去。但谛见自心，情见便破。今千疑万虑不得用者，未见自心者也。”忽索香焚罢，安然而化。全身葬于无了禅师塔之东。后数年，塔忽坼裂，连阶丈余。主僧将发视之，是夜宴寂中见无了曰：“不必更发也。”今为沈陈二真身。无了姓沈，见马祖。

同安丕禅师法嗣

同安志禅师

洪州同安志禅师，先同安将示寂，上堂曰：“多子塔前宗子秀，五老峰前事若何？”如是三举，未有对者。末后师出曰：“夜明帘外排班立，万里歌谣道太平。”安曰：“须是这驴汉始得。”住后，僧问：“二机不到处，如何举唱？”师曰：“遍处不逢，玄中不失。”问：“凡有言句，尽落今时。学人上来，请师直指。”师曰：“目前不现，句后不迷。”曰：“向上事如何？”师曰：“迥然不换，标的即乖。”

袁州仰山和尚

袁州仰山和尚，僧问：“如何是仰山境？”师曰：“白云峰下猿啼早，碧嶂岩前虎起迟。”僧曰：“如何是境中人？”师曰：“寒来火畔坐，热向涧边行。”

归宗恽禅师法嗣

归宗弘章禅师

庐山归宗弘章禅师，僧问："学人有疑时如何？"师曰："疑来多少时也？"问："小船渡大海时如何？"师曰："较些子？"曰："如何得渡？"师曰："不过来。"问："枯木生华时如何？"师曰："把一朵来。"问："混然觅不得时如何？"师曰："是什么？"

嵇山章禅师法嗣

双泉山道虔禅师

随州双泉山道虔禅师，僧问："洪钟未击时如何？"师曰："绝音响。"曰："击后如何？"师曰："绝音响。"问："如何是在道底人？"师曰："无异念。"问："如何是希有底事？"师曰："白莲华向半天开。"

云居岳禅师法嗣

丰化院令崇禅师

扬州丰化院令崇禅师，舒州人也。僧问："如何是敌国一着棋？"师曰："下将来。"问："一棒打破虚空时如何？"师曰："把将一片来看。"

药山忠彦禅师

澧州药山忠彦禅师，僧问："教中道，诸佛放光明，助发实相义。光明即不问，如何是实相义？"师曰："会么？"曰："莫便是否？"师曰："是什么？"问："师唱谁家曲，宗风嗣阿谁？"师曰："云岭龙昌月，神风洞上泉。"

梓州龙泉和尚

梓州龙泉和尚，僧问:“如何是祖师西来意？”师曰:“不在阇黎分上。”问:“学人欲跳万丈洪崖时如何？”师曰:“扑杀。”

护国澄禅师法嗣

护国知远演化禅师

随州护国知远演化禅师,僧问:“举子入门时如何？”师曰:“缘情体物事作么生？”问:“乾坤休驻意,宇宙不留心时如何？”师曰:“总是战争收拾得，却因歌舞破除休。”

智门寺守钦圆照禅师

随州智门寺守钦圆照禅师，僧问:“两镜相照，为什么中间无像？”师曰:“自己亦须隐。”曰:“镜破台亡时如何？”师竖起拳。问:“如何是和尚家风？”师曰:“额上不贴牓。”问:“如何是祖师西来意？”师曰:“把火烧天徒自疲。”

大安山能禅师

安州大安山崇教能禅师，僧问:“师唱谁家曲，宗风嗣阿谁？”师曰:“打动南山鼓,唱起北山歌。”问:“如何是三冬境？”师曰:“千山添翠色，万树锁银华。”

荐福院思禅师

颍州荐福院思禅师，僧问:“古殿无佛时如何？”师曰:“梵音何来？”曰:“不假修证，如何得成？”师曰:“修证即不成。”

护国志朗圆明禅师

随州护国志朗圆明禅师,僧问:“如何是万法之源?”师曰:“空中收不得，护国岂能该。”

灵泉仁禅师法嗣

大阳慧坚禅师

郢州大阳慧坚禅师,初在灵泉,入室次,泉问:“什么处来?”师曰:“僧堂里来。”泉曰:“为什么不筑着露柱。”师于言下有省。住后,僧问:“如何是玄旨?”师曰:“壁上挂钱财。”问:“如何是法王剑?”师曰:“脑后看。”问:“如何是无相道场?”师曰:“佛殿里悬幡。”问:“不借时机用，如何话祖宗?”师曰:“老鼠咬腰带。”僧请益法身，师示偈曰:“扶桑出日头，黄河辊底流。六六三十六，陕府灌铁牛。”

五峰遇禅师法嗣

五峰绍禅师

瑞州五峰绍禅师，僧问:“如何是第一义?”师拍禅床云:“若不是仙陀,千里万里。”问:“如何是祖师西来意?”师曰:“迢迢十万余。”

广德延禅师法嗣

广德义禅师

襄州广德义禅师，谒先广德，作礼问曰:“如何是和尚密密处?”德曰:“隐身不必须岩谷，阛阓堆堆睹者稀。”师曰:“恁么则酌水献华去也。”德曰:“忽然云雾霭，阇黎作么生?”师曰:“采汲不虚施。”广德忻然曰:“大众看取第二代广德。”师次踵住持,聚徒开法。僧问:“如何是佛？”师曰：“披蓑倒骑牛，草深不露角。”问：“如何是祖师西来意？”师曰：“鱼跃无源水，莺啼枯木花。”问：“如何是常在底人？”师曰：“腊月死蛇当大路，触着伤人不奈何。”问：“如何是学人相契处？”师曰：“方木逗圆孔。”问：“如何是大寂灭海？”师曰：“闹市走马，不触一人。”曰：“如何是大通智胜佛？”师曰：“孤轮罢照妙峰顶，汝报巴猿莫断肠。”问：“如何是作无间业底人？”师曰：“猛火然铛煮佛喋。”师因事示偈曰：“才到洪山便踩根，四方八面不言论。他家自有眠云志，芦管横吹宇宙喧。”问：“如何是古佛心？”师曰：“多年历日虽无用，犯着应须总灭门。”曰：“或遇新历日，又作么生？”师曰：“运动修营无滞碍，何劳入市问孙膑？”问：“时人有病医王医，医王有病甚人医？”师展手曰：“与我诊候看。”曰：“不会。”师曰：“须弥徒作药，四海谩为汤。”问：“向上一路，千圣不传。和尚还传也无？”师曰：“铁丸蓦口塞，难得解吞人。”问：“如何是佛法大意？”师曰：“雪寒向火，日暖隈阳。”问：“如何是宾中宾？”师曰：“荡子无家计，飘蓬不自知。”曰：“如何是宾中主？”师曰：“茅户挂珠帘。”曰：“如何是主中宾？”师曰：“龙楼铺草坐。”曰：“如何是主中主？”师曰：“东宫虽至嫡，不面圣尧颜。”问：“有一室女，未曾嫁娉，生得一子，姓个什么？”师曰：“偶然衫子破，阃外没人缝。”问：“如何是不落阶级底人？”师曰：“胎中童子眉如雪。”问：“如何是不睡底眼？”师曰：“昨夜三更擘不开。”问：“谛信底人信个什么？”师曰：“莫道冰无火，斯须红焰生。”问：“如何是密室？”师曰：“茅茨当大道，历劫没人敲。”问：“如何是异日已前人？”师曰：“万年枯木鸟衔来。”问：“悬崖峭峻，还具得失也无？”师曰：“忻逢良便，好与一推。”问：“牛头未见四祖时如何？”师曰：“鲊瓮乍开蝇哧哧。”曰：“见后如何？”师曰：“底穿荡尽冷湫湫。”

广德周禅师

襄州广德周禅师，僧问：“鱼向深潭难避网，龙居浅水却难寻时如何？”师曰：“遍体昆仑黑，通身一点霜。”问：“贫子归家时如何？”师曰：“入门不见面，处处故园春。”问：“命尽禄绝时如何？”师曰：“死。”曰：“此人落归何道？”师曰：“薰薰弥宇宙，烂坏莫能拈。”问：“闻话不觉时如何？”师曰：“遍界没聋人，谁是知音者？”曰：“如何是知音者？”师曰：“断弦续不得，历劫响泠泠。”问：“教中道，阿逸多不断烦恼，不修禅定，佛记此人成佛无疑。此理如何？”师曰：“盐又尽，炭又无。”曰：“盐尽炭无时如何？”师曰：“愁人莫向愁人说，说向愁人愁杀人。”问：“如何得念念相应去？”师曰：“惊水鱼龙散。”曰：“念念相应后如何？”师曰：“海北天南各自行，不劳鱼雁通消息。”

石门蕴禅师法嗣

石门慧彻禅师

襄州石门慧彻禅师，僧问：“金乌出海光天地，与此光阴事若何？”师曰：“龙出洞兮风雨至，海岳倾时日月明。”问：“从上诸圣向什么处去也？”师曰：“露柱挂灯笼。”问：“如何是和尚家风？”师曰：“解接无根树，能挑海底灯。”问：“如何是祖师西来意？”师曰：“少林澄九鼎，浪动百花新。”问：“如何是佛法大意？”师曰：“三门外松树子，见生见长。”问：“三身中那身是正？”师曰：“报化路头横鸟道，石人眼里不栽花。”问：“云光作牛，意旨如何？”师曰：“陋巷不骑金色马，回途却着破烂衫。”问：“年穷岁尽时如何？”师曰：“东村王老夜烧钱。”问：“一毫未发时如何？”师曰：“后羿不调弓，箭透三江口。”问：“如何是佛？”师曰：“樵子度荒郊，骑牛草不露。”曰：“如何是骑牛草不露？”师曰：“遮掩不得。”问：“如何是灵利底物？”师曰：“古墓毒蛇头戴角。”又曰：“维摩不离方丈室，文殊未到却先知。”又曰：“垢腻汗衫皂角洗。”因令初上座领众来参，师问："万仞峰头石牛吼，穿云渡水意如何？"初无对。师曰："山僧住持事大，参堂去。"师后令僧下语，或云"久向和尚"，或云"访道寻师明的旨，觉了根源显异机"。师曰："当时初上座若下得这语，不将他作参学人。"上堂："一切众生，本源佛性。譬如朗月常空，只为浮云翳障，不得显现。为明为照，为道为路，为舟为楫，为依为止，一切众生，本源佛性，亦复如是。"时汾阳昭和尚在众，出问："朗月海云遮不得，舒光直透水晶宫时如何？"师曰："石壁山河非障碍，阎浮界外任升腾。"阳曰："恁么则千圣共传无底钵，时人皆唱太平歌。"师曰："太平曲子如何唱？"阳曰："不堕五音，非关六律。"师曰："还有人和得么？"阳曰："请和尚不吝慈悲。"师曰："仁者善自保任！"

含珠哲禅师法嗣

龙穴山和尚

洋州龙穴山和尚，僧问："如何是西来意？"师曰："骑虎唱巴歌。"问："既是善知识，为什么却与土地烧钱？"师曰："彼上人者难为酬对。"

大乘山和尚

唐州大乘山和尚，僧问："枯树逢春时如何？"师曰："世间希有。"问："如何是四方八面事？"师曰："升子里踔跳，斗子内转身。"

延庆院归晓慧广禅师

襄州延庆院归晓慧广禅师，僧问："言语道断时如何？"师曰："两重公案。"曰："如何领会？"师曰："分明举似。"问："如何是凤山境？"师曰："好生看取。"曰："如何是境中人？"师曰："识么？"

含珠山真禅师

襄州含珠山真禅师，僧问:“师唱谁家曲，宗风嗣阿谁？”师曰:“含珠密意，同道者知。”曰:“恁么则不假羽翼，便登霄汉去也。”师曰:“钝。”问:“古镜未磨时如何？”师曰:“昧不得。”曰:“磨后如何？”师曰:“黑如漆。”

紫陵一禅师法嗣

广福道隐禅师

并州广福道隐禅师，僧问:“如何是指南一路？”师曰:“妙引灵机事，澄波显异轮。”问:“三家同到请，未审赴谁家？”师曰:“月印千江水，门门尽有僧。”

紫陵微禅师

紫陵微禅师，初到夹山，山问:“近离甚处？”师曰:“向北山。”曰:“是何宗徒？”师曰:“昔日老胡师子吼，顶门一裂至如今。”住后，僧问:“如何是紫陵境？”师曰:“寂照灯光夜已深。”曰:“如何是境中人？”师曰:“猿啼虎啸。”问:“宝剑未出匣时如何？”师曰:“磐陀石上栽松柏。”问:“如何是大猛烈底人？”师曰:“石牛步步火中行，返顾休衔日中草。”曰:“如何是五逆底人？”师曰:“放火夜烧无相宅，天明戴帽入长安。”曰:“如何是孝顺底人？”师曰:“步步手提无米饭，敛手堂前不举头。”问:“如何是祖师西来意？”师曰:“红炉焰上碧波流。”

兴元府大浪和尚

兴元府大浪和尚，僧问:“既是喝河神，为什么被水推却？”师曰:“随流始得妙，住岸却成迷。”

洪州东禅和尚

洪州东禅和尚，僧问:“如何是密室？”师曰:“江水深七尺。”曰:“如何是密室中人？”师曰:“此去江南三十步。”僧问:“如何是新吴剑？”师作拔剑势。

同安威禅师法嗣

陈州石镜和尚

陈州石镜和尚，僧问:“石镜未磨，还鉴照否？”师曰:“前生是因，今生是果。”

青原下八世

谷隐静禅师法嗣

谷隐知俨宗教禅师

襄州谷隐知俨宗教禅师，登州人也。僧问:“师唱谁家曲，宗风嗣阿谁？”师曰:“白云南，伞盖北。”问:“如何是迦叶亲闻底事？”师曰:“速须吐却。”问:“如何是诸佛照不着处？”师曰:“问这山鬼窟，作么？”曰:“照著后如何？”师曰:“咄精怪。”问:“千山万水，如何登涉？”师曰:“举步便千里万里。”曰:“不举步时如何？”师曰:“亦千里万里。”

普宁院法显禅师

襄州普宁院法显禅师，僧问:“曩劫共住，为什么不识亲疏？”师曰:“谁？”曰:“更待某甲道！”师曰:“将谓不领话。”问:“千山万水，如何登涉？”师曰：“青霄无间路，到者不迷机。”

同安志禅师法嗣

梁山缘观禅师

鼎州梁山缘观禅师，僧问：“如何是和尚家风？”师曰：“益阳水急鱼行涩，白鹿松高鸟泊难。”问：“家贼难防时如何？”师曰：“识得不为冤。”曰：“识得后如何？”师曰：“贬向无生国里。”曰：“莫是他安身立命处也无？”师曰：“死水不藏龙。”曰：“如何是活水龙？”师曰：“兴波不作浪。”曰：“忽然倾湫倒岳时如何？”师下座把住曰：“莫教湿却老僧袈裟角。”问：“师唱谁家曲，宗风嗣阿谁？”师曰：“龙生龙子，凤生凤儿。”问：“如何是西来意？”师曰：“葱岭不传唐土印，胡人谩唱太平歌。”问：“如何是从上传来底事？”师曰：“渡水胡僧无膝裤，背驼梵夹不持经。”问：“如何是正法眼？”师曰：“南华里。”曰：“为甚在南华里？”师曰：“为汝问正法眼。”问：“如何是学人自己？”师曰：“寰中天子，塞外将军。”曰：“便恁么去时如何？”师曰：“朗月悬空，室中暗坐。”问：“如何是衲衣下事？”师曰：“密。”师与瑞长老坐次，僧问：“二尊不并化，为甚两人居方丈？”师曰：“一亦非。”有偈曰：“梁山一曲歌，格外人难和。十载访知音，未尝逢一个。”问：“亡僧迁化向什么处去？”师曰：“亡僧几时迁化？”曰：“争奈相送何！”师曰：“红炉焰上绦丝缕，叆叇云中不点头。”上堂：“垂钩四海，只钓狞龙。格外玄机，为寻知己。”上堂：“垂丝千尺，意在深潭。一句横空，白云自异。孤舟独棹，不犯清波。海上横行，罕逢明鉴。”问：“如何是衲衣下事？”师曰：“众圣莫显。”师后示偈曰：“红焰藏吾身，何须塔庙新。有人相肯重，灰里邈全真。”

归宗章禅师法嗣

普净院常觉禅师

东京普净院常觉禅师，陈留李氏子。初访归宗，闻法省悟，遂求出家。未几，归宗将顺寂，召师抚之曰："汝于法有缘，他后济众人，莫测其量也。"仍以披剃事，嘱诸门人。师至唐乾化二年落发，明年纳戒于东林寺甘露坛。寻游五台山，还上都，于丽景门外独居二载。间有比邻信士张生者，请师供养。张素探玄理，因叩师垂诲。师乃随宜开诱，张生于言下悟入。设榻留宿，至深夜，与妻窃窥之。见师体遍一榻，头足俱出。及令婢仆视之，即如常，倍加钦慕。曰："弟子夫妇垂老，今愿割宅之前堂，以裨丈室。"师欣然受之。至后唐天成三年，遂成大院，赐额曰普净。师以时机浅昧，难任极旨。苟启之非器，令彼招谤啧之咎，我宁不务开法。每月三八施浴，僧道万计。师尝谓诸徒曰："但得慧门无壅，则福何滞哉？"一日，给事中陶谷入院，致礼而问曰："经云，离一切相则名诸佛。今目前诸相纷然，如何离得？"师曰："给事见个什么？"陶欣然仰重。自是王公大人，屡荐章服师号，皆却而不受。以开宝四年十二月二日示疾，十一日告众。嘱付讫，右胁而化。

护国远禅师法嗣

云顶德敷禅师

怀安军云顶德敷禅师，初参护国，问曰："直截根源佛所印，摘叶寻枝我不能时如何？"国曰："罢攀云树三秋果，休弄碧潭孤月轮。"师乃顿释所疑。住后，成都帅请就衙升座。有乐营将出，礼拜起，回顾下马台，曰："一口吸尽西江水即不问，请师吞却阶前下马台。"师展两手唱曰："细抹将来。"营将猛省。

大阳坚禅师法嗣

石门聪禅师

襄州石门聪禅师，僧问："大阳迁化向什么处去？"师曰："骑牛不戴帽，正坐不偏行。"

北禅契念禅师

潭州北禅契念禅师，僧问："如何是大道之源？"师曰："众流混不得。"曰："独脱事如何？"师曰："穿云透石。"问："如何是不坠古今句？"师曰："十五十六，日月相逐。"

石门彻禅师法嗣

石门绍远禅师

襄州石门绍远禅师，初在石门作田头。门问："如何是田头水牯牛？"师曰："角转轰天地，朝阳处处春。"他日门又问："水牯牛安乐否？"师曰："水草不曾亏。"曰："田中事作么生？"师曰："深耕浅种。"曰："如法着。"师曰："某甲不曾取次。"住后，僧问："师唱谁家曲，宗风嗣阿谁？"师曰："十方无异路，揭觉凤林前。"问："先师已归雁塔去，当阳一句请师宣。"师曰："修罗掌内擎日月，夜叉足下蹋泥龙。"问："金龙不吐凡间雾，请师举唱凤凰机。"师曰："白眉不展手，长安路坦平。"问："如何是西来意？"师曰："布袋盛乌龟。"问："如何是石门境？"师曰："孤峰对凤岭。"曰："如何是境中人？"师曰："岩中残雪,处处分辉。"问："如何是和尚密作用？"师曰："滴沥非旨趣，千山不露身。"问："四方八面来时如何？"师曰："赤脚波斯鼻嗅天。"问："亡僧迁化向什么处去？"师曰："灰飞烟灭，白骨连天。"师与病僧灸次,僧问："正当与么时如何？"师曰："通玄一脉,大似流星。"问：

“如何是古佛心？”师曰：“白牛露地卧青溪。”问：“生死之河，如何过得？”师曰：“风吹荷叶浮萍草。”问：“如何是教外别传一句？”师曰：“羊头车子入长安。”问：“生死浪前如何话道？”师曰：“毛袋横身绝饮啄，青溪常卧太阳春。”问：“如何是道？”师曰：“山深水冷。”曰：“如何是道中人？”师曰：“金槌击金鼓。”问：“天阴日不出，光辉何处去？”师曰：“铁蛇横大路，通身黑似烟。”问：“如何是宗乘中一句？”师曰：“石火夜烧山，大地齐合掌。”问：“如何是祖师西来意？”师曰：“石牛拦古路，木马骤高楼。”

北禅怀感禅师

潭州北禅怀感禅师，僧问：“如何是诸圣为人底句？”师曰：“红轮当万户，光烛本无心。”问：“师唱谁家曲？”师曰：“石户不留心，洞玄通妙的。”问：“如何是佛？”师曰：“尺短寸长。”

灵竹守珍禅师

鄂州灵竹守珍禅师，僧问：“如何是西来意？”师曰：“锡带胡天雪，瓶添汉地泉。”问：“迷悟不入诸境时如何？”师曰：“境从何来？”曰：“恁么则无诸境去也。”师曰：“龙头蛇尾汉。”

四面山津禅师

舒州四面山津禅师，僧问：“如何是佛？”师曰：“王字不着点。”曰：“学人不会。”师曰：“点。”问：“如何是祖师西来意？”师曰：“山寒水冷。”师有《拄杖颂》曰：“四面一条杖，当机验龙象。头角稍低昂，电光临背上。”

承天义勤禅师

嘉州承天义勤禅师，僧问：“如何是承天境。”师曰：“两江夹却青盲汉，一带山藏赤脚蛮。”问：“如何是谛实之言。”师曰：“措大巾子黑。”

青峰义诚禅师

凤翔府青峰义诚禅师，僧问：“三际不生，是何人境界？”师曰：“白云连雪岳，明月混鱼钩。”曰：“未审向上更有事也无？”师曰：“有。”曰：“如何是向上事？”师曰：“灵光烁破琉璃色，大地明来绝点痕。”问：“如何是青峰家风？”师曰：“向火吃甜瓜。”

广德山智端禅师

襄州广德山智端禅师，僧问：“牛头未见四祖时如何？”师曰：“着衣吃饭。”曰：“见后如何？”师曰：“著衣吃饭。”问：“如何是广德山？”师曰：“当阳花易发，背阴雪难消。”曰：“如何是山中人？”师曰：“朝霞不出门，暮霞行千里。”

石门锜首座

锜首座者，太原人也。自至石门逾三十年，丛林慕之。有僧请吃茶次，问：“如何是首座为人一着子？”师曰：“适来犹记得。”曰：“即今又如何？”师曰：“好生点茶来！”一日荷锄入园，僧问：“三身中哪一身去作务？”师拄锄而立。僧曰：“莫便当也无？”师携锄便行。

青原下九世

谷隐俨禅师法嗣

谷隐契崇禅师

襄州谷隐契崇禅师，僧问：“如何是祖师西来意？”师曰：“番人皮裘胡人着。”曰:“学人不会此理如何?”师曰:“聋人侧耳哑人歌。”

梁山观禅师法嗣

大阳山警玄禅师

郢州大阳山警玄禅师，江夏张氏子。依智通禅师出家，十九为大僧。听《圆觉了义》讲席，无能及者，遂游方。初到梁山，问:“如何是无相道场?”山指观音，曰:“这个是吴处士画。”师拟进语，山急索曰:“这个是有相底,那个是无相底?”师遂有省,便礼拜。山曰:“何不道取一句?”师曰:“道即不辞，恐上纸笔。”山笑曰:“此语上碑去在。”师献偈曰:“我昔初机学道迷，万水千山觅见知。明今辨古终难会，直说无心转更疑。蒙师点出秦时镜，照见父母未生时。如今觉了何所得，夜放乌鸡带雪飞。”山谓“洞上之宗可倚”，一时声价籍籍。山殁，辞塔至大阳，谒坚禅师。坚让席使主之。僧问:“如何是大阳境?”师曰:“羸鹤老猿啼谷韵，瘦松寒竹锁青烟。”曰:“如何是境中人?”师曰:“作么!作么!”曰:“如何是和尚家风?”师曰:“满瓶倾不出,大地没饥人。”上堂:“嵯峨万仞,鸟道难通。剑刃轻冰,谁当履践。宗乘妙句，语路难陈。不二法门，净名杜口。所以达磨西来，九年面壁，始遇知音。大阳今日，也大无端。珍重!”问:“如何是透法身句?”师曰:“大洋海底红尘起，须弥顶上水横流。”师问僧:“甚处来?”曰:“洪山。”师曰:“先师在么?”曰:“在。”师曰:“在即不无,请渠出来,我要相见。”僧曰:“聻。”师曰:“这个犹是侍者。”僧无对。师曰:“吃茶去。”上堂:“诸禅德须明平常无生句、妙玄无私句、体明无尽句。第一句通一路，第二句无宾主，第三句兼带去。一句道得师子嚬呻，二句道得师子返掷，三句道得师子踞地。纵也周遍十方，擒也一时坐断。正当恁么时，作么生通得个消息?若不通得个消息，来朝更献楚王看。”问:“如何是平常无生句?”师曰:

“白云覆青山，青山顶不露。”曰:“如何是妙玄无私句？”师曰:“宝殿无人不侍立,不种梧桐免凤来。”曰:“如何是体明无尽句？”师曰:“手指空时天地转,回途石马出纱笼。”曰:“如何是师子嚬呻？”师曰:“终无回顾意，争肯落平常。”曰:“如何是师子返掷？”师曰:“周旋往返全归父，繁兴大用体无亏。”曰:“如何是师子踞地？”师曰:“迥绝去来机，古今无变异。”问:“如何是大达底人？”师曰:“虚空类不得。”曰:“如何是清净法身？”师曰:“白牛吐雪彩，黑马上乌鸡。”上堂:“撒手那边千圣外，祖堂少室长根芽。鹭倚雪巢犹自可，更看白马入芦花。”上堂:“夜半乌鸡抱鹊卵，天明起来生老鹳。鹤毛鹰嘴鹭鸶身，却共乌鸦为侣伴。高入烟霄，低飞柳岸。向晚归来子细看，依俙恰似云中雁。”师尝释曹山三种“堕”曰:“此三语须明得转位始得。一作水牯牛，是类堕。”师曰:“是沙门转身语，是异类中事，若不晓此意，即有所滞。直是要伊一念无私，即有出身之路。”“二不受食,是尊贵堕。”师曰:“须知那边了却,来这边行履。若不虚此位，即坐在尊贵。”“三不断声色，是随堕。”师曰:“以不明声色，故随处堕。须向声色里有出身之路。作么生是声色外一句？”乃曰:“声不自声，色不自色，故云不断指掌，当指何掌也。”《五位颂》曰:“正中偏，一轮皎洁正当天。宛转虚玄事不彰，明暗只在影中圆。偏中正，休观朗月秦时镜。隐隐犹如日下灯，明暗混融谁辨影。正中来，脉路玄玄绝迂迴。静照无私随处现，如行鸟道入廛开。偏中至，法法无依即智智。横身物外两不伤，妙用玄玄善周备。兼中到，叶路当风无中道。莫守寒岩异草青，坐却白云宗不妙。”师神观奇伟，有威重。从儿稚中，日只一食。自以先德付授之重，足不越限，胁不至席。年八十，叹无可以继者，遂作偈并皮履、布直裰，寄浮山远禅师，使为求法器。偈曰:“杨广山头草，凭君待价焞。异苗翻茂处，深密固灵根。”偈尾云:“得法者潜众十年，方可阐扬。”远拜而受之。遂赞师像曰:“黑狗烂银蹄，白象昆仑骑。于斯二无碍，木马火中嘶。”

师天圣五年七月十九升座，辞众示寂。塔于本山。

梁山岩禅师

鼎州梁山岩禅师，僧问：“如何是祖师西来意？”师曰：“新罗附子，蜀地当归。”

药山利昱禅师

澧州药山利昱禅师，上堂：“山河大地，日月星辰与诸上座同生，三世诸佛与诸上座同参，三藏圣教与诸上座同时。还信得及么？若也信得及，陕府铁牛吞却乾坤。虽然如是，被法身碍却，转身不得。须知有出身之路，作么生是诸上座出身之路？道！道！”良久曰：“若道不得，永沉苦海。珍重！”僧问：“格外之谈，乞师垂示。”师曰：“要道也不难。”曰：“恁么则万仞碧潭，许垂一线也。”师曰：“大众笑你。”

罗纹得珍山主

鼎州罗纹得珍山主，僧问：“亲切处乞师指示？”师曰：“老僧元是广南人。”

石门远禅师法嗣

道吾契诠禅师

潭州道吾契诠禅师，僧问：“师唱谁家曲？宗风嗣阿谁？”师曰：“凤岭无私曲，如今天下传。”曰：“如何是道吾镜？”师曰：“溪花含玉露，庭果落金台。”曰：“如何是境中人？”师曰：“拥炉披古衲，曝日枕山根。”问：“牛头未见四祖时如何？”师曰：“玉上青蝇。”曰：“见后如何？”师曰：“红炉焰里冰。”

云顶山鉴禅师

怀安军云顶山鉴禅师，僧问："雪点红炉，请师验的。"师曰："王婆煮𫗦。"曰："争奈即今何！"师曰："犹嫌少在。"

广济方禅师

邓州广济方禅师，僧问："如何是佛？"师曰："骑牛趁春草，背却少年爷。"问："宝剑未磨时如何？"师曰："乌龟啖黑豆。"曰："磨后如何？"师曰："庭柱挂灯笼。"曰："如何是修行？"师曰："庭柱伤寒。"

清居山升禅师

果州清居山升禅师，僧问："师唱谁家曲？宗风嗣阿谁？"师曰："金鸡啼石户，得意逐波清。"曰："未审是谁之子？"师曰："谢汝就门骂詈。"

北禅感禅师法嗣

南禅聪禅师

濠州南禅聪禅师，僧问："如何是西来意？"师曰："冬月深林雨，三春平地风。"问："如何是大道根源？"师曰："云兴当午夜，石虎叫连宵。"

青原下十世

大阳玄禅师法嗣

投子义青禅师

舒州投子义青禅师，青社李氏子。七龄颖异，往妙相寺出家，试经得度。习《百法论》。未几叹曰："三祇涂远，自困何益？"乃入洛听《华严》，义若贯珠。尝读诸林菩萨偈，至即心自性，猛省曰："法离文字，宁可讲乎。"即弃游宗席。时圆鉴禅师居会圣岩，一夕，梦畜青色鹰，为吉征。届旦师来，鉴礼延之。令看外道问佛"不问有言，不问无言"因缘。经三载，一日问曰："汝记得话头么？试举看。"师拟对，鉴掩其口。师了然开悟，遂礼拜。鉴曰："汝妙悟玄机邪？"师曰："设有也须吐却。"时资侍者在旁，曰："青华严今日如病得汗。"师回顾曰："合取狗口。若更忉忉，我即便呕。"自此复经三年，鉴时出洞下宗旨示之，悉皆妙契。付以大阳顶相皮履直裰，嘱曰："代吾续其宗风，无久滞此。善宜护持。"遂书偈送曰："须弥立太虚，日月辅而转。群峰渐倚他，白云方改变。少林风起丛，曹溪洞帘卷。金凤宿龙巢，宸苔岂车碾。"令依圆通秀禅师。师至彼无所参问，唯嗜睡而已。执事白通曰："堂中有僧日睡，当行规法。"通曰："是谁？"曰："青上座。"通曰："未可，待与按过。"通即曳杖入堂，见师正睡。乃击床呵曰："我这里无闲饭与上座，吃了打眠。"师曰："和尚教某何为？"通曰："何不参禅去。"师曰："美食不中饱人吃。"通曰："争奈大有人不肯上座。"师曰："待肯，堪作什么？"通曰："上座曾见什么人来？"师曰："浮山。"通曰："怪得恁么顽赖。"遂握手相笑，归方丈。由是道声籍甚。初住白云，次迁投子。上堂，召大众曰："若论此事，如鸾凤冲霄，不留其迹。羚羊挂角，哪觅乎踪。金龙不守于寒潭，玉兔岂栖于蟾影。其或主宾若立，须威音世外摇头。问答言陈，仍玄路旁提为唱。若能如是，犹在半途。更若凝眸，不劳相见。"上堂："宗乘若举，凡圣绝踪。楼阁门开，别户相见。设使卷帘悟去，岂免旁观。春遇桃华，重增眼病。所以古人道，向上一路，千圣不传。诸仁者，既是不传，为甚铁牛走过新罗国里？"遂喝曰："达者须知暗里惊。"僧问："师唱谁家曲？宗风嗣阿谁？"师曰："威音前一箭，射透两重山。"曰："如何是相传底事？”师曰：“全因淮地月，得照郢阳春。”曰：“恁么则入水见长人也。”师曰：“只知荆玉异，哪辨楚王心？”僧礼拜，师以拂子击之。复曰：“更有问话者么？如无，彼此着便。”问：“和尚适来拈香，祝延圣寿，且道当今年多少？”师曰：“月笼丹桂远，星拱北辰高。”曰：“南山直耸齐天寿，东海洪波比福源。”师曰：“双凤朝金阙，青松古韵高。”曰：“圣寿已蒙师指示，治化乾坤事若何？”师曰：“不如缄口退，却是报皇恩。”上堂：“默沉阴界，语落深坑。拟着则天地悬殊，弃之则千生万劫。洪波浩渺，白浪滔天。镇海明珠，在谁收掌？”良久，卓拄杖曰：“百杂碎。”上堂：“孤村陋店，莫挂瓶杯。祖佛玄关，横身直过。早是苏秦触塞，求路难回。项主临江，何逃困命。诸禅德到这里，进则落于天魔，退则沉于鬼趣。不进不退，正在死水中。诸仁者，作么生得平稳去？”良久曰：“任从三尺雪，难压寸灵松。”师作《五位颂》并序：“夫长天一色，星月何分。大地无偏，枯荣自异。是以法无异法，何迷悟而可及。心不自心，假言象而提唱。其言也，偏圆正到，兼带叶通。其法也，不落是非，岂关万象。幽旨既融于水月，宗源派混于金河。不坠虚凝，回途复妙。”颂曰：“正中偏，星河横转月明前。彩气夜交天未晓，隐隐俱彰暗里圆。偏中正，夜半天明羞自影。朦朦雾色辨何分，混然不落秦时镜。正中来，火里金鸡坐凤台。玄路倚空通脉上，披云鸟道出尘埃。兼中至，雪刃笼身不回避。天然猛将两不伤，暗里全施善周备。兼中到，解走之人不触道。一般拈掇与君殊，不落是非方始妙。”师示寂，书偈曰：“两处住持，无可助道。珍重诸人，不须寻讨。”投笔奄息。阇维多灵异，兹不尽具。获设利五色，同灵骨塔于寺北三峰庵。

兴阳清剖禅师

郢州兴阳清剖禅师，在大阳作园头，种瓜次，阳问：“甜瓜何时得熟？”师曰：“即今熟烂了也。”曰：“拣甜底摘来。”师曰：“与什么人吃？”曰：“不入园者。”师曰：“未审不入园者还吃也无？”曰：“汝还识伊么？”师曰：“虽然不识，不得不与。”阳笑而去。住后，上堂：“西来大道，理绝百非。句里投机，全垂妙旨。不已而已，有屈祖宗。岂况忉忉，有何所益？虽然如是，事无一向。且于唱教门中，通一线道，大家商量。”僧问：“娑竭出海乾坤震，觌面相呈事若何？”师曰：“金翅鸟王当宇宙，个中谁是出头人。”曰：“忽遇出头时又作么生？”师曰：“似鹘提鸠君不信，髑髅前验始知真。”曰：“恁么则叉手当胸，退身三步也。”师曰：“须弥座下乌龟子，莫待重遭点额回。”问：“从上诸圣向什么处去？”师曰：“月照千江静，孤灯海底明。”郑金部问：“和尚什么时开堂？”师曰：“不历僧祇数，日月未生前。”师卧疾次，大阳问：“是身如泡幻，泡幻中成办。若无个泡幻，大事无由办。若要大事办，识取个泡幻。作么生？”师曰：“犹是这边事。”阳曰：“那边事作么生？”师曰：“匝地红轮秀，海底不栽花。”阳笑曰：“乃尔惺惺邪？”师唱曰：“将谓我忘却。”竟尔趋寂。

福岩审承禅师

南岳福岩审承禅师，侍立大阳次，阳曰：“有一人遍身红烂，卧在荆棘林中，周匝火围，若亲近得此人，大敞廛开；若亲近不得，时中以何为据？”师曰：“六根不具，七识不全。”阳曰：“你教伊出来，我要见伊。”师曰：“适来别无左右祇对和尚。”阳曰：“官不容针。”师便礼拜。〔师后至华严隆和尚处，举前话。隆曰：“冷如毛粟，细如冰雪。”〕李相公特上山，问：“如何是祖师西来意？”师指庭前柏树。公如是三问，师如是三答。公欣然，乃有颂曰：“出没云闲满太虚，元来真相一尘无。重重请问西来意，唯指庭前柏一株。”

罗浮山显如禅师

惠州罗浮山显如禅师，初到大阳，阳问：“汝是甚处人？”曰：

"益州。"阳曰:"此去几里?"曰:"五千里。"阳曰:"你与么来,还曾踏着么?"曰:"不曾踏着。"阳曰:"汝解腾空那!"曰:"不解腾空。"阳曰:"争得到这里?"曰:"步步不迷方,通身无辨处。"阳曰:"汝得超方三昧邪?"曰:"圣心不可得,三昧岂彰名。"阳曰:"如是!如是!汝应信此即本体全彰,理事不二。善自护持。"住后,僧问:"如何是罗浮境?"师曰:"突兀侵天际,巍峨镇海涯。"曰:"如何是境中人?"师曰:"顶上白云散,足下黑烟生。"

白马归喜禅师

襄州白马归喜禅师,初问大阳:"学人蒙昧,乞指个入路。"阳曰:"得。"良久,乃召师,师应诺。阳曰:"与你个入路。"师于言下有省。住后,僧问:"如何是佛法大意?"师曰:"善犬带牌。"问:"如龟藏六时如何?"师曰:"布袋里弓箭。"问:"不着佛求,不着法求,当于何求?"师曰:"村人跪拜石师子。"曰:"意旨如何?"师曰:"社树下设斋。"上堂:"急走即蹉过,慢行趁不上。没量大衲僧无计奈何!有多口饶舌底出来?"僧问:"一句即不问,如何是半句?"师曰:"投身掷下。"曰:"这个是一句也。"师曰:"半句也摸不着?"问:"如何是阒寂之门?"师曰:"莫闹!莫闹!"

大阳慧禅师

郢州大阳慧禅师,僧问:"汉君七十二阵,大霸寰中。和尚临筵,不施寸刃,承谁恩力?"师曰:"杲日当轩际,森罗一样观。"曰:"恁么则金乌凝秀色,玉兔瑞云深。"师曰:"滴沥无私旨,通方一念玄。"问:"如何是和尚家风?"师曰:"粗布直裰重重补,日用锄头旋旋揩。"曰:"向上客来,如何祗待?"师曰:"要用便用。"问:"如何是西来意?"师曰:"日出东方,月落西户。"复示颂曰:"朝朝日出东方,夜夜月落西户。如今大宋官家,尽是金枝玉树。"

云门山灵运宝印禅师

越州云门山灵运宝印禅师，上堂："夜来云雨散长空，月在森罗万象中。万象灵光无内外，当明一句若为通。不见僧问大哥和尚云："月生云际时如何？"大哥曰："三个孩儿抱花鼓，莫来拦我毬门路。"月生云际，是明什么边事？三个孩儿抱花鼓，拟思即隔；莫来拦我毬门路，须有出身处始得。若无出身处，也似黑牛卧死水。出身一句作么生道？不劳久立。"

云顶海鹏禅师

怀安军云顶海鹏禅师，僧问："如何是大疑底人？"师曰："毕钵岩中，面面相觑。"曰："如何是不疑底人？"师曰："如是我闻，须弥粉碎。"问："祖意教意，是同是别？"师曰："达磨逢梁武，摩腾遇汉明。"

乾明机聪禅师

复州乾明机聪禅师，僧问："如何是佛法大意？"师曰："此问不虚。"问："如何是东禅境？"师曰："定水不曾离旧岸，红尘争敢入波来。"

梁山岩禅师法嗣

梁山善冀禅师

鼎州梁山善冀禅师，僧问："拨尘见佛时如何？"师曰："莫眼华。"问："和尚几时成佛？"师曰："且莫压良为贱。"曰："为什么不肯承当？"师曰："好事不如无。"师颂鲁祖面壁曰："鲁祖三昧最省力，才见僧来便面壁。若是知心达道人，不在扬眉便相悉。"

道吾诠禅师法嗣

天平山契愚禅师

相州天平山契愚禅师,僧问:“师唱谁家曲? 宗风嗣阿谁?”师曰:“杖鼓两头打。”问:“如何是祖师西来意?”师曰:“镇州萝卜。”石含茶居士问:“法无动摇时如何?”师曰:“你从潞府来?”士曰:“一步也不曾蓦。”师曰:“因甚得到这里?”士曰:“和尚睡语作么?”师曰:“放你二十棒。”官人问:“无邻可隔,为什么不相见?”师曰:“怨阿谁?”师廊下行次,见僧,以拄杖示之。僧便近前接,师便打。

青原下十一世

投子青禅师法嗣

芙蓉道楷禅师

东京天宁芙蓉道楷禅师,沂州崔氏子。自幼学辟谷,隐伊阳山。后游京师,籍名术台寺,试《法华》得度。谒投子于海会,乃问:“佛祖言句,如家常茶饭。离此之外,别有为人处也无?”子曰:“汝道寰中天子敕,还假尧舜禹汤也无?”师欲进语,子以拂子摵师口曰:“汝发意来,早有三十棒也。”师即开悟,再拜便行。子曰:“且来!阇黎。”师不顾,子曰:“汝到不疑之地邪?”师即以手掩耳。后作典座,子曰:“厨务勾当不易。”师曰:“不敢。”子曰:“煮粥邪? 蒸饭邪?”师曰:“人工淘米着火,行者煮粥蒸饭。”子曰:“汝作什么?”师曰:“和尚慈悲,放他闲去。”一日侍投子游菜园,子度拄杖与师,师接得便随行。子曰:“理合恁么?”师曰:“与和尚提鞋挈杖,也不为分外。”子曰:“有同行在。”师曰:“那一人不受教?”子休去。至晚问师:“早来说话未尽。”师曰：“请和尚举。”子曰：“卯生日，戌生月。”师即点灯来。子曰：“汝上来下去，总不徒然。”师曰：“在和尚左右，理合如此。”子曰：“奴儿婢子，谁家屋里无？”师曰：“和尚年尊，阙他不可。”子曰：“得恁么殷勤！”师曰：“报恩有分。”

住后，僧问：“胡家曲子不堕五音，韵出青霄，请师吹唱。”师曰：“木鸡啼夜半，铁凤叫天明。”曰：“恁么则一句曲含千古韵，满堂云水尽知音。”师曰：“无舌童儿能继和。”曰：“作家宗师，人天眼目。”师曰：“禁取两片皮。”问：“夜半正明，天晓不露。如何是不露底事？”师曰：“满船空载月，渔父宿芦花。”问：“如何是曹洞家风？”师曰：“绳床风雨烂，方丈草来侵。”问：“如何是直截根源？”师曰：“足下已生草，举步落危坡。”

上堂：“昼入祇陀之苑，皓月当天。夜登灵鹫之山，太阳溢目。乌鸦似雪，孤雁成群。铁狗吠而凌霄，泥牛斗而入海。正当恁么时，十方共聚，彼我何分？古佛场中，祖师门下，大家出一只手，接待往来知识。诸仁者，且道成得个什么事？”良久曰：“剩栽无影树，留与后人看。”

上堂：“才升此座，已涉尘劳。更乃凝眸，自彰瑕玷。别传一句，勾贼破家。不失本宗，狐狸恋窟。所以真如凡圣，皆是梦言。佛及众生，并为增语。到这里回光返照，撒手承当。未免寒蝉抱枯木，泣尽不回头。”上堂：“唤作一句，已是埋没宗风。曲为今时，通途消耗。所以借功明位，用在体处。借位明功，体在用处。若也体用双明，如门扇两开，不得向两扇上着意。不见新丰老子道，峰峦秀异，鹤不停机。灵木迢然，凤无依倚。直得功成不处，电火难追。拟议之间，长途万里。”

上堂：“腊月三十日已前即不问，腊月三十日事作么生？诸仁者到这里，佛也为你不得，法也为你不得，祖师也为你不得，天下老和尚也为你不得，山僧也为你不得，阎罗老子也为你不得。直须尽却今时去，若也尽却今时，佛也不奈他何，法也不奈他何，祖师也不奈他何，天下老和尚也不奈他何，山僧也不奈他何，阎罗老子也不奈他何。诸人且道，如何是尽却今时底道理？还会么？明年更有新条在，恼乱春风卒未休。”问:“如何是道？”师曰:“无角泥牛奔夜栏。”上堂:“钟鼓喧喧报未闻，一声惊起梦中人。圆常静应无余事，谁道观音别有门。”良久曰:“还会么？休问补陀岩上客，莺声啼断海山云。”

上堂,拈拄杖曰:“这里荐得,尽是诸佛建立边事。直饶东涌西没,卷舒自在,也未梦见七佛已前消息。须知有一人,不从人得,不受教诏,不落阶级。若识此人，一生参学事毕。”蓦召大众曰:“更若凝眸，不劳相见。”上堂，良久曰:“青山常运步，石女夜生儿。”便下座。

上堂:“假言唱道，落在今时。设使无舌人解语，无脚人能行，要且未能与那一人相应。还会么？龙吟徒侧耳,虎啸谩沉吟。”问:“如何是兼带之语？”师曰:“妙用全施该世界,木人闲步火中来。”曰:“如何是和尚家风？”师曰:“众人皆见。”曰:“未审见个什么？”师曰:“东壁打西壁。”

大观初，开封尹李孝寿奏师:“道行卓冠丛林，宜有褒显。”即赐紫方袍，号定照禅师。内臣持敕命至，师谢恩竟，乃陈己志:“出家时尝有重誓，不为利名，专诚学道，用资九族。苟渝愿心，当弃身命。父母以此听许。今若不守本志，窃冒宠光，则佛法、亲盟背矣。”于是修表具辞。复降旨京尹坚俾受之。师确守不回，以拒命坐罪。奉旨下棘寺，与从轻。寺吏闻有司，欲徒淄州。有司曰有疾，与免刑。及吏问之，师曰:“无疾。”曰:“何有灸瘢邪？”师曰:“昔者疾，今日愈。”吏令思之。师曰:“已悉厚意,但妄非所安。”乃恬然就刑而行,从之者如归市。及抵淄川，僦居，学者愈亲。

明年冬，敕令自便。庵于芙蓉湖心，道俗川凑。示众曰:“夫出家者为厌尘劳，求脱生死。休心息念，断绝攀缘，故名出家。岂可以等闲利养，埋没平生。直须两头撒开，中间放下。遇声遇色，如石上栽花。见利见名，似眼中着屑。况从无始以来，不是不曾经历，又不是不知次第。不过翻头作尾，止于如此。何须苦苦贪恋。如今不歇,更待何时? 所以先圣教人,只要尽却今时。能尽今时,更有何事。若得心中无事，佛祖犹是冤家。一切世事，自然冷淡，方始那边相应。你不见隐山至死不肯见人,赵州至死不肯告人,匾担拾橡栗为食,大梅以荷叶为衣，纸衣道者只披纸，玄泰上座只着布。石霜置枯木堂与人坐卧,只要死了你心。投子使人办米,同煮共餐,要得省取你事。且从上诸圣，有如此榜样，若无长处，如何甘得? 诸仁者，若也于斯，体究的不亏人。若也不肯承当，向后深恐费力。山僧行业无取，忝主山门，岂可坐费常住，顿忘先圣付嘱。今者辄教古人，为住持体例，与诸人议定，更不下山，不赴斋，不发化主。唯将本院庄课一岁所得，均作三百六十分，日取一分用之，更不随人添减。可以备饭则作饭，作饭不足则作粥，作粥不足则作米汤。新到相见，茶汤而已，更不煎点，唯置一茶堂，自去取用，务要省缘，专一办道。又况活计具足，风景不疏。华解笑，鸟解啼，木马长鸣，石牛善走。天外之青山寡色，耳畔之鸣泉无声。岭上猿啼，露湿中宵之月。林间鹤唳，风回清晓之松。春风起时，枯木龙吟，秋叶凋而寒林华散。玉阶铺苔藓之纹，人面带烟霞之色。音尘寂尔，消息宛然。一味萧条，无可趣向。山僧今日向诸人面前，说家门已是不着便，岂可更去升堂入室，拈槌竖拂，东喝西棒，张眉努目，如痫病发相似。不唯屈沉上座，况亦辜负先圣。你不见达磨西来少室山下,面壁九年。二祖至于立雪断臂,可谓受尽艰辛。然而达磨不曾措了一词，二祖不曾问着一句。还唤达磨作不为人，得么? 二祖做不求师，得么? 山僧每至说着古圣做处，便觉无地容身，惭愧后人软弱，又况百味珍羞，递相供养。道我四事具足，方可发心。只恐做手脚不迭，便是隔生隔世去也。时光似箭，深为可惜。虽然如是，更在他人从长相度，山僧也强教你不得。诸仁者还见古人偈么？山田脱粟饭，野菜淡黄齑，吃则从君吃，不吃任东西。伏惟同道，各自努力。珍重！”

政和七年冬，赐额曰华严禅寺。八年五月十四日，索笔书偈，付侍僧曰：“吾年七十六，世缘今已足。生不爱天堂，死不怕地狱。撒手横身三界外，腾腾任运何拘束。”移时乃逝。

大洪山报恩禅师

随州大洪山报恩禅师，卫之黎阳刘氏子，世皆硕儒。师未冠举方略，擢上第。后厌尘境，请于朝，乞谢簪绂为僧。上从其请，遂游心祖道。至投子未久,即悟心要。子曰：“汝再来人也。宜自护持。”辞谒诸名宿，皆蒙印可。丞相韩公缜请开法于西京少林。未几，大洪革律为禅，诏师居之。

上堂：“五五二十五。案山雷，主山雨。明眼衲僧，莫教错举。”僧问：“九鼎澄波即不问,为祥为瑞事如何？”师曰：“古今不坠。”曰：“这个且拈放一边，向上还有事也无？”师曰：“太无厌生。”曰：“作家宗师。”师曰：“也不消得。”上堂：“如斯话会，谁是知音？直饶向一句下，千眼顿开，端的有几个是迷逢达磨！诸人要识达磨祖师么？”乃举手作捏势，曰：“达磨鼻孔在少林手里，若放开去，也从教此土西天，说黄道黑，欺胡谩汉。若不放过，不消一捏。有人要与祖师作主，便请出来与少林相见，还有么？”良久，曰“果然。”

上堂，拈起拄杖曰：“昔日德山临济，信手拈来，便能坐断十方，壁立千仞。直得冰河焰起，枯木花芳。诸人若也善能横担竖夯，遍问诸方；苟或不然，少林倒行此令去也。”击禅床一下。僧问：“一箭一群即不问，一箭一个事如何？”师曰：“中也。”曰：“还端的也无？”师曰：“同声相应,同气相求。”曰：“恁么则石巩犹在。”师曰：“非但一个两个。”曰：“好事不如无。”师曰：“穿却了也。”问：“三玄三要即不问，五位君臣事若何？”师曰：“非公境界。”曰：“恁么则石人拊掌,木女呵呵。”师曰:“杓卜听虚声,熟睡饶谵语。”曰:“若不上来伸此问,焉能得见少林机?”师曰:“放过即不可。”随后便打。

上堂,横按拄杖曰:“便与么休去,已落二三。更若忉忉,终成异见。既到这里,又不可弓折箭尽去也。且衲僧家远则能照,近则能明。”乃拈起拄杖曰:“穿却德山鼻孔,换却临济眼睛,掀翻大海,拨转虚空,且道三千里外,谁是知音?于斯明得,大似杲日照天。苟或未明,不免云腾致雨。”卓一下。问:“祖师西来,九年面壁,最后一句,请师举唱。”师曰:“面黑眼睛白。”

师尝设百问,以问学者。其略曰:“假使百千劫,所作业不忘,为什么一称南无佛,罪灭河沙劫?”又作此○相,曰:“森罗万象,总在其中。具眼禅人,试请甄别。”上堂,拈拄杖曰:“看!看!大地雪漫漫,春来特地寒。灵峰与少室,料掉不相干。休论佛意祖意,谩谓言端语端,铁牛放去无踪迹,明月芦花君自看。”卓拄杖,下座。

师素与无尽居士张公商英友善,无尽尝以书问三教大要。曰:《清凉疏》第三卷,西域邪见,不出四见,此方儒道,亦不出此四见。如庄老计自然为因,能生万物,即是邪因。《易》曰:太极生两仪,太极为因,亦是邪因。若谓一阴一阳之谓道,能生万物,亦是邪因。若计一为虚无,则是无因。今疑老子自然与西天外道自然不同。何以言之?老子曰:常无欲以观其妙,常有欲以观其徼。无欲则常,有徼则已,入其道矣。谓之邪因,岂有说乎?《易》曰:一阴一阳之谓道,阴阳不测之谓神。神也者,妙万物而为言,寂然不动,感而遂通天下之故。今乃破阴阳变易之道为邪因,拨去不测之神,岂有说乎?望纸后批示,以断疑网故也。”师答曰:“西域外道宗多途,要其会归,不出有无四见而已。谓有见、无见、亦有亦无见、非有非无见也。盖不即一心为道,则道非我有,故名外道。不即诸法是心,则法随见异,故名邪见。如谓之有,有则有无。如谓之无,无则无有。有无则有见竞生,无有则无见斯起。若亦有亦无见,非有非无见,亦犹是也。夫不能离诸见，则无以明自心。无以明自心，则不能知正道矣。故经云，言词所说法，小智妄分别。不能了自心，云何知正道。又曰，有见即为垢，此则未为见。远离于诸见，如是乃见佛。以此论之,邪正异途,正由见悟殊致故也。故清凉以庄老计道法自然，能生万物。《易》谓太极生两仪，一阴一阳之谓道。以自然太极为因，一阴一阳为道，能生万物，则是邪因。计一为虚无，则是无因。尝试论之，夫三界唯心，万缘一致，心生故法生，心灭故法灭。推而广之，弥纶万有而非有，统而会之，究竟寂灭而非无。非无亦非非无，非有亦非非有。四执既亡，百非斯遣。则自然因缘，皆为戏论，虚无真实，俱是假名矣。至若谓太极阴阳，能生万物。常无常有，斯为众妙之门。阴阳不测，是谓无方之神。虽圣人设教，示悟多方。然既异一心，宁非四见。何以明之？盖虚无为道，道则是无。若自然，若太极，若一阴一阳为道，道则是有。常无常有，则是亦无亦有。阴阳不测，则是非有非无。先儒或谓妙万物谓之神，则非物，物物则亦是无。故西天诸大论师，皆以心外有法为外道，万法唯心为正宗。盖以心为宗，则诸见自亡。言虽或异，未足以为异也。心外有法,则诸见竞生。言虽或同,未足以为同也。虽然,儒道圣人,固非不知之，乃存而不论耳。良以未即明指一心，为万法之宗，虽或言之，犹不论也。如西天外道，皆大权菩萨示化之所施为。横生诸见，曲尽异端，以明佛法是为正道。此其所以为圣人之道，顺逆皆宗，非思议之所能知矣。故古人有言，缘昔真宗未至，孔子且以系心；今知理有所归，不应犹执权教。然知权之为权，未必知权也。知权之为实，斯知权矣。是亦周、孔、老、庄设教立言之本意，一大事因缘之所成始、所成终也。然则三教一心,同途异辙。究竟道宗,本无言说。非维摩大士，孰能知此意也？”

洞山云禅师

沂州洞山云禅师，上堂："秋风卷地，夜雨翻空。可中别有清凉，个里更无热恼。是谁活计，到者方知。才落见闻，即居途路。且道到家后如何？任运独行无伴侣，不居正位不居偏。"

福应文禅师

长安福应文禅师，上堂："明明百草头，明明祖师意，直下便承当。错认弓为矢，惺惺底筑着磕着，懵懂底和泥合水。龟毛拂逼塞虚空，兔角杖撑天拄地。日射珊瑚林，知心能几几。"击禅床下座。

龙蟠圣寿昙广禅师

滁州龙蟠圣寿昙广禅师，僧问："师唱谁家曲？宗风嗣阿谁？"师曰："杨广山头云叆叆，月华庵畔柏青青。"曰："恁么则投子嫡嗣，大阳亲孙也。"师曰："未跨铁牛，棒如雨点。"曰："今日已知端的。"师曰："一任敲砖打瓦。"

青原下十二世

芙蓉楷禅师法嗣

丹霞子淳禅师

邓州丹霞子淳禅师，剑州贾氏子。弱冠为僧，彻证于芙蓉之室。上堂："乾坤之内，宇宙之间，中有一宝，秘在形山。肇法师恁么道，只解指踪话迹，且不能拈示于人。丹霞今日擘开宇宙，打破形山，为诸人拈出。具眼者辨取。"以拄杖卓一下，曰："还见么？鹭鸶立雪非同色，明月芦花不似他。"上堂，举德山示众曰："我宗无语句，实无一法与人。德山恁么说话，可谓是只知入草求人，不觉通身泥水。子细观来，只具一只眼。若是丹霞则不然，我宗有语句，金刀剪不开。深深玄妙旨，玉女夜怀胎。”上堂：“亭亭日午犹亏半，寂寂三更尚未圆。六户不曾知暖意，往来常在月明前。”上堂：“宝月流辉，澄潭布影。水无蘸月之意，月无分照之心。水月两忘，方可称断。所以道，升天底事直须飏却，十成底事直须去却。掷地金声，不须回顾。若能如是，始解向异类中行。诸人到这里，还相委悉么？”良久曰：“常行不举人间步，披毛戴角混尘泥。”僧问：“牛头未见四祖时如何？”师曰：“金菊乍开蜂竞采。”曰：“见后如何？”师曰：“苗枯华谢了无依。”宣和己亥春，示寂。塔全身于洪山之南。

净因枯木法成禅师

东京净因枯木法成禅师，嘉兴崇德人也。上堂：“灯笼忽尔笑哈哈，如何露柱亦怀胎。天明生得白头女，至今游荡不归来。这冤家，好归来，黄花与翠竹，早晚为谁栽。”上堂：“知有佛祖向上事，方有说话分。诸禅德且道，哪个是佛祖向上事？有个人家儿子，六根不具，七识不全，是大阐提无佛种性。逢佛杀佛，逢祖杀祖。天堂收不得，地狱摄无门。大众还识此人么？”良久曰：“对面不仙陀，睡多饶寐语。”上堂：“归元性无二，方便有多门。但了归元性，何愁方便门。诸人要会归元性么？露柱将来作木杓，旁人不肯任从伊。要会方便门么？木杓将来作露柱，撑天拄地也相宜。且道不落方便门一句作么生道？三十年后莫教错举。”

宝峰阐提惟照禅师

洪州宝峰阐提惟照禅师，简州李氏子。幼超迈而恶俗，一日授书至“性相近也，习相远也”，遽曰：“凡圣本一体，以习故差别。我知之矣。”即趋成都师鹿苑清泰。年十九，剃染登具。泰令听《起信》于大慈，师辄归卧。泰诘之，师曰："既称正信大乘，岂言说所能了？"乃虚心游方，谒芙蓉于大洪。尝夜坐阁道，适风雪震薄，闻警盗者传呼过之，随有所得。辞去。大观中芙蓉婴难，师自三吴，欲趋沂水，仆夫迷道，师举杖击之，忽大悟。叹曰："是地非鳌山也邪？"比至沂，芙蓉望而喜曰："绍隆吾宗，必子数辈矣。"因留躬耕湖上，累年智证成就。出领招提，迁甘露、三祖。宣和壬寅，诏补圆通，弃去。复居泐潭。上堂："古佛道，我初成正觉，亲见大地众生悉皆成正觉。后来又道，深固幽远，无人能到。因没见识汉，好龙头蛇尾。"便下座。上堂："过去诸佛已入涅槃了也。汝等诸人，不应追念。未来诸佛未出于世，汝等诸人，不要妄想。正当今日，你是何人？参！"上堂："伯夷隘，柳下惠不恭，君子不由也。二边不立，中道不安时作么生？"拈拄杖曰："鸳鸯绣出从君看，不把金针度与人。"上堂："太阳门下，妙唱弥高。明月堂前，知音盖寡。不免舟横江渚，棹举清波。唱庆尧年，和清平乐。如斯告报，普请承当。拟议之间，白云万里。"上堂："本自不生，今亦无灭，是死不得底样子。当处出生，随处灭尽，是活生受底规模。大丈夫汉，直须处生死流，卧荆棘林，俯仰屈伸，随机施设。能如是也，无量方便，庄严三昧，大解脱门，荡然顿开。其或未然，无量烦恼，一切尘劳，岳立面前，塞却古路。"上堂："古人道，堕肢体，黜聪明，离形去智，同于大道。正当恁么时，且道是什么人删《诗》《书》，定《礼》《乐》？还委悉么？礼云礼云，至帛云乎哉？乐云乐云，钟鼓云乎哉？"问："承师有言，云黯黯处独秀峰挺山，月朦朦里泐潭水光生。岂不是宝峰境？"师曰："若是宝峰境，凭君子细看。"曰："如何是境中人？"师曰："看取令行时。"曰："只如承言须会宗，勿自立规矩。如何是和尚宗？"师曰："须知云外千峰上，别有灵松带露寒。"雪下，僧问："祖师西来即不问，时节因缘事若何？"师曰："一片两片三四片，落在眼中犹不荐。"建炎二年正月七日，示寂。阇维得舍利如珠琲，舌齿不坏。塔于寺之西峰。

石门元易禅师

襄州石门元易禅师，潼川税氏子。上堂："十方同聚会，个个学无为。此是选佛场，心空及第归。大众只如闻见觉知未尝有间，作么生说个心空底道理？莫是见而不见，闻而不闻，为之心空邪？错！莫是忘机息虑，万法俱捐，销能所以入玄宗，泯性相而归法界，为之心空邪？错！恁么也不得，不恁么也不得。恁么不恁么总不得。未审毕竟作么生？还会么？"良久曰："若实无为无不为，天堂地狱长相随。三尺杖子搅黄河，八臂那吒冷眼窥，无限鱼龙尽奔走，捉得循河三脚龟。脱取壳，铁锥锥，吉凶之兆便分辉。借问东村白头老，吉凶未兆若何为？休休休，古往今来春复秋。白日腾腾随分过，更嫌何处不风流。咄！"上堂："皓月当空，澄潭无影。紫微转处夕阳辉，彩凤归时天欲晓。碧霄云外，石笋横空。绿水波中，泥牛驾浪。怀胎玉兔，晓过西岑。抱子金鸡，夜栖东岭。于斯明得，始知夜明帘外，别是家风，空王殿中，圣凡绝迹。且道作么生是夜明帘外事，还委悉么？正值秋风来入户，一声砧杵落谁家？"僧问："古镜未磨时如何？"师曰："精灵皱眉。"曰："磨后如何？"师曰："波斯弹指。"曰："为什么如此？"师曰："好事不出门。"绍兴丁丑七月二十五日，坐寂。火后收舍利，塔于学射山。

净因自觉禅师

东京净因自觉禅师，青州王氏子。幼以儒业见知于司马温公。然事高尚，而无意功名。一旦落发，从芙蓉游。履践精密，契悟超绝。出世住大乘。崇宁间诏居净因。上堂："祖师西来，特唱此事。自是诸人不肯委悉，向外驰求，投赤水以寻珠，诣荆山而觅玉。殊不知从门入者，不是家珍。认影迷头，岂非大错？直得宗门提唱，体寂无依，念异不生，古今无间。森罗万象，触目家风。鸟道辽空，不妨举步。金鸡报晓，丹凤翱翔。玉树花开，枯枝结子。只有太阳门下，日日三秋。

明月堂前，时时九夏。要会么？无影树垂寒涧月，海潮东注斗移西。”

天宁禧诵禅师

西京天宁禧诵禅师，蔡州宋氏子。初住韶山，次过天宁、丹霞。上堂：“韶山近日没巴鼻，眼里闻声鼻尝味。有时一觉到天明，不在床上不落地。大众且道在什么处？诸人于斯下得一转语，非唯救得韶山，亦乃不孤行脚。其或未然，三级浪高鱼化龙，痴人犹戽夜塘水。”问：“如何是君？”师曰：“宇宙无双日，乾坤只一人。”曰：“如何是臣？”师曰：“德分明主化，道契物情机。”曰：“如何是臣向君？”师曰：“赤心归舜日，尽节报尧天。”曰：“如何是君视臣？”师曰：“玄眸凝不瞬，妙体鉴旁来。”曰：“如何是君臣道合？”师曰：“帐符尊贱隔，潜信往来通。”政和五年九月四日，忽召主事，令以楮囊分而为四，众僧、童行、常住、津送各一。既而复曰：“丹霞有个公案，从来推倒扶起。今朝普示诸人，且道是个甚底？”顾视左右曰：“会么？”曰：“不会。”师曰：“伟哉大丈夫，不会末后句。”遂就寝，右胁而化。

天宁大用齐琏禅师

长安天宁大用齐琏禅师，上堂：“清虚之理，佛祖同归。毕竟无身，圣凡一体。理则如是，满目森罗事作么生？纤尘绝际，渠侬有眼，岂在旁窥。官不容针，私通车马。若到恁么田地，始可随机受用。信手拈来，妙应无方。当风玄路，直得金针锦缝，线脚不彰。玉殿宝阶，珠帘未卷。正当此时，且道是什么人境界？古渡秋风寒飒飒，芦花红蓼满江湾。”

梅山己禅师

潼川府梅山己禅师，僧问：“如何是法身边事？”师曰：“枯木糁花不犯春。”曰：“如何是法身向上事？”师曰：“石女不妆眉。”

普贤善秀禅师

福州普贤善秀禅师，僧问："如何是正中偏？"师曰："龙吟初夜后，虎啸五更前。"曰："如何是偏中正？"师曰："轻烟笼皓月，薄雾锁寒岩。"曰："如何是正中来？"师曰："松瘁何曾老，花开满未萌。"曰："如何是兼中至？"师曰："猿啼音莫辨，鹤唳响难明。"曰："如何是兼中到？"师曰："拨开云外路，脱去月明前。"

鹿门法灯禅师

襄州鹿门法灯禅师，成都刘氏子，依大慈宝范为僧，俾听《华严》,得其要。弃谒芙蓉,蓉问曰："如何是空劫已前自己？"师于言下，心迹泯然。从容进曰："灵然一句超群象，迥出三乘不假修。"蓉抚而印之。开法鹿门,僧问："虚玄不犯,宝鉴光寒时如何？"师曰："掘地深埋。"问："如何是逍遥物外底人？"师曰："遍身红烂,不可扶持。"

资圣南禅师

建昌军资圣南禅师，圣节上堂，顾视左右曰："诸人还知么？夜明帘外之主，万化不渝。琉璃殿上之尊，四臣不昧。端拱而治，不令而行，寿逾百亿须弥，化洽大千沙界。且道正恁么时，如何行履？野老不知黄屋贵，六街慵听静鞭声。"

洞山微禅师

瑞州洞山微禅师，上堂："日暖风和柳眼青，冰消鱼跃浪花生。当锋妙得空王印，半夜昆仑戴雪行。"僧问："如何是默默相应底事？"师曰："哑子吃苦瓜。"

太傅高世则居士

太傅高世则居士，字仲贻，号无功。初参芙蓉，求指心要。

蓉令去其所重，扣己而参。一日忽造微密，呈偈曰："悬崖撒手任纵横，大地虚空自坦平。照壑辉岩不借月，庵头别有一帘明。"

大洪恩禅师法嗣

大洪守遂禅师

随州大洪守遂禅师，遂宁章氏子。上堂召大众："一拳拳倒黄鹤楼，一踏踏翻鹦鹉洲。惯向高楼骤玉马，曾于急水打金毬。然虽恁么，争奈有五色丝绦系手脚，三镭金锁锁咽喉，直饶锤碎金锁，割断丝绦，须知更有一重碍汝在。且道如何是那一重，还会么？善吉维摩谈不到，目连鹙子看如盲。"上堂，举：李刺史问药山："何姓？"山曰："正是时。"李罔测。乃问院主："某甲适来问长老何姓，答道正是时，的当是姓什么？"主曰："只是姓韩。"山闻曰："若六月对他，便道姓热也。"又，岩头问讲僧："见说大德会教，是否？"曰："不敢。"岩头举拳曰："是什么教？"曰："是权教。"头曰："苦哉！我若展脚问你，不可道是脚教也。"师曰："奇怪二老宿有杀人刀，有活人剑。一转语似石上栽花，一转语似空中挂剑。当时若无后语，达磨一宗扫土而尽。诸人要见二老宿么？宁可截舌，不犯国讳。"

青原下十三世

丹霞淳禅师法嗣

长芦真歇清了禅师

真州长芦真歇清了禅师，左绵雍氏子。襁褓入寺见佛，喜动眉睫，咸异之。年十八，试《法华》得度。往成都大慈习经论，领大意。

出蜀至沔汉，扣丹霞之室。霞问:“如何是空劫已前自己？”师拟对，霞曰:“你闹在,且去。”一日登钵盂峰,豁然契悟,径归侍立。霞掌曰:“将谓你知有”，师欣然拜之。翌日，霞上堂曰:“日照孤峰翠，月临溪水寒。祖师玄妙诀,莫向寸心安。”便下座。师直前曰:“今日升座，更瞒某不得也。”霞曰:“你试举我今日升座看。”师良久。霞曰:“将谓你瞥地。”师便出。后游五台，之京师，浮汴直抵长芦，谒祖照，一语契投，命为侍者。逾年分座，未几照称疾退闲，命师继席，学者如归。建炎末，游四明主补陀。台之天封，闽之雪峰，诏住育王，徙温州龙翔，杭之径山。慈宁皇太后命开山皋宁崇先。上堂:“我于先师一掌下，伎俩俱尽，觅个开口处不可得。如今还有恁么快活不彻底汉么？若无，衔铁负鞍，各自着便。”上堂:“久默斯要，不务速说。释迦老子待要款曲卖弄，争奈未出母胎，已被人觑破。且道觑破个什么？瞒雪峰不得。”上堂:“上孤峰顶，过独木桥，蓦直恁么行，犹是时人脚高脚低处。若见得彻，不出户身遍十方，未入门常在屋里。其或未然，趁凉般取一转柴。”上堂:“道得第一句，不被拄杖子瞒。识得拄杖子，犹是途路中事。作么生是到地头一句？”上堂:“处处觅不得,只有一处不觅自得。且道是那一处？”良久曰:“贼身已露。”上堂:“口边白醭去，始得入门。通身红烂去，方知有门里事。更须知有不出门底。”乃曰:“唤什么作门？”僧问:“三世诸佛向火焰里转大法轮,还端的也无？”师大笑曰:“我却疑着。”曰:“和尚为什么却疑着？”师曰:“野花香满路，幽鸟不知春。”问:“不落风彩，还许转身也无？”师曰:“石人行处不同功。”曰:“向上事作么生？”师曰:“妙在一沤前，岂容千圣眼。”僧礼拜，师曰:“只恐不恁么。”师一日入厨看煮面次，忽桶底脱，众皆失声，曰:“可惜许！”师曰:“桶底脱自合欢喜，因什么却烦恼？”僧曰:“和尚即得。”师曰:“灼然！可惜许一桶面。”问僧:“你死后烧作灰，撒却了向什么处去？”僧便喝。师曰:“好一喝。只是不得翻款。”僧又喝，师曰："公案未圆，更喝始得。"僧无语。师打曰："这死汉。"上堂："苔封古径，不堕虚凝。雾锁寒林，肯彰风要。钩针稳密，孰云渔父栖巢。只么承当，自是平常快活。还有具透关眼底么？"良久曰："直饶闻早便归去，争似从来不出门。"上堂："乍雨乍晴，乍寒乍热，山僧底个，山僧自知。诸人底个，诸人自说。且道雪峰口除吃饭外，要作什么？"问僧："琉璃殿上玉女撺梭，明什么边事？"曰："回互不当机。"师曰："还有断续也无？"曰："古今不曾间。"师曰："正当不曾间时如何？"僧珍重，便出。上堂，撼拄杖曰："看！看！三千大千世界，一时摇动。云门大师即得，雪峰则不然。"卓拄杖曰："三千大千世界，向什么处去？还会么？不得重梅雨，秋苗争见青？"上堂："幻化空身即法身。"遂作舞云："见么见么？恁么见得？过桥村酒美。"又作舞云："见么见么，恁么不见？隔岸野花香。"上堂："还有不被玄妙污染底么？"良久曰："这一点倾四海水，已是洗脱不下。"僧问："如何是空劫已前自己？"师曰："白马入芦花。"上堂："穷微丧本，体妙失宗。一句截流，渊玄及尽。是以金针密处，不露光铓。玉线通时，潜舒异彩。虽然如是，犹是交互双明。且道巧拙不到，作么生相委？"良久曰："云萝秀处青阴合，岩树高低翠锁深。"上堂："转功就位，是向去底人，玉韫荆山贵。转位就功是却来底人，红炉片雪春。功位俱转，通身不滞，撒手亡依。石女夜登机，密室无人扫。正恁么时，绝气息一句作么生相委？"良久曰："归根风堕叶，照尽月潭空。"师终于皋宁崇先，塔于寺西华桐岛，谥悟空禅师。

天童宏智正觉禅师

明州天童宏智正觉禅师，隰州李氏子。母梦五台一僧解环与，环其右臂，乃孕。遂斋戒。及生，右臂特起若环状。七岁，日诵数千言。祖寂，父宗道。久参佛陀逊禅师，尝指师谓其父曰："此子道韵胜甚，非尘埃中人。苟出家，必为法器。"十一得度于净明本宗。

十四具戒，十八游方，诀其祖曰："若不发明大事，誓不归矣。"及至汝州香山，成枯木一见，深所器重。一日，闻僧诵《莲经》，至"父母所生眼，悉见三千界"，瞥然有省。即诣丈室陈所悟。山指台上香合曰："里面是什么物？"师曰："是什么心行？"山曰："汝悟处又作么生？"师以手画一圆相呈之，复抛向后。山曰："弄泥团汉有什么限？"师曰："错。"山曰："别见人始得。"师应"喏喏。"即造丹霞，霞问："如何是空劫已前自己？"师曰："井底虾蟆吞却月，三更不借夜明帘。"霞曰："未在更道。"师拟议，霞打一拂子曰："又道不借。"师言下释然，遂作礼。霞曰："何不道取一句？"师曰："某甲今日失钱遭罪。"霞曰："未暇打得你，且去。"霞领大洪，师掌笺记。后命首众，得法者已数人。四年过圆通，时真歇初住长芦，遣僧邀至，众出迎，见其衣舄穿弊，且易之。真歇俾侍者易以新履，师却曰："吾为鞋来邪？"众闻心服，恳求说法，居第一座。六年出住泗州普照，次补太平圆通能仁及长芦。天童屋庐湫隘，师至创辟一新，衲子争集。上堂："黄阁帘垂，谁传家信？紫罗帐合，暗撒真珠。正恁么时视听有所不到，言诠有所不及，如何通得个消息去？梦回夜色依俙晓，笑指家风烂熳春。"上堂："心不能缘，口不能议。直饶退步荷担，切忌当头触讳。风月寒清古渡头，夜船拨转琉璃地。"上堂："空劫有真宗，声前问已躬。赤穷新活计，清白旧家风。的的三乘外，寥寥一印中。却来行异类，万派自朝东。"上堂："今日是释迦老子降诞之辰，长芦不解说禅，与诸人画个样子。只如在摩耶胎时作么生？以拂子画此⊙相，曰："只如以清净水，浴金色身时又作么生？"复画此㊌相，曰："只如周行七步，目顾四方，指天指地，成道说法，神通变化，智慧辩才，四十九年，三百余会，说青道黄，指东画西，入般涅槃时，又作么生？"乃画此⊕相，复曰："若是具眼衲僧，必也相许。其或未然，一一历过始得。"上堂，僧问："如何是向去底人？"师曰："白云投壑尽，青嶂倚空高。"曰："如何是却来底人？”师曰：“满头白发离岩谷，半夜穿云入市廛。”曰：“如何是不来不去底人？”师曰：“石女唤回三界梦，木人坐断六门机。”乃曰：“句里明宗则易，宗中辨的则难。”良久曰：“还会么？冻鸡未报家林晓，隐隐行人过雪山。”僧问：“一丝不着时如何？”师曰：“合同船子并头行。”曰：“其中事作么生？”师曰：“快刀快斧斫不入。”问：“布袋头开时如何？”师曰：“一任填沟塞壑。”问：“清虚之理毕竟无身时如何？”师曰：“文彩未痕初，消息难传际。”曰：“一步密移玄路转，通身放下劫壶空。”师曰：“诞生就父时，合体无遗照。”曰：“理既如是，事作么生？”师曰：“历历才回分化事，十方机应又何妨。”曰：“恁么则尘尘皆现本来身去也。”师曰：“透一切色，超一切心。”曰：“如理如事又作么生？”师曰：“路逢死蛇莫打杀，无底篮子盛将归。”曰：“入市能长啸，归家着短衫。”师曰：“木人岭上歌，石女溪边舞。”上堂：“诸禅德，吞尽三世佛底人，为什么开口不得？照破四天下底人，为什么合眼不得？许多病痛，与你一时拈却了也。且作么生得十成通畅去。还会么？擘开华岳连天色，放出黄河到海声。”师住持以来，受无贪而施无厌。岁艰食，竭己有及赡众之余，赖全活者数万。日常过午不食。绍兴丁丑九月，谒郡僚及檀度，次谒越帅赵公令詪，与之言别。十月七日还山，翌日辰巳间，沐浴更衣，端坐告众。顾侍僧索笔作书遗育王大慧禅师，请主后事。仍书偈曰：“梦幻空花，六十七年。白鸟烟没，秋水连天。”掷笔而逝。龛留七日，颜貌如生。奉全躯塔于东谷，谥宏智，塔名妙光。

大洪慧照庆预禅师

随州大洪慧照庆预禅师，上堂：“进一步践他国王水草，退一步踏他祖父田园。不进不退，正在死水中。还有出身之路也无？萧骚晚籁松钗短，游漾春风柳线长。”上堂，举船子嘱夹山曰：“直须藏身处无踪迹，无踪迹处莫藏身。吾在药山三十年，只明此事，今时人为什么却造次？丹山无彩凤，宝殿不留冠。有时憨，有时痴，非我途中争得知。”

治平湡禅师

处州治平湡禅师，上堂：“优游实际妙明家，转步移身指落霞。无限白云犹不见，夜乘明月出芦花。”

净因成禅师法嗣

天封子归禅师

台州天封子归禅师，上堂，卓拄杖一下，召大众曰：“八万四千法门,八字打开了也。见得么？金凤夜栖无影树,峰峦才露海云遮。”

吉祥法宣禅师

太平州吉祥法宣禅师,僧问：“如何是祖师西来意？”师曰：“久旱无甘雨，田中稻穗枯。”曰：“意旨如何？”师曰：“今年米价贵，容易莫嫌粗。”

护国守昌禅师

台州护国守昌禅师，上堂，拈拄杖卓曰：“三十六旬之开始，七十二候之起元。万邦迎和气之时，东帝布生成之令。直得天垂瑞彩，地拥贞祥。微微细雨洗寒空，淡淡春光笼野色。可谓应时纳祜，庆无不宜。尽大地人，皆添一岁。敢问诸人，且道那一人年多少？”良久曰：“千岁老儿颜似玉，万年童子鬓如丝。”

丹霞普月禅师

邓州丹霞普月禅师，上堂：“威音已前，谁当辨的？然灯已后，孰是知音？直饶那畔承当，未免打作两橛。纵向这边行履，也应未得十全。良由杜口毗耶，已是天机漏泄。任使掩室摩竭，终须缝罅离披。休云体露真常，直是纯清绝点。说甚皮肤脱落，自然独运孤明。虽然似此新鲜，未称衲僧意气。直得五眼齐开，三光洞启，从此竿头丝线，自然不犯波澜。须明转位回机，方解入廛垂手。所以道，任使板齿生毛，莫教眼睛顾着。认着则空花缭乱，言之则语路参差。既然如是，敢问诸人，不犯锋铓一句作么生道？”良久曰：“半夜乌龟眼豁开，万象晓来都一色。”

尼慧光净智禅师

东京妙慧尼慧光净智禅师，上堂，举赵州勘婆话，乃曰：“赵州舌头连天，老婆眉光覆地，分明勘破归来，无限平人瞌睡。”

宝峰照禅师法嗣

圆通青谷真际德止禅师

江州圆通青谷真际德止禅师，金紫徐闳中之季子也。世居历阳。师双瞳绀碧,神光射人。十岁未知书,多喜睡。其父目为懵然子。暨成童,强记过人，学文有奇语。弱冠梦异僧授四句偈，已而有以南安岩主像遗之者，即傍所载《聪明偈》，自是持念不忘。后五年，随金紫将漕西洛，一夕忽大悟，连作数偈。一曰:“不因言句不因人，不因物色不因声。夜半吹灯方就枕，忽然这里已天明。”每啸歌自若，众莫测之。乃力求出家，父弗许，欲以官授之。师曰:“某方将脱世网，不着三界，岂复剌头于利名中邪？”请移授从兄珏，遂祝发受具。未数载，名振京师。宣和三年春，徽宗皇帝赐号真际，俾居圆通。上堂：“山僧二十年前两目皆盲，了无所睹。唯是闻人说道，青天之上有大日轮，照三千大千世界，无有不遍之处。筹策万端，终不能见。二十年后，眼光渐开。又值天色连阴，浓云乱涌，四方观察，上下推穷，见云行时，便于行处作计较；见云住时，便于住处立个窠臼。正如是间，忽遇着个多知汉，问道：‘莫是要见日轮么？何不向高山顶上去。’山僧却征他道：‘那里是高山顶上？’他道：‘红尘不到处是。’诸仁者，好个端的消息，还会么？长连床上佛陀耶。”上堂：“昨夜黄面瞿昙，将三千大千世界来一口吞尽，如人饮汤水，踪迹不留，应时消散。当尔时诸大菩萨、声闻罗汉及与一切众生，尽皆不觉不知，唯有文殊普贤瞥然觑见。虽然得见，渺渺茫茫，恰似向大洋海里头出头没。诸人且道是什么消息？若也检点得破，许他顶门上具一只眼。”示寂阇维，烟气所及，悉成设利。塔司空山，分窆叠石原。

真如道会禅师

台州真如道会禅师，上堂：“空劫中事，自肯承当。日用全彰，有何渗漏？正好归家稳坐，任他雪覆青山。不留元字挂怀，谁顾波翻水面？且道正不立玄、偏不附物一句，如何举似？机丝不挂梭头事，文彩纵横意自殊。”

智通大死翁景深禅师

兴国军智通大死翁景深禅师，台州王氏子。自幼不群。年十八，依广度院德芝披剃，始谒净慈象禅师。一日闻象曰：“思而知，虑而解，皆鬼家活计。”兴不自遏，遂往宝峰求入室。峰曰：“直须断起灭念，向空劫已前扫除玄路，不涉正偏，尽却今时，全身放下，放尽还放，方有自由分。”师闻顿领厥旨。峰击鼓告众曰：“深得阐提大死之道，后学宜依之。”因号大死翁。建炎改元，开法智通。上堂：“来不入门，去不出户。来去无痕，如何提唱？直得古路苔封，羺羊绝迹，苍梧月锁，丹凤不栖。所以道，藏身处没踪迹，没踪迹处莫藏身。若能如是，去住无依，了无向背，还委悉么？而今分散如云鹤，你我相忘触处玄。”僧问：“如何是正中偏？”师曰：“黑面老婆披白练。”曰：“如何是偏中正？”师曰：“白头翁子着皂衫。”曰：“如何是正中来？”师曰：“屎里翻筋斗。”曰：“如何是兼中至？”师曰：“雪刃笼身不自伤。”曰：“如何是兼中到？”师曰：“昆仑夜里行。”曰：“向上还有事也无？”师曰：“捉得乌龟唤作鳖。”曰：“乞师再垂方便。”

师曰:“入山逢虎卧,出谷鬼来牵。”曰:“何得干戈相待?”师曰:“三两线,一斤麻。”绍兴初,归住宝藏岩,以事民其服。壬申二月示微恙,乃曰:“世缘尽矣。”三月十三,为众小参,仍说偈曰:“不用剃头,何须澡浴?一堆红焰,千足万足。虽然如是,且道向上还有事也无?”遂敛目而逝。

华药智朋禅师

衡州华药智朋禅师,四明黄氏子。依宝峰有年,无省,因为众持钵。峰自题其像曰:“雨洗淡红桃萼嫩,风摇浅碧柳丝轻。白云影里怪石露,绿水光中古木清。噫,你是何人?”至焦山,枯木成禅师见之,叹曰:“今日方知此老亲见先师来。”师遂请益其赞。成曰:“岂不见法眼拈夹山境话,曰我二十年只作境会。”师即契悟。〔《萝湖野录》云:“成指以问师曰:‘汝会么?’师曰:‘不会。’成曰:‘汝记得法灯拟寒山否?’师遂诵,至‘谁人知此意?令我忆南泉。’于‘忆’字处,成遽以手掩师口曰:‘住!住!’师豁然有省。”〕乃曰:“元来恁么地。”成曰:“汝作么生会?”师曰:“春生夏长,秋收冬藏。”成曰:“直须保任。”师应喏。绍兴初,出住华药、婺之天宁,后迁清凉。上堂:“海风吹梦,岭猿啼月。敢问诸人,是何时节?恁么会得,无影树下任遨游。其或未然,三条椽下,直须打彻。”后退居明之瑞岩。建康再以清凉挽之,明守亦勉其行,师不从。作偈送使者曰:“相烦专使入烟霞,灰冷无汤不点茶。寄语甬东贤太守,难教枯木再生花。”未几而终。

石门易禅师法嗣

青原齐禅师

吉州青原齐禅师,福州陈氏子。二十八辞父兄,从云盖智禅师出家,执事首座。座一日秉拂罢,师问曰:“某闻首座所说,莫晓其义,伏望慈悲指示。”座谆谆诱之,使究无著说这个法。踰两日有省,以偈呈曰:“说法无如这个亲,十方刹海一微尘。若能于此明真理,大地何曾见一人。”座骇然，因语智，得度，遍扣诸方。后至石门，深蒙器可。出住青原仅一纪。示寂日，说偈遗众曰：“昨夜三更过急滩，滩头云雾黑漫漫。一条拄杖为知己，击碎千关与万关。”

天衣法聪禅师

越州天衣法聪禅师，上堂：“幽室寒灯不假挑，虚空明月彻云霄。要知日用常无间，烈焰光中发异苗。”因装普贤大士，开光明次，师登梯，秉笔顾大众曰：“道得即为下笔。”众无对。师召侍者：“与老僧牢扶梯子。”遂点之。

尼佛通禅师

遂宁府香山尼佛通禅师，因诵《莲经》有省，往见石门，乃曰：“成都吃不得也，遂宁吃不得也。”门拈拄杖打出，通忽悟曰：“荣者自荣，谢者自谢。秋露春风，好不着便。”门拂袖归方丈，师亦不顾而出。由此道俗景从，得法者众。

净因觉禅师法嗣

华严真懿慧兰禅师

东京华严真懿慧兰禅师，上堂：“达磨大师，九年面壁。未开口已前，不妨令人疑着。却被神光座主一觑，脚手忙乱，便道：‘吾本来慈土，传法救迷情。一华开五叶，结果自然成。’当时若有个汉，脑后有照破古今底眼目，手中有截断虚空底钳锤，才见恁么道，便与蓦胸扭住，问他道：‘一华五叶且拈放一边，作么生是你传底法？’待伊开口，便与掀倒禅床，直饶达磨全机，也倒退三千里。免见千古之下，负累儿孙。华严今日，岂可徒然？非唯重整颓纲，且要为诸人雪屈。”遂拈拄杖横按，召大众曰：“达磨大师向甚处去也？”掷拄杖，下座。上堂，拈拄杖曰：“灵山会上，唤作拈花。少室峰前，名为得髓。从上古德，只可傍观。末代宗师，尽皆拱手。华严今日不可逐浪随波，拟向万仞峰前点出普天春色。会么？髑髅无喜识，枯木有龙吟。”

天宁诵禅师法嗣

熊耳慈禅师

西京熊耳慈禅师，上堂：“般若无知，应缘而照。山僧今日撒屎撒尿，这边放，那边屙。东山西岭笑呵呵。幸然一片清凉地，刚被熊峰染污他。染污他，莫啾唧，泥牛木马尽呵叱。过犯弥天且莫论，再得清明又何日？还会么？来年更有新条在，恼乱春风卒未休。”

大洪遂禅师法嗣

大洪庆显禅师

随州大洪庆显禅师，僧问：“须菩提岩中宴坐，帝释雨华。和尚新据洪峰，有何祥瑞？”师曰：“铁牛耕破扶桑国，迸出金乌照海门。”曰：“未审是何宗旨？”师曰：“熨斗煎茶铫不同。”

大洪智禅师法嗣

天章枢禅师

越州天章枢禅师，上堂召大众曰：“春将至，岁已暮。思量古往今来，只是个般调度。凝眸昔日家风，下足旧时岐路。劝君休莽卤，眨上眉毛须荐取。东村王老笑呵呵，此道今人弃如土。”

青原下十四世

长芦了禅师法嗣

天童宗珏禅师

明州天童宗珏禅师，僧问:“如何是道？”师曰:“十字街头休斫额。”上堂:“劫前运步，世外横身。妙契不可以意到，真证不可以言传。直得虚静敛氛，白云向寒岩而断。灵光破暗，明月随夜船而来。正恁么时作么生履践？偏正不曾离本位，纵横那涉语因缘。”

长芦妙觉慧悟禅师

真州长芦妙觉慧悟禅师，上堂:“尽大地是个解脱门，把手拽不肯入。雪峰老汉抑逼人作么？既到这里，为什么鼻孔在别人手里？”良久曰:“贪观天上月，失却手中桡。”僧问:“雁过长空，影沉寒水。雁无遗踪之意，水无沉影之心。还端的也无？”师曰:“芦花两岸雪，江水一天秋。”曰:“便恁么去时如何？”师曰:“雁过长空聻！”僧拟议，师曰:“灵利衲子。”

龟山义初禅师

福州龟山义初禅师，上堂:“久默斯要，不务速说。释迦老子寐语作么？我今为汝保任，斯事终不虚也。大似压良为贱。既不恁么，毕竟如何？白云笼岳顶，翠色转崔嵬。”

保宁兴誉禅师

建康保宁兴誉禅师，上堂:“步入道场，影涵宗鉴。粲粲星罗霁夜，英英花吐春时。木人密运化机，丝毫不爽。石女全提空印，文彩未彰。且道不一不异，无去无来，合作么生体悉？的的纵横皆妙用，阿侬元不异中来。”

北山法通禅师

真州北山法通禅师，上堂："吞尽三世底，为什么开口不得？照破四天下底，为什么开眼不得？作么生得十成通畅去。金针双锁备，叶露隐全该。"僧问："断言语，绝思惟处，乞师指示。"师曰："滴水不入石。"

天童觉禅师法嗣

雪窦闻庵嗣宗禅师

明州雪窦闻庵嗣宗禅师，徽州陈氏子。幼业经圆具，依妙湛慧禅师。诘问次，释然契悟。慧以尘尾拂付之。后谒宏智，蒙印可，其道愈尊。出住普照、善权、翠岩、雪窦。上堂："人人有个鼻孔，唯有善权无鼻孔。为什么无？二十年前被人掣落了也。人人有两个眼睛，唯有善权无眼睛。为什么无？被人木槵子换了也。人人有个髑髅，唯有善权无髑髅。为什么无？借人作屎杓了也。"遂召大众曰："鼻孔又无，眼睛又无，髑髅又无。诸人还识善权么？若也不识，是诸人埋没善权。其或未然，更听一颂：'涧底泥牛金贴面，山头石女着真红。系驴橛上生芝草，不是云霭香炉峰。'"上堂："翠岩不是不说，只为无个时节。今朝快便难逢，一句为君剖决。露柱本是木头，秤锤只是生铁。诸人若到诸方，莫道山僧饶舌。"僧问："莲花未出水时如何？"师曰："没却你鼻孔。"曰："出水后如何？"师曰："穿着你眼睛。"曰："如何是正法眼？"师曰："乌豆。"问："如何是君？"师曰："磨砻三尺剑，待斩不平人。"曰："如何是臣？"师曰："白云闲不彻，流水太忙生。"曰："如何是君臣道合？"师曰："云行雨施，月皎星辉。"问："如何是正中偏？"师曰："菱花未照前。"曰："如何是偏中正？"师曰："团圞无少剩。"曰："如何是正中来？"师曰："遍界绝纤埃。"曰："如何是兼中至？"师曰："啮镞功前戏。"曰："如何是兼中到？"师曰："十道不通耗。"问："如何是转功就位？”师曰：“撒手无依全体现，扁舟渔父宿芦花。”曰：“如何是转位就功？”师曰：“半夜岭头风月静，一声高树老猿啼。”曰：“如何是功位齐彰？”师曰：“出门不踏来时路，满目飞尘绝点埃。”曰：“如何是功位俱隐？”师曰：“泥牛饮尽澄潭月，石马加鞭不转头。”师终于本山，塔全身寺之西南隅。

善权法智禅师

常州善权法智禅师，陕府柏氏子。壮于西京圣果寺祝发。习《华严》，弃谒南阳谨，次参大洪智，踰十年无所证。后于宏智言下豁然。出居善权，次迁金粟。上堂：“明月高悬未照前，雪眉人凭玉栏干。夜深雨过风雷息，客散云楼酒碗干。”上堂：“三界无法，何处求心？惊蛇入草，飞鸟出林。雨过山堂秋夜静，市声终不到孤岑。”

净慈自得慧晖禅师

杭州净慈自得慧晖禅师，会稽张氏子。幼依澄照道凝，染削进具。甫二十，扣真歇于长芦，微有所证。旋里谒宏智，智举“当明中有暗，不以暗相遇。当暗中有明，不以明相睹”问之，语不契。初夜定，回往圣僧前烧香，而宏智适至。师见之，顿明前话。次日入室，智举“堪嗟去日颜如玉，却叹回时鬓似霜”诘之。师曰：“其入离，其出微。”自尔问答无滞，智许为室中真子。绍兴丁巳开法补陀，徙万寿及吉祥、雪窦。淳熙三年，敕补净慈。上堂：“朔风凛凛扫寒林，叶落归根露赤心。万派朝宗船到岸，六窗虚映芥投针。本成现，莫他寻，性地闲闲耀古今。户外冻消春色动，四山浑作木龙吟。”上堂：“释迦老子，穷理尽性，金口敷宣，一代时教。珠回玉转，被人唤作拭不净故纸。达磨祖师，以一乘法直指单传，面壁九年，不立文字，被人唤作壁观婆罗门。且道作么生行履，免被傍人指注去？衲帔蒙头万事休，此时山僧都不会。”上堂：“巢知风，穴知雨。甜者甜兮苦者苦。不须计较作思量，五五从来二十五。万般施设到平常，此是丛林饱参句。诸人还委悉么？野老不知尧舜力，冬冬打鼓祭江神。”上堂：“谷之神，枢之要。里许旁参，回途得妙。云虽动而常闲，月虽晦而弥照。宾主交参，正偏兼到。十洲春尽花凋残，珊瑚树林日杲杲。”僧问：“如何是正中偏？”师曰：“昨夜三更星满天。”曰：“如何是偏中正？”师曰：“白云笼岳顶，终不露崔嵬。”曰：“如何是正中来？”师曰：“莫谓鲲鲸无羽翼，今日亲从鸟道来。”曰：“如何是兼中至？”师曰：“应无迹，用无痕。”曰：“如何是兼中到？”师曰：“石人衫子破，大地没人缝。”上堂：“皮肤脱落绝方隅，明了身心一物无。妙入道寰深静处，玉人端驭白牛车。妙明田地，达者还稀。识情不到，唯证方知。白云儿灵灵自照，青山父卓卓常存。机分顶后光，智契劫前眼。所以道新丰路兮峻仍皾，新丰洞兮湛然沃。登者登兮不动摇，游者游兮莫忽速。亭堂虽有到人稀，林泉不长寻常木。诸禅德，向上一着尊贵难明。琉璃殿上不称尊，翡翠帘前还合伴。正与么时，针线贯通，真宗不坠。合作么生施设？满头白发离岩谷，半夜穿云入市廛。”上堂，举傅大士《法身颂》云：“空手把锄头，步行骑水牛。人从桥上过，桥流水不流。云门大师道，诸人东来西来，南来北来，各各骑一头水牯牛来。然虽如是，千头万头，只要识取这一头。”师曰：“云门寻常干爆爆地，锥劄不入。到这里，也解拖泥带水。诸人只今要见这一头么？天色稍寒，各自归堂。”上堂，举风幡话。师曰：“风幡动处着得个眼，即是上座。风幡动处失却个眼，即是风幡。其或未然。不是风幡不是心，衲僧徒自强锥针，岩房雨过昏烟净，卧听凉风生竹林。”七年秋，退归雪窦。十年仲冬二十九日中夜，沐浴而逝。窆全身于明觉塔右。

瑞岩石窗法恭禅师

明州瑞岩石窗法恭禅师，郡之奉化林氏子。于栖真院下发受具，往延庆讲下。一夕，诵《法华》至“父母所生眼，悉见三千界”时，闻风刺棕榈叶声，忽然有省，弃依天童，始明大旨。凡当世弘法者，悉往咨决。出住能仁光孝瑞岩。上堂：“春风杨柳眉，春禽弄百舌。一片祖师心，两处俱漏泄。不动步还家，习漏顿消灭。暗投玉线芒，晓贯金针穴。深固实幽远，无人孰辨别。惭愧可怜生，头头皆合辙。不念阿弥陀，南无干屎橛。无智痴人前，第一不得说。”上堂：“见得彻，用时亲，相逢尽是个中人。望空雨宝休夸富，无地容锥未是贫。踏着秤锤硬似铁，八两元来是半斤。”上堂，举“世尊生下，指天指地”公案，颂曰：“五天一只蓬蒿箭，搅动支那百万兵。不得云门行正令，几乎错认定盘星。”

石门清凉法真禅师

襄州石门清凉法真禅师，剑门人也。上堂：“柳色含烟，春光迥秀。一峰孤峻，万卉争芳。白云淡泞已无心，满目青山元不动。渔翁垂钓，一溪寒雪未曾消。野渡无人，万古碧潭清似镜。宾中有主，拄杖横挑日月轮。主中有宾，踏破草鞋赤脚走。直得宾主互显，杀活自由。理事混融，正偏不滞。入荒田不拣，信手拈来草。且道如何委悉？尘中虽有隐身术，争似全身入帝乡。”

光孝了堂思彻禅师

明州光孝了堂思彻禅师，上堂：“羊头车子推明月，没底船儿载晓风。一句顿超情量外，道无南北与西东。所以劫前消息，非口耳之所传；格外真规，岂思量之能解？须知佛佛祖祖，了无一法为人。子子孙孙，直下全身荷负。既已万机寝削，自然一糁不留。湛湛之波，碧水冷涵于秋色。灵灵之照，霁天净洗于冰轮。宛转旁参，叶通兼带。梦手推开玉户，翻身拨动机轮。正令才行，又见一阳萌动。化工密运，俄惊三世变迁。虽则默尔无言，争奈炽然常说。无迁无变，今朝拈置一边。有故有新，且道如何话会。诸人还委悉么？群阴消剥尽，来日是书云。”

大洪法为禅师

随州大洪法为禅师，天台鲍氏子。上堂：“法身无相，不可以音声求。妙道亡言，岂可以文字会？纵使超佛越祖，犹落阶梯。直饶说妙谈玄，终挂唇齿。须是功勋不犯，影迹不留，枯木寒岩，更无津润，幻人木马，情识皆空，方能垂手入廛，转身异类。不见道，无漏国中留不住，却来烟坞卧寒沙。”

长芦琳禅师

真州长芦琳禅师，上堂拈拄杖曰：“其宗也离心意识，其旨也超去来今。离心意识，故品万类不见差殊。超去来今，故尽十方更无渗漏。当头不犯，彻底无依。悟向朕兆未生已前，用在功勋不犯之处。平常活计，不用踌躅。拟议之间，即没交涉。”

大洪预禅师法嗣

慧力悟禅师

临江军慧力悟禅师，上堂：“一切声，是佛声，檐前雨滴响泠泠。一切色，是佛色，觌面相呈讳不得。便恁么，若为明，碧天云外月华清。”

雪峰慧深首座

福州雪峰慧深首座，示众：“未得入头应切切，入头已得须教彻。虽然得入本无无，莫守无无无间歇。”大洪闻之，乃曰：“深兄说禅若此，惜福缘不胜耳。”一日普说罢，挥偈辞众，以笔一拍而化。

天封归禅师法嗣

东林通理禅师

江州东林通理禅师，上堂："峰头驾铁船，三更日轮杲。心闲不自明，落叶知谁扫？等闲摘个郑州梨，放手元是青州枣。"

天衣聪禅师法嗣

慧日法安禅师

苏州慧日法安禅师，本郡人。僧问："如何是和尚为人一句？"师曰："狗走抖擞口。"曰："意旨如何？"师曰："猴愁搂搜头。"

护国钦禅师

温州护国钦禅师，上堂："有句无句，明来暗去。活捉生擒，捷书露布。如藤倚树，物以类聚。海外人参，蜀中绵附。树倒藤枯，切忌名模。句归何处，苏嚧苏嚧。呵呵大笑，破镜不照。大地茫茫，一任跨跳。"

吉祥元实禅师

无为军吉祥元实禅师，高邮人。自到天衣，蚤夜精勤，胁不至席。一日，偶失笑喧众，衣摈之。中夜宿田里，睹星月粲然，有省。晓归趋方丈，衣见乃问："洞山五位君臣，如何话会？"师曰："我这里一位也无。"衣令参堂，谓侍僧曰："这汉却有个见处，奈不识宗旨何？"入室次，衣预令行者五人，分序而立。师至俱召，实上座。师于是密契奥旨。述偈曰："一位才彰五位分，君臣叶处紫云屯。夜明帘卷无私照，金殿重重显至尊。"衣称善，后住吉祥。

投子道宣禅师

舒州投子道宣禅师，久侍天衣，无所契。衣叱之，师忘寝食者月余。一夕，闻巡更铃声，忽猛省曰："住！住！一声直透青霄路，寒潭月皎有谁知，泥牛触折珊瑚树。"衣闻，命职藏司。住后，凡有所问，以拂子作摇铃势。

青原下十五世

天童珏禅师法嗣

雪窦智鉴禅师

明州雪窦智鉴禅师，滁州吴氏子。儿时母与洗手疡，因曰："是什么？"对曰："我手似佛手。"长失恃怙，依真歇于长芦。大休首众即器之。后遁象山，百怪不能惑。深夜开悟，求证于延寿，然后见大休。住后，上堂："世尊有密语，迦叶不覆藏。一夜落花雨，满城流水香。"

善权智禅师法嗣

超化藻禅师

越州超化藻禅师，开炉上堂："雪满寒窗，烧尽丹霞木佛。冰交野渡，冻杀陕府铁牛。直得寒灰发焰，片雪不留。任运纵横，现成受用。诸禅德要会么？衲帔蒙头坐，冷暖了无知。"

雪窦宗禅师法嗣

广福微庵道勤禅师

泰州广福微庵道勤禅师，本郡俞氏子。上堂，举："僧问同安：'如何是和尚家风？'同安曰：'金鸡抱子归霄汉，玉兔怀胎入紫微。'曰：'忽遇客来，将何只待？'同安曰：'金果早朝猿摘去，玉华晚后凤衔来。'"师曰："广福即不然。有问：'如何是和尚家风？'只向他道，翠竹丛边歌欸乃，碧岩深处卧烟萝。'忽遇客来，将何祗待？'没底篮儿盛皓月，无心碗子贮清风。"

五灯会元　卷第十五

青原下六世

雪峰存禅师法嗣

云门山光奉院文偃禅师

韶州云门山光奉院文偃禅师，嘉兴人也，姓张氏。幼依空王寺志澄律师出家，敏质生知，慧辩天纵。及长，落发禀具于毗陵坛，侍澄数年，探穷律部。以己事未明，往参睦州。州才见来，便闭却门。师乃扣门，州曰："谁？"师曰："某甲。"州曰："作什么？"师曰："己事未明，乞师指示。"州开门一见便闭却。师如是连三日扣门，至第三日，州开门，师乃拶入，州便擒住曰："道！道！"师拟议，州便推出曰："秦时𨍏轹钻。"遂掩门，损师一足。师从此悟入。州指见雪峰，师到雪峰庄，见一僧乃问："上座今日上山去那！"僧曰："是。"师曰："寄一则因缘，问堂头和尚，只是不得道是别人语。"僧曰："得。"师曰："上座到山中见和尚上堂，众才集便出，握腕立地曰：‘这老汉项上铁枷，何不脱却？’”其僧一依师教。雪峰见这僧与么道，便下座拦胸把住曰：“速道！速道！”僧无对。峰拓开曰：“不是汝语。”僧曰：“是某甲语。”峰曰：“侍者将绳棒来。”僧曰：“不是某语，是庄上一浙中上座教某甲来道。”峰曰：“大众去庄上迎取五百人善知识来。”师次日上雪峰，峰才见便曰：“因什么得到与么地！”师乃低头，从兹契合。温研积稔，密以宗印授焉。

师出岭，遍谒诸方，核穷殊轨，锋辩险绝，世所盛闻。后抵灵树，冥符知圣禅师接首座之说。初，知圣住灵树二十年，不请首座。常云：“我首座生也，我首座牧牛也，我首座行脚也。”一日，令击钟三门外接首座。众出迓，师果至。直请入首座寮，解包。〔人天眼目见《灵树章》。〕后广主命师出世灵树。开堂日，主亲临曰：“弟子请益。”师曰：“目前无异路。”〔法眼别云：“不可无益于人。”〕师乃曰：“莫道今日谩诸人好！抑不得已向诸人前作一场狼籍。忽遇明眼人，见成一场笑具，如今避不得也。且问你诸人从上来有甚事？欠少什么？向你道无事，已是相埋没也。虽然如是，也须到这田地始得。亦莫趁口快乱问，自己心里黑漫漫地。明朝后日，大有事在。你若根思迟回，且向古人建化门庭东觑西觑，看是个什么道理？你欲得会么？都缘是你自家无量劫来妄想浓厚，一期闻人说着，便生疑心。问佛问法，问向上向下，求觅解会，转没交涉。拟心即差，况复有言有句，莫是不拟心是么？莫错会好。更有什么事？珍重！”

上堂：“我事不获已，向你诸人道，直下无事，早是相埋没了也。更欲踏步向前，寻言逐句，求觅解会。千差万别，广设问难。赢得一场口滑，去道转远，有什么休歇时？此事若在言语上，三乘十二分教岂是无言语？因什么更道教外别传？若从学解机智得，只如十地圣人，说法如云如雨，犹被呵责，见性如隔罗縠。以此故知一切有心，天地悬殊。虽然如此，若是得底人，道火不能烧口，终日说事，未尝挂着唇齿，未尝道着一字。终日着衣吃饭，未尝触着一粒米，挂一缕丝。虽然如此，犹是门庭之说也。须是实得恁么，始得。若约衲僧门下，句里呈机，徒劳伫思。直饶一句下承当得，犹是瞌睡汉。”时有僧问：“如何是一句？”师曰：“举。”上堂：“三乘十二分教，横说竖说，天下老和尚纵横十字说，与我拈针锋许说底道理来，看恁么道，早是作死马医。虽然如此，且有几个到此境界。不敢望汝言中有响，句里藏锋，瞬目千差，风恬浪静。伏惟尚飨！”僧来参，师乃拈起袈裟曰：“汝若道得，落我袈裟圈襀里。汝若道不得,又在鬼窟里坐,作么生？”自代曰：“某甲无气力。”师一日打椎曰：“妙喜世界百杂碎，拓钵向湖南城里吃粥饭去来。”

上堂：“诸兄弟尽是诸方参寻知识，决择生死，到处岂无尊宿垂慈方便之词？还有透不得底句么，出来举看，待老汉与你大家商量。有么有么？”时有僧出，拟伸问次，师曰：“去去西天路，迢迢十万余。”便下座。举：“世尊初生下，一手指天，一手指地，周行七步，目顾四方。云：‘天上天下，唯我独尊。’”师曰：“我当时若见，一棒打杀与狗子吃却,贵图天下太平。”师在文德殿赴斋,有鞠常侍问：“灵树果子熟也未？”师曰：“什么年中得信道生。”僧问：“如何是西来意？”师曰：“山河大地。”曰：“向上更有事也无？”师曰：“有。”曰：“如何是向上事？”师曰：“释迦老子在西天，文殊菩萨居东土。”问：“如何是云门山？”师曰：“庚峰定穴。”问：“如何是大修行人？”师曰：“一榼在手。”上堂，因闻钟声，乃曰：“世界与么广阔，为什么钟声披七条？”问：“一生积恶不知善，一生积善不知恶。此意如何？”师曰：“烛。”问：“如何是和尚非时为人一句？”师曰：“早朝牵犁,晚间拽杷。”举雪峰云：“三世诸佛向火焰上转大法轮。”师曰：“火焰为三世诸佛说法，三世诸佛立地听。”

上堂：“举一则语，教汝直下承当，早是撒屎着汝头上也。直饶拈一毫头，尽大地一时明得，也是剜肉作疮。虽然如此，汝亦须是实到这个田地，始得。若未切，不得掠虚，却须退步向自己根脚下推寻，看是个什么道理？实无丝毫许与汝作解会，与汝作疑惑。况汝等各各当人有一段事，大用现前，更不烦汝一毫头气力，便与祖佛无别。自是汝诸人信根浅薄，恶业浓厚，突然起得许多头角，担钵囊，千乡万里受屈作么？且汝诸人有什么不足处？大丈夫汉阿谁无分，独自承当得，犹不着便，不可受人欺谩，取人处分。才见老和尚开口，便好把特石蓦口塞，便是屎上青蝇相似，斗唼将去，三个五个，聚头商量，苦屈兄弟。古德一期。为汝诸人不奈何，所以方便垂一言半句，通汝入路。知是般事拈放一边，自着些子筋骨。岂不是有少许相亲处？快与快与，时不待人。出息不保入息，更有什么身心别处闲用？切须在意。珍重！”

上堂：“尽乾坤一时将来着汝眼睫上，你诸人闻恁么道，不敢望你出来，性燥把老汉打一掴，且缓缓子细看，是有是无，是个什么道理，直饶你向这里明得。若遇衲僧门下，好槌折脚。若是个人，闻说道什么处，有老宿出世，便好蓦面唾污我耳目。汝若不是个手脚，才闻人举，便承当得，早落第二机也。汝不看他德山和尚才见僧入门，拽杖便趁，睦州和尚才见僧入门来，便云见成公案，放汝三十棒。自余之辈，合作么生？若是一般掠虚汉，食人涎唾，记得一堆一担骨董，到处驰骋。驴唇马嘴，夸我解问十转五转话。饶你从朝问到夜，论劫恁么，还曾梦见么？什么处是与人着力处？似这般底，有人屈衲僧斋，也道得饭吃，有甚堪共语处？他日阎罗王面前，不取汝口解说。诸兄弟若是得底人，他家依众遣日。若也未得，切莫容易过时，大须子细。古人大有葛藤相为处，只如雪峰道，尽大地是汝自己；夹山道，百草头上荐取老僧，闹市里识取天子；洛浦云，一尘才起，大地全收，一毛头师子全身，总是汝把取翻覆思量，看日久岁深，自然有个入路。此事无汝替代处，莫非各在当人分上。老和尚出世，只为汝证明。汝若有少许来由，亦昧汝不得。若实未得方便，拨汝即不可。兄弟一等是踏破草鞋，抛却师长父母行脚，直须着些子精彩始得。若未有个入头处，遇着本色咬猪狗手脚，不惜性命，入泥入水相为。有可咬嚼，眨上眉毛，高挂钵囊，拗折拄杖。十年二十年，办取彻头，莫愁不成办。直是今生不得彻头，来生亦不失人身。向此门中亦乃省力，不虚孤负平生,亦不孤负师长父母、十方施主。直须在意,莫空游州猎县,横担拄杖,一千里二千里,走这边经冬,那边过夏,好山好水堪取性,多斋供,易得衣钵,苦屈苦屈,图他一粒米,失却半年粮。如此行脚,有什么利益？信心檀越，把菜粒米，作么生消得？直须自看，无人替代。时不待人，忽然一日眼光落地，到前头将什么抵拟？莫一似落汤螃蟹,手脚忙乱,无汝掠虚说大话处。莫将等闲空过时光,一失人身，万劫不复。不是小事，莫据目前。俗人尚道：‘朝闻道，夕死可矣。’况我沙门，合履践个什么事？大须努力，珍重！”

僧问灵树：“如何是祖师西来意？”树默然。迁化后，门人立行状碑,欲入此语。问师曰:“先师默然处如何上碑？”师对曰:“师上堂,佛法也太煞有,只是舌头短。”良久曰:“长也。”普请般柴次,师遂拈一片抛下曰：“一大藏教，只说这个。”见僧量米次，问：“米箩里有多少达磨眼睛？”僧无对。师代曰：“斗量不尽。”上堂：“人人自有光明在，看时不见暗昏昏，作么生是诸人自己光明？”自代曰：“厨库三门。”又曰：“好事不如无。”示众：“古德道，药病相治，尽大地是药，那个是你自己？”乃曰：“遇贱即贵。”僧曰：“乞师指示。”师拍手一下，拈拄杖曰：“接取拄杖子。”僧接得，拗作两橛。师曰：“直饶恁么，也好与三十棒。”上堂：“一言才举，千车同辙。该括微尘，犹是化门之说。若是衲僧，合作么生？若将佛意祖意,这里商量,曹溪一路平沉。还有人道得么？道得底出来。”僧问：“如何是超佛越祖之谈？”师曰：“糊饼。”曰：“这里有什么交涉？”师曰：“灼然！有什么交涉。”乃曰：“汝等诸人没可作了，见人道着祖意,便问超佛越祖之谈。汝且唤什么作佛,唤什么作祖?且说超佛越祖底道理看。问个出三界,汝把将三界来,看有什么见闻觉知隔碍著汝?有什么声尘色法与汝可了,了个什么碗?以那个为差殊之见?他古圣不奈何,横身为物,道个举体全真,物物觌体不可得。我向汝道,直下有什么事,早是相埋没了也。汝若实未有入头处,且独自参详,除却着衣吃饭,屙屎送尿,更有什么事?无端起得如许多般妄想作什么?更有一般底如等闲相似,聚头学得个古人话路,识性记持,妄想卜度,道我会佛法了也。只管说葛藤,取性过时,更嫌不称意。千乡万里,抛却父母师长,作这去就,这般打野榸汉,有什么死急。行脚去。”以拄杖趁下。

上堂:“故知时运浇漓,代干像季,近日师僧北去言礼文殊,南去谓游衡岳,恁么行脚,名字比丘,徒消信施。苦哉!苦哉!问着黑漆相似,只管取性过时。设有三个两个狂学多闻,记持话路,到处觅相似语句,印可老宿,轻忽上流,作薄福业,他日阎罗王钉钉之时,莫道无人向你说。若是初心后学,直须摆动精神,莫空记人说处,多虚不如少实,向后只是自赚。有什么事,近前。”上堂,众集,师以拄杖指面前曰:“乾坤大地,微尘诸佛总在里许争佛法,觅胜负,还有人谏得么?若无人谏得,待老汉与你谏看。”僧曰:“请和尚谏。”师曰:“这野狐精。”上堂拈拄杖曰:“天亲菩萨无端变作一条榔栗杖。”乃画一画曰:“尘沙诸佛尽在这里葛藤。”便下座。上堂:“我看汝诸人,二三机中尚不能构得,空披衲衣何益?汝还会么?我与汝注破,久后到诸方,若见老宿举一指,竖一拂子,云是禅是道?拽拄杖打破头便行。若不如此,尽落天魔眷属,坏灭吾宗。汝若实不会,且向葛藤社里看。我寻常向汝道,微尘刹土中,三世诸佛,西天二十八祖,唐土六祖,尽在拄杖头上说法。神通变现,声应十方,一任纵横。汝还会么?若不会,且莫掠虚。然虽如此,且谛当实见也未?直饶到此田地,也未梦见衲僧沙弥在。

三家村里，不逢一人。”蓦拈拄杖画一画，曰：“总在这里。”又画一画曰：“总从这里出去也。珍重！”

师一日以手入木师子口，叫曰：“咬杀我也，相救！”〔归宗柔代云：“和尚出手太杀。”〕上堂：“闻声悟道，见色明心。”遂举起手曰：“观世音菩萨，将钱买糊饼。”放下手曰：“元来只是馒头。”上堂：“乾坤之内，宇宙之间，中有一宝，秘在形山。拈灯笼向佛殿里，将三门来灯笼上，作么生？”自代曰：“逐物意移。”又曰：“云起雷兴。”示众曰：“十五日已前不问汝，十五日已后道将一句来。”众无对。自代曰：“日日是好日。”上堂，拈拄杖曰：“凡夫实谓之有，二乘析谓之无，圆觉谓之幻有，菩萨当体即空。衲僧家见拄杖便唤作拄杖。行但行，坐但坐，不得动着。”僧问：“如何是佛法大意？”师曰：“春来草自青。”问：“新到甚处人？”曰：“新罗。”师曰：“将什么过海？”曰：“草贼大败。”师引手曰：“为什么在我这里？”曰：“恰是。”师曰：“一任踍跳。”僧无对。问：“牛头未见四祖时如何？”师曰：“家家观世音。”曰：“见后如何？”师曰：“火里蝍蟟吞大虫。”问：“如何是云门一曲？”师曰：“腊月二十五。”曰：“唱者如何？”师曰：“且缓缓。”问：“如何是雪岭泥牛吼？”师曰：“山河走。”曰：“如何是云门木马嘶？”师曰：“天地黑。”问：“从上来事，请师提纲。”师曰：“朝看东南，暮看西北。”曰：“便恁么会时如何？”师曰：“东家点灯，西家暗坐。”问：“十二时中，如何即得不空过？”师曰：“向什么处着此一问？”曰：“学人不会，请师举。”师曰：“将笔砚来。”僧乃取笔砚来，师作一颂曰：“举不顾，即差互。拟思量，何劫悟？”问：“如何是学人自己？”师曰：“游山玩水。”曰：“如何是和尚自己？”师曰：“赖遇维那不在。”问：“一口吞尽时如何？”师曰：“我在你肚里？”曰：“和尚为什么在学人肚里？”师曰：“还我话头来。”问：“如何是道？”师曰：“去。”曰：“学人不会，请师道。”师曰：“阇黎公验分明，何在重判？”问：“生死到来，如何排遣？”

师展手曰："还我生死来。"问："父母不听，不得出家，如何得出家？"师曰："浅。"曰："学人不会。"师曰："深。"问："如何是学人自己？"师曰："怕我不知。"问："万机丧尽时如何？"师曰："与我拈佛殿来,与汝商量。"曰："岂关他事？"师喝曰："这掠虚汉！"

问："树凋叶落时如何？"师曰："体露金风。"问："如何是佛？"师曰："干屎橛。"问："如何是诸佛出身处？"师曰："东山水上行。"问："古人面壁，意旨如何？"师曰："念七。"问："如何是祖师西来意？"师曰："日里看山。"师问僧："近离什么处？"曰："南岳。"师曰："我不曾与人葛藤。近前来！"僧近前，师曰："去。"僧问："如何是和尚家风？"师曰："有读书人来报。"问："如何是透法身句？"师曰："北斗里藏身。"问："如何是西来意？"师曰："久雨不晴。"又曰："粥饭气。"问："承古有言，牛头横说竖说，犹未知有向上关棙子。如何是向上关棙子？"师曰："东山西岭青。"问："如何是端坐念实相？"师曰："河里失钱河里摝。"上堂："函盖乾坤，目机铢两，不涉世缘。作么生承当？"众无对。自代曰："一镞破三关。"僧问："如何是云门剑？"师曰："祖。"问："如何是玄中的？"师曰："㘞。"问："如何是吹毛剑？"师曰："骼。"又曰："胔。"问："如何是正法眼？"师曰："普。"问："如何是啐啄机？"师曰："响。"问："如何是云门一路？"师曰："亲。"问："杀父杀母，向佛前忏悔。杀佛杀祖，向什么处忏悔？"师曰："露。"问："凿壁偷光时如何？"师曰："恰。"问："三身中那身说法？"师曰："要。"问："承古有言,了即业障本来空,未了应须偿宿债。未审二祖是了未了？"师曰："确。"师垂语曰："会佛法如河沙，百草头上道将一句来？"自代云："俱。"僧问："如何是一代时教？"师曰："对一说。"问："不是目前机，亦非目前事时如何？"师曰："倒一说。"问："如何是法身向上事？"师曰："向上与汝道即不难,作么生会法身？"曰："请和尚鉴。"师曰："鉴即且置,作么生会法身？"曰："与么与么。"师曰："这个是长连床上学得底,我且问你，法身还解吃饭么？”僧无对。

师问岭中顺维那：“古人竖起拂子，放下拂子，意旨如何？”顺曰：“拂前见，拂后见。”师曰：“如是，如是。”师后却举问僧：“汝道当初诺伊，不诺伊？”僧无对。师曰：“可知礼也。”问：“僧甚处来？”曰：“礼塔来。”师曰：“谑我。”曰：“实礼塔来。”师曰：“五戒也不持。”师尝举马太师道：“一切语言是提婆宗，以这个为主。”乃曰：“好语，只是无人问我。”时有僧问：“如何是提婆宗？”师曰：“西天九十六种，你是最下种。”问僧：“近离甚处？”曰：“西禅。”师曰：“西禅近日有何言句？”僧展两手，师打一掌。僧曰：“某甲话在。”师却展两手，僧无语，师又打。师举临济三句语问塔主：“只如塔中和尚得第几句？”主无对。师曰：“你问我。”主便问，师曰：“不快即道。”主曰：“作么生是不快即道？”师曰：“一不成，二不是。”问直岁：“甚处去来？”曰：“刈茆来。”师曰：“刈得几个祖师？”曰：“三百个。”师曰：“朝打三千，暮打八百。东家杓柄长，西家杓柄短。又作么生？”岁无语，师便打。僧问：“秋初夏末，前程若有人问，作么生祇对？”师曰：“大众退后。”曰：“未审过在什么处？”师曰：“还我九十日饭钱来。”有讲僧参，经时乃曰：“未到云门时，恰似初生月。及乎到后，曲弯弯地。”师得知乃召问：“是你道否？”曰：“是。”师曰：“甚好。吾问汝：作么生是初生月？”僧乃斫额作望月势。师曰：“你如此，已后失却目在。”僧经旬日复来，师又问：“你还会也未？”曰：“未会。”师曰：“你问我。”僧便问：“如何是初生月？”师曰：“曲弯弯地。”僧罔措，后果然失目。

上堂：“诸和尚子莫妄想，天是天，地是地，山是山，水是水，僧是僧，俗是俗。”良久曰：“与我拈案山来。”僧便问：“学人见山是山、水是水时如何？”师曰：“三门为什么骑佛殿，从这里过？”曰：“恁么则不妄想去也。”师曰：“还我话头来。”上堂：“你若不相当，且觅个入头处。微尘诸佛在你舌头上，三藏圣教在你脚跟底。

不如悟去好！还有悟得底么？出来对众道看。”示众：“尽十方世界，乾坤大地”，以拄杖画云：“百杂碎。三乘十二分教，达磨西来，放过即不可；若不放过，不消一喝。”示众：“真空不坏有，真空不异色。”僧便问：“作么生是真空？”师曰：“还闻钟声么？”曰：“此是钟声。”师曰：“驴年梦见么？”上堂：“平地上死人无数，过得荆棘林者是好手。”时有僧出，曰：“与么，则堂中第一座有长处也。”师曰：“苏噜苏噜。”瑫长老举菩萨手中赤幡，问师：“作么生？”师曰：“你是无礼汉。”瑫曰：“作么生无礼？”师曰：“是你外道奴也作不得。”僧问：“佛法如水中月，是否？”师曰：“清波无透路。”曰：“和尚从何得？”师曰：“再问复何来？”曰：“正与么时如何？”师曰：“重叠关山路。”上堂，拈拄杖曰：“拄杖子化为龙，吞却乾坤了也。山河大地，甚处得来？”师有偈曰：“不露风骨句，未语先分付。进步口喃喃，知君大罔措。”示众：“大用现前，不存轨则。”时有僧问：“如何是大用现前？”师拈起拄杖，高声唱曰：“释迦老子来也！”

上堂：“要识祖师么？”以拄杖指曰：“祖师在你头上跨跳。要识祖师眼睛么？在你脚跟下。”又曰：“这个是祭鬼神茶饭。虽然如此，鬼神也无厌足。”示众：“一人因说得悟，一人因唤得悟，一人闻举便回去。你道便回去意作么生？”复曰：“也好与三十棒。”上堂：“光不透脱，有两般病。一切处不明，面前有物是一。又透得一切法空，隐隐地似有个物相似，亦是光不透脱。又法身亦有两般病，得到法身，为法执不忘，己见犹存，坐在法身边是一。直饶透得法身去，放过即不可。子细点检将来，有什么气息，亦是病。”问僧：“光明寂照遍河沙，岂不是张拙秀才语？”曰：“是。”师曰：“话堕也。”僧问：“如何是法身？”师曰：“六不收。”问：“不起一念，还有过也无？”师曰：“须弥山。”问：“如何是清净法身？”师曰：“花药栏。”曰：“便恁么去时如何？”师曰：“金毛师子。”问：“如何是尘尘三昧？”师曰：“钵里饭，桶里水。”问：“一言道尽时如何？”

师曰："裂破。"问："如何是佛法大意？"师曰："面南看北斗。"问："一切智通无障碍时如何？"师曰："扫地泼水相公来。"

师到天童，童曰："你还定当得么？"师曰："和尚道什么？"童曰："不会则目前包裹。"师曰："会则目前包裹。"师到曹山，见示众云："诸方尽把格则，何不与他道却，令他不疑去。"师问："密密处为什么不知有？"山曰："只为密密，所以不知有。"师曰："此人如何亲近？"山曰："莫向密密处亲近。"师曰："不向密密处亲近时如何？"山曰："始解亲近。"师应"喏喏。"师到鹅湖，闻上堂曰："莫道未了底人，长时浮逼逼地，设使了得底，明明得知有去处，尚乃浮逼逼地。"师下问首座："适〔适，原误作"进"，今改。〕来和尚意作么生？"曰："浮逼逼地。"师曰："首座久在此住，头白齿黄，作这个语话？"曰："上座又作么生？"师曰："要道即得，见即便见。若不见，莫乱道。"曰："只如道浮逼逼地，又作么生？"师曰："头上着枷，脚下着杻。"曰："与么则无佛法也。"师曰："此是文殊普贤大人境界。"僧举灌溪上堂，曰："十方无壁落，四面亦无门。净裸裸，赤洒洒，没可把。"师曰："举即易，出也大难。"曰："上座不肯和尚与么道那？"师曰："你适来与么举那！"曰："是。"师曰："你驴年梦见灌溪？"曰："某甲话在。"师曰："我问你，十方无壁落，四面亦无门。你道大梵天王与帝释天商量什么事？"曰："岂干他事！"师喝曰："逐队吃饭汉。"

师到江州，有陈尚书者请斋。才见便问："儒书中即不问，三乘十二分教自有座主，作么生是衲僧行脚事？"师曰："曾问几人来？"书曰："即今问上座。"师曰："即今且置，作么生是教意？"书曰："黄卷赤轴。"师曰："这个是文字语言，作么生是教意？"书曰："口欲谈而辞丧，心欲缘而虑忘。"师曰："口欲谈而辞丧，为对有言。心欲缘而虑忘，为对妄想。作么生是教意？"书无语。师曰："见说尚书看法华经，是否？"书曰："是。"师曰："经中道，一切治生产业，皆与实相不相违背。且道非非想天，有几人退位？”书无语。师曰：“尚书且莫草草。三经五论，师僧抛却，特入丛林。十年二十年，尚不奈何。尚书又争得会？”书礼拜曰：“某甲罪过。”师唱道：“灵树云门，凡三十载。机缘语句，备载广录。”以乾和七年己酉四月十日，顺寂。塔全身于方丈。后十七载，示梦阮绍庄曰：“与吾寄语秀华宫使特进李托，奏请开塔。”遂致奉敕迎请内庭供养，逾月方还。因改寺为大觉，谥大慈云匡真弘明禅师。

青原下七世

云门偃禅师法嗣

白云子祥实性禅师

韶州白云子祥实性大师，初住慈光院，广主召入府说法。时有僧问：“觉华才绽，正遇明时。不昧宗风，乞师方便。”师曰：“我王有令。”问：“祖意教意，是同是别？”师曰：“不别。”曰：“恁么则同也。”师曰：“不妨领话。”问：“诸佛出世，普遍大千。白云一会，如何举扬？”师曰：“赚却几人来？”曰：“恁么则四众何依？”师曰：“没交涉。”问：“即心即佛，示诲之辞，不涉前言，如何指教？”师曰：“东西且置，南北作么生？”问：“如何是和尚家风？”师曰：“石桥那畔有，这边无。会么？”曰：“不会。”师曰：“且作丁公吟。”问：“衣到六祖，为什么不传？”师曰：“海晏河清。”问：“从上宗乘，如何举扬？”师曰：“今日未吃茶。”上堂：“诸人会么？但向街头市尾、屠儿魁刽、地狱镬汤处会取？若恁么会得，堪与人天为师。若向衲僧门下，天地悬殊。更有一般底，只向长连床上作好人去。汝道此两般人，那个有长处？无事，珍重！”问僧：“什么处来？”

曰:“云门来。”师曰:“里许有多少水牛?”曰:“一个两个。”师曰:“好水牛。”问僧:“不坏假名而谈实相。作么生?”僧指倚子曰:“这个是倚子。”师以手拨倚曰:“与我将鞋袋来。”僧无对。师曰:“这虚头汉。”〔云门闻,乃云:“须是我祥兄始得。”〕师将示灭,白众曰:“某甲虽提祖印,未尽其中事。诸仁者且道其中事作么生?莫是无边中间内外已否?若如是会,即大地如铺沙。”良久曰:“去此即他方相见。”言讫而寂。

德山缘密圆明禅师

鼎州德山缘密圆明禅师,上堂:“僧堂前事,时人知有。佛殿后事作么生?”上堂:“我有三句语示汝诸人:一句函盖乾坤,一句截断众流,一句随波逐浪。作么生辨?若辨得出,有参学分;若辨不出,长安路上辊辊地。”僧问:“如何是透法身句?”师曰:“三尺杖子搅黄河。”问:“百花未发时如何?”师曰:“黄河浑底流。”曰:“发后如何?”师曰:“幡竿头指天。”问:“不犯辞锋时如何?”师曰:“天台南岳。”曰:“便恁么去时如何?”师曰:“江西湖南。”问:“佛未出世时如何?”师曰:“河里尽是木头船。”曰:“出世后如何?”师曰:“这头蹋着那头掀。”上堂:“与么来者,现成公案。不与么来者,垛生招箭。总不与么来者,徐六担板,迅速锋铓,犹是钝汉。万里无云,青天犹在。”上堂:“但参活句,莫参死句。活句下荐得,永劫无滞。一尘一佛国,一叶一释迦,是死句。扬眉瞬目,举指竖拂,是死句。山河大地,更无诸讹,是死句。”时有僧问:“如何是活句?”师曰:“波斯仰面看。”曰:“恁么则不谬去也。”师便打,上堂,举临济示众曰:“恁么来者,恰似失却。不恁么来者,无绳自缚。十二时中,莫乱斟酌。会与不会。都卢是错。分明与么道,一任天下人贬剥。”师曰:“古镜阔一丈,屋梁长三尺。是汝钵盂镀子阔多少?”上堂:“俱胝和尚,凡有扣问,只竖一指。寒则普天寒,热则普天热。”僧问:“己事未明,如何辨得？”师曰：“须弥山顶上。”曰：“便恁么去时如何？”师曰：“脚下水浅深。”问：“达磨未来时如何？”师曰：“千年松倒挂。”曰：“来后如何？”师曰：“金刚努起拳。”问：“师未出世时如何？”师曰：“佛殿正南开。”曰：“出世后如何？”师曰：“白云山上起。”曰：“出与未出，还分不分？”师曰：“静处萨婆诃。”问：“如何是和尚家风？”师曰：“南山起云，北山下雨。”问：“如何是应用之机？”师喝，僧曰：“只这个，为复别有？”师便打。问：“大用现前，不存轨则时如何？”师曰：“黑地打破瓮。”僧退步，师便打。问：“佛未出世时如何？”师曰：“猢狲系露柱。”曰：“出世后如何？”师曰：“猢狲入布袋。”问：“文殊与维摩对谈何事？”师曰：“并汝三人，无绳自缚。”问：“如何是佛？”师曰：“满目荒榛。”曰：“学人不会。”师曰：“劳而无功。”问：“尽大地致一问不得时如何？”师曰：“话堕也。”曰：“大众总见。”师便打。问：“无踪无迹是什么人行履？”师曰：“偷牛贼。”问：“羺羊未挂角时如何？”师曰：“猎屎狗。”曰：“挂后如何？”师曰：“猎屎狗。”问：“牛头未见四祖时如何？”师曰：“秋来黄叶落。”曰：“见后如何？”师曰：“春来草自青。”

巴陵新开院颢鉴禅师

岳州巴陵新开院颢鉴禅师，初到云门，门曰：“雪峰和尚道，开却门达磨来也。我问你作么生？”师曰：“筑着和尚鼻孔。”门曰：“地神恶发，把须弥山一掴跨跳上梵天，拶破帝释鼻孔，你为什么向日本国里藏身？”师曰：“和尚莫瞒人好。”门曰：“筑着老僧鼻孔，又作么生？”师无语。门曰：“将知你只是学语之流。”师住后，更不作法嗣书，只将三转语上云门。僧问：“如何是道？”师曰：“明眼人落井。”问：“如何是吹毛剑？”师曰：“珊瑚枝枝撑着月。”问：“如何是提婆宗？”师曰：“银碗里盛雪。”门曰：“他后老僧忌日，只消举此三转语，足以报恩。”自后忌辰，果如所嘱。僧问：“祖意教意，是同是别？”

师曰："鸡寒上树，鸭寒下水。"问："三乘十二分教即不疑，如何是宗门中事？"师曰："不是衲僧分上事。"曰："如何是衲僧分上事？"师曰："贪观白浪,失却手桡。"问僧："游山来,为佛法来？"曰："清平世界，说什么佛法？"师曰："好个无事禅客。"曰："早是多事了也。"师曰："上座去年在此过夏了。"曰："不曾。"师曰："与么，则先来不相识。"下去，师将拂子遗僧。僧曰："本来清净，用拂子作什么？"师曰："既知清净，切勿忘却。"〔梁山观别云："也须拂却。"〕

双泉山师宽明教禅师

随州双泉山师宽明教禅师，上堂，举拂子曰："这个接中下之人。"时有僧问："上上人来时如何？"师曰："打鼓为三军。"问："向上宗乘如何举唱？"师曰："不敢。"曰："恁么则含生有望？"师曰："脚下水深浅？"问："凡有言句，尽落有无，不落有无时如何？"师曰："东弗于逮。"曰："这个犹落有无？"师曰："支过雪山西。"僧问洞山初和尚："如何是佛？"山曰："麻三斤。"师闻之，乃曰："向南有竹，向北有木。"问："不可以智知，不可以识识时如何？"师曰："不入这个野狐群队。"问："如何是定？"师曰："虾跳不出斗。"曰："如何出得去？"师曰："南山起云，北山下雨。"问："北斗里藏身，意旨如何？"师曰："鸡寒上树，鸭寒下水。"问："竖起杖子，意旨如何？"师曰："一叶落知天下秋。"师游山回，首座同众出接，座曰："和尚游山，巇崄不易！"师提起拄杖曰："全得这个力。"座乃夺却，师放身便倒。大众皆进前扶起，师拈拄杖，一时趁散。回顾侍者曰："向道全得这个力。"师一日访白兆，兆曰："老僧有个木鱼颂。"师曰："请举看。"兆曰："伏惟烂木一橛，佛与众生不别。若以杖子击着，直得圣凡路绝。"师曰："此颂有成褫无成褫？"兆曰："无成褫。"师曰："佛与众生不别。聻！"侍僧救曰："有成褫。"师曰："直得圣凡路绝。聻！"当时白兆一众失色。僧问："新年头还有佛法也无？"师曰：

"无。"曰:"日日是好日，年年是好年。为甚却无？"师曰:"张公吃酒李公醉。"僧曰:"老老大大，龙头蛇尾。"师曰:"明教今日失利。"

香林院澄远禅师

益州青城香林院澄远禅师，汉州绵竹人，姓上官。在众日，普请锄草次,有一僧曰:"看！俗家失火。"师曰:"那里火？"曰:"不见那！"师曰:"不见。"曰:"这瞎汉。"是时一众皆言远上座败阙。后明教宽闻举,叹曰:"须是我远兄始得。"住后,僧问:"美味醍醐，为什么变成毒药？"师曰:"导江纸贵。"问:"见色便见心时如何？"师曰:"适来什么处去来？"曰:"心境俱忘时如何？"师曰:"开眼坐睡。"问:"北斗里藏身，意旨如何？"师曰:"月似弯弓，少雨多风。"问:"如何是诸佛心？"师曰:"清则始终清。"曰:"如何领会？"师曰:"莫受人谩好！"问:"如何是祖师西来意？"师曰:"踏步者谁？"问:"如何是和尚妙药？"师曰:"不离众味。"曰:"吃者如何？"师曰:"咬啗看。"问:"如何是室内一碗灯？"师曰:"三人证龟成鳖。"问:"如何是衲下事？"师曰:"腊月火烧山。"问:"大众云集,请师施设。"师曰:"三不待两。"问:"如何是学人时中事？"师曰:"恰恰。"问:"如何是玄？"师曰:"今日来，明日去。"曰:"如何是玄中玄？"师曰:"长连床上。"问:"如何是香林一脉泉？"师曰:"念无间断。"曰:"饮者如何？"师曰:"随方斗秤。"问:"如何是衲僧正眼？"师曰:"不分别。"曰:"照用事如何？"师曰:"行路人失脚。"问:"万机俱泯迹，方识本来人时如何？"师曰:"清机自显。"曰:"恁么则不别人？"师曰:"方见本来人。"问:"鱼游陆地时如何？"师曰:"发言必有后救。"曰:"却下碧潭时如何？"师曰:"头重尾轻。"问:"但有言句尽是宾,如何是主？"师曰:"长安城里。"曰:"如何领会？"师曰:"千家万户。"问:"如何是西来的的意？"师曰:"坐久成劳。"曰:"便回转时如何？"师曰:"堕落深坑。”问：“如何是无缝塔？”师曰：“合掌当胸。”曰：“如何是塔中人？”师曰：“露也。”问：“教法未来时如何？”师曰：“阎罗天子。”曰：“来后如何？”师曰：“大宋国里。”问：“一子出家，九族解脱。目连为什么母入地狱？”师曰：“确。”问：“如何是平常心？”师曰：“早朝不审。晚后珍重！”

上堂：“是汝诸人，尽是担钵囊，向外行脚。还识得性也未？若识得，试出来道看。若识不得，只是被人热谩将去。且问汝诸人，是汝参学日久，用心扫地煎茶，游山玩水，汝且钉钉，唤什么作自性？诸人且道，始终不变不异，无高无下，无好无丑，不生不灭，究竟归于何处？诸人还知得下落所在也未？若于这里知得所在，是诸佛解脱法门，悟道见性，始终不疑不虑，一任横行，一切人不奈汝何。出言吐气，实有来处。如人买田，须是收得元本契书，若不得他元本契书，终是不稳。遮莫经官判状，亦是不得。其奈不收得元本契书，终是被人夺却。汝等诸人，参禅学道，亦复如是。还有人收得元本契书么？试拈出看。汝且唤什么作元本契书？诸人试道看。若是灵利底，才闻与么说着，便知去处。若不知去处，向外边学得千般巧妙，记持解会，口似倾河，终不究竟，与汝自己天地差殊。且去衣钵下体当寻觅看。若有个见处，上来这里道看，老僧与汝证明。若觅不得，且依行队去。”将示寂，辞知府宋公珰曰：“老僧行脚去。”通判曰：“这僧风狂，八十岁行脚去那里？”宋曰：“大善知识，去住自由。”师谓众曰：“老僧四十年，方打成一片。”言讫而逝，塔于本山。

洞山守初宗慧禅师

襄州洞山守初宗慧禅师，初参云门。门问：“近离甚处？”师曰：“查渡。”门曰：“夏在甚处？”师曰：“湖南报慈。”曰：“几时离彼？”师曰：“八月二十五。”门曰：“放汝三顿棒。”师至明日，却上问讯：“昨日蒙和尚放三顿棒，不知过在什么处？”门曰：“饭袋子，江西湖南便恁么去？”师于言下大悟。遂曰：“他后向无人烟处，不蓄一粒米，不种一茎菜，接待十方往来，尽与伊抽钉拔楔，拈却炙脂帽子，脱却鹘臭布衫，教伊洒洒地，作个无事衲僧，岂不快哉！”门曰：“你身如椰子大，开得如许大口。”师便礼拜。

住后上堂：“言无展事，语不投机，承言者丧，滞句者迷。还得么？你衲僧分上，到这里须具择法眼始得。只如洞山恁么道，也有一场过。且道过在什么处？”僧问：“迢迢一路时如何？”师曰：“天晴不肯去，直待雨淋头。”曰：“诸圣作么生？”师曰：“入泥入水。”问：“心未生时，法在什么处？”师曰：“风吹荷叶动，决定有鱼行。”问：“师登师子座，请师唱道情。”师曰：“晴干开水道，无事设曹司。”曰：“恁么则谢师指示。”师曰：“卖鞋老婆脚趚〔郎击切〕趚〔七亦切〕。”问：“如何是三宝？”师曰：“商量不下。”问：“如何是无缝塔？”师曰：“十字街头石师子。”问僧：“甚处来？”曰：“汝州。”师曰：“此去多少？”曰：“七百里。”师曰：“踏破几緉草鞋？”曰：“三緉。”师曰：“甚处得钱买？”曰：“打笠子。”师曰：“参堂去。”僧应喏。问：“如何是免得生死底法？”师曰：“见之不取，思之三年。”僧问：“离却心机意识，请师一句。”师曰：“道士着黄瓮里坐。”问：“非时亲觐，请师一句。”师曰：“对众怎生举？”曰：“据现定举。”师曰：“放汝三十棒。”曰：“过在什么处？”师曰：“罪不重科。”问：“如何是佛？”师曰：“麻三斤。”问：“莲华未出水时如何？”师曰：“楚山头倒卓。”曰：“出水后如何？”师曰：“汉水正东流。”问：“如何是吹毛剑？”师曰：“金州客。”曰：“用者如何？”师曰：“伏惟尚飨。”

问：“车住牛不住时如何？”师曰：“用驾车汉作么？”问：“如何是衲僧分上事？”师曰：“云里楚山头，决定多风雨。”问：“海竭人亡时如何？”师曰：“难得。”曰：“便恁么去时如何？”师曰：“云在青天水在瓶。”问：“文殊普贤来参时如何？”师曰：“趁向水牯牛栏里着。”

曰:“和尚入地狱如箭射。”师曰:“全凭子力。”问:“如何是正法眼?”师曰:“纸撚无油。”问:“牛头未见四祖时如何?”师曰:“榔栗木拄杖。”曰:“见后如何?”师曰:“窭入布衫。”问:“如何是佛?”师曰:“灼然谛当。”问:“万缘俱息,意旨如何?”师曰:“瓮里石人卖枣圈。”问:“如何是洞山剑?”师曰:“作么?”曰:“学人要知。”师曰:“罪过。”问:“乾坤休着意,宇宙不留心。学人只恁么,师又作么生?”师曰:“岘山亭起雾,滩峻不留船。”问:“大众云臻,请师撮其枢要,略举大纲。”师曰:“水上浮沤呈五色,海底虾蟆叫月明。”问:“正当恁么时?文殊普贤在什么处?”师曰:“长者八十一,其树不生耳。”曰:“意旨如何?”师曰:“一则不成,二则不是。”

泐潭道谦禅师

洪州泐潭道谦禅师,僧问:“如何是泐潭家风?”师曰:“阇黎到来几日也?”问:“但有纤毫即是尘,不有时作么生?”师以手掩两目。问:“当阳举唱,谁是闻者?”师曰:“老僧不患耳聋。”问:“悟本无门,如何得入?”师曰:“阿谁教汝恁么问?”

奉先深禅师

金陵奉先深禅师,江南主请开堂,才升座,维那白槌曰:“法筵龙象众,当观第一义。”师便曰:“果然不识,钝置杀人。”时有僧出,问:“如何是第一义?”师曰:“赖遇适来道了也。”曰:“如何领会?”师曰:“速礼三拜。”复曰:“大众且道,钝置落在阿谁分上?”师同明和尚在众时,闻僧问法眼:“如何是色?”眼竖起拂子。或曰:“鸡冠花”,或曰:“贴肉汗衫”,二人特往请益。问曰:“承闻和尚有三种色语,是否?”眼曰:“是。”师曰:“鹞子过新罗。”便归众。时李王在座下,不肯,乃白法眼曰:“寡人来日致茶筵,请二人重新问话。”明日茶罢,备彩一箱,剑一口,谓二师曰:“上座若问话得是,奉赏杂彩一箱。若问不是，只赐一剑。”法眼升座，师复出问：“今日奉敕问话，师还许也无。”眼曰：“许。”曰：“鹞子过新罗。”捧彩便行，大众一时散去。时法灯作维那，乃鸣钟集众，僧堂前勘师。众集，灯问：“承闻二上座久在云门，有甚奇特因缘？举一两则来商量看。”师曰：“古人道‘白鹭下田千点雪，黄莺上树一枝花’维那作么生商量？”灯拟议，师打一座具便归众。师同明和尚到淮河，见人牵网，有鱼从网透出。师曰：“明兄俊哉！一似个衲僧相似。”明曰：“虽然如此，争如当初不撞入网罗好！”师曰：“明兄你欠悟在。”明至中夜，方省。

双泉郁禅师

随州双泉郁禅师，僧问：“如何是第一句？”师曰：“回头终不顾。”曰：“如何是第二句？”师曰：“未语先分付。”曰：“如何是第三句？”师曰：“连根犹带苦。”上堂：“初祖不虚传，二祖不虚受。彼彼大丈夫，因什么到恁么地？”便下座。后住舒州海会，僧问：“如何是舒州境？”师曰：“浣水逆流山露骨。”曰：“如何是境中人？”师曰：“地有毒蛇沙有虱。”

披云智寂禅师

韶州披云智寂禅师，僧问：“如何是披云境？”师曰：“白日没闲人。”问：“如何是不迁义？”师曰：“山高不碍白云飞。”问：“以字不成，八字不是，未审是什么字？”师曰：“听老僧一偈：以字不是八不成。森罗万象此中明。直饶巧说千般妙，不是讴阿不是经。”问：“如何是色空？”师曰：“拾取落花生旧枝。”问：“如何是一尘？”师曰：“满目是青山。”问：“如何是毗卢藏中有大经卷？”师曰：“拈不得。”曰：“为甚拈不得？”师曰：“特地却成愁。”

舜峰义韶禅师

韶州舜峰义韶禅师，僧问：“正法无言时如何？”师曰：“言。”曰：“学人不会，乞师端的。”师曰：“两重公案。”曰：“岂无方便？”师曰：“无礼难容。”问：“祖意教意，是同是别？”师曰：“日出东方月落西。”僧正到方丈，曰：“方丈得恁么黑！”师曰：“老鼠窟。”正曰：“放猫儿入好。”师曰：“试放看。”正无对。师拊掌笑。师与老宿渡江次，师取钱与渡子，宿曰：“囊中若有青铜片。”师揖曰：“长老莫笑。”

般若寺启柔禅师

南岳般若寺启柔禅师，僧问：“西天以蜡人为验，此土如何？”师曰：“新罗人草鞋。”问：“如何是千圣同归底道理？”师曰：“未达苦空境，无人不叹嗟。”上堂，众闻板声集。师因示偈曰：“妙哉三下板，知识尽来参。既善分时节，吾今不再三。”便下座。

妙胜臻禅师

潞府妙胜臻禅师，僧问：“金粟如来为什么却降释迦会里？”师曰：“香山南，雪山北。”曰：“南赡部洲事又作么生？”师曰：“黄河水急浪花粗。”问：“如何是向上一路？”师曰：“一条济水贯新罗。”

荐福承古禅师

饶州荐福承古禅师，操行高洁，禀性虚明。参大光敬玄禅师，乃曰：“只是个草里汉。”遂参福严雅和尚，又曰：“只是个脱洒衲僧。”由是终日默然，深究先德洪规。一日览云门语，忽然发悟。自此韬藏，不求名闻。栖止云居弘觉禅师塔所，四方学者奔凑，因称古塔主也。景佑四年，范公仲淹出守鄱阳，闻师道德，请居荐福，开阐宗风。僧问：“大善知识，将何为人？”师曰：“莫。”曰：“恁么则有问有答去也。”师曰：“莫。”问：“青青翠竹，尽是真如，郁郁黄花,无非般若。如何是般若? ”师曰:“黄泉无老少。”曰:“春来草自青。”师曰:“声名不朽。”曰:“若然者，碧眼胡僧也皱眉。”师曰:“退后三步。”僧曰:“苦。”师乃“吽吽”！问:“临济举拂，学人举拳，是同是别? ”师曰:“讹言乱众。”曰:“恁么则依令而行也。”师曰:“天涯海角。”问:“一喝分宾主，照用一时行，此意如何? ”师曰:“干柴湿茭。”僧便喝。师曰:“红焰炎天。”上堂:“夫出家者为无为法,无为法中无利益,无功德。近来出家人,贪着福慧,与道全乖。若为福慧，须至明心; 若要达道，无汝用心处。所以常劝诸人，莫学佛法，但自休心。利根者画时解脱，钝根者或三五年，远不过十年。若不悟去，老僧与你入拔舌地狱。参! ”

清凉智明禅师

金陵清凉智明禅师，江南主请师上堂，小长老问:“凡有言句，尽落方便。不落方便，请师速道。”师曰:“国主在此，不敢无礼。”

南台道遵法云禅师

潭州南台道遵法云禅师，上堂:“从上宗乘，合作么生提纲? 合作么生言论? 佛法两字当得么? 真如解脱当得么? 虽然如是，细不通风，大通车马。若约理化门中，一言才启，震动乾坤。山河大地，海晏河清。三世诸佛，说法现前。于此明得，古佛殿前，同登彼岸。无事，珍重! ”问:“如何是祖师西来意? ”师曰:“下坡不走。”问:“牛头未见四祖时如何? ”师曰:“着衣吃饭。”曰:“见后如何? ”师曰:“钵盂挂壁上。”问:“如何是真如含一切? ”师曰:“分明。”曰:“为什么有利钝? ”师曰:“四天打鼓,楼上击钟。”问:“如何是南台境? ”师曰:“金刚手指天。”问:“如何是色空? ”师曰:“道士着真红。”问:“十二时中，时时不离时如何? ”师曰:“谛。”

双峰竟钦禅师

韶州双峰竟钦禅师，益州人也。开堂日，云门和尚躬临证明。僧问：“如何是佛法大意？”师曰：“日出方知天下朗，无油那点佛前灯。”问：“如何是双峰境？”师曰：“夜听水流庵后竹，昼看云起面前山。”问：“如何是和尚为人一句？”师曰：“因风吹火。”上堂：“进一步则迷理，退一步则失事，饶你一向兀然去，又同无情。”僧问：“如何得不同无情去？”师曰：“动转施为。”曰：“如何得不迷理失事去？”师曰：“进一步，退一步。”僧作礼。师曰：“向来有人恁么会？老僧不肯伊。”曰：“请师直指。”师便打出。问：“如何是正法眼？”师曰：“山河大地。”问：“如何是法王剑？”师曰：“鈆刀徒逞，不若龙泉。”曰：“用者如何？”师曰：“藏锋犹不许，露刃更何堪！”问：“宾头卢应供四天下，还得遍也无？”师曰：“如月入水。”问：“如何是用而不杂？”师曰：“明月堂前垂玉露，水晶殿里瑓真珠。”有行者问：“某甲遇贼来时，若杀即违佛教，不杀又违王敕。未审师意如何？”师曰：“官不容针，私通车马。”广主尝亲问法要，锡慧真广悟号。将示寂，告门人曰：“吾不久去世，汝可就山顶预修坟塔。”洎工毕，以闻。师曰：“后日子时行矣。”及期，会云门爽和尚等七人夜话。侍者报三更也。师索香焚之，合掌而逝。

资福诠禅师

韶州资福诠禅师，僧问：“不问宗乘，请师心印。”师曰：“不答这话。”曰：“为什么不答？”师曰：“不副前言。”问：“觌面难逢处，如何顾鉴咦。乞师垂半偈，免使后人疑。”师曰：“锋前一句超调御，拟问如何历劫违。”曰：“恁么则东山西岭时人知有，未审资福庭前谁家风月？”师曰：“且领前话。”

黄云元禅师

广州黄云元禅师，初开堂日，以手拊绳床曰：“诸人还识广大须弥之座也无？若不识，老僧升座去也。”师便坐。僧问：“如何是大汉国境？”师曰：“歌谣满路。”上堂：“古人道，触目未曾无，临机何不道？山僧即不然，触目未曾无，临机道什么？珍重！”

龙境伦禅师

广州龙境伦禅师，开堂升座，提起拂子曰：“还会么？若会，头上更增头，若不会，断头取活。”僧问：“如何是龙境家风？”师曰：“豺狼虎豹。”问：“如何是佛？”师曰：“勤耕田。”曰：“学人不会。”师曰：“早收禾。”问僧：“什么处来？”曰：“黄云来。”师曰：“作么生是黄云郎当媚痴抹跶为人一句？”僧无对。示众曰：“作么生是长连床上取性一句？道将来！”

云门山爽禅师

韶州云门山爽禅师，上堂，僧问：“如何是佛？”师曰：“圣躬万岁。”问：“如何是透法身句？”师曰：“银香台上生萝卜。”

白云闻禅师

韶州白云闻禅师，上堂良久，僧出问：“白云一路，全因今日。”师曰：“不是！不是！”曰：“和尚又如何？”师曰：“白云一路，草深一丈。”便下座。问：“拟伸一问，师还答否？”师曰：“皂荚树头悬，风吹曲不成。”问：“受施主供养，将何报答？”师曰：“作牛作马。”

净法禅想章禅师

韶州净法禅想章禅师，广主问：“如何是禅？”师乃良久。主罔测，因署其号。僧问：“日月重明时如何？”师曰：“日月虽明，不鉴覆盆之下。”问:“既是金山,为什么凿石?”师曰:“金山凿石。”问:“如何是道?”师曰:“迢迢十万余。”

温门山满禅师

韶州温门山满禅师,僧问:“如何是佛?”师曰:“胸题卍字。”曰:“如何是祖?”师曰:“不游西土。”有人指壁上画问:“既是千尺松,为什么却在屋下?”师曰:“芥子纳须弥作么生?”问:“隔墙见角,便知是牛时如何?”师便打。问:“如何是和尚家风?”师曰:“汝曾读书么?”问:“太子初生为什么不识父母?”师曰:“迥然尊贵。”

大容諲禅师

黄州大容諲禅师，僧问:“如何是大容水?”师曰:“还我一滴来。”问:“当来弥勒下生时如何?”师曰:“慈氏宫中三春草。”问:“如何是真空?”师曰:“拈却拒阳着。”曰:“如何是妙用?”师乃握拳。僧曰:“真空妙用，相去几何?”师以手拨之。问:“长蛇偃月即不问,匹马单枪时如何?”师曰:“麻江桥下,会么?”曰:“不会。”师曰:“圣寿寺前。”问:“既是大容,为什么趁出僧?”师曰:“大海不容尘，小溪多搕𢱢。”问:“如何是古佛一路?”师指地，僧曰:“不问这个。”师曰:“去。”师与一老宿相期他往，偶因事不去。宿曰:“佛无二言。”师曰:“法无一向。”

罗山崇禅师

广州罗山崇禅师，僧问:“如何是大汉国境?”师曰:“玉狗吠时天未晓,金鸡啼处五更初。”问:“丹霞访居士,女子不携篮时如何?”师曰:“也要到这里一转。”问:“如何是罗山境?”师曰:“布水千寻。”

云门常实禅师

韶州云门常实禅师，上堂："至道无难，唯嫌拣择。还有拣择者么？"时有僧问："十方国土中，唯有一乘法。如何是一乘法？"师曰："日月分明。"曰："学人不会。"师曰："清风满路。"

林溪竟脱禅师

郢州林溪竟脱禅师，僧问："如何是法身？"师曰："四海五湖宾。"曰："如何是透法身句？"师曰："明眼人笑汝。"问："如何是本来人？"师曰："风吹满面尘。"问："牛头未见四祖时如何？"师曰："富贵多宾客。"曰："见后如何？"师曰："贫穷绝往还。"问："如何是佛？"师曰："十字路头。"曰："如何是法？"师曰："三家村里。"曰："佛之与法，是一是二？"师曰："露柱渡三江，犹怀感恨长。"问："如何是无缝塔？"师曰："复州城。"曰："如何是塔中人？"师曰："龙兴寺。"

韶州广悟禅师

韶州广悟禅师，僧问："如何是和尚为人一句？"师曰："因风吹火。"

华严慧禅师

广州华严慧禅师，僧问："承古有言，妄心无处即菩提。正当妄时,还有菩提也无？"师曰："来音已照。"曰："不会。"师曰："妄心无处即菩提。"

长乐山政禅师

韶州长乐山政禅师，僧问："祖师心印，何人提掇？"师曰："石人妙手在。"曰："学人还有分也无？"师曰："木人整不齐。"

英州观音和尚

英州观音和尚，因穿井次，僧问："井深多少？"师曰："没汝鼻孔。"问："牛头未见四祖时如何？"师曰："英州观音。"曰："见后如何？"师曰："英州观音。"问："如何是观音妙智力？"师曰："风射破窗鸣。"

韶州林泉和尚

韶州林泉和尚，僧问："如何是林泉主？"师曰："岩下白石。"曰："如何是林泉家风？"师曰："迎宾待客。"问："如何是道？"师曰："迢迢。"曰："便恁么领会时如何？"师曰："久久忘缘者，宁怀去住情。"

云门煦禅师

韶州云门煦禅师，僧问："如何是祖师西来意？"师曰："即今是什么意？"僧曰："恰是。"师便喝。

黄檗法济禅师

瑞州黄檗法济禅师，僧问："如何是和尚家风？"师曰："与天下人作榜样。"问："如何是佛？"师曰："眉粗眼大。"上堂，良久曰："若识得黄檗帐子，平生行脚事毕。珍重！"

康国耀禅师

信州康国耀禅师，僧问："文殊与维摩对谈何事？"师曰："汝向髑髅后会，始得。"曰："古人道，髑髅里荐取又如何？"师曰："汝还荐得么？"曰："恁么则远人得遇于师去也。"师曰："莫谩语。"

谷山丰禅师

潭州谷山丰禅师，僧问：“师唱谁家曲？宗风嗣阿谁？”师曰：“雪岭梅花绽，云洞老僧惊。”上堂：“骏马机前异，游人肘后悬。既参云外客，试为老僧看。”时有僧才出，师便打。曰：“何不早出头来！”便下座。

罗汉匡果禅师

颍州罗汉匡果禅师，僧问：“如何是吹毛剑？”师曰：“了。”问：“和尚百年后，忽有人问向什么处去，如何酬对？”师曰：“久后遇作家，分明举似。”曰：“谁是知音者？”师曰：“知音者即不恁么问。”问：“凿壁偷光时如何？”师曰：“错。”曰：“争奈苦志专心。”师曰：“错！错！”

沧溪璘禅师

鼎州沧溪璘禅师，僧问：“是法住法位，世间相常住，云门和尚向什么处去也？”师曰：“见么？”曰：“错。”师曰：“错！错！”问：“如何是西来意？”师曰：“不错。”师因事示颂曰：“天地之前径，时人莫强移。个中生解会，眉上更安眉。”

洞山清禀禅师

瑞州洞山清禀禅师，泉州李氏子。参云门，门问：“今日离甚处？”曰：“慧林。”门举拄杖曰：“慧林大师恁么去，汝见么？”曰：“深领此问。”门顾左右微笑而已。师自此入室印悟。金陵主请居光睦，未几命入澄心堂，集诸方语要，经十稔迎住洞山。开堂日，维那白槌曰：“法筵龙象众，当观第一义。”师曰：“好个消息，只恐错会。”时有僧问：“云门一曲师亲唱，今日新丰事若何？”师曰：“也要道却。”

北禅悟通寂禅师

蕲州北禅悟通寂禅师，上堂，拈拄杖曰：“过去、未来、现在三世诸佛微尘菩萨，一时在拄杖头上转大法轮，尽向诸人鼻孔里过。还见么？若见，与我拈将来。若不见，大似立地死汉。”良久曰：“风恬浪静，不如归堂。”问僧：“甚处来？”曰：“黄州。”师曰：“夏在甚处？”曰：“资福。”师曰：“福将何资？”曰：“两重公案。”师曰：“争奈在北禅手里。”曰：“在手里即收取。”师便打。僧不甘，师随后趁出。问：“如何是佛？”师曰：“对面千里。”

天王永平禅师

庐州南天王永平禅师，僧问：“如何是西来意？”师曰：“不撒沙。”问：“如何是南天王境？”师曰：“一任观看。”曰：“如何是境中人？”师曰：“且领前话。”问：“久战沙场，为什么功名不就？”师曰：“只为眠霜卧雪深。”曰：“恁么则罢息干戈，束手归朝去也。”师曰：“指挥使未到你在。”

永安朗禅师

湖南永安朗禅师，僧问：“如何是洞阳家风？”师曰：“入门便见。”曰：“如何是入门便见？”师曰：“客是主人相师。”问：“如何是至极之谈？”师曰：“爱别离苦。”

湘潭明照禅师

湖南湘潭明照禅师，僧问：“如何是湘潭境？”师曰：“山连大岳，水接潇湘。”曰：“如何是境中人？”师曰：“便合知时。”问：“如何是佛法大意？”师曰：“百惑谩劳神。”

青城大面山乘禅师

西川青城大面山乘禅师，僧问：“如何是相轮峰？”师曰：“直耸烟岚际。”曰：“向上事如何？”师曰：“入地三尺五。”问：“如何是佛法大意？”师曰：“兴义门前冬冬鼓。”曰：“学人不会。”师曰：“朝打三千，暮打八百。”

普通封禅师

兴元府普通封禅师，僧问：“今日一会，何似灵山？”师曰：“震动乾坤。”问：“如何是普通境？”师曰：“庭前有竹三冬秀，户内无灯午夜明。”

灯峰净源真禅师

韶州灯峰净源真禅师，上堂：“古人道，山河大地普真如。大众若得真如，即隐却山河大地。若不得，即违古人至言。众中道得者出来道看。若道不得，不如各自归堂。珍重！”僧问：“达磨未来时如何？”师曰：“三家村里，两两三三。”曰：“来后如何？”师曰：“千斜不如一直。”问：“诸法寂灭相即不问，如何是世间相？”师曰：“真不掩假。”问：“如何是和尚为人一句？”师曰：“不着力。”

大梵圆禅师

韶州大梵圆禅师，因见圣僧，乃问僧：“此个圣僧年多少？”僧曰：“恰共和尚同年。”师喝曰：“这竭斗不易道得。”

药山圆光禅师

澧州药山圆光禅师，僧问：“药峤灯联，师当第几？”师曰：“相逢尽道休官去，林下何曾见一人？”问：“水陆不涉者，师还接否？”师曰：“苏噜苏噜。”师问新到：“南来北来？”曰：“北来。”师曰：“不落言诠，速道！速道！”曰：“某甲是福建道人，善会乡谈。”师曰：“参众去。”僧曰：“灼然。”师曰：“更踌跳便打。”问：“如何是祖师西来意？”师曰：“道什么！”

鹅湖云震禅师

信州鹅湖云震禅师，僧问："如何是佛？"师曰："阇黎不是。"问僧："近离甚处？"曰："两浙。"师曰："还将得吹毛剑来否？"僧展两手。师曰："将谓是个烂柯仙，元来却是孱蒲汉。"问："如何是鹅湖家风？"师曰："客是主人相师。"曰："恁么则谢师周旋去也。"师曰："难下陈蕃之榻。"

开先清耀禅师

庐山开先清耀禅师，僧问："如何是灯灯不绝？"师曰："青杨翻递植。"曰："学人不会。"师曰："无根树下唱虚名。"问："披云一句师亲唱，长庆今朝事若何？"师曰："家家观世音。"问："如何是披云境？"师曰："一瓶渌水安窗下，便当生涯度几秋。"曰："如何是长庆境？"师曰："堂里老僧头雪白。"曰〔曰，原作"白"，据清藏本、续藏本改。〕："二境同归，应当别理。"师曰："在处得人疑。"问："古涧寒泉，谁人能到？"师曰："干。"曰："恁么则到也。"师曰："深多少？"

奉国清海禅师

襄州奉国清海禅师，僧问："青青翠竹，尽是真如。如何是真如？"师曰："点铁成金客，闻名不见形。"曰："恁么则礼谢去也。"师曰："昔时妄想，至今犹存。"问："承古有云，见月休观指，归家罢问程。如何是家？"师曰："试举话头看。"问："放过即东道西说，不放过怎生道？"师曰："二年同一春。"

韶州慈光禅师

韶州慈光禅师，僧问："即心即佛，诱诲之言。不涉前踪，如何指教？"师曰："东西且置，南北事作么生？"曰："恁么则学人罔测去也。"师曰："龙头蛇尾。"

双峰慧真禅师

韶州双峰慧真禅师,僧问:“如何是和尚非时为人一句?”师曰:“吃棒得也未?”僧礼拜,师便打。

保安师密禅师

潭州保安师密禅师,僧问:“辊芥投针时如何?”师曰:“落在什么处?”〔梁山云:“落在汝眼里。”〕问:“不犯词锋时如何?”师曰:“天台南岳。”曰:“便恁么去时如何?”师曰:“江西湖南。”

云门法球禅师

韶州云门法球禅师,僧问:“如何是西来大道?”师曰:“当时妄想,至今不绝。”问:“如何是云门剑?”师曰:“长空不匣锋铓色。”曰:“用者又如何?”师曰:“四海唯清日月明。”问:“如何是道?”师曰:“头上脚下。”曰:“如何是道中人?”师曰:“一任东西。”问:“如何是随色摩尼珠?”师曰:“色即不无,作么生是珠?”曰:“学人不会,特伸请益。”师曰:“云有出山势,水无投涧声。”问:“牛头未见四祖时如何?”师曰:“香风吹萎花。”曰:“见后如何?”师曰:“更雨新好者。”

佛陀山远禅师

韶州佛陀山远禅师,僧问:“如何是佛?”师曰:“铜头铁额。”曰:“意旨如何?”师曰:“簸土扬尘。”

慈云山深禅师

连州慈云山深禅师,僧问:“宝镜当轩时如何?”师曰:“天地皆失色。”问:“如何是教外别传一句?”师曰:“扣牙恐惊齿。”

化城鉴禅师

庐山化城鉴禅师，僧问：“如何是和尚正法眼？”师曰：“新罗人迷路。”上堂：“十方薄伽梵，一路涅槃门。诸禅德，且作么生是涅槃门，莫是山僧这里聚会少时便为涅槃门么？莫错会好！诸禅德总不恁么会。莫别有商量底么？山僧这里早是事不获已，向诸人恁么道，已是相钝置了也。更拟踏步向前，有何所益？诸禅德但自无事，自然安乐，任运天真，随缘自在。莫用巡他门户，求觅解会，记忆在心，被他系缚，不得自在，便被生死之所拘，何时得出头？可惜光阴倏忽，便是来生。速须努力。”时有僧问：“生死到来，如何免得？”师曰：“柴鸣竹爆惊人耳。”曰：“学人不会，请师直指。”师曰：“家犬声狞夜不休。”问：“如何是菩提路？”师曰：“月照旧房深。”问：“如何是和尚家风？”师曰：“不欲说似人。”曰：“为什么却如此？”师曰：“家丑不外扬。”问：“如何是和尚寻常为人底句？”师曰：“量才补职。”曰：“恁么则学人无分也。”师曰：“心不负人。”问：“佛法毕竟成得什么边事？”师曰：“好个问头，无人答得。”曰：“和尚岂无方便？”师曰：“云有出山势，水无投涧声。”问：“如何是向上关棙子？”师曰：“拔剑搅龙门。”

庐山护国和尚

庐山护国和尚，上堂曰：“有解问话者么？出来对众问看。”时有僧出礼拜，师曰：“来朝更献楚王看。”便归方丈。上堂：“实际理地，不受一尘。佛事门中，不舍一法。”又曰：“一法若有，毗卢堕在凡夫。万法若无，普贤失其境界。诸上座，作么生理论？朝夕恁么上来，向诸上座说个什么即得？若说三乘十二分教，自有座主律师。若说世谛因缘，又非僧家之所议。若论佛法，从上祖宗，多少佛法，可与评量。总不如是。须知各各当人分上事，作么生是诸上座分上事？知有底，对众吐露个消息，以表平生行脚，参善知识，具烁迦罗目，不被人谩，岂不快哉！还有么？”良久云:“若无人出头，买卖不当价，徒劳更商量。珍重！”僧问:“佛未出世时如何？”师曰:“云遮海门树。”曰:“出世后如何？”师曰:“擘破铁围山。”

天王徽禅师

庐州天王徽禅师，僧问:“如何是一大藏教？”师曰:“高座不曾登。”曰:“登后如何？”师曰:“三段不同,今当第一。向下文长，付在来日。东家篱,西家壁,自己分上又作么生？”僧无对。师便打。问:“如何是从天降下？”师曰:“风雨顺时。”曰:“如何是从地涌出？”师曰:“稻麻竹苇。”

庆云和尚

庐州庆云和尚，僧问:“三乘十二分教即不问，如何是直截根源？”师曰:“十进九退。”曰:“如何即是？”师曰:“何日得休时。”问:“一言道断时如何？”师曰:“未是极则处。”曰:“如何是极则处？”师曰:“冬后一阳生。”问:“诸法实相义,和尚如何说？”师曰:“口挂东壁上。”问:“佛令祖令今已委，向上机锋事若何？”师曰:“令。”曰:“学人不晓，如何指示？”师曰:“收。”

永福院朗禅师

岳州永福院朗禅师,问僧:“汝是甚处人？”曰:“荆南人。”师曰:“还过公安渡也无？”曰:“过公安渡。”师曰:“汝何不判公验？”曰:“和尚何得特地？”师曰:“争奈岳阳关头何！”僧无语，师便打。

芭蕉山弘义禅师

郢州芭蕉山弘义禅师，僧问:“如何是最初一句？”师曰:“举起分明。”曰:“如何受持？”师曰:“苏噜悉哩。”问:“学人非时上来，乞师一接。”师曰:“汝是甚处人？”曰:“河北人。”师曰:“不易过黄河。”

赵横山和尚

郢州赵横山和尚，僧问:“十二时中如何用心？”师曰:“长连床上吃粥吃饭。”问:“如何是诸佛师？”师曰:“平地看高。”

西禅钦禅师

信州西禅钦禅师，僧问:“如何是函盖乾坤句？”师曰:“天上有星皆拱北。”曰:“如何是截断众流句？”师曰:“大地坦然平。”曰:“如何是随波逐浪句？”师曰:“春生夏长。”问:“古殿重兴时如何？”师曰:“一回春到一回新。”

南天王海禅师

庐州南天王海禅师，僧问:“如何是一体真如？”师曰:“五郎手里铁弹子。”问:“十度发言九度休时如何”师曰:“口边生荆棘。”曰:“如何免得此过？”师曰:“半路好抽身。”

觉华普照禅师

桂州觉华普照禅师,僧问:“大千世界为什么转身不得？”师曰:“谁碍阇黎？”曰:“争奈转不得！”师曰:“无用处。”问:“声色二字如何透得？”师曰:“虚空无变易，日月自纷拏。”问:“如何是真如涅槃？”师曰:“秋风声飒飒，涧水响潺潺。”上堂:“总似今日老胡有望，然灯佛不如阇黎。总似今日老胡绝望，阇黎不如然灯佛。于此明得,大地微尘诸佛、西天二十八祖、唐土六祖、天下老宿，一时拈来山僧拄杖头上转妙法轮。于此明不得,百千诸佛穿你鼻孔，西天二十八祖透过你髑髅，还知么？若不知，山僧与你指出。”良久曰:“山河大地有什么过?久立,珍重!”

铁幢觉禅师

益州铁幢觉禅师,僧问:“十二时中如何履践?”师曰:“光剃头,净洗钵。”问:“如何是道?”师曰:“踏着。”曰:“如何是道中人?”师曰:“退后三步。”问:“诸佛出世,当为何事?”师曰:“截耳卧街。”

延长山和尚

新州延长山和尚〔后住龙景山,真身现在。〕僧问:“如何是和尚家风?”师曰:“丑拙不可当。”曰:“客来如何只待?”师曰:“瓦碗竹箸。”问:“从上古圣向什么处去?”师曰:“不在山间,即居树下。”曰:“未审成得个什么?”师曰:“汝还知落处么?”僧无语,师便打。

福化充禅师

眉州福化充禅师,僧问:“如何是大人相?”师曰:“山僧这里不曾容易对阇黎。”曰:“如何得相承去?”师曰:“白云虽有影,绿竹且无阴。”问:“天皇也恁么道,龙潭也恁么道,未审和尚作么生道?”师曰:“汝试道看。”曰:“比来请益,岂无方便?”师曰:“将谓是海东舶主,元来是北地番人。”问:“如何是佛法大意?”师曰:“十字路头华表柱。”曰:“学人不会,乞师再指。”师曰:“君自行东我向西。”

黄龙赞禅师

眉州黄龙赞禅师,僧问:“如何是和尚关棙子?”师曰:“少人踏得着。”曰:“忽踏得着时如何?”师曰:“汝试进前看。”僧便喝,师便打。问僧:“近离甚处?”曰:“香林。”师曰:“在彼多少时?”

曰:“六年。”师曰:“世尊在雪山六年,证无上菩提。汝在香林六年,成得个什么?”僧无语。师曰:“移厨吃饭汉。”

大圣院守贤禅师

衡州大圣院守贤禅师，僧问:“如何是古佛道场?”师曰:“五通庙里没香炉。”问:“如何是佛法大意?”师曰:“南斗七,北斗八。”

天柱山和尚

舒州天柱山和尚，上堂曰:“莫有作家战将么，试出来与山僧相见。”时有僧出礼拜，师曰:“山僧打退鼓。”曰:“和尚是什么心行?”师曰:“败将不战。”问:“北斗藏身,意旨如何?”师曰:“阇黎岂不是荆南人?”曰:“是。”师曰:“只见波澜起，不测洞庭深。”

云门山朗上座

韶州云门山朗上座，自幼肄业讲肆，闻僧问云门:“如何是透法身句?”门曰:“北斗里藏身。”师罔测微旨，遂造云门。门才见便把住曰:“道！道！”师拟议，门拓开，乃示颂曰:“云门耸峻白云低，水急游鱼不敢栖。入户已知来见解，何劳再举轹中泥。”师因斯大悟，即便礼拜。自此依云门为上座。僧问:“如何是解脱?”师曰:“穿靴水上行。”问:“如何是透脱一路?”师曰:“南赡部洲北郁单越。”曰:“学人不会，意旨如何?”师曰:“朝游罗浮，暮归檀特。”

纂子山庵主

郢州纂子山庵主，僧问:“如何是透法身句?”师曰:“朝看东南，暮看西北。”

青原下八世

白云祥禅师法嗣

韶州大历和尚

韶州大历和尚，初参白云，云举拳曰:“我近来不恁么也。”师领旨礼拜，自此入室。住后，僧问:“如何是西来意?”师曰:“破草鞋。”问:“如何是无为?”师乃摆手。问:“施主供养,将何报答?”师以手撚髭。曰:“有髭即撚，无髭又如何?”师曰:“非公境界。”

连州宝华和尚

连州宝华和尚，上堂:“看天看地，新罗国里，和南不审，日销万两黄金。虽然如此，犹是少分。”又曰:“尽十方世界，是个木罗汉，幡竿头上道将一句来。”又曰:“天上龙飞凤走，山间虎啸猿啼。拈向鼻孔，道将一句来。”问僧:“甚处来?”曰:“大容来。”师曰:“大容近日作么生?”曰:“近来合得一瓮酱。”师唤沙弥将一碗水来，与这僧照影。因有僧问大容曰:“天赐六铢披挂后,将何报答我皇恩。”容曰:“来披三事衲，归挂六铢衣。”师闻之，乃曰:“这老冻齈作恁么语话。”容闻，令人传语曰:“何以奴缘不断。”师曰:“比为抛砖，只图引玉。”师见一僧从法阶堂下过，师乃敲绳床。僧曰:“若是这个，不请拈出。”师喜，下地诘之。僧无语，师便打。师有时戴冠子，谓众曰:“若道是俗,且身披袈裟。若道是僧,又头戴冠子。”众无对。

月华山月禅师

韶州月华山月禅师,初谒白云,云问:“业个什么?”曰:“念《孔雀经》。”云曰:“好个人家男女，随鸟雀后走。”师闻语惊异，遂依附。久之乃契旨,寻住月华。僧问:“如何是月华家风?”师曰:“若问家风，即答家风。”曰：“学人问家风。”师曰：“金铜罗汉。”上堂：“举一句语，遍大千界。还有人会得这个时节么？试出来道看。要知亲切。”良久曰：“不出头，是好手。久立，珍重！”僧问：“如何是祖师西来意〔“意”字原无，今补。〕？”师曰：“梁王不识。”曰：“意旨如何？”师曰：“只履西归。”师入京，上堂。有一官人出，礼拜起，低头良久。师曰：“掣电之机，徒劳伫思。”有一老宿上法堂，东西顾视曰：“好个法堂，要且无主。”师闻，乃召曰：“且坐吃茶。”宿问曰：“玄中最的，犹是龟毛兔角。不向二谛中修，如何密用？”师曰：“侧。”宿曰：“恁么则拗折拄杖，割断草鞋去也。”师曰：“细而详之。”

南雄地藏和尚

南雄州地藏和尚，上堂，僧问：“今日供养地藏，地藏还来否？”师曰：“打开佛殿门，装香换水。”师与大容和尚在白云开火路，容曰：“三道宝阶，何似个火路？”师曰：“什么处不是？”

乐净含匡禅师

英州乐净含匡禅师，上堂，良久曰：“摩竭提国，亲行此令，去却担簦，截流相见。”僧问：“如何是西来意？”师曰：“侧耳无功。”问：“如何是乐净家风？”师曰：“天地养人。”问：“如何是乐净境？”师曰：“有工贪种竹，无暇不栽松。”曰：“忽遇客来，将何供养？”师曰：“满园秋果熟，要者近前尝。”问：“龙门有意透者如何？”师曰：“滩下接取。”曰：“学人不会。”师曰：“唤行头来。”问：“但得本，莫愁末。如何是本？”师曰：“不要问人。”曰：“如何是末？”师乃竖指。问：“如何是乐净境？”师曰：“满月团圆菩萨面，庭前棕树夜叉头。”僧辞，师问：“甚处去？”曰：“大容去。”师曰：“大容若问乐净有何言教，汝作么生祗对？”僧无语。师代云：“但道乐净近日不肯大容。”因普请打篱次，僧问：“古人种种开方便门，和尚为什么却拦截？”师曰：“牢下橛着？”

后白云和尚

韶州后白云和尚，僧问：“古琴绝韵请师弹。”师曰：“伯牙虽妙手，时人听者希。”曰：“恁么则再遇子期也。”师曰：“笑发惊弦断，宁知调不同。”问：“昔日灵山一会，梵王为主，未审白云什么人为主？”师曰：“有常侍在。”曰：“恁么则法雨霶霈，群生有赖。”师曰：“汝莫这里卖栀子。”

白云福禅师

韶州白云福禅师，僧问：“如何是佛法的的之意？”师曰：“直。”曰：“学人不会，意旨如何？”师曰：“崖州路上问知音。”

德山密禅师法嗣

文殊应真禅师

鼎州文殊应真禅师，上堂：“直钩钓狞龙，曲钩钓虾蟆蚯蚓，还有龙么？”良久曰：“劳而无功。”僧问：“宝剑未出匣时如何？”师曰：“在什么处？”曰：“出匣后如何？”师曰：“臂长衫袖短。”问：“古人拊掌，意旨如何？”师曰：“家无小使，不成君子。”

南台勤禅师

南岳南台勤禅师，僧问：“如何是祖师西来意？”师曰：“一寸龟毛重七斤。”

德山绍晏禅师

鼎州德山绍晏禅师，僧问：“如何是祖师西来意？”师曰：“桃源水绕白云亭。”上堂：“一尘才起，大地全收。一毛头上，师子全身。且道一尘才起，大地全收。须弥山重多少？一毛头上，师子全身。大海水有几滴？有人道得，与汝拄杖子，天下横行。若道不得，须弥山盖却汝头，大海水溺却汝身。”

鹿苑文袭禅师

潭州鹿苑文袭禅师，僧问：“远远投师，请师一接。”师曰：“五门巷里无消息。”僧良久。师曰：“会么？”曰：“不会。”师曰：“长乐坡头信不通。”

药山可琼禅师

澧州药山可琼禅师上堂，僧出曰：“请师答话。”师曰：“好。”曰：“还当得也无？”师曰：“更问。”问：“巨岳不曾乏寸土，师今苦口为何人？”师曰：“延寿也要道过。”曰：“不伸此问，焉辨我师？”师便喝。僧礼拜，师便打。

乾明院普禅师

巴陵乾明院普禅师，僧问：“万行齐修，古人不许。不落功勋，还许也无？”师曰：“一。”曰：“学人未晓，乞师再指。”师曰：“三十年后。”

中梁山崇禅师

兴元府中梁山崇禅师，僧问：“垂丝千尺，意在深潭时如何？”师曰：“红鳞掌上跃。”

黄龙志愿禅师

鄂州黄龙志愿禅师，僧问：“迦叶上行衣，何人合得披？”师曰：

"一片烧痕地，春入又逢青。"

东禅秀禅师

益州东禅秀禅师，僧问："既是善神，为什么却被雷打？"师曰："世乱奴欺主，年衰鬼弄人。"问："如何是一代时教？"师曰："多年故纸。"

普安道禅师

鼎州普安道禅师，三句颂，函盖乾坤曰："乾坤并万象，地狱及天堂。物物皆真见，头头用不伤。"截断众流曰："堆山积岳来，一一尽尘埃。更拟论玄妙，冰消解瓦摧。"随波逐浪曰："辩口利舌问，高低总不亏。还知应病药，诊候在临时。"三句外曰："当人如举唱，三句岂能该？有问如何事，南岳与天台。"抬荐商量曰："相见不扬眉，君东我亦西。红霞穿碧落，白日绕须弥。"

巴陵鉴禅师法嗣

泐潭灵澄散圣

泐潭灵澄散圣，因智门宽禅师问曰："甚处来？"师曰："水清月现。"门曰："好好借问。"师曰："褊衫不染皂。"门曰："吃茶去。"师有《西来意颂》曰："因僧问我西来意，我话居山七八年。草履只栽三个耳，麻衣曾补两番肩。东庵每见西庵雪，下涧长流上涧泉。半夜白云消散后，一轮明月到床前。"

兴化院兴顺禅师

襄州兴化院兴顺禅师，僧问："如何是和尚深深处？"师曰："举即易，答即难。"曰："为什么如此？"师曰："过去。"问："如何是百千妙门，同归方寸？”师曰：“水底看夜市。”问：“如何是向上事？”师曰：“楚山头指天。”

双泉宽禅师法嗣

五祖师戒禅师

蕲州五祖师戒禅师，僧问：“如何是佛？”师曰：“鼻孔长三尺。”曰：“学人不会。”师曰：“真不掩伪，曲不藏直。”问：“如何是道？”师曰：“点。”曰：“点后如何？”师曰：“荆三汴四。”问：“宝剑未出匣时如何？”师曰：“看。”曰：“出匣后如何？”师曰：“收。”问：“如何是随色摩尼珠？”师曰：“随。”曰：“随后如何？”师曰：“一个婆婆两个瘿。”问：“得船便渡时如何？”师曰：“棹在谁人手？”僧拟议，师曰：“云有出山势，水无投涧声。”上堂：“佛病祖病，一时与诸禅德拈向三门外，诸禅德还拈得山僧病也无？若拈得山僧病，不妨见得佛病祖病。珍重！”问：“如何是祖师西来意？”师曰：“担不起。”曰：“为什么担不起？”师曰：“祖师西来意。”问：“牛头未见四祖时如何？”师曰：“高问低对。”曰：“见后如何？”师曰：“风萧萧，雨飒飒。”上堂，僧问：“名喧宇宙知师久，雪岭家风略借看。”师曰：“未在更道。”僧展两手，师便打。僧礼拜,师竖起拄杖曰：“大众会么？言不再举,令不重行。”便下座。问僧：“近离甚处？”曰：“东京。”师曰：“还见天子也无？”曰：“常年一度出金明池。”师曰：“有礼可恕,无礼难容。出去。”智门问曰：“暑往寒来即不问，林下相逢事若何？”师曰：“五凤楼前听玉漏。”门曰：“争奈主山高，案山低？”师曰：“须弥顶上击金钟。”

福昌院重善禅师

江陵府福昌院重善禅师，僧问：“如何是正法眼？”师曰：“夜观乾象。”曰:“学人不会，意旨如何？”师曰:“日里看山。”问:“如何是佛法的的大意？”师曰:“东方甲乙木。”曰:“恁么则粉骨碎身也。”师曰:“易开终始口,难保岁寒心。”问:“浩浩尘中,如何辨主？”师曰:“长安天子,塞外将军。”曰:“恁么则权握在手。”师曰:“不斩无罪人。”问:“如何是不迁底法？”师曰:“死人不坐禅。”曰:“学人不会，意旨如何？”师曰:“那伽常在定。”问:“离却咽喉唇吻,请师速道。”师曰:“福昌口门窄。”曰:“和尚为什么口门窄？”师曰:“还我话来。”问:“如何是离筌蹄底句？”师曰:“头大帽子小。”曰:“意旨如何？”师曰:“侧脚反穿靴。”问:“金乌东涌,玉兔西沉时如何？”师曰:“措大不骑驴。”曰:“恁么则谢师指南。”师曰:“更须子细。”问:“牛头未见四祖时如何？”师曰:“槵子数珠。”曰:“见后如何？”师曰:“铁磬行者。”问:“未施武艺，便入战场时如何？”师曰:“老僧打退鼓。”曰:“恁么则展阵开旗去也。”师曰:“伏惟尚飨。”上堂:“尽乾坤大地，微尘诸佛，总在福昌这里。”拈拄杖画一画，曰:“说佛说法，诸禅德若也会得，出来与汝证据。若也不会，花须连夜发，莫待晓风吹。”便下座。

四祖志諲禅师

蕲州四祖志諲禅师，僧问:“如何是透法身句？”师曰:“多年松树老鳞皴。”问:“叶落归根时如何？”师曰:“一岁一枯荣。”

兴化奉能禅师

襄州兴化奉能禅师,僧问:“如何是佛？”师曰:“发长僧貌丑。”

天睦山慧满禅师

唐州天睦山慧满禅师,僧问:“如何是佛？”师曰:“多年桃核。”曰:“意旨如何？”师曰:“打破里头人。”问:“如何是祖师西来意？”师曰:“三年逢一闰。”曰:“合谈何事？”师曰:“九日是重阳。”

建福智同禅师

鄂州建福智同禅师，僧问:“如何是透法身句? ”师曰:“鹦鹉慕西秦。”僧礼拜，师曰:“听取一颂:云门透法身，法身何许人? 雁回沙塞北，鹦鹉慕西秦。”

延庆宗本禅师

襄州延庆宗本禅师，僧问:“鱼未跳龙门时如何? ”师曰:“摆手入长安。”曰:“跳过后如何? ”师曰:“长安虽乐。”

大龙山炳贤禅师

鼎州大龙山炳贤禅师，僧问:“昔日先师语，如何透法身? ”师曰:“万仞峰前句,不与白云齐。”问:“如何是动乾坤句? ”师曰:“透出龙宫还大海,掌开日月倒须弥。”问:“如何是出家人? ”师曰:“深。”曰:“如何是出家法? ”师曰:“苦。”

自岩上座

自岩上座,僧问:“如何是无缝塔? ”师曰:“砖瓦泥土。”曰:“如何是塔中人? ”师曰:“含齿戴发。”问:“如何是大人相? ”师曰:“不曾作模样。”曰:“如何是老人相? ”师曰:“无力把拄杖。”问:“洞山麻三斤，意旨如何? ”师曰:“八十婆婆不妆梳。”

香林远禅师法嗣

智门光祚禅师

随州智门光祚禅师，〔先住北塔。〕僧问:“如何是佛? ”师曰:“踏破草鞋赤脚走。”曰:“如何是佛向上事? ”师曰:“拄杖头上挑日月。”问:“如何是祖师西来意? ”师曰:“眼不见鼻。”曰:“便恁么领会时如何？”师曰：“鼻孔里呷羹。”问：“曹溪路上还有俗谈也无？”师曰：“六祖是卢行者。”问：“一切智智清净，还有地狱也无？”师曰：“阎罗王是鬼做。”上堂：“一法若有，毗卢堕在凡夫。万法若无，普贤失其境界。正当恁么时，文殊向什么处出头？若也出头不得，金毛师子腰折。幸好一盘饭，莫待糁椒姜。”上堂：“山僧记得，在母胎中有一则语，今日举似大众。诸人不得作道理商量，还有人商量得么？若商量不得，三十年后不得错举。”问：“如何是清净法身？”师曰：“满眼是埃尘。”问：“古镜未磨时如何？”师曰：“也只是个铜片。”曰：“磨后如何？”师曰：“且收取。”问：“如何是般若体？”师曰：“蚌含明月。”曰：“如何是般若用？”师曰：“兔子怀胎。”问：“金刚眼中着得个什么？”师曰：“一把沙。”曰：“为什么如此？”师曰：“非公境界。”问：“如何是无缝塔？”师曰：“四棱着地。”曰：“如何是塔中人？”师曰：“鼻孔三斤秤不起。”问：“莲花未出水时如何？”师曰：“莲花。”曰：“出水后如何？”师曰：“荷叶。”上堂：“汝等诸人横担拄杖，出一丛林，入一丛林。你道丛林有几种？或有旃檀丛林，旃檀围绕；或有荆棘丛林，荆棘围绕；或有荆棘丛林，旃檀围绕；或有旃檀丛林，荆棘围绕。只如四种丛林，是汝诸人在阿那个丛林里安身立命？若无安身立命处，虚踏破草鞋，阎罗王征你草鞋钱有日在。”上堂：“雪峰辊毬，罗汉书字，归宗斩蛇，大随烧畬，且道明什么边事？还有人明得么，试道看。若明不得，所以道：斩蛇须是斩蛇手，烧畬须是烧畬人，瞥起情尘生妄见，眼里无筋一世贫。”上堂：“赫日里我人，云雾里慈悲，霜雪里假褐，雹子里藏身。还藏得身么？若藏不得，却被雹子打破髑髅。”上堂：“东家李四婆，西家来乞火。门外立少时，嗔他停滞我。恶发走归家，虚心屋里坐。可怜群小儿，终日受饥饿。有眼不点睛，空锁髑髅破。”

灌州罗汉和尚

灌州罗汉和尚，僧问："如何是佛？"师曰："牛头阿旁。"曰："如何是法？"师曰："剑树刀山。"问："如何是佛法大意？"师曰："井中红焰，日里浮沤。"曰："如何领会？"师曰："遥指扶桑日那边。"问："如何是本来心？"师曰："蹉过了也。"

香林信禅师

灌州青城香林信禅师，僧问："觌面相呈时如何？"师曰："筑着鼻孔。"

洞山初禅师法嗣

福严良雅禅师

潭州福严良雅禅师，居洞山第一座，山参次，僧出问："如何是佛？"山答曰："麻三斤。"参罢，山至寮谓师曰："我今日答这僧话，得么？"曰："恰值某净发。"山曰："你元来作这去就。"拂袖便出。师曰："这老汉将谓我明他这话头不得？"因作偈呈曰："五彩画牛头，黄金为点额。春晴二月初，农人皆取则。寒食贺新正，铁钱三五百。"山见，深肯之。住福严日，僧问："如何是和尚家风？"师曰："入门便见。"

开福德贤禅师

荆南府开福德贤禅师，僧问："去离不得时如何？"师曰："子承父业。"问："如何是衲僧活计？"师曰："耳里种田。"上堂："不用思而知，不用虑而解。知解俱泯，合谈何事？"良久曰："一叶落，天下秋。"问："承和尚有言，隔江招手，意旨如何？"师曰："被里张帆。"曰："恁么则南山起云，北山下雨去也。"师曰："踏不着。"

报慈嵩禅师

潭州报慈嵩禅师，僧问：“北斗藏身，意旨如何？”师曰：“百岁老人入漆瓮。”

乾明睦禅师

岳州乾明睦禅师，问洞山：“停机罢赏时如何？”山曰：“水底弄傀儡。”师曰：“谁是看玩者？”山曰：“停机罢赏者。”师曰：“恁么则知音不和也。”山曰：“知音底事作么生？”师曰：“大尽三十日。”山曰：“未在更道。”师曰：“某甲合吃和尚手中痛棒。”山休去。问：“昔日灵山记，今朝嗣阿谁？”师曰：“楚山突兀，汉水东流。”曰：“恁么则洞山的嗣也。”师曰：“听事不真，唤钟作瓮。”

广济院同禅师

邓州广济院同禅师，僧问：“万缘息尽时如何？”师曰：“三脚虾蟆飞上天。”问：“如何是透法身句？”师曰：“华岳三峰小。”曰：“此意如何？”师曰：“黄河辊底流。”

东平山洪教禅师

韶州东平山洪教禅师，僧问：“如何是向上关？”师竖起拂子。僧曰：“学人未晓，乞师再指。”师曰：“非公境界。”曰：“和尚岂无方便？”师曰：“再犯不容。”

沩潭谦禅师法嗣

丫山宗盛禅师

虔州丫山宗盛禅师，上堂：“钟声清，鼓声响，早晚相闻休妄想。荐得徒劳别问津，莫道山僧无伎俩。咄！”

奉先深禅师法嗣

莲华峰祥庵主

天台莲华峰祥庵主,僧问:“如何是雪岭泥牛吼?”师曰:“听。”曰:“如何是云门木马嘶?”师曰:“响。”示寂日,拈拄杖示众曰:“古人到这里,为什么不肯住?”众无对。师乃曰:“为他途路不得力。”复曰:“毕竟如何?”以杖横肩曰:“楖栗横担不顾人,直入千峰万峰去。”言毕而逝。

崇胜御禅师

江州崇胜御禅师,僧问:“如何是学人受用三昧?”师曰:“横担拄杖。”曰:“意旨如何?”师曰:“步步踏实。”

双泉郁禅师法嗣

德山慧远禅师

鼎州德山慧远禅师,开堂示众曰:“无量法门悉已具足。然虽如是,且须委悉,始得其余方便。昔时圣人互出,乃曰:传灯。尔后贤者差肩,故云继祖。是以心心相传,法法相印。且作么生传?作么生印?”举起拂子曰:“此乃人天同证,若如是也递相证明,其或未晓之徒,请垂下问。”僧问:“如何是祖师西来意?”师曰:“铁门路险。”解夏上堂,僧问:“九旬禁足今已满,自恣之仪事若何?”师曰:“猢狲趁蛱蝶,九步作一歇。”曰:“意旨如何?”师示颂曰:“两个童儿舁木鼓,左边打了右边舞。刹那变现百千般,分明示君君记取。”问:“亡僧迁化,向什么处去?”师曰:“乌龟钻破壁。”上堂:“枕石漱流,任运天真。不见古者道,拨霞扫雪和云母,掘石移松得茯苓。当恁么时复何言哉?诸禅德要会么?听取一颂:雪霁长空,迥野飞鸿。段云片片，向西向东。”

含珠山彬禅师

襄州含珠山彬禅师，僧问："如何是正法眼？”师曰："瞎。”问："如何是和尚关椇子？”师竖起拂子。僧便喝，师便打。问："如何是三乘教？”师曰："上大人。”曰："意旨如何？”师曰："化三千。”

披云寂禅师法嗣

开先照禅师

庐山开先照禅师，僧问："向上宗乘，乞师垂示？”师曰："白云断处见明月。”曰："犹是学人疑处。”师曰："黄叶落时闻捣衣。”问："如何是和尚家风？”师曰："一条寒涧木,得力胜儿孙。”曰："用者如何？”师曰："百杂碎。”上堂："丛林规矩，古佛家风。一参一请，一粥一饭。且道明得个什么？只如诸人心心不停，念念不住，若能不停处停，念处无念，自合无生之理。与么说话，笑破他人口。参！”

金陵天宝和尚

金陵天宝和尚，僧问："白云抱幽石时如何？”师曰："非公境界。”问："如何是和尚家风？”师曰："裂半作三。”曰："学人未晓。”师曰："鼻孔针筒。”

舜峰诏禅师法嗣

桃园山曦朗禅师

磁州桃园山曦朗禅师，僧问："如何是祖师西来意？”师曰："西来若有意，斩下老僧头。”曰："为甚却如此？”师曰："不见道：为法丧躯。”

法云智善禅师

安州法云智善禅师，僧问:“如何是古佛道场？”师曰:“山青水绿。”

般若柔禅师法嗣

蓝田县真禅师

蓝田县真禅师，僧问:“如何是大定门？”师曰:“拈柴择菜。”上堂:“成山假就于始篑，修途托至于初步。上座适来从地炉边来，还与初步同别？若言同，即不会不迁。若言别，亦不会不迁。上座作么生会？还会么？这里不是那里，那里不是这里。且道是一处两处？是迁不迁？是来去不是来去？若于此显明得，便乃古今一如初终。自尔念念无常，心心永灭。所以道观方知彼去，去者不至方。上座适来恁么来，却请恁么去。参！”

妙胜臻禅师法嗣

雪峰钦山主

西川雪峰钦山主,上堂:“昨日一,今日二,不用思量,快须瞥地。不瞥地，蹉过平生没巴鼻。咄！”

荐福古禅师法嗣

净戒守密禅师

和州净戒守密禅师,僧问:“如何是佛？”师曰:“稽首,稽首。”

曰:“学人有分也无?”师曰:“顿首,顿首。”僧作舞而出。师曰:“似则恰似,是即未是。”

清凉明禅师法嗣

西峰云豁禅师

吉州西峰云豁禅师,郡之曾氏子,早扣诸方,晚见清凉。问:“佛未出世时如何?”凉曰:“云遮海门树。”曰:“出世后如何?”凉曰:“擘破铁围山。”师于言下大悟,凉印可之。归住宝龙,云侣骈集。真宗皇帝遣使召至,访问宗要。留上苑,经时冥坐不食,上嘉异,赐号圆净。辞归,珍锡甚隆,皆不受。以诗宠其行,改宝龙曰祥符,旌师之居也。尝有问易中要旨者,师曰:“夫神生于无形,而成于有形。从有以至于无,然后能合乎妙圆正觉之道。故自四十九衍,以至于万有一千五百二十,以穷天下之理,以尽天下之性,不异吾圣人之教也。”示寂日,为众曰:“天不高,地不厚,自是时人觑不透。但看腊月二十五,依旧面南看北斗。”瞑然而逝,荼毗获舍利建塔。

青原下九世

文殊真禅师法嗣

洞山晓聪禅师

瑞州洞山晓聪禅师,游方时在云居作灯头,见僧说泗州大圣近在扬州出现。有设问曰:“既是泗州大圣,为什么却向扬州出现?”师曰:“君子爱财,取之以道。”后僧举似莲华峰祥庵主,主大惊曰:

“云门儿孙犹在。”中夜望云居拜之。住后,僧问:“达磨未传心地印,释迦未解髻中珠。此时若问西来意,还有西来意也无?”师曰:“六月雨淋淋,宽其万姓心。”曰:“恁么则云散家家月,春来处处花。”师曰:“脚跟下到金刚水际是多少?”僧无语。师曰:“祖师西来,特唱此事。自是上座不荐。所以从门入者,不是家珍。认影迷头,岂非大错?既是祖师西来特唱此事,又何必更对众忉忉?珍重!”问:“无根树子向什么处栽?”师曰:“千年常住一朝。”僧问:“如何是离声色句?”师曰:“南赡部洲,北郁单越。”曰:“恁么则学人知恩不昧也。”师曰:“四大海深多少?”问:“古镜未磨时如何?”师曰:“此去汉阳不远。”曰:“磨后如何?”师曰:“黄鹤楼前鹦鹉洲。”问:“如何是佛?”师曰:“理长即就。”上堂:“教山僧道什么即得?古即是今,今即是古。所以《楞严经》道,松直棘曲,鹄白乌玄。还知得么?虽然如是,未必是松一向直,棘一向曲,鹄便白,乌便玄。洞山道:这里也有曲底松,也有直底棘,也有玄底鹄,也有白底乌。久立。”上堂。僧问:“学人进又不得,退又不得时如何?”师曰:“抱首哭苍天。”僧无语,师曰:“汝还知钵盂镣子落处么?汝若知得落处,也从汝问。三十年后,蓦然问着也不定。”上堂,举寒山云:“井底生红尘,高峰起白浪。石女生石儿,龟毛寸寸长。若要学菩提,但看此模样。”良久曰:“还知落处也无?若也不知落处,看看菩提入僧堂里去也。久立。”上堂:“春寒凝冱,夜来好雪,还见么?大地雪漫漫,春风依旧寒。说禅说道易,成佛成祖难。珍重!”上堂:“晨鸡报晓灵,粥后便天明。灯笼犹瞌睡,露柱却惺惺。”复曰:“惺惺直言惺惺,历历直言历历。明朝后日,莫认奴作郎。珍重!”因事示众:“天晴盖却屋,乘干刈却禾。早输王税了,鼓腹唱巴歌。”问:“德山入门便棒,犹是起模画样。临济入门便喝,未免捏目生花。离此二途,未审洞山如何为人?”师曰:“天晴久无雨,近日有云腾。”曰:“他日若有人问洞山宗旨,教学人如何举似？”师曰：“园蔬枯槁甚，担水泼菠棱。”师一日不安，上堂辞众，述法身颂曰：“参禅学道莫茫茫，问透法身北斗藏。余今老倒尫羸甚，见人无力得商量。唯有钁头知我意，栽松时复上金刚。”言讫而寂，塔于金刚岭。

南台勤禅师法嗣

高阳法广禅师

汝州高阳法广禅师，僧问：“如何是大悲千手眼？”师曰：“堕坑落堑。”

石霜节诚禅师

潭州石霜节诚禅师，僧问：“古者道，卷帘当白昼，移榻对青山。如何是卷帘当白昼？”师曰：“过净瓶来。”曰：“如何是移榻对青山？”师曰：“却安旧处着。”上堂：“心外无法，法外无心。随缘荡荡，更莫沉吟。你等诸人，才上阶道，便好回去。更要待第二杓恶水泼，作什么？”

德山晏禅师法嗣

德山志先禅师

鼎州德山志先禅师，僧问：“见色便见心时如何？”师曰：“角弓弯似月，宝剑利如霜。”曰：“如何领会？”师曰：“金甲似鱼鳞，朱旗如火焰。”问：“远远投师，乞师一接。”师曰：“不接。”曰：“恁么则虚伸一问。”师曰：“少逢穿耳客，多遇刻舟人。”问：“大通智胜佛，十劫坐道场。为什么不得成佛道？”师曰：“贪观天上月，失却掌中珠。”问：“军期急速时如何？”师曰：“十字街头满面尘。”曰：“为什么如此？”师曰：“知而故犯。”问：“如何是无为之谈？”

师曰:“石羊石虎喃喃语。”曰:“是何言教?”师曰:“长行书不尽,短偈绝人闻。”问:“如何是一称南无佛?”师曰:“皆以成佛道。”

黑水璟禅师法嗣

黑水义钦禅师

峨嵋黑水义钦禅师,上堂,僧出礼拜。师曰:“大地百杂碎。”便下座。

五祖戒禅师法嗣

泐潭怀澄禅师

洪州泐潭怀澄禅师,僧问:“见者是色,闻者是声。离此二途,请师别道。”师曰:“古寺新牌额。”问:“不与万法为侣者,是什么人?”师曰:“观世音菩萨。”师一日见僧披衲,师曰:“得恁么好针线?”曰:“只要牢固。”师曰:“打草惊蛇作什么?”曰:“客来须看。”师曰:“只有这个更别有?”曰:“云生岭上。”师曰:“未在更道。”曰:“水滴岩间。”问:“如何是佛法大意?”师曰:“文殊自文殊,解脱自解脱。”

洞山自宝禅师

瑞州洞山自宝禅师,上堂:“总恁么风恬浪静,那里得来?忽遇洪波浩渺,白浪滔天。当恁么时,觅个水手也难得。众中莫有把拖者么?”众无对。师曰:“赚杀一船人。”僧问:“如何是佛?”师曰:“腰长脚短。”

北塔思广禅师

复州北塔思广禅师，僧问:“如何是衲僧变通之事？”师曰:“东涌西没。”曰:“变通后如何？”师曰:“地肥茄子嫩。”问:“如何是和尚家风？”师曰:“左手书右字。”曰:“学人不会。”师曰:“欧头柳脚。”

四祖端禅师

蕲州四祖端禅师，《法身颂》曰:“灯心刺着石人脚，火急去请周医博。路逢庞公相借问，六月日头干晒却。”

云盖志颙禅师

潭州云盖志颙禅师，僧问:“如何是祖师西来意？”师曰:“古寺碑难读。”曰:“意旨如何？”师曰:“读者尽攒眉。”

海会通禅师

舒州海会通禅师，僧问:“如何是佛法大意？”师曰:“柿桶盖棕笠。”曰:“学人不晓。”师曰:“行时头顶戴，坐则挂高壁。”

洞山妙圆禅师

瑞州洞山妙圆禅师，僧问:“如何是佛？”师曰:“头脑相似。”

义台子祥禅师

蕲州义台子祥禅师，僧问:“如何是义台境？”师曰:“路不拾遗。”曰:“如何是境中人？”师曰:“桀犬吠尧。”

天童怀清禅师

明州天童怀清禅师，僧问:“如何是祖师西来意？”师曰:“眼里不着沙。”曰:“如何领会？”师曰:“耳里不着水。”曰:“恁么则礼拜也。”师曰:“东家点灯，西家暗坐。”

宝严叔芝禅师

越州宝严叔芝禅师，僧问:“如何是佛? ”师曰:“土身木骨。”曰:“意旨如何? ”师曰:“五彩金装。”曰:“恁么则顶礼去也。”师曰:“天台楖栗。”

五祖山秀禅师

蕲州五祖山秀禅师，僧问:“无法可说，是名说法。既是无法可说，又将何说? ”师曰:“霜寒地冻。”曰:“空生不解岩中坐，惹得天花动地来。”师曰:“日出冰消。”僧拟议,师曰:“何不进语? ”僧又无语。师曰:“车不横推，理无曲断。”

白马辩禅师

襄州白马辩禅师,僧问:“如何是佛? ”师曰:“水来河涨。”曰:“如何是法? ”师曰:“风来树动。”

水南智昱禅师

随州水南智昱禅师，上堂:“欲识解脱道，鸡鸣天已晓。赵州庭前柏，打落青州枣。咄! ”

福昌善禅师法嗣

上方齐岳禅师

安吉州上方齐岳禅师，僧问:“如何是菩提? ”师曰:“砖头瓦子。”曰:“意旨如何? ”师曰:“苦。”上堂:“旋收黄叶烧青烟，竹榻和衣半夜眠。粥后放参三下鼓。孰能更话祖师禅。”便下座。

育王常坦禅师

明州育王常坦禅师，僧问:“如何是有中有？”师曰:“金河峰上。”曰:“如何是无中无？”师曰:“般若堂前。”上堂:“千花竞发，百鸟啼春，是向上句。诸佛出世，知识兴慈，是向下句。作么生是不涉二途句？若识得，顶门上出气。若识不得，土牛耕石田。”击禅床，下座。

金山瑞新禅师

润州金山瑞新禅师，僧问:“吾有大患，为吾有身。父母未生，未审此身在什么处？”师曰:“旷大劫来无处所，若论生灭尽成非。”曰:“恁么则周遍十方心，不在一切处。”师曰:“泥里撼椿。”上堂:“世间所贵者，和氏之璧、隋侯之珠，金山唤作驴屎马粪。出世间所贵者，真如解脱、菩提涅槃，金山唤作屡沸碗鸣。且道恁么说话，落在什么处？故不是取舍心重，信邪倒见。诸人要知么？猛虎不顾几上肉，洪炉岂铸囊中锥？”

乾明信禅师法嗣

药山彝肃禅师

澧州药山彝肃禅师，僧问:“佛未出世时如何？”师曰:“大树大皮裹。”曰:“出世后如何？”师曰:“小树小皮缠。”问:“如何是不动尊？”师曰:“四王抬不起。”

智门祚禅师法嗣

雪窦重显禅师

明州雪窦重显禅师，遂宁府李氏子。依普安院仁铣上人出家。

受具之后，横经讲席，究理穷玄。诘问锋驰，机辩无敌。咸知法器，佥指南游。首造智门，即伸问曰："不起一念，云何有过？"门召师近前，师才近前，门以拂子蓦口打。师拟开口，门又打，师豁然开悟。出住翠峰，后迁雪窦。开堂日，于法座前顾视大众曰："若论本分相见，不必高升法座。"遂以手画一画曰："诸人随山僧手看，无量诸佛国土一时现前。各各子细观瞻，其或涯际未知，不免拖泥带水。"便升座。上首白椎罢，有僧方出，师约住曰："如来正法眼藏，委在今日。放行则瓦砾生光，把住则真金失色。权柄在手，杀活临时。其有作者，共相证据。"僧出问："远离翠峰祖席，已临雪窦道场，未审是一是二？"师曰："马无千里谩追风。"曰："恁么则云散家家月。"师曰："龙头蛇尾汉。"问："德山临济棒喝已彰，和尚如何为人？"师曰："放过一着。"僧拟议，师便喝。僧曰："未审只恁么，别有在？"师曰："射虎不真，徒劳没羽。"问："吹大法螺，击大法鼓，朝宰临筵，如何即是？"师曰："清风来未休。"曰："恁么则得遇于师也。"师曰："一言已出，驷马难追。"僧礼拜，师曰："放过一着。"乃普观大众曰："人天普集，合发明个什么事？焉可互分宾主，驰骋问答，便当宗乘去。广大门风，威德自在，辉腾今古，把定乾坤。千圣只言自知，五乘莫能建立。所以声前悟旨，犹迷顾鉴之端。言下知宗，尚昧识情之表。诸人要知真实相为么？但以上无攀仰，下绝己躬，自然常光现前，个个壁立千仞。还辨明得也无？未辨辨取，未明明取。既辨明得，能截生死流，同据佛祖位，妙圆超悟，正在此时。堪报不报之恩，以助无为之化。"问："如何是佛法大意？"师曰："祥云五色。"曰："学人不会。"师曰："头上漫漫。"问："达磨未来时如何？"师曰："猿啼古木。"曰："来后如何？"师曰："鹤唳青霄。"曰："即今事作么生？"师曰："一不成，二不是。"问："和尚未见智门时如何？"师曰："尔鼻孔在我手里。"曰："见后如何？"师曰："穿过髑髅。"

有僧出，礼拜起曰："请师答话。"师便棒。僧曰："岂无方便？"师曰："罪不重科。"复有一僧出，礼拜起曰："请师答话。"师曰："两重公案。"曰："请师不答话。"师亦棒。问："古人道，北斗里藏身，意旨如何？"师曰："千闻不如一见。"曰："此话大行。"师曰："老鼠衔铁。"问："古人道，皎皎地绝一丝头，只如山河大地，又且如何？"师曰："面赤不如语直。"曰："学人未晓。"师曰："遍问诸方。"问："如何是学人自己？"师曰："乘槎斫额。"曰："莫只这便是。"师曰："浪死虚生。"问："如何是缘生义？"师曰："金刚铸铁券。"曰："学人不会。"师曰："闹市里牌。"曰："恁么则行到水穷处，坐看云起时。"师曰："列下。"问："四十九年说不尽底，请师说？"师曰："争之不足。"曰："谢师答话。"师曰："铁棒自看。"问："如何是把定乾坤眼？"师曰："拈却鼻孔。"曰："学人不会。"师曰："一喜一悲。"僧拟议，师曰："苦。"问："如何是脱珍御服，着弊垢衣？"师曰："垂手不垂手。"曰："乞师方便。"师曰："左眼挑筋，右眼抉肉。"问："龙门争进举，那个是登科？"师曰："重遭点额。"曰："学人不会。"师曰："退水藏鳞。"问："寂寂忘言，谁是得者？"师曰："卸帽穿云去。"曰："如何领会？"师曰："披蓑带雨归。"曰："三十年后，此话大行。"师曰："一场酸涩。"问："坐断毗卢底人，师还接否？"师曰："殷勤送别潇湘岸。"曰："恁么则学人罪过也。"师曰："天宽地窄太愁人。"僧礼拜，师曰："苦屈之词，不妨难吐。"问："生死到来，如何回避？"师曰："定花板上。"曰："莫便是他安身立命处也无？"师曰："符到奉行。"

上堂，僧问："如何是吹毛剑？"师曰："苦。"曰："还许学人用也无？"师嘘一嘘，乃曰："大众前共相酬唱，也须是个汉始得。若也未有奔流度刃底眼，不劳拈出。所以道，如大火聚，近着即燎却面门。亦如按太阿宝剑，冲前即丧身失命。"乃曰："太阿横按祖堂寒，千里应须息万端。莫待冷光轻闪烁。"复云："看看！"便下座。上堂,僧问:“如何是维摩一默?”师曰:“寒山访拾得。”曰:“恁么则入不二之门。”师嘘一嘘,复曰:“维摩大士去何从,千古令人望莫穷。不二法门休更问,夜来明月上孤峰。”上堂:“春山叠乱青,春水漾虚碧。寥寥天地间,独立望何极。”便下座。却顾谓侍者曰:“适来有人看方丈么?”者曰:“有。”师曰:“作贼人心虚。”上堂:“十方无壁落,四面亦无门。古人向什么处见客?或若道得接手句,许你天上天下。”上堂:“田地稳密底,佛祖不敢近,为什么抬脚不起。神通游戏底,鬼神不能测,为什么下脚不得。直饶十字纵横,朝打三千,暮打八百。”上堂:“大众这一片田地,分付来多时也。尔诸人,四至界畔犹未识在。若要中心树子,我也不惜。”

问:“如何是诸佛本源?”师曰:“千峰寒色。”曰:“未委向上,更有也无?”师曰:“雨滴岩花。”上堂,僧问:“雪覆芦花时如何?”师曰:“点。”曰:“恁么则为祥为瑞去也。”师曰:“两重公案。”乃曰:“雪覆芦花欲暮天,谢家人不在渔船。白牛放却无寻处,空把山童赠铁鞭。”师一日游山,四顾周览,谓侍者曰:“何日复来于此?”侍者哀乞遗偈,师曰:“平生唯患语之多矣。”翌日,出杖屦衣盂散及徒众。乃曰:“七月七日复相见耳。”至期盥沐摄衣,北首而逝。塔全身于寺之西坞,赐明觉大师。

延庆山子荣禅师

襄州延庆山子荣禅师,僧问:“如何是随色摩尼珠?”师曰:“三个童儿弄花毬。”曰:“恁么则终朝尽日也。”师曰:“头白齿落。”上堂,僧问:“灵光隐隐,月照寒窗。善法堂前,请师举唱。”师曰:“听。”曰:“此犹是这边事,那边事作么生?”师曰:“脚下毛生。”问:“如何是佛?”师曰:“横身彰十号,入槨示双趺。”曰:“将何供养?”师曰:“合掌当胸。”问:“如何是祖师西来意?”师曰:“穿耳胡僧不着鞋。”

百丈智映禅师

洪州百丈智映宝月禅师，僧问："师唱谁家曲？宗风嗣阿谁？"师曰："窣堵那吒掌上擎。"曰："恁么则北塔的子，韶石儿孙也。"师曰："斫额望新罗。"

南华宝缘禅师

韶州南华宝缘慈济禅师，僧问："如何是祖师西来意？"师曰："青山绿水。"曰："未来时还有意也无？"师曰："高者高，低者低。"

护国院寿禅师

黄州护国院寿禅师，僧问："如何是一路涅槃门？"师曰："寒松青有千年色，一径风飘四季香。"问："如何是灵山一会？"师曰："如来才一顾，迦叶便低眉。"

九峰勤禅师

瑞州九峰勤禅师，僧问："方便门中，请师垂示。"师曰："佛不夺众生愿。"曰："恁么则谢师方便。"师曰："却须吃棒。"上堂："口罗舌沸，千唤万唤，露柱因什么不回头？"良久曰："美食不中饱人吃。"便下座。

云盖继鹏禅师

潭州云盖继鹏禅师，初谒双泉雅禅师，泉令充侍者，示以芭蕉拄杖话，经久无省发。一日，泉向火次，师侍立。泉忽问："拄杖子话试举来，与子商量。"师拟举，泉拈火箸便摵，师豁然大悟。住后，僧问："如何是佛法大意？"师曰："舌头无骨。"问："如何是祖师西来意？"师曰："汤瓶火里煨。"问："佛未出世时如何？"师曰："天。"曰："出世后如何？"师曰："地。"上堂："高不在绝顶，富不在福严。乐不在天堂，苦不在地狱。”良久曰：“相识满天下，知心能几人？”

黄龙海禅师

鄂州黄龙海禅师，僧问：“如何是黄龙家风？”师曰：“看。”曰：“忽遇客来，如何祇待？”师以拄杖点之。问：“如何是最初一句？”师曰：“掘地讨天。”

彰法澄泗禅师

鼎州彰法澄泗禅师，僧问：“如何是佛法大意？”师曰：“多少人摸索不着。”曰：“忽然摸着又作么生？”师曰：“堪作什么！”

云台省因禅师

泉州云台因禅师，僧问：“如何是和尚家风？”师曰：“嗔拳不打笑面。”曰：“如何施设？”师曰：“天台则有，南岳则无。”问：“如何是佛？”师曰：“月不破五。”曰：“意旨如何？”师曰：“初三十一。”问：“如何是佛法大意？”师曰：“今日好晒麦。”曰：“意旨如何？”师曰：“问取磨头。”上堂：“菩萨子！不在内，不在外，不在中间，且道落在什么处？”良久曰：“南赡部州，北郁单越。”

福严雅禅师法嗣

北禅智贤禅师

潭州北禅智贤禅师，僧问：“如何是佛？”师曰：“匙挑不上。”曰：“如何是道？”师曰：“险路架桥。”岁夜小参曰：“年穷岁尽，无可与诸人分岁。老僧烹一头露地白牛，炊黍米饭，煮野菜羹，烧榾柮火，大家吃了，唱《村田乐》，何故？免见倚他门户傍他墙，刚被时人唤作郎。”便下座归方丈。至夜深，维那入方丈问讯，曰：“县里有公人到勾和尚。”师曰：“作什么？”那曰：“道和尚宰牛不纳皮角。”师遂捋下头帽，掷在地上。那便拾去，师跳下禅床，拦胸擒住，叫曰：“贼！贼！”那将帽子覆师顶曰：“天寒，且还和尚。”师呵呵大笑，那便出去。时法昌为侍者，师顾昌曰：“这公案作么生？”昌曰：“潭州纸贵，一状领过。”

衡岳寺振禅师

南岳衡岳寺振禅师，《山居颂》曰：“阿呵呵，瘦松寒竹锁清波。有时独坐磐陀上，无人共唱太平歌。朝看白云生洞口，暮观明月照娑婆。有人问我居山事，三尺杖子搅黄河。”

开福贤禅师法嗣

日芳上座

日芳上座，僧问：“如何是函盖乾坤句？”师竖起拄杖。僧曰：“如何是截断众流句？”师横按拄杖。僧曰：“如何是随波逐浪句？”师掷下拄杖。僧曰：“三句外请师道。”师便起去。师赞开福真曰：“清仪瘦兮，可瞻可仰，仰之非亲。妙笔图兮，可拟可像，像之非真。非亲非真，秋月盈轮。有言无味兮的中的，既往如在兮觅焉觅？当机隐显兮丝发诮讹，金乌卓午兮迅风霹雳。”

报慈嵩禅师法嗣

兴阳山逊禅师

郢州兴阳山逊禅师，僧问：“如何是佛？”师曰：“发白面皱。”曰：“如何是法？”师曰：“暑往寒来。”问：“如何是三界外事？”

师曰:“洛阳千里余，不得旧时书。”

德山远禅师法嗣

开先善暹禅师

庐山开先善暹禅师，临江军人也。操行清苦，遍游师席，以明悟为志。参德山。见山上堂，顾视大众曰:“师子嚬呻，象王回顾。”师忽有省,入室陈所解。山曰:“子作么生会？”师回顾曰:“后园驴吃草。”山然之。后至雪窦，窦与语，喜其超迈，目曰“海上横行暹道者”。遂命分座，四方英衲敬畏之。他日窦举师出世金鹅。师闻，潜书二偈于壁而去。曰:“不是无心继祖灯，道惭未厕岭南能。三更月下离岩窦，眷眷无言恋碧层。二十余年四海间，寻师择友未尝闲。今朝得到无心地,却被无心趁出山。”晚年,众请滋甚，遂开法开先，以慰道俗之望。

开堂日，上首白槌罢，师曰:“千圣出来，也只是稽首赞叹，诸代祖师提挈不起。是故始从迦叶，迄至山僧，二千余年，月烛慧灯，星排道树。人天普照，凡圣齐荣。且道承什么人恩力？老胡也只道，明星出现时，我与大地有情同时成道。如是则彼既丈夫，我亦尔，孰为不可？良由诸人不肯承当，自生退屈，所以便推排一人半个先达出来，递相开发，也只是与诸人作个证明。今日人天会上，莫有久游赤水，夙在荆山，怀袖有珍，顶门有眼，到处践踏觉场底衲僧么？却请为新出世长老作个证明。还有么？”时有僧出，师曰:“象驾峥嵘谩进途，谁信螳螂能拒辙？”问:“一棒一喝，犹是葛藤，瞬目扬眉，拖泥带水。如何是直截根源？”师曰:“速。”曰:“恁么则祖师正宗和尚把定。”师曰:“野渡无人舟自横。”问:“如何是露地白牛？”师曰:“瞎。”问:“妙峰顶上即不问，半山相见事如何？”师曰:“把手过江来。”曰:“高步出长安。”师曰:

"脚下一句作么生道？"僧便喝。师曰："山腰里走。"问："一雨所润，为什么万木不同？"师曰："羊羹虽美，众口难调。"问："年穷岁尽时如何？"师曰："依旧孟春犹寒。"问："更深夜静时如何？"师曰："老鼠入灯笼。"问："瞥瞋瞥喜时如何？"师曰："适来菩萨面，如今夜叉头。"上堂："一若是，二即非，东西南北人不知。休话指天并指地，青山白云徒尔为。"以拄杖击香台，下座。问："雨雪连天,为什么孤峰露顶？"师曰："有甚遮掩处。"上堂,僧问："如何是祖师西来意？"师曰："洛阳城古。"曰："学人不会。"师曰："少室山高。"僧礼拜，师乃曰："佛种从缘起。"遂举拄杖曰："拄杖子是缘，且作么生说个起底道理？"良久曰："金屑虽贵，落眼成翳。"卓拄杖，下座。

禾山楚材禅智禅师

吉州禾山楚材禅智禅师，临江军人也。僧问："佛令祖令，诸方并行，未审和尚如何？"师曰："山僧退后。"曰："恁么则诸方不别也。"师曰："伏惟伏惟！"问："如何是离凡圣底句？"师曰："山河安掌上。"曰："恁么则迥超今古外？"师曰："展缩在当人。"问："一毫未发时如何？"师曰："海晏河清。"曰："发后如何？"师曰："遍界无知己。"问："如何是和尚说法底口？"师曰："放一线道。"问："抱璞投师,请师雕琢。"师曰："不雕琢。"曰："为什么不雕琢？"师曰："弄巧翻成拙。"

资圣院盛勤禅师

秀州资圣院盛勤禅师，僧问："如何是正法眼？"师曰："山青水绿。"问："四威仪中如何履践？"师曰："鹭鸶立雪。"曰："恁么则闻钟持钵，日上栏干。"师曰："鱼跃千江水，龙腾万里云。"曰："毕竟如何？"师曰："山中逢猛兽，天上见文星。"上堂："多生觉悟非干衲，一点分明不在灯。”拈拄杖曰：“拄杖头上祖师，灯笼脚下弥勒。须弥山腰鼓细即不问你，作么生是分明一点？你若道得，无边刹境总在你眉毛上。你若道不得，作么生过得罗刹桥？”良久曰：“水流千派月，山锁一溪云。”卓拄杖，下座。

鹿苑圭禅师

潭州鹿苑圭禅师，桂州人也。僧问：“如何是道？”师曰：“吴头楚尾。”曰：“如何是道中人？”师曰：“骑马踏镫，不如步行。”问：“如何是第一义谛？”师曰：“胡人读汉书。”上堂：“凡有因缘，须晓其宗。若晓其宗，无是无不是。用则波腾海沸，全真体以运行，体则镜净水沉，举随缘而会寂。且道兜率天宫，几人行几人坐？若向这里辨得缁素，许你诸人东西南北，如云似鹤。于此不明，踏破草鞋，未有了日在。参！”

青原下十世上

洞山聪禅师法嗣

云居晓舜禅师

南康军云居晓舜禅师，瑞州人也。少年粗猛，忽悟浮幻，投师出家，乃修细行。参洞山。一日如武昌行乞，首谒刘公居士家。士高行，为时所敬，意所与夺，莫不从之。师时年少，不知其饱参，颇易之。士曰：“老汉有一问，若相契即开疏，如不契即请还山。”遂问：“古镜未磨时如何？”师曰：“黑似漆。”士曰：“磨后如何？”师曰：“照天照地。”士长揖曰：“且请上人还山。”拂袖入宅。师懡㦬即还洞山，山问其故，师具言其事。山曰：“你问我，我与你道。”师理前问。山曰：“此去汉阳不远。”师进后语，山曰：“黄鹤楼前鹦鹉洲。”师于言下大悟，机锋不可触。住后，僧问：“承师有言，不谈玄，不说妙，去此二途如何指示？”师曰：“虾蟆赶鹞子。”曰：“全因此问也。”师曰：“老鼠弄猢狲。”上堂：“唯一坚密身，一切尘中现。虾蟆蚯蚓各有窟穴，乌鹊鸠鸽，亦有窠巢。正当与么时，为什么人说法？”良久曰：“方以类聚，物以群分。”上堂：“三峡道无别，朝朝只么说。僧繇会写真，镇府出镔铁。”上堂：“不长不短，不小不大。此个道理是谁境界？咄！”上堂：“闻说佛法两字，早是污我耳目。诸人未跨云居门，脚跟下好与三十棒。虽然如是，也是为众竭力。”上堂举夹山道：“闹市门头识取天子，百草头上荐取老僧。云居即不然，妇摇机轧轧，儿弄口喝喝。”上堂：“诸方有弄蛇头，拔虎尾，跳大海，剑刃里藏身。云居这里，寒天热水洗脚，夜间脱袜打睡，早朝旋打行缠，风吹篱倒，唤人夫劈篾缚起。”上堂：“云居不会禅，洗脚上床眠。冬瓜直儱侗，瓠子曲弯弯。”

大沩怀宥禅师

潭州大沩怀宥禅师，僧问：“人将语试，金将火试。未审衲僧将什么试？”师曰：“拄杖子。”曰：“毕竟如何？”师曰：“退后着。”僧应喏，师便打。曰：“教休不肯休，直待雨淋头。”

佛日契嵩禅师

杭州佛日契嵩禅师，藤州镡津李氏子。七岁出家，十三得度。十九游方，遍参知识。得法于洞山。师夜则顶戴观音像而诵其号，必满十万乃寝，以为常。自是世间经书章句，不学而能，作《原教论》十余万言，明儒释之道一贯，以抗宗韩排佛之说。读之者畏服。后居永安兰若，著《禅门定祖图》《传法正宗记》《辅教编》，上进仁宗皇帝，览之加叹，付传法院编次入藏。下诏褒宠，赐号明教。

宰相韩琦、大参欧阳修皆延见而尊礼之。洎东还，熙宁四年六月四日，晨兴写偈曰：“后夜月初明，吾今喜独行。不学大梅老，贪随鼯鼠声。”至中夜而化。阇维不坏者五，曰顶、曰耳、曰舌、曰童真、曰数珠。其顶骨出舍利，红白晶洁。道俗合诸不坏，葬于故居永安之左。后住净慈。北涧居简尝著《五种不坏赞》。师有文集二十卷，目曰《镡津》，盛行于世。

太守许式

洪州太守许式,参洞山,得正法眼。一日,与泐潭澄上蓝溥坐次,潭问:“闻郎中道,夜坐连云石,春栽带雨松。当时答洞山什么话？”公曰:“今日放衙早。”潭曰:“闻答泗州大圣在扬州出现底,是否？”公曰:“别点茶来。”潭曰:“名不虚传。”公曰:“和尚早晚回山？”潭曰:“今日被上蓝觑破。”蓝便喝,潭曰:“须是你始得。”公曰:“不奈船何，打破戽斗。”

泐潭澄禅师法嗣

育王山怀琏禅师

明州育王山怀琏大觉禅师，漳州龙溪陈氏子。诞生之夕，梦僧伽降室，因小字泗州。既有异兆，佥知祥应。龆龀出家，丱角圆顶。笃志道学，寝食无废。一日洗面，泼水于地，微有省发。即慕参寻，远造泐潭法席，投机印可。师事之十余年，去游庐山，掌记于圆通讷禅师所。皇祐中仁庙有诏,住净因禅院,召对化成殿。问佛法大意,奏对称旨，赐号大觉禅师。后遣中使问曰：“才去竖拂，人立难当。”师即以颂回进曰：“有节非干竹，三星偃月宫。一人居日下，弗与众人同。”帝览大悦。又诏入对便殿,赐罗扇一把,题《元寂颂》于其上。与师问答诗颂，书以赐之，凡十有七篇。至和中乞归老山中，乃进颂曰："六载皇都唱祖机，两曾金殿奉天威。青山隐去欣何得，满箧唯将御颂归。"帝和颂不允，仍宣谕曰："山即如如体也，将安归乎？再住京国，且兴佛法。"师再进颂谢曰："中使宣传出禁围，再令臣住此禅扉。青山未许藏千拙，白发将何补万几？霄露恩辉方湛湛，林泉情味苦依依。尧仁况是如天阔，应任孤云自在飞。"既而遣使赐龙脑钵。师谢恩罢，捧钵曰："吾法以坏色衣，以瓦铁食，此钵非法。"遂焚之。中使回奏，上加叹不已。治平中上疏丐归，仍进颂曰："千簇云山万壑流，闲身归老此峰头。余生愿祝无疆寿，一炷清香满石楼。"英庙依所乞，赐手诏曰："大觉禅师怀琏受先帝圣眷，累锡宸章。屡贡诚恳，乞归林下。今从所请，俾遂闲心。凡经过小可庵院，任性住持。或十方禅林，不得抑逼坚请。"

师既渡江，少留金山西湖，四明郡守以育王虚席迎致，九峰韶公作疏，劝请四明之人，相与出力，建大阁藏所赐诗颂，榜之曰宸奎。翰林苏公轼知杭时，以书问师曰："承要作《宸奎阁碑》，谨已撰成，衰朽废学，不知堪上石否？见参寥说，禅师出京日，英庙赐手诏，其略云：'任性住持'者，不知果有否？如有，切请录示全文，欲添入此一节。"师终藏而不出。逮委顺后，获于箧笥。

开堂日，僧问："诸佛出世，利济群生。猊座师登，将何拯济？"师曰："山高水阔。"曰："华发无根树，鱼跳万仞峰。"师曰："新罗国里。"曰："慈舟不棹清波上，剑峡徒劳放木鹅。"师曰："脱却衣裳卧荆棘。"曰："人将语试。"师曰："惯得其便。"僧拊掌，师曰："更跨跳。"问："圣君御颂亲颁赐，和尚将何报此恩？"师曰："两手拓地。"曰："恁么则一人有庆，兆民赖之。"师曰："半寻拄杖搅黄河。"问："橹棹不停时如何？"师曰："清波箭急。"曰："恁么则移舟谙水势，举棹别波澜。"师曰："济水过新罗。"曰："古佛位中留不住，夜来依旧宿芦花。"师曰："儿童不识十字街。"问："坐断毗卢顶，不禀释迦文，犹未是学人行业。如何是学人行业？"师曰：

“斫额望明月。”僧以手便拂，师曰：“作什么？”僧茫然。师曰：“赚却一船人。”师曰：“若论佛法两字，是加增之辞，廉纤之说。诸人向这里承当得，尽是二头三首，譬如金屑虽贵，眼里着不得。若是本分衲僧，才闻举着，一摆摆断，不受纤尘，独脱自在，最为亲的。然后便能在天同天，在人同人，在僧同僧，在俗同俗，在凡同凡，在圣同圣。一切处出没自在，并拘检他不得，名邈他不得，何也？为渠能建立一切法故。一切法要且不是渠，渠既无背面，第一不用妄与安排。但知十二时中，平常饮啄，快乐无忧。只此相期，更无别事。所以古人云，放旷长如痴兀人，他家自有通人爱。”

上堂：“文殊宝剑，得者为尊。”乃拈拄杖曰：“净因今日恁么，直得千圣路绝，虽然如是，犹是矛盾相攻，不犯锋铓，如何运用？”良久曰：“野蒿自发空临水，江燕初归不见人。参！”上堂：“太阳东升，烁破大千之暗。诸人若向明中立，犹是影响相驰。若向暗中立，也是藏头露影汉。到这里作么生吐露？”良久曰：“逢人只可三分语，未可全抛一片心。参！”上堂：“世法里面，迷却多少人？佛法里面，醉却多少人？只如不迷不醉，是什么人分上事？”上堂：“言锋才击，义海交深。若用径截一路，各请归堂。”上堂：“应物现形，如水中月。”遂拈起拄杖曰：“这个不是物，即今现形也。且道月在什么处？”良久曰：“长空有路还须透，潭底无踪不用寻。”击香台，下座。上堂：“白日东上，白日西落，急如投壶闪寥廓。神龙一举透无边，纤鳞犹向泥水跃。灵焰中，休凑泊，三岁孩童鬓四角。参！”上堂良久，举起拳头曰：“握拳则五岳倒卓，展手则五指参差。有时把定佛祖关，有时拓开千圣宅。今日这里相呈，且道作何使用？”指禅床曰：“向下文长，付在来日。”

灵隐云知慈觉禅师

临安府灵隐云知慈觉禅师，僧问：“一佛出世，各坐一华。和尚出世，有何祥瑞？”师曰：“白云横谷口。”曰：“光前绝后去也。”师曰：“错。”曰：“大众证明，学人礼谢。”师曰：“点。”问：“如何是道？”师曰：“什么道！”曰：“大道。”师曰：“欲行千里，一步为初。”曰：“如何是道中人？”师曰：“西天驻泊，此地都监。”僧礼拜，师乃吽吽。上堂：“日月云霞为天标，山川草木为地标，招贤纳士为德标，闲居趣寂为道标。”拈拄杖曰：“且道这个是什么标？会么？拈起则有文有彩，放下则粝粝磕磕。直得不拈不放，又作么生？”良久曰：“扶过断桥水，伴归无月村。”卓一下，下座。上堂：“秋风起，庭梧坠，衲子纷纷看祥瑞。张三李四卖嚣虚，拾得寒山争贱贵。觌面相逢，更无难易。四衢道中，棚栏瓦市。逼塞虚空，普天帀地。任是临济赤肉团上，雪峰南山鳖鼻，玄沙见虎，俱胝举指，一时拈来，当面布施。更若拟议，千山万水。”复曰：“过。”

承天惟简禅师

婺州承天惟简禅师，僧问：“佛与众生，是一是二？”师曰：“花开满树红，花落万枝空。”曰：“毕竟是一是二？”师曰：“唯余一朵在，明日恐随风。”问：“如何是吹毛剑？”师曰：“星多不当月。”曰：“用者如何？”师曰：“落。”曰：“落后如何？”师曰：“观世音菩萨。”问：“如何是和尚家风？”师曰：“理长即就。”曰：“如何领会？”师曰：“绘雉不成鸡。”问：“开口即失，闭口即丧。未审如何说？”师曰：“舌头无骨。”僧曰：“不会。”师曰：“对牛弹琴。”上堂：“夫遮那之境界，众妙之玄门，知识说之而莫穷，善财酌之而不竭，文殊体之而寂寂，普贤证之以重重。若也随其法性，如云收碧汉，本无一物。若也随其智用，如花开春谷，应用无边。虽说遍恒沙，乃同遵一道。且问诸人，作么生是一道？”良久曰：“白云断处见明月，黄叶落时闻捣衣。参！”上堂：“莫离盖缠，莫求佛祖，去此二途，以何依怙？江淹梦笔，天龙见虎，古老相传，月不跨五。参！”上堂：“一刀两段，埋没宗风。师子翻身，拖泥带水。直饶坐断十方，不通凡圣，脚跟不好，与三十。”上堂：“拈一放一，妙用纵横。去解除玄，收凡破圣。若望本分草料，大似磨砖作镜。衲僧家合作么生？”良久曰：“寱。”

九峰鉴韶禅师

明州九峰鉴韶禅师，僧问：“承闻和尚是泐潭嫡子，是否？”师曰：“是。”曰：“还记得当时得力句否？”师曰：“记得。”曰：“请举看。”师曰：“左手握拳，右手把笔。”上堂：“山僧说禅，如蚝蜢吐油，捏着便出。若不捏着，一点也无。何故？只为不曾看读古今因缘，及预先排叠胜妙见知等侯。升堂便磨唇捋觜，将粥饭气熏炙诸人。凡有一问一答，盖不得已。岂独山僧，看他大通智胜如来，默坐十劫，无开口处。后因诸天、梵天及十六王子再三劝请，方始说之。却不是秘惜，只为不敢埋没诸人。山僧既不埋没诸人，不得道山僧会升座。参！”

西塔显殊禅师

婺州西塔显殊禅师，上堂：“黄梅席上数如麻，句里呈机事可嗟。直是本来无一物，青天白日被云遮。参！”

崇善寺用良禅师

天台崇善寺用良禅师，僧问：“三门与自己，是同是别？”师曰：“八两移来作半斤。”曰：“恁么则秋水泛渔舟去也。”师曰：“东家点灯，西家为什么却觅油？”曰：“山高月上迟。”师曰：“道什么？”曰：“莫瞌睡。”师曰：“入水见长人。”

慧力有文禅师

临江军慧力有文禅师，上堂：“建山寂寞，坐倚城郭。无味之谈，七零八落。”以柱杖敲香台，下座。

雪峰象敦禅师

福州雪峰象敦禅师,僧问:“如何是佛? ”师曰:“把火照鱼行。”曰:“如何是法? ”师曰:“唐人译不出。”曰:“佛法已蒙师指示,未审毕竟事如何? ”师曰:“腊月三十日。”

云居守亿禅师

南康军云居守亿禅师，上堂:“马祖才升堂，雄峰便卷席。春风一阵来，满地花狼籍。”便下座。

洞山永孚禅师

瑞州洞山永孚禅师，上堂:“棒头排日月，木马夜嘶鸣。”拈拄杖曰:“云门木师来也。”卓一下,曰:“炊沙作饭,看井作裤。参! ”

令滔首座

令滔首座,久参渤潭,潭因问:“祖师西来,单传心印,直指人心,见性成佛。子作么生会? ”师曰:“某甲不会。”潭曰:“子未出家时,作个什么? ”师曰:“牧牛。”潭曰:“作么生牧? ”师曰:“早朝骑出去,晚后复骑归。”潭曰:“子大好不会。”师于言下大悟。遂成颂曰:“放却牛绳便出家,剃除须发着袈裟。有人问我西来意,拄杖横挑啰哩啰。”

洞山宝禅师法嗣

洞山清辩禅师

瑞州洞山清辩禅师，僧问:“百丈得大机，黄檗得大用。未审和尚得个什么? ”师便喝,僧亦喝。师便打,僧曰:“争奈大众眼何! ”

便归众，师嘘两嘘。

北塔广禅师法嗣

玉泉承皓禅师

荆门军玉泉承皓禅师，姓王氏，眉州丹棱人也。依大力院出家。登具后游方，参北塔，发明心要，得大自在三昧。制犊鼻裈，书历代祖师名字。乃曰："唯有文殊普贤较些子。"且书于带上。故丛林目为皓布裈。元丰间，首众于襄阳谷隐，有乡僧亦效之。师见而诟曰："汝具何道理，敢以为戏事耶？呕血无及耳。"寻于鹿门如所言而逝。张无尽奉使京西南路，就谒之。致开法于郢州大阳，时谷隐主者私为之喜。师受请升座，曰："某在谷隐十年，不曾饮谷隐一滴水，嚼谷隐一粒米，汝若不会，来大阳为汝说破。"携拄杖下座，傲然而去。寻迁玉泉，有示众曰："一夜雨霶烹，打倒蒲萄棚。知事头首，行者人力，拄底拄，撑底撑，撑撑拄拄到天明，依旧可怜生。"自赞："粥稀后坐，床窄先卧。耳聩爱高声，眼昏宜字大。"冬至示众曰："晷运推移，布裈赫赤。莫怪不洗，无来换替。"僧入室次，狗子在室中，师叱一声，狗便出去。师曰："狗却会，你却不会。"师示疾，门人围绕，师笑曰："吾年八十一，老死舁尸出。儿郎齐着力，一年三百六十日。"言毕而逝。

四祖端禅师法嗣

广明常委禅师

福州广明常委禅师，僧问："知师久蕴囊中宝，今日当场略借看。"师曰："看。"曰："恁么则谢师指示。"师曰："等闲垂一钓，容易上钩来。"

云盖颙禅师法嗣

云居文庆海印禅师

南康军云居文庆海印禅师，僧问："如何是函盖乾坤句？"师曰："合。"曰："如何是随波逐浪句？"师曰："阔。"曰："如何是截断众流句？"师曰："窄。"上堂："道本无为，法非延促。一念万年，千古在目。月白风恬，山青水绿。法法现前，头头具足。祖意教意，非直非曲。要识庐陵米价，会取山前麦熟。"以拂子击禅床，下座。

上方岳禅师法嗣

国庆顺宗禅师

越州东山国庆顺宗禅师。上堂："心生则种种法生，心灭则种种法灭。"拈起柱杖曰："此个是法，那个是灭底心？若人道得，许你顶门上具眼。其或未然，云暗不知天早晚，雪深难辨路高低。参！"

金山新禅师法嗣

天圣守道禅师

安吉州天圣守道禅师，上堂："日月绕须弥，人间分昼夜。南阎浮提人，只被明暗色空留碍，且道不落明暗一句作么生道？"良久曰："柳色黄金嫩，梨花白雪香。参！"上堂："不从一地至一地，寂灭性中宁有位。释迦稽首问然灯，仁者何名为受记。"便下座。

五灯会元　卷第十六

青原下十世下

雪窦显禅师法嗣

天衣义怀禅师

越州天衣义怀禅师，永嘉乐清陈氏子也。世以渔为业。母梦星殒于屋，乃孕。及产，尤多吉祥。儿时坐船尾，父得鱼付师贯之。师不忍，乃私投江中。父怒，笞之，师恬然如故。长游京师，依景德寺为童行。天圣中，试经得度。谒金銮善叶县省，皆蒙印可。遂由洛抵龙门，复至都下，欲继宗风。意有未决，忽遇言法华，拊师背曰："云门临济去！"及至姑苏，礼明觉于翠峰。觉问："汝名什么？"曰："义怀。"觉曰："何不名怀义？"曰："当时致得。"觉曰："谁为汝立名？"曰："受戒来十年矣。"觉曰："汝行脚费却多少草鞋？"曰："和尚莫瞒人好！"觉曰："我也没量罪过，汝也没量罪过。你作么生？"师无语。觉打曰："脱空谩语汉，出去！"

入室次，觉曰：“恁么也不得，不恁么也不得，恁么不恁么总不得。”师拟议，觉又打出，如是者数四。寻为水头，因汲水折担，忽悟，作《投机偈》曰：“一二三四五六七，万仞峰头独足立。骊龙颔下夺明珠，一言勘破维摩诘。”觉闻拊几称善。后七坐道场，化行海内，嗣法者甚众。住后，僧问：“如何是佛？”师曰：“布发掩泥，横身卧地。”曰：“意旨如何？”师曰：“任是波旬也皱眉。”曰：“恁么则谢师指示。”师曰：“西天此土。”问：“学人上来，请师说法。”师曰：“林间鸟噪，水底鱼行。”上堂：“须弥顶上，不扣金钟。毕钵岩中，无人聚会。山僧倒骑佛殿，诸人反着草鞋，朝游檀特，暮到罗浮。拄杖针筒，自家收取。”上堂：“衲僧横说竖说，未知有顶门上眼。”时有僧问：“如何是顶门上眼？”师曰：“衣穿瘦骨露，屋破看星眠。”上堂，大众集定，乃曰：“上来道个不审，能销万两黄金。下去道个珍重，亦销得四天下供养。若作佛法话会，滴水难消。若作无事商量，眼中着屑。且作么生即是？”良久，曰：“还会么？珍重！”

上堂：“夫为宗师，须是驱耕夫之牛，夺饥人之食，遇贱即贵，遇贵即贱。驱耕夫之牛，令他苗稼丰登。夺饥人之食，令他永绝饥渴。遇贱即贵，握土成金。遇贵即贱，变金成土。老僧亦不驱耕夫之牛，亦不夺饥人之食。何谓？耕夫之牛，我复何用？饥人之食，我复何餐？我也不握土成金，也不变金作土。何也？金是金，土是土，玉是玉，石是石，僧是僧，俗是俗。古今天地，古今日月，古今山河，古今人伦，虽然如此，打破大散关，几个迷逢达磨？”上堂：“雁过长空，影沉寒水。雁无遗踪之意，水无留影之心。若能如是，方解向异类中行。不用续凫截鹤，夷岳盈壑。放行也百丑千拙，收来也挛挛拳拳。用之，则敢与八大龙王斗富。不用，都来不直半分钱。参！”

上堂：“髑髅常干世界，鼻孔摩触家风。芭蕉闻雷开，葵花随日转。诸仁者，芭蕉闻雷开，还有耳么？葵花随日转，还有眼么？若也会得，西天即是此土。若也不会，七九六十三，收。”上堂：“灵源绝朕，普现色身。法离断常,有无堪示。所以道,尘尘不见佛,刹刹不闻经。要会灵山亲授记,昼见日,夜见星。”良久,曰:“若到诸方,不得错举。参!”上堂:“夜来寒霜凛冽,黄河冻结,陕府铁牛腰折。尽道女娲炼石补天,争奈西北一缺。如今欲与他补却,又恐大地人无出气处。且留这一窍,与大地人出气。参!”上堂:“虚明自照,不劳心力。上士见之,鬼神茶饭。中下得之,狂心顿息。更有一人,切忌道着。”上堂:“光透日月,明暗不收。智出圣凡,贤愚不历。所以道,不用低头,思量难得。”良久曰:“是什么?”上堂:“青萝夤缘,直上寒松之顶。白云淡泞,出没太虚之中。何似南山起云,北山下雨。若也会得,甜瓜彻蒂甜。若也不会,苦瓠连根苦。”上堂:“无边刹境,自他不隔于毫端。且道妙喜世界,不动如来,说什么法?十世古今,始终不离于当念。只如威音王佛最初一会,度多少人?若是通方作者,试为道看。”良久曰:“行路难,行路难。万仞峰头君自看。”上堂:“枯桑知天风,海水知天寒。金色头陀,见处不真。鸡足山中,与他看守衣钵。三千大喻,八百小喻,大似泥里洗土块。四十九年,三百六十余会,摩竭提国犹较些子。德山临济,虽然丈夫,争似罽宾国王,一刀两段。如今若有个人鼻孔辽天,山僧性命何在?”良久曰:“太平本是将军致,不许将军见太平。”喝一喝,下座。

僧问:“天不能盖,地不能载,未审是什么人?”师曰:“掘地深埋。”曰:“此人还受安排也无?”师曰:“土上更加泥。”问:“牛头未见四祖时如何?”师曰:“长江无六月。”曰:“见后如何?”师曰:“一年一度春。”室中问僧:“无手人能行拳,无舌人解言语。忽然无手人打无舌人,无舌人道个什么?”又曰:“蜀魄连宵叫,鵽鳩终夜啼。圆通门大启,何事隔云泥?”晚年以疾居池阳杉山庵,门弟子智才住临平之佛日,迎归侍奉。才如苏城未还,师速其归。及踵门,师告之曰:“时至,吾行矣。”才曰:“师有何语示徒?”乃说偈曰:“红日照扶桑,寒云封华岳。三更过铁围,拶折骊龙角。”才问:“卵塔已成,如何是毕竟事?”师举拳示之,遂就寝，推枕而寂。塔全身寺东之原。崇宁中谥振宗禅师。

称心省倧禅师

越州称心省倧禅师，僧问:“如何是祖师西来意? ”师曰:“行人念路。”僧曰:“不会。”师曰:“紧峭草鞋。”上堂:“佛种从缘起，是故说一乘。”拈拄杖曰:“拄杖是缘，哪个是佛种? 拄杖是一乘法，哪个是缘? 这里参见释迦老子了，却买草鞋行脚，不得向衲僧门下过，打折汝腰。且道衲僧据个什么? ”良久曰:“三十年后，莫孤负人。”卓拄杖，下座。

承天传宗禅师

泉州承天传宗禅师，僧问:“大用现前，不存轨则时如何? ”师曰:“承天今日高竖降旗。”僧便喝。师曰:“临济儿孙。”僧又喝，师便打。问:“如何是般若体? ”师曰:“云笼碧峤。”曰:“如何是般若用? ”师曰:“月在清池。”

南明日慎禅师

处州南明日慎禅师，僧问:“祖意教意，是同是别? ”师曰:“水天影交碧。”曰:“毕竟是同是别? ”师曰:“松竹声相寒。”

投子法宗道者

舒州投子法宗禅师〔时称道者〕，僧问:“如何是道者家风? ”师曰:“袈裟裹草鞋。”曰:“意旨如何? ”师曰:“赤脚下桐城。”

宝相蕴观禅师

天台宝相蕴观禅师，僧问:“如何是佛? ”师曰:“堂堂八尺余。”

君山显升禅师

岳州君山显升禅师，上堂:“大方无外，含裹十虚。至理不形，圆融三际。高超名相，妙体全彰。迥出古今，真机独露。握骊珠而鉴物，物物流辉。掷宝剑以挥空，空空绝迹。把定则摩竭掩室，净名杜词，放行则拾得摇头，寒山拊掌。且道是何人境界？”拈拄杖卓一下，曰:“瞬目扬眉处，凭君子细看。”

水月寺惠金典座

平江府水月寺惠金典座，依明觉于雪窦，闻举须弥山话，默有契。一日欲往讯，遇之殿轩。觉问:“汝名什么？”曰:“惠金？”觉曰:“阿谁惠汝金？”曰:“容少间去方丈致谢。”觉曰:“即今聻！”曰:“这里容和尚不得。”

修撰曾会居士

修撰曾会居士，幼与明觉同舍，及冠异途。天禧间，公守池州，一日会于景德寺。公遂引《中庸》《大学》,参以《楞严》符宗门语句，质明觉。觉曰:“这个尚不与教乘合，况《中庸》《大学》邪？学士要径捷理会此事。”乃弹指一下曰:“但恁么荐取。”公于言下领旨。天圣初，公守四明，以书币迎师补雪窦。既至，公曰:“某近与清长老商量赵州勘婆子话，未审端的有勘破处也无？”觉曰:“清长老道个什么？”公曰:“又与么去也。”觉曰:“清长老且放过一着，学士还知天下衲僧出这婆子圈缋不得么？”公曰:“这里别有个道处。赵州若不勘破，婆子一生受屈。”觉曰:“勘破了也。”公大笑。

延庆荣禅师法嗣

圆通居讷祖印禅师

庐山圆通居讷祖印禅师，梓州人，姓蹇氏。生而英特，读书过目成诵。十一出家，十七试《法华》得度。受具后肄业讲肆，耆年多下之。会禅者南游回，力勉其行。于是遍参荆楚间，迄无所得。至襄州洞山，留止十年，因读《华严论》有省。后游庐山，道价日起。由归宗而迁圆通。仁庙闻其名，皇祐初，诏住十方净因禅院。师称目疾，不能奉诏。有旨令举自代，遂举大觉琏应诏。及引对，问佛法大意称旨。天下贤师知人也。僧问："祖刹重兴时如何？"师曰："人在破头山。"曰："一朝权在手。"师便打。

百丈映禅师法嗣

慧因怀祥禅师

临安府慧因怀祥禅师，上堂："南山高，北山低。日出东方夜落西。白牛上树觅不得，乌鸡入水大家知。且道觅得后又如何？"良久曰："堪作什么！"

慧因义宁禅师

临安府慧因义宁禅师，僧问："佛未出世时如何？"师曰："摩耶夫人。"曰："出世后如何？"师曰："悉达太子。"

南华缘禅师法嗣

兴化延庆禅师

齐州兴化延庆禅师，上堂："言前荐得，孤负平生。句后投机，全乖道体。离此二途，祖宗门下又且如何？"良久曰："眼里瞳儿吹木笛。"

宝寿行德禅师

韶州宝寿行德禅师，冬日在南华受请，示众曰："新冬新宝寿，言是旧时言。若会西来意，波斯上舶船。"

白虎守升禅师

韶州白虎山守升禅师，僧问:“如何是佛？”师曰:“有眼无鼻孔。”

北禅贤禅师法嗣

兴化绍铣禅师

潭州兴化绍铣禅师，上堂拈拄杖曰:“一大藏教，是拭不净故纸。超佛越祖之谈，是诳謼闾阎汉。若论衲僧门下，一点也用不得。作么生是衲僧门下事？”良久曰:“多虚不如少实。”击香台，下座。

法昌倚遇禅师

洪州法昌倚遇禅师，漳州林氏子。幼弃家，依郡之崇福得度。有大志。自受具游方，名著丛席。浮山远和尚尝指谓人曰:“此后学行脚样子也。”参北禅，禅问:“近离甚处？”师曰:“福严。”禅曰:“思大鼻孔长多少？”师曰:“与和尚当时见底一般。”禅曰:“汝道我见时长多少？”师曰:“和尚大似不曾到福严。”禅曰:“学语之流。”又问:“来时马大师安乐否？”师曰:“安乐。”禅曰:“向汝道什么？”师曰:“教和尚莫乱统。”禅曰:“念汝新到，不能打得你。”师曰:“某甲亦放和尚过。”茶罢，禅问:“乡里甚处？”师曰:“漳州。”禅曰:“三平在彼作什么？”师曰:“说禅说道。”禅曰:“年多少？”师曰:“与露柱齐年。”禅曰:“有露柱且从，无露柱年多少？”师曰:“无露柱，一年也不少。”禅曰:“夜半放乌鸡。”师留北禅最久。于是师资敲唱，妙出一时。晚至西山，眷双岭深邃，栖息三年，始应法昌之请。师在双岭受请，与英胜二首座相别，曰:“三年聚首，无事不知。检点将来，不无渗漏。”以拄杖画一画，曰:“这个即且止，宗门事作么生？”英曰:“须弥安鼻孔。”师曰:“恁么则临崖看浒眼，特地一场愁。”英曰:“深沙努眼睛。”师曰:“争奈圣凡无异路，方便有多门。”英曰:“铁蛇钻不入。”师曰:

"这般汉有甚共语处？"英曰："自缘根力浅，莫怨太阳春。"却画一画，曰："宗门事且止，这个事作么生？"师便掌。英曰："这漳州子，莫无去就。"师曰："你这般见解，不打更待何时？"又打。英曰："也是老僧招得。"上堂："祖师西来，特唱此事。只要时人知有，如贫子衣珠，不从人得。三世诸佛，只是弄珠底人。十地菩萨，只是求珠底人。汝等正是跉跰乞丐，怀宝迷邦。灵利汉才闻举着，眨上眉毛，便知落处。若更踏步向前，不如策杖归山去，长啸一声烟雾深。"示众："我要一个不会禅底作国师。"上堂："汝若退身千尺，我便当处生芽。汝若觌面相呈，我便藏身露影。汝若春池拾砾，我便撒下明珠。直得水洒不着，风吹不入，如个无孔铁锤相似。且道法昌还有为人处也无？"良久曰："利刀割肉疮犹合，恶语伤人恨不销。"上堂："春山青，春水绿，一觉南柯梦初足。携筇纵步出松门，是处桃英香馥郁。因思昔日灵云老，三十年来无处讨。如今竞爱摘杨花，红香满地无人扫。"上堂，拈起拄杖曰："我若拈起，你便唤作先照后用。我若放下，你便唤作先用后照。我若掷下，你便唤作照用同时。忽然不拈不放，你向什么处卜度？直饶会得倜傥分明，若遇临济德山，便须脑门着地。且道伊有什么长处？"良久曰："曾经大海休夸水，除却须弥不是山。"上堂："夜半乌鸡谁捉去？石女无端遭指注。空王令下急搜求，唯心便作军中主。云门长驱，沩山队伍，列五位枪旗，布三玄戈弩。药山持刀，青原荷斧，石巩弯弓，禾山打鼓。阵排雪岭长蛇，兵屯黄檗飞虎。木马带毛烹，泥牛和角煮。赏三军，犒师旅。打葛藤，分露布。截海扬尘，横山簸土。击玄关，除徼路，多少平人受辛苦。无边刹海竞纷纷，三界圣凡无觅处。无觅处，还知否？昨夜云收天宇宽，依然带月啼高树。"上堂："闲来只么坐，拍手谁赓和？回头忽见簸箕星，水墨观音解推磨。"拍手一下曰："还会么？八十翁翁虽皓首，看看不见老人容。"上堂："法昌今日开炉，行脚僧无一个。唯有十八高人，缄口围炉打坐。不是规矩严难，免见诸人话堕。直饶口似秤锤，未免灯笼勘破。不知道绝功勋，妄自修因证果。”喝曰:“但能一念回光,定脱三乘羁锁。”黄龙南禅师至。上堂:“拏云攫浪数如麻，点着铜睛眼便花。除却黄龙头角外，自余浑是赤斑蛇。法昌小刹，路远山遥，景物萧疏，游人罕到。敢谓黄龙禅师曲赐光临，不唯泉石生辉，亦乃人天欣悦。然云行雨施，自古自今，其奈炉鞴之所，钝铁尤多；良医之门，病者愈甚。瘥病须求灵药，销顽必藉金锤。法昌这里，有几个垛根阿师，病者病在膏肓，顽者顽入骨髓。若非黄龙老汉到来,总是虚生浪死。”拈拄杖曰:“要会么?打面还他州土麦，唱歌须是帝乡人。”僧问:“古镜未磨时如何?”师曰:“却须磨取。”曰:“未审如何下手?”师曰:“镜在什么处?”僧遂作一圆相，师便打曰:“这漆桶，碌砖也不识。”师与感首座岁夜吃汤次,座曰:“昔日北禅分岁,曾烹露地白牛。和尚今夜分岁,有何施设?”师曰:“腊雪连山白,春风透户寒。”座曰:“大众吃个什么?”师曰:“莫嫌冷淡无滋味，一饱能消万劫饥。”座曰:“未审是什么人置办?”师曰:“无惭愧汉，来处也不知。”英胜二首座到山相访。英曰:“和尚寻常爱检点诸方，今日因什么却来古庙里作活计?”师曰:“打草只要蛇惊。”英曰:“莫涂糊人好!”师曰:“你又刺头入胶盆作什么?”英曰:“古人道，我见两个泥牛斗入海，所以住此山。未审和尚见个什么?”师曰:“你他时异日,有把茆盖头,人或问你,作么生祗对?”英曰:“山头不如岭尾。”师曰:“你且道，还当得住山事也无?”英曰:“使钁不及拖犁。”师曰:“还曾梦见古人么?”英曰:“和尚作么生?”师展两手。英曰:“虾跳不出斗。”师曰:“休将三寸烛，拟比太阳辉。”英曰:“争奈公案见在。”师曰:“乱统禅和，如麻似粟。”龙图徐公禧布衣时，与师往来，为法喜之游。师将化前一日，作偈遗之曰:“今年七十七，出行须择日。昨夜问龟哥，报道明朝吉。”徐览偈耸然，邀灵源清禅师同往。师方坐寝室，以院务诫知事曰:“吾住此山二十三年，护惜常住，每自莅之。今行矣，汝辈着精彩。”言毕，举拄杖曰:“且道这个分付阿谁?”徐与灵源皆屏息。遂掷杖投床，枕臂而化。

广因择要禅师

福州广因择要禅师，上堂：“王临宝位，胡汉同风。纽半破三，佛殿倒卓。藏身句即不问，你透出一字作么生道？”拈拄杖曰：“春风开竹户，夜雨滴花心。”上堂：“古者道，只恐为僧心不了，为僧心了总输僧。且如何是诸上座了底心？”良久曰：“渔翁睡重春潭阔，白鸟不飞舟自横。”僧问：“如何是祖师西来意？”师曰：“长安东，洛阳西。”问：“如何是佛？”师曰：“福州橄榄两头尖。”问：“佛未出世时如何？”师曰：“隈岩傍壑。”曰：“出世后如何？”师曰：“前山后山。”

开先暹禅师法嗣

云居山了元佛印禅师

南康军云居山了元佛印禅师，饶州浮梁林氏子。诞生之时，祥光上烛。须发爪齿，宛然具体。风骨爽拔，孩孺异常。发言成章，语合经史。闾里先生称曰神童。年将顶角，博览典坟。卷不再舒，洞明今古。才思俊迈，风韵飘然。志慕空宗，投师出家。试经圆具，感悟夙习。即遍参寻，投机于开先法席，出为宗匠。九坐道场，四众倾向，名动朝野。神宗赐高丽磨衲金钵，以旌师德。僧问：“如何是佛？”师曰：“木头雕不就。”曰：“恁么则皆是虚妄也。”师曰：“梵音深远，令人乐闻。”问：“如何是诸佛说不到底法？”师曰：“蚁子解寻腥处走，苍蝇偏向臭边飞。”曰：“学人未晓，请师再指。”师曰：“九万里鹏从海出，一千年鹤远天归。”问：“达磨面壁，意旨如何？”师曰：“闭口深藏舌。”曰：“学人未晓。”师曰：“一言已出，驷马难追。”问：“大修行人还入地狱也无？”师曰：“在里许。”曰：“大作业人还上天堂也无？”师曰：“虾跳不出斗。”曰：“恁么则镬汤炉炭吹教灭，剑树刀山喝使摧。”师曰：“自作自受。”乃曰：“适来禅客出众礼拜，各以无量珍宝布施大众。又于面门上放大光明,照耀乾坤,令诸人普得相见。于此明得,可谓十方诸佛各坐其前,常为劳生,演说大法,岂假山僧重重注破。如或未然,不免横身徇物。”乃横按拄杖曰:“万般草木根苗异,一得春风便放花。”上堂:“寒!寒!风撼竹声干,水冻鱼行涩,林疏鸟宿难。早是严霜威重,哪堪行客衣单。休思紫陌山千朵,且拥红炉火一攒。放下茱萸空中竹橛,倒却迦叶门前刹竿。直下更云不会,算来也太无端。参!”师一日与学徒入室次,适东坡居士到面前。师曰:“此间无坐榻,居士来此作什么?”士曰:“暂借佛印四大为坐榻。”师曰:“山僧有一问,居士若道得,即请坐;道不得,即输腰下玉带子。”士欣然曰:“便请。”师曰:“居士适来道,暂借山僧四大为坐榻。只如山僧四大本空,五阴非有,居士向什么处坐?”士不能答,遂留玉带。师却赠以云山衲衣。士乃作偈曰:“百千灯作一灯光,尽是恒沙妙法王。是故东坡不敢惜,借君四大作禅床。病骨难堪玉带围,钝根仍落箭锋机。会当乞食歌姬院,夺得云山旧衲衣。此带阅人如传舍,流传到我亦悠哉。锦袍错落犹相称,乞与佯狂老万回。”

智海本逸正觉禅师

东京智海本逸正觉禅师,僧问:“古镜未磨时如何?”师曰:“青青河畔草。”曰:“磨后如何?”师曰:“郁郁园中柳。”曰:“磨与未磨,是同是别?”师曰:“同别且置,还我镜来。”僧拟议,师便喝。上堂:“开口是,合口是,眼下无妨更着鼻。开口错,合口错,眼与鼻孔都拈却。佛也打,祖也打,真人面前不说假。佛也安,祖也安,衲僧肚皮似海宽。此乃一出一入,半合半开,是山僧寻常用底。敢问诸禅德,刹竿因什么头指天?力士何故揎起拳?”良久曰:“参!”上堂,拈拄杖曰:“这拄杖,在天也与日月并明,在地也与山河同固。在王侯也以代蒲鞭,在百姓也防身御恶。在衲僧也昼横肩上,渡水穿云,夜宿旅亭,撑门拄户。且道在山僧手里,用作何为?要会么,有时放步东湖上，与僧遥指远山青。”击禅床下座。上堂：“忆得老僧年七岁时，于村校书处得一法门，超情离见，绝妙绝玄，爰自染神。逾六十载，今日辄出，普告大众。若欲传持，宜当谛听。”遂曰：“寒原耕种罢，牵犊负薪归。此夜一炉火，浑家身上衣。诸禅德，逢人不得错举。”上堂：“古者道，接物利生绝妙，外甥终是不肖。他家自有儿孙，将来应用恰好。诸禅德还会么？菜园墙倒晴方筑，房店篱穿雨过修。院宇漏时随分整，儿孙大小尽风流。”上堂，举暹和尚道：“寒！寒！地炉火暖，闲坐蒲团。说迦叶不是，谈达磨无端。此也彼也，必然一般。”师召大众曰：“迦叶甚处不是？达磨那里无端？若检点得出，彼之二老一场懡㦬。若点检不出，三十年后，莫道不被人瞒好！”上堂：“我有这一着，人人口里嚼。嚼得破者，速须吐却。嚼不破者，翻成毒药。”乃召诸禅德：“作什么滋味，试请道看。”良久曰：“医王不是无方义，千里苏香象不回。”道士问：“如何是道？”师曰：“龙吟金鼎，虎啸丹田。”曰：“如何是道中人？”师曰：“吐故纳新。”曰：“道与道中人相去多少？”师曰：“罥鹤颠崖上，冲天昧米民。”

天章元楚宝月禅师

越州天章元楚宝月禅师，僧问：“如何是佛法大意？”师曰：“一年三百六十日。”曰：“便恁么会时如何？”师曰：“迢迢十万不是远。”上堂：“鼓声错落，山色崔嵬。本既不有，甚处得来？”良久曰：“高着眼。”

钦山勤禅师法嗣

梁山圆应禅师

鼎州梁山圆应禅师，僧问：“如何是超佛越祖之谈？”师曰：“吃粥吃饭。”

青原下十一世

云居舜禅师法嗣

蒋山法泉佛慧禅师

金陵蒋山法泉佛慧禅师，随州时氏子。僧问："古人说不到处，请师说。"师曰："夫子入太庙。"曰："学人未晓。"师曰："春暖柳条青。"问："如何是急切一句？"师曰："火烧眉毛。"问："祖师面壁，意旨如何？"师曰："撑天拄地。"曰："便恁么去时如何？"师曰："落七落八。"问："二祖立雪齐腰，意旨如何？"师曰："三年逢一闰。"曰："为什么付法传衣？"师曰："村酒足人酤。"问："莲华未出水时如何？"师曰："西瞿耶尼。"曰："出水后如何？"师曰："泗州大圣。"问："如何是祖师西来意？"师曰："发长僧貌丑。"曰："未审意旨如何？"师曰："闭户怕天寒。"问："南禅结夏,为什么却在蒋山解？"师曰："众流逢海尽。"曰："恁么则事同一家。"师曰："梦里到家乡。"上堂："来不来,去不去。脚下须弥山，脑后擎天柱。大藏不能宣，佛眼不能觑。诸禅德，渐老逢春解惜春，昨夜飞花落无数。"上堂，画一圆相，以手拓起曰："诸仁者还见么？团团离海峤，渐渐出云衢。诸人若也未见，莫道南明长老措大相，却于宝华王座上念中秋月诗。若也见得，此夜一轮满，清光何处无？"上堂："要去不得去，要住不得住。打破大散关，脱却娘生裤。诸仁者若到腊月三十日，且道用个什么？"良久曰："柳絮随风，自西自东。"上堂："古人恁么，南禅不恁么；古人不恁么，南禅却恁么。大众还委悉么？王婆衫子短，李四帽檐长。"圣节，上堂。拈拄杖击法座一下，曰："以此功德，祝延圣寿。"便下座。上堂："时人欲识南禅路，门前有个长松树。脚下分明不较多，无奈行人恁么去。莫恁去，急回顾。楼台烟锁钟鸣处。"师因雪下，上堂召大众曰："还有过得此色者么？"良久曰："文殊笑，普贤嗔。眼里无筋一世贫。相逢尽道休官去，林下何曾见一人？”上堂：“快人一言，快马一鞭。若更眼睛定动，未免纸裹麻缠。脚下是地，头上是天。不信但看八九月，纷纷黄叶满山川。”师晚奉诏住大相国智海禅寺，问众曰：“赴智海，留蒋山，去就孰是？”众皆无对。师索笔书偈曰：“非佛非心徒拟议，得皮得髓谩商量。临行珍重诸禅侣，门外千山正夕阳。”书毕坐逝。

天童澹交禅师

明州天童澹交禅师，僧问：“临云阁耸，太白峰高。到这里如何进步？”师曰：“但寻荒草际，莫问白云深。”曰：“未审如何话会？”师曰：“寒山逢拾得，两个一时痴。”曰：“向上宗乘，又且如何举唱？”师曰：“前言不及后语。”上堂：“也大奇，也大差，十个指头八个鑵。由来多少分明，不用钻龟打瓦。”便下座。

崇梵余禅师

建州崇梵余禅师，僧问：“临济喝少遇知音，德山棒难逢作者。和尚今日作么生？”师曰：“山僧被你一问，直得退身三步，脊背汗流。”曰：“作家宗师，今日遭遇。”师曰：“一语伤人，千刀搅腹。”僧以手画一画曰：“争奈这个何！”师曰：“草贼大败。”问：“恁么来底人，师还接否？”师曰：“孤峰无宿客。”曰：“不恁么来底人，师还接否？”师曰：“滩峻不留船。”曰：“恁么不恁么则且置，穿过髑髅一句作么生？”师曰：“堪笑亦堪悲。”上堂：“直须向黑豆未生芽时构取。”良久，召大众曰：“剑去远矣。”

慈云院修慧圆照禅师

处州慈云院修慧圆照禅师，上堂：“片月浸寒潭，微云满空碧。若于达道人，好个真消息。还有达道人么？微云穿过你髑髅，片月触着你鼻孔。珍重！”

大沩宥禅师法嗣

归宗慧通禅师

庐山归宗慧通禅师，僧问:“如何是函盖乾坤句? ”师曰:“日出东方夜落西。”曰:“如何是截断众流句? ”师曰:“铁山横在路? ”曰:“如何是随波逐浪句? ”师曰:“船子下扬州。”问:“如何是尘尘三昧? ”师曰:“灰飞火乱。”问:“如何是佛法大意? ”师曰:“黄河水出昆仑觜。”问:“十二时如何履践? ”师曰:“铁牛步春草。”问:“只履西归,当为何事? ”师曰:“为缘生处乐，不是厌他乡。”曰:“如何是当面事? ”师曰:“眼下鼻头垂。”上堂:“心随相起，见自尘生。了见本心，知心无相，即十方刹海，念念圆明，无量法门，心心周匝。夫如是者，何假觉城东际，参见文殊; 楼阁门开，方亲弥勒。所以道，一切法门无尽海，同会一法道场中。”拈起拄杖曰:“这个是一法，那个是道场? 这个是道场，那个是一法? ”良久曰:“看! 看! 拄杖子穿过诸人髑髅，须弥山拶破诸人鼻孔。”击香台一下，曰:“且向这里会取。”上堂:“从无入有易，从有入无难。有无俱尽处，且莫自颟顸。举来看，寒山拾得礼丰干。”

兴教慧宪禅师

安州大安兴教慧宪禅师，上堂:“我有一条拄杖，寻常将何比况? 采来不在南山，亦非昆仑西嶂。拈起满目光生，放下骊龙缩项。同徒若也借看，卓出人中之上。”击香台，下座。

育王琏禅师法嗣

佛日净慧戒弼禅师

临安府佛日净慧戒弼禅师,僧问:“如何是毗卢印? ”师曰:“草鞋踏雪。”曰:“学人不会。”师曰:“步步成踪。”

天宫慎徽禅师

福州天宫慎徽禅师，上堂："八万四千波罗密门，门门长开；三千大千微尘诸佛，佛佛说法。不说有，不说无，不说非有非无，不说亦有亦无。何也？离四句，绝百非，相逢举目少人知。昨夜霜风漏消息，梅花依旧缀寒枝。"

灵隐知禅师法嗣

灵隐正童圆明禅师

临安府灵隐正童圆明禅师，僧问："如何是道？"师曰："夜行莫踏白。"曰："如何是道中人？"师曰："黄张三，黑李四。"

承天简禅师法嗣

智者山利元禅师

婺州智者山利元禅师，上堂，拈拄杖曰："大用现前，不存轨则。东方一指，乾坤肃静。西方一指，瓦解冰消。南方一指，南斗作窜。北方一指，北斗潜藏。上方一指，筑着帝释鼻孔。下方一指，穿过金刚水际。诸人面前一指，成得什么边事？"良久，卓一下曰："路上指奔鹿，门前打犬儿。"

九峰韶禅师法嗣

大梅法英祖镜禅师

明州大梅法英祖镜禅师，本郡张氏子。弃儒试经得度，肄讲延庆。凡义学有困于宿德，辄以诘师。师纵辞辨之，为众所敬。忽曰："名相迂曲，岂吾所宗哉？"乃参九峰，峰见器之，与语若久在丛席，因痛劄之。师领旨，自尔得誉。住后，上堂："三十六旬之始，七十二候之初。末后句则且置，只如当头一句，又作么生道？"拈拄杖曰："岁朝把笔，万事皆吉。急急如律令。大众，山僧恁么举唱，且道还有祖师意也无？"良久曰："记得东村黑李四，年年亲写在门前。"卓拄杖，下座。宣和初，敕天下僧尼为德士。虽主法聚议，无一言以回上意。师肆笔解《老子》，诣进。上览，谓近臣曰："法英《道德经解》，言简理诣，于古未有。宜赐入《道藏》流行。"仍就赐冠佩坛诰。不知师意者，往往以其为佞谀。明年秋，诏复天下僧尼，师独无改志。至绍兴初，晨起戴桦皮冠，披鹤氅，执象简，穿朱履，使击鼓集众。升座召大众曰："兰芳春谷菊秋篱，物必荣枯各有时。昔毁僧尼专奉道，后平道佞复僧尼。且道僧尼形相作么生？"复取冠示众曰："吾顶从来似月圆，虽冠其发不成仙。今朝抛下无遮障，放出神光透碧天。"掷之于地，随易僧服。提鹤氅曰："如来昔日贸皮衣，数载暂将鹤氅披。还我丈夫调御服，须知此物不相宜。"掷之。举象简曰："为嫌禅板太无端，岂料遭他象简瞒。今日因何忽放下，普天致仕老仙官。"掷之。提朱履曰："达磨携将一只归，儿孙从此赤脚走。借他朱履代麻鞋，休道时难事掣肘。化鹏未遇不如鹍，画虎不成反类狗。"掷之。横拄杖曰："今朝拄杖化为龙，分破华山千万重。"复倚肩曰："珍重佛心真圣主，好将尧德振吾宗。"掷下拄杖，敛目而逝。

玉泉皓禅师法嗣

兴教文庆禅师

郢州林溪兴教文庆禅师，上堂："六六三十六，东方甲乙木。嘉州大像出关来，陕府铁牛入西蜀。参！"

夹山遵禅师法嗣

福昌信禅师

江陵福昌信禅师，僧问："一花开五叶，如何是第一叶？"师提起坐具。僧曰："云生片片，雨点霏霏。"师曰："不痛不知伤。"僧曰："这个犹是风生雨意,如何是第一叶？"师将坐具撼,僧拍掌。师曰："一任跨跳。"问："如何是佛？"师曰："东家儿郎,西家织女。"僧曰："学人不会。"师曰："掷笔抛梭。"上堂召大众,众举头,师曰："南山风色紧。"便下座。

天衣怀禅师法嗣

慧林宗本圆照禅师

东京慧林宗本圆照禅师,常州无锡管氏子。体貌厖硕,所事淳厚。年十九，依姑苏承天永安道升禅师出家，巾侍十载，剃度受具。又三年，礼辞游方，至池阳谒振宗。宗举："天亲从弥勒内宫而下，无著问云："人间四百年，彼天为一昼夜。弥勒于一时中，成就五百亿天子，证无生法忍，未审说什么法？"天亲曰："只说这个法。"如何是这个法？"师久而开悟。一日,室中问师："即心即佛时如何？"曰："杀人放火有什么难？"于是名播寰宇。漕使李公复圭命师开法瑞光,法席日盛。武林守陈公襄以承天兴教二刹命师择居，苏人拥道遮留。又以净慈坚请，移文谕道俗曰："借师三年，为此邦植福，不敢久占。"道俗始从。元丰五年,神宗皇帝下诏,辟相国寺六十四院为八禅二律,召师为慧林第一祖。既至，上遣使问劳。阅三日，传旨就寺之三门为士民演法。翌日，召对延和殿。问道赐坐，师即跏趺。帝问："卿受业何寺？"奏曰："苏州承天永安。"帝大悦，赐茶。师即举盏长吸,又荡而撼之。帝曰："禅宗方兴,宜善开导。"师奏曰："陛下知有此道,如日照临，臣岂敢自怠。”即辞退。帝目送之，谓左右曰：“真福慧僧也。”后帝登遐，命入福宁殿说法。以老乞归林下，得旨任便云游，州郡不得抑令住持。击鼓辞众，说偈曰：“本是无家客，那堪任意游？顺风加橹棹，船子下扬州。”既出都城，王公贵人送者车骑相属。师临别诲之曰：“岁月不可把玩，老病不与人期，唯勤修勿怠，是真相为。”闻者莫不感涕。晚居灵岩，其嗣法传道者，不可胜纪。僧问：“如何是祖师西来意？”师曰：“韩信临朝。”曰：“中下之流，如何领会？”师曰：“伏尸万里。”曰：“早知今日事，悔不慎当初。”师曰：“三皇冢上草离离。”问：“上是天，下是地，未审中间是什么物？”师曰：“山河大地。”曰：“恁么则谢师答话。”师曰：“大地山河。”曰：“和尚何得瞒人！”师曰：“却是老僧罪过。”上元日，僧问：“千灯互照，丝竹交音。正恁么时佛法在什么处？”师曰：“谢布施。”曰：“莫便是和尚为人处也无？”师曰：“大似不斋来。”上堂：“于一毫端现宝王刹，坐微尘里转大法轮。”拈起拄杖曰：“这个是尘，作么生说个转法轮底道理？山僧今日不惜眉毛，与汝诸人说破。拈起也，海水腾波，须弥岌峇；放下也，四海晏清，乾坤肃静。敢问诸人，且道拈起即是？放下即是？当断不断，两重公案。”击禅床，下座。上堂：“看！看！烁烁瑞光照大千界，百亿微尘国土，百亿大海水，百亿须弥山，百亿日月，百亿四天下，乃至微尘刹土，皆于光中，一时发现。诸仁者还见么？若也见得，许汝亲在瑞光。若也不见，莫道瑞光不照好！参。”上堂：“头圆像天，足方似地。古貌棱层，丈夫意气。趯倒须弥，踏翻海水，帝释与龙王无着身处。”乃拈拄杖曰：“却来拄杖上回避。咄！任汝神通变化，究竟须归这里。”以拄杖卓一下。师全身塔于苏之灵岩。

法云法秀禅师

东京法云寺法秀圆通禅师，秦州陇城辛氏子。母梦老僧托宿，觉而有娠。先是，麦积山老僧与应乾寺鲁和尚者善，尝欲从鲁游方。

鲁老之，既去，绪语曰："他日当寻我竹铺坡前，铁场岭下。"鲁后闻其所俄有儿生，即往观焉，儿为一笑。三岁愿随鲁归，遂从鲁姓。十九试经圆具，励志讲肆。习《圆觉》《华严》，妙入精义。因闻无为军铁佛寺怀禅师法席之盛，径往参谒。怀问曰："座主讲什么经？"师曰："《华严》。"曰："《华严》以何为宗？"师曰："法界为宗。"曰："法界以何为宗？"师曰："以心为宗。"曰："心以何为宗？"师无对。怀曰："毫厘有差，天地悬隔。汝当自看，必有发明。"后闻僧举："白兆参报慈：'情未生时如何？'慈曰：'隔。'"师忽大悟，直诣方丈，陈其所证。怀曰："汝真法器。吾宗异日在汝行矣。"初住龙舒四面，后诏居长芦法云为鼻祖。神宗皇帝上仙，宣就神御前说法，赐圆通，号。僧问："不离生死而得涅槃，不出魔界而入佛界，此理如何？"师曰："赤土茶牛奶。"曰："谢师答话。"师曰："你话头道什么？"僧拟议，师便喝。问："阳春二三月，万物尽生芽。未审道芽还增长也无？"师曰："自家看取。"曰："莫便是指示处么？"师曰："芭蕉高多少？"曰："野火烧不尽，春风吹又生。"师曰："这个是白公底，你底作么生？"曰："且待别时。"师曰："看你道不出。"上堂："看风使帆，正是随波逐浪。截断众流，未免依前渗漏。量才补职，宁越短长；买帽相头，难得恰好。直饶上不见天，下不见地，东西不辨，南北不分，有什么用处？任是纯钢打就，生铁铸成，也须额头汗出。总不恁么，如何商量？"良久曰："赤心片片谁知得？笑杀黄梅石女儿。"上堂："山僧不会巧说，大都应个时节。相唤吃碗茶汤，亦无祖师妙诀。禅人若也未相谙，踏着秤锤硬似铁。"上堂："秋云秋水，看山满目。这里明得，千足万足。其或未然，道士倒骑牛。参！"上堂："寒雨细，朔风高，吹沙走石，拔木鸣条。诸人尽知有，且道风作何色？若识得去，许你具眼。若也不识，莫怪相瞒。参！"上堂："少林九年冷坐，却被神光觑破。如今玉石难分，只得麻缠纸裹。还会么？笑我者多，晒我者少。”上堂：“衲僧家高揖释迦，不拜弥勒，未为分外。只如半偈亡躯，一句投火，又图个什么？”良久曰：“彼彼住山人，何须更说破。”师示疾，谓众曰：“老僧六处住持，有烦知事、首座、大众，今来四大不坚，火风将散，各宜以道自安，无违吾嘱。”遂曰：“来时无物去时空，南北东西事一同。六处住持无所补，”师良久，监寺惠当进曰：“和尚何不道末后句？”师曰：“珍重！珍重！”言讫而逝。

慧林院若冲觉海禅师

东京相国慧林院若冲觉海禅师，江宁府钟氏子。上堂：“碧落静无云，秋空明有月。长江莹如练，清风来不歇。林下道人幽，相看情共悦。诸仁者，适来道个清风明月，犹是建化门中事，作么生是道人分上事？”良久曰：“闲来石上观流水，欲洗禅衣未有尘。”上堂：“无边义海，咸归顾盼之中。万象形容，尽入照临之内。你诸人筑着磕着，因什么却不知？”良久曰：“莫怪山僧太多事，光阴如箭急相催。珍重！”

长芦应夫广照禅师

真州长芦应夫广照禅师，滁州蒋氏子。僧问：“古者道，如来禅即许老兄会，祖师禅未梦见在。未审如来禅与祖师禅是同是别？”师曰：“一箭过新萝。”僧拟议，师便喝。问：“识得衣中宝时如何？”师曰：“你试拈出看。”僧展一手，师曰：“不用指东画西，宝在什么处？”曰：“争奈学人用得。”师曰：“你试用看。”僧拂坐具一下，师曰：“众人笑你。”上堂，召众曰：“江山绕槛，宛如水墨屏风。殿阁凌空，丽若神仙洞府。森罗万象，海印交参。一道神光，更无遮障。诸人还会么？”良久曰：“寥寥天地间，独立望何极。参！”上堂，顾大众曰：“这个为什么拥不聚，拨不散，风吹不入，水洒不着，火烧不得，刀斫不断。是个什么？众中莫有钉觜铁舌底衲僧，试为山僧定当看。还有么？”良久曰：“若无，山僧今日失利。久立。”

临安府佛日智才禅师

临安府佛日智才禅师，台州人。僧问：“如何是道？”师曰：“水冷生冰。”曰：“如何是道中人？”师曰：“春雪易消。”曰：“如何谈论？”师鸣指一下。问：“东西密相付，为什么众人皆知？”师曰：“春无三日晴。”曰：“特伸请益。”师曰：“拖泥带水。”曰：“学人到这里却不会。”师曰：“贼身已露。”上堂：“城里喧繁，空山寂静。然虽如此，动静一如，死生不二。四时轮转，物理湛然。夏不去而秋自来，风不凉而人自爽。今也古也，不改丝毫。谁少谁多，身无二用。诸禅德，既身无二用，为什么龙女现十八变？君不见弄潮须是弄潮人。珍重！”上堂：“风雨萧骚，塞汝耳根。落叶交加，塞汝眼根。香臭丛杂，塞汝鼻根。冷热甘甜，塞汝舌根。衣绵温冷，塞汝身根。颠倒妄想，塞汝意根。诸禅德，直饶汝翻得转，也是平地骨堆。参！”上堂：“严风刮地，大野清寒。万里草离衰，千山树黯黪，苍鹰得势，俊鹘横飞。颇称衲僧，钵囊高挂。独步遐方，似猛将出荒郊，临机须扣敌，今日还有么？”良久曰：“匣中宝剑，袖里金锤。幸遇太平，挂向壁上。参！”上堂：“诸禅德还知么？山僧生身父母一时丧了，直是无依倚处。”以手捶胸曰：“苍天！苍天！”复顾大众，良久曰：“你等诸人，也是铁打心肝。”便下座。上堂，举柏树子话。师曰：“赵州庭柏，说与禅客。黑漆屏风，松椤亮隔。”僧问：“如何是无为？”师曰：“山前雪半消。”曰：“请师方便？”师曰：“水声转呜咽。”

天钵寺重元文慧禅师

北京天钵寺重元文慧禅师，青州千乘孙氏子。母梦于佛前吞一金果，后乃诞师。相仪殊特，迥异群童。十七出家，冠岁圆具。初游讲肆，颇达宗教。尝宴坐古室，忽闻空中有告师：“学上乘者，无滞于此。”惊骇出视，杳无人迹。翌日客至，出《寒山集》，师一览之，即慕参玄。至天衣法席，遇众请益，豁然大悟。衣印可曰：“此吾家千里驹也。”出世后，僧问：“如何是禅？”师曰：“入笼入槛。”僧拊掌，师曰：“跳得出是好手。”僧拟议，师曰：“了。”问：“如何是透法身句？”师曰：“上是天，下是地。”上堂：“冬不受寒，夏不受热。身上衣，口中食，应时应节。既非天然自然，尽是人人膏血。诸禅德，山僧恁么说话，为是世法，为是佛法？若也择得分明，万两黄金亦消得。”喝一喝。上堂：“福胜一片地，行也任你行，住也任你住。步步踏着，始知落处。若未然者，直须退步，脚下看取。咄！”上堂：“古今天地，万象森然。岁岁秋收冬藏，人人道我总会，还端的也无？直饶端的，比他鸡足峰前，是什么闲事？”良久曰：“今朝十月初旬，天寒不得普请。参！”师四易名蓝，缁白仰重。示寂正盛暑中，清风透室，异香馥郁。荼毗，烟焰到处，获舍利五色。太师文公彦博，以上赐白琉璃瓶贮之，藉以锦褥，躬葬于塔。居士何震所获额骨齿牙舍利，别创浮图。

瑞岩子鸿禅师

台州瑞岩子鸿禅师，本郡吴氏子。僧问：“如何是道？”师曰：“开眼觑不见。”问：“法尔不尔，如何指南？”师曰：“话堕也。”曰：“乞师指示。”师呵呵大笑。上堂：“一不守，二不向，上下四维无等量。大洋海里泛铁船，须弥顶上翻鲸浪。临济缩却舌头，德山阁却拄杖。千古万古独巍巍，留与人间作榜样。”

栖贤智迁禅师

庐山栖贤智迁禅师，僧问：“一问一答，尽是建化门庭。未审向上更有事也无？”师曰：“有。”曰：“如何是向上事？”师曰：“云从龙，风从虎。”曰：“恁么则龙得水时添意气，虎逢山则长威狞。”

师曰："兴云致雨又作么生？"僧便喝。师曰："莫更有在？"僧拟议，师咄曰："念话杜家。"问："如何是本来心？"师曰："拆东篱，补西壁。"曰："恁么则今日斋晏。"师曰："退后着。"上堂："闻佛法二字，早是污我耳目。诸人未跨法堂门，脚跟下好与三十棒。虽然如是，山僧今日也是为众竭力。珍重！"上堂："是什么物，得恁顽顽嚚嚚，瞷瞷睍睍。"拊掌呵呵大笑曰："今朝巴鼻，直是黄面瞿昙通身是口，也分疏不下。久立。"

净众梵言首座

越州净众梵言首座，示众："南阳国师道：'说法有所得，斯则野干鸣。说法无所得，是名师子吼。'"师曰："国师恁么道，大似掩耳偷铃。何故？说有说无，尽是野干鸣。诸人要识师子吼么？咄！"

三祖冲会圆智禅师

舒州山谷三祖冲会圆智禅师，临安府人也。初开堂日，僧问："如何是第一义谛？"师曰："百杂碎。"曰："恁么则褒禅一会，不异灵山。"师曰："将粪箕扫帚来。"问："师登宝座，壁立千仞。正令当行，十方坐断。未审将何为人？"师曰："千钧之弩。"曰："大众承恩。"师曰："量才补职。"问："理虽顿悟，事假渐除。除即不问，如何是顿悟底道理？"师曰："言中有响。"曰："便恁么又且如何？"师曰："金毛师子。"问："生也犹如着衫，死也还同脱裤。未审意旨如何？"师曰："譬如闲。"曰："为什么如此？"师曰："因行不妨掉臂。"问："如何是天堂？"师曰："太远在。"曰："如何是地狱？"师曰："放你不得。"曰："天堂地狱，相去多少？"师曰："七零八落。"问："白云绽处，楼阁门开。善财为什么从外而入？"师曰："开眼即瞎。"曰："未审落在什么处？"师曰："填沟塞壑。"问："如何是不动尊？"师曰："寸步千里。"

资寿院捷禅师

泉州资寿院捷禅师，僧问:“如何是佛法大意？”师曰:“铁牛生石卵。”曰:“如何是接人句？”师曰:“三门前合掌。”曰:“如何是大用句？”师曰:“脑门着地。”曰:“如何是无事句？”师曰:“横眠大道。”曰:“如何是奇特句？”师曰:“的。”

观音启禅师

洪州观音启禅师，僧问:“如何是祖师西来意？”师曰:“松长柏短。”曰:“意旨如何？”师曰:“叶落归根。”

天章元善禅师

越州天章元善禅师，僧问:“大无外，小无内。既无内外，毕竟是什么物？”师曰:“开口见胆。”曰:“学人未晓。”师曰:“苦中苦。”曰:“为众竭力，祸出私门。”师打曰:“教休不肯休，须待雨淋头。”问:“如何是最初句？”师曰:“末后问将来。”曰:“为甚如此？”师曰:“先行不到。”曰:“入水见长人也。”师曰:“秦皇击缶。”上堂:“君问西来意，马师踏水潦。若认一毛头，何曾知起倒？劫火才洞然，愚夫觅干草。宁知明眼人，为君长懊恼。”

长芦体明圆鉴禅师

真州长芦体明圆鉴禅师，上堂，顾视左边曰:“师子之状，岂免嚬呻？”顾右边曰:“象王之仪，宁忘回顾？取此逃彼，上士奚堪？识变知机，野狐窠窟。到这里须知有凡圣不历处，古今不到处。且道是什么人行履？”良久曰:“丈夫自有冲天志，莫向如来行处来。”

开元智孜禅师

汀州开元智孜禅师，上堂:“衲僧家向针眼里藏身稍宽，大海中走马甚窄。将军不上便桥，勇士徒劳挂甲。昼行三千，夜行八百即不问，不动步一句作么生道？若也道得，观音、势至、文殊、普贤只在目前。若道不得，直须撩起布裙，紧峭草鞋。参！”上堂："寒空落落，大地漫漫。云生洞口，水出高原。若也把定，则十方世界恍然。若也放行，则东西南北坦然。茫茫宇宙人无数，一个个鼻孔辽天。且问诸人把定即是，放行即是？还有人断得么？若无人断得，三门外有两个大汉，一个张眉握剑，一个努目挥拳。参！”

澄照慧慈禅师

平江府澄照慧慈禅师，僧问："了然无所得，为什么天高地阔？"师曰："窄。"上堂："若论此事，眨上眉毛，早是蹉过。那堪进步向前，更要山僧说破。而今说破了也，还会么？昨日雨，今日晴。"

法雨慧源禅师

临安府法雨慧源禅师，僧问："如何是最初一句？"师曰："梁王不识。"曰："如何是末后一句？"师曰："达磨渡江。"

崇德智澄禅师

秀州崇德智澄禅师，上堂："觌面相呈，更无余事。若也如此，岂不俊哉！山僧盖不得已曲为诸人，若向衲僧面前，一点也着不得。诸禅德，且道衲僧面前说个什么即得？"良久曰："深秋帘幕千家雨，落日楼台一笛风。"

栖隐有评禅师

泉州栖隐有评禅师，僧问："如何是平常道？"师曰："和尚合掌，道士擎拳。"问："十二时中如何趣向？"师曰："着衣吃饭。"曰："别还有事也无？"师曰："有。"曰："如何即是？"师曰："斋余更请一瓯茶。"

定慧云禅师

平江府定慧云禅师，僧问：“如何是为人一句？”师曰：“见之不取。”曰：“学人未晓。”师曰：“思之千里。”

大同院旺禅师

建宁府乾符大同院旺禅师，僧问：“如何是祖师西来意？”师曰：“入市乌龟。”曰：“意旨如何？”师曰：“得缩头时且缩头。”

铁佛因禅师

无为军铁佛因禅师，僧问：“如何是和尚家风？”师曰：“一寻寒木自为邻，三事秋云更谁识？”曰：“和尚家风蒙指示，为人消息又如何？”师曰：“新月有圆夜，人心无满时。”

报本法存禅师

安吉州报本法存禅师，钱塘陆氏子。僧问：“无味之谈，塞断人口。作么生是塞断人口底句？”师便打。僧曰：“恁么则一句流通，天人耸耳。”师曰：“只恐不是玉，是玉也大奇。”曰：“专为流通。”师曰：“一任乱道。”在天衣受请，上堂曰：“吴江圣寿见召住持，进退不遑，且随缘分。此皆堂头和尚，提耳训育，终始奖谕。若据今日，正令当行，便好一棒打杀，那堪更容立在座前。虽然如是，养子方见父慈。”

开圣院栖禅师

和州开圣院栖禅师，开堂垂语曰：“选佛场开人天普会。莫有久历觉场，罢参禅客，出来相见。”时有僧出，师曰：“作家！作家！”僧曰：“莫着忙。”师曰：“元来不是作家！”僧提起坐具，曰：“看！看！摩竭陀国，亲行此令。”师曰：“只今作么生？”僧礼拜。师曰：“龙头蛇尾。”问：“东西不辨，南北不分，学人上来，乞师一接。”

师曰：“不接。”曰：“为什么不接？”师曰：“为你东西不辨，南北不分。”曰：“将谓胡须赤，更有赤须胡。”师曰：“苏嚧苏嚧。”问：“如何是道？”师曰：“放汝三十棒。”曰：“为什么如此？”师曰：“杀人可恕，无礼难容。”上堂，拈拄杖曰：“大众，急着眼看须弥山，画一画百杂碎，南赡部洲打一棒，东倾西侧，不免且收在开圣手中，教伊出气不得。”卓一下。

衡山惟礼禅师

福州衡山惟礼禅师，上堂：“若论此事，直下难明。三贤罔测，十圣不知。到这里须高提祖令，横按镆铘。佛尚不存，纤尘何立？直教须弥粉碎，大海焦枯，放一线道与诸人商量。且道商量个什么？”良久曰：“盐贵米贱。”

显明善孜禅师

临安府北山显明善孜禅师，僧问：“如何是祖师西来意？”师曰：“九年空面壁，懡㦬又西归。”曰：“为什么如此？”师曰：“美食不中饱人餐。”问：“如何是无情说法？”师曰：“灯笼挂露柱。”曰：“什么人得闻？”师曰：“墙壁有耳。”

启霞惠安禅师

明州启霞思安禅师，僧问：“诸佛出世，盖为群生。和尚出世，当为何人？”师曰：“不为阇黎。”曰：“恁么，则潭深波浪静，学广语声低。”师曰：“捧上不成龙。”

云门灵侃禅师

越州云门灵侃禅师，僧问：“十二时中，如何用心？”师曰：“佛殿里烧香。”曰：“学人不会。”师曰：“三门头合掌。”上堂：“尘劳未破，触境千差。心鉴圆明，丝毫不立。灵光皎皎，独露现前。今古两忘，圣凡路绝。到这里始能卷舒自在，应用无亏，出没往还，人间天上。大众，虽然如是，忽被人把住，问你道拄杖子向什么处着？又如何祇对？还有人道得么？出来道看。”众无对。乃拍禅床，下座。

太平元坦禅师

天台太平元坦禅师，上堂：“是法无宗，随缘建立。声色动静，不昧见闻。举用千差，如钟待扣。于此荐得，且随时着衣吃饭。若是德山临济，更须打草鞋行脚。参！”

佛日文祖禅师

临安府佛日文祖禅师，僧问：“峭峻之机，请师垂示。”师曰：“十字街头八字立。”曰：“只如大洋海底行船，须弥山上走马，又作么生？”师曰：“乌龟向火。”曰：“恁么则能骑虎头，善把虎尾。”师以拄杖点一下，曰：“礼拜着。”

望仙山宗禅师

沂州望仙山宗禅师，僧问：“四时八节即不问，平常一句事如何？”师曰：“禾山打鼓。”曰：“莫是学人着力处也无？”师曰：“归宗拽石。”僧无语。师曰：“真个衲僧。”上堂：“南台乌药，北海天麻，新罗附子，辰锦朱砂。”良久曰：“大众会么？”久立。上堂：“你等诸人，还肯放下么？若不放下，且担取去。”便下座。

五峰净觉院用机禅师

瑞州五峰净觉院用机禅师，僧问：“如何是道？”师曰：“十字街头踏不着。”曰：“便恁么去时如何？”师曰：“且缓缓！”上堂：“清平过水，投子卖油。一年三百六十日，不须频向数中求。”以拂击禅床，下座。

佛足处祥禅师

无为军佛足处祥禅师，僧问："如何是般若体？"师曰："琉璃殿里隐寒灯。"曰："如何是般若用？"师曰："活卓卓地。"问："一色无变异，唤作灵地白牛，还端的也无？"师曰："头角生也。"曰："头角未生时如何？"师曰："不要犯人苗稼。"

明因慧赟禅师

平江府明因慧赟禅师，上堂，横按拄杖曰："若恁么去，直得天无二日，国无二王，释迦老子，饮气吞声。一大藏教，如虫蚀木。设使钻仰不及，正是无孔铁锤。假饶信手拈来，也是残羹馊饭。一时吐却，方有少分相应，更乃堕在空亡，依旧是鬼家活计。要会么？雨后始知山色翠，事难方见丈夫心。"卓拄杖，下座。

西台其辩禅师

兴化军西台其辩禅师，上堂，举临济无位真人语，乃召大众曰："临济老汉，寻常一条脊梁硬似铁，及乎到这里，大似日中迷路，眼见空花，直饶道无位真人是干屎橛，正是泥龟曳尾。其僧只知季夏极热，不知仲冬严寒。若据当时，合着得什么语，塞断天下人舌头。西台只恁么休去，又乃眼不见为净。不免出一只手，狼藉去也。临济一担，西台一堆，一担一堆，分付阿谁？从教撒向诸方去，笑杀当年老古锥。"

礼部杨杰居士

礼部杨杰居士，字次公，号无为，历参诸名宿，晚从天衣游。衣每引老庞机语，令研究深造。后奉祠泰山，一日鸡一鸣，睹日如盘涌。忽大悟，乃别有男不婚、有女不嫁之偈曰：“男大须婚，女长须嫁。讨甚闲工夫，更说无生话。”书以寄衣，衣称善。后会芙蓉楷禅师，公曰：“与师相别几年？”蓉曰：“七年。”公曰：“学道来，参禅来？”蓉曰：“不打这鼓笛。”公曰：“恁么则空游山水，百无所能也。”蓉曰：“别来未久，善能高鉴。”公大笑。公有《辞世偈》曰：“无一可恋，无一可舍。太虚空中，之乎者也。将错就错，西方极乐。”

称心倧禅师法嗣

慧日尧禅师

彭州慧日尧禅师，僧问：“古者道，我有一句，待无舌人解语，却向汝道，未审意旨如何？”师曰：“无影树下好商量。”僧礼拜，师曰：“瓦解冰消。”

报本兰禅师法嗣

中际可遵禅师

福州中际可遵禅师，上堂：“咄咄咄！井底啾啾是何物？直饶三千大千，也只是个鬼窟。咄！”上堂：“昨夜四更起来，呵呵大笑不歇。幸然好一觉睡，霜钟撞作两橛。”上堂：“禾山普化忽颠狂，打鼓摇铃戏一场。劫火洞然宜煮茗，岚风大作好乘凉。四蛇同箧看他弄，二鼠侵藤不自量。沧海月明何处去，广寒金殿白银床。咄！”上堂：“八万四千深法门，门门有路超乾坤。如何个个踏不着？只为蜈蚣太多脚。不唯多脚亦多口，钉觜铁舌徒增丑。拈椎竖拂泥洗泥，扬眉瞬目笼中鸡。要知佛祖不到处，门掩落花春鸟啼。”

法明上座

邢州开元法明上座，依报本未久，深得法忍。后归里事落魄，多嗜酒呼卢。每大醉唱柳词数阕,日以为常。乡民侮之,召斋则拒，召饮则从。如是者十余年。咸指曰“醉和尚”。一日谓寺众曰：“吾明旦当行，汝等无他往。”众窃笑之。翌晨，摄衣就座，大呼曰：“吾去矣，听吾一偈。”众闻奔视，师乃曰：“平生醉里颠蹶，醉里却有分别。今宵酒醒何处，杨柳岸晓风残月。”言讫寂然，撼之已委蜕矣。

称心明禅师法嗣

上蓝院光寂禅师

洪州上蓝院光寂禅师，上堂，横按拄杖，召大众曰：“还识上蓝老汉么？眼似木突，口如匾担，无问精粗，不知咸淡。与么住持，百千过犯。诸禅德,还有为山僧忏悔底么？”良久曰：“气急杀人！”卓拄杖，下座。

广因要禅师法嗣

妙峰如璨禅师

福州妙峰如璨禅师，上堂：“今朝是如来降生之节，天下缁流，莫不以香汤灌沐，共报洪恩。为什么教中却道，如来者无所从来？既是无所从来，不知降生底是谁？试请道看。若道得，其恩自报。若道不得，明年四月八，还是蓦头浇。”

云居元禅师法嗣

百丈庆善院净悟禅师

临安府百丈庆善院净悟禅师，僧问：“如何是佛？”师曰：“问谁？”曰：“特问和尚。”师曰：“鹞子过新罗。”上堂：“说则摇唇，行则动脚。直饶不说不行时，错！错！”拍禅床下座。

善权慧泰禅师

常州善权慧泰禅师，上堂：“诸佛出世，广演三乘。达磨西来，密传大事。上根之者，言下顿超。中下之流，须当渐次，发明心地。或一言唱道，或三句敷扬，或善巧应机，遂成多义。撮其枢要，总是空花。一句穷源，沉埋祖道。敢问诸人，作么生是依时及节底句？”良久曰：“微云淡河汉，疏雨滴梧桐。参！”

崇福德基禅师

饶州崇福德基禅师，上堂：“若于这里会得，便能入一佛国，坐一道场。水鸟树林，共谈斯要。栖台殿阁，同演真乘。续千圣不尽之灯，照八面无私之焰。所以道，在天同天，在人同人，还有知音者么？”良久曰：“水底金乌天上日，眼中瞳子面前人。”

宝林怀吉真觉禅师

婺州宝林怀吉真觉禅师，上堂：“善慧遗风五百年，云黄山色只依然。而今祖令重行也，一句流通遍大千。大众且道，是什么句？莫是函盖乾坤、截断众流、随波逐浪底么？咄！有甚交涉。自从有佛祖已来，未曾动着，今日不可漏泄真机去也。”顾视大众曰：“若到诸方，不得错举。”

资福宗诱禅师

洪州资福宗诱禅师，上堂："龙泉今日与诸人说些葛藤。"良久曰："枝蔓上更生枝蔓。"

智海逸禅师法嗣

黄檗志因禅师

瑞州黄檗志因禅师，僧问："如何是得力句？"师曰："脚。"曰："学人不会。"师曰："一步进一步。"上堂："四十九年说，恩润禽鱼。十万途程来，警悟人天。这二老汉，各人好与三十棒。何故？一个说长说短，一个胡言汉语。虽然如是，且放过一着。"

大中德隆海印禅师

福州大中德隆海印禅师，上堂："法无异法，道无别道。时时逢见释迦，处处撞着达磨。放步即交肩，开口即咬破。不咬破，大小大。"上堂："夫欲智拔，先须定动。"卓拄杖曰："唵苏嚧、唏唏唎娑婆诃。"归堂吃茶。上堂："触境无滞底，为什么抬头不起？田地稳密底，为什么下脚不得？譬如天王赐与华屋，虽获大宅，要因门入。"乃曰："门聻！樊哙踏开真主出，巨灵抬手锦鳞喷。参！"上堂："平旦寅晓何人，处处弥陀佛，家家观世音。月里麒麟看北斗，向阳椑子一边青。"

签判刘经臣居士

签判刘经臣居士，字兴朝。少以逸才登仕版，于佛法未之信。年三十二，会东林照觉总禅师与语，启迪之，乃敬服，因醉心祖道。既而抵京师，谒慧林冲禅师，于僧问雪窦："如何是诸佛本源？"答曰："千峰寒色"，语下有省。岁余官雒幕，就参韶山杲禅师，将去任，辞韶山。山嘱曰：“公如此用心，何愁不悟？尔后或有非常境界，无量欢喜，宜急收拾。若收拾得去，便成法器。若收拾不得，则有不宁之疾，成失心之患矣。”未几复至京师，趋智海依正觉逸禅师，请问因缘，海曰：“古人道，平常心是道。你十二时中放光动地，不自觉知。向外驰求，转疏转远。”公益疑不解。一夕入室，海举《传灯》所载香至国王问波罗提尊者“何者是佛”，尊者曰“见性是佛”之语问之。公不能对。疑甚，遂归就寝，熟睡至五鼓，觉来方追念问，见种种异相，表里通彻，六根震动，天地回旋，如云开月现，喜不自胜。忽忆韶山临别所嘱之言，姑抑之。逗明趋智海，悉以所得告，海为证据，且曰：“更须用得始得。”公曰：“莫要践履否？”海厉声曰：“这个是什么事，却说践履？”公默契，乃作《发明心地颂》八首，及著《明道谕儒篇》以警世。词曰：“明道在乎见性。余之所悟者，见性而已。孟子曰：‘口之于味也，目之于色也，耳之于声也，鼻之于臭也，四肢之于安佚也，性也。’杨子曰：‘视听言貌思，性所有也。’有见于此，则能明乎道矣。当知道不远人，人之于道，犹鱼之于水，未尝须臾离也。唯其迷己逐物，故终身由之而不知。佛曰大觉，儒曰先觉，盖觉此耳。昔人有言曰，今古应无坠，分明在目前。又曰，大道只在目前，要且目前难睹。欲识大道真体，不离声色言语。又曰，夜夜抱佛眠，朝朝还共起。起倒镇相随，语默同居止。欲识佛去处，只这语声是。此佛者之语道为最亲者。立则见其参于前也，在舆则见其倚于衡也。瞻之在前也，忽焉在后也。取之左右逢其原也。此儒者之语道最迩者。奈何此道唯可心传，不立文字。故世尊拈花而妙心传于迦叶，达磨面壁而宗旨付于神光。六叶既敷，千花竞秀。分宗列派，各有门庭。故或瞬目扬眉，擎拳举指。或行棒行喝，竖拂拈槌。或持叉张弓，辊毬舞笏。或拽石般土，打鼓吹毛。或一默一言，一吁一笑。乃至种种方便，皆是亲切为人。然只为太亲，故人多罔措。瞥然见者，不隔丝毫。其或沉吟，迢迢万里。欲明道者，宜无忽焉。祖祖相传，至今不绝。真得吾儒所谓忿而不发，开而弗违者矣。余之有得，实在此门。反思吾儒，自有其道。良哉孔子之言！默而识之，一以贯之，故目击而道存，指掌而意喻。凡若此者，皆合宗门之妙旨，得教外之真机。然而孔子之道，传之子思，子思传之孟子。孟子既没。不得其传，而所以传于世者，特文字耳。故余之学，必求自得而后已。幸余一夕开悟，凡目之所见，耳之所闻，心之所思，口之所谈，手足之所运动，无非妙者，得之既久，日益见前。每以与人，人不能受。然后知其妙道果不可以文字传也。呜呼！是道也，有其人则传，无其人则绝。余既得之矣，谁其似之乎？终余之身而有其人邪？无其人邪？所不可得而知也。故为记颂歌语，以流播其事，而又著此篇，以谕吾徒云。”

青原下十二世

蒋山泉禅师法嗣

清献公赵抃居士

清献公赵抃居士，字悦道，年四十余，摈去声色，系心宗教。会佛慧来居衢之南禅，公日亲之，慧未尝容措一词。后典青州，政事之余，多宴坐。忽大雷震惊，即契悟作偈曰：“默坐公堂虚隐几，心源不动湛如水。一声霹雳顶门开，唤起从前自家底。”慧开笑曰：“赵悦道撞彩耳。”富郑公初于宗门，未有所趣，公勉之书曰：“伏惟执事，富贵如是之极，道德如是之盛，福寿康宁如是之备，退休闲逸如是之高，其所未甚留意者，如来一大事因缘而已。能专诚求所证悟，则他日为门下贺也。”公年七十有二，以太子少保致仕而归。亲旧里民，遇之如故。作高斋以自适，题偈见意曰:“腰佩黄金已退藏，个中消息也寻常。世人欲识高斋老，只是柯村赵四郎。”复曰:“切忌错认。”临薨遗佛慧书曰:“非师平日警诲，至此必不得力矣。”慧悼以偈曰:“仕也邦为瑞，归欤世作程。人间金粟去，天上玉楼成。慧剑无纤缺，冰壶彻底清。春风瀫水路，孤月照云明。”

慧林本禅师法嗣

法云善本大通禅师

东京法云善本大通禅师，族董氏，汉仲舒之裔也。大父琪，父温，皆官于颍，遂为颍人。母无子，祷白衣大士，乃得师。及长，博极群书，然清修无仕宦意。嘉佑八年，与弟善思往京师地藏院，选经得度，习毗尼。东游至姑苏，礼圆照于瑞光。照特顾之，于是契旨，经五稔，益跻微奥。照令依圆通秀，师去又尽其要。元丰七年，渡淮，留太守岩。久之出住双林，迁净慈，寻被旨徙法云。僧问:“宝塔元无缝，如何指示人？”师曰:“烟霞生背面，星月绕檐楹。”曰:“如何是塔中人？”师曰:“竟日不知清世事，长年占断白云乡。”曰:“向上更有事也无？”师曰:“太无厌生。”问:“若论此事，譬如两家着棋。学人上来，请师一着。”师曰:“早见输了也。”僧曰:“错。”师曰:“是。”僧曰:“进前无路也。”师卓拄杖一下，曰:“争奈这个何！”僧曰:“只如黑白未分时，又作么生？”师曰:“且饶一着。”问:“百尺竿头，如何进步？”师曰:“险。”曰:“便恁么去又作么生？”师曰:“百杂碎。”问:“九夏赏劳即不问，从今向去事如何？”师曰:“光剃头，净洗钵。”曰:“谢师指示。”师曰:“滴水难消。”上堂:“上不见天，下不见地。逼塞虚空，无处回避。为君明破即不中，且向南山看鳖鼻。”掷拄杖下座。

金山善宁法印禅师

镇江府金山善宁法印禅师，僧问：“天皇也恁么道，龙潭也恁么道，未审和尚作么生道？”师曰：“手握白玉鞭，骊珠尽击碎。”曰：“退身有分。”师曰：“知过必改。”上堂，顾视大众曰：“古人道，在眼曰见，在耳曰闻，在鼻嗅香，在舌谈论，在身觉触，在意攀缘。虽然如是，只见锥头利，不见凿头方。若是金山即不然，有眼觑不见，有耳听不闻，有鼻不知香，有舌不谈论，有身不觉触，有意绝攀缘。一念相应，六根解脱。敢问诸禅德，且道与前来是同是别？莫有具眼底衲僧，出来通个消息。若无，复为诸人重重注破。放开则私通车马，捏聚则毫末不存。若是饱战作家，一任是非贬剥。”

资寿院圆澄岩禅师

寿州资寿院圆澄岩禅师，僧问：“大藏经中还有奇特事也无？”师曰：“只恐汝不信。”曰：“如何即是？”师曰：“黑底是墨，黄底是纸。”曰：“谢师答话。”师曰：“领取钩头意，莫认定盘星。”上堂：“云生谷口，月满长川。樵父斫深云，渔翁钓沙岛。到这里，便是吴道子张僧繇，无你下手处。”良久曰：“归堂问取圣僧。参！”上堂：“乾坤肃静，海晏河清。风不鸣条，两不破块。春生夏长，秋收冬藏。这个是世间法，作么生是佛法？”良久曰：“欲得不招无间业，莫谤如来正法轮。”

本觉寺守一法真禅师

秀州本觉寺守一法真禅师，江阴沈氏子。僧问：“如何是句中玄？”师曰：“昆仑骑象藕丝牵。”曰：“如何是体中玄。”师曰：“影浸寒潭月在天。”曰：“如何是玄中玄？”师曰：“长连床上带刀眠。”曰：“向上还有事也无？”师曰：“放下着。”上堂，举拂子曰：“三世诸佛，六代祖师，总在这里，还见么？见汝不相当。”又为说法云:“无二无二分，无别无断故。还闻么?汝又不惺惺，一时却往上方香积世界去也。”撼拂子曰:“退后退后，突着你眼睛。”上堂:“折半列三，人人道得。去一拈七，亦要商量。正当今日，云门道底不要别，作么生露得个消息? ”良久曰:“日月易流。”

投子修颙证悟禅师

舒州投子修颙证悟禅师，僧问:“是法平等，无有高下。为什么赵州三等接人? ”师曰:“入水见长人。”曰:“争奈学人未会。”师曰:“唤不回头争奈何! ”上堂:“楞伽峰顶，谁能措足?少室岩前，水泄不通。正当恁么时，黄头老子张得口，碧眼胡僧开得眼。虽然如是，事无一向。先圣幸有第二义门，足可共诸人东说西说。所以道春生夏长，秋落冬枯，四时迁改，轮转长途。愚者心生彼此,达者一味无殊。”良久曰:“陕府铁牛吞大像,嘉州佛向藕丝藏。”上堂:“巍巍少室，永镇群峰。有时云中捧出，有时雾罩无踪。有时突在目前，有口道不得，被人唤作壁观胡僧。诸仁者作么生免得此过?休!休!不如且持课。”良久曰:“一元和，二佛陀，三释迦。自余是甚碗跶丘。参! ”

地藏守恩禅师

福州地藏守恩禅师,本州丘氏子。僧问:“如何是佛? ”师曰:“昼眠无益。”曰:“意旨如何? ”师曰:“早起甚长。”问:“如何是西来祖意? ”师曰:“风吹满面尘。”上堂，竖起拳曰:“或时为拳。”复开曰:“或时为掌。若遇衲僧有功者赏。”遂放下曰:“直是土旷人稀，相逢者少。”上堂:“雨后鸠鸣，山前麦熟。何处牧童儿，骑牛笑相逐。莫把短笛横吹,风前一曲两曲。参! ”上堂:“山僧今日略通一线，不用狐疑，麦中有面。”上堂，拈拄杖击禅床一下，曰:“有智若闻，则能信解。无智疑悔，则为永失。三十年后，不得道山僧今日上堂，只念《法华经》。参！”上堂：“衲僧现前三昧，释迦老子不会。住世四十九年，说得天花乱坠。争似饥餐渴饮，展脚堂中打睡。”上堂：“诸人知处，山僧尽知。山僧知处，诸人不知。今日不免布施诸人。”良久曰：“头上是天，脚下是地。参！”

灵曜寺詧良佛慈禅师

衢州灵曜寺詧〔音辩〕良佛慈禅师，饶州吴氏子。清献赵公命开法于越州福果、衢州超化、海会、灵曜四刹。僧问：“三变禅林，四回出世，于和尚分上，成得什么边事？”师曰：“钵盂口向天。”曰：“三十年来关棙子，而今流落五湖传。”师曰：“那个是山僧关棙子？”曰：“一言超影象，不坠古人风。”师曰：“惜取眉毛。”上堂：“不知时分之延促，不知日月之大小，灰头土面，且与么过。山僧每遇月朔，特地斗钉家风，抑扬问答，一场笑具。虽然如是，因风撒土，借水献花。有个葛藤露布，与诸人共相解摘看。”蓦拈拄杖击香台，曰：“参堂去。”

香山延泳正觉禅师

明州香山延泳正觉禅师，上堂：“心随境现，境逐心生。心境两忘，是个什么？”拈起拄杖曰：“且道这个甚处得来？若道是拄杖，瞎却汝眼。若道不是拄杖，眼在什么处？是与不是，一时拈却。且骑拄杖出三门去也。”遂曳杖下座。

道场慧印禅师

安吉州道场慧印禅师，上堂：“韶石渡头，舟横野水。汾阳浪里，棹拨孤烟。云月无私，溪山岂异，一言合辙，千里同风。敢问诸人，作么生是同风底句？”良久曰：“八千子弟今何在，万里山河属帝家。”

西湖妙慧文义禅师

临安府西湖妙慧文义禅师，上堂:“会么?已被热谩了也。今早起来,无窖可说。下床着鞋,后架洗面,堂内展钵吃粥。粥后打睡,睡起吃茶。见客相唤,斋时吃饭,日日相似。有什么过?然虽如是,更有一般令我笑，金刚倒地一堆泥。”拍禅床，下座。

灵泉山宗一禅师

处州灵泉山宗一禅师，上堂:“美玉藏顽石，莲华出淤泥。须知烦恼处，悟得即菩提。咄！”

普照寺处辉真寂禅师

泗州普照寺处辉真寂禅师，滁州赵氏子。开堂日，僧问:“世尊出世，地涌金莲。和尚出世，有何祥瑞？”师曰:“扫却门前雪。”

南禅宁禅师

常州南禅宁禅师，僧问:“庐陵米价作么生训？”师曰:“款出囚口。”

石佛晓通禅师

越州石佛晓通禅师，上堂:“冷似秋潭月，无心合太虚。山高流水急,何处驻游鱼？”僧问:“如何是顿教？”师曰:“月落寒潭。”曰:“如何是渐教？”师曰:“云生碧汉。”曰:“不渐不顿时如何？”师曰:“八十老婆不言嫁。”

法云秀禅师法嗣

法云惟白佛国禅师

东京法云惟白佛国禅师，上堂："离娄有意，白浪徒以滔天。罔象无心，明珠忽然在掌。"以手打一圆相，召大众曰："还见么？"良久曰："看即有分。"上堂，拈柱杖示众曰："山僧住持七十余日，未曾拈动这个，而今不免现些小神通，供养诸人。"遂卓拄杖，下座。上堂："过去已过去，未来且莫算。正当现在事，今朝正月半。明月正团圆，打鼓普请看。大众看即不无，毕竟唤什么作月？休于天上觅，莫向水中寻。"师有《续灯录》三十卷，入藏。

保宁子英禅师

建康府保宁子英禅师，钱塘人也。上堂，拈拄杖曰："日月不能并明，河海不能竞深，须弥不能同高，乾坤不能同固。圣凡智慧不及，且道这个有什么长处？"良久曰："节目分明，生来条直。冰雪敲开片片分，白云点破承伊力。"击禅床，下座。

仙岩景纯禅师

温州仙岩景纯禅师，僧问："德山棒，临济喝，和尚如何作用？"师曰："老僧今日困。"僧便喝，师曰："却是你惺惺。"

广教守讷禅师

宁国府广教守讷禅师（圆照上足，时称讷叔），僧问："如何是古今常存底句？"师曰："铁牛横海岸。"曰："如何是衲僧正眼？"师曰："针劄不入。"

慈济聪禅师

兴元府慈济聪禅师，僧问："如何是道？"师曰："此去长安三十七程。"曰："如何是道中人？"师曰："撞头磕额。"问："不是风动，不是幡动，未审是什么动？"师曰："低声！低声！"问："如何是随色摩尼珠？"师曰："青青翠竹，郁郁黄花。"曰："如何是正色？"师曰："退后！退后！"问："释迦已灭，弥勒未生，未审谁为导首？"师曰："铁牛也须汗出。"曰："莫便是为人处也无？"师曰："细看前话。"问："如何是超佛越祖之谈？"师曰："陕府铁牛。"上堂："三乘教典，不是真诠。直指本心，未为极则。若是通心上士，脱洒高流，出来相见。"乃顾视大众曰："休。"上堂："终日孜孜相为，恰似牵牛上壁。大众，何故如此贪生逐日区区去？唤不回头争奈何！"上堂："一即一，二即二，把定要津，何处出气？"拈拄杖曰："彼自无疮，勿伤之也。"卓一下，下座。

白兆山通慧圭禅师

安州白兆山通慧圭禅师，上堂："幸逢嘉会，须采异闻。既遇宝山，莫令空手。不可他时后日，门扇后、壁角头，自说大话也。穷天地，亘古今，即是当人一个自性，于是中间，更无他物。诸人每日行时行着，卧时卧着，坐时坐着，祇对语言时满口道着。以至扬眉瞬目，嗔喜爱憎，寂默游戏，未始间断。因什么不肯承当，自家歇去？良由无量劫来，爱欲情重，生死路长，背觉合尘，自生疑惑。譬如空中飞鸟，不知空是家乡；水里游鱼，忘却水为性命。何得自抑，却问傍人。大似捧饭称饥，临河叫渴。诸人要得休去么？各请立地定着精神，一念回光，豁然自照。何异空中红日，独运无私。盘里明珠，不拨自转。然虽如是，只为初机，向上机关，未曾踏着。且道作么生是向上机关？"良久曰："仰面看天不见天。"

净名法因禅师

庐州长安净名法因禅师，上堂：“天上月圆，人间月半。七八是数，事却难算。隐显不辨即且置，黑白未分一句作么生道？”良久曰：“相逢秋色里，共话月明中。”上堂：“祖师妙诀，别无可说。直饶钉觜铁舌，未免弄巧成拙。净名已把天机泄。”

福严守初禅师

浮槎山福严守初禅师，僧问：“如何是受用三昧？”师曰：“拈匙放箸。”问：“如何是正直一路？”师曰：“踏不着。”曰：“踏着后如何？”师曰：“四方八面。”乃曰：“若论此事，放行则曹溪路上月白风清；把定则少室峰前云收雾卷。如斯语论，已涉多途。但由一念相应，方信不从人得。大众且道，从什么处得？”良久曰：“水流元在海，月落不离天。”上堂：“即性之相，一亘晴空。即相之性，千波竞起。若彻来源，清流无阻。所以举一念而尘沙法门顿显，拈一毫而无边刹境齐彰。且道文殊普贤在什么处？下坡不走，快便难逢。”便下座。

德山仁绘禅师

鼎州德山仁绘禅师，僧问：“如何是不动尊？”师曰：“来千去万。”曰：“恁么则脚跟不点地也。”师曰：“却是汝会。”上堂：“至道无难，唯嫌拣择。但莫憎爱，洞然明白。山僧即不然，至道最难，须是拣择。若无憎爱，争见明白？”

香积用旻禅师

澧州圣寿香积用旻禅师，上堂：“木马冲开千骑路，铁牛透过万重关。木马铁牛即今在什么处？”良久曰：“惊起暮天沙上雁，海门斜去两三行。”

瑞相子来禅师

瑞州瑞相子来禅师，上堂，顾视众曰："夫为宗匠，随处提纲。应机问答，杀活临时。心眼精明，那容妖怪？若也棒头取证，喝下承当，埋没宗风，耻他先作。转身一路，不在迟疑。一息不来，还同死汉。大众，直饶到这田地，犹是句语埋藏，未有透脱一路。敢问诸人，作么生是透脱一路？还有人道得么？若无，山僧不免与诸人说破。"良久曰："玉离荆岫寒光动，剑出丰城紫气横。"

真空从一禅师

庐州真空从一禅师，上堂："心镜明鉴无碍。"遂拈起拄杖曰："唤这个作拄杖，即是碍。不唤作拄杖，亦是碍。离此之外，毕竟如何？要会么？碍不碍，谁为对？大地山河，廓然粉碎。"

乾明广禅师

襄州凤凰山乾明广禅师，上堂："日头东畔出，月向西边没。来去急如梭，催人成白骨。山僧有一法，堪为保命术。生死不相干，打破精魂窟。咄！咄！是何物？不是众生，不是佛。参！"

慧林冲禅师法嗣

华严寺智明佛慧禅师

东京永兴华严寺智明佛慧禅师，常州史氏子。上堂："若论此事，在天则列万象而齐现，在地则运四时而发生，在人则出没卷舒，六根互用。且道在山僧拄杖头上，又作么生？"良久，卓一下曰："高也着，低也着。"

永泰智航禅师

镇州永泰智航禅师，上堂：“散为气者，乃道之漓。适于变者，为法之弊。灵机不昧，亘古亘今。大用现前，何得何失？虽然如是，忽遇无孔铁槌，作么生话会？”拈拄杖曰：“穿过了也。”上堂：“龙腾碧汉，变化无方。凤翥青霄，谁知踪迹？可行则行，不出百千三昧。可止则止，宁忘万象森罗。所以道取不得，舍不得。不可得中只么得，且道得个什么？”良久曰：“莫妄想。”

寿圣子邦圆觉禅师

江阴军寿圣子邦圆觉禅师，僧问：“祖意教意拈放一边，如何得速成佛去？”师曰：“有成终不是，是佛亦非真。”僧拟议，师叱曰：“话头道什么？”

长芦夫禅师法嗣

雪窦道荣觉印禅师

明州雪窦道荣觉印禅师，郡之陈氏子。僧问：“寒山逢拾得时如何？”师曰：“扬眉飞闪电。”曰：“更有何事？”师曰：“开口放毫光。”曰：“如何是向上一路？”师曰：“七六八。”

长芦宗赜慈觉禅师

真州长芦宗赜慈觉禅师，洺州孙氏子。僧问：“达磨面壁，此理如何？”师良久，僧礼拜。师曰：“今日被这僧一问，直得口哑。”上堂：“冬去寒食，一百单五。活人路上，死人无数。头钻荆棘林，将谓众生苦。拜扫事如何，骨堆上添土。唯有出家人，不踏无生路。大众且道，向什么处去？还会么？南天台，北五台。参！”上堂：“新罗别无妙诀，当言不避截舌。但能心口相应，一生受用不彻。且道如何是心口相应底句？”良久曰：“焦砖打着连底冻。参！”问：“六门未息时如何？”师曰：“鼻孔里烧香。”曰：“学人不会。”师曰：“耳朵里打鼓。”问：“如何是无功之功？”师曰：“泥牛不运步，天下没荒田。”曰：“恁么则功不浪施也。”师曰：“虽然广大神通，未免遭他痛棒。”上堂：“金屑虽贵，落眼成翳。金屑既除，眼在什么处？若如此者，未出荆棘林中。棒头取证，喝下承当，正在金峰窠里。”上堂：“楼外紫金山色秀，门前甘露水声寒。古槐阴下清风里，试为诸人再指看。”拈拄杖曰：“还见么？”击香卓曰：“还闻么？”靠却拄杖曰：“眼耳若通随处足，水声山色自悠悠。”

慧日智觉广灯禅师

平江府慧日智觉广灯禅师，本郡梅氏子。上堂，良久曰：“休休休！徒悠悠。钓竿长在手，鱼冷不吞钩。”喝一喝，下座。

佛日才禅师法嗣

夹山灵泉自龄禅师

澧州夹山灵泉自龄禅师，常州周氏子。僧问：“金鸡啄破琉璃壳，玉兔挨开碧海门。此是人间光影，如何是祖师机？”师曰：“针劄不入。”曰：“只如朕兆未生已前，作么生道？”师举起拂子，僧曰：“如何领会？”师曰：“斫额望扶桑。”问：“混沌未分时如何？”师曰：“春风飀飀。”曰：“分后如何？”师曰：“春日迟迟。”曰：“向上更有事也无？”师曰：“一年三百六十日。”上堂，良久顾大众曰：“月里走金乌，谁云一物无。赵州东壁上，挂个大胡芦。参！”上堂，良久打一圆相曰：“大众！五千余卷诠不尽，三世诸佛赞不及，令人却忆卖油翁，狼忙走下绳床立。参！”上堂：“便乃忘机守默，已被金粟占先。拟欲展演词锋，落在瞿昙之后。离此二途，作么生是衲僧透脱一路？”良久曰：“好笑南泉提起处，刈茆镰子曲弯弯。参！”

天钵元禅师法嗣

元丰院清满禅师

卫州元丰院清满禅师，沧州田氏子。僧问：“如何是佛？”师曰：“天寒地冷。”曰：“如何是道？”师曰：“不道。”曰：“为什么不道？”师曰：“道是闲名字。”上堂：“无异思惟，谛听谛听。昨日寒，今日寒，抖擞精神着力看。着力看，看来看去转颟顸，要得不颟顸，看。参！”上堂：“堪作梁底作梁，堪作柱底作柱。灵利衲僧便知落处。”蓦拈拄杖曰：“还知这个堪作什么？”打香台一下，曰：“莫道无用处。”复打一下曰：“参！”上堂：“看看，堂里木师伯，被圣僧打一掴，走去见维那，被维那打两掴。露柱呵呵笑，打着这师伯元丰路见不平，与你雪正。”拈拄杖曰：“来来，然是圣僧也须吃棒。”击香台下座。岁旦上堂：“忆昔山居绝粮，有颂举似大众，饥餐松柏叶，渴饮涧中泉，看罢青青竹，和衣自在眠。大众，更有山怀为君说，今年年是去年年。”上堂：“此剑刃上事，须剑刃上汉始得。有般名利之徒，为人天师，悬羊头卖狗肉，坏后进初机，灭先圣洪范。你等诸人闻恁么事，岂不寒心？由是疑误众生，堕无间狱。苦哉！苦哉！取一期快意，受万劫余殃。有什么死急，来为释子。”喝曰：“聩人徒侧耳。”便下座。上堂，喝一喝曰：“不是道，不是禅，每逢三五夜，皓月十分圆。参！”师凡见僧，乃曰：“佛法世法，眼病空花。”有僧曰：“翳消花灭时如何？”师曰：“将谓汝灵利。”

定慧院法本禅师

青州定慧院法本禅师，僧问：“古人到这里，为什么拱手归降？”师曰：“理合如是。”曰：“毕竟如何？”师曰：“夜眠日走。”

善胜真悟禅师

西京善胜真悟禅师，上堂："扬声止响，不知声是响根；弄影逃形，不知形为影本。以法问法，不知法本非法；以心传心，不知心本无心。心本无心，知心如幻；了法非法，知法如梦。心法不实，莫谩追求；梦幻空花，何劳把捉？到这里，三世诸佛、一大藏教、祖师言句、天下老和尚露布葛藤尽使不着。何故？太平本是将军致，不许将军见太平。"

瑞岩鸿禅师法嗣

育王昙振真戒禅师

明州育王昙振真戒禅师，上堂："今日布袋头开，还有买卖者么？"时有僧出曰："有。"师曰："不作贵，不作贱，作么生酬价？"僧无语。师曰："老僧失利。"

栖贤迁禅师法嗣

王屋山崇福灯禅师

舒州王屋山崇福灯禅师，上堂："天不能盖，地不能载。一室无私，何处不在？大众，直饶恁么会去，也是鬼弄精魂。怎生说个常在底道理？"良久曰："金风昨夜起，遍地是黄花。"

净众言首座法嗣

招提惟湛广灯禅师

西京招提惟湛广灯禅师，嘉禾人也。僧问："如何是和尚家风？"师曰："秋风黄叶乱，远岫白云归。"曰："专为流通也。"师曰："即今作么生举？”僧便喝，师便打。上堂：“偏不偏，正不正，那事从来难比并。满天风雨骨毛寒，何须更入那伽定。”卓拄杖下座。上堂：“六尘不恶，还同正觉。马上谁家白面郎？穿花折柳垂巾角。夜来一醉明月楼，呼卢输却黄金宅。臂鹰走犬归不归，娥眉皓齿嗔无力。此心能有几人知，黄头碧眼非相识。啰啰哩。”拍手一下，下座。

青原下十三世

法云本禅师法嗣

净慈楚明宝印禅师

临安府净慈楚明宝印禅师，百粤张氏。上堂：“祖师心印，非长非短，非方非圆，非内非外，亦非中间。且问大众，决定是何形貌？”拈拄杖曰：“还见么？古篆不成文，飞帛难同体。从本自分明，何须重特地。”击禅床下座。上堂：“出门见山水，入门见佛殿。灵光触处通，诸人何不荐？若不荐，净慈今日不着便。”上堂：“祖师道，吾本来兹土，传法救迷情。一华开五叶，结果自然成。净慈当时若见恁么道，用黑漆拄杖子一棒打杀，埋向无阴阳地上，令他出气不得。何故？叵耐他瞒我唐土人。众中莫有为祖师出气底么？出来，和你一时埋却。”上堂：“若论此事，如散铺宝贝，乱堆金玉。昧己者自甘穷困，有眼底信手拈来。所以道阎浮有大宝，见少得还稀。若人将献我，成佛一饷时。”乃拈拄杖曰：“如今一时呈似，普请大众高着眼。”掷拄杖，下座。

长芦道和祖照禅师

真州长芦道和祖照禅师，兴化潘氏子。僧问：“无遮圣会，还有不到者么？”师曰：“有。”曰：“谁是不到者？”师曰：“金刚脚下铁昆仑。”问：“不许夜行，投明须到。意旨如何？”师曰：“羊头车子推明月。”曰：“便恁么去时如何？”师曰：“铁门路险。”问：“一槌两当时如何？”师曰：“踏藕得鱼归。”问：“教外别传，未审传个什么？”师曰：“铁弹子。”问：“百城游罢时如何？”师曰：“前头更有赵州关。”上堂：“一二三四五六，碧眼胡僧数不足。泥牛入海过新罗，木马追风到天竺。天竺茫茫何处寻？补陀岩上问观音。普贤拍手呵呵笑，归去来兮秋水深。”

雪峰思慧妙湛禅师

福州雪峰思慧妙湛禅师，钱塘俞氏子。僧问：“古殿无灯时如何？”师曰：“东壁打西壁。”曰：“恁么则撞着露柱也。”师曰：“未敢相许。”上堂：“一法若通，万缘方透。”拈拄杖曰：“这里悟了，提起拄杖，海上横行。若到云居山头，为我传语雪峰和尚。咄！”上堂：“布大教网，摝人天鱼。护圣不似老胡，拖泥带水，只是见兔放鹰，遇獐发箭。”乃高声召众曰：“中。”上堂：“昔日药山早晚不参，动经旬月。一日，大众才集，药山便归方丈。诸禅德，彼时佛法早自淡薄，论来犹较些子。如今每日鸣鼓升堂，忉忉怛怛地。问者口似纺车，答者舌如霹雳。总似今日，灵山慧命。殆若悬丝。少室家风，危如累卵。又安得个慨然有志，扶竖宗乘底衲子出来？喝散大众，非唯耳边静办，当使正法久住，岂不伟哉！如或捧上不成龙，山僧倒行此令，以拄杖一时趁散。”上堂：“眼睫横亘十方，眉毛上透青天，下彻黄泉。且道鼻孔在什么处？”良久曰：“劄。”上堂：“妙高山顶，云海茫茫。少室岩前，雪霜凛凛。齐腰独立，徒自苦疲。七日不逢，一场懡㦬。别峰相见，落在半途。只履西归，远之远矣。”卓拄杖，下座。上堂：“大道只在目前，要且目前难睹。欲识大道真体，今朝三月十五。不劳久立。”建炎改元，上堂：“天地之大德曰生，圣人之大宝曰位。今上皇帝践登宝位，万国归仁。草木禽鱼，咸被其德。此犹是圣主应世边事。主宫降诞已前一句，天下人摸索不着。”上堂：“一切法无差，云门胡饼赵州茶。黄鹤楼中吹玉笛，江城五月落梅花。惭愧太原孚上座，五更闻鼓角，天晓弄琵琶。”喝一喝。上堂：“南询诸友，踏破草鞋，绝学无为，坐消日月。凡情易脱，圣解难忘。但有纤毫，皆成渗漏。可中为道，似地擎山。应物现形，如驴觑井。纵无计较，途辙已成。若论相应，转没交涉。勉诸仁者，莫错用心。各自归堂，更求何事？”

宝林果昌宝觉禅师

婺州宝林果昌宝觉禅师，安州时氏子。师与提刑杨次公入山同游山次，杨拈起大士饭石，问：“既是饭石，为什么咬不破？”师曰：“只为太硬。”杨曰：“犹涉繁词。”师曰：“未审提刑作么生？”杨曰：“硬。”师曰：“也是第二月。”杨为写七佛殿额，乃问：“七佛重出世时如何？”师曰：“一回相见一回新。”上堂：“一即一，二即二，嗅着直是无香气。”蓦拈柱杖卓一下，曰：“识得山僧楖栗条，莫向南山寻鳖鼻。”

资福法明宝月禅师

郑州资福法明宝月禅师，上堂：“资福别无所补，五日一参击鼓。何曾说妙谈玄，只是粗言直语。甘草自来甜，黄连依旧苦。忽若鼻孔辽天，逢人切忌错举。参！”上堂：“若论此事，譬如伐树得根，灸病得穴。若也得根，岂在千枝遍斫。若也得穴，不假六分全烧。”以拄杖卓一下，曰：“这个是根，那个是穴？”掷下拄杖曰：“这个是穴，又唤什么作根？咄！是何言欤！”

云峰志璿祖灯禅师

潭州云峰志璿祖灯禅师，南粤陈氏子。上堂：“休去歇去，一念万年去，寒灰枯木去，古庙香炉去，一条白练去。大众，古人见处，如日晖空，不着二边，岂堕阴界？堪嗟后代儿孙，多作一色边会。山僧即不然，不休去，不歇去。业识茫茫去，七颠八倒去，十字街头闹浩浩地，声色里坐卧去，三家村里，盈衢塞路，荆棘里游戏去。刀山剑树，劈腹剜心，镬汤炉炭，皮穿骨烂去。如斯举唱，大似三岁孩儿辊绣毬。”上堂：“一切声是佛声，涂毒鼓透入耳朵里。一切色是佛色，铁蒺蔾穿过眼睛中。好事不如无。”便下座。上堂：“尽乾坤大地，是个热铁圆，汝等诸人向什么处下口？”良久曰：“吞不进，吐不出。”上堂：“瘦竹长松滴翠香，流风疏月度炎凉。不知谁住原西寺，每日钟声送夕阳。”上堂：“声色头上睡眠，虎狼群里安禅。荆棘林内翻身，雪刃丛中游戏。竹影扫阶尘不动，月穿潭底水无痕。”上堂：“不是风动，不是幡动，衲僧失却鼻孔。是风动，是幡动，分明是个漆桶。两段不同，眼暗耳聋。涧水如蓝碧，山花似火红。”上堂，僧问：“如何是西来意？”师曰：“筑着额头磕着鼻。”曰：“意旨如何？”师曰：“驴驼马载。”曰：“向上还有事也无？”师曰：“朝到西天，暮归唐土。”曰：“谢师答话。”师曰：“大乘研郎当。”僧退，师乃曰：“僧问西来意，筑着额头磕着鼻，意旨又如何？驴驼并马载，朝到西天暮归唐，大乘恰似研郎当。何故？没量大人，被语脉里转却。”遂拊掌大笑，下座。僧问：“丹霞烧木佛，院主为什么眉须堕落？”师曰：“一人传虚，万人传实。”曰：“恁么则不落也。”师曰：“两重公案。”曰：“学人未晓，特伸请益。”师曰：“筠袁虔吉，头上插笔。”问：“德山入门便棒，意旨如何？”师曰：“束杖理民。”曰：“临济入门便喝，又作么生？”师曰：“不言而化。”曰：“未审和尚如何为人？”师曰：“一刀两段。”问：“无缝铁门，请师一启。”师曰：“进前三步。”曰：“向上无关，请师一闭。”师曰：“退后一寻。”曰：“不开不闭，又作么生？”师曰：“吽吽！”便打。

慧林常悟禅师

东京慧林常悟禅师，僧问："若不传法度众生，举世无由报恩者。未审传个什么法？"师曰："开宗明义章第一。"问："达磨未来时如何？"师曰："省得草鞋钱。"曰："来后如何？"师曰："重叠关山路。"

道场有规禅师

安吉州道场有规禅师，婺州姜氏子。上堂，拈拄杖曰："还见么？穷诸玄辩，若一毫置于太虚。竭世枢机，似一滴投于巨壑。德山老人虽则焚其疏钞，也是贼过后张弓。且道文彩未彰以前，又作么生理论？三千剑客今何在，独许庄周致太平。"上堂："种田博饭，地藏家风。客来吃茶，赵州礼度。且道护圣门下，别有什么长处？"良久曰："寻常不放山泉出，屋底清池冷照人。"化士出问："促装已办，乞师一言。"师曰："好看前路事，莫比在家时。"曰："恁么则三家村里，十字街头，等个人去也。"师曰："照顾打失布袋。"

延庆可复禅师

越州延庆可复禅师，上堂："胡来胡现，汉来汉现。忽然胡汉俱来时，如何祗准？"良久曰："落霞与孤鹜齐飞，秋水共长天一色。参！"上堂，蓦拈拄杖横按膝上，曰："苦痛深，苦痛深。碧潭千万丈，那个是知音？"卓一下，下座。

道场慧颜禅师

安吉州道场慧颜禅师，上堂："世尊按指，海印发光。"拈拄杖曰："莫妄想。"便下座。

双峰普寂宗达佛海禅师

温州双峰普寂宗达佛海禅师，僧问："如何是永嘉境？"师曰：

“华盖峰。”曰:“如何是境中人?”师曰:“一宿觉。”上堂众集定,喝一喝曰:“冤有头,债有主。珍重!”

五峰子琪禅师

越州五峰子琪禅师,僧问:“学人上来,乞师垂示。”师曰:“花开千朵。”秀曰:“学人不会。”师曰:“雨后万山青。”曰:“谢指示。”师曰:“你作么生会?”僧便喝。师曰:“未在。”僧又喝。师曰:“一喝两喝后作么生?”曰:“也知和尚有此机要。”师曰:“适来道什么!”僧无语,师便喝。

韶山云门道信禅师

西京韶山云门道信禅师,僧问:“如何是祖师西来意?”师曰:“千年古墓蛇,今日头生角。”曰:“莫便是和尚家风也无?”师曰:“卜度则丧身失命。”问:“如何是学人自己?”师曰:“无人识者。”曰:“如何得脱洒去?”师曰:“你问我答。”

天竺从谏慈辩讲师

临安府上天竺从谏慈辩讲师,处之松阳人也。具大知见,声播讲席。于《止观》深有所契,每与禅衲游。尝以道力扣大通,通一日作书寄之。师发缄,睹黑白二圆相,乃悟。答偈曰:“黑相白相,担枷过状。了不了兮,无风起浪。若问究竟事如何,洞庭山在太湖上。”

金山宁禅师法嗣

普济子淳圆济禅师

婺州普济子淳圆济禅师,僧问:“摩尼珠人不识,如来藏里亲收得。如何是珠?”师曰:“不拨自转。”曰:“如何是藏?”师曰:

"一拨便转。"曰:"转后如何?"师曰:"把不住。"上堂:"雨过山青，云开月白，带雪寒松，摇风庭柏。山僧恁么说话，还有祖师意也无?其或未然。"良久曰:"看！看！"

禾山用安禅师

吉州禾山用安禅师，僧问:"莲华未出水时如何?"师曰:"鱼挨鳖倚。"曰:"出水后如何?"师曰:"水仙头上戴，好手绝跻攀。"曰:"出与未出时如何?"师曰:"应是乾坤惜，不教容易看。"

本觉一禅师法嗣

越峰粹珪妙觉禅师

福州越峰粹珪妙觉禅师，本郡林氏子。僧问:"如何是祖师西来意?"师曰:"瘦田损种。"曰:"未审如何领会?"师曰:"刈禾镰子曲如钩。"问:"机关不到时如何?"师曰:"抱瓮灌园。"曰:"此犹是机关边事。"师曰:"须要雨淋头。"

天台如庵主

台州天台如庵主，久依法真，因看云门东山水上行语，发明己见，归隐故山，猿鹿为伍。郡守闻其风，遣使逼令住持。师作偈曰:"三十年来住此山，郡符何事到林间?休将琐琐尘寰事，换我一生闲又闲。"遂焚其庐，竟不知所止。

西竺寺尼法海禅师

平江府西竺寺尼法海禅师，宝文吕嘉之姑也。首参法云秀和尚，从领旨于法真言下，诸名儒屡挽应世，坚不从。殂日说偈曰:"霜天云雾结，山月冷涵辉。夜接故乡信，晓行人不知。"届明坐脱。

投子颙禅师法嗣

资寿灌禅师

寿州资寿灌禅师，上堂，良久曰："便恁么散去，已是葛藤。更若喃喃，有何所益？"以拂子击禅床，下座。

崇寿江禅师

西京白马崇寿江禅师，僧问："知师久蕴囊中宝，今日开堂略借看。"师曰："不借。"曰："为什么不借？"师曰："卖金须是买金人。"

香严智月海印禅师

邓州香严智月海印禅师，僧问："法雷已震，选佛场开。不昧宗乘，请师直指。"师曰："三月三日时，千花万花拆。"曰："普天匝地承恩力，觉苑仙葩一夜开。"师曰："切忌随他去。"乃曰："判府吏部，此日命山僧开堂祝圣，绍续祖灯。只如祖灯作么生续？不见古者道，六街钟鼓响冬冬，即处铺金世界中。池长芰荷庭长柏，更将何法演真宗？恁么说话，也是事不获已。有旁不肯底出来，把山僧拽下禅床，痛打一顿，许伊是个本分衲僧。若未有这个作家手脚，切不得草草匆匆，勘得脚跟下不实，头没去处，却须倒吃香严手中镬柄，莫言不道。"上堂："吾家宝藏不悭惜，觌面相呈人罕识。辉今耀古体圆时，照地照天光赫赤。荆山美玉奚为贵？合浦明珠比不得。借问谁人敢酬价，波斯鼻孔长三尺。咄！"

丞相富弼居士

丞相富弼居士，字彦国，由清献公警励之后，不舍昼夜，力进此道。闻颙禅师主投子，法席冠淮甸，往质所疑。会颙为众登座，见其顾视如象王回旋。公微有得，因执弟子礼，趋函丈，命侍者请为入室。颙见即曰：“相公已入来，富弼犹在外。”公闻汗流浃背，即大悟，寻以偈寄圆照本曰：“一见颙公悟入深，夤缘传得老师心。东南谩说江山远，目对灵光与妙音。”后奏署颙师号。颙上堂谢语，有曰：“彼一期之误我，亦将错而就错。”公作偈赞曰：“万木千花欲向荣，卧龙犹未出沧溟。彤云彩雾呈嘉瑞，依旧南山一色青。”

甘露宣禅师法嗣

妙湛寺尼文照禅师

平江府妙湛寺尼文照禅师，温陵人。上堂：“灵源不动，妙体何依？历历孤明，是谁光彩？若道真如实际，大似好肉剜疮。更作祖意商量，正是迷头认影。老胡四十九年说梦即且止，僧堂里憍陈如上座为你诸人举觉底，还记得么？”良久曰：“惜取眉毛好！”

瑞岩居禅师法嗣

万年处幽禅师

台州万年处幽禅师，上堂：“先圣行不到处，凡流恰到。凡流既到，先圣莫知。到与不到，知与不知，总置一壁。只如僧问乾峰，十方薄伽梵，一路涅槃门，未审路头在什么处？峰以拄杖画一画曰：‘在这里。’且道此老与他先圣凡流，相去几何？南山虎咬石羊儿，须向其中识生死。”

广灵祖禅师法嗣

仙岩怀义禅师

处州缙云仙岩怀义禅师，僧问：“如何是佛？”师曰：“自屈作么？”曰：“如何是道？”师曰：“你道了。”曰：“向上更有事也无？”师曰：“无。”曰：“恁么则小出大遇也。”师曰：“只恐不恁么。”曰：“也是。”师曰：“却恁么去也。”

净因岳禅师法嗣

鼓山体淳禅鉴禅师

福州鼓山体淳禅鉴禅师，上堂：“由基弓矢，不射田蛙。任氏丝纶，要投溟渤。发则穿杨破的，得则修鲸巨鳌。只箭既入重城，长竿岂钓浅水？而今莫有吞钩啮镞底么？若无，山僧卷起丝纶，拗折弓箭去也。”掷拄杖，下座。

乾明觉禅师法嗣

长庆应圆禅师

岳州平江长庆应圆禅师，上堂：“寒气将残春日到，无索泥牛皆跨跳。筑着昆仑鼻孔头，触倒须弥成粪扫。牧童儿，鞭弃了，懒吹无孔笛，拍手呵呵笑。归去来兮归去来，烟霞深处和衣倒。”良久曰：“切忌睡着。”

长芦信禅师法嗣

慧林怀深慈受禅师

东京慧林怀深慈受禅师，寿春府夏氏子。生而祥光现舍，文殊坚禅师遥见，疑火也。诘旦，知师始生，往访之。师见坚辄笑，母许出家。十四割爱冠祝发。后四年，访道方外，依净照于嘉禾资圣。照举良遂见麻谷因缘，问曰：“如何是良遂知处？”师即洞明。

出住资福，屦满户外。蒋山佛鉴勤禅师行化至，茶退，师引巡寮，至千人街坊，鉴问:“既是千人街坊，为什么只有一人？”师曰:“多虚不如少实。”鉴曰:“恁么那！”师赧然。偶朝廷以资福为神霄宫，因弃往蒋山，留西庵陈请益。鉴曰：“资福知是般事便休。”师曰：“某实未稳，望和尚不外。”鉴举倩女离魂话，反覆穷之，大豁疑碍。呈偈曰：“只是旧时行履处，等闲举着便诮讹。夜来一阵狂风起，吹落桃花知几多。”鉴拊几曰:“这底岂不是活祖师意?”未几，被旨住焦山。僧问:“如何是佛？”师曰:“面黄不是真金贴。”曰:“如何是佛向上事？”师曰:“一箭一莲华。”僧作礼，师弹指三下。问:“知有道不得时如何？”师曰:“哑子吃蜜。”曰:“道得不知有时如何？”师曰:“鹦鹉唤人。”僧礼拜,师叱曰:“这传语汉！”问:“什么人不被无常吞？”师曰:“只恐他无下口处。”曰:“恁么则一念通玄箭，三尸鬼失奸也。”师曰:“汝有一念，定被他吞了。”曰:“无一念时如何？”师曰:“捉着阇黎。”上堂:“古者道，忍忍！三世如来从此尽。饶饶！万祸千殃从此消。默默！无上菩提从此得。”师曰:“会得此三种语了，好个不快活汉！山僧只是得人一牛，还人一马。泼水相唾，插觜厮骂。”卓拄杖曰:“平出！平出！”上堂:“云自何山起，风从甚涧生？好个入头处，官路少人行。”上堂:“不是境,亦非心,唤作佛时也陆沉。个中本自无阶级,切忌无阶级处寻。总不寻，过犹深。打破云门饭袋子，方知赤土是黄金。咄！”

万寺如璝证悟禅师

平江府万寿如璝证悟禅师，建宁魏氏。开堂日，僧问:“如何是苏台境？”师曰:“山横师子秀，水接太湖清。”曰:“如何是境中人？”师曰:“衣冠皇宋后，礼乐大周前。”师凡见僧，必问:“近日如何？”僧拟对，即拊其背曰:“不可思议。”将示寂，众集，复曰:“不可思议。”乃合掌而终。

天衣如哲禅师

越州天衣如哲禅师，族里未详。自退席寓平江之万寿，饮啖无择，人多侮之。有以瑞岩唤主人公话问者，师答以偈曰:“瑞岩长唤主人公,突出须弥最上峰。大地掀翻无觅处,笙歌一曲画楼中。”一日曰:“吾行矣。”令拂拭所乘笋舆，乃书偈告众曰:“道在用处，用在死处。时人只管贪欢乐，不肯学无为。”叙平昔参问，勉众进修已。忽竖起拳曰:“诸人且道，这个落在什么处?”众无对。师挥案一下曰:“一齐分付与秋风。”遂入舆，端坐而逝。

智者法铨禅师

婺州智者法铨禅师，上堂:“要扣玄关，须是有节操，极慷慨，斩得钉，截得铁，硬剥剥地汉始得。若是隈刀避箭，碌碌之徒看即有分。”以拂子击禅床，下座。

径山智讷禅师

临安府径山智讷妙空禅师，僧问:“牛头未见四祖时如何?”师曰:“坐久成劳。”曰:“见后如何?”师曰:“不妨我东行西行。”

金山慧禅师法嗣

报恩觉然宝月禅师

常州报恩觉然宝月禅师，越州郑氏子。上堂:“学者无事空言，须求妙悟。去妙悟而事空言，其犹逐臭耳。然虽如是，罕逢穿耳客，多遇刻舟人。”一日谓众曰:“世缘易染，道业难办，汝等勉之。”语卒而逝。

法云白禅师法嗣

智者绍先禅师

婺州智者绍先禅师，潭州人也。上堂:“根尘同源，缚脱无二。不动丝毫,十方游戏。子湖犬子虽狞,争似南山鳖鼻。”遂高声曰:“大众看脚下。”上堂:“团不聚，拨不散，日晒不干，水浸不烂。等闲挂在太虚中，一任傍人冷眼看。”

福圣院仲易禅师

沂州马鞍山福圣院仲易禅师,上堂:“一二三四五,升堂击法鼓。蔟蔟齐上来,一一面相睹。秋色满虚庭,秋风动寰宇。更问祖师禅,雪峰到投子。咄!”

慧林慧海月印禅师

东京慧林慧海月印禅师，僧问:“师唱谁家曲？宗风嗣阿谁?”师曰:“黄金地上玉楼台。”曰:“如何是祖师西来意?”师曰:“三月洛阳人戴花。”上堂:“黄金地上，具眼者未肯安居。荆棘林中，本分底留伊不得。只如去此二途,作么生是衲僧行履处?”良久曰:“举头烟霭里,依约见家山。”上堂,顾视大众,拍禅床一下,曰:“聊表不空。”便下座。

建隆原禅师

杨州建隆原禅师，姑苏夏氏子。上堂，拈拄杖曰:“买帽相头，依模画样。从他野老自颦眉，志公不是闲和尚。”卓拄杖，下座。

保宁英禅师法嗣

广福院惟尚禅师

临安府广福院惟尚禅师，初参觉印，问曰：“南泉斩猫儿，意旨如何？”印曰：“须是南泉始得。”印以前语诘之，师不能对。至僧堂，忽大悟曰：“古人道，从今日去，更不疑天下老和尚舌头，信有之矣。”述偈呈印，曰：“须是南泉第一机，不知不觉蓦头锥。觌面若无青白眼，还如鸂鶒守空池。”举未绝，印竖拳曰：“正当恁么时作么生？”师掀倒禅床，印遂喝。师曰：“贼过后张弓。”便出。住广福日，室中问僧：“提起来作么生会？”又曰：“且道是个什么，要人提起？”

雪窦法宁禅师

明州雪窦法宁禅师，衢州杜氏子。上堂：“百川异流，以海为极。森罗万象，以空为极。四圣六凡，以佛为极。明眼衲子，以拄杖子为极。且道拄杖子以何为极？有人道得，山僧两手分付。傥或未然，不如闲倚禅床畔，留与儿孙指路头。”

开先珣禅师法嗣

延昌熙咏禅师

庐州延昌熙咏禅师，僧问：“少林面壁，意旨如何？”师曰：“惭惶杀人。”

开先宗禅师

庐州开先宗禅师，上堂：“一不做，二不休。椟转鼻孔，捺下云头。禾山解打盐官鼓，僧繇不写戴嵩牛。庐陵米，投子油，雪峰依旧辊双毬。夜来风送衡阳信，寒雁一声霜月幽。”

甘露颙禅师法嗣

光孝元禅师

杨州光孝元禅师，僧问：“如何是和尚家风？”师曰：“七颠八倒。”曰：“忽遇客来，如何祇待？”师曰：“生铁蒺藜劈口塑。”

雪窦荣禅师法嗣

雪峰大智禅师

福州雪峰大智禅师，僧问：“如何是祖师西来意？”师衔拂柄示之。僧曰：“此是香严底，和尚又作么生？”师便喝，僧大笑。师叱曰：“这野狐精。”

元丰满禅师法嗣

雪峰宗演圆觉禅师

福州雪峰宗演圆觉禅师，恩州人也。僧问：“不慕诸圣、不重己灵时如何？”师曰：“款出囚口。”曰：“便恁么会去时如何？”师曰：“换手槌胸。”问：“如何是大善知识心？”师曰：“十字街头片瓦子。”辞众日，僧问：“如何是临岐一句？”师曰：“有马骑马，无马步行。”曰：“途中事作么生？”师曰：“贱避贵。”上堂：“遣迷求悟，不知迷是悟之钳锤。爱圣憎凡，不知凡是圣之炉鞴。只如圣凡双泯，迷悟俱忘一句作么生道？半夜彩霞笼玉像，天明峰顶五云遮。”

卫州王大夫

卫州王大夫，遗其名。以丧偶厌世相，遂参元丰，于言下知归。丰一日谓曰:“子乃今之陆亘也。”公便掩耳，既而回坛山之阳，缚茅自处者三载。偶歌曰:“坛山里，日何长。青松岭，白云乡。吟鸟啼猿作道场。散发采薇歌又笑，从教人道野夫狂。”

育王振禅师法嗣

岳林真禅师

明州岳林真禅师，上堂:“古人道，初秋夏末，合有责情三十棒。岳林则不然，灵山会上，世尊拈华，迦叶微笑，正当恁么时，好与三十棒。何故？如此太平时节，强起干戈，教人吹大法螺，击大法鼓。举步则金莲蹬蹀，端居则宝座巍峨。梵王引之于前，香花缭绕，帝释随之于后，龙象骈罗。致令后代儿孙，递相仿学。三三两两，皆言出格风标。劫劫波波，未肯归家稳坐。鼓唇摇舌，宛如钟磬笙竽。奋臂点胸，何啻稻麻竹苇。更逞游山玩水，拨草瞻风，人前说得石点头，天上飞来花扑地，也好与三十棒。且道坐夏赏劳，如何酬奖？”良久曰:“万宝功成何厚薄，千钧价重自低昂。”

招提湛禅师法嗣

华亭观音和尚

秀州华亭观音和尚，僧问:“如何是佛？”师曰:“半夜乌龟火里行。”曰:“意作么生？”师曰:“虚空无背面。”僧礼拜，师便打。

青原下十四世

净慈明禅师法嗣

净慈象禅师

临安府净慈象禅师，上堂："古者道，一翳在眼，空花乱坠。"拈拄杖曰："净慈拈起拄杖，岂不是一翳在眼？百千诸佛总在拄杖头，现丈六紫磨金色之身。乘其国土，游历十方。说一切法，度一切众。岂不是空花乱坠？即今莫有向拄杖未拈已前坐断得么？出来与净慈相见。如无，切忌向空本无花、眼本无翳处着到。"乃掷拄杖，下座。

雪峰隆禅师

福州雪峰隆禅师，上堂："一不成，二不是。口吃饭，鼻出气。休云北斗藏身，说甚南山鳖鼻。家财运出任交关，劝君莫竞锥头利。"

长芦和禅师法嗣

甘露达珠禅师

镇江府甘露达珠禅师，福州人。上堂："圣贤不分，古今惟一。可谓火就燥，水流湿，凿井而饮，耕田而食。大众，东村王老去不归，纷纷黄叶空狼籍。"

灵隐惠淳圆智禅师

临安府灵隐惠淳圆智禅师，上堂："吾心似秋月，碧潭清皎洁。"乃喝曰："寒山子话堕了也。诸禅德，皎洁无尘，岂中秋之月可比？虚明绝待，非照世之珠可伦。独露乾坤，光吞万象，普天匝地，耀古腾今。且道是个什么？"良久曰："此夜一轮满，清光何处无！"

雪峰慧禅师法嗣

净慈月堂道昌佛行禅师

临安府净慈月堂道昌佛行禅师，湖州宝溪吴氏。僧问："大用现前，不存轨则时如何？"师曰："张家兄弟太无良。"曰："恁么则一切处皆是去也。"师曰："莫唐突人好！"问："心生则法生，心灭则法灭。只如心法双忘时，生灭在什么处？"师曰："左手得来右手用。"问："如何是从上宗门中事？"师曰："一亩地。"曰："便恁么会时如何？"师曰："埋没不少。"问："如何是诸佛本源？"师曰："屋头问路。"曰："向上还有事也无？"师曰："月下抛砖。"上堂："未透祖师关，千难与万难。既透祖师关，千难与万难。未透时难即且置，既透了因什么却难？放下笊篱虽得价，动他杓柄也无端。"上堂："与我相似，共你无缘。打翻药铫，倾出炉烟。还丹一粒分明在，流落人间是几年。咄！"上堂："雁过长空，影沉寒水。雁无遗踪之意，水无留影之心。若能如是，正好买草鞋行脚。所以道动则影现，觉则冰生，不动不觉，正在死水里。荐福老人出头不得即且置，育王今日又作么生？向道莫行山下路，果闻猿叫断肠声。"岁旦，上堂，举拂子曰："岁朝把笔，万事皆吉。忽有个汉出来道：和尚，这个是三家村里保正书门底，为什么将来华王座上当作宗乘？只向他道，牛进千头，马入百匹。"

径山了一禅师

临安府径山照堂了一禅师，明州人。上堂："参玄之士，触境遇缘。不能直下透脱者，盖为业识深重，情妄胶固，六门未息，一处不通。绝点纯清，含生难到。直须入林不动草，入水不动波，始可顺生死流，入人世间。诸人要会么？"以拄杖画曰："只向这里荐取。"

金山了心禅师

镇江府金山了心禅师，上堂：“佛之一字孰云无，木马泥牛满道途。倚遍栏干春色晚，海风吹断碧珊瑚。还有同声相应，同气相求者么？百鸟不来楼阁闭，只闻夜雨滴芭蕉。”

香严倚松月禅师法嗣

香严倚松如璧禅师

邓州香严倚松如璧禅师，抚州饶氏子。上堂：“变化密移何太急，刹那念念一呼吸。八万四千方便门，且道何门不可入？入不入，晓来雨打芭蕉湿。殷勤更问个中人，门外堂堂相对立。”闻啄木鸟鸣，说偈曰：“剥剥剥，里面有虫外面啄。多少茫茫瞌睡人，顶后一锥犹未觉。若不觉，更听山僧剥剥剥。”

慧林深禅师法嗣

灵隐寂室慧光禅师

临安府灵隐寂室慧光禅师，钱塘夏侯氏。僧问：“飞来山色示清净法身，合涧溪声演广长舌相。正当恁么时，如何是云门一曲？”师曰：“芭蕉叶上三更雨。”曰：“一句全提超佛祖，满筵朱紫尽知音。”师曰：“逢人不得错举。”上堂：“不用求真，何须息见。倒骑牛兮入佛殿，羌笛一声天地空，不知谁识瞿昙面。”

国清愚谷妙印禅师

台州国清愚谷妙印禅师，上堂：“满口道得底，为什么不知有？十分知有底，为什么满口道不得？且道诮讹在什么处？若也知得，许你照用同时，明暗俱了。其或未然，道得道不得，知有不知有。

南山石大虫，解作师子吼。”

国清垂慈普绍禅师

台州国清垂慈普绍禅师，上堂：“灵云悟桃花，玄沙傍不肯，多少痴禅和，担雪去填井。今春花又开，此意谁能领？端的少人知，花落春风静。”

九座慧邃禅师

泉州九座慧邃禅师，上堂：“九座今日向孤峰绝顶驾一只铁船，截断天下人要津，教他挥篙动棹不得。有个锦标子，且道在什么人手里？”拈拄杖曰：“看！看！向道是龙刚不信，等闲夺得始惊人。”

报恩然禅师法嗣

资圣元祖禅师

秀州资圣元祖禅师，僧问：“紫金莲捧千轮足，白玉毫辉万德身。如何是佛？”师曰：“拖枪带甲。”曰：“贯花千偈虽殊品，标月还归理一如。如何是法？”师曰：“元丰条，绍兴令。”曰：“林下雅为方外客，人间堪作火中莲。如何是僧？”师曰：“披席把碗。”

慧林海禅师法嗣

万杉寿坚禅师

庐山万杉寿坚禅师，相州人。岁旦，上堂：“有一人不拜岁，不迎新，寒暑不能侵其体，圣凡不能混其迹。从来鼻孔辽天，谁管多年历日。大众且道，此人即今在什么处？”卓拄杖曰：“咄咄咄！没处去。”

开先宗禅师法嗣

黄檗惟初禅师

瑞州黄檗惟初禅师，常州蔡氏子。上堂:“我见宗大哥，平生槁默危坐，所谓朽木形骸，未尝口角谗谗，将佛祖言教以当门庭。只要当人歇得十成，自然不向这壳漏子上着到。”有僧问:“既不向这壳漏子上着到，未审如何保任？”师曰:“无你用心处。”曰:“和尚岂无方便？”师曰:“镦饼既无汁，压沙那有油？”

岳麓海禅师

潭州岳麓海禅师，僧问:“进前三步时如何？”师曰:“撞头磕额。”曰:“退后三步时如何？”师曰:“堕坑落堑。”曰:“不进不退时如何？”师曰:“立地死汉。”

雪峰演禅师法嗣

西禅慧舜禅师

福州西禅慧舜禅师，真定府人。上堂:“五日一参，三八普说。千说万说，横说竖说。忽有个汉出来道：说即不无，争奈三门头两个不肯。山僧即向他道：瞎汉若不得他两个，西禅大似不遇知音。”

青原下十五世

雪窦明禅师法嗣

嵉山宁禅师

密州嵉山宁禅师，上堂:“有时孤峰顶上啸月眠云，有时大洋海中翻波走浪，有时十字街头七穿八穴。诸人还相委悉么？樟树花开盛，芭蕉叶最多。”

净慈昌禅师法嗣

五云悟禅师

临安府五云悟禅师，苕溪人也。上堂：“月堂老汉道，行不见行，是个什么？坐不见坐，是个什么？着衣时不见着衣，是个什么？吃饭时不见吃饭，是个什么？山僧虽与他同床打睡，要且各自做梦。何故？行见行，坐见坐，着衣时见着衣，吃饭时见吃饭，无有不见底道理，亦无个是什么？诸人且道，老汉底是，五云底是？”拈拄杖卓一下，曰：“桃红李白蔷薇紫，问着春风总不知。”

灵隐光禅师法嗣

中竺痴禅元妙禅师

临安府中竺痴禅元妙禅师，婺州王氏。僧问：“如何是截断众流句？”师曰：“佛祖开口无分。”曰：“如何是函盖乾坤句？”师曰：“匝地普天。”曰：“如何是随波逐浪句？”师曰：“有时入荒草，有时上孤峰。”上堂：“黄昏鸡报晓，半夜日头明。惊起雪师子，瞠开红眼睛。”上堂：“去年梅，今岁柳，颜色馨香。”喝一喝，良久曰：“若不得这一喝，几乎道着依旧。且道道着后如何？眼睛突出。”

圆觉昙禅师法嗣

灵岩圆日禅师

抚州灵岩圆日禅师，上堂：“悟无不悟，得无不得。九年面壁空劳力，三脚驴儿跳上天，泥牛入海无踪迹。为甚如此？九九八十一。”

岳麓海禅师法嗣

玉泉思达禅师

荆门军玉泉思达禅师，僧问：“如何是一印印空？”师曰：“万象收归古鉴中。”曰：“如何是一印印水？”师曰：“秋蟾影落千江里。”曰：“如何是一 印印泥？”师曰：“细观文彩未生时。”

青原下十六世

中竺妙禅师法嗣

光孝已庵深禅师

温州光孝已庵深禅师，本郡人也。上堂，曰：“龙生龙，凤生凤，老鼠养儿沿屋栋。达磨大师不会禅，历魏游梁干打哄。”上堂：“一九二九，相逢不出手。三九二十七，篱头吹觱栗。翻忆小释迦，双手抱屈膝。知不知，实不实，摩诃般若波罗蜜。”上堂：“维摩默然，普贤广说，历代圣人互呈丑拙。君不见，落花三月子规啼，一声声是一点血。”上堂：“风萧萧，叶飘飘。云片片，水茫茫。江干独立向谁说，天外飞鸿三两行。”

五灯会元　卷第十七

南岳下十一世

石霜圆禅师法嗣

黄龙慧南禅师

隆兴府黄龙慧南禅师，信州章氏子。依泐潭澄禅师，分座接物，名振诸方。偶同云峰悦禅师游西山，夜话云门法道。峰曰：“澄公虽是云门之后，法道异矣。”师诘其所以异，峰曰：“云门如九转丹砂，点铁成金。澄公药汞银徒可玩,入锻则流去。”师怒,以枕投之。明日，峰谢过。又曰：“云门气宇如王，甘死语下乎？澄公有法授人，死语也。死语，其能活人乎？”即背去。师挽之曰：“若如是，则谁可汝意？”峰曰：“石霜圆手段出诸方，子宜见之，不可后也。”师默计之曰：“悦师翠岩，使我见石霜，于悦何有哉！”即造石霜。中途闻慈明不事事，忽丛林。遂登衡岳，乃谒福严贤，贤命掌书记。俄贤卒，郡守以慈明补之。既至，目其贬剥诸方；件件数为邪解，师为之气索，遂造其室。明曰："书记领徒游方，借使有疑，可坐而商略。"师哀恳愈切。明曰："公学云门禅，必善其旨。如云放洞山三顿棒，是有吃棒分、无吃棒分？"师曰："有吃棒分。"明色庄曰："从朝至暮，鹊噪鸦鸣，皆应吃棒。"明即端坐，受师炷香作礼。明复问："赵州道：台山婆子，我为汝勘破了也。且那里是他勘破婆子处？"师汗下不能加答。次日又诣，明诟骂不已。师曰："骂岂慈悲法施邪？"明曰："你作骂会那！"师于言下大悟。作颂曰："杰出丛林是赵州，老婆勘破有来由。而今四海清如镜，行人莫与路为仇。"呈慈明，明颔之。后开法同安。初受请日，泐潭遣僧来审，师提唱之语，有曰："智海无性，因觉妄而成凡。觉妄元虚，即凡心而见佛。便尔休去，将谓同安无折合，随汝颠倒所欲？南斗七，北斗八。"僧归，举似澄，澄不怿。自是泐潭旧好绝矣。问："侬家自有同风事，如何是同风事？"师良久，僧曰："恁么则起动和尚去也。"师曰："灵利人难得！"僧礼拜。示众曰："江南之地，春寒秋热。近日已来，滴水滴冻。"僧问："滴水滴冻时如何？"师曰："未是衲僧分上事。"曰："如何是衲僧分上事？"师曰："滴水滴冻。"问："牛头未见四祖时，为什么百鸟衔花献？"师曰："钉根桑树，阔角水牛。"曰："见后为什么不衔花？"师曰："裈无裆，裤无口。"问："无为无事人，犹是金锁难。未审过在什么处？"师曰："一字入公门，九牛曳不出。"曰："学人未晓，乞师方便。"师曰："大庾岭头，笑却成哭。"问："一不去，二不住。请师道。"师曰："高祖殿前樊哙怒。"曰："恁么则今日得遇和尚也。"师曰："仰面看天不见天。"问："德山棒，临济喝，直至如今，少人拈掇。请师拈掇。"师曰："千钧之弩，不为鼷鼠而发机。"曰："作家宗师，今朝有在。"师便喝，僧礼拜。师曰："五湖衲子，一锡禅人，未到同安，不妨疑着。"上堂："横吞巨海，倒卓须弥。衲僧面前，也是寻常茶饭。行脚人须是荆棘林内，坐大道场。向和泥合水处，认取本来面目。且作么生见得？"遂拈拄杖曰：

“直饶见得，未免山僧拄杖。”上堂：“圣凡情尽，体露真常。”拈起拂子，曰：“拂子踍跳上三十三天，扭脱帝释鼻孔。驴唇先生拊掌大笑道，尽十方世界觅个识好恶底人，万中无一。”击禅床，下座。上堂：“说妙谈玄，乃太平之奸贼。行棒行喝，为乱世之英雄。英雄奸贼，棒喝玄妙，皆为长物。黄檗门下总用不着。且道黄檗门下寻常用个什么？”喝一喝。上堂：“撞钟钟鸣，击鼓鼓响。大众殷勤问讯，同安端然合掌。这个是世法，那个是佛法？咄！”上堂：“有一人朝看《华严》，暮观《般若》，昼夜精勤，无有暂暇。有一人不参禅，不论义，把个破席日里睡。于是二人同到黄龙，一人有为，一人无为。安下那一个即是？”良久曰：“功德天，黑暗女，有智主人，二俱不受。”上堂：“心王不妄动，六国一时通。罢拈三尺剑，休弄一张弓。”击禅床，下座。上堂：“道远乎哉？触事而真。圣远乎哉？体之即神。”乃拈拄杖曰：“道之与圣，总在归宗拄杖头上。汝等诸人，何不识取？若也识得，十方刹土，不行而至。百千三昧，无作而成。若也未识，有寒暑兮促君寿，有鬼神兮妒君福。”上堂：“半夜捉乌鸡，惊起梵王睡。毗岚风忽起，吹倒须弥山。官路无人行，私酒多人吃。当此之时，临济德山开得口，张得眼，有棒有喝用不得。汝等诸人各自寻取祖业契书，莫认驴鞍桥作阿爷下颔。”上堂，举大珠和尚道：“身口意清净，是名佛出世；身口意不净，是名佛灭度，也好个消息。古人一期方便，与你诸人讨个入路，既得个入路，又须得个出路。登山须到顶，入海须到底。登山不到顶，不知宇宙之宽广；入海不到底，不知沧溟之浅深。既知宽广，又知浅深。一踏踏翻四大海，一掴掴倒须弥山。撒手到家人不识，鹊噪鸦鸣柏树间。”上堂：“千般说，万般喻，只要教君早回去。去何处？”良久云：“夜来风起满庭香，吹落桃花三五树。”因化主归，上堂：“世间有五种不易：一化者不易，二施者不易，三变生为熟者不易，四端坐吃者不易，更有一种不易是什么人？”良久云：“聻！”便下座。〔时翠岩真为首座，藏主问云："适来和尚道，第五种不易，是什么人？" 真曰："脑后见腮，莫与往来。"〕上堂，拈拄杖曰："横拈倒用，拨开弥勒眼睛；明去暗来，敲落祖师鼻孔。当是时也，目连鹙子饮气吞声，临济德山呵呵大笑。且道笑个什么？咄！" 师室中常问僧曰："人人尽有生缘，上座生缘在何处？" 正当问答交锋，却复伸手曰："我手何似佛手？" 又问："诸方参请，宗师所得？" 却复垂脚曰："我脚何似驴脚？" 三十余年，示此三问，学者莫有契其旨。脱有酬者，师未尝可否。丛林目之为黄龙三关。师自颂曰："生缘有语人皆识，水母何曾离得虾？但见日头东畔上，谁能更吃赵州茶。我手佛手兼举，禅人直下荐取。不动干戈道出，当处超佛越祖。我脚驴脚并行，步步踏着无生。会得云收日卷，方知此道纵横。" 总颂曰："生缘断处伸驴脚，驴脚伸时佛手开。为报五湖参学者，三关一一透将来。" 熙宁己酉三月十六日，四祖演长老通嗣法书。上堂："山僧才轻德薄，岂堪人师。盖不昧本心，不欺诸圣，未免生死，今免生死。未出轮回，今出轮回。未得解脱，今得解脱。未得自在，今得自在。所以大觉世尊于然灯佛所无一法可得。六祖夜半于黄梅又传个什么？" 乃说偈曰："得不得，传不传，归根得旨复何言？忆得首山曾漏泄，新妇骑驴阿家牵。" 翌日午时，端坐示寂。阇维得五色舍利，塔于前山，谥普觉禅师。

南岳下十二世

黄龙南禅师法嗣

黄龙祖心宝觉禅师

隆兴府黄龙祖心宝觉禅师，南雄邬氏子。参云峰悦禅师，三年无所得，辞去。悦曰："必往依黄檗南禅师。" 师至黄檗，四年不大发明。又辞，再上云峰。会悦谢世，就止石霜。因阅《传灯》，至僧问多福：“如何是多福一丛竹？”福曰：“一茎两茎斜。”曰：“不会。”福曰：“三茎四茎曲。”师于此开悟，彻见二师用处，径回黄檗。方展坐具，檗曰：“子已入吾室矣。”师踊跃曰：“大事本来如是，和尚何得教人看话，百计搜寻？”檗曰：“若不教你如此究寻，到无心处自见自肯，即吾埋没汝也。”住后，僧问：“达磨九年面壁，意旨如何？”师曰：“身贫无被盖。”曰：“莫孤负他先圣也无？”师曰：“阇黎见处又作么生？”僧画一圆相，师曰：“燕雀不离窠。”僧礼拜。师曰：“更深犹自可，午后始愁人。”问：“未登此座时如何？”师曰：“一事全无。”曰：“登后如何？”师曰：“仰面观天不见天。”上堂：“愚人除境不忘心，智者忘心不除境。不知心境本如如，触目遇缘无障碍。”遂举拂子曰：“看！拂子走过西天，却来新罗国里。知我者谓我拖泥带水，不知我者赢得一场怪诞。”上堂：“大凡穷生死根源，直须明取自家一片田地。教伊去处分明，然后临机应用，不失其宜。只如锋芒未兆已前，都无是个非个。瞥尔爆动，便有五行金土相生相克，胡来汉现，四姓杂居。各任方隅，是非锋起。致使玄黄不辨，水乳不分，疾在膏肓，难为救疗。若不当阳晓示，穷子无以知归。欲得大用现前，便可顿忘诸见。诸见既尽，昏雾不生。大智洞然，更非他物。珍重！”上堂，击禅床曰：“一尘才举，大地全收。诸人耳在一声中，一声遍在诸人耳。若是摩霄俊鹘，便合乘时；止泺困鱼，徒劳激浪。”上堂：“不与万法为侣，即是无诤三昧，便恁么去，争奈弦急则声促。若能向紫罗帐里撒真珠，未必善因而招恶果。”上堂：“有句无句，如藤倚树。且任诸人点头，及乎树倒藤枯，上无冲天之计，下无入地之谋。灵利汉这里着得一只眼，便见七纵八横。”举拂子曰：“看太阳溢目，万里不挂片云。若是覆盆之下，又争怪得老僧。”上堂：“若也单明自己，不悟目前，此人有眼无足。若悟目前，不明自己，此人有足无眼。据此二人，十二时中常有一物，蕴在胸中。物既在胸，不安之相，常在目前。既在目前，触途成滞。作么生得平稳去？祖不言乎：执之失度，必入邪路。放之自然，体无去住。”上堂：“良工未出，玉石不分。巧冶无人，金沙混杂。还有无师自悟底么？出来辨别看。”乃举拂子曰：“且道是金是沙？”良久曰：“见之不取，思之千里。”上堂：“有时开门待知识，知识不来过。有时把手上高山，高山人不顾。或作败军之将，向阇黎手里拱手归降。或为忿怒那吒，敲骨打髓。正当恁么时，还有同声相应、同气相求底么？有则向百尺竿头，进取一步。如无，少室峰前，一场笑具。”上堂：“心同虚空界，示等虚空法。证得虚空时，无是无非法。便恁么休去，停桡把缆，且向湾里泊船。若据衲僧门下，天地悬隔。且道衲僧门下，有甚长处？楖栗横担不顾人，直入千峰万峰去。”上堂：“一不向，二不开。翻思南岳与天台。堪笑白云无定止，被风吹去又吹来。”上堂：“不是风动，不是幡动，明眼汉谩他一点也不得。仁者心动且缓缓，你向甚处见祖师？”乃掷下拂子，曰：“看！”上堂：“过去诸佛已灭，未来诸佛未生。正当现在，佛法委付黄龙。放行则恍恍惚惚，其中有物。把住则杳杳冥冥，其中有精。且道放行即是，把住即是？竿头丝线从君弄，不犯清波意自殊。”上堂：“虎头生角人难措，石火电光须密布。假饶烈士也应难，懵底那能善回互。手擎日月，背负须弥，掷向他方，其中众生不觉不知。其中众生骑驴入诸人眼里，诸人亦不觉不知。会么？将此深心奉尘刹，是则名为报佛恩。”上堂：“一沤未发，古帆未征。风信不来，无人举棹。正当恁么时，水脉如何辨的？君不见云门老，垂手处，落落清波无透路。又不见华亭叟，泄天机，夜深空载月明归。莫怪相逢不相识，从教万古漫漫黑。”上堂：“马祖升堂，百丈卷席。后人不善来风，尽道不留眹迹。殊不知桃花浪里正好张帆，七里滩头更堪垂钓。如今必有辨浮沉、识深浅底汉，试出来定当水脉看。如无，且将渔父笛，闲向海边吹。”上堂：“风萧萧兮木叶飞，鸿雁不来音信稀。还乡一曲无人吹，令余拍手空迟疑。”上堂：“镜像或谓有，揽之不盈手。镜像或谓无，分明如俨图。所以取不得，舍不得，不可得中只么得。还会么？不作维摩诘，又似傅大士。”上堂：“夫玄道者，不可以设功得。圣智者，不可以有心知。真谛者，不可以存我会。至功者，不可以营事为。古人一期应病与药则不可。若是丈夫汉，出则经济天下，不出则卷而怀之。尔若一向声和响顺，我则排斥诸方。尔若示现酒肆淫坊，我则孤峰独宿。且道甚处是黄龙为人眼？”师室中常举拳，问僧曰：“唤作拳头则触，不唤作拳头则背。唤作什么？”将入灭，命门人黄太史庭坚主后事。茶毗日，邻峰为秉炬，火不续，黄顾师之得法上首死心新禅师曰：“此老师有待于吾兄也。”新以丧拒，黄强之。新执炬召众曰：“不是余殃累及我，弥天罪过不容诛。而今两脚捎空去，不作牛兮定作驴。”以火炬打一圆相曰：“只向这里雪屈。”掷炬,应手而爇。灵骨窆于普觉塔之东，谥宝觉禅师。

兴龙寺常总照觉禅师

江州东林兴龙寺常总照觉禅师，延平施氏子。久依黄龙，密授大法决旨，出住泐潭，次迁东林，皆符谶记。僧问：“乾坤之内，宇宙之间，中有一宝，秘在形山。如何是宝？”师曰：“白月现，黑月隐。”曰：“非但闻名，今日亲见。”师曰：“且道宝在什么处？”曰：“古殿户开光灿烂，白莲池畔社中人。”师曰：“别宝还他碧眼胡。”又僧出众，提起坐具曰：“请师答话。”师曰：“放下着。”僧又作展势。师曰：“收。”曰：“昔年寻剑客,今朝遇作家。”师曰：“这里是什么所在？”僧便喝。师曰：“喝老僧那！”僧又喝。师曰：“放过又争得。”便打。上堂：“乾坤大地，常演圆音。日月星辰，每谈实相。翻忆先黄龙道，秋雨淋漓，连宵彻曙，点点无私，不落别处。”复云：“滴穿汝眼睛，浸烂汝鼻孔。东林则不然，终归大海作波涛。”击禅床，下座。上堂：“老卢不识字，顿明佛意，佛意离文墨故。

白兆不识书，圆悟宗乘，宗乘非言诠故。如此老婆心，分明入泥水。今时人犹尚抱桥柱澡洗，把缆放船。”良久曰：“争怪得老僧！”

宝峰克文云庵真净禅师

隆兴府宝峰克文云庵真净禅师,陕府郑氏子,坐夏大沩。闻僧举,僧问云门:“佛法如水中月,是否？”门曰:“清波无透路。”师乃领解。往见黄龙不契，却曰：“我有好处，这老汉不识我。”遂往香城见顺和尚。顺问:“甚处来？”师曰:“黄龙来。”曰:“黄龙近日有何言句？”师曰:“黄龙近日，州府委请黄檗长老。龙垂语云:‘钟楼上念赞，床脚下种菜。有人下得语契,便往住持。’胜上座云:‘猛虎当路坐。’龙遂令去住黄檗。”顺不觉云:“胜首座只下得一转语，便得黄檗住，佛法未梦见在。”师于言下大悟。方知黄龙用处,遂回见黄龙。龙问:“甚处来？”师曰:“特来礼拜和尚。”龙曰:“恰值老僧不在。”师曰:“向什么处去？”龙曰：“天台普请，南岳游山。”师曰：“恁么则学人得自在去也。”龙曰：“脚下鞋甚处得来？”师曰：“庐山七百五十文唱来。”龙曰：“何曾得自在？”师指鞋曰：“何尝不自在？”龙骇之。开堂日，拈香祝圣，问答罢，乃曰：“问话且止，只知问佛问法，殊不知佛法来处。且道从什么处来？”垂一足曰：“昔日黄龙亲行此令，十方诸佛，无敢违者，诸代祖师，一切圣贤，无敢越者。无量法门，一切妙义，天下老和尚舌头始终一印，无敢异者。无异则且置，印在什么处？还见么？若见，非僧非俗，无偏无党，一一分付。若不见，而我自收。”遂收足喝一喝曰：“兵随印转，将逐符行。佛手驴脚生缘老，好痛与三十棒，而今会中莫有不甘者么？若有，不妨奇特。若无,新长老谩你诸人去也。故我大觉世尊,昔于摩竭陀国,十二月八日，明星现时，豁然悟道，大地有情，一时成佛。今有释子沙门某于东震旦国，大宋筠阳城中，六月十三日，赫日现时，又悟个什么？”以拂子画曰:“我不敢轻于汝等,汝等皆当作佛。”僧问:

"如何是佛？"师呵呵大笑。僧曰："何哂之有？"师曰："笑你随语生解。"曰："偶然失利。"师喝曰："不得礼拜。"僧便归众。师复笑曰："随语生解。"问："江西佛手驴脚接人，和尚如何接人？"师曰："鲇鱼上竹竿。"曰："全因今日。"师曰："乌龟入水。"问："新丰吟云门曲，举世知音能和续。大众临筵，愿清耳目。"师以右手拍禅床，僧曰："木人拊掌，石女扬眉。"师以左手拍禅床，僧曰："犹是学人疑处。"师曰："何不脚跟下荐取。"僧以坐具一拂，师曰："争奈脚跟下何！"问："远远驰符命，禅师俯应机。祖令当行也，方便指群迷。"师曰："深。"曰："深意如何？"师曰："浅。"曰："教学人如何领会？"师曰："点。"问："马祖下尊宿，一个个阿漉漉地，唯有归宗老较些子。黄龙下儿孙，一个个硬剥剥地，只有真净老师较些子。学人恁么还扶得也无？"师曰："打叠面前搕𢶍。"却曰："若不同床睡，焉知被底穿？"师不答。僧曰："这个为上上根人，忽遇中下之流，如何指接？"师亦不答。僧曰："非但和尚懡㦬，学人亦乃一场败缺。"师曰："三十年后悟去在。"问："承古有言，众生日用而不知。未审不知个什么？"师曰："道。"曰："忽然知后如何？"师曰："十万八千。"僧提起坐具，曰："争奈这个何！"师便喝。上堂："天地与我同根，万物与我一体。脚头脚尾，横三竖四。北俱卢洲火发，烧着帝释眉毛，东海龙王忍痛不禁，轰一个霹雳，直得倾湫倒岳，云黯长空。十字街头廖胡子，醉中惊觉起来，拊掌呵呵大笑曰：'筠阳城中，近来少贼。'"乃拈拄杖曰："贼！贼！"上堂："道泰不传天子令，行人尽唱太平歌。五九四十五，莫有人从怀州来么？若有，不得忘却临江军豆豉。"上堂："世尊拈花，迦叶微笑。"拈拄杖曰："洞山拈起拄杖子，你诸人合作么生？"击香卓，下座。上堂："裈无裆，裤无口。头上青灰三五斗。赵州老汉少卖弄，然则国清才子贵，家富小儿骄。其奈禾黍不阳艳，竞栽桃李春，翻令力耕者，半作卖花人。"上堂："佛法两字，直是难得。人有底不信自己佛事，唯凭少许古人影响，相似般若所知境界，定相法门，动即背觉合尘，黏将去，脱不得。或学者来，如印印泥，递相印授。不唯自误，亦乃误他。洞山门下，无佛法与人，只有一口剑。凡是来者，一一斩断，使伊性命不存，见闻俱泯。却向父母未生前与伊相见，见伊才向前便为斩断。然则刚刀虽利,不斩无罪之人。莫有无罪底么？也好与三十拄杖。”上堂:“洞山门下,要行便行,要坐便坐。钵盂里屙屎,净瓶里吐唾。执法修行,如牛拽磨。”上堂:“洞山门下，有时和泥合水，有时壁立千仞。你诸方拟向和泥合水处见洞山，洞山且不在和泥合水处。拟向壁立千仞处见洞山，洞山且不在壁立千仞处。拟向一切处见洞山，洞山且不在一切处。你拟不要见洞山，鼻索又在洞山手里。拟瞌睡也把鼻索一掣，只见眼孔定动，又不相识也。不要你识洞山，但识得自己也得。”上堂:“汾阳莫妄想,俱胝竖指头。古今佛法事,到此一时休。休休，却忆赵州勘婆子，不风流处也风流。”拈拄杖曰:“为众竭力。”上堂:“头陀石被莓苔里，掷笔峰遭薜荔缠。罗汉院里，一年度三个行者，归宗寺里参退吃茶。”上堂:“师子不食雕残，快鹰不打死兔。放出临济大龙，抽却云门一顾。”拈起拄杖曰:“云行雨施，三草二木。”师崇宁改元，十月旦示疾，望乃愈，出道具散诸徒。翌日中夜，沐浴更衣趺坐。众请说法，示偈及遗诫宗门大略，言卒而逝。火葬，焰成五色，白光上腾。烟所至处，皆设利。分骨塔于泐潭、新丰。

真如院元祐禅师

南康军云居真如院元祐禅师，信州王氏子。僧问:“如何是道林的旨？”师曰:“劄。”曰:“随流认得性,无喜亦无忧。”师曰:“汝皮袋重多少？”曰:“高着眼看。”师曰:“自领出去。”问:“如何是祖师西来意？”师曰:“胡天雪压玉麒麟。”问:“如龟藏六时如何？”师曰:“文彩已彰。”曰:“争奈处处无踪迹。”师曰:“一任拖泥带水。”曰:“便与么去时如何？”师曰:“果然。”上堂:“过去诸如来，更不再勘。现在诸菩萨，放过即不可。未来修学人，谩他一点不得。所以教中道，若人欲了知，三世一切佛，应观法界性，一切惟心造。虽然如是，云居门下，正是金屑落眼。”上堂：“凡见圣见，春云掣电。真说妄说，空花水月。翻忆长髭见石头，解道红炉一点雪。”击禅床，下座。上堂：“龟毛为箭，兔角为弓。那吒忿怒，射破虚空。虚空扑落，倾湫倒岳。墙壁瓦砾放光明，归依如来大圆觉。”击禅床，下座。上堂：“月色和云白，松声带露寒。好个真消息，凭君子细看。黄龙先师和身放倒，还有人扶得起么？祖祢不了，殃及儿孙。”击禅床，下座。上堂：“一切声是佛声。”以拂子击禅床曰：“梵音深远，令人乐闻。”又曰：“一切色是佛色，”乃拈起拂子曰：“今佛放光明，助发实相义。已到之者，顶戴奉行。未到之者，应如是知，应如是信。”击禅床下座。今诸方三塔，师始创也。

大沩怀秀禅师

潭州大沩怀秀禅师，信州应氏子。僧问：“昔日沩山水牯牛，自从放去绝踪由。今朝幸遇师登座，未审时人何处求？”师曰：“不得犯人苗稼。”曰：“恁么则头角已分明。”师曰：“空把山童赠铁鞭。”

黄檗惟胜真觉禅师

瑞州黄檗惟胜真觉禅师，潼川罗氏子。居讲聚时，偶以扇勒窗棂有声，忽忆教中道：“十方俱击鼓，十处一时闻。”因大悟，白本讲。讲令参问，师径往黄龙。后因瑞州太守委龙遴选黄檗主人，龙集众垂语曰：“钟楼上念赞，床脚下种菜。若人道得，乃往住持。”师出答曰：“猛虎当路坐。”龙大悦，遂令师往。由是诸方宗仰之。上堂：“临济喝，德山棒，留与禅人作模范。归宗磨，雪峰毬，此个门庭接上流。若是黄檗即不然，也无喝，也无棒，亦不推磨，亦不辊毬。前面是案山，背后是主山，塞却你眼睛，拶破你面门。

于此见得,得不退转地。尽未来际,不向他求。若见不得,醍醐上味,翻成毒药。”上堂:“寂兮寥兮,蟾蜍皎皎下空谷。宽兮廓兮,曦光赫赫流四海。曹溪路上,剿绝人行。多子塔前,骈阗如市。直饶这里荐得倜傥,分明未是衲僧活计。大丈夫汉,须是向黑暗狱中敲枷打锁,饿鬼队里放火夺浆。推倒慈氏楼,拆却空王殿。灵苗瑞草和根拔,满地从教荆棘生。”

祐圣法宧禅师

隆兴府祐圣法宧禅师,潮阳郑氏子。晚见黄龙,深蒙印可。上堂:“此事如医家验病方,且杂毒满腹,未易攻治,必瞑眩之药,而后可瘳。就令徇意投之,适足狂惑,增其沉痼。求其已病,不亦左乎?法堂前草深,于心无愧。”

开元子琦禅师

蕲州开元子琦禅师,泉州许氏子。依开元智讷,试经得度。精《楞严》《圆觉》弃谒翠岩真禅师,问佛法大意。真唾地曰:“这一滴落在什么处?”师扪膺曰:“学人今日脾疼。”真解颜。辞参积翠,岁余尽得其道。乘间侍翠,商榷古今。适大雪,翠指曰:“斯可以一致苕帚否?”师曰:“不能。然则天霁日出,云物解驳,岂复有哉?知有底人,于一切言句如破竹,虽百节当迎刃而解,讵容声于拟议乎?”一日,翠遣僧逆问:“老和尚三关语如何?”师厉声曰:“你理会久远时事作么?”翠闻益奇之,于是名著丛席。翠殁,四祖演禅师命分座,室中垂语曰:“一人有口,道不得姓字为谁?”后传至东林,总禅师叹曰:“琦首座如铁山万仞,卒难逗他语脉。”未几以开元为禅林,请师为第一世。上堂:“虚空无内外,事理有短长。顺则成菩提,逆则成烦恼。灯笼常瞌睡,露柱亦懊恼。大道在目前,更于何处讨?”以拂子击禅床。上堂:“四面亦无门,十方无壁落。头鬈松，耳卓朔，个个男儿大丈夫，何得无绳而自缚？且道透脱一句作么生道？”良久曰：“踏破草鞋赤脚走。”僧问：“须弥纳芥子即不问，微尘里转大法轮时如何？”师曰：“一步进一步。”曰：“恁么则朝到西天，暮归唐土。”师曰：“作客不如归家。”曰：“久向道风，请师相见。”师曰：“云月是同，溪山各异。”

仰山行伟禅师

袁州仰山行伟禅师，河朔人也。东京大佛寺受具，听习《圆觉》，微有所疑。挈囊游方，专扣祖意。至南禅师法席，六迁星序。一日扣请，寻被喝出。足拟跨门，顿省玄旨。出世仰山，道风大著。上堂：“大众会么？古今事掩不得，日用事藏不得，既藏掩不得，则日用现前。且问诸人，现前事作么生？参。”上堂：“大众见么？开眼则普观十方，合眼则包含万有。不开不合，是何模样？还见模样么？久参高德，举处便晓。后进初机，识取模样。莫只管贪睡，睡时眼见个什么？若道不见，与死人何别？直饶丹青处士，笔头上画出青山绿水、夹竹桃花，只是相似模样。设使石匠锥头，钻出群羊走兽，也只是相似模样。若是真模样，任是处士石匠，无你下手处。诸人要见，须是着眼始得。”良久曰：“广则一线道，狭则一寸半。”以拂子击禅床。上堂：“鼓声才动，大众云臻。诸人上观，山僧下觑。上观观个什么？下觑觑个什么？”良久曰：“对面不相识。”上堂：“道不在声色而不离声色。凡一语一默，一动一静，隐显纵横，无非佛事。日用现前，古今凝然，理何差互？”师自题其像曰：“吾真难邈，斑斑驳驳。拟欲安排，下笔便错。”示寂，阇维获五色舍利骨石，栓索勾连。塔于寺之东。

福严慈感禅师

南岳福严慈感禅师，潼川杜氏子。上堂：“古佛心，只如今。

若不会，苦沉吟。秋雨微微，秋风飒飒，乍此乍彼，若为酬答。沙岸芦花，青黄交杂。禅者何依？”良久曰：“劄。”

云盖守智禅师

潭州云盖守智禅师，剑州陈氏子。游方至豫章大宁，时法昌遇禅师韬藏西山，师闻其饱参，即之昌。问曰：“汝何所来？”师曰：“大宁。”又问：“三门夜来倒，汝知么？”师愕然，曰：“不知。”昌曰：“吴中石佛，大有人不曾得见。”师惘然，即展拜。昌使谒翠岩真禅师。虽久之无省，且不舍寸阴。及谒黄龙于积翠，始尽所疑。后首众石霜，遂开法道吾，徙云盖。僧问：“有一无弦琴，不是世间木。今朝负上来，请师弹一曲。”师拊膝一下，僧曰：“金风飒飒和清韵，请师方便再垂音。”师曰：“陕府出铁牛。”上堂：“紧峭离水靴，踏破湖湘月。手把铁蒺藜，打碎龙虎穴，翻身倒上树，始见无生灭。却笑老瞿昙，弹指超弥勒。”上堂：“昨日高山看钓鱼，步行骑马失却驴。有人拾得骆驼去，重赏千金一也无。若向这里荐得，不着还草鞋钱。”上堂，举赵州问：“僧向什么处去？”曰：“摘茶去。”州曰：“闲。”师曰：“道着不着，何处摸索。背后龙鳞，面前驴脚。翻身筋斗，孤云野鹤。阿呵呵。”示众：“不离当处常湛然，觅即知君不可见。虽然先圣恁么道，且作个模子搭却。若也出不得，只抱得古人底。若也出得，方有少分相应。云盖则不然，骑骏马，绕须弥，过山寻蚁迹，能有几人知？”师居院之东堂，政和辛卯，死心谢事黄龙，由湖南入山奉觐，日已夕矣，侍僧通谒，师曳履，且行且语曰：“将烛来，看其面目何似生？而致名喧宇宙。”死心亦绝叫：“把近前来，我要照是真师叔，是假师叔？”师即当胸瓯一拳，死心曰：“却是真个。”遂作礼，宾主相得欢甚。及死心复领黄龙，至政和甲午示寂时，师住开福得讣，上堂：“法门不幸法幢摧，五蕴山中化作灰。昨夜泥牛通一线，黄龙从此入轮回。”

玄沙合文明慧禅师

福州玄沙合文明慧禅师，僧问："如何是道？"师曰："私通车马。"僧进一步，师曰："官不容针。"

建隆院昭庆禅师

杨州建隆院昭庆禅师，上堂："始见新岁倏忽，早是二月初一。天气和融，拟举个时节因缘与诸人商量，却被帝释梵王在门外柳眼中努出头来，先说偈言：褭褭扬轻絮，且逐风来去，相次走绵毬，休言道我絮。当时撞着阿修罗，把住云，任你絮，忽逢西风吹渭水。落叶满长安一句作么生道？于是帝释缩头入柳眼中。"良久曰："参。"

报本慧元禅师

安吉州报本慧元禅师，潮州倪氏子。十九为大僧，遍历丛席。于黄龙三关语下悟入。住后，僧问："诸佛不出世，达磨不西来，正当恁么时，未审来不来？"师曰："撞著你鼻孔。"上堂："白云消散，红日东升，仰面看天，低头觑地。东西南北，一任观光。达磨眼睛，斗量不尽。演若何曾认影，善财不往南方。衲僧鼻孔辽天，到此一时穿却。"僧出礼拜，曰："学人有一问，和尚还答否。"师曰："昨日答汝了也。"曰："今日作么生？"师曰："明日来。"上堂，僧问："诸佛所说法，种种皆方便，是否？"师曰："是。"曰："为什么诸法寂灭相，不可以言宣？"师曰："且莫错会。"僧以坐具一画，师喝曰："诸法寂灭相，不可以言宣。今之学者，方见道不可以言宣，便拟绝虑忘缘，杜塞视听。如斯见解，未有自在分。诸人要会寂灭相么？出门不见一纤毫，满目白云与青嶂。"师坐而不卧，余三十年。示寂，塔全身于岘山。

隆庆院庆闲禅师

吉州仁山隆庆院庆闲禅师，福州卓氏子。母梦胡僧授以明珠，吞之而娠。及生，白光照室。幼不近酒胾。年十一弃俗，十七得度，二十遍参。后谒黄龙于黄檗。龙问："甚处来？"师曰："百丈。"曰："几时离彼？"师曰："正月十三。"龙曰："脚跟好痛与三十棒。"师曰："非但三十棒。"龙喝曰："许多时行脚，无点气息。"师曰："百千诸佛，亦乃如是。"曰："汝与么来，何曾有纤毫到诸佛境界？"师曰："诸佛未必到庆闲境界。"龙问："如何是汝生缘处？"师曰："早晨吃白粥，如今又觉饥。"问："我手何似佛手？"师曰："月下弄琵琶。"问："我脚何似驴脚？"师曰："鹭鸶立雪非同色。"龙嗟咨而视曰："汝剃除须发，当为何事？"师曰："祇要无事。"曰："与么则数声清磬是非外，一个闲人天地间也。"师曰："是何言欤？"曰："灵利衲子。"师曰："也不消得。"龙曰："此间有辩上座者，汝著精彩。"师曰："他有甚长处？"曰："他拊汝背一下又如何？"师曰："作什么？"曰："他展两手。"师曰："甚处学这虚头来？"龙大笑。师却展两手，龙喝之。又问："松松，两人共一碗作么生会？"师曰："百杂碎。"曰："尽大地是个须弥山，撮来掌中。汝又作么生会？"师曰："两重公案。"曰："这里从汝胡言汉语，若到同安，如何过得？"〔时英邵武在同安作首座，师欲往见之。〕师曰："渠也须到这个田地始得。"曰："忽被渠指火炉曰：'这个是黑漆火炉，那个是黑漆香卓？甚处是不到处？'"师曰："庆闲面前，且从恁么说话，若是别人，笑和尚去。"龙拍一拍，师便喝。明日同看僧堂，曰："好僧堂。"师曰："极好工夫。"曰："好在甚处？"师曰："一梁拄一柱。"曰："此未是好处。"师曰："和尚又作么生？"龙以手指曰："这柱得与么圆？那枋得与么匾？"师曰："人天大善知识，须是和尚始得。"即趋去。明日侍立，龙问："得坐披衣，向后如何施设？"师曰："遇方即方，遇圆即圆。"曰："汝与么说话，犹带唇齿在。"师曰："庆闲即与么，和尚作么生？"曰：

“近前来，为汝说。”师拊掌曰：“三十年用底，今朝捉败。”龙大笑曰：“一等是精灵。”师拂袖而去。由是学者争归之。庐陵太守张公鉴请居隆庆。僧问：“铺席新开,不可放过。”师曰：“记取话头。”曰：“请师高着眼。”师曰：“蹉过了也。”室中垂问曰：“祖师心印，篆作何文？诸佛本源，深之多少？”又曰：“十二时中，上来下去，开单展钵，此是五蕴败坏之身，那个是清净法身？”又曰：“不用指东画西，实地上道将一句来。”又曰：“十二时中，着衣吃饭，承什么人恩力？”又曰：“鱼行水浊，鸟飞毛落。亮座主一入西山，为什么杳无消息？”师居隆庆未期年，钟陵太守王公韶请居龙泉，不逾年以病求去。庐陵道俗，舟载而归，居隆庆之东堂，事之益笃。元丰四年三月七日，将示寂，遗偈曰：“露质浮世，奄质浮灭。五十三岁，六七八月。南岳天台,松风涧雪。珍重知音,红炉优钵。”泊然坐逝，俾画工就写其真，首忽自举，次日仍平视。阇维日，云起风作，飞瓦折木，烟气所至，东西南北四十里。凡草木沙砾之间，皆得舍利如金色，计其所获几数斛。阅世五十五，坐夏三十六。初，苏子由欲为作记，而疑其事，方卧痁，梦有呵者曰：“闲师事何疑哉！疑即病矣。”子由梦中作数百言，其铭略曰：“稽首三界尊，闲师不止此。悯世狭劣故，聊示其小者。”子由其知言哉。

三祖山法宗禅师

舒州三祖山法宗禅师，僧问：“如何是佛？”师曰：“吃盐添得渴。”问：“如何是道？”师曰：“十里双牌，五里单堠。”曰：“如何是道中人？”师曰：“少避长，贱避贵。”问：“如何是善知识所为底心？”师曰：“十字街头一片砖。”曰：“如何是十字街头一片砖？”师曰：“不知。”曰：“既不知,却恁么说？”师曰：“无人踏着。”上堂：“五五二十五，时人尽解数。倒拈第二筹，茫茫者无据。为什么无据，爱他一缕，失却一端。”上堂：“明晃晃，活鲅鲅，十方世界一毫末，抛向面前知不知，莫向意根上拈掇。”拍一拍。上堂：“架梯可以攀高，虽升而不能达河汉。铸锹可以掘凿，虽利而不能到风轮。其器者费功，其谋者益妄。不如归家坐，免使走尘壤。大众，那个是尘壤祖佛禅道？”

泐潭洪英禅师

隆兴府泐潭洪英禅师，邵武陈氏子。幼颖迈，一目五行。长弃儒得度，访道曹山，依雅禅师。久之，辞登云居，眷其胜绝，殆终于此山。因阅《华严十明论》乃证宗要。即诣黄檗南禅师席，檗与语达旦。曰：“荷担大法，尽在尔躬，厚自爱。”所至议论夺席。晚游西山，与胜首座栖双岭，后开法石门。久之迁泐潭。僧问：“逢场作戏时如何？”师曰：“红炉爆出铁乌龟。”曰：“当轩布鼓师亲击，百尺竿头事若何？”师曰：“山僧不作这活计。”僧拟议，师曰：“不唧嚁汉。”又僧礼拜起，便垂下袈裟角，曰：“脱衣卸甲时如何？”师曰：“喜得狼烟息，弓弰壁上悬。”僧却揽上袈裟，曰：“重整衣甲时如何？”师曰：“不到乌江畔，知君未肯休。”僧便喝，师曰：“惊杀我！”僧拍一拍，师曰：“也是死中得活。”僧礼拜。师曰：“将谓是收燕破赵之才，元来是贩私盐贼。”问：“临济栽松即不问，百丈开田事若何？”师曰：“深着锄头。”曰：“古人犹在。”师曰：“更添锄头。”僧礼拜，师扣禅床一下，乃曰：“问也无穷，答也无尽。问答去来，于道转远。何故？况为此事，直饶棒头荐得，不是丈夫。喝下承当，未为达士。那堪更向言中取则，句里驰求。语路尖新，机锋捷疾，如斯见解，尽是埋没宗旨，玷污先贤。于吾祖道，何曾梦见？只如我佛如来，临般涅槃，乃云吾有正法眼藏，涅槃妙心，付嘱摩诃大迦叶。迦叶遂付阿难，暨商那和修优波鞠多。诸祖相继，至于达磨西来，直指人心，见性成佛，不立文字语言，岂不是先圣方便之道？自是当人不信，却自迷头认影，奔逐狂途，致使竛竮流浪生死。诸禅德，若能一念回光返照到自己脚跟下，褫剥究竟将来，可谓洞门豁开，楼阁重重，十方普现，海会齐彰。便乃凡圣贤愚，山河大地，以海印三昧，一印印定，更无纤毫透漏。山僧如是举唱，若是众中有本色衲僧闻之，实谓掩耳而归，笑破他口。大众且道，本色衲僧门下一句作么生道？”良久曰：“天际雪埋千尺石，洞门冻折数株松。”上堂：“释迦老子，当时一手指天，一手指地，云天上天下，唯我独尊。释迦老子，旁若无人。当时若遇个明眼衲僧，直教他上天无路，入地无门。然虽如是，也须是铜沙锣里满盛油始得。”上堂，顾视大众曰：“青山重叠叠，绿水响潺潺。”遂拈拄杖曰：“未到悬崖处，抬头子细看。”卓一下。上堂：“宝峰高士罕曾到，岩前雪压枯松倒。岭前岭后野猿啼，一条古路清风扫。禅德，虽然如是，且道山僧拄杖长多少？”遂拈起曰：“长者随长使，短者随短用。”卓一下。上堂，顾视大众曰：“石门巇崄铁关牢，举目重重万仞高。无角铁牛冲得破，毗卢海内作波涛。且道不涉波涛一句作么生道？”良久曰：“一句不遑无著问，迄今犹作野盘僧。”师因知事纷争，止之不可，乃谓众曰：“领众不肃，正坐无德，吾有愧黄龙。”叙《行脚始末》曰：“吾灭后火化，以骨石藏普同塔，明生死不离清众也。”言卒而逝。

保宁圆玑法师

金陵保宁寺圆玑禅师，福州林氏子。僧问：“生死到来，如何回避？”师曰：“堂中瞌睡，寮里抽解。”曰：“便恁么时如何？”师曰：“须知有转身一路。”曰：“如何是转身一路？”师曰：“倾出你脑髓，拽脱你鼻孔。”曰：“便从今日无疑去也。”师曰：“作么生会？”曰：“但知行好事，不用问前程。”师曰：“须是恁么。”上堂：“道源不远，性海非遥。但向己求，莫从他觅。古人与么说话，大似认奴作郎，指鹿为马。若是翠岩即不然，也不向己求，亦不从他觅，何故？双眉本来自横，鼻孔本来自直。直饶说得天花乱坠，顽石点头，算来多虚不如少实。

且道如何是少实底事？”良久曰：“冬瓜直儱侗，瓠子曲弯弯。”上堂：“春雨微微，百事皆宜。禾苗发秀，蔬菜得时。阿难如合掌，迦叶亦攒眉。直饶灵山会上，拈花微笑，算来犹涉离微。争似三家村里，老翁深耕浅种，各知其时。有事当面便说，谁管瞬目扬眉。更有一般奇特事，末后一着更须知。”击拂子下座。上堂：“广寻文义，镜里求形。息念观空，水中捉月。单传心印，特地多端。德山临济枉用工夫，石巩子湖翻成特地。若是保宁总不恁么，但自随缘饮啄，一切寻常。深遁白云，甘为无学之者。敢问诸人，保宁毕竟将何报答四恩三有？”良久曰：“愁人莫向愁人说，说向愁人愁杀人。”师示寂，阇维，有终不坏者二，糁以五色舍利，塔于雨花台之左。

雪峰道圆禅师

南安军雪峰道圆禅师，南雄人也。依积翠日，宴坐下板。时二僧论野狐话。一云：“不昧因果，也未脱得野狐身。”一云：“不落因果，又何曾堕野狐来？”师闻之悚然。因诣积翠庵，渡涧猛省，述偈曰：“不落不昧，僧俗本无忌讳。丈夫气宇如王，争受囊藏被盖。一条榔栗任纵横，野狐跳入金毛队。”翠见为助喜。住后上堂，举风幡话，颂曰：“不是风兮不是幡，白云依旧覆青山。年来老大浑无力，偷得忙中些子闲。”

四祖山法演禅师

蕲州四祖山法演禅师，桂州人也。僧问：“如何是心相？”师曰：“山河大地。”曰：“如何是心体？”师曰：“汝唤什么作山河大地？”上堂：“叶辞柯，秋已暮。参玄人，须警悟。莫谓来年更有春，等闲蹉了岩前路。且道作么生是岩前路？”良久曰：“险。”上堂：“主山吞却案山，寻常言论。拄杖子普该尘刹，未足为奇。光境两亡，复是何物？”良久曰：“劫火洞然毫末尽，青山依旧白云中。”上堂：

“佛祖之道，壁立千仞。拟议驰求，还同点额。识不能识，智不能知。古圣到这里，垂一言半句，要你诸人有个入处。所以道，低头不见地，仰面不见天。欲识白牛处，但看髑髅前。如今头上是屋，脚下是地，面前是佛殿。且道白牛在什么处？”乃召大众，众举头，师叱之。

清隐潜庵清源禅师

南康军清隐潜庵清源禅师，豫章邓氏子。上堂：“寒风激水成冰，杲日照冰成水。冰水本自无情，各各应时而至。世间万物皆然，不用强生拟议。”上堂：“先师初事栖贤谡渺潭澄历二十年，宗门奇奥，经论玄要，莫不贯穿。及因云峰指见慈明，则一字无用，遂设三关语以验学者，而学者如叶公画龙，龙现即怖。”

兴国院契雅禅师

安州兴国院契雅禅师，僧问：“请师不于语默里答话。”师以拄杖卓一下，僧曰：“和尚莫草草忽忽。”师曰：“西天斩头截臂。”僧礼拜，师曰：“堕也！堕也！”上堂：“心如朗月连天静。”遂打一圆相曰：“寒山子聻！性似寒潭彻底清，是何境界？”良久曰：“无价夜光人不识，识得又堪作什么？凡夫虚度几千春。”乃呵呵大笑曰：“争如独坐明窗下，花落花开自有时。”下座。

灵岩山重确正觉禅师

齐州灵岩山重确正觉禅师，上堂：“祖师心印，状以铁牛之机，针挑不出，匙挑不上。过在阿谁？绿虽千种草，香只一株兰。”上堂：“不方不圆，不上不下。驴鸣狗吠，十方无价。”拍禅床，下座。

廉泉院昙秀禅师

虔州廉泉院昙秀禅师，僧问：“满口道不得时如何？”师曰：“话堕也。”问:“不与万法为侣时如何?”师曰:“自家肚皮自家画。”问:“如何是学人转身处?”师曰:“扫地浇花。”曰:“如何是学人亲切处?”师曰:“高枕枕头。”曰:“总不恁么时如何?”师曰:“莺啼岭上，花发岩前。”问:“如何是衲僧口?”师曰:“杀人不用刀。”

高台寺宣明佛印禅师

南岳高台寺宣明佛印禅师，僧问:“正法眼藏，涅槃妙心，便请拈出。”师直上觑。僧曰:“恁么则人天有赖。”师曰:“金屑虽贵。”

三角山慧泽禅师

蕲州三角山慧泽禅师，僧问:“师登宝座，大众侧聆。”师卓拄杖一下。僧曰:“答即便答，又卓个什么?”师曰:“百杂碎。”

法轮文昱禅师

南岳法轮文昱禅师，上堂，以拄杖卓一卓，喝一喝曰:“雪上加霜，眼中添屑。若也不会，北郁单越。”

灵鹫慧觉禅师

信州灵鹫慧觉禅师，上堂:“大众！百千三昧、无量妙义，尽在诸人脚跟下。各请自家回互取，会么?回互不回互，认取归家路。智慧为桥梁，柔和作依怙。居安则虑危，在乐须知苦。君不见，庞居士，黄金抛却如粪土。父子团圞头，共说无生语。无生语，仍记取。九夏雪花飞，三冬汗如雨。”

积翠永庵主

黄檗积翠永庵主，示众:“山僧住庵来，无禅可说，无法可传，亦无羞珍异宝。只收得续火柴头一个，留与后人，令他烟焰不绝，火光长明。”遂掷下拂子。时有僧就地拈起,吹一吹。师便喝曰:“谁知续火柴头,从这汉边烟消火灭去。”乃拂袖归庵。僧吐舌而去。

归宗志芝庵主

庐山归宗志芝庵主,临江人也。壮为苾刍,依黄龙于归宗,遂领深旨。有偈曰:“未到应须到,到了令人笑。眉毛本无用,无渠底波俏。”未几,龙引退,芝陆沉于众。一日普请罢,书偈曰:“茶芽蔍蔌初离焙,笋角狼忙又吐泥。山舍一年春事办,得闲谁管板头低。”由是衲子亲之。师不怿,结茅绝顶,作偈曰:“千峰顶上一间屋,老僧半间云半间。昨夜云随风雨去,到头不似老僧闲。”

南岳下十三世上

黄龙心禅师法嗣

黄龙死心悟新禅师

隆兴府黄龙死心悟新禅师,韶州黄氏子。生有紫肉幕左肩,右袒如僧伽梨状。壮依佛陀院德修,祝发进具后,游方至黄龙,谒晦堂。堂竖拳问曰:“唤作拳头则触,不唤作拳头则背。汝唤作什么?”师罔措。经二年,方领解。然尚谈辩,无所抵捂。堂患之,偶与语至其锐。堂遽曰:“住!住!说食岂能饱人。”师窘,乃曰:“某到此弓折箭尽,望和尚慈悲,指个安乐处。”堂曰:“一尘飞而翳天,一芥堕而覆地。安乐处政忌上座许多骨董,直须死却无量劫来全心乃可耳。”师趋出。一日,闻知事捶行者,而迅雷忽震,即大悟,趋见晦堂,忘纳其屦。即自誉曰:“天下人总是参得底禅,某是悟得底。”堂笑曰:“选佛得甲科,何可当也!”因号死心叟。僧问:“如何是黄龙接人句?”师曰:“开口要骂人。”曰:“骂底是接人句,验人一句又作么生?”师曰:“但识取骂人。”问:“弓箭在手,智刃当锋,龙虎阵圆,请师相见。”师曰:“败将不斩。”曰:“恁么,则铜柱近标修水侧,铁关高锁凤凰峰。”师曰:“不到乌江未肯休。”曰:“若然者,七擒七纵,正令全提。”师曰:“棺木里瞠眼。”僧礼拜,师曰:“苦!苦!”问:“承师有言,老僧今夏向黄龙潭内,下三百六十个钓筒,未曾遇着个锦鳞红尾,为复是钩头不妙,为复是香饵难寻?”师曰:“雨过竹风清,云开山岳露。”曰:“恁么,则已得真人好消息,人间天上更无疑。”师曰:“是钩头不妙,是香饵难寻。”曰:“出身犹可易,脱体道应难。”师曰:“乱统禅和,如麻似粟。”上堂:“深固幽远,无人能到,释迦老子到不到?若到,因什么无人?若不到,谁道幽远?”上堂:“祖师心印,状似铁牛之机,去即印住,住即印破。只如不去不住,印即是,不印即是?金果早朝猿摘去,玉花晚后凤衔归。”上堂:“行脚高人解开布袋,放下钵囊,去却药忌,一人所在须到,半人所在须到,无人所在也须亲到。”上堂:“拗折拄杖,将什么登山渡水?拈却钵盂匙箸,将什么吃粥吃饭?不如向十字街头东卜西卜。忽然卜着,是你诸人有彩;若卜不着,也怪云岩不得。”上堂:“文殊骑师子,普贤骑象王,释迦老子足蹑红莲,且道黄龙骑个什么?”良久曰:“近来年老,一步是一步。”上堂:“清珠下于浊水,浊水不得不清;念佛投于乱心,乱心不得不佛。佛既不乱,浊水自清,浊水既清,功归何所?”良久曰:“几度黑风翻大海,未曾闻道钓舟倾。”上堂:“有时破二作三,有时会三归一,有时三一混同,有时不落数量。且道什么处是黄龙为人处?”良久曰:“珍重。”僧问:“如何是四大毒蛇?”师曰:“地水火风。”曰:“如何是地水火风?”师曰:“四大毒蛇。”曰:“学人未晓,乞师方便。”师曰:“一大既尔,四大亦同。”室中问僧:“月晦之阴,以五色彩着于暝中,令百千万人夜视其色,宁有辨其青黄赤白者么？”僧无语。师代曰：“个个是盲人。”师因王正言问：“尝闻三缘和合而生，又闻即死即生。何故有夺胎而生者，某甚疑之。”师曰：“如正言作漕使，随所住处即居其位，还疑否？”王曰：“不疑。”师曰：“复何疑也？”王于言下领解。师临寂，示偈曰：“说时七颠八倒，默时落二落三。为报五湖禅客，心王自在休参。”荼毗设利五色，后有过其区所者，获之尤甚。塔于晦堂丈室之北。

黄龙灵源惟清禅师

隆兴府黄龙灵源惟清禅师，本州陈氏子。印心于晦堂。每谓人曰：“今之学者未脱生死，病在什么处？病在偷心未死耳。然非其罪，为师者之罪也。如汉高帝绐韩信而杀之，信虽死，其心果死乎？古之学者，言下脱生死，效在什么处？在偷心已死。然非学者自能尔，实为师者钳锤妙密也。如梁武帝御大殿见侯景，不动声气而景之心已枯竭无余矣。诸方所说非不美丽，要之如赵昌画花，花虽逼真而非真花也。”上堂：“鼓声才动，大众云臻。无限天机，一时漏泄。不孤正眼，便合归堂。更待繁词，沈埋宗旨。纵谓释迦不出世，四十九年说，达磨不西来，少林有妙诀，修山主也似万里望乡关。”又道：“若人识祖佛，当处便超越。直饶恁么悟入亲切去，更有转身一路，勘过了打。”以拂子击禅床，下座。上堂：“江月照，松风吹，永夜清宵更是谁？雾露云霞遮不得，个中犹道不如归。复何归,荷叶团团团似镜,菱角尖尖尖似锥。”上堂：“三世诸佛，不知有恩无重报；狸奴白牯，却知有功不浪施。明大用，晓全机。绝踪迹，不思议。归去好，无人知。冲开碧落松千尺，截断红尘水一溪。”上堂：“至道无难，唯嫌拣择。但莫憎爱，洞然明白。祖师恁么说话，瞎却天下人眼。识是非、别缁素底衲僧，到这里如何辨明？未能行到水穷处，难解坐看云起时。”

泐潭草堂善清禅师

隆兴府泐潭草堂善清禅师，南雄州何氏子。初谒大沩喆禅师，无所得。后谒黄龙，龙示以风幡话，久而不契。一日，龙问："风幡话，子作么生会？"师曰："迥无入处，乞师方便。"龙曰："子见猫儿捕鼠乎？目睛不瞬，四足踞地，诸根顺向，首尾一直，拟无不中。子诚能如是，心无异缘，六根自静，默然而究，万无失一也。"师从是屏去闲缘，岁余豁然契悟。以偈告龙曰："随随随，昔昔昔。随随随后无人识。夜来明月上高峰，元来只是这个贼。"龙领之，复告之曰："得道非难，弘道为难。弘道犹在己，说法为人难。既明之后，在力行之。大凡宗师说法，一句中具三玄，一玄中具三要。子入处真实，得坐披衣，向后自看，自然七通八达去。"师复依止七年，乃辞。遍访丛林，后出世黄龙，终于泐潭。僧问："牛头未见四祖时如何？"师曰："京三卞四。"曰："见后如何？"师曰："灰头土面。"曰："毕竟如何？"师曰："一场懡㦬。"开堂，上堂举浮山远和尚云："欲得英俊么，仍须四事俱备，方显宗师蹊径。何谓也？一者祖师巴鼻，二具金刚眼睛，三有师子爪牙，四得衲僧杀活拄杖。得此四事，方可纵横变态，任运卷舒，高耸人天，壁立千仞。傥不如是，守死善道者，败军之兆。何故？棒打石人，贵论实事。是以到这里，得不修江耿耿，大野云凝，绿竹含烟，青山锁翠。风云一致，水月齐观。一句该通，已彰残朽。"师曰："黄龙今日出世，时当末季，佛法浇漓，不用祖师巴鼻，不用金刚眼睛，不用师子爪牙，不用杀活拄杖，只有一枝拂子以为蹊径，亦能纵横变态，任运卷舒，亦能高耸人天，壁立千仞。有时逢强即弱，有时遇贵即贱。拈起则群魔屏迹，佛祖潜踪；放下则合水和泥，圣凡同辙。且道拈起好，放下好？竿头丝线从君弄，不犯清波意自殊。"上堂："色心不异，彼我无差。"竖起拂子曰："若唤作拂子，入地狱如箭。不唤作拂子，有眼如盲。直饶透脱两头，也是黑牛卧死水。"

青原惟信禅师

吉州青原惟信禅师，上堂："老僧三十年前未参禅时，见山是山，见水是水。及至后来，亲见知识，有个入处。见山不是山，见水不是水。而今得个休歇处，依前见山只是山，见水只是水。大众，这三般见解，是同是别？有人缁素得出，许汝亲见老僧。"

夹山灵泉院晓纯禅师

澧州夹山灵泉院晓纯禅师，尝以木刻作一兽，师子头，牛足马身。每升堂时，持出示众曰："唤作师子，又是马身。唤作马身，又是牛足。且道毕竟唤作什么？"令僧下语，莫有契者。师示颂曰："轩昂师子首，牛足马身材。三道如能入，玄门叠叠开。"上堂："有个汉自从旷大劫，无住亦无依，上无片瓦盖头，下无寸土立足。且道十二时中，在什么处安身立命？若也知得，朝到西天，暮归东土。"

三圣继昌禅师

汉州三圣继昌禅师，彭州黎氏子。上堂："木佛不度火，甘露台前逢达磨。惆怅洛阳人未来，面壁九年空冷坐。金佛不度炉，坐叹劳生走道途。不向华山图上看，岂知潘阆倒骑驴？泥佛不度水，一道灵光照天地。堪羡玄沙老古锥，不要南山要鳖鼻。"上堂，举赵州访二庵主，师曰："五陵公子争夸富，百衲高僧不厌贫。近来世俗多颠倒，只重衣衫不重人。"

双岭化禅师

隆兴府双岭化禅师，上堂："翠竹黄花非外境，白云明月露全真。头头尽是吾家物，信手拈来不是尘。"遂举拂子曰："会么？认着依前还不是。"击禅床下座。

龟山水陆院晓津禅师

泗州龟山水陆院晓津禅师，僧问："如何是宾中宾？"师曰："巢父饮牛。"曰："如何是宾中主？"师曰："许由洗耳。"曰："如何是主中宾？"师便喝。曰："如何是主中主？"师曰："礼拜了，退。"上堂："田地稳密，过犯弥天，灼然抬脚，不起神通游戏。无疮自伤，特地下脚不得。且道过在什么处？具参学眼底出来，共相理论。要见本分家山，不支歧路。莫只管自家点头，蹉过岁月。他时异日，顶上一椎，莫言不道。"

保福本权禅师

漳州保福本权禅师，临漳人也。性质直而勇于道，乃于晦堂举拳处彻证根源，机辩捷出。黄山谷初有所入，问晦堂："此中谁可与语？"堂曰："漳州权。"师方督役开田，山谷同晦堂往，致问曰："直岁还知露柱生儿么？"师曰："是男是女？"黄拟议，师挥之。堂谓曰："不得无礼！"师曰："这木头，不打更待何时？"黄大笑。上堂，举寒山偈曰："吾心似秋月，碧潭清皎洁。无物堪比伦，教我如何说？老僧即不然，吾心似灯笼，点火内外红。有物堪比伦，来朝日出东。"传者以为笑。死心和尚见之，叹曰："权兄提唱若此，诚不负先师所付嘱也。"

双峰景齐禅师

潭州南岳双峰景齐禅师，上堂，拈拄杖曰："横拈倒用，诸方虎步龙行。打狗撑门，双峰掉在无事甲里。因风吹火，别是一家。"以拄杖靠肩，顾视大众曰："唤作无事得么？"良久曰："刀尺高悬着眼看，志公不是闲和尚。"卓拄杖一下。

护国寄堂景新禅师

温州护国寄堂景新禅师，郡之陈氏子。上堂："三界无法，何处求心？欲知护国当阳句，且看门前竹一林。"

黄龙智明禅师

鄂州黄龙智明禅师，一日上堂，众才集，师乃曰："不可更开眼说梦去也。"便下座。上堂："南北一诀，斩钉截铁。切忌思量，翻成途辙。"师同胡巡检到公安二圣，胡问："达磨对梁武帝云：廓然无圣。公安为什么却有二圣？"师曰："一点水墨，两处成龙。"

道吾仲圆禅师

潭州道吾仲圆禅师，上堂："不是心，不是佛，不是物。古人恁么道，譬如管中窥豹，但见一斑。设或入林不动草，入水不动波，亦如骑马向冰凌上行。若是射雕手，何不向蛇头上揩痒？具正眼者试辨看。"良久曰："鸳鸯绣出自金针。"

太史山谷居士黄庭坚

太史山谷居士黄庭坚，字鲁直。以般若夙习，虽朊仕澹如也。出入宗门，未有所向。好作艳词，尝谒圆通秀禅师，秀呵曰："大丈夫翰墨之妙，甘施于此乎？"秀方戒李伯时画马事，公诮之曰："无乃复置我于马腹中邪？"秀曰："汝以艳语动天下人淫心，不止马腹中，正恐生泥犁耳。"公悚然悔谢，由是绝笔。惟孳孳于道，著《发愿文》，痛戒酒色。但朝粥午饭而已。往依晦堂，乞指径捷处。堂曰："只如仲尼道，二三子以我为隐乎？吾无隐乎尔者。太史居常如何理论。"公拟对，堂曰："不是！不是！"公迷闷不已。一日侍堂山行次，时岩桂盛放，堂曰："闻木樨华香么？"公曰："闻。"堂曰："吾无隐乎尔。"公释然，即拜之。曰："和尚得恁么老婆心切。"堂笑曰："只要公到家耳。”久之,谒云岩死心新禅师,随众入室。心见,张目问曰:“新长老死学士死,烧作两堆灰,向什么处相见? ”公无语。心约出曰:“晦堂处参得底,使未着在。”后左官黔南,道力愈胜。于无思念中顿明死心所问。报以书曰:“往年尝蒙苦苦提撕,长如醉梦,依俙在光影中。盖疑情不尽,命根不断,故望崖而退耳。谪官在黔南道中,昼卧觉来,忽尔寻思。被天下老和尚谩了多少!唯有死心道人不肯,乃是第一相为也,不胜万幸。”后作《晦堂塔铭》曰:“某夙承记莂,堪任大法。道眼未圆,而来瞻窣堵,实深宗仰之叹。乃勒坚珉,敬颂遗美。”公复设苹蘩之供,祭之以文,吊之以偈曰:“海风吹落楞伽山,四海禅徒着眼看。一把柳丝收不得,和烟搭在玉栏干。”

观文王韶居士

观文王韶居士,字子淳,出刺洪州,乃延晦堂问道,默有所契。因述《投机颂》曰:“昼曾忘食夜忘眠,捧得骊珠欲上天。却向自身都放下,四棱塌地恰团圆。”呈堂,堂深肯之。

秘书吴恂居士

秘书吴恂居士,字德夫。居晦堂,入室次,堂谓曰:“平生学解,记忆多闻即不问,你父母未生已前,道将一句来。”公拟议,堂以拂子击之,即领深旨。连呈三偈,其后曰:“咄!这多知俗汉,咬尽古今公案。忽于狼藉堆头,舍得蜣螂粪弹。明明不直分文,万两黄金不换。等闲拈出示人,只为走盘难看。咦!”堂答曰:“水中得火世还稀,看着令人特地疑。自古不存师弟子,如今却许老胡知。”

东林总禅师法嗣

泐潭应乾禅师

隆兴府泐潭应乾禅师，袁州彭氏子。上堂：“灵光洞耀，迥脱根尘。体露真常，不拘文字。心性无染，本自圆成。但离妄缘，即如如佛。古人恁么道，殊不知是个坑穽，贴肉汗衫脱不去，过不得，直须如师子儿壁立千仞，方能剿绝去。然虽如是，也是布袋里老鸦。”拍禅床，下座。

开先行瑛广鉴禅师

庐山开先行瑛广鉴禅师，桂州毛氏子。僧问：“如何是道？”师曰：“良田万顷。”曰：“学人不会。”师曰：“春不耕，秋无望。”问：“如何是祖师西来意？”师曰：“君山点破洞庭湖。”曰：“意旨如何？”师曰：“白浪四边绕，红尘何处来？”上堂：“谈玄说妙，譬如画饼充饥。入圣超凡，大似飞蛾赴火。一向无事，败种焦芽。更若驰求，水中捉月。”以拂子一拂云：“适来许多见解拂却了也，作么生是诸人透脱一句？”良久曰：“铁牛不吃栏边草，直向须弥顶上眠。”以拂子击禅床。上堂：“弯可巩弓，架兴化箭，运那罗延力，定烁迦罗眼。不射大雄虎，不射药山鹿，不射云岩师子，不射象骨猕猴。且道射个什么？”良久曰：“放过一着。”上堂：“登山须到顶，入海须到底，学道须到佛祖道不得处。若不如是，尽是依草附木底精灵，吃野狐涕唾底鬼子。《华严》恁么道，譬如良药，然则苦口，且要治疾。阿啷啷！”

圆通可仙法镜禅师

庐山圆通可仙法镜禅师，严州陈氏子。僧问：“如何是佛法大意？”师曰：“寸钉牛力。”曰：“学人不会。”师曰：“参取不会底。”

象田梵卿禅师

绍兴府象田梵卿禅师，嘉兴人，姓钱氏。僧问:“大悲菩萨用许多手眼作什么？”师曰:“富嫌千口少。”曰:“毕竟如何是正眼？”师曰:“从来共住不知名。”问:“寒风乍起，衲子开炉。忽忆丹霞烧木佛，因何院主堕眉须？”师曰:“张公吃酒李公醉。”曰:“为复是逢强即弱？为复是妙用神通？”师曰:“堂中圣僧,却谙此事。”僧问:“象田有屠龙之剑,欲借一观时如何？”师横按拄杖,僧便喝。师掷下拄杖，僧无语。师曰:“这死虾蟆。”上堂:“春已暮，落花纷纷下红雨。南北行人归不归,千林万林鸣杜宇。我无家兮何处归？十方刹土奚相依？老夫有个真消息，昨夜三更月在池。”上堂:“佛法到此，命若悬丝。异目超宗，亦难承绍。”竖起拂子曰:“赖有这个，堪作流通。于此觑得，便见三世诸佛，向灯笼露柱里转大法轮。六趣众生，于铁围山得闻法要。声非声见，色非色随，异类四生，各得解脱。如斯举唱，非但埋没宗风，亦乃平沉自己。且道如何得不犯令去？”拍禅床，下座。

旌德院有瑞佛海禅师

东京褒亲旌德院有瑞佛海禅师，兴化军陈氏子。初参黄龙南禅师。龙问:“汝为人事来,为佛法来？”师曰:“为佛法来。”龙曰:“若为佛法来，即今便分付。”遂打一拂子，师曰:“和尚也不得恼乱人。”龙即器之。后依照觉，深悟玄奥。上堂:“有佛世界，以一尘一毛而作佛事，令见一法者而具足一切法，故权为架阁。有佛化内以忘言寂默为大佛事，使其学者离一切相，即名诸佛，故好与三下火抄。有佛土中以黄花翠竹而为佛事，令睹相者见色即空，故且付与弥勒。有佛宝刹以法空为座而示佛事,俾其行人不着佛求,故勘破了勾下。有佛道场以四事供养而成佛事，使知足者断异念，故可与下载。有佛妙域以一切语言三昧作其佛事，令随机入者不舍动静，故为渠装载大众。且道于中还有优劣也无？”良久曰：“到者须知是作家。参！”

慧力院可昌禅师

临江军慧力院可昌禅师，僧问：“佛力法力即不问，如何是慧力？”师曰：“踏倒人我山，扶起菩提树。”曰：“菩提本无树，向什么处下手？”师曰：“无下手处，正好着力。”曰：“今日得闻于未闻。”师曰：“莫把真金唤作鍮。”上堂：“佛法根源，非正信妙智不能悟入。祖师关键，非大悲重愿何以开通？具信智则权实双行，如金在矿。全悲愿则善恶可辨，似月离云。大众，只如父母未生时，许多譬喻向什么处吐露？”良久曰：“十语九中，不如一默。”

栖真院德嵩禅师

黄州柏子山栖真院德嵩禅师，上堂：“天地一指，绝诤竞之心。万物一马，无是非之论。由是魔罗潜迹，佛祖兴隆。寒山拊掌欣欣，拾得呵呵大笑。大众，二古圣笑个什么？”良久，呵呵大笑曰：“昙花一朵再逢春。”

万杉院绍慈禅师

庐山万杉院绍慈禅师，桂州赵氏子，参照觉。问曰：“世尊付金襕外，别传何物？”觉举拂子，师曰：“毕竟作么生？”觉以拂子蓦口打。师拟开口，觉又打。师于是有省，遂夺拂子，便礼拜。觉曰：“汝见何道理，便礼拜？”师曰：“拂子属某甲了也。”觉曰：“三十年老将，今日被小卒折倒。”自此玄风大振，推为东林上首。上堂：“先行不到，若须弥立乎巨川。末后太过，犹猛士发乎狂矢。或高或下，未有准绳。似是还非，遭人点检。且道如何得相应去！”良久曰：“红炉焰里重添火，炟赫金刚眼自开。咄！”上堂：“我祖别行最上机，纵横生杀绝猜疑。虽然塞断群狐路，返掷须还师子儿。众中还有金毛炟赫、牙爪生狞者么？试出哮吼一声看。”良久曰：“直饶有，也不免玉溪寨主撩钩搭索。参！”

衡岳寺道辩禅师

南岳衡岳寺道辩禅师，僧问：“拈槌举拂即且置，和尚如何为人？”师曰：“客来须接。”曰：“便是为人处也。”师曰：“粗茶澹饭。”僧礼拜，师曰：“须知滋味始得。”

禾山甘露志传禅师

吉州禾山甘露志传禅师，僧问：“一等没弦琴，请师弹一曲。”师曰：“山僧耳聋。”曰：“学人请益。”师曰：“去。”曰：“慈悲何在？”师曰：“自有诸方眼。”

褒亲旌德寺谕禅师

东京褒亲旌德寺谕禅师，上堂：“新罗打鼓，大宋上堂。庭前柏子问话，灯笼露柱着忙。香台拄杖起作舞，卧病维摩犹在床。这老汉我也识得，你病休讶郎当。咄！”

龙泉夔禅师

隆兴府西山龙泉夔禅师，上堂众集，师乃曰：“只恁么便散去，不妨要妙。虽然如是，早是无风起浪，钉橛空中。岂况牵枝引蔓，说妙谭玄。正是金屑眼中翳，衣珠法上尘。且道拂尘出屑，是什么人？”卓拄杖，下座。

兜率志恩禅师

南康军兜率志恩禅师，上堂：“落落魄魄，居村居郭。莽莽卤卤，何今何古？不重已灵，休话佛祖。扭定释迦鼻孔，揭却观音耳朵。任他雪岭辊毬，休管禾山打鼓。若是本色衲僧，终不守株待兔。参！”

兴福院康源禅师

福州兴福院康源禅师，上堂：“山僧有一诀，寻常不漏泄。今日不囊藏，分明为君说。”良久曰：“寒时寒，热时热。”

慧圆上座

慧圆上座，开封酸枣于氏子。世业农，少依邑之建福寺德光为师。性椎鲁，然勤渠祖道，坚坐不卧。居数岁得度，出游庐山。至东林，每以己事请问，朋辈见其貌陋，举止乖疏，皆戏侮之。一日，行殿庭中，忽足颠而仆，了然开悟。作偈俾行者书于壁曰：“这一交，这一交，万两黄金也合消。头上笠，腰下包，清风明月杖头挑。”即日离东林，众传至照觉。觉大喜，曰：“衲子参究若此，善不可加。”令人迹其所往，竟无知者。〔大慧武库谓证悟颙语，非也。〕

内翰东坡居士苏轼

内翰东坡居士苏轼，字子瞻。因宿东林，与照觉论无情话，有省。黎明献偈曰：“溪声便是广长舌，山色岂非清净身？夜来八万四千偈，他日如何举似人。”未几抵荆南，闻玉泉皓禅师机锋不可触，公拟抑之，即微服求见。泉问：“尊官高姓？”公曰：“姓秤，乃秤天下长老底秤。”泉喝曰：“且道这一喝重多少？”公无对，于是尊礼之。后过金山，有写公照容者，公戏题曰：“心似已灰之木，身如不系之舟。问汝平生功业，黄州、惠州、琼州。”

宝峰文禅师法嗣

兜率从悦禅师

隆兴府兜率从悦禅师，赣州熊氏子。初首众于道吾，领数衲谒云盖智和尚，智与语，未数句尽知所蕴。乃笑曰：“观首座气质不凡，奈何出言吐气如醉人邪？”师面热汗下，曰：“愿和尚不吝慈悲。”智复与语，锥劄之，师茫然，遂求入室。智曰：“曾见法昌遇和尚否？”师曰：“曾看他语录，自了可也，不愿见之。”智曰：“曾见洞山文和尚否？”师曰：“关西子没头脑，拖一条布裙，作尿臭气，有甚长处？”智曰：“你但向尿臭气处参取。”师依教，即谒洞山，深领奥旨。复谒智，智曰：“见关西子后大事如何？”师曰：“若不得和尚指示，洎乎蹉过一生。”遂礼谢。师复谒真净，后出世鹿苑。有清素者，久参慈明，寓居一室，未始与人交。师因食蜜渍荔枝，偶素过门，师呼曰：“此老人乡果也，可同食之。”素曰：“自先师亡后，不得此食久矣。”师曰：“先师为谁？”素曰：“慈明也。某忝执侍十三年耳。”师乃疑骇，曰：“十三年堪忍执侍之役，非得其道而何？”遂馈以余果，稍稍亲之。素问：“师所见者何人？”曰：“洞山文。”素曰：“文见何人？”师曰：“黄龙南。”素曰：“南匾头见先师不久，法道大振如此。”师益疑骇，遂袖香诣素作礼。素起避之，曰：“吾以福薄，先师授记，不许为人。”师益恭，素乃曰：“怜子之诚，违先师之记。子平生所得，试语我。”师具通所见。素曰：“可以入佛而不能入魔。”师曰：“何谓也？”素曰：“岂不见古人道，末后一句，始到牢关。”如是累月，素乃印可。仍戒之曰：“文示子者，皆正知正见。然子离文太早，不能尽其妙。吾今为子点破，使子受用得大自在。他日切勿嗣吾也。”师后嗣真净。僧问：“提兵统将，须凭帝主虎符。领众匡徒，密佩祖师心印。如何是祖师心印？”师曰：“满口道不得。”曰：“只这个别更有？”师曰：“莫将支遁鹤，唤作右军鹅。”问:“如何是兜率境? ”师曰:“一水挼蓝色,千峰削玉青。”曰:“如何是境中人? ”师曰:“七凹八凸无人见,百手千头只自知。”上堂:“耳目一何清，端居幽谷里。秋风入古松，秋月生寒水。衲僧于此更求真,两个猢狲垂四尾。”喝一喝。上堂:“兜率都无辨别,却唤乌龟作鳖。不能说妙谈真，只解摇唇鼓舌，遂令天下衲僧，觑见眼中滴血，莫有翻嗔作喜、笑傲烟霞者么? ”良久曰:“笛中一曲升平乐，算得生平未解愁。”上堂:“始见新春，又逢初夏。四时若箭，两曜如梭。不觉红颜翻成白首。直须努力，别着精神，耕取自己田园，莫犯他人苗稼。既然如是，牵犁拽杷，须是雪山白牛始得。且道鼻孔在什么处? ”良久曰:“叱！叱！”上堂:“常居物外度清时,牛上横将竹笛吹。一曲自幽山自绿,此情不与白云知。庆快诸禅德，翻思范蠡谩泛沧波，因念陈抟空眠太华，何曾梦见?浪得高名。实未神游，闲漂野迹。既然如此，具眼衲僧，莫道龙安非他是己好！”上堂:“无法亦无心，无心复何舍。要真尽属真，要假全归假。平地上行船,虚空里走马。九年面壁人,有口还如哑。参！”上堂:“夜夜抱佛眠,朝朝还共起。起坐镇相随,语默同居止。欲识佛去处，只这语声是。诸禅德，大小傅大士，只会抱桥柱澡洗，把缆放船，印板上打将来，模子里脱将去。岂知道本色衲僧，塞除佛祖窟，打破玄妙门，跳出断常坑，不依清净界。都无一物，独奋双拳,海上横行,建家立国。有一般汉,也要向百尺竿头凝然端坐,洎乎翻身之际，舍命不得。岂不见云门大师道，知是般事，拈放一边，直须摆动精神，着些筋骨。向混沌未剖已前荐得，犹是钝汉。那堪更于他人舌头上，咂啖滋味，终无了日。诸禅客，要会么?剔起眉毛有甚难，分明不见一毫端，风吹碧落浮云尽，月上青山玉一团。”喝一喝,下座。一日,漕使无尽居士张公商英按部过分宁,请五院长老就云岩说法。师最后登座，横拄杖曰:“适来诸善知识,横拈竖放,直立斜抛,换步移身,藏头露角。既于学士面前各纳败阙,未免吃兜率手中痛棒。到这里不由甘与不甘。何故？见事不平争忍得，衲僧正令自当行。”卓拄杖，下座。室中设三语以验学者：“一曰拨草瞻风，只图见性，即今上人性在什么处？二曰识得自性，方脱生死，眼光落地时作么生脱？三曰脱得生死，便知去处。四大分离，向什么处去？”元佑六年冬，浴讫集众，说偈曰：“四十有八，圣凡尽杀，不是英雄，龙安路滑。”奄然而化，其徒遵师遗诫，欲火葬捐骨江中。得法弟子无尽居士张公遣使持祭，且曰：“老师于祖宗门下有大道力，不可使来者无所起敬。”俾塔于龙安之乳峰，谥真寂禅师。

法云佛照杲禅师

东京法云佛照杲禅师，自妙年游方，谒圆通玑禅师。入室次，玑举：“僧问投子：‘大死底人却活时如何？’子曰：‘不许夜行，投明须到。’意作么生？”师曰：“恩大难酬。”玑大喜，遂命首众。至晚，为众秉拂。机迟而讷，众笑之。师有赧色。次日于僧堂点茶，因触茶瓢坠地，见瓢跳，乃得应机三昧。后依真净，因读祖偈曰：“心同虚空界，示等虚空法。证得虚空时，无是无非法。”豁然大悟，每谓人曰：“我于绍圣三年十一月二十一日，悟得方寸禅。”出住归宗，诏居净因。僧问：“达磨西来传个什么？”师曰：“周、秦、汉、魏。”问：“昔日僧问云门，如何是透法身句？门曰，北斗里藏身，意旨如何？”师曰：“赤心片片。”曰：“若是学人即不然。”师曰：“汝又作么生？”曰：“昨夜抬头看北斗，依稀却似点糖糕。”师曰：“但念水草，余无所知。”上堂：“西来祖意，教外别传，非大根器，不能证入。其证入者，不被文字语言所转，声色是非所迷。亦无云门临济之殊，赵州德山之异。所以唱道须明：有语中无语，无语中有语，若向这里荐得，可谓终日着衣，未尝挂一缕丝；终日吃饭，未尝咬一粒米。直是呵佛骂祖，有什么过？虽然如是，欲得不招无间业，莫谤如来正法轮。”喝一喝，下座。上堂，拈拄杖曰:“归宗会斩蛇,禾山解打鼓,万象与森罗,皆从这里去。”掷下拄杖曰:“归堂吃茶。”师以力参深到，语不入时，每示众，常举:“老僧熙宁八年，文帐在凤翔府，供申当年崩了华山四十里，压倒八十村人家。汝辈后生，茄子瓠子，几时知得？”或问曰:“宝华玉座上，因什么一向世谛？”师曰:“痴人佛性，岂有二种邪？”

泐潭湛堂文准禅师

隆兴府泐潭湛堂文准禅师,兴元府梁氏子。初谒真净,净问:“近离甚处？”师曰:“大仰。”净曰:“夏在甚处？”师曰:“大沩。”净曰:“甚处人？”师曰:“兴元府。”净展手曰:“我手何似佛手？”师罔措。净曰:“适来祇对，一一灵明，一一天真。及乎道个我手何似佛手，便成窒碍。且道病在甚处？”师曰:“某甲不会。”净曰:“一切见成,更教谁会？”师当下释然。服勤十载,所往必随。绍圣三年,真净移石门，众益盛。凡衲僧扣问，但瞑目危坐，无所示见。来学则往治蔬圃，率以为常，师谓同行恭上座曰:“老汉无意于法道乎！”一日，举杖决渠，水溅衣，忽大悟。净诟曰:“此乃敢尔藞苴邪？”自此迹愈晦而名益著。显谟李公景直守豫章,请开法云岩。未几，移居泐潭。僧问:“教意即且置，未审如何是祖意？”师曰:“烟村三月里，别是一家春。”问:“寒食因悲郭外春，墅田无处不伤神。林间垒垒添新冢，半是去年来哭人。这事且拈放一边，如何是道？”师曰:“苍天！苍天！”曰:“学人特伸请问。”师曰:“十字街头吹尺八，村酸冷酒两三巡。”问:“一法若有，毗卢堕在凡夫。万法若无,普贤失其境界。去此二途,请师一决。”师曰:“大黄甘草。”曰:“此犹是学人疑处。”师曰:“放待冷来看。”问:“向上一路，千圣不传，未审如何是向上一路？”师曰:“行到水穷处，坐看云起时。”曰:“为甚不传？”师曰:“家家有路透长安。”曰:“只如衲僧门下，毕竟作么生？”师曰：“放你三十棒。”上堂曰：“五九四十五，圣人作而万物睹。秦时辘轹钻头尖，汉祖殿前樊哙怒。曾闻黄鹤楼，崔颢题诗在上头：‘晴川历历汉阳戍，芳草萋萋鹦鹉洲。’可知礼也，君子务本，本立而道生。道生一，一生二，二生三，三生万物。”蓦拈拄杖，起身云：“大众宝峰何似孔夫子？”良久曰：“酒逢知己饮，诗向会人吟。”卓拄杖，下座。上堂：“劄！久雨不晴，直得五老峰头黑云叆叇，洞庭湖里白浪滔天。云门大师忍俊不禁，向佛殿里烧香，三门头合掌，祷祝咒愿：愿黄梅石女生儿，子母团圆，少室无角铁牛，常甘水草。”喝一喝：“有什么交涉？”顾众曰：“不因杨得意，争见马相如？”上堂：“混元未判，一气岑寂。不闻有天地玄黄，宇宙洪荒，日月盈昃，秋收冬藏。正当恁么时，也好个时节。叵耐雪峰老汉，却向虚空里钉橛。辊三个木毬，直至后人构占不上，便见沩山水牯牛，一向胆大心粗；长沙大虫，到处咬人家猪狗。虽然无礼难容，而今放过一着。《孝经》序云：朕闻上古，其风朴略。山前华尧民解元，且喜尊候安乐。参！”上堂：“今朝腊月十，夜来天落雪。群峰极目高低白，绿竹青松难辨别。必是来年蚕麦熟，张公李公皆忻悦。皆忻悦，鼓腹讴歌笑不彻。把得云箫缭乱吹，依稀有如杨柳枝。又不觉手之舞之，足之蹈之，左之右之。”喝曰：“禅客相逢只弹指，此心能有几人知？”上堂：“太阳门下，日日三秋。明月堂前，时时九夏。洞山和尚，只解夜半捉乌鸡，殊不知惊起邻家睡。宝峰相席打令，告诸禅德，也好冷处着把火。咄！”上堂：“古人道，不看经，不念佛，看经念佛是何物？自从识得转经人。”举拂子曰：“龙藏圣贤都一拂。”以拂子拂一拂，曰：“诸禅德，正当恁么时，且道云岩土地向什么处安身立命？”掷下拂子，以两手握拳叩齿曰：“万灵千圣，千圣万灵。”上堂，僧问：“教中道，若有一人，发真归源，十方虚空，悉皆消殒。未审此理如何？”师遂展掌，点指曰：“子丑寅卯，辰巳午未。一罗二土，三水四金，五太阳、六太阴、七计都。今日计都星入巨蟹宫。宝峰不打这鼓笛。”便下座。上堂：“大道纵横，触事现成。云开日出，水绿山青。”拈拄杖，卓一下，曰：“云门大师来也。说道，观音菩萨将钱买胡饼，放下手元来却是馒头。大众，云门只见锥头利，不见凿头方。宝峰即不然。”掷下拄杖曰：“勿于中路事空王，策杖须还达本乡。昨日有人从淮南来，不得福建信，却道嘉州大像，吞却陕府铁牛。”喝一喝，曰：“是甚说话，笑倒云居土地。”上堂：“祖师关捩子，幽隐少人知。不是悟心者，如何举似伊！”喝一喝，曰：“是何言欤？若一向恁么，达磨一宗扫土而尽。所以大觉世尊，初悟此事，便开方便门，示真实相。普令南北东西，四维上下，郭大李二，邓四张三，同明斯事。云岩今日不免效古去也。”击拂子曰：“方便门开也。作么生是真实相？”良久云：“十八十九，痴人夜走。”示众，拈拄杖曰：“衲僧家竿木随身，逢场作戏。倒把横拈，自有意思。所以昔日药山和尚问云岩曰：‘闻汝解弄师子，是否？’岩曰：‘是。’山曰：‘弄得几出？’岩曰：‘弄得六出。’山曰：‘老僧亦解弄。’岩曰：‘和尚弄得几出？’山曰：‘老僧只弄得一出。’岩曰：‘一即六，六即一。’山便休。大众，药山云岩钝置杀人，两父子弄一个师子，也弄不出。若是准上座，只消得自弄。拽得来拈头作尾，拈尾作头，转两个金睛，攫几钩铁爪，吼一声直令百里内猛兽潜踪，蒲空里飞禽乱坠。准上座未弄师子，请大众高着眼，先做一个定场。”掷下拄杖曰：“个中消息子，能有几人知？”师自浙回泐潭，谒深禅师，寻命分座。闻有悟侍者，见所掷爨余有省，诣方丈通所悟。深喝出，因丧志，自经于延寿堂厕后，出没无时，众惮之。师闻，中夜特往登溷，方脱衣，悟即提净水至。师曰：“待我脱衣，”脱罢悟复至。未几，悟供筹子，师涤净已，召接净桶去。悟才接，师执其手问曰：“汝是悟侍者那！”悟曰：“诺。”师曰：“是当时在知客寮，见掉火柴头，有个悟处底么？参禅学道，只要知个本命元辰下落处。

汝铲地作此去就，汝在藏殿，移首座鞋，岂不是汝当时悟得底？又在知客寮移他枕子，岂不是汝当时悟得底？汝每夜在此提水度筹，岂不是汝当时悟得底？因什么不知下落，却在这里恼乱大众。”师猛推之，索然如倒垒甓，由是无复见者。政和五年夏，师卧病，进药者令忌毒物,师不从。有问其故,师曰:“病有自性乎？”曰:“病无自性。”师曰:“既无自性，则毒物宁有心哉？以空纳空，吾未尝颠倒。汝辈一何昏迷！”十月二十日,更衣说偈而化。阇维得设利，晶圆光洁，睛齿数珠不坏。塔于南山之阳。

慧日文雅禅师

庐山慧日文雅禅师，受请日，僧问:“向上宗乘，乞师不吝。”师曰:“拄杖正开封。”曰:“小出大遇也。”师曰:“放过即不可”，便打。

洞山梵言禅师

瑞州洞山梵言禅师,太平州人也。上堂,有二僧齐出。一僧礼拜,一僧便问:“得用便用时如何？”师曰:“伊兰作旃檀之树。”曰:“有意气时添意气，不风流处也风流。”师曰:“甘露乃蒺藜之园。”上堂:“吾心似秋月，碧潭清皎洁，无物堪比伦，教我如何说？寒山子劳而无功，更有个拾得，道不识这个意，修行徒苦辛。恁么说话，自救不了。寻常拈粪箕，把扫帚，掣风掣颠，犹较些子。直饶是文殊普贤再出,若到洞山门下,一时分付与直岁。烧火底烧火，扫地底扫地,前廊后架，切忌搀匙乱箸。丰干老人更不饶舌。参退，吃茶。”上堂:“一生二,二生三，遏捺不住，廓周沙界。德云直上妙峰,善财却入楼阁。新妇骑驴阿家牵,山青水绿。桃华红,李华白，一尘一佛土，一叶一释迦。”乃合掌曰:“不审诸佛子，今晨改旦，季春极暄，起居轻利，安乐行否？少间专到上寮问讯，不劳久立。”

上堂:“腊月二十日，一年将欲尽。万里未归人，大众，总是他乡之客。还有返本还源者么?”击拂子曰:“门前残雪日轮消，室内红尘遣谁扫?”

文殊宣能禅师

德安府文殊宣能禅师，僧问:“如何是祖师灯?”师曰:“四生无不照，一点任君看。”上堂:“石巩箭，秘魔叉，直下会得，眼里空华。堪悲堪笑少林客，暗携只履度流沙。”

寿宁善资禅师

桂州寿宁善资禅师，上堂:“若论此事，如鸦啄铁牛，无下口处，无用心处。更向言中问觅，句下寻思，纵饶卜度将来，翻成戏论边事。殊不知本来具足，直下分明，佛及众生，纤毫不立。寻常向诸人道，凡夫具足圣人法，凡夫不知;圣人具足凡夫法，圣人不会。圣人若会，即同凡夫。凡夫若知，即是圣人。然则凡圣一致，名相互陈，不识本源，迷其真觉。所以逐境生心，徇情附物。苟能一念情忘，自然真常体露。”良久曰:“便请荐取!”上堂:“诸方五日一参，寿宁日日升座，莫怪重说偈言，过在西来达磨。上士处处逢渠，后学时时蹉过。且道蹉过一着，落在什么处?”举起拂子曰:“一片月生海，几家人上楼。”

上封慧和禅师

南岳祝融上封慧和禅师，上堂:“未升此座已前，尽大地人成佛已毕。更有何法可说，更有何生可利?况菩提烦恼，本自寂然。生死涅槃，犹如昨梦。门庭施设，诳呼小儿。方便门开，罗纹结角，于衲僧面前，皆成幻惑。且道衲僧有什么长处?”拈起拄杖曰:“孤根自有擎天势，不比寻常曲录枝。”卓拄杖，下座。

五峰净觉本禅师

瑞州五峰净觉本禅师，僧问：“同声相应时如何？”师曰：“鹁鸠树上啼。”曰：“同气相求时如何？”师曰：“猛虎岩前啸。”问：“一进一退时如何？”师曰：“脚在肚下。”曰：“如何是不动尊？”师曰：“行住坐卧。”上堂，僧问：“宝座既升，愿闻举唱。”师曰：“雪里梅花火里开。”曰：“莫便是为人处也无？”师曰：“井底红尘已涨天。”上堂：“恁么也不得，不恁么也不得，恁么不恁么摠不得。诸人作么生会？直下会得，不妨奇特。更或针锥，西天此土。”上堂：“五峰家风，南北西东。要用便用，以橛钉空。咄！”

太平安禅师

永州太平安禅师，上堂：“有利无利，莫离行市。镇州萝卜极贵，庐陵米价甚贱。争似太平这里，时丰道泰，商贾骈阗。白米四文一升，萝卜一文一束。不用北头买贱，西头卖贵。自然物及四生，自然利资王化。又怎生说个佛法道理？”良久云：“劝君不用镌顽石，路上行人口似碑。”

报慈进英禅师

潭州报慈进英禅师，僧问：“远涉长途即不问，到家一句事如何？”师曰：“雪满长空。”曰：“此犹是时人知有。转身一路，又作么生？”师便喝。上堂：“报慈有一公案，诸方未曾结断。幸遇改旦拈出，各请高着眼看。”遂趯下一只鞋，曰：“还知这个消息也无？达磨西归时，提携在身畔。”上堂：“与么上来，猛虎出林。与么下去，惊蛇入草。不上不下，日轮杲杲。”喝一喝，曰：“潇湘江水碧溶溶，出门便是长安道。”上堂，掷下拄杖，却召大众曰：“拄杖吞却祖师了也。教什么人说禅？还有人救得也无！”喝一喝。上堂，蓦拈拄杖曰：“三世一切佛，同入这窠窟。衲僧唤作辽天鹘。”

卓拄杖一下。

洞山至乾禅师

瑞州洞山至乾禅师，上堂:“洞山不会谈禅，不会说道，只是饥来吃饭，困来打睡。你诸人必然别有长处，试出来尽力道一句看。有么，有么？”良久曰:“睦州道底。”

宝华普鉴佛慈禅师

平江府宝华普鉴佛慈禅师，本郡周氏子。幼不茹荤，依景德寺清智下发。十七游方，初谒觉印英禅师，不契，遂扣真净之室。净举石霜虔侍者话问之，释然契悟。作偈曰:“枯木无华几度秋，断云犹挂树梢头。自从斗折泥牛角，直至如今水逆流。”净肯之，命侍巾钵。晚徇众开法宝华，次移高峰。上堂:“参禅别无奇特，只要当人命根断，疑情脱。千眼顿开，如大洋海底辊一轮赫日，上升天门照破四天之下。万别千差，一时明了，便能握金刚王宝剑，七纵八横，受用自在，岂不快哉！其或见谛不真，影像彷佛，寻言逐句，受人指呼，驴年得快活去。不如屏净尘缘，竖起脊梁骨，着些精彩，究教七穿八穴，百了千当，向水边林下长养圣胎，亦不枉受人天供养。然虽如是，卧云门下，有个铁门限，更须猛着气力，跳过始得。拟议之间，堕坑落堑。”以拂子击禅床，下座。上堂:“月圆，伏惟三世诸佛，狸奴白牯，各各起居万福。时中淡薄，无可相延，切希宽抱。老水牯牛近日亦自多病多恼，不甘水草。遇着暖日和风，当下和身便倒。教渠拽杷牵犁，直是摇头摆脑。可怜万顷良田，一时变为荒草。”

九峰希广禅师

瑞州九峰希广禅师，游方日谒云盖智和尚，乃问:“兴化打克宾，意旨如何？”智下禅床，展两手吐舌示之。师打一坐具，智曰：“此是风力所转。”又问石霜琳禅师，琳曰：“你意作么生？”师亦打一坐具。琳曰：“好一坐具,只是不知落处。”又问真净,净曰:“你意作么生？”师复打一坐具。净曰:“他打你也打。”师于言下大悟。净因有颂曰:“丈夫当断不自断,兴化为人彻底汉。已后从教眼自开,棒了罚钱趁出院。”后住九峰，衲子宗仰。

黄檗道全禅师

瑞州黄檗道全禅师,上堂,以拂子击禅床曰:“一槌打透无尽藏,一切珍宝吾皆有。拈来普济贫乏人,免使波吒路边走。”遂喝曰:“谁是贫乏者？”

清凉慧洪觉范禅师

瑞州清凉慧洪觉范禅师，郡之彭氏子。年十四，父母俱亡，乃依三峰靘禅师为童子，日记数千言。览群书殆尽，靘器之。十九，试经于东京天王寺，得度。从宣秘讲《成实唯识论》。逾四年，弃谒真净于归宗。净迁石门，师随至。净患其深闻之弊，每举玄沙未彻之语，发其疑。凡有所对，净曰：“你又说道理邪？”一日顿脱所疑，述偈曰：“灵云一见不再见，红白枝枝不着华。叵耐钓鱼船上客，却来平地摝鱼虾。”净见为助喜。命掌记，未久，去谒诸老，皆蒙赏音，由是名振丛林。显谟朱公彦请开法抚州北景德。后住清凉，示众，举《首楞严》如来语阿难曰：“汝应嗅此炉中旃檀，此香若复然于一铢，室罗筏城四十里内同时闻气。于意云何？此香为复生旃檀木，生于汝鼻，为生于空？阿难，若复此香生于汝鼻，称鼻所生，当从鼻出。鼻非旃檀，云何鼻中有旃檀气？称汝闻香，当于鼻入，鼻中出香，说闻非义。若生于空，空性常恒，香应常在，何藉炉中爇此枯木？若生于木，则此香质，因爇成烟。

若鼻得闻，合蒙烟气，其烟腾空，未及遥远。四十里内，云何已闻？是故，当知香鼻与闻，俱无处所。即嗅与香，二处虚妄。本非因缘，非自然性。”师曰：“入此鼻观，亲证无生。”又《大智度论》，问曰：“闻者云何？闻用耳根闻邪？用耳识闻邪？用意识闻邪？若耳根闻，耳根无觉识知，故不能闻。若耳识闻，耳识一念，故不能分别，不应闻。若意识闻，意识亦不能闻，何以故？先五识识五尘，然后意识识意识，不能识现在五尘，唯识过去未来五尘。若意识能识现在五尘者，盲聋人亦应识声也。何以故？意识不破故。”师曰：“究此闻尘，则合本妙。既证无生，又合本妙。毕竟是何境界？”良久曰：“白猿已叫千岩晚，碧缕初横万字炉。”住景德日，僧问：“南有景德，北有景德。德即不问，如何是景？”师曰：“颈在项上。”崇宁二年，会无尽居士张公于峡之善溪。张尝自谓得龙安悦禅师末后句，丛林畏与语，因夜话及之，曰：“可惜云庵不知此事。”师问所以，张曰：“商英顷自金陵酒官移知豫章，过归宗见之，欲为点破。方叙悦末后句未卒，此老大怒，骂曰：‘此吐血秃丁、脱空妄语，不得信。’既见其盛怒，更不欲叙之。”师笑曰：“相公但识龙安口传末后句，而真药现前不能辨也。”张大惊，起执师手曰：“老师真有此意邪？”曰：“疑则别参。”乃取家藏云庵顶相，展拜赞之，书以授师。其词曰：“云庵纲宗，能用能照。天鼓希声，不落凡调。冷面严眸，神光独耀。孰传其真，觌面为肖。前悦后洪，如融如肇。”大慧处众日，尝亲依之，每叹其妙悟辩慧。建炎二年五月，示寂于同安。太尉郭公天民奏赐宝觉圆明之号。

超化净禅师

衢州超化净禅师，上堂：“声前认得，已涉廉纤。句下承当，犹为钝汉。电光石火，尚在迟疑。点着不来，横尸万里。”良久云：“有甚用处？咄！”

石头怀志庵主

南岳石头怀志庵主，婺州吴氏子。年十四，师智慧院宝偁。二十二试所习，落发，肄讲十二年，宿学敬慕。尝欲会通诸宗，正一代时教。有禅者问曰：“杜顺乃贤首宗祖师也，谈法身则曰：‘怀州牛吃禾，益州马腹胀。’此偈合归天台何义邪？”师无对。即出游方，晚至洞山，谒真净。问：“古人一喝不作一喝用，意旨如何？”净叱之。师趋出。净笑呼曰：“浙子斋后游山好！”师忽领悟。久之辞去。净曰：“子所造虽逸格，惜缘不胜耳。”因识其意。自尔诸方，力命出世。师却之，庵居二十年，不与世接，士夫踵门，略不顾。有偈曰：“万机休罢付痴憨，踪迹时容野鹿参。不脱麻衣拳作枕，几生梦在绿萝庵。”或问：“住山多年，有何旨趣？”师曰：“山中住，独掩柴门无别趣。三个柴头品字煨，不用援毫文彩露。”崇宁改元冬，曳杖造龙安，人莫之留。明年六月晦，问侍僧曰：“早暮？”曰：“已夕矣。”遂笑曰：“梦境相逢，我睡已觉。汝但莫负丛林，即是报佛恩德。”言讫，示寂于最乐堂。茶毗收骨，塔于乳峰之下。

双溪印首座

婺州双溪印首座，自见真净，彻证宗猷，归遁双溪。一日，偶书云：“折脚铛儿谩自煨，饭余长是坐堆堆。一从近日生涯拙，百鸟衔花去不来。”又以触衣碎甚，作偈曰：“不挂寸丝方免寒，何须特地臬长竿。而今落落零零也，七佛之名甚处安。”

五灯会元　卷第十八

南岳下十三世下

云居祐禅师法嗣

罗汉院系南禅师

庐山罗汉院系南禅师，汀州张氏子。上堂:“禅不禅，道不道，三寸舌头胡乱扫。昨夜日轮飘桂花，今朝月窟生芝草。阿呵呵，万两黄金无处讨。一句绝思量，诸法不相到。”师临示寂，升座告众曰:“罗汉今日，倒骑铁马，逆上须弥，踏破虚空，不留朕迹。”乃归方丈，跏趺而逝。

慈云彦隆禅师

潭州慈云彦隆禅师，上堂，举玄沙示众曰:“尽大地都来是一颗明珠。”时有僧问:“既是一颗明珠,学人为甚不识?”沙曰:“全体是珠，更教谁识?”曰:“虽然全体是，争奈学人不识。”沙曰:“问取你眼。”

师曰:“诸禅德，这个公案，唤作嚼饭喂小儿，把手更与杖。还会么?若未会，须是扣己而参，直要真实，不得信口掠虚，徒自虚生浪死。”

子陵山自瑜禅师

郢州子陵山自瑜禅师，僧问:“如何是古佛心?”师曰:“赤脚[illegible]泥冷似冰。”曰:“未审意旨如何?”师曰:“休要拖泥带水。”问:“泗洲大圣为什么杨州出现?”师曰:“业在其中。”曰:“意旨如何?”师曰:“降尊就卑。”曰:“谢和尚答话。”师曰:“贼是小人,智过君子。”

景福省悦禅师

隆兴府东山景福省悦禅师，上堂:“十二时中，跛跛挈挈，且与么过。大众!利害在什么处?”良久曰:“听诸方断看。”击禅床,下座。

白藻清俨禅师

亳州白藻清俨禅师,信州人。僧问:“杨广失橐驼,到处无人见。未审是什么人得见?”师以拂子约曰:“退后退后,妨他别人所问。”曰:“毕竟落在什么处?”师曰:“可煞不识好恶!”便打。

宝相元禅师

台州宝相元禅师，僧问:“一切诸佛及诸佛阿耨多罗三藐三菩提,皆从此经出。如何是此经?”师曰:“长时诵不停,非义亦非声。”曰:“如何受持?”师曰:“若欲受持者，应须用眼听。”

永丰慧日庵主

信州永丰慧日庵主，本郡丘氏子。丱岁出家，于明心寺得度。自机契云居，熟游湘汉，暨归永丰，或处岩谷，或居廛市，令乡民称丘师伯。凡有所问,以“莫晓”答之。忽语邑人曰:“吾明日行脚去,汝等可来相送。”于是赆路者毕集，师笑不已。众问其故，即书偈曰：“丘师伯莫晓，寂寂明皎皎。日午打三更，谁人打得了？”投笔而逝。

南峰永程禅师

泉州南峰永程禅师，示众：“始自鸡峰续焰，少室流芳，大布慈云，宏开慧日。教分三藏，直指一心。或全提而棒喝齐施，或纵夺而宾主互设。或金刚按剑，或师子翻身。或照用雷奔，或机锋电掣。无非剪除邪妄，开廓玄微。直下明宗，到真实地。诸仁者，到此方许一线道，与你商量。苟或未然，尽是依师作解，无有是处。”

大沩秀禅师法嗣

大沩祖瑃禅师

潭州大沩祖瑃禅师，福州吴氏子。僧问：“如何是沩山家风？”师曰：“竹有上下节，松无今古青。”曰：“未审其中饮啖何物？”师曰：“饥餐相公玉粒饭，渴点神运仓前茶。”上堂：“道无定乱，法离见知，言句相投，都无定义。自古龙门无宿客，至今鸟道绝行踪。欲会个中端的意，火里蝍蟟吞大虫。咄！”上堂：“雨下阶头湿，晴干水不流。鸟巢沧海底，鱼跃石山头。众中大有商量，前头两句是平实语，后头两句是格外谈。若如是会，只见石磊磊，不见玉落落。若见玉落落，方知道宽廓。咦！”

福严文演禅师

南岳福严文演禅师，僧问：“如何是佛？”师当面便唾。

南台允恭禅师

南岳南台允恭禅师，开堂日，上堂：“稀逢难遇，正在此时。

何谓释迦已灭，弥勒未生？”拈拂子曰：“正当今日，佛法尽在这个拂子头上。放行把住，一切临时。放行也，风行草偃，瓦砾生光。拾得寒山，点头拊掌。把住也，水泄不通，精金失色。德山临济，饮气吞声。当恁么时,放行即是,把住即是？”良久曰：“后五日看。”

黄檗胜禅师法嗣

昭觉纯白昭觉禅师

成都府昭觉纯白昭觉禅师，上堂：“寒便向火，热即摇扇。饥时吃饭，困来打眠。所以赵州庭前柏，香严岭后松，栽来无别用，只要引清风。且道毕竟事作么生？甲子乙丑海中金,丙寅丁卯炉中火。”

开元琦禅师法嗣

荐福道英禅师

饶州荐福道英禅师，僧问：“佛未出世时如何？”师曰：“琉璃瓶贮花。”曰：“出世后如何？”师曰：“玛瑙钵盛果。”曰：“未审和尚今日是同是别？”师曰：“趯倒瓶，拽倒钵。”上堂：“据道而论，语也不得，默也不得。直饶语默两忘，亦没交涉。何故？句中无路，意在句中。无意无不意，非计较之所及。若是劈头点一点顶门，豁然眼开者，于此却有疾速分。若低头向意根下寻思，卒摸索不着。是知万法无根，欲穷者错。一源绝迹，欲返者迷。看他古佛光明、先德风彩，一一从无欲无依中发现。或时孤峻峭拔，竟不可构。或时含融混会，了无所睹，终不桩定一处，亦不击系两头。无是无不是，无非无不非。得亦无所得，失亦无所失。不曾隔越纤毫，不曾移易丝发。明明古路，不属玄微。觌面擎来，瞥然便过。不居正位，岂落邪途？不蹈大方，那趋小径？腾腾兀兀，何住何为？回首不逢，触目无对。一念普观，廓然空寂。此之宗要，千圣不传。直下了知，当处超越。是知赤洒洒处，恁么即易。明历历处，恁么还难。不用沾黏点染，直须剥脱屏除。若是本分，手脚放去，无收不来底。一一放光现瑞，一一削迹绝踪。机上了不停，语中无可露。彻底搅不浑，通身扑不碎。且道毕竟是个什么，得恁么灵通，得恁么奇特，得恁么坚确？诸仁者，休要识渠面孔，不用安渠名字，亦莫觅渠所在。何故？渠无所在，渠无名字，渠无面孔。才起一念追求如微尘许，便隔十生五生。更拟管带思惟，益见纷纷丛杂。不如长时放教，自由自在，要发便发，要住便住。即天然非天然，即如如非如如，即湛寂非湛寂，即败坏非败坏。无生恋，无死畏，无佛求，无魔怖。不与菩提会，不与烦恼俱。不受一法，不嫌一法。无在无不在，非离非不离。若能如是，见得释迦自释迦，达磨自达磨，干我什么碗。恁么说话。衲僧门下，推勘将来，布裙芒靸，不免撩他些些泥水。岂况汝等诸人，更道这个是平实语句，这个是差别门庭，这个是关棙巴鼻，这个是道眼根尘。递相教习，如七家村里传口令相似，有甚交涉？无事珍重！”

尊胜有朋讲师

泉州尊胜有朋讲师，本郡蒋氏子。丱岁试经，中选下发，多历教肆。尝疏《楞严》《维摩》等经，学者宗之。每疑祖师直指之道，故多与禅衲游。一日，谒开元，迹未及阃，心忽领悟。元出遂问："座主来作什么？”师曰："不敢贵耳贱目。”元曰："老老大大，何必如是？”师曰："自是者不长。”元曰："朝看《华严》，夜读《般若》则不问，如何是当今一句？”师曰："日轮正当午。”元曰："闲言语更道来。”师曰："平生仗忠信，今日任风波。然虽如是，只如和尚恁么道有甚交涉？须要新戒草鞋穿。”元曰："这里且放你过，忽遇达磨问，你作么生道？”师便喝。元曰："这座主，今日见老僧气冲牛斗。”师曰："再犯不容。”元拊掌大笑。

仰山伟禅师法嗣

龙王山善随禅师

潭州龙王山善随禅师，僧问："如何是龙王境？"师曰："水晶宫殿。"曰："如何是龙王如意宝珠？"师曰："顶上髻中。"僧礼拜，师曰："莫道不如意好！"

黄檗山祇园永泰禅师

瑞州黄檗山祇园永泰禅师，僧问："如何是祖师西来意？"师曰："铁铸就。"僧拟议，师曰："会么？"僧礼拜，师曰："何不早如此！"

慧日明禅师

庐山慧日明禅师，上堂："不用求心，唯须息见。三祖大师，虽然回避金钩，殊不知已吞红线。慧日又且不然，不用求真并息见，倒骑牛兮入佛殿。牧笛一声天地宽，稽首瞿昙，真个黄面。"

福严感禅师法嗣

育王法达宝鉴禅师

庆元府育王法达宝鉴禅师，饶州余氏子。僧问："不落阶级处请师道？"师曰："蜡人向火。"曰："毕竟如何？"师曰："薄处先穿。"

云盖智禅师法嗣

道场法如禅师

安吉州道场法如禅师，衢州徐氏子。参云盖，悟汾阳"十智同真"话。寻常多说十智同真，故丛林号为如十同也。水庵圆极皆依之。

圆极尝赞之曰："生铁面皮难凑泊，等闲举步动乾坤。戏拈十智同真话，不负黄龙嫡骨孙。"上堂："知见立知，即无明本。知见无见，斯即涅槃，无漏真净。云何是中，更容他物？释迦老子和身放倒，后代儿孙如何接续？要会么？通玄不是人间世，满目青山何处寻？"

宝寿最乐禅师

福州宝寿最乐禅师，古田人也。上堂："诸佛不真实，说法度群生。菩萨有智慧，见性不分明。白云无心意，洒为世间雨。大地不含情，能长诸草木。若也会得，犹存知解。若也不会，堕在无记。去此二途，如何即是？海阔难藏月，山深分外寒。"

石佛慧明解空禅师

绍兴府石佛慧明解空禅师,僧问:"如何是宝相境？"师曰:"三生凿成。"曰:"如何是境中人？"师曰:"一佛二菩萨。"

玄沙文禅师法嗣

广慧达杲禅师

福州广慧达杲禅师，上堂："佛为无心悟，心因有佛迷。佛心清净处，云外野猿啼。"

建隆庆禅师法嗣

泗洲用元禅师

平江府泗洲用元禅师，一日问建隆曰："临济在黄檗，三回问佛法大意,三回被打。意旨如何？"语犹未了,被打一拂子,师顿领宗旨。

开堂日，僧问："四众云臻，请师说法。"师曰："有眼无耳朵，六月火边坐。"曰："一句截流,万机顿息。"师曰："听事不真,唤钟作瓮。"问："朝参暮请，成得什么边事？"师曰："只要你歇去。"曰："早知灯是火，饭熟已多时。"师曰："你鼻孔因什么着拄杖子穿却？"曰："拗曲作直又争得？"师曰："且教出气。"上堂："一二三四五，火里蝍蟟吞却虎。六七八九十，水底泥牛波上立。一日一夜雨霖霖，无孔铁锤洒不入。洒不入,着底急？百川汹涌须弥岌。八臂那吒撞出来，稽首赞叹道难及。咦！"上堂，横按拄杖，顾视大众曰："今日平地上吃交。"便下座。

报本元禅师法嗣

永安元正传灯禅师

平江府承天永安元正传灯禅师，郓州郑氏子。上堂："天人群生类，皆承此恩力。大众，有一人道我不承佛恩力，不居三界，不属五行，祖师不敢定当，先佛不敢安名。你且道是个什么人？"良久曰："倚石岩前烧铁钵，就松枝上挂铜瓶。"

隆庆闲禅师法嗣

安化启宁闻一禅师

潭州安化启宁闻一禅师，上堂："拈花微笑虚劳力，立雪齐腰枉用功。争似老卢无用处，却传衣钵振真风。大众，且道那个是老卢传底衣钵？莫是大庾岭头提不起底么？且莫错认定盘星。"以拂子击禅床，下座。

三祖宗禅师法嗣

光孝惟爽禅师

宁国府光孝惟爽禅师，上堂："今朝六月旦，一年已过半。奉报参玄人，识取娘生面。娘生面，荐不荐，鹭鸶飞入碧波中，抖擞一团银绣线。"

泐潭英禅师法嗣

法轮齐添禅师

南岳法轮齐添禅师，僧问："学人上来，乞师指示。"师曰："汝适来闻鼓声么？"曰："闻。"师曰："还我话头来。"僧礼拜，师曰："令人疑着。"上堂，喝一喝曰："师子哮吼。"又喝一喝曰："象王嚬呻。"又喝一喝曰："狂狗趁块。"又喝一喝曰："虾跳不出斗。"乃曰："此四喝，有一喝堪与祖佛为师，明眼衲僧试请拣看。若拣不出，大似日中迷路。"上堂，良久曰："性静情逸。"乃喝一喝曰："心动神疲。"遂顾左右曰："守真志满。"拈拄杖曰："逐物意移。"蓦召大众曰："见怪不怪，其怪自坏。"靠拄杖，便下座。

慧明云禅师

泉州慧明云禅师，僧问："般若海中，如何为人？"师曰："云开银汉迥。"曰："毕竟如何？"师曰："棒头见血。"问："毗婆尸佛早留心，直至如今不得妙。意旨如何？"师曰："丑拙不堪当。"

保宁玑禅师法嗣

育王无竭净昙禅师

庆元府育王无竭净昙禅师，嘉禾人也。晚归钱塘之法慧。一日上堂："本自深山卧白云，偶然来此寄闲身。莫来问我禅兼道，我是吃饭屙屎人。"绍兴丙寅夏，辞朝贵归付院事。四众拥视，挥扇久之。书偈曰："这汉从来没缝罅，五十六年成话霸。今朝死去见阎王，剑树刀山得人怕。"遂打一圆相，曰："嗄！一任诸方，钻龟打瓦。"收足而化，火后设利如霰，门人持骨，归阿育王山建塔。

真如戒香禅师

台州真如戒香禅师，兴化林氏子。上堂："孟冬改旦晓天寒，叶落归根露远山。不是见闻生灭法，当头莫作见闻看。"

五祖常禅师法嗣

南乌崖寿圣楚清禅师

蕲州南乌崖寿圣楚清禅师，僧问："亡僧迁化向什么处去？"师曰："灵峰水急。"曰："恁么则不生也。"师曰："苍天！苍天！"

黄龙肃禅师法嗣

百丈维古禅师

瑞州百丈维古禅师，上堂，大众集定，拈拄杖示众曰："多虚不如少实。"卓一下，便起。

月珠祖鉴禅师

嘉定府月珠祖鉴禅师，僧请笔师语要。师曰："达磨西来，单传心印。曹溪六祖，不识一字。今日诸方出世，语句如山，重增绳索。"乃拍禅床曰："于斯荐得，犹是钝根。若也未然，白云深处从君卧，切忌寒猿中夜啼。"

石霜琳禅师法嗣

德山静照庵什庵主

鼎州德山静照庵什庵主，僧问："如何是庵中主？"师曰："从来不相许。"僧拟议，师曰："会即便会本来底，不得安名着字。"僧拟开口，师便打出。师室中常以拂子示众曰："唤作拂子，依前不是。不唤作拂子，特地不识。汝唤作什么？"因僧请益，师颂答之曰："我有一柄拂子，用处别无调度。有时挂在松枝，任他头垂角露。"

华光恭禅师法嗣

万寿念禅师

郴州万寿念禅师，僧问："龙华胜会，肇启兹晨。未审弥勒世尊现居何处？"师曰："猪肉案头。"曰："既是弥勒世尊，为什么却在猪肉案头？"师曰："不是弄潮人，休入洪波里。"曰："毕竟事又且如何？"师曰："番人不系腰。"岁旦，上堂："往复无际，动静一源。含有德以还空，越无私而迥出。昔日日，今日日，照无两明。昔日风，今日风，鼓无两动。昔日雨，今日雨，泽无两润。于其中间觅去来相而不可得。何故？自他心起，起处无踪。自我心忘，忘无灭迹。大众，若向这里会去，与天地而同根，共万物为一体。若也未明，山僧为你重重颂出：元正一，古佛家风从此出。不劳向上用工夫，历劫何曾异今日。元正二，寂寥冷淡无滋味。赵州相唤吃茶来，剔起眉毛须瞥地。元正三，上来稽首各和南。若问香山山里事，灵源一派碧如蓝。”遂喝一喝，下座。

上蓝顺禅师法嗣

参政苏辙居士

参政苏辙居士，字子由。元丰三年以睢阳从事，左迁瑞州榷管之任。是时，洪州上蓝顺禅师与其父文安先生有契，因往访焉，相得欢甚。公咨以心法，顺示搐鼻因缘。已而有省，作偈呈曰：“中年闻道觉前非，邂逅相逢老顺师。搐鼻径参真面目，掉头不受别钳锤。枯藤破衲公何事，白酒青盐我是谁？惭愧东轩残月上，一杯甘露滑如饴。”

南岳下十四世

黄龙新禅师法嗣

禾山超宗慧方禅师

吉州禾山超宗慧方禅师，上堂举拂子曰：“看！看！只这个，在临济、则照用齐行，在云门则理事俱备，在曹洞则偏正叶通，在沩山则暗机圆合，在法眼则何止唯心？然五家宗派，门庭施设则不无，直饶辨得倜傥分明去，犹是光影边事。若要抵敌生死，则霄壤有隔。且超越生死一句作么生道？”良久曰：“洎合错下注脚。”

崇觉空禅师

临安府崇觉空禅师，姑孰人也。上堂：“十方无壁落，四面亦无门。净裸裸，赤洒洒，没可把。”遂举拂子曰：“灌溪老汉向十字街头，逞风流，卖惺惺，道我解穿真珠，解玉版，㵦乱丝，卷筒绢。淫坊酒肆，瓦合舆台，虎穴魔宫，那吒忿怒，遇文王兴礼乐，逢桀纣逞干戈。今日被崇觉觑见，一场懡㦬。”师颂野狐话曰：“含血噀人，先污其口。百丈野狐，失头狂走。蓦地唤回，打个筋斗。”

上封祖秀禅师

潭州上封祖秀禅师，常德府何氏子。上堂：“枯木岩前夜放华，铁牛依旧卧烟沙。侬家鞭影重拈出，”击拂子曰：“一念回心便到家。”遂喝一喝，下座。

九顶寂惺惠泉禅师

嘉定府九顶寂惺惠泉禅师，僧问：“心迷法华转，心悟转法华。未审意旨如何？”师曰：“风暖鸟声碎，日高华影重。”上堂：“昔日云门有三句，谓函盖乾坤句，截断众流句，随波逐浪句。九顶今日亦有三句，所谓饥来吃饭句，寒即向火句，困来打睡句。若以佛法而论，则九顶望云门，直立下风。若以世谛而论，则云门望九顶，直立下风。二语相违，且如何是九顶为人处？”

性空妙普庵主

嘉兴府华亭性空妙普庵主，汉州人。久依死心获证，乃抵秀水，追船子遗风。结茅青龙之野，吹铁笛以自娱。多赋咏，得之者必珍藏。其《山居》曰：“心法双忘犹隔妄，色尘不二尚余尘。百鸟不来春又过，不知谁是住庵人？”又《警众》曰：“学道犹如守禁城，昼防六贼夜惺惺。中军主将能行令，不动干戈致太平。”又曰：“不耕而食不蚕衣，物外清闲适圣时。未透祖师关楔子，也须存意着便宜。”又曰：“十二时中莫住工，穷来穷去到无穷。直须洞彻无穷底，踏倒须弥第一峰。”建炎初，徐明叛，道经乌镇，肆杀戮，民多逃亡。师独荷策而往，贼见其伟异，疑必诡伏者。问其来，师曰：“吾禅者，欲抵密印寺。”贼怒，欲斩之。师曰：“大丈夫要头便斫取，奚以怒为！吾死必矣，愿得一饭以为送终。”贼奉肉食，师如常斋。出生毕，乃曰：“孰当为我文之以祭？”贼笑而不答。师索笔大书曰：“呜呼！惟灵劳我以生，则大块之过。役我以寿，则阴阳之失。乏我以贫，则五行不正。因我以命，则时日不吉。吁哉！至哉！赖有出尘之道，悟我之性，与其妙心，则其妙心，孰与为邻？上同诸佛之真化，下合凡夫之无明。纤尘不动，本自圆成。妙矣哉！妙矣哉！日月未足以为明，乾坤未足以为大。磊磊落落，无挂无碍。六十余年，和光混俗。四十二腊，逍遥自在。逢人则喜，见佛不拜。笑矣乎！笑矣乎！可惜少年郎，风流太光彩。坦然归去付春风，体似虚空终不坏。尚享！”遂举箸饫餐，贼徒大笑。食罢，复曰：“劫数既遭离乱，我是快活烈汉。如今正好乘时，便请一刀两段。”乃大呼：“斩！斩！”贼方骇异，稽首谢过令卫而出。乌镇之庐舍免焚，实师之惠也。道俗闻之愈敬。有僧睹师《见佛不拜歌》，逆问曰：“既见佛，为什么不拜？”师掌之，曰：“会么？”云：“不会。”师又掌曰：“家无二主。”绍兴庚申冬，造大盆，穴而塞之。修书寄雪窦持禅师曰：“吾将水葬矣。”壬戌岁，持至，见其尚存，作偈嘲之曰：“咄哉老性空，刚要喂鱼鳖。去不索性去，只管向人说。”师阅偈，笑曰：“待兄来证明耳。”令遍告四众，众集，师为说法要，仍说偈曰：“坐脱立亡，不若水葬。一省柴烧，二省开圹。撒手便行，不妨快畅。谁是知音？船子和尚，高风难继百千年，一曲渔歌少人唱。”遂盘坐盆中，顺潮而下。众皆随至海滨，望欲断目。师取塞，戽水而回。众拥观。水无所入。复乘流而往，唱曰：“船子当年返故乡，没踪迹处妙难量。真风遍寄知音者，铁笛横吹作散场。”其笛声呜咽。顷于苍茫间，见以笛掷空而没。众号慕，图像事之。后三日，于沙上趺坐如生，道俗争往迎归。留五日，阇维，设利大如菽者莫计。二鹤徘徊空中，火尽始去。众奉设利灵骨，建塔于青龙。

钟山道隆首座

严州钟山道隆首座，桐庐董氏子。于钟山寺得度，自游方所至，耆衲皆推重。晚抵黄龙，死心延为座元。心顺世，遂归隐钟山，慕陈尊宿高世之风，掩关不事事，日鬻数屦自适，人无识者。手常穿一袜，凡有禅者至，提以示之曰：“老僧这袜，着三十年了也。”有寺僧戏问：“如何是无诤三昧？”师便掌。

杨州齐谧首座

杨州齐谧首座，本郡人也。死心称为饱参。诸儒屡以名山致之，不可。后示化于潭之谷山，异迹颇众。门人尝绘其像，请赞，为书曰：“个汉灰头土面，寻常不欲露现。而今写出人前，大似虚空着箭。怨怨！可惜人间三尺绢。”

空室智通道人

空室道人智通者，龙图范珣女也。幼聪慧，长归丞相苏颂之孙悌，未几厌世相，还家求祝发。父难之，遂清修。因看《法界观》，顿有省，连作二偈见意。一曰：“浩浩尘中体一如，纵横交互印毗卢。全波是水波非水，全水成波水自殊。”次曰：“物我元无异，森罗镜像同。明明超主伴，了了彻真空。一体含多法，交参帝网中。重重无尽处，动静悉圆通。”后父母俱亡，兄涓领分宁尉，通偕行，闻死心名重，往谒之。心见知其所得，便问：“常啼菩萨卖却心肝，教谁学般若？”通曰：“你若无心我也休。”又问：“一雨所滋，根苗有异。无阴阳地上生个什么？”通曰：“一华五叶。”复问：“十二时中向什么处安身立命？”通曰：“和尚惜取眉毛好！”心打曰：“这妇女乱作次第。”通礼拜，心然之。于是道声籍甚。政和间居金陵，尝设浴于保宁，揭榜于门曰：“一物也无，洗个什么？纤尘若有，起自何来？道取一句子玄，乃可大家入浴。古灵只解揩背，开士何曾明心？欲证离垢地时，须是通身汗出。尽道水能洗垢，焉知水亦是尘。直饶水垢顿除，到此亦须洗却。”后为尼，名惟久，挂锡姑苏之西竺。缁白日夕师问，得其道者颇众。俄示疾书偈，趺坐而终。有《明心录》行于世。

黄龙清禅师法嗣

上封佛心才禅师

潭州上封佛心才禅师，福州姚氏子。幼得度受具，游方至大中，依海印隆禅师。见老宿达道者看经，至“一毛头师子，百亿毛头一时现。”师指问曰：“一毛头师子作么生得百亿毛头一时现？”达曰：“汝乍入丛林，岂可便理会许事？”师因疑之，遂发心领净头职。一夕沉扫次，印适夜参，至则遇结座，掷拄杖曰：“了即毛端吞巨海，始知大地一微尘。”师豁然有省。及出闽，造豫章黄龙山，与死心机不契，乃参灵源。凡入室，出必挥泪，自讼曰：“此事我见得甚分明，只是临机吐不出，若为奈何？”灵源知师勤笃，告以“须是大彻，方得自在也。”未几，窃观邻案僧读《曹洞广录》，至药山采薪归，有僧问：“什么处来？”山曰：“讨柴来。”僧指腰下刀曰：“鸣剥剥，是个什么？”山拔刀作斫势。师忽欣然，掴邻案僧一掌。揭帘趋出，冲口说偈曰：“彻！彻！大海干枯，虚空迸裂。四方八面绝遮拦，万象森罗齐漏泄。”后分座于真乘，应上封之命，屡迁名刹。住乾元日，开堂示众曰：“百千三昧门，无量福德藏。放行也，如开武库，错落交辉。把住也，似雪覆芦花，通身莫辨。使见之者撩起便行，闻之者单刀直入。个个具顶门正眼,人人悬肘后灵符。扫佛祖见知，作丛林殃害。忆得宝寿开堂日，三圣推出一僧，宝寿便打。三圣云，与么为人，瞎却镇州一城人眼去在。且如乾元今日开堂，或有僧出来,山僧亦打。不唯此话大行,且要开却福州一城人眼去。何也?剑为不平离宝匣，药因救病出金瓶。”上堂：“达磨未来东土已前，人人怀媚水之珠，个个抱荆山之璞，可谓壁立千仞。及乎二祖礼却三拜之后，一一南询诸友，北礼文殊，好不丈夫！或有一个半个，不求诸圣，不重已灵，匹马单枪，投虚置刃，不妨庆快平生，如今有么？自是不归归便得，五湖烟景有谁争？”上堂：“宗乘提唱，妙绝名言。一句该通，乾坤函盖。直似首罗正眼，竖亚面门。又如圆∴三点，横该法界。”乃卓拄杖曰：“向这一点下明得，出身犹可易,脱体道应难。”又卓拄杖曰:“向第二点下明得,纵横三界外，隐显十方身。”又卓拄杖曰：“向第三点下明得，鱼龙锁户，佛祖潜踪。不然，放过一着，随分有春色，一枝三四花。”上堂：“一法有形该动植，百川湍激竞朝宗。昭琴不鼓云天淡，想像毗耶老病翁。维摩病则上封病，上封病则拄杖子病。拄杖子病，则森罗万象病。森罗万象病，则凡之与圣病。诸人还觉病本起处么？若也觉去，情与无情同一体，处处皆同真法界。其或未然，甜瓜彻蒂甜，苦瓠连根苦。”

黄龙德逢通照禅师

隆兴府黄龙德逢通照禅师，郡之靖安胡氏子。生有庞眉。年十七,从上蓝晋禅师落发,往依灵源,即明深旨。上堂,举夹山境话。师曰：“法眼徒有此语，殊不知夹山老汉被这僧轻轻拶着，直得脚前脚后。设使不作境话会，未免犹在半途。”

法轮应端禅师

潭州法轮应端禅师，南昌徐氏子。少依化度善月，圆颅登具。谒真净文禅师,机不谐。至云居,会灵源分座,为众激昂。师扣其旨。然以妙入诸经自负，源尝痛劄之。师乃援马祖百丈机语，及华严宗旨为表。源笑曰:“马祖百丈固错矣,而华严宗旨与个事喜没交涉。”师愤然欲他往。因请辞。及揭帘,忽大悟,汗流浃背。源见乃曰:“是子识好恶矣。马祖、百丈、文殊、普贤几被汝带累。”由此誉望四驰,名士夫争挽应世,皆不就。政和末,太师张公司成以百丈坚命开法,师不得已，始从。上堂，举大隋劫火洞然话，遂曰:“六合倾翻劈面来,暂披麻缕混尘埃。因风吹火浑闲事,引得游人不肯回。坏不坏,随不随，徒将闻见强针锥。太湖三万六千顷，月在波心说向谁?”僧问:“如何是宾中宾?”师曰:“芒鞋竹杖走红尘。”曰:“如何是宾中主?”师曰:“十字街头逢上祖。”曰:“如何是主中宾?”师曰:“御马金鞭混四民。”曰:“如何是主中主?”师曰:“金门谁敢抬眸觑?”曰:“宾主已蒙师指示，向上宗乘又若何?”师曰:“昨夜霜风刮地寒，老猿岭上啼残月。”

长灵守卓禅师

东京天宁长灵守卓禅师，泉州庄氏子。上堂曰:“三千剑客，独许庄周。为什么跳不出?良医之门多病人，因什么不消一劄?已透关者，再请辨看。”上堂:“譬如眼根，不自见眼，性自平等。无平等者，便恁么去。无孔铁锤，聊且安置。直得入林不动草，入水不动波，也是一期方便。若也篱内竹抽篱外笋，涧东华发涧西红，更待勘过了，打。”僧问:“丹霞烧木佛，院主为什么眉须堕落?”师曰:“猫儿会上树。”曰:“早知如是,终不如是。”师曰:“惜取眉毛。”问:“如何是衲衣下事?”师曰:“天旱为民愁。”问:“佛未出世时如何?”师曰:“绝毫绝釐。”曰:“出世后如何?”师曰:

“填沟塞壑。”曰：“出与未出，相去几何？”师曰：“人平不语，水平不流。”上堂：“平高就下，勾贼破家。截铁斩钉，狐狸恋窟。总不恁么，合作么生？所以道，万仞崖头亲撒手，须是其人。只如香积国中持钵一句，作么生道？”良久曰：“切忌风吹别调中。”上堂：“释迦掩室，过犯弥天。毗耶杜词，自救不了。如何如何，口门太小。”宣和五年十二月二十七日，奄然示寂。阇维日，皇帝遣中使赐香，持金盘求设利。爇香罢，盘中铿然。视之五色者数颗，大如豆。使者持还，上见大悦。

博山无隐子经禅师

信州博山无隐子经禅师，岁旦，上堂：“和气生枯桥，寒云散远郊。木人占吉兆，夜半露龟爻。诸禅德，龟爻露处，文彩已彰，便见一年十二月，月月如然；一日十二时，时时相似。到这里直似黄金之黄，白玉之白。自从旷大劫来，未尝异色。还见么？其或未然，且徇张三通节序，从教李四鬓苍浪。”

百丈以栖禅师

隆兴府百丈以栖禅师，兴化人也。上堂：“摩腾入汉，达磨来梁，途辙既成，后代儿孙开眼迷路。若是个惺惺底，终不向空里采华，波中捉月。谩劳心力，毕竟何为？山僧今日已是平地起骨堆，诸人行时，各自着精彩看。”

光孝昙清禅师

邵州光孝昙清禅师，上堂：“杀父杀母，佛前忏悔。杀佛杀祖，不消忏悔。为什么不消忏悔？且得冤家解脱。”

光孝德周禅师

温州光孝德周禅师，信州璩氏子。于景德尊胜院染削，问道有年。后至黄龙，闻举少林面壁，顿悟。述二偈以呈，龙许之。自尔名流江浙。上堂曰:“举体露堂堂，十方无挂碍。千圣不能传，万灵咸顶戴。拟欲共商量,开口百杂碎。只如未开口已前,作么生?咄！”上堂:“回互不回互,觑见没可睹。透出祖师关,踏断人天路。阿呵呵！悟不悟，落花流水知何处。”

寺丞戴道纯居士

寺丞戴道纯居士，字孚中。咨扣灵源，一日有省，乃呈偈曰:“杳冥源底全机处,一片心花露印纹。知是几生曾供养,时时微笑动香云。”

泐潭清禅师法嗣

黄龙山堂道震禅师

隆兴府黄龙山堂道震禅师，金陵赵氏子。少依觉印英禅师为童子,英移居泗之普照,适淑妃择度童行,师得圆具。久之，辞谒丹霞淳禅师。一日，与论洞上宗旨。师呈偈曰:“白云深覆古寒岩，异草灵花彩凤衔。夜半天明日当午，骑牛背面着靴衫。”淳器之。师自以为碍，弃依草堂，一见契合。日取藏经读之。一夕，闻晚参鼓，步出经堂，举头见月，遂大悟。亟趋方丈，堂望见，即为印可。初住曹山，次迁广寿黄龙。上堂曰:“举个古人因缘问阇黎，阇黎不得作古会。若作古会，失却当面眼。举个即今因缘问阇黎，阇黎不得作今会，若作今会，障却阇黎本来眼。假饶不失不障，非古非今，犹是药病相治止啼之说。只如透脱一句,阇黎还道得也无?若道不得,直待罗汉峰深谈实相,即向汝道。”上堂:“少林冷坐，门人各说异端，大似众盲摸象。神光礼三拜，依位而立。达磨云:汝得吾髓。这黑面婆罗门,脚跟也未点地在。”上堂:“石人问枯桩，何时汝发华？枯桩怒石人，何得口吧吧？石人呵呵笑，枯桩吐异葩。红霞辉玉象，白玉碾金沙。借问通玄士，何人不到家？”

万年雪巢法一禅师

台州万年雪巢法一禅师，太师襄阳郡王李公遵勉之玄孙也。世居开封祥符县。母梦一老僧至而产。年十七，试上庠。从祖仕淮南，欲官之，不就。将弃家事长芦慈觉赜禅师，祖弗许。母曰：“此必宿世沙门，愿勿夺其志。”未几，慈觉没。大观改元，礼灵岩通照愿禅师，祝发登具。依愿十年，迷闷不能入。谒圆悟于蒋山，悟曰：“此法器也。”悟奉诏徙京师天宁，师侍行。靖康末，谒草堂于疏山，一语之及，大法顿明。绍兴七年，泉守宝文刘公彦修请居延福，后四迁巨刹。上堂，拈拄杖曰：“拄杖子有时作出水蛟龙，万里云烟不断。有时作踞地师子，百年妖怪潜踪。有时心法两忘，照体独立。有时照用同时，主宾互用。”以拄杖画曰：“延福门下，总用不着。且道延福寻常用个什么？”卓拄杖，喝一喝，下座。上堂：“仰面不见天，低头不见地。古剑髑髅前，大海波涛沸。”退长芦，归天台万年观音院，忽示微疾，书偈曰：“今年七十五，归作庵中主。珍重观世音，泥蛇吞石虎。”入龛趺坐而逝。

雪峰东山慧空禅师

福州雪峰东山慧空禅师，本郡陈氏子。十四圆顶，即游诸方。遍谒诸老，晚契悟于草堂。绍兴癸酉，开法雪峰。受请日，上堂曰：“俊快底点着便行，痴钝底推挽不动。便行则人人欢喜，不动则个个生嫌。山僧而今转此痴钝为俊快去也。”弹指一下，曰：“从前推挽不出而今出，从前有院不住而今住，从前嫌佛不做而今做，从前嫌法不说而今说。出不出，住不住即且置，敢问诸人做底是什么佛？空王佛邪？然灯佛邪？释迦佛邪？弥勒佛邪？说底又是什么法？根本法邪？无生法邪？世间法邪？出世间法邪？众中莫有道得底么？若道得，山僧出世事毕。

如或未然，逢人不得错举。”喝一喝，下座。上堂，举云门示众云：“只这个带累杀人。”师曰：“云门寻常气宇如王，作恁么说话，大似贫恨一身多。山僧即不然，只这个快活杀人。何故？大雨方归屋里坐，业风吹又绕山行。然虽如是，也是乞儿见小利。且不伤物义一句作么生道？”上堂：“一拳拳倒黄鹤楼，一趯趯翻鹦鹉洲。有意气时添意气，不风流处也风流。俊哉俊哉！快活快活！一似十七八岁状元相似，谁管你天，谁管你地。心王不妄动，六国一时通。罢拈三尺剑，休弄一张弓。自在自在！快活快活！恰似七八十老人作宰相相似，风以时，雨以时，五谷植，万民安。”竖起拄杖曰：“大众，这两个并山僧拄杖子，共作得一个。衲僧到雪峰门下，但知随例餐馅子，也得三文买草鞋。”喝一喝，卓拄杖，下座。僧问：“和尚未见草堂时如何？”师曰：“江南有。”曰：“见后如何？”师曰：“江北无。”

育王野堂普崇禅师

庆元府育王野堂普崇禅师，本郡人也。示众，举：“巴陵和尚道，不是风动，不是幡动，不是风幡，又向什么处着？有人为祖师出气，出来与巴陵相见。雪窦和尚道，风动幡动，既是风幡，又向什么处着？有人为巴陵出气，出来与雪窦相见。”师曰：“非风非幡无处着，是幡是风无着处。辽天俊鹘悉迷踪，踞地金毛还失措。呵呵呵，悟不悟。令人转忆谢三郎，一丝独钓寒江雨。”

青原信禅师法嗣

梁山欢禅师

潭州梁山欢禅师，僧问：“大众云臻，请师开示。”师曰：“天静不知云去处，地寒留得雪多时。”曰：“学人未晓玄言，乞师再垂方便。”师曰：“一重山后一重人。”

正法希明禅师

成都府正法希明禅师，汉州人也。解制，上堂："林叶纷纷落，乾坤报早秋。分明西祖意，何用更驰求？若恁么会得，始信佛祖之道，本自平夷。大解脱门，元无关钥。弥纶宇宙，逼塞虚空。量不可穷，智不能测。若也未明此旨，不达其源，任是百劫薰功，千生炼行，徒自疲苦，了无交涉。若深明此旨，洞达其源，乃知动静施为，经行坐卧，头头合道，念念朝宗。祖不云乎，迷生寂乱，悟无好恶，得失是非，一时放却。如是则谁迷谁悟，谁是谁非？自是诸人，独生异见，观大观小，执有执无。已灵独耀，不肯承当。心月孤圆，自生违背。何异家中舍父，衣内忘珠。致使菩提路上，荆棘成林；解脱空中，迷云蔽日。山僧今日，幸值众僧自恣，化主还山，诸上善人得得光访，不可缄默，随分葛藤，曲为今时，少开方便。也须是诸人着眼，各自谛观。若更拟议寻思，白云万里。"遂拈拄杖曰："于斯明得，灵山一会，俨在目前。其或未然，更待来晨分付。"

岳山祖庵主

祖庵主，见青原之后，缚屋衡岳间，三十余年，人无知者。偶遣兴作偈曰："小锅煮菜上蒸饭，菜熟饭香人正饥。一补饥疮了无事，明朝依样画猫儿。"由是衲子披榛扣之。无尽张公力挽其开法，不从，竟终于此山。

夹山纯禅师法嗣

钦山乾明普初禅师

澧州钦山乾明普初禅师，上堂，良久曰："举扬宗旨，上祝皇基。伏愿祥云与景星俱现，醴泉与甘露双呈。君乃尧舜之君，俗乃成康之俗。使林下野夫，不觉成太平曲。且作么生是太平曲？

无为而为，神而化之。洒德雨以霶霈，鼓仁风而雍熙。民如野鹿，上如标枝。十八子，知不知？哩哩啰，逻啰哩。”拍一拍，下座。

泐潭乾禅师法嗣

胜因戏鱼咸静禅师

楚州胜因戏鱼咸静禅师，本郡高氏子。上堂：“游遍天下，当知寸步不曾移。历尽门庭，家家灶底少烟不得。所以肩笻峭履，乘兴而行。掣钓沈丝，任性而住。不为故乡田地好，因缘熟处便为家。今日信手拈来，从前几曾计较。不离旧时科段，一回举着一回新。明眼底，瞥地便回。未悟者，识取面目。且道如何是本来面目？”良久曰：“前台花发后台见，上界钟声下界闻。”以拂子击禅床，下座。上堂，举：“世尊在摩竭陀国为众说法，是时将欲白夏，乃谓阿难曰：诸大弟子，人天四众，我常说法，不生敬仰。我今入因沙臼室中，坐夏九旬。忽有人来问法之时，汝代为我说：一切法不生，一切法不灭。”言讫掩室而坐。师召众曰：“释迦老子初成佛道之时，大都事不获已，才方成个保社，便生退倦之心。胜因当时若见，将钉钉却室门，教他一生无出身之路，免得后代儿孙递相仿学。不见道，若不传法度众生，是不名为报恩者。”击拂子，下座。后晦处涟漪之天宁，示微疾，书偈曰：“弄罢影戏，七十一载。更问如何，回来别赛。”置笔而逝。

龙牙宗密禅师

潭州龙牙宗密禅师，豫章人。僧问：“如何是佛？”师曰：“莫寐语。”问：“如何是一切法？”师曰：“早落第二。”上堂，大众集，师曰：“已是团圞，不劳雕琢。归堂吃茶。”上堂：“休把庭华类此身，庭华落后更逢春。此身一往知何处？三界茫茫愁杀人。”

东禅祖鉴从密禅师

福州东禅祖鉴从密禅师，汀州人也。上堂:“开口不是禅，合口不是道。踏步拟进前，全身落荒草。”

天童普交禅师

庆元府天童普交禅师，郡之万龄毕氏子。幼颖悟，未冠得度。往南屏听台教，因为檀越修忏摩。有问曰:“公之忏罪，为自忏邪？为他忏邪？若自忏罪，罪性何来？若忏他罪，他罪非汝，乌能忏之？”师不能对。遂改服游方，造泐潭，足才踵门，潭即呵之。师拟问，潭即曳杖逐之。一日，忽呼师至丈室曰:“我有古人公案，要与你商量。”师拟进语，潭遂喝。师豁然领悟，乃大笑。潭下绳床，执师手曰:“汝会佛法邪？”师便喝，复拓开，潭大笑。于是名闻四驰，学者宗仰。后归桑梓，留天童，掩关却扫者八年。寺偶虚席，郡僚命师开法。恐其遁，预遣吏候于道，故不得辞。受请日，上堂曰:“咄哉！黄面老，佛法付王臣。林下无情客，官差逼杀人。莫有知心底，为我免得么？若无，不免将错就错。”便下座。师凡见僧来，必叱曰:“榔栗未担时，为汝说了也。且道说个什么？招手洗钵，拈扇张弓。赵州柏树子，灵云见桃华，且掷放一边，山僧无恁么闲唇吻与汝打葛藤，何不休歇去！”拈拄杖逐之。宣和六年三月二十日，沐浴，升堂说偈，脱然示寂。偈曰:“宝杖敲空触处春，个中消息特弥纶。昨宵风动寒岩冷，惊起泥牛耕白云。”寿七十七，腊五十八。

圆通道旻圆机禅师

江州圆通道旻圆机禅师，世称古佛，兴化蔡氏子。母梦吞摩尼宝珠，有孕。生五岁，足不履，口不言。母抱游西明寺，见佛像遽履地，合爪称南无佛，仍作礼，人大异之。及宦学大梁，依景德寺德祥出家。试经得度，遍往参徼，皆染指。亲沩山喆禅师最久。晚慕泐潭，往谒，潭见默器之。师陈历参所得，不蒙印可。潭举世尊拈花，迦叶微笑语以问，复不契。后侍潭行次，潭以拄杖架肩长嘘，曰:“会么？”师拟对，潭便打。有顷，复拈草示之曰:“是什么？”师亦拟对,潭遂喝,于是顿明大法,作拈华势。乃曰:“这回瞒旻上座不得也。”潭挽曰:“更道！更道！”师曰:“南山起云，北山下雨。”即礼拜，潭首肯。后开法灌溪，次居圆通，以符道济禅师之记，学者向臻。朝廷闻其道会，宰臣复为之请。锡以命服，与圆机号。上堂:“诸佛出世,无法与人。只是抽钉拔楔,除疑断惑。学道之士，不可自谩。若有一疑如芥子许，是汝真善知识。”喝一喝曰:“是什么？切莫刺脑入胶盆。”

二灵知和庵主

庆元府二灵知和庵主，苏台玉峰张氏子。儿时尝习坐垂堂，堂倾，父母意其必死，师瞑目自若。因使出家，年满得度。趋谒泐潭，潭见乃问:“作什么？”师拟对，潭便打。复喝曰:“你唤什么作禅？”师蓦领旨。即曰:“禅，无后无先，波澄大海，月印青天。”又问:“如何是道？”师曰:“道，红尘浩浩，不用安排，本无欠少。”潭然之。次谒衡岳辩禅师，辩尤器重。元符间抵雪窦之中峰栖云两庵，逾二十年。尝有偈曰:“竹笕二三升野水，松窗七五片闲云。道人活计只如此,留与人间作见闻。”有志于道者，多往见之。僧至礼拜,师曰:“近离甚处？”曰:“天童。”师曰:“太白峰高多少？”僧以手斫额，作望势。师曰:“犹有这个在。”曰:“却请庵主道。”师却作斫额势。僧拟议，师便打。师初偕天童交禅师问道，盟曰:“他日吾二人，宜踞孤峰绝顶，目视霄汉，为世外之人，不可作今时籍名官府，屈节下气于人者。”后交爽盟至，则师竟不接。正言陈公以计诱师出山，住二灵。三十年间，居无长物，唯二虎侍其右。一日威于人，以偈遣之。宣和七年四月十二日，趺坐而逝。正言陈公状师行实，及示疾异迹甚详。仍塑其像，二虎侍之，至今存焉。

开先瑛禅师法嗣

慈氏瑞仙禅师

绍兴府慈氏瑞仙禅师,本郡人。年二十去家,以试经披削,习《毗尼》。因睹戒性如虚空，持者为迷倒。师谓：“戒者，束身之法也。何自缚乎？”遂探台教。又阅“诸法不自生，亦不从他生，不共不无因，是故说无生。”疑曰：“又不自他，不共不无因，生毕竟从何而生？”即省曰：“因缘所生，空假三观，抑扬性海，心佛众生，名异体同。十境十乘,转识成智。不思议境,智照方明,非言诠所及。”弃谒诸方，后至投子，广鉴问：“乡里甚处？”师曰：“两浙东越。”鉴曰:“东越事作么生？”师曰:“秦望峰高,鉴湖水阔。”鉴曰:“秦望峰与你自己是同是别？”师曰：“西天梵语，此土唐言。”鉴曰：“此犹是丛林祗对，毕竟是同是别？”师便喝，鉴便打。师曰：“恩大难酬。”便礼拜。后归里，开法慈氏。室中尝问僧：“三个橐驼两只脚，日行万里趁不着，而今收在玉泉山，不许时人乱斟酌。诸人向什么处与仙上座相见？”

大沩海评禅师

潭州大沩海评禅师，上堂曰：“灯笼上作舞，露柱里藏身。深沙神恶发，昆仑奴生嗔。”喝一喝曰：“一句合头语，万劫堕迷津。”

圆通仙禅师法嗣

净光了威佛日禅师

温州净光了威佛日禅师，僧问:“如何是祖师西来意? ”师曰:“一宿二宿程，千山万山月。”曰:“意旨如何? ”师曰:“朝看东南，暮看西北。”曰:“向上更有事也无? ”师曰:“人心难满,溪壑易填。”问:“时节因缘即不问，惠超佛话事如何? ”师曰:“波斯弯弓面转黑。”曰:“意旨如何? ”师曰:“穿过髑髅笑未休。”曰:“学人好好借问。”师曰:“黄泉无邸店，今夜宿谁家? ”

象田卿禅师法嗣

雪窦持禅师

庆元府雪窦持禅师,郡之卢氏子。僧问:“中秋不见月时如何? ”师曰:“更待夜深看。”曰:“忽若黑云未散,又且如何? ”师曰:“争怪得老僧。”上堂:“悟心容易息心难，息得心源到处闲。斗转星移天欲晓，白云依旧覆青山。”

石佛益禅师

绍兴府石佛益禅师,上堂:“一叶落,天下秋;一尘起,大地收;一法透，万法周。且道透那一法? ”遂喝曰:“切忌错认驴鞍桥作阿爷下颔。”便下座。

褒亲瑞禅师法嗣

寿宁道完禅师

安州应城寿宁道完禅师，僧问:“云从龙，风从虎，未审和尚从个什么？”师曰：“一字空中画。”曰：“得恁么奇特！”师曰：“千手大悲提不起。”问：“十方国土中，唯有一乘法。如何是一乘法？”师曰：“斗量不尽。”曰：“恁么则动容扬古路，不堕悄然机。”师曰：“作么生是悄然机？”僧举头看，师举起拂子，僧喝一喝。师曰：“大好悄然！”上堂：“古人见此月，今人见此月，此月镇常存，古今人还别。若人心似月，碧潭光皎洁。决定是心源，此说更无说。咄！”上堂：“诸禅德，三冬告尽，腊月将临。三十夜作么生祗准？”良久，曰：“衣穿瘦骨露，屋破看星眠。”

兜率悦禅师法嗣

疏山了常禅师

抚州疏山了常禅师，僧问：“如何是疏山为人底句？”师曰：“怀中玉尺未轻掷，袖里金锤劈面来。”上堂：“等闲放下，佛手掩不住。特地收来，大地绝纤埃。向君道，莫疑猜。处处头头见善财。锤下分明如得旨，无限劳生眼自开。”

兜率慧照禅师

隆兴府兜率慧照禅师，南安郭氏子。上堂：“龙安山下，道路纵横。兜率宫中，楼阁重叠。虽非天上，不是人间。到者安心，全忘诸念。善行者不移双足，善入者不动双扉。自能笑傲烟萝，谁管坐消岁月？既然如是，且道向上还有事也无？”良久曰：“莫教推落岩前石，打破下方遮日云。”上堂，举拂子曰：“端午龙安亦鼓桡，青山云里得逍遥。饥餐渴饮无穷乐，谁爱争先夺锦标。却向干地上划船，高山头起浪。明椎玉鼓，暗展铁旗。一盏菖蒲茶，数个沙糖粽。且移取北郁单越，来与南阎浮提斗额看。”击禅床，下座。上堂：“兜率都无伎俩，也学诸方榜样。五日一度升堂，起动许多龙象。禅道佛法又无，到此将何供养？须知达磨西来，分付一条拄杖。”乃拈起曰：“所以道，你有拄杖子，我与你拄杖子；你无拄杖子，我夺你拄杖子。且道那个是宾句，那个是主句？若断得去，即途中受用。若断不得，且世谛流布。”乃抛下拄杖。

丞相张商英居士

丞相张商英居士，字天觉，号无尽。年十九，应举入京，道由向氏家，向预梦神人报曰：“明日接相公。”凌晨公至，向异之，劳问勤腆。乃曰：“秀才未娶，当以女奉洒扫。”公谦辞再三，向曰：“此行若不了当，吾亦不爽前约。”后果及第，乃娶之。初任主簿，因入僧寺，见藏经梵夹，金字齐整，乃怫然曰：“吾孔圣之书，不如胡人之教人所仰重。”夜坐书院中，研墨吮笔，凭纸长吟，中夜不眠。向氏呼曰：“官人，夜深何不睡去？”公以前意白之：“正此著《无佛论》。”向应声曰：“既是无佛，何论之有？当须著有佛论始得。”公疑其言，遂已之。后访一同列，见佛龛前经卷，乃问曰：“此何书也？”同列曰：“《维摩诘所说经》。”公信手开卷，阅到“此病非地大，亦不离地大”处，叹曰：“胡人之语，亦能尔耶？”问：“此经几卷？”曰：“三卷。”乃借归阅次，向氏问：“看何书？”公曰：“《维摩诘所说经》。”向曰：“可熟读此经，然后著无佛论。”公悚然异其言。由是深信佛乘，留心祖道。元佑六年，为江西漕，首谒东林照觉总禅师，觉诘其所见处，与已符合，乃印可。觉曰：“吾有得法弟子住玉溪，乃慈古镜也，亦可与语。”公复因按部过分宁，诸禅迓之。公到，先致敬玉溪慈，次及诸山，最后问兜率悦禅师。悦为人短小，公曾见龚德庄说其聪明可人，乃曰：“闻公善文章。”悦大笑曰：“运使失却一只眼了也。从悦，临济九世孙，对运使论文章，政如运使对从悦论禅也。”公不然其语，乃强屈指曰：“是九世也。”问：“玉溪去此多少？”曰：“三十里。”曰：“兜率聻！”曰：“五里。”公是夜乃至兜率。悦先一夜梦日轮升天，被悦以手抟取。乃说与首座曰：“日轮运转之义，闻张运使非久过此，吾当深锥痛劄。若肯回头，则吾门幸事。”座曰：“今之士大夫，受人取奉惯，恐其恶发，别生事也。”悦曰：“正使烦恼，只退得我院，也别无事。”公与悦语次，称赏东林，悦未肯其说。公乃题《寺后拟瀑轩诗》，其略曰：“不向庐山寻落处，象王鼻孔谩辽天。”意讥其不肯东林也。公与悦语至更深，论及宗门事。悦曰：“东林既印可运使，运使于佛祖言教有少疑否？”公曰：“有。”悦曰：“疑何等语？”公曰：“疑香严《独脚颂》、德山《拓钵话》。”悦曰：“既于此有疑，其余安得无邪？只如岩头言末后句，是有邪是无邪？”公曰：“有。”悦大笑，便归方丈，闭却门。公一夜睡不稳，至五更下床，触翻溺器，乃大彻，猛省前话。遂有颂曰：“鼓寂钟沉拓钵回，岩头一拶语如雷。果然只得三年活，莫是遭他授记来。”遂扣方丈门，曰：“某已捉得贼了。”悦曰：“赃在甚处？”公无语。悦曰：“都运且去，来日相见。”翌日，公遂举前颂，悦乃谓曰：“参禅只为命根不断，依语生解。如是之说，公已深悟。然至极微细处，使人不觉不知，堕在区宇。”乃作颂证之曰：“等闲行处，步步皆如，虽居声色，宁滞有无？一心靡异，万法非殊。休分体用，莫择精。临机不碍，应物无拘。是非情尽，凡圣皆除。谁得谁失，何亲何疏？拈头作尾，指实为虚。翻身魔界，转脚邪涂。了无逆顺，不犯工夫。”公邀悦至建昌，途中一一伺察，有十颂叙其事，悦亦有十颂酬之。时元祐八年八月也。公一日谓大慧曰：“余阅雪窦《拈古》，至百丈再参马祖因缘，曰大冶精金，应无变色。投卷叹曰‘审如是，岂得有临济今日耶？’遂作一颂曰：马师一喝大雄峰，深入髑髅三日聋。黄檗闻之惊吐舌，江西从此立宗风。后平禅师致书云：去夏读临济宗派，乃知居士得大机大用。且求颂本。余作颂寄之曰：吐舌耳聋师已晓，捶胸只得哭苍天。盘山会里翻筋斗，到此方知普化颠。”诸方往往以余聪明博记，少知余者。师自江西法窟来，必辨优劣，试为老夫言之。”大慧曰：“居士见处，与真净死心合。”公曰：“何谓也？”大慧举真净颂曰：“客情步步随人转，有大威光不能现。突然一喝双耳聋，那吒眼开黄檗面。”死心拈曰：“云岩要问雪窦，既是大冶精金，应无变色。为什么却三日耳聋？诸人要知么？从前汗马无人识，只要重论盖代功。”公拊几曰：“不因公语，争见真净死心用处。若非二大老，难显雪窦马师尔。”公于宣和四年十一月黎明，口占遗表，命子弟书之。俄取枕掷门上，声如雷震。众视之，已薨矣。公有《颂古》行于世，兹不复录。

法云杲禅师法嗣

洞山辩禅师

随州洞山辩禅师，上堂：“不是心，不是佛，不是物，钻天鹞子辽天鹘。不度火，不度水，不度炉，离弦箭发没回途。直饶会得十分去，笑倒西来碧眼胡。”

慧海仪禅师

东京慧海仪禅师，上堂：“无相如来示现身，破魔兵众绝纤尘。七星斜映风生处，四海还归旧主人。诸仁者，大迦叶灵山会上，见佛拈华，投机微笑。须菩提闻佛说法，深解义趣，涕泪悲泣。且道笑者是，哭者是？不见道，万派横流总向东，超然八面自玲珑。万人胆破沙场上，一箭双雕落碧空。”上堂，举：“沩山坐次，仰山问：‘和尚百年后，有人问先师法道，如何祇对？’沩曰：‘一粥一饭。’仰曰：‘前面有人不肯，又作么生？’沩曰：‘作家师僧。’仰便礼拜。沩曰：‘逢人不得错举。’”师曰：“自古及今，多少人下语道，严而不威，恭而无礼，横按拄杖，竖起拳头。若只恁么，却如何知得他父子相契处？山僧今日也要诸人共知，莫分彼我，彼我无殊。

困鱼止泺，病鸟栖芦。逡巡不进泥中履，争得先生一卷书。”

西蜀銮法师

西蜀銮法师，通大小乘。佛照谢事，居景德，师问照曰：“禅家言多不根，何也？”照曰：“汝习何经论？”曰：“诸经粗知，颇通《百法》。”照曰：“只如昨日雨，今日晴，是什么法中收？”师懵然。照举痒和子击曰：“莫道禅家所言不根好！”师愤曰：“昨日雨，今日晴，毕竟是什么法中收？”照曰：“第二十四时分，不相应法中收。”师恍悟，即礼谢。后归蜀居讲会，以直道示徒，不泥名相，而众多引去。遂说偈罢讲曰：“众卖华兮独卖松，青青颜色不如红。算来终不与时合，归去来兮翠霭中。”由是隐居二十年，道俗追慕，复命演法。笑答偈曰：“遁迹隐高峰，高峰又不容。不如归锦里，依旧卖青松。”众列拜悔过。两川讲者争依之。

泐潭准禅师法嗣

云岩典牛天游禅师

隆兴府云岩典牛天游禅师，成都郑氏子。初试郡庠，复往梓州试，二处皆与贡籍。师不敢承，窜名出关。适会山谷道人西还，因见其风骨不凡，议论超卓，乃同舟而下，竟往庐山，投师剃发，不改旧名。首参死心不契，遂依湛堂于泐潭。一日，潭普说曰：“诸人苦苦就准上座觅佛法。”遂拊膝曰：“会么？雪上加霜。”又拊膝曰：“若也不会，岂不见乾峰示众曰：‘举一不得举二，放过一着，落在第二。’”师闻脱然颖悟。出世云盖，次迁云岩。尝和忠道者《牧牛颂》曰：“两角指天，四足踏地。拽断鼻绳，牧甚屎屁！”张无尽见之，甚击节。后退云岩，过庐山栖贤，主翁意不欲纳。乃曰：“老老大大，正是质库中典牛也。”师闻之，述一偈而去。曰：“质库何曾解典牛？

只缘价重实难酬。想君本领无多子，毕竟难禁这一头。”因庵于武宁，扁曰“典牛”，终身不出。涂毒见之，已九十三矣。上堂，卓拄杖曰：“久雨不晴，劄，金乌飞在钟楼角。”又卓一下曰：“犹在壳。”复卓曰：“一任衲僧名邈。”上堂：“马祖一喝，百丈蹉过，临济小厮儿，向粪埽堆头拾得一只破草鞋，胡喝乱喝。”师震声喝曰：“唤作胡喝乱喝，得么？”上堂：“象骨辊毬能已尽，玄沙斫牌伎亦穷。还知么？火星入裤口，事出急家门。”上堂：“三百五百，铜头铁额。木笛横吹，谁来接拍？”时有僧出，师曰：“也是贼过后张弓。”上堂：“宝峰有一诀，对众分明说。昨夜三更前，乌龟吞却鳖。”至节，上堂：“晷运推移，日南长至。布裈不洗，无来换替。大小玉泉，无风浪起。云岩路见不平，直下一锤粉碎。”遂高声曰：“看脚下！”上堂，举梁山曰：“南来者与你三十棒，北来者与你三十棒。然虽与么，未当宗乘。后来琅琊和尚道，梁山好一片真金，将作顽铁卖却。琅琊则不然，南来者与你三十棒，北来者与你三十棒。从教天下贬剥。”师拈曰：“一人能舒不能卷，一人能卷不能舒。云岩门下，一任南来北来，且恁么过，蓦然洗面摸着鼻头，却来与你三十。”上堂：“日可冷，月可热，众魔不能坏真说。作么生是真说？初三十一，中九下七，若信不及，云岩与汝道破：万人齐指处，一雁落寒空。”病起，上堂，举马大师日面佛、月面佛。后来东山演和尚颂曰：“丫鬟女子画蛾眉，鸾镜台前语似痴。自说玉颜难比并，却来架上着罗衣。”师曰：“东山老翁满口赞叹则故是。点检将来，未免有乡情在。云岩又且不然，打杀黄莺儿，莫教枝上啼。几回惊妾梦，不得到辽西。”

三角智尧禅师

潭州三角智尧禅师，上堂：“捏土定千钧，秤头不立蝇。个中些子事，走杀岭南能。还有荐得底么？直饶荐得，也是第二月。”

慧日雅禅师法嗣

九仙法清祖鉴禅师

隆兴府九仙法清祖鉴禅师，严陵人也。尝于池之天宁，以伽梨覆顶而坐。侍郎曾公开问曰:“上座仙乡甚处? ”曰:“严州。”曰:“与此间是同是别? ”师拽伽梨下地，揖曰:“官人曾到严州否? ”曾罔措。师曰:“待官人到严州时,却向官人道。”住后,上堂曰:“万柳千华暖日开，一华端有一如来。妙谈不二虚空藏，动着微言遍九垓。笑哈哈，且道笑个什么? 笑觉苑脚跟不点地。”上堂，举睦州示众曰:“汝等诸人未得个入头处,须得个入头处。既得个入头处,不得忘却。老僧明明向汝道,尚自不会,何况盖覆将来? ”师曰:“睦州恁么道,意在什么处? 其或未然,听觉苑下个注脚。张僧见王伴,王伴叫张僧，昨夜放牛处，岭上及前村。溪西水不饮，溪东草不吞。教觉苑如何即得? 会么,不免与么去。”遂以两手按空,下座。僧问:“如何是夺人不夺境? ”师曰:“惺惺寂寂。”曰:“如何是夺境不夺人? ”师曰:“寂寂惺惺。”曰:“如何是人境两俱夺? ”师曰:“惺惺惺。”曰:“如何是人境俱不夺? ”师曰:“寂寂寂寂。”曰:“学人今日买铁得金去也。”师曰:“什么处得这话头来? ”

觉海法因庵主

平江府觉海法因庵主,郡之嵎山朱氏子。年二十四,披缁服进具,游方至东林谒慧日。日举灵云悟道机语问之。师拟对,日曰:“不是!不是! ”师忽有所契，占偈曰:“岩上桃华开，华从何处来? 灵云才一见,回首舞三台。”日曰:“子所见虽已入微,然更着鞭,当明大法。”师承教，居庐阜三十年，不与世接，丛林尊之。建炎中盗起江左，顺流东归，邑人结庵命居，缁白继踵问道。尝谓众曰:“汝等饱持定力，无忧晨炊而事干求也。”晚年放浪自若，称五松散人。

龙牙言禅师法嗣

洞山择言禅师

瑞州洞山择言禅师，僧问："如何是十身调御？投子下禅床立，未审意旨如何？"师曰："脚跟下七穿八穴。"

文殊能禅师法嗣

德山琼禅师

常德府德山琼禅师，受请日上堂，曰："作家捞笼不肯住，呼唤不回头。为什么从东过西？"自代曰："后五日看。"

智海清禅师法嗣

四祖仲宣禅师

蕲州四祖仲宣禅师，上堂："诸佛出世，为一大事因缘。祖师西来，直指人心是佛。凡圣本来不二，迷悟岂有殊途？非涅槃之可欣，非死生之可厌。但能一言了悟，不起坐而即证无生；一念回光，不举步而遍周沙界。如斯要径，可曰宗门。山僧既到这里，不可徒然。"乃举拂子曰："看看！山河大地，日月星辰，若凡若圣，是人是物，尽在拂子头上一毛端里出入游戏。诸人还见么？设或便向这里见得倜傥分明，更须知有向上一路。试问诸人，作么生是向上一路？"良久曰："六月长天降大雪，三冬岭上火云飞。"

乾峰慧圆禅师

泉州乾峰慧圆禅师，上堂："达磨正宗，衲僧巴鼻。堪嗟迷者成群，开眼瞌睡。头上是天，脚下是地。耳朵闻声，鼻孔出气。

敢问云堂之徒，时中甚处安置？还见么？可怜双林傅大士，却言只这语声是。咄！”

大沩瑃禅师法嗣

中岩慧目蕴能禅师

眉州中岩慧目蕴能禅师，本郡吕氏子。年二十二，于村落一富室为校书。偶游山寺，见禅册，阅之似有得。即裂冠圆具，一钵游方。首参宝胜澄甫禅师，所趣颇异。至荆湖，谒永安喜、真如喆、德山绘，造诣益高。迨抵大沩，沩问："上座桑梓何处？"师曰："西川。"曰："我闻西川有普贤菩萨示现，是否？"师曰："今日得瞻慈相。"曰："白象何在？"师曰："爪牙已具。"曰："还会转身么？"师提坐具，绕禅床一匝。沩曰："不是这个道理。"师趋出。一日，沩为众入室，问僧："黄巢过后，还有人收得剑么？"僧竖起拳。沩曰："菜刀子。"僧曰："争奈受用不尽！"沩喝出。次问师："黄巢过后，还有人收得剑么？"师亦竖起拳。沩曰："也只是菜刀子。"师曰："杀得人即休。"遂近前，拦胸筑之。沩曰："三十年弄马骑，今日被驴子扑。"后还蜀，庵于旧址。应四众之请，出住报恩。上堂："龙济道，万法是心光，诸缘唯性晓。本无迷悟人，只要今日了。"师曰："既无迷悟，了个什么？咄！"上堂，举："雪峰一日普请搬柴，中路见一僧，遂掷下一段柴，曰：'一大藏教，只说这个。'后来真如喆道：'一大藏教，不说这个。'据此二尊宿说话，是同是别？山僧则不然。"竖起拂子曰："提起则如是我闻，放下则信受奉行。"室中问崇真毡头："如何是你空劫已前父母？"真领悟曰："和尚且低声。"遂献《投机颂》曰："万年仓里曾饥馑，大海中住尽长渴。当初寻时寻不见，如今避时避不得。"师为印可。一日与黄提刑奕棋次，黄问："数局之中，无一局同。千着万着则故是，如何是那一着？”师提起棋子示之。黄伫思。师曰：“不见道，从前十九路，迷杀几多人。”师住持三十余载，凡说法不许录其语。临终书偈，趺坐而化。阇维时暴风忽起，烟所至处，皆雨设利。道俗斸其地，皆得之。心舌不坏。塔于本山。

云顶宝觉宗印禅师

怀安军云顶宝觉宗印禅师，上堂：“古者道，识得凳子，周匝有余。又道，识得凳子，天地悬殊。山僧总不恁么，识得凳子是什么闲家具？”一日普说罢，师曰：“诸子未要散去，更听一颂。”乃曰：“四十九年，一场热。八十七春，老汉独弄。谁少谁多？一般作梦。归去来兮，梅梢雪重。”言讫下座，倚杖而逝。

昭觉白禅师法嗣

信相宗显正觉禅师

成都府信相宗显正觉禅师，潼川王氏子。少为进士，有声。尝昼掬溪水为戏，至夜思之，遂见水泠然盈室欲汲之不可，而尘境自空。曰：“吾世网裂矣。”往依昭觉得度，具满分戒，后随众咨参。觉一日问师：“高高峰顶立，深深海底行。汝作么生会？”师于言下顿悟，曰：“钉杀脚跟也。”觉拈起拂子曰：“这个又作么生？”师一笑而出。服勤七祀，南游至京师。历淮浙，晚见五祖演和尚于海会，出问：“未知关棙子，难过赵州桥。赵州桥即不问，如何是关棙子？”祖曰：“汝且在门外立。”师进步，一踏而退。祖曰：“许多时茶饭，元来也有人知滋味。”明日入室，祖云：“你便是昨日问话底僧否？我固知你见处，只是未过得白云关在。”师珍重，便出。时圆悟为侍者，师以白云关意扣之。悟曰：“你但直下会取。”师笑曰：“我不是不会，只是未谙，待见这老汉，共伊理会一上。”明日，祖往舒城，师与悟继往，适会于兴化。祖问师："记得曾在那里相见来？"师曰："全火祇候。"祖顾悟曰："这汉饶舌！"自是机缘相契。游庐阜回，师以"高高峰顶立，深深海底行"所得之语告五祖。祖曰："吾尝以此事诘先师，先师云，我曾问远和尚，远曰：猫有歃血之功，虎有起尸之德。非素达本源，不能到也。"师给侍之久，祖钟爱之。后辞西归，为小参，复以颂送曰："离乡四十余年，一时忘却蜀语。禅人回到成都，切须记取鲁语。"时觉尚无恙。师再侍之，名声蔼著。遂出住长松，迁保福信相。僧问："三世诸佛，六代祖师，总出这圈䙌不得。如何是这圈䙌？"师曰："井栏唇。"上堂，举："仰山问中邑：'如何是佛性义？'邑曰："我与你说个譬喻，汝便会也。譬如一室有六窗，内有一猕猴，外有猕猴从东边唤狌狌，猕猴即应。如是六窗，俱唤俱应。"仰乃礼拜："适蒙和尚指示，某有个疑处。"邑曰："你有什么疑？"仰曰：只如内猕猴睡时，外猕猴欲与相见，又作么生？"邑下禅床，执仰山手曰："狌狌与你相见了。"师曰："诸人要见二老么？我也与你说个譬喻。中邑大似个金师，仰山将一块金来，使金师酬价，金师亦尽价相酬。临成交易，卖金底更与贴秤。金师虽然暗喜，心中未免偷疑。何故？若非细作，定是贼赃。"便下座。

道林一禅师法嗣

大沩大圆智禅师

潭州大沩大圆智禅师，四明人也。上堂，举南泉道："三世诸佛不知有，狸奴白牯却知有。"师曰："三世诸佛既不知有，狸奴白牯又何曾梦见？灼然！须知向上有知有底人始得。且作么生是知有底人？吃官酒，卧官街。当处死，当处埋。沙场无限英灵汉，堆山积岳露尸骸。"

南岳下十五世

上封秀禅师法嗣

文定公胡安国居士

文定公胡安国草庵居士，字康侯。久依上封，得言外之旨。崇宁中过药山，有禅人举南泉斩猫话问公，公以偈答曰："手握乾坤杀活机，纵横施设在临时。满堂兔马非龙象，大用堂堂总不知。"又寄上封，有曰："祝融峰似杜城天，万古江山在目前。须信死心元不死，夜来秋月又同圆。"

上封才禅师法嗣

普贤元素禅师

福州普贤元素禅师，建宁人也。上堂："兵随印转，三千里外绝烟尘。将逐符行,二六时中净裸裸,不用铁旗铁鼓,自然草偃风行。何须七纵七擒，直得无思不服。所谓大丈夫秉慧剑，般若锋兮金刚焰，非但能摧外道心，早曾落却天魔胆。正恁么时，且道主将是什么人？"喝一喝。上堂："南泉道：我十八上便解作活计，囊无系蚁之丝，厨乏聚蝇之糁。赵州道：我十八上便解破家散宅，南头买贱，北头卖贵，点检将来，好与三十棒，且放过一着。何故？曾为宕子偏怜客，自爱贪杯惜醉人。"上堂："未开口时先分付，拟思量处隔千山。莫言佛法无多子，未透玄关也大难。只如玄关作么生透？"喝一喝。

鼓山山堂僧洵禅师

福州鼓山山堂僧洵禅师，本郡阮氏子。上堂："黄檗手中六十棒，不会佛法的的大意，却较些子。大愚肋下筑三拳，便道黄檗佛法无多子，钝置杀人！须知有一人，大棒蓦头打，他不回头。老拳劈面槌，他亦不顾。且道是谁？”上堂：“朔风扫地卷黄叶，门外千峰凛寒色。夜半乌龟带雪飞，石女溪边皱两眉。”卓拄杖云：“大家在这里，且道天寒人寒？”喝一喝云：“归堂去。”

鼓山别峰祖珍禅师

福州鼓山别峰祖珍禅师，兴化林氏子。僧问：“赵州绕禅床一匝，转藏已竟，此理如何？”师曰：“画龙看头，画蛇看尾。”曰：“婆子道：比来请转全藏，为什么只转得半藏？此意又且如何？”师曰：“人无远虑，必有近忧。”曰：“未审什么处是转半藏处？”师曰：“不是知音者，徒劳话岁寒。”上堂：“寻牛须访迹，学道贵无心。迹在牛还在，无心道易寻。”竖起拂子曰：“这个是迹，牛在什么处？直饶见得头角分明，鼻孔也在法石手里。”上堂：“向上一路，千圣不传。”卓拄杖曰：“恁么会得，十万八千，毕竟如何？桃红李白蔷薇紫，问着春风总不知。”示众云：“大道只在目前，要且目前难睹。欲识大道真体，不离声色言语。”卓拄杖云：“这个是声。”竖起拄杖云：“这个是色。唤什么作大道真体？直饶向这里见得，也是郑州出曹门。”示众：“若论此事，如人吃饭，饱则便休。若也不饱，必有思食之心。若也过饱，又有伤心之患。到这里，作么生得恰好去。”良久云：“且归岩下宿，同看月明时。”

黄龙逢禅师法嗣

荐福常庵择崇禅师

饶州荐福常庵择崇禅师，宁国府人也。上堂，举：僧问古德：“生死到来，如何免得？”德曰：“柴鸣竹爆惊人耳。”僧曰：“不会。”德曰：

"家犬声狞夜不休。"师曰:"诸人要会么?柴鸣竹爆惊人耳,大洋海底红尘起。家犬声狞夜不休,陆地行船三万里。坚牢地神笑呵呵,须弥山王眼觑鼻。把手东行却向西,南山声应北山里。千手大悲开眼看,无量慈悲是谁底?"良久曰:"头长脚短,少喜多嗔。"上堂,问侍者曰:"还记得昨日因缘么?"曰:"记不得。"复顾大众曰:"还记得么?"众无对。竖起拂子曰:"还记得么?"良久曰:"也忘却了也。三处不成,一亦非有。诸人不会方言,露柱且莫开口。"以拂子击禅床,下座。

长宁卓禅师法嗣

育王无示介谌禅师

庆元府育王无示介谌禅师,温州张氏子。谢知事,上堂:"尺头有寸,鉴者犹稀。秤尾无星,且莫错认。若欲定古今轻重,较佛祖短长,但请于中着一只眼,果能一尺还他十寸,八两元是半斤。自然内外和平,家国无事。山僧今日,已是两手分付,汝等诸人还肯信受奉行也无?尺量刀剪遍世间,志公不是闲和尚。"上堂:"文殊智,普贤行,多年历日。德山棒,临济喝,乱世英雄。汝等诸人穿僧堂,入佛殿,还知险过铁围关么?忽然踏着释迦顶,磕着圣僧额头,不免一场祸事。"上堂:"我若说有,你为有碍。我若说无,你为无碍。我若横说,你又跨不过。我若竖说,你又跳不出。若欲丛林平怗,大家无事,不如推倒育王。且道育王如何推得倒去?"召大众曰:"着力!着力!"复曰:"苦哉!苦哉!育王被人推倒了也。还有路见不平,拔剑相为底么?若无,山僧不免自倒自起。"击拂子,下座。师性刚毅,莅众有古法。时以谌铁面称之。

道场普明慧琳禅师

安吉州道场普明慧琳禅师,福州人。上堂:"有漏笊篱,无漏木杓。庭白牡丹，槛红芍药。因思九年面壁人，到头不识这一着。且道作么生是这一着？”以拄杖击禅床下座。上堂：“一即多，多即一。毗卢顶上明如日。也无一，也无多，现成公案没诸讹。拈起旧来毡拍板，明时共唱太平歌。”

道场无传居慧禅师

安吉州道场无传居慧禅师，本郡吴氏子。上堂：“钟馗醉里唱凉州，小妹门前只点头。巡海夜叉相见后，大家拍手上高楼。大众若会得去，锁却天下人舌头？若会不得，将谓老僧别有奇特。”上堂：“百尺竿头弄影戏，不唯瞒你又瞒天。自笑平生岐路上，投老归来没一钱。”上堂，举临济示众曰：“一人在高高峰顶，无出身之路；一人在十字街头，亦无向背。且道哪个在前，哪个在后？”师曰：“更有一人不在高高峰顶，亦不在十字街头，临济老汉因甚不知？”便下座。

显宁松堂圆智禅师

临安府显宁松堂圆智禅师，上堂：“芦华白，蓼华红。溪边修竹碧烟笼。闲云抱幽石，玉露滴岩丛。昨夜乌龟变作鳖，今朝水牯悟圆通。咄！”

乌回唯庵良范禅师

安吉州乌回唯庵良范禅师，上堂：“尘劫已前事，堂堂无背面。动静莫能该，舒卷快如电。莫道凡不知，佛也觑不见。决定在何处？合取这两片。荐不荐，更为诸人通一线。”良久曰：“天下太平，皇风永扇。”上堂，举：“僧问赵州：‘至道无难，唯嫌拣择。是时人窠窟否？’州曰：‘曾有人问，老僧直得五年分疏不下。’”师召众曰：“赵州具顶门眼，向击石火里分缁素，闪电光中明纵夺。为什么却五年分疏不下？还委悉么？易分雪里粉，难辨墨中煤。”

本寂灵光文观禅师

温州本寂灵光文观禅师，本郡叶氏子。上堂：“过去诸如来，斯门已成就。好事不如无。现在诸菩萨,今各入圆明。好事不如无。未来修学人,当依如是住。好事不如无。还知么？除却华山陈处士，何人不带是非行？参！”

黄龙震禅师法嗣

德山无诤慧初禅师

常德府德山无诤慧初禅师，静江府人也。上堂，顾视大众曰：“见么？在天成象，在地成形，在日月为晦为朔，在四时为寒为暑。鼓之以雷霆，润之以风雨。且道在衲僧分上，又作么生？一趯趯翻四大海，一拳拳倒须弥山。佛祖位中留不住，又吹渔笛汨罗湾。”上堂：“九月二十五，聚头相共举。瞎却正法眼，拈却云门普。德山不会说禅，赢得村歌社舞。阿呵呵，逻啰哩。”遂作舞，下座。

万年一禅师法嗣

报恩法常首座

嘉兴府报恩法常首座,开封人也。丞相薛居正之裔。宣和七年，依长沙益阳华严元轼下发，遍依丛林。于《首楞严经》，深入义海。自湖湘至万年谒雪巢，机契，命掌笺翰。后首众报恩。室中唯一矮榻，余无长物。庚子九月中，语寺僧曰：“一月后不复留此。”十月二十一往方丈，谒饭。将晓，书《渔父词》于室门，就榻收足而逝。词曰：“此事《楞严》尝露布，梅华雪月交光处，一笑寥寥空万古。风瓯语，迥然银汉横天宇。蝶梦《南华》方栩栩，斑斑谁跨丰干虎？而今忘却来时路，江山暮，天涯目送鸿飞去。”

岳山祖庵主法嗣

延庆叔禅师

庐山延庆叔禅师，僧问：“多子塔前，共谈何事？”师曰：“一回相见一回老，能得几时为弟兄？”僧礼拜师曰：“唐兴今日失利。”

胜因静禅师法嗣

万寿梦庵普信禅师

涟水军万寿梦庵普信禅师，上堂：“残雪既消尽，春风日渐多。若将时节会，佛法又如何？且道时节因缘与佛法道理，是同是别？”良久曰：“无影树栽人不见，开华结果自馨香。”

慧日默庵兴道禅师

平江府慧日默庵兴道禅师，上堂：“同云欲雪未雪，爱日似晖不晖。寒雀啾啾闹篱落，朔风冽冽舞帘帷。要会韶阳亲切旬，今朝觌面为提撕。”卓拄杖，下座。

光孝果慜禅师

广德军光孝果慜禅师，常德桃源人也。上堂，举南泉斩猫儿话，乃曰：“南泉提起下刀诛，六臂修罗救得无？设使两堂俱道得，也应流血满街衢。”

雪峰需禅师法嗣

雪峰毬堂慧忠禅师

福州雪峰毬堂慧忠禅师，上堂：“终日忙忙，那事无妨。作么生是那事？”良久曰：“心不负人，面无惭色。”

天童交禅师法嗣

蓬莱圆禅师

庆云府蓬莱圆禅师，住山三十年，足不越阃，道俗尊仰之。师有偈曰：“新缝纸被烘来暖，一觉安眠到五更。闻得上方钟鼓动，又添一日在浮生。”

圆通旻禅师法嗣

圆通守慧冲真密印通慧禅师

江州庐山圆通守慧冲真密印通慧禅师，上堂：“但知今日复明日，不觉前秋与后秋。平步坦然归故里，却乘好月过沧洲。咦！不是苦心人不知。”

黄龙道观禅师

隆兴府黄龙道观禅师，上堂曰：“古人道，眼色耳声，万法成办。你诸人为什么从朝至暮，诸法不相到？”遂喝一喝，曰：“牵牛入你鼻孔，祸不入慎家之门。”

左丞范冲居士

左丞范冲居士，字致虚。由翰宛守豫章，过圆通谒旻禅师，茶罢曰：

“某行将老矣。堕在金紫行中,去此事稍远。”通呼内翰,公应喏。通曰:“何远之有?”公跃然曰:“乞师再垂指诲。”通曰:“此去洪都有四程。”公伫思,通曰:“见即便见,拟思即差。”公乃豁然有省。

枢密吴居厚居士

枢密吴居厚居士,拥节归钟陵,谒圆通旻禅师,曰:“某顷赴省试,过此,过赵州关,因问前住讷老:‘透关底事如何?’讷曰:‘且去做官。’今不觉五十余年。”旻曰:“曾明得透关底事么?”公曰:“八次经过,常存此念,然未甚脱洒在。”旻度扇与之,曰:“请使扇。”公即挥扇。旻曰:“有甚不脱洒处?”公忽有省曰:“便请末后句?”旻乃挥扇两下。公曰:“亲切,亲切。”旻曰:“吉獠舌头三千里。”

谏议彭汝霖居士

谏议彭汝霖居士,手写《观音经》施圆通。通拈起曰:“这个是《观音经》,那个是《谏议经》?”公曰:“此是某亲写。”通曰:“写底是字,那个是经?”公笑曰:“却了不得也。”通曰:“即现宰官身而为说法。”公曰:“人人有分。”通曰:“莫谤经好!”公曰:“如何即是?”通举经示之。公拊掌大笑曰:“嗄。”通曰:“又道了不得!”公礼拜。

中丞卢航居士

中丞卢航居士,与圆通拥炉次,公问:“诸家因缘,不劳拈出。直截一句,请师指示。”通厉声揖曰:“看火!”公急拨衣,忽大悟。谢曰:“灼然!佛法无多子。”通喝曰:“放下着。”公应喏喏。

左司都贶居士

左司都贶居士,问圆通曰:“是法非思量分别之所能解,当如何凑泊?”通曰:“全身入火聚。”公曰:“毕竟如何晓会?”通曰:“蓦直去。”公沈吟。通曰:“可更吃茶么?”公曰:“不必。”通曰:“何不恁么会?”公契旨。曰:“元来太近。”通曰:“十万八千。”公占偈曰:“不可思议,是大火聚。便恁么去,不离当处。”通曰:“咦!犹有这个在。”公曰:“乞师再垂指示。”通曰:“便恁么去,铛是铁铸。”公顿首谢之。

明招慧禅师法嗣

石塔宣秘礼禅师

杨州石塔宣秘礼禅师,僧问:“山河大地,与自己是同是别?”师曰:“长亭凉夜月,多为客铺舒。”曰:“谢师答话。”师曰:“网大难为鸟,纶稠始得鱼。”僧作舞归众。师曰:“长江为砚墨,频写断交书。”上堂,举百丈野狐话,乃曰:“不是翻涛手,徒夸跨海鲸。由基方撚镞,枝上众猿惊。”上堂,至座前,师搊一僧上法座,僧憧惶欲走。师遂指座曰:“这棚子,若牵一头驴上去,他亦须就上屙在。汝诸人因什么却不肯?”以拄杖一时赶散。顾侍者曰:“险。”

浮山真禅师法嗣

灵岩徽禅师

峨嵋灵岩徽禅师,僧问:“文殊是七佛之师,未审谁是文殊之师?”师曰:“金沙滩头马郎妇。”

祥符立禅师法嗣

报慈淳禅师

湖南报慈淳禅师,上堂曰:“青眸一瞬,金色知归。授手而来,如王宝剑。而今开张门户,各说异端,可谓古路坦而荆棘生,法眼正而还自翳，孤负先圣，埋没己灵。且道不埋没不孤负正法眼藏如何吐露？还有吐露得底么？出来吐露看。如无，担取诗书归旧隐，野花啼鸟一般春。”〔《联灯》作乌回范语。〕

云岩游禅师法嗣

径山涂毒智策禅师

临安府径山涂毒智策禅师,天台陈氏子。幼依护国僧楚光落发。十九造国清,谒寂室光,洒然有省。次谒大圆于明之万寿。圆问曰:“甚处来?”师曰:“天台来。”曰:“见智者大师么?”师曰:“即今亦不少。”曰:“因甚在汝脚跟下?”师曰:“当面蹉过。”圆曰:“上人不耘而秀，不扶而直。”一日辞去，圆送之门，拊师背曰:“宝所在近，此城非实。”不颔之，往豫章谒典牛，道由云居，风雪塞路，坐阅四十二日。午初,版声铿然,豁尔大悟。及造门,典牛独指师曰:“甚处见神见鬼来?”师曰:“云居闻版声来。”牛曰:“是什么?”师曰:“打破虚空，全无柄靶。”牛曰:“向上事未在。”师曰:“东家暗坐，西家厮骂。”牛曰:“崭然超出佛祖。他日起家，一麟足矣。”住后，上堂，举:“教中道:若以色见我，以音声求我，是人行邪道，不能见如来。虽然恁么，正是捕得老鼠，打破油瓮。怀禅师道:你眼在什么处?虽则识破释迦老子，争奈拈槌指。若是涂毒即不然，色见声求也不妨，百华影里绣鸳鸯。自从识得金针后，一任风吹满袖香。”师将示寂，升座别众，嘱门人以文祭之，师危坐倾听。至尚飨,为之一笑。越两日,沐浴更衣,集众说偈曰:“四大既分飞，烟云任意归。秋天霜夜月，万里转光辉。”俄顷，泊然而逝。塔全身于东岗之麓。

信相显禅师法嗣

金绳文禅师

成都府金绳文禅师，僧问："如何是大道之源？"师曰："黄河九曲。"曰："如何是不犯之令？"师曰："铁蛇钻不入。"僧拟议，师便打。

南岳下十六世

育王谌禅师法嗣

万年心闻昙贲禅师

台州万年心闻昙贲禅师，永嘉人。住江心，病起上堂："维摩病说尽道理，龙翔病咳嗽不已。咳嗽不已，说尽道理。说尽道理，咳嗽不已。汝等诸人还识得其中意旨也未？本是长江凑风冷，却教露柱患头风。"上堂："一见便见，八角磨盘空里转。一得永得，辰锦朱砂如墨黑。秋风吹渭水，已落云门三句里。落叶满长安，几个而今被眼瞒。"竖拂子曰："瞒得瞒不得，总在万年手里。还见么？华顶月笼招手石，断桥水落舍身岩。"僧问："百丈卷席，意旨如何？"师曰："贼过后张弓。"四明太守以雪窦命师主之，师辞以偈曰："闹篮方喜得抽头，退鼓而今打未休。莫把乳峰千丈雪，重来换我一双眸。"

天童慈航了朴禅师

庆元府天童慈航了朴禅师，福州人。上堂："酷暑如焚不易禁，炎炎赫赫欲流金。夜明帘外无人到，灵木迢然转绿阴。"上堂："久雨不晴，半睡半醒。可谓天地合其德，日月合其明，四时合其序，鬼神合其吉凶。”遂喝曰：“住！住！内卦已成，更求外象。”卓拄杖曰：“适来掷得雷天《大壮》，如今变作地火《明夷》。”上堂：“牛皮鞔露柱，露柱啾啾叫。灯笼佯不知，虚明还自照。殿脊老蚩吻，闻得呵呵笑。三门侧耳听，就上打之绕。譬如十日菊，开彻阿谁要？阿呵呵！未必秋香一夜衰，熨斗煎茶不同铫。”室中问僧：“贼来须打，客来须看。只如三更夜半，人面似贼，贼面似人，作么生辨？”上堂：“观音岩玲玲珑珑，太白石丁丁东东。西园菜蟥，似不堪食。东谷花发，却无赖红。且道是祖意教意，途中受用，世谛流布？若辨不出，雪峰覆却饭桶。若辨得出，甘赞礼拜蒸笼。参！”上堂：“德山入门便棒，临济入门便喝。临济喝处，德山棒头耳聋，德山棒时，临济喝下眼瞎。虽然一搦一抬，就中全生全杀。”遂喝一喝，卓拄杖一下云：“敢问诸人是生是杀？”良久云：“君子可入。”

西岩宗回禅师

南剑州西岩宗回禅师，婺州人也。久依无示，深得法忍。因寺僧以茶禁闻有司，吏捕知事，师谓众曰：“此事不直之，则罪坐于我。若自直，彼复得罪，不忍为也。”令击鼓升座，说偈曰：“县吏追呼不暂停，争如长往事分明。从前有个无生曲，且喜今朝调已成。”言讫而逝。

高丽国坦然国师

高丽国坦然国师，少嗣王位，钦乡宗乘。因海商方景仁抵四明，录无示语归，师阅之启悟，即弃位圆颅。作书以《语要》及《四威仪偈》，令景仁呈无示。示答曰：“佛祖出兴于世，无一法与人，实使其自信、自悟、自证、自到，具大知见。如所见而说，如所说而行，山河大地、草木丛林相与证明，其来久矣。”后复通嗣法，其书略曰:“生死海广，劫殚罔通。得遇本分宗师，以三要印子，验定其法，实谓盲龟值浮木孔耳。”

龙华无住本禅师

临安府龙华无住本禅师，广德人也。上堂，举：云门大师拈起胡饼曰:“我只供养两浙人，不供养向北人。”众无语，门自代曰:“天寒日短，两人共一碗。”师曰:“韶阳老汉，言中有响，痛处着锥。检点将来，翻成毒药。诸人要会么，半在河南半河北，一片虚凝似墨黑。冷地思量愁杀人，叵耐云门这老贼。贼！贼！”下座，更不巡堂。

道场琳禅师法嗣

东山吉禅师

临江军东山吉禅师，因李朝请与甥芗林居士向公子谭谒之，遂问:“家贼恼人时如何？”师曰:“谁是家贼？”李竖起拳，师曰:“贼身已露。”李曰:“莫茶糊人好！”师曰:“赃证见在。”李无语。师示以偈曰:“家贼恼人孰奈何，千圣回机只为他。遍界遍空无影迹，无依无住绝笼罗。贼！贼！猛将雄兵收不得，疑杀天下老禅和，笑倒闹市古弥勒。休！休！不用将心向外求，回头瞥尔贼身露，和赃捉获世无俦。世无俦，真可仰，从兹不复夸伎俩。怗怗安家乐业时，万象森罗齐拊掌。”

道场慧禅师法嗣

灵隐懒庵道枢禅师

临安府灵隐懒庵道枢禅师，吴兴四安徐氏子。初住何山，次移华藏。隆兴初，诏居灵隐。孝宗皇帝召至内殿，问禅道之要。师答以“此事在陛下堂堂日用应机处,本无知见起灭之梦、圣凡迷悟之别。第护正念，则与道相应。情却物，则业不能系。尽去沉掉之病，自忘问答之意。矧今补处，见在佛般若光明中，何事不成见邪？”上为之首肯数四。师示众曰：“仙人张果老,骑驴穿市过。但闻蹄拨剌，谁知是纸做？”后退居明教永安兰若,逍遥自适。有偈题于壁曰：“雪里梅花春信息，池中月色夜精神。年来可是无佳趣，莫把家风举似人。”淳熙丙申八月，示微疾，书偈而逝。塔于永安。

光孝愍禅师法嗣

光孝悟初首座

广德军光孝悟初首座，分座日示众，举风幡话，至仁者心动处，乃曰：“祖师恁么道，赚杀一船人。今时衲僧，也不可恁么会。既不恁么会，毕竟作么生？”良久曰：“六月好合酱，切忌着盐多。”

南岳下十七世

万年贲禅师法嗣

龙鸣在庵贤禅师

温州龙鸣在庵贤禅师，上堂，举：崇寿示众曰：“识得凳子，周匝有余。”云门道：“识得凳子，天地悬殊。”师曰：“崇寿老汉，坐杀天下人。云门大师，走杀天下人。龙鸣则不然，识得凳子，四脚着地，要坐便坐，要起便起。”上堂，举赵州勘婆话颂曰：“冰雪佳人貌最奇，常将玉笛向人吹。曲中无限花心动，独许东君第一枝。”

大沩咦庵鉴禅师

潭州大沩咦庵鉴禅师，会稽人也。上堂：“木落霜空，天寒水冷。释迦老子，无处藏身。拆东篱，补西壁，撞着不空见菩萨。请示念佛三昧，也甚奇怪，却向道：金色光明云，参退吃茶去。”上堂：“老胡开一条路，甚生径直。只云：歇即菩提，性净明心，不从人得。后人不得其门，一向奔驰南北，往复东西，极岁穷年，无个歇处。诸人还歇得么？休！休！”上堂，举：晦堂和尚一日问僧：“甚处来？”曰：“南雄州。”堂曰：“出来作什么？”曰：“寻访尊宿。”堂曰：“不如归乡好。”曰：“未审和尚令某归乡，意旨如何？”堂曰：“乡里三钱买一片鱼鲊，如手掌大。”师曰：“宁可碎身如微尘，终不瞎个师僧眼。晦堂较些子，有般汉便道，熟处难忘。有甚共语处？”上堂，举罽宾国王问师子尊者蕴空公案。师颂曰：“尊者何曾得蕴空？罽宾徒自斩春风。桃花雨后已零落，染得一溪流水红。”

五灯会元　卷第十九

南岳下十一世

石霜圆禅师法嗣

杨歧方会禅师

袁州杨歧方会禅师，郡之宜春冷氏子。少警敏，及冠，不事笔砚，系名征商，课最坐不职。乃宵遁入瑞州九峰，恍若旧游，眷不忍去，遂落发。每阅经，心融神会，能折节扣参老宿。慈明自南源徙道吾石霜，师皆佐之，总院事。依之虽久，然未有省发。每咨参，明曰："库司事繁，且去。"他日又问。明曰："监寺异时儿孙遍天下在，何用忙为？"一日，明适出，雨忽作。师侦之小径，既见，遂扭住曰："这老汉今日须与我说。不说打你去。"明曰："监寺知是般事便休。"语未卒，师大悟，即拜于泥途。问曰："狭路相逢时如何？"明曰："你且躲避，我要去那里去。"师归。来日，具威仪，诣方丈礼谢。明呵曰："未在。"自是明每山行，师辄瞰其出，虽晚必击鼓集众。明遽还，怒曰：“少丛林暮而升座，何从得此规绳？”师曰：“汾阳晚参也，何谓非规绳乎？”一日，明上堂，师出问：“幽鸟语喃喃，辞云入乱峰时如何？”明曰：“我行荒草里，汝又入深村。”师曰：“官不容针，更借一问。”明便喝。师曰：“好喝。”明又喝，师亦喝。明连喝两喝，师礼拜。明曰：“此事是个人方能担荷。”师拂袖便行。明移兴化，师辞归九峰。后道俗迎居杨岐，次迁云盖。受请日，拈法衣示众曰：“会么？若也不会，今日无端走入水牯牛队里去也。还知么？筠阳九岫，萍实杨岐。”遂升座。时有僧出，师曰：“渔翁未掷钓，跃鳞冲浪来。”僧便喝，师曰：“不信道。”僧拊掌归众。师曰：“消得龙王多少风？”问：“师唱谁家曲，宗风嗣阿谁？”师曰：“有马骑马，无马步行。”曰：“少年长老，足有机筹。”师曰：“念汝年老，放汝三十棒。”问：“如何是佛？”师曰：“三脚驴子弄蹄行。”曰：“莫只这便是么？”师曰：“湖南长老。”乃曰：“更有问话者么？试出来相见。杨岐今日性命，在汝诸人手里，一任横拖倒拽。为什么如此？大丈夫儿，须是当众决择，莫背地里似水底按葫芦相似，当众引验，莫便面赤。有么，有么？出来决择看。如无，杨岐今日失利。”师便下座。九峰勤和尚把住云：“今日喜得个同参。”师曰：“作么生是同参底事？”勤曰：“九峰牵犁，杨岐拽耙。”师曰：“正恁么时，杨岐在前，九峰在前？”勤拟议，师拓开曰：“将谓同参，元来不是。”僧问：“人法俱遣，未是衲僧极则。佛祖双亡，犹是学人疑处。未审和尚如何为人？”师曰：“你只要勘破新长老。”曰：“恁么则旋斫生柴带叶烧。”师曰：“七九六十三。”问：“古人面壁，意旨如何？”师曰：“西天人不会唐言。”上堂：“雾锁长空，风生大野。百草树木，作大师子吼。演说摩诃大般若，三世诸佛在你诸人脚跟下转大法轮。若也会得，功不浪施。若也不会，莫道杨岐山势险，前头更有最高峰。”上堂：“举古人一转公案，布施大众。”良久曰：“口只堪吃饭。”上堂：“踏着秤锤硬似铁，哑子得梦向谁说？须弥顶上浪滔天，大洋海里遭火爇。参！”上堂：“杨岐一要，千圣同妙。布施大众，”拍禅床一下云：“果然失照。参！”上堂：“杨歧一句，急着眼觑，长连床上，拈匙把箸。”上堂，拈拄杖云：“一即一切，一切即一。”画一画云：“山河大地，天下老和尚百杂碎，作么生是诸人鼻孔？”良久云：“剑为不平离宝匣，药因救病出金瓶。”喝一喝，卓一下。上堂：“杨歧无旨的，种田博饭吃。说梦老瞿昙，何处觅踪迹？”喝一喝，拍禅床一下。上堂：“薄福住杨歧，年来气力衰。寒风凋败叶，犹喜故人归。啰啰哩，拈上死柴头，且向无烟火。”上堂：“杨歧乍住屋壁疏，满床尽布雪真珠。缩却项，暗嗟吁。”良久曰：“翻忆古人树下居。”上堂：“云盖是事不如，说禅似吞栗蒲。若向此处会得，佛法天地悬殊。”上堂，掷下拄杖曰：“释迦老子着跌，偷笑云盖乱说。虽然世界坦平，也是将勤补拙。”上堂：“释迦老子初生时，周行七步，目顾四方，一手指天，一手指地。今时衲僧，尽皆打模画样，便道天上天下，唯我独尊。云盖不惜性命，亦为诸人打个样子。”遂曰：“阳气发时无硬地。”示众：“一切智通无障碍。”拈起拄杖曰：“拄杖子向汝诸人面前逞神通去也。”掷下曰：“直得乾坤震裂，山岳摇动。会么？不见道，一切智智清净。”拍禅床曰：“三十年后，明眼人前，莫道杨歧龙头蛇尾。”僧问：“拨云见日时如何？”师曰：“东方来者东方坐。”问：“天得一以清，地得一以宁。衲僧得一，堪作什么？”师曰：“钵盂口向天。”慈明忌辰设斋，众才集，师于真前，以两手捏拳安头上，以坐具画一画，打一圆相，便烧香。退身三步，作女人拜。首座曰：“休捏怪。”师曰：“首座作么生？”座曰：“和尚休捏怪。”师曰：“兔子吃牛奶。”第二座近前，打一圆相，便烧香，亦退身三步，作女人拜。师近前作听势，座拟议，师打一掌曰：“这漆桶也乱做。”龙兴孜和尚迁化，僧至下遗书。师问：“世尊入灭，椁示双趺。和尚归真，有何相示？”僧无语。师捶胸曰：“苍天！苍天！”室中问僧：“栗棘蓬你作么生吞？金刚圈你作么生透？”一日，三人新到。师问：“三人同行，必有一智。”提起坐具曰：“参头上座，唤这个作什么？”曰：“坐具。”

师曰:“真个那!”曰:“是。”师复曰:“唤作什么?”曰:“坐具。”师顾视左右曰:“参头却具眼。”问第二人:“欲行千里,一步为初。如何是最初一句?”曰:“到和尚这里,争敢出手?”师以手画一画,僧曰:“了。”师展两手,僧拟议。师曰:“了。”问第三人:“近离甚处?”曰:“南源。”师曰:“杨歧今日被上座勘破,且坐吃茶。”问僧:“败叶堆云,朝离何处?”曰:“观音。”师曰:“观音脚跟下一句作么生道?”曰:“适来相见了也。”师曰:“相见底事作么生?”僧无对。师曰:“第二上座代参头道看。”亦无对。师曰:“彼此相钝置。”示众云:“春风如刀,春雨如膏。律令正行,万物情动。你道脚踏实地一句,作么生道出来?向东涌西没处道看。直饶道得,也是梁山颂子。”示众云:“身心清净,诸境清净。诸境清净,身心清净。还知杨歧老人落处么?河里失钱河里摝。”示众云:“景色乍晴,物情舒泰。举步也千身弥勒,动用也随处释迦。文殊普贤在这里。众中有不受人谩底,便道杨歧和麸粜面。然虽如是,布袋里盛锥子。”示众云:“雪!雪!处处光辉明皎洁,黄河冻锁绝纤流,赫日光中须迸裂。须迸裂,那吒顶上吃蒺藜,金刚脚下流出血。”皇佑改元,示寂。塔于云盖。

南岳下十二世

杨歧会禅师法嗣

白云守端禅师

舒州白云守端禅师,衡阳葛氏子。幼事翰墨,冠依茶陵郁禅师披削,往参杨歧。歧一日忽问:“受业师为谁?”师曰:“茶陵郁和尚。”歧曰:“吾闻伊过桥遭攧有省,作偈甚奇,能记否?”师诵曰:“我有明珠一颗,久被尘劳关锁。今朝尘尽光生,照破山河万朵。”歧笑而趋起，师愕然，通夕不寐。黎明，咨询之。适岁暮，歧曰：“汝见昨日打殴傩者么？”曰：“见。”歧曰：“汝一筹不及渠。”师复骇曰：“意旨如何？”歧曰：“渠爱人笑，汝怕人笑。”师大悟。巾侍久之，辞游庐阜。圆通讷禅师举住承天，声名籍甚。又逊居圆通，次徙法华龙门、兴化海会，所至众如云集。僧问：“如何是佛？”师曰：“镬汤无冷处。”曰：“如何是佛法大意？”师曰：“水底按葫芦。”曰：“如何是祖师西来意？”师曰：“乌飞兔走。”问：“不求诸圣，不重己灵，未是衲僧分上事。如何是衲僧分上事？”师曰：“死水不藏龙。”曰：“便恁么去时如何？”师曰：“赚杀你。”到栖贤，上堂：“承天自开堂后，便安排些葛藤来山南东葛西葛，却为在归宗开先万杉打叠了也。今日到三峡会里，大似临嫁医瘿，卒着手脚不办。幸望大众不怪。伏惟珍重！”上堂：“鸟有双翼，飞无远近。道出一隅，行无前后。你衲僧家，寻常拈匙放箸，尽道知有；及至上岭时，为什么却气急？不见道，人无远虑，必有近忧。”上堂：“乾坤之内，宇宙之间，中有一宝，秘在形山。大众，眼在鼻上，脚在肚下，且道宝在什么处？”良久云：“人面不知何处去，桃花依旧笑春风。”

上堂：“古者道，将此深心奉尘刹，是则名为报佛恩。圆通则不然，时挑野菜和根煮，旋斫生柴带叶烧。”上堂：“江月照，松风吹，到这里还有漏网者么？”良久曰：“皇天无亲。”上堂：“入林不动草，入水不动波，入鸟不乱行。大众，这个是把缆放船底手脚，且道衲僧家合作么生？”以手拍禅床曰：“掀翻海岳求知己，拨乱乾坤见太平。”上堂：“忌口自然诸病减，多情未免有时劳。贫居动便成违顺，落得清闲一味高。虽然如是，莫谓无心云是道，无心犹隔一重关。”示众云：“泥佛不度水，木佛不度火，金佛不度炉，真佛内里坐。大众，赵州老子十二剂骨头，八万四千毛孔，一时抛向诸人怀里了也。圆通今日路见不平，为古人出气。”以手拍禅床云：“须知海岳归明主，未信乾坤陷吉人。”

示众云：“佛身充满于法界，普现一切群生前，随缘赴感靡不周，而常处此菩提座。大众，作么生说个随缘赴感底道理？只于一弹指闲，尽大地含生根机，一时应得周足，而未尝动着一毫头，便且唤作随缘赴感，而常处此座。只如山僧，比者受法华请，相次与大众相别去。宿松县里开堂了,方归院去。且道还离此座也无？若道离,则世谛流布。若道不离，作么生见得个不离底事？莫是无边刹境，自他不隔于毫端；十世古今，始终不离于当念么？又莫是一切无心，一时自遍么？若恁么，正是掉棒打月，到这里直须悟始得，悟后更须遇人始得。你道既悟了便休，又何必更须遇人？若悟了遇人底，当垂手方便之时，着着自有出身之路,不瞎却学者眼。若只悟得干萝卜头底,不唯瞎却学者眼,兼自己动，便先自犯锋伤手。你看我杨岐先师问慈明师翁道：“幽鸟语喃喃,辞云入乱峰时如何？”答云：“我行荒草里,汝又入深村。”进云：“官不容针,更借一问。”师翁便喝,进云“好喝”。师翁又喝,先师亦喝。师翁乃连喝两喝，先师遂礼拜。大众须知，悟了遇人者，向十字街头与人相逢，却在千峰顶上握手。向千峰顶上相逢，却在十字街头握手。所以山僧尝有颂云：“他人住处我不住，他人行处我不行。不是为人难共聚，大都缁素要分明。”山僧此者临行，解开布袋头，一时撒在诸人面前了也。有眼者莫错怪好！珍重！”开堂示众云：“昔日灵山会上，世尊拈花，迦叶微笑。世尊道，吾有正法眼藏，分付摩诃大迦叶，次第流传，无令断绝。至于今日，大众，若是正法眼藏，释迦老子自无分，将个什么分付？将个什么流传？何谓如此？况诸人分上，各各自有正法眼藏。每日起来，是是非非，分南分北，种种施为，尽是正法眼藏之光影。此眼开时，乾坤大地，日月星辰，森罗万象，只在面前，不见有毫厘之相。此眼未开时，尽在诸人眼睛里。今日已开者，不在此限。有未开者，山僧不惜手，为诸人开此正法眼藏看！”乃举手，竖两指曰：“看！看！若见得去，事同一家。若也未然，山僧不免重说偈言。诸人法眼藏，千圣莫能当。为君通一线，光辉满大唐。须弥走入海，六月降严霜。法华虽恁道，无句得商量。大众，既满口道了，为什么却无句得商量？”喝一喝曰：“分身两处看。”

上堂：“释迦老子有四弘誓愿云：‘众生无边誓愿度，烦恼无尽誓愿断，法门无量誓愿学，佛道无上誓愿成。’法华亦有四弘誓愿：‘饥来要吃饭，寒到即添衣，困时伸脚睡，热处爱风吹。’”上堂：“古人留下一言半句，未透时撞着铁壁相似，忽然一日觑得透后，方知自己便是铁壁。如今作么生透？”复曰：“铁壁，铁壁。”上堂：“若端的得一回汗出，便向一茎草上现琼楼玉殿。若未端的得一回汗出，纵有琼楼玉殿，却被一茎草盖却。作么生得汗出去？自有一双穷相手，不曾容易舞三台。”上堂：“安居之首，禁足为名。禁足之意，意在进道而护生。衲僧家更有何生而可护？何道而可进？唾一唾，唾破释迦老子面门。踏一步，踏断释迦老子背脊骨。犹是随群逐队汉，未是本分衲僧。”良久曰：“无限风流慵卖弄，免教人指好郎君。”上堂：“丝毫有趣皆能进，毕竟无归若可当。逐日退身行与尽，忽然得见本爷娘。作么生是本爷娘？”乃云：“万福。”便下座。示众云：“如我按指，海印发光。”拈起拄杖云：山河大地，水鸟树林，情与无情，今日尽向法华拄杖头上作大师子吼，演说摩诃大般若。且道天台南岳说个什么法门？南岳说：“洞上五位修行，君臣父子各得其宜。莫守寒岩异草青，坐却白云宗不妙。”天台说：“临济下，三玄三要四料拣，一喝分宾主，照用一时行。要会个中意，日午打三更。”庐山出来道：“你两个正在葛藤窠里，不见道，欲得不招无间业，莫谤如来正法轮。”大众据此三个汉见解，若上衲僧秤子上称，一个重八两，一个重半斤，一个不直半分钱。且道那个不直半分钱？良久云：“但愿春风齐着力，一时吹入我门来。”卓拄杖，下座。熙宁五年迁化，寿四十八。

保宁仁勇禅师

金陵保宁仁勇禅师，四明竺氏子。容止渊秀，龆为大僧，通天台教。更衣谒雪窦明觉禅师，觉意其可任大法，诮之曰：“央庠座主。”师愤悱下山，望雪窦拜曰：“我此生行脚参禅，道不过雪窦，誓不归乡。”即往浏潭，逾纪疑情未泮。闻杨歧移云盖，能钤键学者，直造其室，一语未及，顿明心印。歧殁，从同参白云端禅师游，研极玄奥。后出世两住保宁而终。僧问：“如何是佛？”师曰：“近火先焦。”曰：“如何是道？”师曰：“泥里有刺。”曰：“如何是道中人？”师曰：“切忌踏着。”问：“先德道，寒风凋败叶，犹喜故人归。未审谁是故人？”师曰：“杨歧和尚迁化久矣。”曰：“正当恁么时，更有什么人为知音？”师曰：“无眼村翁暗点头。”问：“如何是佛？”师曰：“自屎不觉臭。”问：“如何是保宁境？”师曰：“主山头倒卓。”曰：“如何是境中人？”师曰：“鼻孔无半边。”问：“如何是尘中自在底人？”师曰：“因行不妨掉臂。”问：“如何是佛？”师曰：“铁锤无孔。”曰：“如何是佛法大意？”师曰：“镬汤无冷处。”问：“灵山指月，曹溪话月，未审保宁门下如何？”师曰：“嗄。”曰：“有花当面贴。”师便喝。问：“摘叶寻枝即不问，如何是直截根源？”师曰：“蚊子上铁牛。”曰：“直截根源人已晓，中下之流如何指示？”师曰：“石人脊背汗通流。”

上堂：“山僧二十余年，挑囊负钵，向寰海之内，参善知识十数余人，自家并无个见处，有若顽石相似。参底尊宿，亦无长处可相利益。自此一生，作个百无所解底人。幸自可怜生，忽然被业风吹到江宁府，无端被人上当，推向十字路头，住个破院，作粥饭主人。接待南北。事不获已，随分有盐有醋，粥足饭足，且恁过时。若是佛法，不曾梦见。”上堂，侍者烧香罢，师指侍者曰：“侍者已为诸人说法了也。”上堂：“看看，山僧入拔舌地狱去也！”以手拽舌云：“阿啷阿啷！”上堂：“相骂无好言，相打无好拳。大众，直须恁么，始得一句句切害，一拳拳着实。忽然打着个无面目汉，也不妨畅快杀人。”上堂：“满口是舌，都不能说。碧眼胡僧，当门齿缺。”上堂：“秋风凉，松韵长。未归客，思故乡。且道谁是未归客？何处是故乡？”良久曰：“长连床上，有粥有饭。”上堂:“天上无弥勒,地下无弥勒,打破太虚空,如何寻不得?”垂下一足曰:“大众向什么处去也。”上堂:“若说佛法供养大众,未免眉须堕落。若说世法供养大众,入地狱如箭射。去此二途,且道保宁今日当说什么?三寸舌头无用处,一双空手不成拳。”上堂:“古人底今人用,今人底古人为,古今无背面,今古几人知。唧呜咿!一九与二九,相逢不出手。”上堂:“有手脚,无背面。明眼人,看不见。天左旋,地右转。”拍膝曰:“西风一阵来,落叶两三片。”上堂:“风鸣条,雨破块,晓来枕上莺声碎。虾蟆蚯蚓一时鸣,妙德空生都不会。都不会,三个成群,四个作队。窈窈窕窕,飘飘飖飖。向南北东西,折得梨花李花,一佩两佩。”上堂:“智不到处,切忌道着,道着则头角生。大众头角生了也,是牛是马?”上堂:“无漏真净,云何是中更容他物?”喝一喝,曰:“好人不肯做,须要屎里卧。”上堂:“夜静月明,水清鱼现。金钩一掷,何处寻踪?”提起拄杖曰:“历细历细。”

示众云:“有个汉,怪复丑,眼直鼻蓝馋,面南看北斗。解使日午金乌啼,夜半铁牛吼。天地旋,山河走,羽族毛群,失其所守。直得文殊普贤出此没彼,七纵八横,千生万受。蓦然逢着个黄面瞿昙,不惜眉毛,再三与伊摩顶授记,云善哉善哉!大作佛事,希有希有。于是乎自家懡㦬,懡㦬憧憧惶惶,藏头缩手。”召云:“大众,此话大行,何必更待三十年后。”示众云:“大方无外,大圆无内。无内无外,圣凡普会。瓦砾生光,须弥粉碎。无量法门,百千三昧。”拈起拄杖云:“在这里。会么?苏噜苏噜,唏哩唏哩娑诃。”示众云:“释迦老子四十九年说法,不曾道着一字。优波鞠多丈室盈筹,不曾度得一人。达磨不居少室,六祖不住曹溪,谁是后昆,谁为先觉?既然如是,彼自无疮,勿伤之也。”拍膝,顾众云:“且喜得天下太平。”示众云:“真相无形,示形现相。千怪万状,自此而彰。喜则满面光生,怒则双眉陡竖。非凡非圣,或是或非,人不可量,天莫能测。直下构得,未称丈夫。唤不回头,且莫错怪。”

石霜守孙禅师

潭州石霜守孙禅师，僧问："生也不道。死也不道。为什么不道？"师曰："一言已出。"曰："从东过西，又作么生？"师曰："驷马难追。"曰："学人总不与么？"师曰："易开终始口，难保岁寒心。"

比部孙居士

比部孙居士，因杨岐会禅师来谒，值视断次，公曰："某为王事所牵，何由免离？"歧指曰："委悉得么？"公曰："望师点破。"歧曰："此是比部弘愿深广，利济群生。"公曰："未审如何？"歧示以偈曰："应现宰官身，广弘悲愿深。为人重指处，棒下血淋淋。"公于此有省。

南岳下十三世

白云端禅师法嗣

五祖法演禅师

蕲州五祖法演禅师，绵州邓氏子。三十五始弃家，祝发受具。往成都，习《唯识》《百法论》，因闻菩萨入见道时，智与理冥，境与神会，不分能证所证。西天外道尝难比丘曰："既不分能证所证，却以何为证？"无能对者。外道贬之，令不鸣钟鼓，反披袈裟。三藏奘法师至彼，救此义曰："如人饮水，冷暖自知。"乃通其难。师曰："冷暖则可知矣，作么生是自知底事？"遂质本讲曰："不知自知之理如何？"讲莫疏其问，但诱曰："汝欲明此，当往南方，扣传佛心宗者。"师即负笈出关。所见尊宿，无不以此咨决所疑，终不破。洎谒圆照本禅师，古今因缘会尽，唯不会："僧问兴化："四方八面来时如何？"化云："打中间底。"僧作礼。化云："我昨日赴个村斋，中途遇一阵卒风暴雨，却向古庙里避得过。”请益本。本云：“此是临济下因缘,须是问他家儿孙始得。”师遂谒浮山远禅师,请益前话。远云：“我有个譬喻，说似你。你一似个三家村里卖柴汉子，把个匾担向十字街头,立地问人,中书堂今日商量什么事？”师默计云：“若如此大故未在。”远一日语师曰：“吾老矣，恐虚度子光阴，可往依白云。此老虽后生，吾未识面，但见其颂临济三顿棒话，有过人处。必能了子大事。”师潸然礼辞。至白云，遂举僧问南泉摩尼珠话，请问。云叱之，师领悟。献投机偈曰：“山前一片闲田地，叉手叮咛问祖翁。几度卖来还自买，为怜松竹引清风。”云特印可，令掌磨事。未几,云至,语师曰：“有数禅客自庐山来，皆有悟入处。教伊说，亦说得有来由。举因缘，问伊亦明得，教伊下语亦下得。只是未在。”师于是大疑，私自计曰：“既悟了，说亦说得，明亦明得。如何却未在？”遂参究累日,忽然省悟。从前宝惜，一时放下。走见白云，云为手舞足蹈，师亦一笑而已。师后曰：“吾因兹出一身白汗，便明得下载清风。”云一日示众曰：“古人道，如镜铸像，像成后镜在什么处？”众下语不契,举以问师。师近前问讯曰：“也不较多。”云笑曰：“须是道者始得。”乃命分座，开示方来。

初住四面，迁白云，晚居东山。僧问：“携筇领众，祖令当行，坐断要津,师意如何？”师曰：“秋风吹渭水,落叶满长安。”曰：“四面无门山岳秀，今朝且得主人归。”师曰：“你道路头在什么处？”曰：“为什么对面不相识？”师曰：“且喜到来。”问：“祖意教意，是同是别？”师曰：“人贫智短，马瘦毛长。”问：“如何是白云为人亲切处？”师曰：“捩转鼻孔。”曰：“便恁么去时如何？”师曰：“不知痛痒汉。”问：“达磨面壁，意旨如何？”师曰：“计较未成。”曰：“二祖立雪时如何？”师曰：“将错就错。”曰：“只如断臂安心，又作么生？”师曰：“炀帝开汴河。”问：“百尺竿头，如何进步？”师曰：“快走始得。”问：“如何是临济下事？”师曰：“五逆闻雷。”曰：

"如何是云门下事？"师曰："红旗闪烁。"曰："如何是曹洞下事？"师曰："驰书不到家。"曰："如何是沩仰下事？"师曰："断碑横古路。"僧礼拜。师曰："何不问法眼下事？"曰："留与和尚。"师曰："巡人犯夜。"问："如何是白云一滴水？"师曰："打碓打磨。"曰："饮者如何？"师曰："教你无着面处。"问："天下人舌头，尽被白云坐断。白云舌头,什么人坐断？"师曰："东村王大翁。"师乃曰："适来思量得一则因缘,而今早忘了也。却是拄杖子记得。"乃拈拄杖曰："拄杖子也忘了。"遂卓一下，曰："同坑无异土。咄！"

上堂："幸然无一事。行脚要参禅，却被禅相恼，不透祖师关。如何是祖师关？把火入牛栏。"上堂："恁么恁么，虾跳不出斗。不恁么不恁么，弄巧成拙。软似铁，硬如泥，金刚眼睛十二两。衲僧手里秤头低，有价数，没商量。无鼻孔底将什么闻香？"上堂："难难几何般，易易没巴鼻，好好催人老，默默从此得。过这四重关了，泗州人见大圣。参！"上堂："若要七纵八横，见老和尚打鼓升堂。七十三,八十四，将拄杖蓦口便筑。然虽如是，拈却门前下马台，剪却五色索，方始得安乐。"僧问："承师有言，山前一片闲田地，只如威音王已前，未审什么人为主？"师曰："问取写契书人。"曰："和尚为甚倩人来答？"师曰："只为你教别人问。"曰："与和尚平出去也。"师曰："大远在。"问："如何是佛？"师曰："口是祸门。"又曰："肥从口入。"问："一代时教是个切脚，未审切那个字？"师曰："钵啰娘。"曰："学人只问一字，为什么却答许多？"师曰："七字八字。"问："如何是和尚家风？"师曰："铁旗铁鼓。"曰："只有这个，为复别有？"师曰："采石渡头看！"曰："忽遇客来，将何祗待？"师曰："龙肝凤髓，且待别时。"曰："客是主，人相师。"师曰："谢供养。"问："如何是先照后用？"师曰："王言如丝。"曰："如何是先用后照？"师曰："其出如纶。"曰："如何是照用同时？"师曰："举起轩辕鉴，蚩尤顿失威。"曰："如何是照用不同时？"师曰：

"金将火试。"问:"佛未出世时如何?"师曰:"大憨不如小憨。"曰:"出世后如何?"师曰:"小憨不如大憨。"问:"牛头未见四祖时如何?"师曰:"头上戴累垂。"曰:"见后如何?"师曰:"青布遮前。"曰:"未见时为什么百鸟衔华献?"师曰:"富与贵是人之所欲。"曰:"见后为什么不衔花献?"师曰:"贫与贱是人之所恶。"问:"如何是佛?"师曰:"露胸跣足。"曰:"如何是法?"师曰:"大赦不放。"曰:"如何是僧?"师曰:"钓鱼船上谢三郎。"问:"四面无门山岳秀,个中时节若为分?"曰:"东君知子细,遍地发萌芽。"曰:"春去秋来,事宛然也。"师曰:"才方搓弹子,便要捏金刚。"上堂:"古人道,我若向你道,即秃却我舌。若不向你道,即哑却我口。且道还有为人处也无?四面有时拟为你吞却,只被当门齿碍,拟为你吐却,又为咽喉小。且道还有为人处也无?"乃曰:"四面自来柳下惠。"

上堂:"结夏无可供养,作一家燕,管顾诸人。"遂抬手曰:"啰逻招,啰逻摇,啰逻送,莫怪空疏,伏惟珍重。"上堂:"白云不会说禅,三门开向两边,有人动着关捩,两片东扇西扇。"上堂:"一向恁么去,路绝人稀。一向恁么来,孤负先圣。去此二途,祖佛不能近。设使与白云同生同死,亦未称平生,何也?凤凰不是凡间物,不得梧桐誓不栖。"上堂:"千峰列翠,岸柳垂金。樵父讴歌,渔人鼓舞。笙簧聒地,鸟语呢喃。红粉佳人,风流公子。一一为汝诸人发上上机,开正法眼。若向这里荐得,金色头陀无容身处。若也不会,吃粥吃饭,许你七穿八穴。"上堂:"此个物,上拄天,下拄地。皖口作眼,皖山作鼻。太平退身三步,放你诸人出气。"上堂:"狗子还有佛性也无?也胜猫儿十万倍。"上堂:"太平漏逋汉,事事尽经遍。如是三十年,也有人赞叹。且道赞叹个什么?好个漏逋汉!"

上堂:"汝等诸人,见老和尚鼓动唇吻,竖起拂子,便作胜解。及乎山禽聚集,牛动尾巴,却将作等闲。殊不知檐声不断前旬雨,电影还连后夜雷。谢监收。"上堂:"人之性命事,第一须是〇。欲得成此○，先须防于○。若是真○人，○○。”上堂：“有佛处不得住，换却你心肝五脏。无佛处急走过，雁过留声。三千里外逢人，不得错举。出门便错，恁么则不去也，种粟却生豆。摘杨华，摘杨华，不觉日又夜，争教人少年？”上堂：“悟了同未悟，归家寻旧路。一字是一字，一句是一句。自小不脱空，两岁学移走。湛水生莲花，一年生一度。”僧问：“如何是夺人不夺境？”师曰：“秋风吹渭水，落叶满长安。”曰：“如何是夺境不夺人？”师曰：“路上逢人半是僧。”曰：“如何是人境两俱夺？”师曰：“高空有月千门照，大道无人独自行。”曰：“如何是人境俱不夺？”师曰：“少妇棹孤舟，歌声逐水流。”

小参，举：“德山云，今夜不答话，问话者三十棒。众中举者甚多，会者不少。且道向甚处见德山？有不顾性命者，试出来道看。若无，山僧为大众与德山老人相见去也。待德山道：今夜不答话，问话者三十棒。但向伊道，某甲话也不问，棒也不吃。你道还契他德山老人么？到这里，须是个汉始得。况某甲十有余年，海上参寻，见数人尊宿，自为了当。及到浮山会里，直是开口不得。后到白云门下，咬破一个铁酸豏，直得百味具足。且道豏子一句作么生道？”乃曰：“花发冠媚早秋，谁人能染紫丝头？有时风动频相倚，似向阶前斗不休。”

上堂：“山僧昨日入城，见一棚傀儡，不免近前看。或见端严奇特，或见丑陋不堪。动转行坐，青黄赤白，一一见了。子细看时，元来青布幔里有人。山僧忍俊不禁，乃问：‘长史高姓？’他道：‘老和尚看便了，问什么姓？’大众，山僧被他一问，直得无言可对，无理可伸。还有人为山僧道得么？昨日那里落节，今日这里拔本。”上堂：“说佛说法，拈槌竖拂，白云万里。德山入门便棒，临济入门便喝。白云万里。然后恁么也不得，不恁么也不得。恁么不恁么，不得，也则白云万里。忽有个汉出来道：‘长老你恁么道，也则白云万里。’这个说话，唤作矮子看戏，随人上下。三十年后，一场好笑。且道笑个什么？笑白云万里。”示众云：“祖师道：‘吾本来兹土，传法救迷情。一花开五叶，结果自然成。’达磨大师信脚来，信口道。后代儿孙，多成计较。要会开花结果处么？郑州梨，青州枣，万物无过出处好。”示众云:“真如凡圣,皆是梦言。佛及众生,并为增语。”或有人出来道:“盘山老聱。”但向伊道:“不因紫陌花开早，争得黄莺下柳条。”若更问道:“五祖老聱！”自云:“诺，惺惺着。”

示众云:“十方诸佛，六代祖师，天下善知识，皆同这个舌头。若识得这个舌头，始解大脱空，便道山河大地是佛，草木丛林是佛。若也未识得这个舌头，只成小脱空，自謾去。明朝后日，大有事在。五祖恁么说话，还有实头处也无？”自云:“有。如何是实头处？归堂吃茶去。”示众云:“每日起来，拄却临济棒，吹云门曲，应赵州拍，担仰山锹，驱沩山牛，耕白云田。七八年来，渐成家活。更告诸公，每人出一只手，相共扶助。唱村田乐，粗羹淡饭，且恁么过。何也？但愿今年蚕麦熟，罗睺罗儿与一文。”示众，举:德山和尚因僧问:“从上诸圣，以何法示人？”山云:“我宗无语句，亦无一法与人。”雪峰从此有省。后有僧问雪峰云:“和尚见德山，得个什么便休去？”峰云:“我当时空手去，空手归。”白云今日说向透未过者，有个人从东京来，问伊甚处来？他却道苏州来。问伊苏州事如何？伊道:一切寻常。虽然如是，謾白云不过。何故？只为语音各别，毕竟如何？苏州菱，邵伯藕。”示众:“佛祖生冤家，悟道染泥土。无为无事人，声色如聋瞽。且道如何即是？恁么也不得，不恁么也不得，恁么不恁么总不得。忽有个出来道:‘恁么也得，不恁么也得，恁么不恁么总得。’只向伊道:‘我也知你向鬼窟里作活计。’”小参，举:陆亘大夫问南泉:“弟子家中有一片石，也曾坐，也曾卧，拟镌作佛，得么？”云:“得。”陆曰:“莫不得么？”云:“不得。”大众，夫为善知识，须明决择。为什么他人道得也道得，他人道不得也道不得？还知南泉落处么？白云不惜眉毛，与汝注破。得又是谁道来，不得又是谁道来？汝若更不会，老僧今夜为汝作个样子。乃举手云:

"将三界二十八天作个佛头，金轮水际作个佛脚，四大洲作个佛身。虽然作此佛儿子了，汝诸人又却在那里安身立命？大众还会也未？老僧作第二个样子去也。将东弗于逮作一个佛，南赡部洲作一个佛，西瞿耶尼作一个佛，北郁单越作一个佛。草木丛林是佛，蠢动含灵是佛。既恁么，又唤什么作众生？还会也未？不如东弗于逮还他东弗于逮，南赡部洲还他南赡部洲，西瞿耶尼还他西瞿耶尼，北郁单越还他北郁单越，草木丛林还他草木丛林，蠢动含灵还他蠢动含灵。所以道：是法住法位，世间相常住。既恁么，汝又唤什么作佛？还会么？忽有个汉出来道：'白云休寐语。'大众记取这一转。"三佛侍师于一亭上夜话，及归灯已灭。师于暗中曰："各人下一转语。"佛鉴曰："彩凤舞丹霄。"佛眼曰："铁蛇横古路。"佛果曰："看脚下。"师曰："灭吾宗者，乃克勤尔。"崇宁三年六月二十五日，上堂，辞众曰："赵州和尚有末后句，你作么生会？试出来道看。若会得去，不妨自在快活。如或未然，这好事作么说？"良久曰："说即说了，也只是诸人不知。要会么？富嫌千口少，贫恨一身多。珍重！"时山门有土木之役，躬往督之，且曰："汝等勉力，吾不复来矣。"归丈室净发澡身，迄旦吉祥而化。是夕山摧石陨，四十里内岩谷震吼。阇维设利如雨，塔于东山之南。

云盖山智本禅师

潭州云盖山智本禅师，瑞州郭氏子。开堂日，僧问："诸佛出世，天雨四花。和尚出世，有何祥瑞？"师曰："千闻不如一见。"曰："见后如何？"师曰："瞎。"问："如何是清净法身？"师曰："家无小使，不成君子。"问："将心觅心，如何觅得？"师曰："波斯学汉语。"问："如何是学人出身处？"师曰："雪峰元是领南人。"问："素面相呈时如何？"师曰："一场丑拙。"问："人人尽有一面古镜，如何是学人古镜？"师曰："打破来，向你道。"曰："打破了也。"师曰："胡地冬抽笋。”问:“古人道，说取行不得底，行取说不得底。未审行不得底作么生说？”师曰:“口在脚下。”曰:“说不得底，作么生行？”师曰:“踏着舌头。”问:“知师久蕴囊中宝,今日当场略借看。”师曰:“适来恰被人借去。”上堂:“去者鼻孔辽天，来者脚踏实地。且道祖师意向什么处着？”良久曰:“长恨春归无觅处，不知流入此中来。”上堂:“高台巴鼻，开口便是。若也便是，有甚巴鼻？月冷风高，水清山翠。”上堂:“以楔出楔，有甚休歇？欲得休歇，以楔出楔。”喝一喝。上堂，高声唤侍者，侍者应诺。师曰:“大众集也未？”侍者曰:“大众已集。”师曰:“那一个为什么不来赴参？”侍者无语。师曰:“到即不点。”上堂:“满口道不出，句句甚分明。满目觑不见，山山叠乱青。鼓声犹不会，何况是钟鸣？”喝一喝。上堂:“祖翁卓卓荦荦，儿孙龌龌龊龊。有处藏头，没处露角。借问衲僧，如何摸索？”上堂，横按拄杖曰:“牙如刀剑面如铁，眼放电光光不歇。手把蒺藜一万斤，等闲敲落天边月。”卓一下。僧问:“如何是咬人师子？”师曰:“五老峰前。”曰:“这个岂会咬人？”师曰:“今日拾得性命。”上堂:“头戴须弥山，脚踏四大海。呼吸起风雷，动用生五彩。若能识得渠，一任岁月改。且道谁人识得渠？”喝一喝，云:“田厍奴。”

琅邪永起禅师

滁州琅邪永起禅师，襄阳人也。僧问:“庵内人为什么不见庵外事？”师曰:“东家点灯，西家暗坐。”曰:“如何是庵内事？”师曰:“眼在什么处？”曰:“三门头合掌。”师曰:“有甚交涉？”乃曰:“五更残月落，天晓白云飞。分明目前事，不是目前机。既是目前事，为什么不是目前机？”良久曰:“此去西天路，迢迢十万余。”上堂，良久拊掌一下，曰:“阿呵呵！阿呵呵！还会么？法法本来法。”遂拈拄杖曰:“这个是山僧拄杖，那个是本来法？还定当得么？”卓一下。

保福殊禅师

英州保福殊禅师，僧问："诸佛未出世时如何？"师曰："山河大地。"曰："出世后如何？"师曰："大地山河。"曰："恁么则一般也。"师曰："敲砖打瓦。"问："如何是和尚家风？"师曰："碗大碗小。"曰："客来将何祗待？"师曰："一杓两杓。"曰："未饱者，作么生？"师曰："少吃少吃。"问："如何是大道？"师曰："闹市里。"曰："如何是道中人？"师曰："一任人看。"问："如何是禅？"师曰："秋风临古渡，落日不堪闻。"曰："不问这个禅。"师曰："你问那个禅？"曰："祖师禅。"师曰："南华塔外松阴里，饮露吟风又更多？"问："如何是真正路？"师曰："出门看堠子。"乃曰："释迦何处灭俱尸？弥勒几曾在兜率？西觅普贤好惭愧，北讨文殊生受屈。坐压毗卢额汗流，行筑观音鼻血出。回头摸着个匾担，却道好个木牙笏。"喝一喝，下座。

崇胜院珙禅师

袁州崇胜院珙禅师，上堂，举石巩张弓架箭接机公案，颂曰："三十年来握箭弓，三平才到擘开胸。半个圣人终不得，大颠弦外几时逢？"

提刑郭祥正居士

提刑郭祥正，字功甫，号净空居士。志乐泉石，不羡纷华。因谒白云，云上堂曰："夜来枕上作得个山颂，谢功甫大儒，庐山二十年之旧，今日远访白云之勤，当须举与大众，请已后分明举似诸方。此颂岂唯谢功甫大儒，直要与天下有鼻孔衲僧脱却着肉汗衫。莫言不道！"乃曰："上大人，丘乙已。化三千，七十士。尔小生，八九子，佳作仁，可知礼也。"公切疑，后闻小儿诵之，忽有省。以书报云，云以偈答曰："藏身不用缩头，敛迹何须收脚？金乌半夜辽天，玉兔赶他不着。"元佑中往衢之南禅，谒泉万卷，请升座。公趋前拈香曰：“海边枯木，入手成香。爇向炉中，横穿香积如来鼻孔，作此大事，须是对众白过始得。云居老人有个无缝布衫，分付南禅，禅师着得不长不短，进前则诸佛让位，退步则海水澄波。今日嚬呻，六种震动。”遂召曰：“大众，还委悉么？有意气时添意气，不风流处也风流。”泉曰：“递相钝置。”公曰：“因谁致得？”崇宁初，到五祖，命祖升座。公趋前拈香曰：“此一瓣香，爇向炉中，供养我堂头法兄禅师，伏愿于方广座上，擘开面门，放出先师形相，与他诸人描邈。何以如此？白云岩畔旧相逢，往日今朝事不同。夜静水寒鱼不食，一炉香散白莲峰。”祖遂云：“曩谟萨怛哆钵啰野，恁么恁么，几度白云溪上望黄梅，花向雪中开，不恁么不恁么，嫩柳垂金线，且要应时来。不见庞居士问马大师云：‘不与万法为侣者，是什么人？’大师云：‘待汝一口吸尽西江水，即向汝道。’大众，一口吸尽西江水，万丈深潭穷到底。掠彴不是赵州桥，明月清风安可比？”后又到保宁，亦请升座。公拈香曰：“法鼓既鸣，宝香初爇。杨岐顶𩕳门，请师重着楔。”保宁卓拄杖一下，曰：“着楔已竟，大众证明。”又卓一下，便下座。又到云居，请佛印，升座。公拈香曰：“觉地相逢一何早，鹘臭布衫今脱了。要识云居一句玄，珍重后园驴吃草。”召大众曰：“此一瓣香，熏天炙地去也。”印曰：“今日不着便，被这汉当面涂糊。”便打，乃曰：“谢公千里来相访，共话东山竹径深。借与一龙骑出洞，若逢天旱便为霖。”掷拄杖下座，公拜起。印曰：“收得龙么？”公曰：“已在这里。”印曰：“作么生骑？”公摆手作舞便行。印拊掌曰：“只有这汉，犹较些子。”

保宁勇禅师法嗣

月掌山寿圣智渊禅师

郢州月掌山寿圣智渊禅师，僧问：“祖意西来即不问，如何是一色？”师曰：“目前无阇黎，此间无老僧。”曰：“既不如是，如何晓会？”师曰：“领取钩头意，莫认定盘星。”乃曰：“凡有问答，一似击石迸火，流出无尽法财，三草二木，普沾其润。放行也，云生谷口，雾罩长空。把定也，碧眼胡僧，亦须罔措。寿圣如斯举唱，犹是化门，要且未有衲僧巴鼻。敢问诸人，作么生是衲僧巴鼻？”良久曰：“布针开两眼，君向那头看？”

寿圣院楚文禅师

安吉州乌镇寿圣院楚文禅师，上堂，拈拄杖曰：“华藏木楖栗，等闲乱拈出。不是不惜手，山家无固必。点山山动摇，搅水水波溢。忽然把定时，事事执法律。要横不得横，要屈不得屈。”蓦召大众曰：“莫谓棒头有眼明如日，上面光生尽是漆。”随声敲一下。上堂：“一叉一劄，着骨连皮。一搦一抬，粘手缀脚。电光石火，头垂尾垂。劈箭追风，半生半死。撞着磕着，讨甚眉毛。明头暗头，是何眼目？不恁么，正在半途。设使全机，未至涯岸。直饶净裸裸，赤洒洒，没可把，尚有廉纤。山僧恁么道，且道口好作什么？”良久曰：“嘻！留取吃饭。”

灵鹫山宝积宗映禅师

信州灵鹫山宝积宗映禅师，开堂日，乃横按拄杖曰：“大众，到这里无亲无疏，自然不孤。无内无外，纵横自在。自在不孤，清净毗卢。释迦举令，弥勒分疏，观根逗教，更相回互。看取宝积拄杖子，黑漆光生，两头相副。阿呵呵，是何言欤？”良久曰：“世事但将公道断，人心难与月轮齐。”卓一下，下座。

景福日余禅师

隆兴府景福日余禅师，僧问：“如何是道？”师曰：“天共白云晓，水和明月流。”曰：“如何是道中人？”师曰：“先行不到，末后太过。”

又僧出众画一圆相，师以手画一画，僧作舞归众。师曰："家有白泽之图，必无如是妖怪。"乃拈拄杖曰："无量诸佛向此转大法轮，今古祖师向此演大法义。若信得及，法法本自圆成，念念悉皆具足。若信不及，山僧今日，因行不妨掉臂，便为重说偈言。"卓一下，下座。

上方日益禅师

安吉州上方日益禅师，开堂日，上首白槌罢，师曰："白槌前观一又不成，白槌后观二又不是。到这里任是铁眼铜睛，也须百杂碎。莫有不避危亡底衲僧，试出来看。"时有两僧齐出，师曰："一箭落双雕。"僧曰："某甲话犹未问，何得着忙？"师曰："莫是新罗僧么？"僧拟议，师曰："撞露柱汉。"便打。问："如何是未出世边事？"师曰："井底虾蟆吞却月。"曰："如何是出世边事？"师曰："鹭鸶踏折枯芦枝。"曰："去此二途，如何是和尚为人处？"师曰："十成好个金刚钻，摊向街头卖与谁？"问："如何是多年水牯牛？"师曰："齿疏眼暗。"问："闹市相逢事若何？"师曰："东行买贱，西行卖贵。"曰："忽若不作贵不作贱，又作么生？"师曰："镇州萝卜。"问："一切含灵具有佛性。既有佛性，为什么却撞入驴胎马腹？"师曰："知而故犯。"曰："未审向什么处忏悔？"师打曰："且作死马医。"问："觌面相呈时如何？"师曰："左眼半斤，右眼八两。"僧提起坐具，曰："这个聻！"师曰："不劳拈出。"乃左右顾视曰："黄面老周行七步，脚跟下正好一锥。碧眼胡兀坐九年，顶门上可惜一劄。当时若有个为众竭力底衲僧，下得这毒手，也免得拈花微笑，空破面颜；立雪齐腰，翻成辙迹。自此将错就错，相篓打篓。遂有五叶芬芳，千灯续焰。向曲录木上唱二作三，于楖栗杖头指南为北。直得进前退后，有问法问心之徒；倚门傍墙，有觅佛觅祖底汉。庭前指柏，便唤作祖意西来。日里看山，更错认学人自己。殊不知此一大事，本自灵明。尽未来际，未尝间断。不假修证，岂在思惟？虽鹙子有所不知，非满慈之所能辩。不见马祖一喝，百丈三日耳聋；宝寿令行，镇州一城眼瞎。大机大用，如迅雷不可停。一唱一提，似断崖不可履。正当恁么时，三世诸佛，只可傍观，六代祖师，证明有分。大众且道，今日还有证明底么？”良久曰：“劄。”上堂：“拾得搬柴，寒山烧火，唯有丰干，岩中冷坐。且道丰干有什么长处？”良久曰：“家无小使，不成君子。”

南岳下十四世

五祖演禅师法嗣

昭觉寺克勤禅师

成都府昭觉寺克勤佛果禅师，彭州骆氏子，世宗儒。师儿时日记千言，偶游妙寂寺，见佛书，三复怅然，如获旧物。曰：“予殆过去沙门也。”即去家，依自省祝发，从文照通讲说，又从敏行授《楞严》。俄得病，濒死，叹曰：“诸佛涅槃正路不在文句中，吾欲以声求色见，宜其无以死也。”遂弃去。至真觉胜禅师之席，胜方创臂出血，指示师曰：“此曹溪一滴也。”师矍然，良久曰：“道固如是乎？”即徒步出蜀，首谒玉泉皓，次依金銮信、大沩哲、黄龙心、东林度，佥指为法器，而晦堂称“他日临济一派属子矣”。最后见五祖，尽其机用，祖皆不诺。乃谓“祖强移换人”，出不逊语，忿然而去。祖曰：“待你着一顿热病打时，方思量我在。”师到金山，染伤寒困极，以平日见处试之，无得力者。追绎五祖之言，乃自誓曰：“我病稍间，即归五祖。”病痊寻归，祖一见而喜，令即参堂，便入侍者寮。方半月，会部使者解印还蜀，诣祖问道。祖曰：“提刑少年，曾读小艳诗否？有两句颇相近。频呼小玉元无事，只要檀郎认得声。”提刑应“喏喏”。祖曰：“且子细。”师适归侍立次，问曰:“闻和尚举小艳诗,提刑会否?”祖曰:“他只认得声。”师曰:“只要檀郎认得声。他既认得声，为什么却不是?”祖曰:“如何是祖师西来意?庭前柏树子。聻!”师忽有省，遽出，见鸡飞上栏干，鼓翅而鸣。复自谓曰:“此岂不是声?”遂袖香入室，通所得，呈偈曰:“金鸭香销锦绣帏，笙歌丛里醉扶归。少年一段风流事，只许佳人独自知。”祖曰:“佛祖大事，非小根劣器所能造诣，吾助汝喜。”祖遍谓山中耆旧曰:“我侍者参得禅也。”由此,所至推为上首。

崇宁中还里省亲,四众迓拜。成都帅翰林郭公知章请开法六祖,更昭觉。政和间谢事，复出峡南游。时张无尽寓荆南，以道学自居,少见推许。师舣舟谒之,剧谈《华严》旨要。曰:“《华严》现量境界,理事全真，初无假法。所以即一而万，了万为一。一复一,万复万,浩然莫穷。心佛众生,一二无差别。卷舒自在,无碍圆融。此虽极则,终是无风帀帀之波。”公于是不觉促榻。师遂问曰:“到此与祖师西来意,为同为别?”公曰:“同矣。”师曰:“且得没交涉。”公色为之愠。师曰:“不见云门道，山河大地，无丝毫过患，犹是转句。直得不见一色，始是半提。更须知有向上全提时节。彼德山、临济，岂非全提乎?”公乃首肯。翌日复举“事法界、理法界、至理事无碍法界。”师又问:“此可说禅乎?”公曰:“正好说禅也。”师笑曰:“不然。正是法界量里在。盖法界量未灭，若到事事无碍法界，法界量灭，始好说禅。如何是佛?干屎橛。如何是佛?麻三斤。是故真净偈曰:‘事事无碍，如意自在。手把猪头，口诵净戒。趁出淫坊，未还酒债。十字街头，解开布袋。’”公曰:“美哉之论，岂易得闻乎!”于是以师礼留居碧岩，复徙道林。枢密邓公子常奏赐紫服师号，诏住金陵蒋山，学者无地以容。敕补天宁万寿，上召见，褒宠甚渥。

建炎初，又迁金山，适驾幸维扬，入对，赐圆悟禅师，改云居。久之，复领昭觉。僧问:“云门道，须弥山，意旨如何?”师曰:“推不向前,约不退后。”曰:“未审还有过也无?”师曰:“坐却舌头。”问:

“法不孤起，仗境方生。”提坐具曰：“这个是境，那个是法？”师曰：“却被阇黎夺却枪。”问：“古人道，楖栗横担不顾人，直入千峰万峰去。未审那里是他住处？”师曰：“腾蛇缠足，露布绕身。”曰：“朝看云片片，暮听水潺潺。”师曰：“却须截断始得。”曰：“此回不是梦，真个到庐山。”师曰：“高着眼。”问：“猿抱子归青嶂后，鸟衔华落碧岩前。此是和尚旧时安身立命处，如何是道林境？”师曰：“寺门高开洞庭野，殿脚插入赤沙湖。”曰：“如何是境中人？”师曰：“僧宝人人沧海珠。”曰：“此是杜工部底，作么生是和尚底？”师曰：“且莫乱道。”曰：“如何夺人不是夺境？”师曰：“山僧有眼不曾见。”曰：“如何是夺境不夺人？”师曰：“阇黎问得自然亲。”曰：“如何是人境俱夺？”师曰：“收。”曰：“如何是人境俱不夺？”师曰：“放。”问：“有句无句，如藤倚树。如何得透脱？”师曰：“倚天长剑逼人寒。”曰：“只如树倒藤枯，沩山为什么呵呵大笑？”师曰：“爱他底，着他底。”曰：“忽被学人掀倒禅床，拗折拄杖，又作个什么伎俩？”师曰：“也是贼过后张弓。”问：“明历历，露堂堂，因什么乾坤收不得？”师曰：“金刚手里八棱棒。”曰：“忽然一唤便回，还当得活也无？”师曰：“鹙子目连无奈何。”曰：“不落照，不落用。如何商量？”师曰：“放下云头。”曰：“忽遇其中人时如何？”师曰：“骑佛殿，出门。”曰：“万象不来渠独语，教谁招手上高峰？”师曰：“错下名言。”

上堂：“通身是眼见不及，通身是耳闻不彻，通身是口说不着，通身是心鉴不出。直饶尽大地明得，无丝毫透漏，犹在半途。据令全提，且道如何展演？域中日月纵横挂，一亘晴空万古春。”上堂：“山头鼓浪，井底扬尘。眼听似震雷霆，耳观如张锦绣。三百六十骨节，一一现无妙身，八万四千毛端，头头彰宝王刹海。不是神通妙用，亦非法尔如然。苟能千眼顿开，直是十方坐断。且超然独脱一句，作么生道？试玉须经火，求珠不离泥。”上堂：“本来无形段，那复有唇嘴。特地广称扬，替他说道理。且道他是阿谁？”

上堂：“十五日已前，千牛拽不回。十五日已后，俊鹘趁不及。正当十五日，天平地平，同明同暗，大千沙界不出当处，可以含吐十虚。进一步，超越不可说香水海；退一步，坐断千里万里白云。不进不退，莫道阇黎，老僧也无开口处。”举拂子曰：“正当恁么时如何？有时拈在千峰上，划断秋云不放高。”上堂：“十方同聚会，本来身不昧。个个学无为，顶上用钳锤。此是选佛场，深广莫能量。心空及第归，利剑不如锥。庞居士舌拄梵天，口包四海，有时将一茎草作丈六金身？有时将丈六金身作一茎草，甚是奇特，虽然如此，要且不曾动着向上关。且如何是向上关？铸印筑高坛。”上堂：“有句无句，超宗越格。如藤倚树，银山铁壁。及至树倒藤枯，多少人失却鼻孔。直饶收拾得来，已是千里万里。只如未有恁么消息时如何，还透得么？风暖鸟声碎，日高华影重。”上堂：“第一句荐得，祖师乞命。第二句荐得，人天胆落。第三句荐得，虎口横身。不是循途守辙，亦非革辙移途。透得则六臂三头，未透亦人间天上。且三句外一句作么生道？生涯只在丝纶上，明月扁舟泛五湖。”

示众云：“一言截断，千圣消声。一剑当头，横尸万里。所以道，有时句到意不到，有时意到句不到。句能铲意，意能铲句。意句交驰，衲僧巴鼻。若能恁么转去，青天也须吃棒。且道凭个什么？可怜无限弄潮人，毕竟还落潮中死。”示众云：“万仞崖头撒手，要须其人。千钧之弩发机，岂为鼷鼠？云门睦州，当面蹉过。德山临济，诳呼闾阎。自余立境立机，作窠作窟，故是灭胡种族。且独脱一句作么生道？万缘迁变浑闲事，五月山房冷似冰。”绍兴五年八月己酉，示微恙，趺坐书偈遗众，投笔而逝。茶毗舌齿不坏，设利五色无数。塔于昭觉寺之侧，谥真觉禅师。

太平慧勤佛鉴禅师

舒州太平慧勤佛鉴禅师，本郡汪氏子。丱岁师广教圆深，试所习得度。每以“唯此一事实，余二则非真”，味之有省。乃遍参名宿，往来五祖之门有年。恚祖不为印据，与圆悟相继而去。及悟归五祖，方大彻证，而师忽至。意欲他迈，悟勉令挂搭，且曰：“某与兄相别始月余，比旧相见时如何？”师曰：“我所疑者，此也。”遂参堂。一日，闻祖举：“僧问赵州：‘如何是和尚家风？’州曰：‘老僧耳聋，高声问将来。’僧再问，州曰：‘你问我家风，我却识你家风了也。’”师即大豁所疑。曰：“乞和尚指示极则。”祖曰：“森罗及万象，一法之所印。”师展拜，祖令主翰墨。后同圆悟语话次，举“东寺问仰山，镇海明珠因缘”，至无理可伸处，圆悟征曰：“既云收得，逮索此珠，又道无言可对，无理可伸。”师不能加答。明日谓悟曰：“东寺只索一颗珠，仰山当下倾出一栲栳。”悟深肯之。乃告之曰：“老兄更宜亲近老和尚去。”师一日造方丈，未及语，被祖诟骂，懡㦬而退。归寮闭门打睡，恨祖不已。悟已密知，即往扣门。师曰：“谁？”悟曰：“我。”师即开门。悟问：“你见老和尚如何？”师曰：“我本不去，被你赚累我，遭这老汉诟骂。”悟呵呵大笑曰：“你记得前日下底语么？”师曰：“是什么语？”悟曰：“你又道东寺只索一颗，仰山倾出一栲栳。”师当下释然。悟遂领师同上方丈。祖才见，遽曰：“勤兄，且喜大事了毕。”明年，命师为第一座。会太平灵源赴黄龙，其席既虚，源荐师于舒守孙鼎臣，遂命补处。五祖付法衣，师受而捧以示众曰：“昔释迦文佛，以丈六金栏袈裟，披千尺弥勒佛身。佛身不长，袈裟不短。会么？即此样，无他样。”自是法道大播。政和初，诏住东都智海，五年乞归，得旨居蒋山。枢密邓公子常奏赐徽号椹服。僧问：“如何是祖师西来意？”师曰：“吃醋知酸，吃盐知咸。”曰：“弓折箭尽时如何？”师曰：“一场懡㦬。”问：“不与万法为侣者是什么人？”师曰：“拶破露柱。”曰：“归乡无路时如何？”师曰：“王程有限。”曰：“前三三，后三三，又作么生？”师曰：“六六三十六。”问：“承闻和尚亲见五祖，是否？”师曰：“铁牛啮碎黄金草。”曰：“恁么则亲见五祖也。”师曰：“我与你有甚冤仇？”曰：“只如达磨见武帝意旨如何？”师曰：“胡言易辨，汉语难明。”曰：“为甚栖栖暗渡江。”师曰：“因风借便。”问：“如何是主中宾？”师曰：“进前退后愁杀人。”曰：“如何是宾中主？”师曰：“真实之言成妄语。”曰：“如何是宾中宾？”师曰：“夫子游行厄在陈。”曰：“如何是主中主？”师曰：“终日同行非伴侣。”曰：“宾主已蒙师指示，向上宗乘事若何？”师曰：“大斧斫了手摩挲。”问：“即心即佛即不问，非心非佛事如何？”师曰：“昨日有僧问，老僧不对。”曰：“未审与即心即佛相去多少？”师曰：“近则千里万里，远则不隔丝毫。”曰：“忽被学人截断两头，归家稳坐，又作么生？”师曰：“你家在什么处？”曰：“大千沙界内，一个自由身。”师曰：“未到家在，更道。”曰：“学人到这里，直得东西不辨，南北不分去也。”师曰：“未为分外。”

上堂：“至道无难，唯嫌拣择。桃华红，李华白。谁道融融只一色？燕子语，黄莺鸣。谁道关关只一声？不透祖师关捩子，空认山河作眼睛。”上堂：“日日日西沉，日日日东上。若欲学菩提，”掷下柱杖曰：“但看此模样。五祖周祥。”上堂：“去年今日时，红炉片雪飞。今日去年时，曹娥读夜碑。末后一句子，佛眼莫能窥。白莲峰顶上，红日绕须弥。鸟啄珊瑚树，鲸吞离水犀。太平家业在，千古袭杨歧。”上堂，横拄杖曰：“先照后用。”竖起曰：“先用后照。”倒转曰：“照用同时。”卓一下曰：“照用不同时。汝等诸人，被拄杖一口吞尽了也。自是你不觉，若向这里道得转身句，免见一场气闷。其或未然，老僧今日失利！”上堂：“金乌急，玉兔速，急急流光七月十。无穷游子不归家，纵归祇在门前立。门前立，把手牵伊不肯入。万里看看寸草无，残花落地无人拾。无人拾，一回雨过一回湿。”上堂：“世尊有密语，迦叶不覆藏。”乃曰：“你寻常说黄道黑，评品古今，岂不是密语？你寻常折旋俯仰，拈匙把箸，祇揖万福，是覆藏不覆藏？忽然瞥地去，也不可知。要会么？世尊有密语，冬到寒食一百五。

迦叶不覆藏，水泄不通已露赃。灵利衲僧如会得，一重雪上一重霜。”上堂：“十五日已前事，锦上铺花。十五日已后事，如海一沤发。正当十五日，大似一尺镜照千里之像。虽则真空绝迹，其奈海印发光。任他露柱开华，说甚佛面百丑。何故？到头霜夜月，任运落前溪。”上堂，举：“僧问赵州：‘如何是不迁义？’州以手作流水势，其僧有省。又僧问法眼：‘不取于相，如如不动。如何是不取于相，见于如如不动？’眼曰：‘日出东方夜落西。’其僧亦有省。若也于此见得，方知道旋岚偃岳，本来常静。江河竞注，元自不流。其或未然，不免更为饶舌。天左旋，地右转。古往今来经几遍。金乌飞，玉兔走。才方出海门，又落青山后。江河波渺渺，淮济浪悠悠，直入沧溟昼夜流。”遂高声曰：“诸禅德，还见如如不动么？”师室中以木骰子六只，面面皆书么字。僧才入，师掷曰：“会么？”僧拟不拟，师即打出。七年九月八日，上堂：“祖师心印，状似铁牛之机。去即印住，住即印破。直饶不去不住，亦未是衲僧行履处。且作么生是衲僧行履处？待十月前后，为诸人注破。”至后月八日，沐浴更衣，端坐，手写数书别故旧，停笔而化。阇维收灵骨设利，塔于本山。

龙门清远佛眼禅师

舒州龙门清远佛眼禅师，临邛李氏子。严正寡言，十四圆具，依毗尼，究其说。因读《法华经》，至“是法非思量分别之所能解”，持以问讲师，讲师莫能答。师叹曰：“义学名相，非所以了生死大事。”遂卷衣南游，造舒州太平演禅师法席。因丐于庐州，偶雨足跌仆地。烦懑间，闻二人交相恶骂，谏者曰：“你犹自烦恼在。”师于言下有省。及归，凡有所问，演即曰：“我不如你，你自会得好。”或曰：“我不会，我不如你。”师愈疑，遂咨决于元礼首座。礼乃以手引师之耳，绕围炉数匝，且行且语曰：“你自会得好。”师曰：“有冀开发，乃尔相戏耶？”礼曰：“你他后悟去，方知今日曲折耳。”太平将迁海会，师慨然曰：“吾持钵方归，复参随往一荒院，安能究决己事耶？”遂作偈告辞，之蒋山坐夏。邂逅灵源禅师，日益厚善，从容言话间，师曰：“比见都下一尊宿语句，似有缘。”灵源曰：“演公天下第一等宗师，何故舍而事远游？所谓有缘者，盖知解之师与公初心相应耳。”师从所勉，径趋海会，后命典谒。适寒夜孤坐，拨炉见火一豆许，怳然自喜曰：“深深拨，有些子。平生事，只如此。”遽起阅几上《传灯录》，至破灶堕因缘，忽大悟。作偈曰：“刀刀林鸟啼，被衣终夜坐。拨火悟平生，穷神归破堕。事皎人自迷，曲淡谁能和？念之永不忘，门开少人过。”圆悟因诣其寮，举青林般土话验之。且谓：“古今无人出得，你如何会？”师曰：“也有甚难。”悟曰：“只如他道，铁轮天子寰中旨意作么生？”师曰：“我道帝释宫中放赦书。”悟退语人曰：“且喜远兄便有活人句也。”自是隐居四面大中庵，属天下一新崇宁万寿寺，舒守王公涣之命师开法，次补龙门，道望尤振。后迁和之褒禅。枢密邓公洵武奏赐师号紫衣。

上堂：“台山路上，过客全稀。破灶堂前，感恩无地。雪埋庭柏，冰锁偃溪。虽在南方火炉头，不入他家畲瓮里。看看腊月三十日，便是孟春犹寒。你等诸人，各须努力向前，切忌自生退屈。”上堂，卓拄杖曰：“圆明了知，不由心念。抵死要道，堕坑落堑。毕竟如何？”乃倚拄杖，下座。上堂：“泡幻同无碍，如何不了悟。眼里瞳人吹叫子，达法在其中，非今亦非古。六只骰子满盆红。大众，时人为什么坐地看杨州，钵盂着柄新翻样，牛上骑牛笑杀人。”上堂：“赵州不见南泉，山僧不识五祖。甜瓜彻蒂甜，苦瓠连根苦。”上堂：“一叶落，天下春，无路寻思笑杀人。下是天，上是地，此言不入时流意。南作北，东作西。动而止，喜而悲。蛇头蝎尾一试之，猛虎口里活雀儿。是何言？归堂去。”上堂：“千说万说，不如亲面一见。纵不说亦自分明。王子宝刀喻，众盲摸象喻，禅学中隔江招手事，望州亭相见事，迥绝无人处事，深山岩崖处事，此皆亲面而见之，不在说也。”上堂：“苏武牧羊，辱而不屈。李陵望汉，乐以忘归。是在外国。在本国佛诸弟子中，有者双足越坑，有者聆筝起舞，有者身埋粪壤，有者呵骂河神。是习气，是妙用。至于擎叉打地，竖拂敲床。睦州一向闭门，鲁祖终年面壁。是为人，是不为人？信知一切凡夫，埋没宝藏，殊不丈夫。诸人何不摆柂张帆，抛江过岸，休更钉椿摇橹，何日到家？既作曹溪人，又是家里汉，还见家里事么？”僧问：“劫火洞然，大千俱坏，未审这个坏不坏？”师曰：“黑漆桶里黄金色。”问：“道远乎哉？触事而真。如何是道？”师曰：“顶上八尺五。”曰：“此理如何？”师曰：“方圆七八寸。”问：“劫火威音前，别是一壶天。御楼前射猎，不是刈茅田。”提起坐具曰：“这个唤作什么？”师曰：“正是刈茅田。”僧便喝，师曰：“犹作主在。”问僧：“孤灯独照时如何？”僧无对。师代曰：“露柱证明。”师闻开静板声，乃曰：“据款结案。”师尝题语于龙门延寿壁间曰：“佛许有病者当疗治，容有将息所也。禅林凡有数名，或曰涅槃，见法身常住，了法不生也。或曰省行，知此违缘，皆从行苦也。或曰延寿，欲得慧命，扶持色身也。其实使人了生死处也。多见少觉，微恙便入此堂，不强支吾，便有补益。及乎久病，思念乡闾，不善退思，灭除苦本。先圣云：病者众生之良药。若善服食，无不瘥者也。”宣和初，以病辞归蒋山之东堂。二年书云前一日，饭食讫趺坐，谓其徒曰：“诸方老宿，临终必留偈辞世。世可辞耶？且将安往？”乃合掌，怡然趋寂。门人函骨归龙门，塔于灵光台侧。

开福道宁禅师

潭州开福道宁禅师，歙溪汪氏子。壮为道人，于崇果寺执浴。一日将濯足，偶诵《金刚经》，至“于此章句能生信心，以此为实”。遂忘所知，忽垂足沸汤中，发明已见。后祝发蒋山，依雪窦老良禅师。踰二年，遍历丛林，参诸名宿。晚至白莲，闻五祖小参，举忠国师古佛净瓶、赵州狗子无佛性话，顿彻法源。大观中，潭帅席公震请住开福，衲子景从。浴佛，上堂：“未离兜率，已降王宫。未出母胎，度人已毕。诸禅德，日日日从东畔出，朝朝鸡向五更啼。虽然不是桃华洞，春至桃华亦满溪。”又道：“毗蓝园内，右胁降生。七步周行，四方目顾。天上天下，唯我独尊。大似贪观天上月，失却手中珠。还知落处么？若知落处，方为孝子顺孙。苟或未然，不免重下注脚。”良久曰：“天生伎俩能奇怪,末上输他弄一场。”示众云：“秋日耀长空，秋江浸虚碧。伤嗟门外人，处处寻弥勒。蓦路忽抬头，相逢不相识。诸禅德，既是相逢，为什么却不相识？剪尽霜前竹，临溪不化龙。”上堂：“遍界不曾藏，通身无影像。相逢莫讶太愚痴，旷劫至今无伎俩。无伎俩，少人知。大抵还他肌骨好，何须临镜画蛾眉？”上堂：“摩竭正令，未免崎岖。少室垂慈，早伤风骨。腰囊挈锡，孤负平生。炼行灰心，递相钝置。争似春雨晴，春山青，白云三片四片，黄鸟一声两声。千眼大悲看不足，王维虽巧画难成。直饶便恁么，犹自涉途程。且不涉途程一句作么生道？人从汴州来,不得东京信。”僧问：“莲华未出水时如何？”师曰：“人天合掌。”曰：“出水后如何？”师曰：“不碍往来看。”问：“如何是句到意不到？”师曰：“瑞草本无根，信手拈来用。”曰：“如何是意到句不到？”师曰：“领取钩头意，莫认定盘星。”曰：“如何是意句俱到？”师曰：“大悲不展手,通身是眼睛。”曰：“如何是意句俱不到？”师曰：“君向潇湘我向秦。”政和三年十一月四日，净发沐浴，次日斋罢小参，勉众行道，辞语诚切。期初七示寂，至日酉时，跏趺而逝。阇维获设利五色，归藏于塔。

大随南堂元静禅师

彭州大随南堂元静禅师〔后名道兴〕，阆之玉山大儒赵公约仲之子也。十岁病甚，母祷之，感异梦，舍令出家。师成都大慈宝生院宗裔。元佑三年，通经得度。留讲聚有年，而南下首参永安恩禅师，于临济三顿棒话发明。次依诸名宿，无有当意者。闻五祖机峻，欲抑之，遂谒祖。祖乃曰："我此间不比诸方，凡于室中，不要汝进前退后，竖指擎拳，绕禅床作女人拜，提起坐具，千般伎俩。只要你一言下谛当，便是汝见处。"师茫然退，参三载。一日入室罢，祖谓曰："子所不语，已得十分，试更与我说看。"师即剖而陈之。祖曰："说亦说得十分,更与我断看。"师随所问而判之。祖曰："好即好，只是未曾得老僧说话在。斋后可来祖师塔所，与汝一一按过始得。"及至彼，祖便以"即心即佛，非心非佛，睦州担板汉，南泉斩猫儿，赵州狗子无佛性、有佛性"之语编辟之，其所对了无凝滞。至子胡狗话，祖遽转面曰："不是。"师曰："不是却如何？"祖曰："此不是，则和前面皆不是。"师曰："望和尚慈悲指示。"祖曰："看他道，子胡有一狗，上取人头，中取人腰，下取人脚。入门者好看。才见僧入门，便道：看狗。向子胡道看狗处下一转语，教子胡结舌，老僧钤口，便是你了当处。"次日入室，师默启其说。祖笑曰："不道你不是千了百当底人，此语只似先师下底语。"师曰："某何人，得似端和尚！"祖曰："不然。老僧虽承嗣他，谓他语拙，盖只用远录公手段接人故也。如老僧共远录公，便与百丈、黄檗、南泉、赵州辈把手共行，才见语拙即不堪。"师以为不然。乃曳杖渡江，适大水泛涨，因留。四祖侪辈挽其归。又二年，祖方许可。尝商略古今次，执师手曰："得汝说须是吾举，得汝举须是吾说。而今而后，佛祖秘要，诸方关键，无逃子掌握矣。"遂创南堂以居之，于是名冠寰海。成都帅席公旦请开法嘉祐。未几徙昭觉，迁能仁及大随。

上堂："君王了了，将帅惺惺。一回得胜，六国平宁。"上堂，举："临济参黄檗之语，白云端和尚颂云：一拳拳倒黄鹤楼，一趯趯翻鹦鹉洲，有意气时添意气，不风流处也风流。"师曰："大随即不然。行年七十老躘踵，眼目精明耳不聋。忽地有人欺负我，一拳打倒过关东。"上堂，问答已，乃曰："有祖已来，时人错会，只将言句以为禅道。殊不知道本无体，因体而得名。道本无名，因名而立号。只如适来上座，才恁么出来，便恁么归众。且道具眼不具眼？若道具眼，才恁么出来，眼在什么处？若道不具眼，争合便恁么去？诸仁者，于此见得倜傥分明，则知二祖礼拜，依位而立，真得其髓。只这些子是三世诸佛命根，六代祖师命脉，天下老和尚安身立命处。虽然如是，须是亲到始得。”上堂：“自己田园任运耕，祖宗基业力须争。悟须千圣头边坐，用向三涂底下行。”僧问：“祖师心印，请师直指。”师曰：“你闻热么？”曰：“闻。”师曰：“且不闻寒？”曰：“和尚还闻热否？”师曰：“不闻。”曰：“为什么不闻？”师摇扇曰：“为我有这个。”问：“如何是夺人不夺境？”师曰：“活捉魔王鼻孔穿。”曰：“如何是夺境不夺人？”师曰：“中心树子属吾曹。”曰：“如何是人境两俱夺？”师曰：“一钓三山连六鳌。”曰：“如何是人境俱不夺？”师曰：“白日骑牛穿市过。”问：“莲花未出水时如何？”师曰：“好。”曰：“出水后如何？”师曰：“好。”曰：“如何是莲华？”师曰：“好。”僧礼拜。师曰：“与他三个好，万事一时休。”问：“藏天下于天下即不问。”乃举拳曰：“只如这个作么生藏？”师曰：“有什么难？”曰：“且作么生藏？”师曰：“衫袖里。”曰：“未审如何是纪纲佛法底人？”师曰：“不可是鬼。”曰：“忽遇杀佛杀祖底来，又作么生支遣？”师曰：“老僧有眼不曾见。”问：“学人乍入丛林，乞师指示。”师曰：“吃粥吃饭，莫教放在脑后。”曰：“终日吃时未尝吃。”师曰：“负心衲子，不识好恶。”问：“劫火洞然，大千俱坏。未审这个坏也无？”师曰：“阿谁教你恁么问？”僧进前，鞠躬曰：“不审。”师曰：“是坏不坏？”僧无语。问：“如何是山里禅？”师曰：“庭前嫩竹先生笋，涧下枯松长老枝。”曰：“如何是市里禅？”师曰：“六街钟鼓韵冬冬，即处铺金世界中。”曰：“如何是村里禅？”师曰：“贼盗消亡蚕麦熟，讴歌鼓舞乐升平。”问：“如何是诸佛出身处？”师曰：“问得甚当。”曰：“便恁么去时如何？”师曰：“答得更奇。”问：“因山见水，见水忘山。山水俱忘，理归何所？”师曰：“山僧坐却舌头，天地黯黑。”有一老宿垂语云：“十字街头起一间茅厕，只是不许人屙。”僧举以扣师。师曰：“是你先屙了，更教什么人屙？”宿闻，焚香遥望大随，再拜谢之。

绍兴乙卯秋七月，大雨雪，山中有异象。师曰：“吾期至矣。”十七日别郡守以次，越三日示少恙于天彭，二十四夜谓侍僧曰：“天晓无月时如何？”僧无对。师曰：“倒教我与汝下火始得。”翌日还堋口廨院，留遗诫，蜕然示寂。门弟子奉全身归，烟雾四合，猿鸟悲鸣。茶毗异香遍野，舌本如故。设利五色者不可计，瘗于定光塔之西。后住天童、天目、文礼作师画像赞，可补行实之缺。因并录此赞曰：“东山一会人，唯他不唧嘈。别处着闲房，丛林难讲究。郫水潭蛇出惊人，钝铁锅鸡啼白昼。杂剧打来，全火祗候。晚岁放疏慵，却与俗和同。勤巴子使人勘验，掷香贴便显家风。定光无佛，枉费罗笼。临行摇铎向虚空，那知丧尽白云宗。”

无为宗泰禅师

汉州无为宗泰禅师，涪城人。自出关，遍游丛社。至五祖告香日，祖举“赵州洗钵盂话”俾参。洎入室，举此话问师：“你道赵州向伊道什么。这僧便悟去？”师曰：“洗钵盂去，聻！”祖曰：“你只知路上事，不知路上滋味。”师曰：“既知路上事，路上有甚滋味？”祖曰：“你不知邪？”又问：“你曾游浙否？”师曰：“未也。”祖曰：“你未悟在。”师自此凡五年，不能对。祖一日升堂，顾众曰：“八十翁翁辊绣毬。”便下座。师欣然出众曰：“和尚试辊一辊看。”祖以手作打仗鼓势，操蜀音唱绵州巴歌曰：“豆子山，打瓦鼓。杨平山，撒白雨。白雨下，取龙女。织得绢，二丈五。一半属罗江，一半属玄武。”师闻大悟，掩祖口曰：“只消唱到这里。”祖大笑而归。师后还蜀，四众请开法无为，迁正法。上堂：“此一大事因缘，自从世尊拈华，迦叶微笑，世尊曰：吾有正法眼藏，分付摩诃大迦叶。以后灯灯相续，祖祖相传，迄至于今，绵绵不坠。直得遍地生华，故号涅槃妙心，亦曰本心，亦曰本性，亦曰本来面目，亦曰第一义谛，亦曰烁迦罗眼，亦曰摩诃大般若。在男曰男，在女曰女。汝等诸人，但自悟去,这般尽是闲言语。”遂拈起拂子曰:“会了唤作禅,未悟果然难。难难,目前隔个须弥山。悟了易。易易,信口道来无不是。”僧问:“如何是佛？”师曰:“阿谁教你恁么问？”僧拟议，师曰:“了。”

五祖表自禅师

蕲州五祖表自禅师，怀安人也。初依祖最久，未有省。时圆悟为座元,师往请益。悟曰:“兄有疑处试语我。”师遂举:“德山小参,不答话,问话者三十棒。”悟曰:“礼拜着,我作得你师。举话尚不会？”师作礼竟,悟令再举前话。师曰:“德山小参，不答话。”悟掩其口曰:“但恁么看。”师出,扬声曰:“屈！屈！岂有公案只教人看一句底道理？”有僧谓师曰:“兄不可如此说,首座须有方便。”因静坐体究,及旬顿释所疑。诣悟礼谢。悟曰:“兄始知吾不汝欺。”又诣方丈,祖迎笑。自尔日深玄奥。祖将归寂,遗言郡守,守命嗣其席,衲子四至不可遏。师榜侍者门曰:“东山有三句,若人道得，即挂搭。”衲子皆披靡。一日，有僧携坐具，径造丈室。谓师曰:“某甲道不得，只要挂搭。”师大喜，呼维那于明窗下安排。上堂:“世尊拈华，迦叶微笑时，人只知拈华微笑，要且不识世尊。”僧问:“如何是祖师西来意？”师曰:“荆棘林中舞柘枝。”曰:“如何是佛？”师曰:“新生孩子掷金盆。”

龙华道初禅师

蕲州龙华道初禅师，梓之马氏子。为祖侍者有年。住龙华日，上堂曰：“鸡见便斗，犬见便咬。殿上鸱吻，终日相对。为什么却不嗔？”便下座。师机辩峻捷，门人罔知造诣。一日谓众曰：“昨日离城市，白云空往还。松风清耳目，端的胜人间。”召众曰:“此是先师末后句。”有顷，脱然而逝。

九顶清素禅师

嘉州九顶清素禅师，本郡郭氏子。于乾明寺剃染，遍扣禅扃。晚谒五祖，闻举首山答西来意语，倏然契悟。述偈曰：“颠倒颠，颠倒颠，新妇骑驴阿家牵。便恁么，太无端，回头不觉布衫穿。”祖见，乃问：“百丈野狐话，又作么生？”师曰：“来说是非者，便是是非人。”祖大悦。久之辞归，住清溪，次迁九顶。太守吕公来瞻大像，问曰：“既是大像，因什么肩负两楹？”师曰：“船上无散工。”至阁下，睹观音像又问：“弥勒化境，观音何来？”师曰：“家富小儿娇。”守乃礼敬。勤老宿至，师问：“舞剑当咽时如何？”曰：“伏惟尚飨。”师诟曰：“老贼死去，你问我。”勤理前语问之。师叉手揖曰：“拽破。”绍兴乙卯四月二十四日，得微疾，书偈遗众曰：“木人备舟，铁人备马。丙丁童子稳稳登，喝散白云归去也。”竟尔趋寂。

元礼首座

元礼首座，闽人也。受业焦山。初参演和尚于白云。凡入室，必谓曰：“衲僧家，明取缁素好。”师疑之不已。一日演升堂，举首山新妇骑驴阿家牵语，乃曰：“诸人要会么？莫问新妇阿家，免烦路上波吒，遇饭即饭，遇茶即茶。同门出入，宿世冤家。”师于言下豁如，且曰：“今日缁素明矣。”

二年，演迁席祖山，命分座，不就。演归寂，即他往。崇宁间，再到五祖。僧问：“五祖迁化向什么处去？”师曰：“有眼无耳朵，六月火边坐。”曰：“意旨如何？”师曰：“家贫犹自可，路贫愁杀人。”或问：“《金刚经》云，一切善法，如何是法？”师曰：“上是天，下是地，中间坐底坐，立底立。唤什么作善法？”僧无对，师便打。后终于四明之瑞岩。

普融知藏

普融知藏，福州人也。至五祖，入室次，祖举倩女离魂话问之，有契。呈偈曰："二女合为一媳妇，机轮截断难回互。从来往返绝踪由，行人莫问来时路。"凡有乡僧来谒，则发闽音诵俚语曰："书头教娘勤作息，书尾教娘莫瞌睡。且道中间说个什么？"僧拟对，师即推出。

法闳上座

法闳上座，久依五祖，未有所入。一日造室，祖问："不与万法为侣者是什么人？"曰："法闳即不然。"祖以手指曰："住！住！法闳即不然，作么生？"师于是启悟。后至东林宣密度禅师席下，见其得平实之旨。一日拈华绕度禅床一匝，背手插香炉中，曰："和尚且道，意作么生？"度屡下语，皆不契。逾两月，遂问师，令试说之。师曰："某只将华插香炉中，和尚自疑有什么事来？"

云盖本禅师法嗣

承天院自贤禅师

潭州南岳承天院自贤禅师，僧问："大众已集，仰听雷音。猊座既登，请师剖露。"师曰："刹竿头上翻筋斗。"曰："恁么则岳麓山前祥雾起，祝融峰下瑞云生。"师曰："紫罗帐里瘃真珠。"上堂，拈拄杖曰："不是心，不是佛，不是物。"击禅床一下曰："与君打破精灵窟，簸土扬尘无处寻，千山万山空突兀。"复击一下曰："归堂去参！"上堂："一身高隐惟南岳，自笑孤云未是闲。松下水边端坐者，也应随倒说居山。咄！"上堂："五更残月落，天晓白云飞。分明目前事，不是目前机。既是目前事，为什么不是目前机？"良久曰："欲言言不及，林下却商量。"

琅邪起禅师法嗣

金陵俞道婆

俞道婆，金陵人也。市油餈为业。常随众参问琅邪，邪以临济无位真人话示之。一日，闻丐者唱莲华乐云：“不因柳毅传书信，何缘得到洞庭湖？”忽大悟，以餈盘投地。夫傍睨曰：“你颠邪？”婆掌曰：“非汝境界。”往见琅邪，邪望之，知其造诣。问：“哪个是无位真人？”婆应声曰：“有一无位人，六臂三头努力嗔。一擘华山分两路，万年流水不知春。”由是声名蔼著。凡有僧至，则曰：“儿，儿。”僧拟议，即掩门。佛灯珣禅师往勘之，婆见如前所问。珣曰：“爷在什么处？”婆转身拜露柱。珣即踏倒曰：“将谓有多少奇特？”便出。婆蹶起曰：“儿儿来，惜你则个。”珣竟不顾。安首座至，婆问：“甚处来？”安曰：“德山。”婆曰：“德山泰乃老婆儿子。”安曰：“婆是甚人儿子？”婆曰：“被上座一问，直得立地放尿。”婆尝颂马祖不安因缘曰：“日面月面，虚空闪电。虽然截断天下衲僧舌头，分明只道得一半。”

南岳下十五世上

昭觉勤禅师法嗣

径山宗杲大慧普觉禅师

临安府径山宗杲大慧普觉禅师，宣城奚氏子。夙有英气。年十二入乡校，一日因与同窗戏，以砚投之，误中先生帽，偿金而归。曰：“大丈夫读世间书，曷若究出世法？”即诣东山慧云院事慧齐。年十七，薙发具毗尼。偶阅古《云门录》，朓若旧习。往依广教理禅师，弃游四方。从曹洞诸老宿，既得其说，去登宝峰，谒湛堂准禅师。堂一见异之，俾侍巾裓。指以入道捷径，师横机无所让。堂诃曰："汝曾未悟，病在意识领解，则为所知障。"堂疾革，嘱师曰："吾去后，当见川勤，必能尽子机用。"〔勤即圆悟。〕堂卒，师趋谒无尽居士，求堂塔铭。无尽门庭高，少许可，与师一言相契，下榻延之。名师庵曰妙喜。洎后再谒，且嘱令见圆悟。师至天宁，一日闻悟升堂，举：僧问云门："如何是诸佛出身处？"门曰："东山水上行。"若是天宁即不然。忽有人问："如何是诸佛出身处？"只向他道："薰风自南来，殿阁生微凉。"师于言下，忽然前后际断，虽然动相不生，却坐在净裸裸处。悟谓曰："也不易，你得到这田地，可惜死了不能得活，不疑言句，是为大病。不见道，悬崖撒手，自肯承当。绝后再苏，欺君不得。须信有这个道理。"遂令居择木堂，为不厘务侍者。日同士大夫入室。〔择木乃朝士止息处。〕悟每举"有句无句，如藤倚树"问之。师才开口，悟便曰："不是，不是。"经半载，遂问悟曰："闻和尚当时在五祖曾问这话，不知五祖道什么？"悟笑而不答。师曰："和尚当时须对众问，如今说亦何妨。"悟不得已，谓曰："我问有句无句，如藤倚树，意旨如何？祖曰：描也描不成，画也画不就。又问树倒藤枯时如何？祖曰：相随来也。"师当下释然，曰："我会也。"悟遂举数因缘诘之，师酬对无滞。悟曰："始知吾不汝欺。"遂著临济正宗记付之，俾掌记室。未几，令分坐。室中握竹篦以验学者，丛林浩然归重，名振京师。右丞相吕公舜徒奏赐紫衣、佛日之号。会女真之变，其酋欲取禅僧十数人，师在选得免。趋吴虎丘度夏，因阅《华严》至"菩萨登第七地，证无生法忍"，洞晓向所请问湛堂殃崛摩罗持钵至产妇家因缘。

时圆悟诏住云居，师往省觐，至山次日，即请为第一座。时会中多龙象，以圆悟久虚座元，俟师之来，颇有不平之心。及冬至，秉拂昭觉元禅师出众问云："眉间挂剑时如何？"师曰："血溅梵天。"圆悟于座下，以手约云:“住！住！问得极好，答得更奇。”元乃归众，丛林由是改观。圆悟归蜀，师于云居山后古云门旧址，创庵以居，学者云集。久之入闽，结茅于长乐洋屿，从之得法者，十有三人。又徙小溪云门庵，后应张丞相魏公浚径山之命，开堂日，僧问:“人天普集，选佛场开。祖令当行，如何举唱？”师云:“钝鸟逆风飞。”曰:“遍界且无寻觅处,分明一点座中圆。”师曰:“人间无水不朝东。”复有僧竞出，师约住云:“假使大地尽末为尘，一一尘有一一口，一一口具无碍广长舌相，一一舌相出无量差别音声，一一音声发无量差别言词，一一言词有无量差别妙义，如上尘数，衲僧各各具如是口，如是舌，如是音声，如是言词，如是妙义，同时致百千问难，问问各别，不消长老咳嗽一声，一时答了。乘时于其中间，作无量无边广大佛事，一一佛事周遍法界，所谓一毛现神变，一切佛同说经于无量劫，不得其边际，便恁么去闹热门庭即得，正眼观来。正是业识茫茫，无本可据，祖师门下一点也用不着。况复勾章棘句，展弄词锋，非唯埋没从上宗乘，亦乃笑破衲僧鼻孔。所以道，毫厘系念，三涂业因。瞥尔情生，万劫羁锁。圣名凡号，尽是虚声。殊相劣形，皆为幻色。汝欲求之，得无累乎！及其厌之，又成大患。看他先圣恁么告报，如国家兵器，岂得已而用之？本分事上，亦无这个消息。山僧今日，如斯举唱，大似无梦说梦，好肉剜疮。检点将来，合吃拄杖。只今莫有下得毒手者么？若有，堪报不报之恩，共助无为之化。如无，倒行此令去也。”蓦拈拄杖云:“横按镆铘全正令,太平寰宇斩痴顽。”卓拄杖,喝一喝,便下座。道法之盛，冠于一时。众二千余，皆诸方俊乂。

侍郎张公九成，亦从之游，洒然契悟。一日，因议及朝政，与师连祸。绍兴辛酉五月，毁衣牒，屏居衡阳，乃裒先德机语，间与拈提，离为三帙，目曰《正法眼藏》。凡十年，移居梅阳。又五年，高宗皇帝特恩放还。明年春，复僧伽梨，四方虚席以邀，率不就。后奉朝命，居育王。逾年有旨，改径山，道俗歆慕如初。

孝宗皇帝为普安郡王时，遣内都监入山谒师，师作偈为献。及在建邸，复遣内知客诣山，供五百应真，请师说法，祝延圣寿。亲书妙喜庵三字，并制赞宠寄之。上堂:“欲识佛性义，当观时节因缘。时节若至,其理自彰。”举起拂子曰:“还见么？”击禅床曰:“还闻么？闻见分明,是个什么？若向这里提得去，皇恩佛恩一时报足。其或未然，径山打葛藤去也。”复举起拂子曰:“看！看！无量寿世尊在径山拂子头上放大光明照。不可说，不可说，又不可说。佛刹微尘数世界中，转大法轮，作无量无边广大佛事。其中若凡若圣，若正若邪，若草若木，有情无情，遇斯光者，皆获无上正等菩提。所以诸佛于此得之，其一切种智；诸大菩萨于此得之，成就诸波罗密；辟支独觉于此得之，出无佛世，现神通光明；诸声闻众洎夜来迎请五百阿罗汉，于此得之，得八解脱，具六神通。天人于此得之，增长十善；修罗于此得之，除其憍慢；地狱于此得之，顿超十地；饿鬼傍生及四生九类一切有情，于此得之，随其根性，各得受用，无量寿世尊放大光明，作诸佛事已竟，然后以四大海水灌弥勒世尊顶，与授阿耨多罗三藐三菩提记，当于补处作大佛事。无量寿世尊有如是神通，有如是自在，有如是威神，到这里还有知恩报恩者么？若有，出来与径山相见，为汝证明。如无，听取一颂：十方法界至人口，法界所有即其舌。只凭此口与舌头，祝吾君寿无间歇。亿万斯年注福源，如海滉漾永不竭。师子窟内产狻猊，鹫鹭定出丹山穴。为瑞为祥遍九垓，草木昆虫尽欢悦。稽首不可思议事，喻若众星拱明月。故今宣畅妙伽陀，第一义中真实说。”

上堂:“祖师道：一心不生，万法无咎。无咎无法，不生不心。能随境灭，境逐能沉。境由能境，能由境能。大小祖师，却作座主见解。径山即不然，眼不自见，刀不自割。吃饭济饥，饮水定渴。临济德山特地迷，枉费精神施棒喝。除却棒，拈却喝，孟八郎汉，如何止遏？”上堂，拈拄杖卓一下，喝一喝曰:“德山棒，临济喝，今日为君重拈掇。天何高，地何阔，休向粪埽堆上更添搕𢶍。换却骨，洗却肠，径山退身三步，许你诸人商量。且道作么生商量？”掷下拄杖，喝一喝曰：“红粉易成端正女，无钱难作好儿郎。”上堂：“正月十四十五,双径椎锣打鼓。要识祖意西来,看取村歌社舞。”上堂：“久雨不曾晴，豁开天地清。祖师门下事，何用更施呈？”上堂，举圆通秀禅师示众曰：“少林九年冷坐，刚被神光觑破。如今玉石难分，只得麻缠纸裹。这一个,那一个,更一个,若是明眼人,何须重说破？径山今日不免狗尾续貂，也有些子。老胡九年话堕，可惜当时放过。致令默照之徒，鬼窟长年打坐。这一个，那一个，更一个，虽然苦口叮咛，却似树头风过。”结夏，上堂：“文殊三处安居，志公不是闲和尚。迦叶欲行正令，未免眼前见鬼。且道径山门下，今日事作么生？”下座后，大家触礼三拜。上堂，僧问：“有么有么？庵主竖起拳头，还端的也无？”师便下座，归方丈。上堂：“水底泥牛嚼生铁,憍梵钵提咬着舌。海神怒把珊瑚鞭,须弥灯王痛不彻。”上堂：“才方八月中秋，又是九月十五。”卓拄杖曰：“唯有这个不迁。”掷拄杖曰：“一众耳闻目睹。”圆悟禅师忌,师拈香曰：“这个尊慈,平昔强项,气压诸方，逞过头底颟顸，用格外底儱侗。自言我以木槵子换天下人眼睛,殊不知被不孝之子将断贯索穿却鼻孔。索头既在径山手里,要教伊生也由径山，要教伊死也由径山。且道以何为验？”遂烧香曰：“以此为验。”僧问：“达磨西来，将何传授？”师曰：“不可总作野狐精见解。”曰：“如何是入细？”师曰：“香水海里一毛孔。”曰：“如何是细入粗？”师曰：“一毛孔里香水海。”问：“古镜未磨时如何？”师曰：“火不待日而热。”曰：“磨后如何？”师曰：“风不待月而凉。”曰：“磨与未磨时如何？”师曰：“交。”问：“不与万法为侣者，是什么人？待汝一口吸尽西江水，即向汝道，意作么生？”师曰：“钉钉胶黏。”问：“一法若有，毗卢堕在凡夫。万法若无，普贤失其境界。去此二途，请师速道。”师曰：“脱壳乌龟飞上天。”问：“高揖释迦，不拜弥勒时如何？”师曰：“梦里惺惺。”问：“大修行底人，还落因果也无？前百丈曰，不落因果，为什么堕野狐身？”师曰：“逢人但恁么举。”曰：“只如后百丈道，不昧因果，为什么脱野狐身？”师曰：“逢人但恁么举。”曰：“或有人问径山，大修行底人，还落因果也无？未审和尚向他道什么？”师曰：“向你道，逢人但恁么举。”问：“明头来时如何？”师曰：“头大尾颠纤。”曰：“暗头来时如何？”师曰：“野马嘶风蹄拨刺。”曰：“明日大悲院里有斋，又作么生？”师曰：“雪峰道底。”问：“过去心不可得，现在心不可得，未来心不可得时如何？”师曰：“亲言出亲口。”曰：“未审如何受持？”师曰：“但恁么受持，决不相赚。”问：“我宗无语句，实无一法与人时如何？”师曰：“五味馔秤锤。”问：“心佛俱忘时如何？”师曰：“卖扇老婆手遮日。”问：“教中道，尘尘说，刹刹说，无间歇，未审以何为舌？”师拍禅床右角一下。僧曰：“世尊不说说，迦叶不闻闻也。”师拍禅床左角一下。僧曰：“也知今日，令不虚行。”师曰：“识甚好恶？”师室中问僧：“不是心，不是佛，不是物。你作么生会？”僧曰：“领。”师曰：“领你屋里七代先灵。”僧便喝，师曰：“适来领，而今喝，干他不是心，不是佛，不是物什么事？”僧无语。师打出。僧请益夹山境，话声未绝，师便喝。僧茫然。师曰：“你问什么？”僧拟举，师连打，喝出。师才见僧入，便曰：“不是。出去！”僧便出。师曰：“没量大人，被语脉里转却。”次一僧入，师亦曰：“不是。出去！”僧却近前，师曰：“向你道不是，更近前觅个什么？”便打出。复一僧入曰：“适来两僧不会和尚意。”师低头嘘一声，僧罔措。师打曰：“却是你会老僧意？”问僧：“我前日有一问在你处，你先前日答我了也。即今因什么瞌睡？”僧曰：“如是，如是。”师曰：“道什么？”僧曰：“不是，不是。”师连打两棒，曰：“一棒打你如是，一棒打你不是。”举竹篦问僧曰：“唤作竹篦则触，不唤作竹篦则背。不得下语，不得无语，速道！速道！”僧曰：“请和尚放下竹篦，即与和尚道。”师放下竹篦,僧拂袖便出。师曰:“侍者认取这僧着。”又举问僧,僧曰:“瓮里怕走却鳖那!”师下禅床擒住,曰:“此是谁语?速道!”僧曰:“实不敢谩昧老师,此是竹庵和尚教某恁么道。”师连打数棒,曰:“分明举似诸方。”师年迈求解,辛巳春,得旨退居明月堂。隆兴改元,一夕星殒于寺西,流光赫然。寻示微恙,八月九日,学徒问安,师勉以弘道,徐曰:“吾翌日始行。”至五鼓,亲书遗奏,又贻书辞紫岩居士。侍僧了贤请偈,复大书曰:“生也只恁么,死也只恁么。有偈与无偈,是什么热大?”掷笔委然而逝。平明有蛇尺许,腰首白色,伏于龙王井栏,如义服者,乃龙王示现也。四众哀号,皇帝闻而叹惜。上制师真赞曰:“生灭不灭,常住不住。圆觉空明,随物现处。”丞相以次,致祭者沓来。门弟子塔全身于明月堂之侧。寿七十有五,夏五十有八。诏以明月堂为妙喜庵,谥曰普觉,塔名宝光。淳熙初,赐其全录八十卷,随大藏流行。

虎丘绍隆禅师

平江府虎丘绍隆禅师,和之含山人也。九岁谢亲,居佛慧院。踰六年,得度受具。又五年,荷包谒长芦信禅师,得其大略。有传圆悟语至者,师读之,叹曰:“想酢生液,虽未浇肠沃胃,要且使人庆快。第恨未聆謦欬耳。”遂由宝峰依湛堂,客黄龙叩死心禅师。次谒圆悟,一日入室,悟问曰:“见见之时,见非是见。见犹离见,见不能及。”举拳曰:“还见么?”师曰:“见。”悟曰:“头上安头。”师闻脱然契证。悟叱曰:“见个什么?”师曰:“竹密不妨流水过。”悟肯之。寻俾掌藏教。有问悟曰:“隆藏主柔易若此,何能为哉!”悟曰:“瞌睡虎耳。”后归邑,住城西开圣。建炎之扰,乃结庐铜峰之下。郡守李公光延居彰教,次徙虎丘,道大显著。因追绎白云端和尚立祖堂故事,乃曰:“为人之后,不能躬行遗训,于义安乎?”遂图其像,以奉安之。上堂曰:“凡有展托,尽落今时。不展不托,堕坑落堑。直饶风吹不入,水洒不着,捡点将来，自救不了。岂不见道，直似寒潭月影，静夜钟声，随扣击以无亏，触波澜而不散，犹是生死岸头事。”拈拄杖，划一划云：“划断古人多年葛藤，点头石不觉拊掌大笑。且道笑个什么？脑后见腮，莫与往来。”上堂：“目前无法，万象森然。意在目前，突出难辨。不是目前法，触处逢渠，非耳目之所到，不离见闻觉知。虽然如是，也须踏着他向上关捩子始得。所以道，罗笼不肯住，呼唤不回头。佛祖不安排，至今无处所。如是则不劳敛念，楼阁门开。寸步不移，百城俱到。”蓦拈拄杖，划一划云：“路逢死蛇莫打杀，无底篮子盛将归。”上堂曰：“百鸟不来春又喧，凭栏溢目水连天。无心还似今宵月，照见三千与大千。”上堂：“摩竭陀国，亲行此令。”拈拄杖，卓一下曰：“大尽三十日，小尽二十九。”僧问：“为国开堂一句作么生道？”师曰：“一愿皇帝万寿，二愿重臣千秋。”曰：“只如生佛未兴时，一着落在什么处？”师曰：“吾常于此切。”曰：“官不容针，更借一问时如何？”师曰：“踞虎头，收虎尾。”曰：“中间事作么生？”师曰：“草绳自缚汉。”曰：“毗婆尸佛早留心，直至如今不得妙。”师曰：“几行岩下路，少见白头人。”问：“九旬禁足，意旨如何？”师曰：“理长即就。”曰：“只如六根不具底人，还禁得也无？”师曰：“穿过鼻孔。”曰：“学人今日，小出大遇。”师曰：“降将不斩。”曰：“恁么则和尚放某甲逐便也。”师曰：“停囚长智。”问：“雪峰道，尽大地撮来如粟米粒大，抛向面前漆桶。不会打鼓，普请看。未审此意如何？”师曰：“一亩之地，三蛇九鼠。”曰：“乞师再垂指示。”师曰：“海口难宣。”问：“如何是大道真源？”师曰：“和泥合水。”曰：“便恁么去时如何？”师曰：“截断草鞋跟。”问：“如何是佛法大意？”师曰：“蛇头生角。”问：“古人到这里，因什么不肯住？”师曰：“老僧也恁么。”曰：“忽然一刀两段时如何？”师曰：“平地神仙。”问：“万机休罢，千圣不携时如何？”师曰：“未足观光。”曰：“还有奇特事也无？”师曰：“独坐大雄峰。”绍兴丙辰，示微疾而逝。塔全躯于寺之西南隅。

育王山佛智端裕禅师

庆元府育王山佛智端裕禅师，吴越王之裔也。六世祖守会稽，因家焉。师生而歧嶷，眉目渊秀。十四驱乌于大善寺，十八得度受具。往依净慈一禅师。未几，偶闻僧击露柱，曰:“你何不说禅?”师忽彻省。去谒龙门远、甘露卓、泐潭祥，皆以颖迈见推。晚见圆悟于钟阜。一日悟问:“谁知正法眼藏向这瞎驴边灭却。即今是灭不灭?”曰:“请和尚合取口好。”悟曰:“此犹未出常情。”师拟对，悟击之，师顿去所滞。侍悟居天宁，命掌记室。寻分座，道声蔼著。京西宪请开法丹霞，次迁虎丘。径山谢事，徇平江道俗之请，庵于西华。阅数稔，居建康保宁，后移苏城万寿及闽中贤沙、寿山西禅，复被旨补灵隐。慈宁皇太后幸韦王第，召师演法，赐金襕袈裟，乞归西华旧隐。绍兴戊辰秋，赴育王之命。上堂曰:“德山入门便棒，多向皮袋里埋踪。临济入门便喝，总在声尘中出没。若是英灵衲子，直须足下风生，超越古今途辙。”拈拄杖，卓一下，喝一喝曰:“只这个何似生，若唤作棒喝，瞌睡未惺。不唤作棒喝，未识德山临济。毕竟如何?”复卓一下曰:“总不得动着。”上堂:“尽大地是沙门眼，遍十方是自己光，为什么东弗于逮打鼓，西瞿耶尼不闻，南赡部洲点灯，北郁单越暗坐。直饶向个里道得十全，犹是光影里活计。”撼拂子曰:“百杂碎了也，作么生是出身一路?”掷下拂子曰:“参。”上堂:“动则影现，觉则冰生。直饶不动不觉，犹是秦时𨍏轹钻。到这里，便须千差密照，万户俱开。毫端拨转机轮，命脉不沉毒海。有时觉如湛水，有时动若星飞。有时动觉俱忘，有时照用自在。且道正恁么时，是动是觉，是照是用?还有区分得出底么?铁牛横古路，触着骨毛寒。”上堂曰:“行时绝行迹，说时无说踪。行说若到，则垛生招箭。行说未明，则神锋划断。就使说无渗漏，行不迷方，犹滞壳漏在。若是大鹏金翅，奋迅百千由旬，十影神驹，驰骤四方八极。不取次啖啄，不随处埋身。且总不依倚，还有履践分也无?刹刹尘尘是要津。”上堂曰："易填巨壑，难满漏卮。若有操持，了无难易。拈却大地，宽绰有余。放出纤毫，碍塞无路。忽若不拈不放，向什么处履践？同诚共休戚，饮水亦须肥。"僧问："如何是宾中宾？"师曰："你是田厍奴。"曰："如何是宾中主？"师曰："相逢犹莽卤。"曰："如何是主中宾？"师曰："剑气烁愁云。"曰："如何是主中主？"师曰："敲骨打髓。"师莅众，色必凛然，寝食不背众，唱道无倦。绍兴庚午十月初，示微疾，至十八日，首座法全请遗训，师曰："尽此心意，以道相资。"语绝而逝。火后目睛齿舌不坏，其地发光终夕。得设利者无计，踰月不绝。黄冠罗肇常，平日问道于师，适外归，独无所获。道念勤切，方与客食，咀嚼间若有物，吐哺则设利也，大如菽，色若琥珀。好事者持去，遂再拜于阇维所，闻香奁有声，亟开，所获如前而差红润。门人奉遗骨，分塔于鄮峰西华，谥大悟禅师。

大沩佛性法泰禅师

潭州大沩佛性法泰禅师，汉州李氏子。僧问："理随事变，该万有而一片虚凝，事逐理融，等千差而咸归实际。如何是理法界？"师曰："山河大地。"曰："如何是事法界？"师曰："万象森罗。"曰："如何是理事无碍法界？"师曰："东西南北。"曰："如何是事事无碍法界？"师曰："上下四维。"上堂："推真真无有相，穷妄妄无有形。真妄两无所有，廓然露出眼睛。眼睛既露，见个什么？晓日烁开岩畔雪，朔风吹绽腊梅华。"上堂："宝剑拈来便用，岂有迟疑。眉毛剔起便行，更无回互。一切处腾今焕古，一切处截断罗笼。不犯锋铓，亦非顾鉴。独超物外则且置，万机丧尽时如何？八月秋，何处热？"上堂："涅槃无异路，方便有多门。"拈起拄杖曰："看！看！山僧拄杖子，一口吸尽西江水，东海鲤鱼跨上三十三天。帝释忿怒，把须弥山一掴粉碎。坚牢地神合掌赞叹曰：谛观法王法，法王法如是。"以拄杖击禅床，下座。上堂："达得人空法空，未称祖佛家风。体得全用全照，亦非衲僧要妙。直须打破牢关，识取向上一窍。如何是向上一窍？春寒料峭，冻杀年少。”上堂：“今朝正月已半，是处灯火缭乱。满城罗骑骈阗，交互往来游玩。文殊走入闹篮中，普贤端坐高楼看。且道观音在什么处？震天椎画鼓,聒地奏笙歌。”上堂：“渺渺邈邈,十方该括，坦坦荡荡，绝形绝相。目欲视而睛枯，口欲谈而词丧。文殊普贤全无伎俩，临济德山不妨提唱。龟吞陕府铁牛，蛇咬嘉州大像。吓得东海鲤鱼，直至如今肚胀。嘻！”上堂：“火云烧田苗，泉源绝流注。婆竭大龙王，不知在何处？”以拄杖击禅床曰：“在这里，看！看！南山起云,北山下雨。老僧更为震雷声,助发威光令远布。”乃高声曰：“哄弄哄弄。”上堂：“开口有时非，开口有时是。粗言及细语，皆归第一义。释迦老子碗鸣声，达磨西来屎臭气。唯上山前水牯牛，身放毫光照天地。”上堂：“得念失念,无非解脱。是什么语话？成法破法，皆名涅槃，料掉没交涉。智慧愚痴，通为般若。颟顸佛性，菩萨外道，所成就法，皆是菩提，犹较些子。然虽如是，也是杨广失骆驼。”上堂：“欲识佛去处，只这语声是。咄！傅大士不识好恶，以昭昭灵灵教坏人家男女。被志公和尚一喝曰：‘大士莫作是说，别更道看？’大士复说偈曰：‘空手把锄头，步行骑水牛。人从桥上过，桥流水不流。’志公呵呵大笑曰：‘前头犹似可，末后更愁人。’”上堂：“忆昔游方日，获得二种物。一是金刚锤，一是千圣骨。持行宇宙中，气岸高突兀。如是三十年，用之为准则。而今年老矣，一物知何物。掷下金刚锤，击碎千圣骨。抛向四衢道，不能更惜得。任意过浮生，指南将作北。呼龟以为鳖，唤豆以为粟。从他明眼人，笑我无绳墨。”

护国此庵景元禅师

台州护国此庵景元禅师，永嘉楠溪张氏子。年十八，依灵山希拱，圆具后习台教三，弃谒圆悟于钟阜。因僧读死心小参语云：“既迷须得个悟，既悟须识悟中迷，迷中悟。迷悟双忘，却从无迷悟处建立一切法。”师闻而疑，即趋佛殿，以手托开门扉，豁然大彻。继而执侍，机辩逸发。圆悟目为聱头元侍者，遂自题肖像，付之曰：“生平只说聱头禅，撞着聱头如铁壁。脱却罗笼截脚跟，大地撮来墨漆黑。晚年转复没刀刀，奋金刚椎碎窠窟。他时要识圆悟面，一为渠侬并拈出。”圆悟归蜀，师还浙东，铲彩埋光，不求闻达。括苍守耿公延禧，尝问道于圆悟，因阅其语录，至题肖像，得师为人。乃致开法南明山，遣使物色，至台之报恩，获于众寮，迫其受命。方丈古公及灵源高弟，闻其提唱，亦深骇异。僧问：“三圣道：我逢人即出，出则不为人。意旨如何？”师曰：“八十翁翁嚼生铁。”曰：“兴化道：我逢人则不出，出即便为人。又作么生？”师曰：“须弥顶上浪翻空。”问：“天不能盖，地不能载，是什么物？”师曰：“无孔铁锤。”曰：“天人群生，类皆承此恩力也。”师曰：“莫妄想。”问：“三世诸佛说不尽底句，请师速道。”师曰：“眨上眉毛。”问：“昔年三平道场重兴，是日圆悟高提祖印，始自师传。如何是临济宗？”师曰：“杀人活人不眨眼。”曰：“目前抽顾鉴，领略者还稀。如何是云门宗？”师曰：“顶三眼耀乾坤。”曰：“未举先知，未言先见。如何是沩仰宗？”师曰：“推不向前，约不退后。”曰：“三界唯心，万法唯识。如何是法眼宗？”师曰：“箭锋相直不相饶。”曰：“建化何妨行鸟道，回途复妙显家风。如何是曹洞宗？”师曰：“手执夜明符，几个知天晓？”曰：“向上还有路也无？”师曰：“有。”曰：“如何是向上路？”师曰：“黑漫漫地。”僧便喝，师曰：“贪他一粒粟，失却半年粮。”上堂：“威音王已前，这一队汉错七错八。威音王已后，这一队汉落二落三。而今这一队汉，坐立俨然，且道是错七错八，落二落三？还定当得出么？”举拂子曰：“吽吽！”浴佛，上堂：“这释迦老子初生下来，便作个笑具。一手指天，一手指地，云：天上天下，唯我独尊。后来云门大师道：我当时若见，一棒打杀与狗子吃却，贵图天下太平。尚有人不肯放过，却道赞祖须是云门始得。且道那里是赞他处，莫是一棒打杀处，是么？且喜没交涉。今日南明乍此住持，只得放过，若不放过，尽大地人并皆乞命始得。如今事不获已，且同大众向佛殿上，每人与他一杓。何故？岂不见道，乍可违条，不可越例。”以拂子击禅床，下座。上堂：“野干鸣，师子吼。张得眼，开得口。动南星，蹉北斗。大众还知落处么？金刚阶下蹲，神龟火里走。”师退居西山，耿龙学请就净光升座。灵峰古禅师举白云见杨岐、岐令举茶陵悟道颂公案，请师批判。师乃曰：“请禅德，杨岐大笑，眼观东南，意在西北。白云悟去，听事不真，唤钟作瓮。检点将来，和杨岐老汉，都在架子上将错就错。若是南明即不然，我有明珠一颗，切忌当头蹉过。虽然觌面相呈，也须一锤打破。”举拂子曰：“还会么？棋逢敌手难藏行，诗到重吟始见功。”师示疾，请西堂应庵华禅师为座元，付嘱院事，示训如常。俄握拳而逝。荼毗得五色舍利，齿舌右拳无少损。塔于寺东刘阮洞前，寿五十三。

玄沙僧昭禅师

福州玄沙僧昭禅师，上堂：“天上无弥勒，地下无弥勒，且道弥勒在什么处？”良久曰：“夜行莫踏白，不是水便是石。”

南峰云辩禅师

平江府南峰云辩禅师，本郡人，依闽之瑞峰章得度。旋里谒穹窿圆，忽有得，遂通所见。圆曰：“子虽得入，未至当也，切宜着鞭。”乃辞扣诸席，后参圆悟。值入室，才踵门，悟曰：“看脚下。”师打露柱一下。悟曰：“何不着实道取一句？”师曰：“师若摇头，弟子摆尾。”悟曰：“你试摆尾看。”师翻筋斗而出。悟大笑，由是知名。住后，僧问：“如何是夺人不夺境？”师曰：“霸王到乌江。”曰：“如何是夺境不夺人？”师曰：“筑坛拜将。”曰：“如何是人境两俱夺？”师曰：“万里山河获太平。”曰：“如何是人境俱不夺？”师曰：“龙吟雾起，虎啸风生。”曰：“向上还有事也无？”师曰：“当面蹉过。”曰：

“真个作家。”师曰：“白日鬼迷人。”一日入城，与道俗行至十郎巷，有问：“巷在这里，十郎在甚处？”师奋臂曰：“随我来。”

灵隐慧远佛海禅师

临安府灵隐慧远佛海禅师，眉山彭氏子。年十三，从药师院宗辩为僧，诣大慈听习，弃依灵岩徽禅师，微有省。会圆悟复领昭觉，师即之，闻悟普说，举庞居士问马祖不与万法为侣因缘，师忽顿悟，仆于众，众掖之。师乃曰：“吾梦觉矣。”至夜小参，师出问曰：“净裸裸空无一物，赤骨力贫无一钱。户破家亡，乞师赈济。”悟曰：“七珍八宝一时拏。”师曰：“祸不入谨家之门。”悟曰：“机不离位，堕在毒海。”师随声便喝。悟以拄杖击禅床云：“吃得棒也未？”师又喝。悟连喝两喝，师便礼拜。自此机锋峻发，无所抵捂。圆悟顺寂，师即东下，娄迁名刹。由虎丘奉诏住皋亭崇先，复被旨补灵隐。孝庙召对，赐佛海禅师。上堂：“新岁有来由，烹茶上酒楼。一双为两脚，半个有三头。突出神难辨，相逢鬼见愁。倒吹无孔笛，促拍舞《凉州》。咄！”上堂：“好是仲春渐暖，哪堪寒食清明。万叠云山耸翠，一天风月良邻。在处华红柳绿，湖天浪稳风平。山禽枝上语谆谆。再三琐琐碎碎，嘱付叮叮咛咛。你且道，他叮咛嘱付个什么？”卓拄杖曰：“记取明年今日，依旧寒食清明。”上堂，举：“僧问睦州：“以一重去一重即不问，不以一重去一重时如何？”州曰：“昨日栽茄子，今朝种冬瓜。”师曰：“问者善问不解答，答者善答不解问。山僧今日，向饥鹰爪下夺肉，猛虎口里横身，为你诸人说个样子。登坛道士羽衣轻，咒力虽穷法转新。拇指破开天地闇，蛇头擨落鬼神惊。”僧问：“十二时中，教学人如何用心？”师曰：“蘸雪吃冬瓜。”问：“浩浩尘中如何辨主？”师曰：“木杓头边镰切菜。”曰：“莫便是和尚为人处也无？”师曰：“研槌撩饦饦。”问：“即心即佛时如何？”师曰：“顶分丫角。”曰：“非心非佛时如何？”师曰：“耳坠金镮。”曰：“不是心，不是佛，不是物，又作么生？”师曰：“秃顶修罗舞柘枝。”问：“东山水上行，意旨如何？”师曰：“初三十一，不用择日。”问：“文殊是七佛之师，为什么出女子定不得？”师曰：“担头不挂针。”问：“昔有一秀才，作《无鬼论》，论成有一鬼叱曰：‘争奈我何！’意作么生？”师以手斫额曰：“何似生？”曰：“只如五祖以手作鹁鸠觜，曰：‘谷呱呱。’又且如何？”师曰：“自领出去。”问：“庵内人为什么不知庵外事？”师曰：“拄杖横桃铁蒺藜。”问：“不与万法为侣者，是什么人？”师曰：“脚踏辘轳。”一日鸣鼓升堂，师潜坐帐中，侍僧寻之，师忽拨开帐曰：“只在这里，因什么不见？”僧无对。师曰：“大斧斫三门。”问僧：“一大藏教是恶口，如何是本身卢舍那？”僧曰：“天台普请，南岳游山。”师别曰：“阿耨达池深四十丈，阔四十丈。”乙未秋，示众曰：“淳熙二年闰季秋九月旦，闹处莫出头，冷地着眼看。明暗不相干，彼此分一半。一种作贵人，教谁卖柴炭？向你道，不可毁，不可赞，体若虚空没涯岸，相唤相呼归去来，上元定是正月半。”都下喧传而疑之。明年，忽感微疾，果以上元挥偈，安坐而化。偈曰：“拗折秤锤，掀翻露布，突出机先，鸦飞不度。”留七日，颜色不异。塔全身于寺之乌峰。

鸿福子文禅师

台州鸿福子文禅师，上堂：“不昧不落作么会？会得依前堕野狐。一夜凉风生画角，满舡明月泛江湖。”

正法建禅师

成都府正法建禅师，上堂：“兔马有角，牛羊无角。绝毫绝厘，如山如岳。针锋上师子翻身，藕窍中大鹏展翼。等闲突过北俱卢，日月星辰一时黑。”

华藏密印安民禅师

建康府华藏密印安民禅师，嘉定府朱氏子。初讲《楞严》于成都，为义学所归。时圆悟居昭觉，师与胜禅师为友，因造焉。闻悟小参，举“国师三唤侍者因缘”，赵州拈云：“如人暗中书字，字虽不成，文彩已彰。哪里是文彩已彰处？”师心疑之，告香入室。悟问：“座主讲何经？”师曰：“《楞严》。”悟曰：“《楞严》有七处征心，八还辨见，毕竟心在什么处？”师多呈艺解，悟皆不肯。师复请益，悟令一切处作文彩已彰会。偈僧请益十玄谈，方举：“问君心印作何颜？”悟厉声曰：“文彩已彰。”师闻而有省，遂求印证。悟示以本色钳锤，师则罔措。一日白悟曰：“和尚休举话，待某说看。”悟诺。师曰：“寻常拈槌竖拂，岂不是经中道，一切世界诸所有相，皆即菩提妙明真心。”悟笑曰：“你元来在这里作活计。”师又曰：“下喝敲床时，岂不是返闻闻自性，性成无上道？”悟曰：“你岂不见经中道，妙性圆明，离诸名相。”师于言下释然。悟出蜀，居夹山。师罢讲侍行，悟为众夜参。举“古帆未挂因缘”，师闻未领，遂求决。悟曰：“你问我。”师举前话，悟曰：“庭前柏树子。”师即洞明，谓悟曰：“古人道，如一滴投于巨壑，殊不知大海投于一滴。”悟笑曰：“奈这汉何！”未几，令分座。悟说偈曰：“休夸四分罢《楞严》，按下云头彻底参。莫学亮公亲马祖，还如德峤访龙潭。七年往返游昭觉，三载翱翔上碧岩。今日烦充第一座，百华丛里现优昙。”后谒佛鉴于蒋山，鉴问：“佛果有不曾乱为人说底句，曾与你说么？”师曰：“合取狗口。”鉴震声曰：“不是这个道理。”师曰：“无人夺你盐茶袋，叫作什么。”鉴曰：“佛果若不为你说，我为你说。”师曰：“和尚疑时，退院别参去。”鉴呵呵大笑。师未几，开法保宁，迁华藏。旋里领中峰。上堂：“众卖华兮独卖松，青青颜色不如红。算来终不与时合，归去来兮翠蔼中。可笑古人恁么道，大似逃峰赴壑，避溺投火。争如随分，到尺八五分镬头边，讨一个半个。虽然如是，保宁半个也不要。何故？富嫌千口少，贫恨一身多。”

冬至，上堂，举“玉泉皓和尚云，雪雪片片不别，下到腊月，再从来年正月二月三月四月五月六月七月八月九月十月，依前不歇。冻杀饿杀，免教胡说乱说。”师曰：“不是骂人，亦非赞叹。高出临济德山，不似云居罗汉。且道玉泉意作么生？”良久曰：“但得雪消去，自然春到来。”师后示寂于本山，阇维设利颇剩，细民穴地尺许，皆得之，尤光明莹洁，心舌亦不坏。

昭觉彻庵道元禅师

成都府昭觉彻庵道元禅师，绵州邓氏子。幼于降寂寺圆具，东游谒大别道禅师，因看廓然无圣之语，忽尔失笑曰：“达磨元来在这里。”道誉之，往参佛鉴、佛眼，蒙赏识。依圆悟于金山，以所见告，悟弗之许。悟被诏住云居，师从之。虽有信入，终以鲠胸之物未去为疑。会悟问参徒：“生死到来时如何？”僧曰：“香台子笑和尚。”次问师：“汝作么生？”师曰：“草贼大败。”悟曰：“有人问你时如何？”师拟答，悟凭陵曰：“草贼大败。”师即彻证。圆悟以拳击之，师指掌大笑。悟曰：“汝见什么便如此？”师曰：“毒拳未报，永劫不忘。”悟归昭觉，命首众。悟将顺世，以师继席焉。

中天竺佖堂中仁禅师

临安府中天竺佖堂中仁禅师，洛阳人也。少依东京奉先院出家。宣和初，赐牒于庆基殿，落发进具后，往来三藏译经所，谛穷经论，特于宗门未之信。时圆悟居天宁，凌晨谒之。悟方为众入室，师见敬服，奋然造前。悟曰：“依经解义，三世佛冤。离经一字，即同魔说。速道！速道！”师拟对，悟劈口击之，因坠一齿，即大悟。留天宁。由是师资契合，请问无间。后开法大觉，迁中天竺，次徙灵峰。上堂：“九十春光已过半，养花天气正融和。海棠枝上莺声好，道与时流见得么？然虽如是，且透声透色一句作么生道？金勒马嘶芳草地，玉楼人醉杏花天。”上堂，举狗子无佛性话，乃曰：“二八佳人刺绣迟，紫荆花下啭黄鹂。可怜无限伤春意，尽在停针不语时。”淳熙甲午四月八日，孝宗皇帝诏入，赐座说法。帝举“不与万法为侣”因缘，俾拈提。师拈罢，颂曰：“秤锤搦出油，闲言长语休。腰缠十万贯，骑鹤上扬州。”癸亥中升堂，告众而逝。

象耳山袁觉禅师

南州象耳山袁觉禅师，郡之袁氏子。出家传灯，试经得度。本名圆觉，郡守填祠牒，误作袁字，疑师慊然，戏谓之曰：“一字名可乎？”师笑曰：“一字已多。”郡守异之。既受具出蜀，遍谒有道尊宿。后往大沩，依佛性。顷之，入室陈所见。性曰：“汝忒煞远在。”然知其为法器，俾充侍者，掌宾客。师每侍性，性必举《法华》“开示悟入”四字，令下语。又曰：“直待我竖点头时，汝方是也。”偶不职，被斥。制中无依，寓俗士家。一日诵《法华》至“亦复不知，何者是火，何者为舍”。乃豁然，制罢归省。性见首肯之。圆悟再得旨住云居，师至彼，以所得白悟。悟呵云：“本是净地，屙屎作么？”师所疑顿释。绍兴丁巳，眉之象耳虚席，郡守谓此道场久为蠡滕囊橐，非名流胜士，莫能起废。诸禅举师应聘，尝语客曰：“东坡云：‘我持此石归，袖中有东海。’山谷云：‘惠崇烟雨芦雁，坐我潇湘洞庭。欲唤扁舟归去，傍人谓是丹青。’此禅髓也。”又曰：“我敲床竖拂时，释迦老子、孔夫子都齐立在下风。”有举此语似佛海远禅师，远曰：“此觉老语也，我此间即不恁么。”

华严祖觉禅师

眉州中岩华严祖觉禅师，嘉州杨氏子。幼聪慧，书史过目成诵。著书排释氏，恶境忽现，悔过出家。依慧目能禅师。未几，疽发膝上，五年医莫愈。因书《华严合论》毕，夜感异梦，且即舍杖步趋。一日，诵至《现相品》曰：“佛身无有生，而能示出生。法性如虚空，诸佛于中住，无住亦无去，处处皆见佛。”遂悟华严宗旨。洎登僧籍，府帅请讲于千部堂，词辩宏放，众所叹服。适南堂静禅师过门，谓师曰：“观公讲说，独步西南，惜未解离文字相耳。傥问道方外，即今之周金刚也。”师欣然罢讲。南游依圆悟于钟阜。一日入室，悟举：“罗山道：‘有言时，踞虎头，收虎尾，第一句下明宗旨。无言时，觌露机锋，如同电拂。’作么生会？”师莫能对。夙夜参究，忽然有省。作偈呈悟曰：“家住孤峰顶，长年半掩门。自嗟身已老，活计付儿孙。”悟见许可。次日入室，悟又问：“昨日公案作么生？”师拟对，悟便喝曰：“佛法不是这个道理。”师复留五年，愈更迷闷。后于庐山栖贤阅浮山远禅师《削执论》云：“若道悟有亲疏，岂有旃檀林中却生臭草。”豁然契悟。作偈寄圆悟曰：“出林依旧入蓬蒿，天网恢恢不可逃。谁信业缘无避处？归来不怕语声高。”悟大喜，持以示众曰：“觉华严彻矣。”住后，僧问：“最初威音王，末后娄至佛，未审参见什么人？”师曰：“家住大梁城，更问长安路。”曰：“只如德山担疏钞行脚，意在什么处？”师曰：“拶破你眼睛。”曰：“与和尚悟华严宗旨相去几何？”师曰：“同途不同辙。”曰：“昔日德山，今朝和尚。”师曰：“夕阳西去水东流。”上堂，举“石霜和尚迁化，众请首座继踵住持，虔侍者所问”公案。师曰：“宗师行处，如火消冰。透过是非关，全机亡得丧。尽道首座滞在一色，侍者知见超师，可谓体妙失宗，全迷向背。殊不知首座如鹭鸶立雪，品类不齐。侍者似凤翥丹霄，不萦金网。一人高高山顶立，一人深深海底行。各自随方而来，同会九重城里。而今要识此二人么？”竖起拂子曰：“龙卧碧潭风凛凛。”垂下拂子曰：“鹤归霄汉背摩天。”僧问：“如何是一喝如金刚王宝剑？”师曰：“血溅梵天。”曰：“如何是一喝如踞地师子？”师曰：“惊杀野狐狸。”曰：“如何是一喝如探竿影草？”师曰：“验得你骨出。”曰：“如何是一喝不作一喝用？”师曰：“直须识取把针人，莫道鸳鸯好毛羽。”

福严文演禅师

潭州福严文演禅师，成都府杨氏子。僧问：“如何是定林正主？”师曰：“坐断天下人舌头。”曰：“未审如何亲近？”师曰：“觑着则瞎。”上堂：“当阳坐断，凡圣迹绝。随手放开，天回地转。直得日月交互，虎啸龙吟。头头物物，耳闻目视。安立谛上是什么？还委悉么？阿斯吒！咄。”

西山明因昙玩禅师

平江府西山明因昙玩禅师，温州黄氏子。遍参丛席。宣和庚子，回抵钟阜，适朝廷改僧为德士，师与同志数人，入头陀岩食松自处。久之，圆悟被旨居是山，亲至岩所，令去须发。及悟诏补京师天宁，与师俱往，命掌香水海。未几，因举枹击鼓，顿明大法。凡有所问，皆对曰：“莫理会。”故流辈咸以莫理会称之。住后，上堂：“汝有一对眼，我也有一对眼。汝若瞒还自瞒，汝若成佛作祖，老僧无汝底分。汝若做驴做马，老僧救汝不得。”众檀越入山，请上堂，说偈曰：“我无长处名虚出，谢汝殷勤特地来。明因无法堪分付，谩把山门为汝开。”

虎丘雪庭元净禅师

平江府虎丘雪庭元净禅师，双溪人也。上堂：“知有底人，过万年如同一日。不知有者，过一日如同万年。不见死心和尚道，山僧行脚三十余年，以九十日为一夏。增一日也不得，减一日也不得。取不得，舍不得，不可得中只么得。翠云见处又且不然，山僧行脚三十来年，谁管他一日九十日，也无得，也无不得。处处当来见弥勒。且道弥勒在什么处？金风吹渭水，落叶满长安。”上堂：“说得须是见得，见得又须说得。见得说不得，落在阴界，见解偏枯。说得见不得，落在时机，堕在毒海。若是翠云门下，直饶说得见得，好与三十棒。说不得见不得,也好与三十棒。翠云恁么道,也好与三十棒。”遂高声召大众曰:“险。”上堂:“日日日东出,日日日西没。是时人知有,自古自今,如麻似粟。忽然捩转话头,亦不从东出,亦不从西没,且道从甚处出没?若是透关底人,闻恁么道,定知五里牌在郭门外。若是透不过者,往往道半山热瞒人。”僧问:“如何是到家一句?”师曰:“坐观成败。”问:“不与万法为侣者是什么人?”师曰:“远亲不如近邻。”曰:“待汝一口吸尽西江水,即向汝道,又作么生?”师曰:“近邻不如远亲。”问:“亡僧迁化向什么处去?”师曰:“粪堆头。”曰:“意旨如何?”师曰:“筑着磕着。”

天宁讷堂梵思禅师

衢州天宁讷堂梵思禅师,苏台朱氏子。上堂:“趯翻生死海,踏倒涅槃岸。世上无活人,黄泉无死汉。”遂拈拄杖曰:“讷堂今日拄杖子有分付处,也还有承当得者么?试出来担荷看。有么有么?”良久,掷拄杖,下座。上堂:“知有底,也吃粥吃饭。不知有底,也吃粥吃饭。如何直下验得他有之与无,是之与非,邪之与正?若验不出,参学事大远在。”喝一喝,下座。上堂:“山僧是杨岐四世孙,这老汉有个三脚驴子弄蹄行公案。虽人人举得,只是不知落处。山僧不惜眉毛,为诸人下个注脚。”乃曰:“八角磨盘空里走。”

君山佛照觉禅师

岳州君山佛照觉禅师,上堂,举:“古者道:‘仰之弥高,钻之弥坚。瞻之在前,忽焉在后。’诸人还识得么?若也不识,为你注破。‘仰之弥高’,不隔丝毫。要津把断,佛祖难逃。‘钻之弥坚’,真体自然。鸟啼华笑,在碧岩前。‘瞻之在前’,非正非偏。十方坐断,威镇大千。‘忽焉在后’,一场漏逗。堪笑云门,藏身北斗。咄!”

宝华显禅师

平江府宝华显禅师，本郡人也。上堂曰："吃粥了也，头上安头。洗钵盂去，为蛇画足。更问如何？自纳败阙。"良久，高声召大众，众举首。师曰："归堂吃茶。"上堂："禅莫参，道休学，歇意忘机常廓落。现成公案早周遮，只个无心已穿凿。直饶坐断未生前，难透山僧错错错。"

东山觉禅师

绍兴府东山觉禅师，后住因圣，上堂："三通鼓罢，诸人各各上来，拟待理会祖师西来意？还知剑去久矣么？设使直下悟去，也是斩头觅活。东山事不获已，且向第二头鞠拶看。"以手拍禅床，下座。上堂："花烂熳，景暄妍。休说壶中别有天。百草头边如荐得，东高三丈，西阔八寸。"上堂，举："昔广额屠儿，一日至佛所，扬下屠刀，曰：'我是千佛一数。'世尊曰：'如是如是。'今时丛林，将谓广额过去是一佛，权现屠儿。如此见广额，且喜没交涉。"又曰："广额正是个杀人不眨眼底汉，扬下屠刀，立地成佛。且喜没交涉。"又道："广额扬下屠刀，曰我是千佛一数。这一佛多少分明，且喜没交涉。要识广额么？来路桃华风雨后，马蹄何处避残红。"

天封觉禅师

台州天封觉禅师，上堂："无生国里，未是安居。万仞崖头，岂容驻足？且望空撒手，直下翻身一句作么生道？人逢好事精神爽，入火真金色转鲜。"

昭觉道祖首座

成都府昭觉道祖首座，初见圆悟，于即心是佛语下发明。久之，悟命分座。一日为众入室，余二十许人。师忽问曰："生死到来，如何回避？”僧无对。师掷下拂子，奄然而逝。众皆愕眙，亟以闻悟。悟至，召曰：“祖首座。”师张目视之。悟曰：“抖擞精神透关去。”师点头，竟尔趋寂。

云居宗振首座

南康军云居宗振首座，丹丘人也。依圆悟于云居。一日，仰瞻钟阁，倏然契证。有诘之者，座酬以三偈？其后曰：“我有一机，直下示伊。青天霹雳，电卷星驰。德山临济，棒喝徒施。不传之妙，于汝何亏？”悟见大悦。竟以节操自高，道望愈重。尝书壁曰：“住在千峰最上层，年将耳顺任腾腾。免教名字挂人齿，甘作今朝百拙僧。”

枢密徐俯

枢密徐俯，字师川，号东湖居士。每侍先龙图谒法昌及灵源，语论终日。公闻之，藐如也。及法昌归寂在笑谈间，公异之，始笃信此道。后丁父忧，念无以报罔极，命灵源归孝址说法。源登座，问答已，乃曰：“诸仁者，只如龙图平日读万卷书，如水传器，涓滴不遗。且道寻常着在什么处？而今舍识之后，这着万卷书底，又却向什么处着？”公闻，洒然有得。遂曰：“吾无憾矣。”源下座，问曰：“学士适来见个什么，便恁么道？”公曰：“若有所见，则钝置和尚去也。”源曰：“恁么则老僧不如。”公曰：“和尚是何心行？”源大笑。靖康初，为尚书外郎，与朝士同志者挂钵于天宁寺之择木堂，力参圆悟。悟亦喜其见地超迈，一日至书记寮，指悟顶相曰：“这老汉脚跟犹未点地在。”悟颠面曰：“瓮里何曾走却鳖？”公曰：“且喜老汉脚跟点地。”悟曰：“莫谤他好！”公休去。

郡王赵令衿

郡王赵令衿，字表之，号超然居士。任南康，政成事简，多与禅衲游。公堂奥为摩诘丈室，适圆悟居瓯阜，公欣然就其炉锤，悟不少假。公固请，悟曰:“此事要得相应,直须是死一回始得。”公默契，尝自疏之。其略曰:“家贫遭劫，谁知尽底不存。空屋无人，几度贼来亦打。”悟见，嘱令加护。绍兴庚申冬，公与汪内翰藻、李参政邴、曾侍郎开诣径山，谒大慧。慧闻至，乃令击鼓入室。公欣然袖香趋之。慧曰:“赵州洗钵盂话，居士作么生会？”公曰:“讨什么碗？”拂袖便出。慧起搊住曰:“古人向这里悟去，你因什么却不悟？”公拟对，慧掀之曰:“讨什么碗？”公曰:“还这老汉始得。”

侍郎李弥逊

侍郎李弥逊，号普现居士。少时读书，五行俱下。年十八，中乡举，登第京师。旋历华要，至二十八岁，为中书舍人。常入圆悟室，一日早朝回，至天津桥马跃，忽有省，通身汗流。直造天宁,适悟出门,遥见便唤曰:“居士且喜大事了毕。”公厉声曰:“和尚眼花作什么？”悟便喝，公亦喝。于是机锋迅捷，凡与悟问答，当机不让。公后迁吏部,乞祠禄归闽连江,筑庵自娱。忽一日示微恙，遽索汤，沐浴毕，遂趺坐，作偈曰:“谩说从来牧护，今日分明呈露。虚空拶倒须弥，说甚向上一路。”掷笔而逝。

觉庵道人祖氏

觉庵道人祖氏，建宁游察院之侄女也。幼志不出适，留心祖道。于圆悟示众语下，了然明白。悟曰:“更须扬却所见，始得自由。”祖答偈曰:“露柱抽横骨，虚空弄爪牙。直饶玄会得，犹是眼中沙。”

令人本明

令人本明，号明室，自机契圆悟，遍参名宿，皆蒙印可。绍兴庚申二月望，亲书三偈寄呈草堂清，微露谢世之意。至旬末，别亲里而终。草堂跋其偈,后为刊行。大慧亦尝垂语发扬。偈曰:“不识烦恼是菩提，若随烦恼是愚痴。起灭之时须要会，鹞过新罗人不知。不识烦恼是菩提，净华生淤泥。人来问我若何为，吃粥吃饭了洗钵盂。莫管他,莫管他,终日痴憨弄海沙。要识本来真面目,便是祖师一木叉。道不得底叉下死，道得底也叉下死。毕竟如何?不许夜行，投明须到。”

成都范县君

成都府范县君者，嫠居岁久，常坐而不卧。闻圆悟住昭觉，往礼拜，请示入道因缘。悟令看“不是心，不是佛，不是物，是个什么”，久无所契。范泣告悟曰:“和尚有何方便，令某易会。”悟曰:“却有个方便。”遂令只看“是个什么?”后有省曰:“元来恁么地近那!”

太平勤禅师法嗣

文殊心道禅师

常德府文殊心道禅师,眉州徐氏子。年三十得度,诣成都习《唯识》，自以为至。同舍诘之曰:“三界唯心，万法唯识。今目前万象摐然，心识安在?”师茫然不知对。遂出关，周流江淮，既抵舒之太平，闻佛鉴禅师夜参，举赵州柏树子话，至“觉铁觜云，先师无此语，莫谤先师好”，因大疑。提撕既久，一夕豁然。即趋丈室，拟叙所悟。鉴见来便闭门。师曰:“和尚莫谩某甲。”鉴云:“十方无壁落,何不入门来?”师以拳擉破窗纸,鉴即开门搊住云:“道!道!”师以两手捧鉴头,作口啐而出。遂呈偈曰:“赵州有个柏树话,禅客相传遍天下。多是摘叶与寻枝，不能直向根源会。觉公说道无此语，正是恶言当面骂。禅人若具通方眼，好向此中辨真假。”鉴深然之，每对客称赏，后命分座。襄守请开法天宁，未几擢大别文殊。上堂曰："师子嚬呻，象王哮吼。云门北斗里藏身，白云因何唤作手？三世诸佛不能知，狸奴白牯却知有。且道，作么生是他知有底事？雨打梨花蛱蝶飞，风吹柳絮毛毬走。"上堂，拈拄杖直上指曰："恁么时，刺破憍尸迦脚跟。"卓一下曰："恁么时，卓碎阎罗王顶骨。"乃指东畔曰："恁么时，穿过东海鲤鱼眼睛。"指西畔曰："恁么时，塞却西王母鼻孔。且道总不恁么时如何？今年雨水多，各宜频晒眼。"宣和改元，下诏改僧为德士。上堂："祖意西来事，今朝特地新。昔为比丘相，今作老君形。鹤氅披银褐，头包蕉叶巾。林泉无事客，两度受君恩。所以道，欲识佛性义，当观时节因缘。且道即今是什么时节？毗卢遮那，顶戴宝冠，为显真中有俗。文殊老叟，身披鹤氅，且要俯顺时宜。一人既尔，众人亦然。大家成立丛林，喜得群仙聚会。共酌迷仙酎，同唱《步虚词》。或看《灵宝度人经》，或说长生不死药。琴弹月下，指端发太古之音。棋布轩前，妙着出神机之外。进一步便到大罗天上，退一步却入九幽城中。只如不进不退一句，又作么生道？直饶羽化三清路，终是轮回一幻身。"二年九月，复僧。上堂："不挂田衣着羽衣，老君形相颇相宜。一年半内闲思想，大底兴衰各有时。我佛如来预谶法之有难，教中明载，无不委知。较量年代，正在于兹。魔得其便，惑乱正宗。僧改俗形，佛更名字。妄生邪解，删削经文。铙钹停音，钵盂添足。多般矫诈，欺罔圣君。赖我皇帝陛下，圣德圣明，不忘付嘱，不废其教，特赐宸章，颁行天下。仍许僧尼，重新披削。实谓寒灰再焰，枯木重荣。不离俗形而作僧形，不出魔界而入佛界。重鸣法鼓，再整颓纲。迷仙酎变为甘露琼浆，《步虚词》翻作还乡曲子。放下银木简，拈起尼师坛。昨朝稽首擎拳，今日和南不审。只改旧时相，不改旧时人。敢问大众，旧时人是一个，是两个？"良久曰："秋风也解嫌狼藉，吹尽当年道教灰。"建炎三年春，示众，举临济入灭嘱三圣因缘，师曰:“正法眼藏瞎驴灭，临济何曾有是说?今古时人皆妄传，不信但看后三月。”至闰三月，贼钟相叛，其徒欲举师南奔者，师曰:“学道所以了生死，何避之有!”贼至，师曰:“速见杀，以快汝心。”贼即举槊残之，血皆白乳。贼骇，引席覆之而去。

南华知昺禅师

韶州南华知昺禅师，蜀之永康人也。上堂:“此事最希奇，不碍当头说。东邻田舍翁,随例得一橛。非唯贯声色,亦乃应时节。若问是何宗,八字不著人。”击禅床,下座。上堂:“日日说,时时举,似地擎山争几许。陇西鹦鹉得人怜，大都只为能言语。休思惟，带伴侣，智者聊闻猛提取。更有一般也大奇,猫儿偏解捉老鼠。”上堂,以拄杖向空中搅曰:“搅长河为酥酪，虾蟹犹自眼搭眵。”卓一下曰:“变大地作黄金，穷汉依前赤骨力。为复自家无分，为复不肯承当。可中有个汉荷负得行，多少人失钱遭罪。”再卓一下曰:“还会么?宝山到也须开眼，勿使忙忙空手回。”上堂:“春光烂熳华争发，子规啼落西山月。憍梵钵提长吐舌，底事分明向谁说。嗄!”上堂:“迷不自迷，对悟立迷。悟不自悟，因迷说悟。所以悟为迷之体，迷为悟之用。迷悟两无从，个中无别共。无别共，拨不动。祖师不将来，鼻孔千斤重。”

龙牙智才禅师

潭州龙牙智才禅师，舒州施氏子。早服勤于佛鉴法席，而局务不辞难，名已闻于丛林。及游方迫暮，至黄龙，适死心在三门，问其所从来。既称名,则知为舒州太平才庄主矣。翌日入室,死心问曰:“会得最初句，便会末后句。会得末后句，便会最初句。最初末后，拈放一边。百丈野狐话作么生会?”师曰:“入户已知来见解，何须更举轹中泥?”心曰:“新长老死在上座手里也。”师曰:“语言虽有异，至理且无差。”心曰:“如何是无差底事?”师曰:“不扣黄龙角，焉知领下珠？”心便打。初住岳麓，开堂日，僧问：“德山棒，临济喝，今日请师为拈掇。”师曰：“苏噜苏噜。”曰：“苏噜苏噜，还有西来意也无？”师曰：“苏噜苏噜。”由是丛林呼为才苏噜。后迁龙牙，因钦宗皇帝登位，众官请上堂。祝圣已，就座，拈拄杖卓一下曰：“朝奉疏中道，本来奥境，诸佛妙场，适来拄杖子已为诸人说了也。于斯悟去，理无不显，事无不周。如或未然，不免别通个消息。舜日重明四海清，满天和气乐升平。延祥拄杖生欢喜，掷地山呼万岁声。”掷拄杖，下座。上堂，弹指一下曰：“弹指圆成八万门，刹那灭却三祇劫。若也见得行得,健即经行困即歇。若也不会,两个鸬鹚扛个鳖。”上堂，举死心和尚小参曰：“若论此事，如人家有三子。第一子聪明智慧，孝养父母，接待往来，主掌家业。第二子凶顽狡猾，贪淫嗜酒，倒街卧巷，破坏家业。第三子盲聋瘖哑，菽麦不分，是事不能，只会吃饭。三人中黄龙要选一人用，更有四句：‘死中有活，活中有死，死中常死，活中常活。’将此四句，验天下衲僧。”师曰：“唤什么作四句，三人姓甚名谁？若也识得，兴黄龙把手并行，更无纤毫间隔。如或未然，不免借水献华去也。三人共体用非用，四句同音空不空。欲识三人并四句，金乌初出一团红。”师龙牙十三载，以清苦莅众，衲子敬畏。大帅席公震迁住云溪，经四稔。绍兴戊午八月望，俄集众付寺事。仍书偈曰：“戊午中秋之日，出家住持事毕。临行自己尚无，有甚虚空可觅？”其垂训如常。二十三日，再集众，示问曰：“涅槃生死，尽是空华。佛及众生，并为增语。汝等诸人，合作么生？”众皆下语不契。师喝曰：“苦！苦！”复曰：“白云涌地，明月当天。”言讫輾然而逝。火浴获设利五色，并灵骨塔于寺之西北隅。

蓬莱卿禅师

明州蓬莱卿禅师，上堂：“有句无句，如藤倚树。且任诸方点头，及乎树倒藤枯，上无冲天之计，下无入地之谋，灵利汉这里着得一只眼，便见七纵八横。”举拂子曰：“看！看！一曲两曲无人会，雨过夜塘秋水深。”上堂：“杜鹃声里春光暮，满地落花留不住。琉璃殿上绝行踪，谁人解插无根树？”举拄杖曰：“这个是无根底，且道解开华也无？”良久曰：“只因连夜雨，又过一年春。”上堂，举“法眼道：‘识得凳子，周匝有余。’云门道：‘识得凳子，天地悬殊。’”师曰：“此二老人，一人向高高山顶立，一人向深深海底行。然虽如是，一不是，二不成，落华流水里啼莺。闲亭雨歇夜将半，片月还从海底生。”

何山佛灯守珣禅师

安吉州何山佛灯守珣禅师，郡之施氏子。参广鉴瑛禅师，不契。遂造太平，随众咨请，邈无所入。乃封其衾曰：“此生若不彻去，誓不展此。”于是昼坐宵立，如丧考妣。逾七七日，忽佛鉴上堂曰：“森罗及万象，一法之所印。”师闻顿悟，往见鉴。鉴曰：“可惜一颗明珠，被这风颠汉拾得。”及诘之曰：“灵云道：自从一见桃华后，直至如今更不疑。如何是他不疑处？”师曰：“莫道灵云不疑，只今觅个疑处了不可得。”鉴曰：“贤沙道：谛当甚谛当，敢保老兄未彻在。那里是他未彻处？”师曰：“深知和尚老婆心切。”鉴然之。师拜起，呈偈曰：“终日看天不举头，桃花烂熳始抬眸。饶君更有遮天网，透得牢关即便休。”鉴属令护持。是夕，厉声谓众曰：“这回珣上座稳睡去也。”圆悟开得，疑其未然，乃曰：“我须勘过始得。”遂令人召至，因与游山，偶到一水潭，悟推师入水，遽问曰：“牛头未见四祖时如何？”师曰：“潭深鱼聚。”悟曰：“见后如何？”师曰：“树高招风。”悟曰：“见与未见时如何？”师曰：“伸脚在缩脚里。”悟大称之。鉴移蒋山，命分座说法。出住庐陵之禾山，退藏故里，道俗迎居天圣，后徙何山及天宁。上堂：“镬铄钻住山斧，佛祖出头未轻与。纵使醍醐满世间，你无宝器如何取？阿呵呵！神山打罗，道吾作舞。甜瓜彻蒂甜，苦瓠连根苦。”上堂，举婆子烧庵话。师曰："大凡扶宗立教，须是其人。你看他婆子，虽是个女人，宛有丈夫作略。二十年簁油费酱，固是可知。一日向百尺竿头做个失落，直得用尽平生腕头气力。自非个俗汉知机，洎乎巧尽拙出。然虽如是，诸人要会么？雪后始知松柏操，事难方见丈夫心。"上堂："如来禅，祖师道，切忌将心外边讨。从门所得即非珍，特地埋藏衣里宝。禅家流，须及早，拨动祖师关捩，抖擞多年布袄。是非毁誉付之空，竖阔横长浑恰好。君不见寒山老，终日嬉嬉，长年把扫。人问其中事若何？入荒田不拣，信手拈来草。参！"僧问："如何是宾中宾？"师曰："客路如天远，侯门似海深。"曰："如何是宾中主？"师曰："长因送客处，忆得别家时。"曰："如何是主中宾？"师曰："相逢不必问前程。"曰："如何是主中主？"师曰："一朝权祖令，谁是出头人？"曰："宾主已蒙师指示，向上宗乘事若何？"师曰："向上问将来。"曰："如何是向上事？"师曰："大海若知足，百川应倒流。"僧礼拜，师曰："珣上座三十年学得底。"师尝谓众曰："兄弟如有省悟处，不拘时节，请来露个消息。"雪夜，有僧扣方丈门，师起秉烛，震威喝曰："雪深夜半，求决疑情。因什么威仪不具？"僧顾视衣裓，师逐出院。每曰："先师只年五十九，吾年五十六矣，来日无多。"绍兴甲寅，解制退天宁之席，谓双槐居士郑续曰："十月八日是佛鉴忌，则吾时至矣。"乞还鄣南。十月四日，郑公遣弟僧道如讯之，师曰："汝来正其时也。先一日不着便，后一日蹉过了。吾虽与佛鉴同条生，终不同条死。明早可为我寻一只小船子来。"如曰："要长者，要高者？"师曰："高五尺许。"越三日，鸡鸣，端坐如平时，侍者请遗偈，师曰："不曾作得。"言讫而逝。阇维舌根不坏，郡人陈师颜以宝函藏其家。门弟子奉灵骨，塔于普应院之侧。

泐潭择明禅师

隆兴府泐潭择明禅师，上堂，举赵州访茱萸探水因缘，师曰：

“赵老云收山岳露，茱萸雨过竹风清。谁家别馆池塘里，一对鸳鸯画不成。”又举德山托钵话。师曰：“从来家富小儿娇，偏向江头弄画桡。引得老爷把不住，又来船上助歌谣。”上堂：“永嘉道：一月普现一切水，一切水月一月摄。”竖起拂子云：“看！看！千江竞注，万派争流。若也素善行舟，便谙水脉，可以优游性海，笑傲烟波。其或未然，且归林下坐，更待月明时。”

宝藏本禅师

台州宝藏本禅师，上堂：“清明已过十余日，华雨阑珊方寸深。春色恼人眠不得，黄鹂飞过绿杨阴。”遂大笑，下座。

大中祥符清海禅师

吉州大中祥符清海禅师，初见佛鉴。鉴问：“三世诸佛，一口吞尽，何处更有众生可教化？此理如何？”师拟进语，鉴喝之。师忽领旨，述偈曰：“实际从来不受尘，个中无旧亦无新。青山况是吾家物，不用寻家别问津。”鉴曰：“放下着。”师礼拜而出。

净众佛真了灿禅师

漳州净众佛真了灿禅师，泉南罗氏子。上堂：“重阳九日菊华新，一句明明亘古今。杨广橐驼无觅处，夜来足迹在松阴。”

谷山海禅师

隆兴府谷山海禅师，上堂：“一举不再说，已落二三。相见不扬眉，翻成造作。设使动弦别曲，告往知来，见鞭影便行，望刹竿回去，脚跟下好与三十棒。哪堪更向这里，撮摩石火，收捉电光。工夫枉用浑闲事，笑倒西来碧眼胡。”卓拄杖，下座。

五灯会元　卷第二十

南岳下十五世下

龙门远禅师法嗣

龙翔竹庵士珪禅师

温州龙翔竹庵士珪禅师，成都史氏子。初依大慈宗雅，心醉《楞严》。逾五秋，南游谒诸尊宿。始登龙门，即以平时所得白佛眼。眼曰："汝解心已极，但欠着力开眼耳。"遂俾职堂司。一日侍立次，问云："绝对待时如何？"眼曰："如汝僧堂中白椎相似。"师罔措。眼至晚抵堂司，师理前话。眼曰："闲言语。"师于言下大悟。政和末，出世和之天宁，屡迁名刹。绍兴间奉诏，开山雁荡能仁。时真歇居江心，闻师至，恐缘法未熟，特过江迎归方丈。大展九拜，以诱温人，由是翕然归敬。未视篆，其徒惧行规法，深夜放火，鞠为瓦砾之墟。师竟就树缚屋，升座示众云："爱闲不打鼓山鼓，投老来看雁荡山。杰阁危楼浑不见，溪边茆屋两三间。还有共相出手者么？”喝一喝，下座。听法檀施，并力营建，未几复成宝坊，次补江心。上堂曰：“万年一念，一念万年。和衣泥里辊，洗脚上床眠。历劫来事，只在如今。大海波涛涌，小人方寸深。”拈起拄杖曰：“汝等诸人，未得个入头，须得个入头。既得个入头，须有出身一路始得。大众，且作么生是出身一路？”良久曰：“雪压难摧涧底松，风吹不动天边月。”卓拄杖，下座。上堂：“万机不到，眼见色，耳闻声。一句当堂，头戴天明，脚踏地。你诸人只知今日是五月初一，殊不知金乌半夜忙忙去，玉兔天上海东。”以拂子击禅床，下座。上堂：“明明无悟，有法即迷。诸人向这里立不得，诸人向这里住不得。若立则危，若住则瞎。直须意不停玄，句不停意，用不停机。此三者既明，一切处不须管带，自然现前，不须照顾，自然明白。虽然如是，更须知有向上事。久雨不晴。咄！”上堂：“一叶落，天下秋，欲穷千里目，更上一层楼。一尘起，大地收，嘉州打大像，陕府灌铁牛。明眼汉合作么生？”良久曰：“久旱檐头句，桥流水不流。”卓拄杖，下座。上堂：“见见之时，见非是见。见犹离见，见不能及。落华有意随流水，流水无情恋落华。诸可还者，自然非汝。不汝还者，非汝而谁？长恨春归无觅处，不知转入此中来。”喝一喝曰：“三十年后，莫道能仁教坏人家男女。”上堂，僧问：“如何是祖师西来意？”师曰：“东家点灯，西家暗坐。”曰：“未审意旨如何？”师曰：“马便搭鞍，驴便推磨。”僧礼拜。师曰：“灵利衲僧，只消一个。”遂曰：“马搭鞍，驴推磨。灵利衲僧，只消一个。纵使东家明点灯，未必西家暗中坐。西来意旨问如何，多口阿师自招祸。”僧问：“如何是第一义？”师曰：“你问底是第二义。”问：“狗子还有佛性也无？赵州道无，意旨如何？”师曰：“一度着蛇咬，怕见断井索。”问：“燕子深谈实相，善说法要，此理如何？”师曰：“不及雁衔芦。”问：“如何是佛？”师曰：“华阳洞口石乌龟。”问：“鲁祖面壁，意旨如何？”师曰：“金木水火土，罗睺计都星。”问：“有句无句，如藤倚树时如何？”师曰：“作贼人心虚。”曰:“国师三唤侍者，又作么生? ”师曰:“打鼓弄猢狲，鼓破猢狲走。”丙寅七月十八日,召法属、长老、宗范付后事。次日沐浴,声钟集众。就座，泊然而逝。荼毗日，送者均获设利。奉灵骨塔于鼓山。

云居高庵善悟禅师

南康军云居高庵善悟禅师,洋州李氏子。年十一去家,业经得度。有夙慧。闻冲禅师举武帝问达磨因缘,如获旧物。遽曰:“我既廓然,何圣之有? ”冲异其语，勉之南询。蒙授记于龙门。一日，有僧被蛇伤足，佛眼问曰:“既是龙门，为什么却被蛇咬? ”师即应曰:“果然现大人相。”眼益器之。后传此语到昭觉，圆悟云:“龙门有此僧耶? 东山法道未寂寥尔。”住后，上堂:“少林面壁，怀藏东土西天。欧阜升堂，充塞四维上下。致使山巍巍而砥掌平，水昏昏而常自清。华非艳而结空果，风不摇而片叶零，人无法而得咨问，佛无心而更可成。野蔬淡饭延时日,任运随缘道自灵。毕竟如何? 日午打三更。”

西禅文琏禅师

遂宁府西禅文琏禅师，郡之张氏子。上堂:“一向恁么去，直得凡圣路绝，水泄不通，铁蛇钻不入，铁锤打不破。至于千里万里，鸟飞不度。一向恁么来，未免灰头土面，带水拖泥，唱九作十，指鹿为马。非唯孤负先圣,亦乃埋没己灵。敢问大众,且道恁么去底是? 恁么来底是? 芍药华开菩萨面，椆叶散夜叉头。”上堂:“诸方浩浩谈玄，每日撞钟打鼓。西禅无法可说，勘破灯笼露柱。门前不置下马台,免被傍人来借路。若借路,须照顾。脚下若参差,邯郸学唐步。”上堂:“心生种种法生，森罗万象纵横。信手拈来便用，日轮午后三更。心灭种种法灭，四句百非路绝。直饶达磨出头，也是眼中着屑。心生心灭是谁? 木人携手同归。归到故乡田地，犹遭顶上一锤。”上堂:“正月孟春犹寒，直下言端语端。拈起衲僧鼻孔，穿开祖佛心肝。知有者，达磨不来东土，二祖不往西天。不知有者，谁知当面蹉过，迢迢十万八千。山僧为你重说偈言，大众，莫教孤负，孟春犹寒。”僧问:“师子未出窟时如何？”师曰:“爪牙已露。”曰:“出窟后如何？”师曰:“龙头蛇尾。”曰:“出与未出时如何？”师曰:“正好吃棒。”问:“以一重去一重即不问,不以一重去一重时如何？”师曰:“阇黎有许多工夫！”

黄龙牧庵法忠禅师

隆兴府黄龙牧庵法忠禅师，四明姚氏子。十九试经得度，习台教，悟一心三观之旨，未能泯迹。遍参名宿，至龙门观水磨旋转，发明心要。乃述偈曰:“转大法轮,目前包裹。更问如何,水推石磨。”呈佛眼,眼曰:“其中事作么生？”师曰:“涧下水长流。”眼曰:“我有末后一句，待分付汝。”师即掩耳而去。后至庐山，于同安枯树中，绝食清坐。宣和间湘潭大旱，祷而不应。师跃入龙渊，呼曰:“业畜！当雨一尺。”雨随至。居南岳,每跨虎出游,儒释望尘而拜。住后，上堂:“张公吃酒李公醉，子细思量不思议。李公醉醒问张公，恰使张公无好气。无好气，不如归家且打睡。”上堂:“今朝正月半，有事为君断。切忌两眼睛，被他灯火换。”上堂:“我有一句子，不借诸圣口，不动自己舌。非声气呼吸，非情识分别。假使净名杜口于毗耶，释迦掩室于摩竭，大似掩耳偷铃，未免天机漏泄。直饶德山入门便棒，临济入门便喝。若向牧庵门下检点将来，只得一橛。千种言，万般说，只要教君自家歇。一任大地虚空，七凹八凸。”僧问:“如何是佛？”师曰:“莫向外边觅。”曰:“如何是心？”师曰:“莫向外边寻。”曰:“如何是道？”师曰:“莫向外边讨。”曰:“如何是禅？”师曰:“莫向外边传。”曰:“毕竟如何？”师曰:“静处萨婆诃。”问:“大众临筵,请师举唱。”师竖起拂子,僧曰:“乞师再垂方便。”师击禅床一下。后示寂，塔于香原洞。

乌巨雪堂道行禅师

衢州乌巨雪堂道行禅师，处州叶氏子。依泗州普照英禅师得度，去参佛眼。一日，闻举玄沙筑着脚指话，遂大悟。住后，上堂:“会即便会，玉本无瑕。若言不会，碓觜生花。试问九年面壁，何如大会拈华? 南明恁么商确，也是顺风撒沙。参! ”上堂:“云笼岳顶，百鸟无声。月隐寒潭，龙珠自耀。正当恁么时，直得石梁忽然大悟，石洞顿尔心休。虚空开口作证，溪北石僧点头。诸人总在这里瞌睡，笑杀陕府铁牛。”上堂:“佛说三乘十二分，顿渐偏圆。痴人面前，不得说梦。祖师西来，直指人心，见性成佛。痴人面前，不得说梦。临济三玄，云门三句，洞山五位。痴人面前，不得说梦。南明恁么道，还免得遭人检责也无? 所以古人道: 石人机似汝，也解唱《巴歌》。汝若似石人，《雪曲》也应和。”还有和《雪曲》底么? 若有，唤来与老僧洗脚。”上堂:“通身是口，说得一半。通身是眼，用得一橛。用不到处说有余，说不到处用无尽。所以道，当用无说，当说无用。用说同时，用说不同时。诸人若也拟议，西峰在你脚底。”到国清，众请上堂:“句亦铲，意亦铲，绝毫绝厘处，如山如岳。句亦到，意亦到，如山如岳处，绝毫绝厘。忽若拶通一线，意句俱到俱不到，俱铲俱不铲。直得三句外绝牢笼，六句外无标的。正当恁么时，一句作么生道? 倾盖同途不同辙，相将携手上高台。”上堂，举:“赵州示众云:‘老僧除却二时斋粥，是杂用心处。’”师曰:“今朝六月旦，行者击鼓，长老升堂。你诸人总来这里杂用心。”上堂，举:“僧问云门:‘如何是惊人句? ’门曰:‘响。’”师曰:“云门答这僧话，不得便休，却鼓粥饭气，以当平生。”上堂:“黄梅雨，麦秋寒。恁么会，太无端。时节因缘佛性义，大都须是髑髅干。”示众，举:“玑和尚问僧:‘禅以何为义? ’众下语皆不契理，僧请益玑，玑代云:‘以谤为义。’”

师曰：“三世诸佛是谤，西天二十八祖是谤，唐土六祖是谤，天下老和尚是谤，诸人是谤。山僧是谤。于中还有不谤者也无？谈玄说妙河沙数，争似双峰谤得亲。”师示疾，门弟子教授汪公乔年至，省候。师以后事委之，示以偈曰：“识则识自本心，见则见自本性。识得本心本性，正是宗门大病。注曰：‘烂泥中有刺，莫道不疑好。’黎明沐浴更服，加趺而逝。阇维五色设利，烟所至处累然，齿舌不坏，塔于寺之西。

白杨法顺禅师

抚州白杨法顺禅师，绵州文氏子。依止佛眼，闻普说，举：“傅大士《心王铭》云：‘水中盐味，色里胶青，决定是有，不见其形。’”师于言下有省。后观宝藏迅转，顿明大法。趋丈室作礼，呈偈曰：“顶有异峰云冉冉，源无别派水泠泠。游山未到山穷处，终被青山碍眼睛。”眼笑而可之。住后，上堂：“好事堆堆叠叠来，不须造作与安排。落林黄叶水推去，横谷白云风卷回。寒雁一声情念断，霜钟才动我山摧。白杨更有过人处，尽夜寒炉拨死灰。忽有个衲僧出来道，长老少卖弄，得恁么穷乞相。山僧只向他道，却被你道着。”上堂：“我手何似佛手？天上南星北斗。我脚何似驴脚？往事都来忘却。人人尽有生缘，个个足方顶圆。大愚滩头立处，孤月影射深湾。会不得，见还难，一曲渔歌过远滩。”示众：“染缘易就，道业难成。不了自前，万缘差别。只见境风浩浩，凋残功德之林；心火炎炎，烧尽菩提之树。道念若同情念，成佛多时。为众一似为己，彼此事办。不见他非我是，自然上敬下恭，佛法时时现前，烦恼尘尘解脱。”上堂：“鸡啼晓月，狗吠枯桩。只可默会，难入思量。看不见处，动地放光。说不到处，天地玄黄。抚城尺六状纸，元来出在清江。大众，分明话出人难见，昨夜三更月到窗。”上堂：“风吹茆茨屋脊漏，雨打阇黎眼睛湿。恁么分明却不知，却来这里低头立。”〔时绍灯上座闻之，有省，后住婺之广教。〕因病示众：“久病未尝推木枕，人来多是问如何。山僧据问随缘对，外黄鹂口更多。只如七尺之躯甚处受病？众中具眼者，试为山僧指出病源。”众下语，皆不契。师自拊掌一下，作呕吐声。又云：“好个木枕子。”师律身清苦，出入唯杖笠独行。后示寂，阇维收舍利，目睛齿舌数珠，同灵骨塔于寺西。

云居法如禅师

南康军云居法如禅师，丹丘胡氏子。依护国瑞禅师，祝发登具。备参浙右诸宗匠。晚至龙门，以平日所证白佛眼。眼曰：“此皆学解，非究竟事。欲了生死，当求妙悟。”师骇然谛信。一日，命主香积，以道业未办，固辞。眼勉曰：“姑就职其中，大有人为汝说法。”未几，晨兴开厨门，望见圣僧，契所未证。即白佛眼，眼曰：“这里还见圣僧么？”师诣前问讯，叉手而立。眼曰：“向汝道大有人为汝说法。”住后，上堂：“一法若有，毗卢堕在凡夫。万法若无，普贤失其境界。向这里有无俱遣，得失两亡，直得十方诸佛不见。诸人且道，十二时中向什么处安身立命？披蓑侧立千峰外，引水浇蔬五老前。”上堂：“乾坤之内，宇宙之间，中有一宝，秘在形山。云居又且不然，乾坤之内，宇宙之间，中有一宝。”掷下拄杖云：“大众也须识取。”

归宗真牧正贤禅师

南康军归宗真牧正贤禅师，潼川陈氏子。世为名儒，幼从三圣海澄为苾刍。具满分戒，游成都，依大慈秀公习经论。凡典籍过目成诵，义亦顿晓，秀称为经藏子。出蜀谒诸尊宿，后扣佛眼。一日入室，眼举“殷勤抱得旃檀树”，语声未绝，师顿悟。眼曰：“经藏子漏逗了也。”自是与师商榷渊奥，亹亹无尽。眼称善，因手书“真牧”二字授之。绍兴己巳，归宗虚席，郡侯以礼请，坚卧不应。宝文李公懋尝问道于师，同属官强之，乃就。上堂：“且第一句如何道？汝等若向世界未成时、父母未生时、佛未出世时、祖师未西来时道得，已是第二句。且第一句如何道？直饶你十成道得，未免左之右之。”卓拄杖，下座。上堂，良久召大众曰：“作么生？若也拟议，贤上座谩你诸人去也。打地和尚，嗔他秘魔岩主擎个叉儿，胡说乱道，遂将一掴成齑粉，散在十方世界，还知么？”举拂子曰：“而今却在拂子头上，说一切智智清净无二，无二分无别无断故。还闻么？阎老子知得，乃曰：贤上座，你若相当去，不妨奇特；或不相当，总在我手里。只向他道：阎老子你也退步，摸索鼻孔看。”击禅床，下座。僧问：“久默斯要，已泄真机。学人上来，请师开示。”师曰：“耳朵在什么处？”曰：“一句分明该万象。”师曰：“分明底事作么生？”曰：“台星临照，枯木回春。”师曰：“换却你眼睛。”

道场正堂明辩禅师

安吉州道场正堂明辩禅师，本郡俞氏子。幼事报本蕴禅师，圆颅受具后，谒诸名宿。至西京少林。闻僧举“佛眼以古诗发明罽宾王斩师子尊者”话，曰：“杨子江头杨柳春，杨花愁杀渡江人。一声羌笛离亭晚，君向潇湘我向秦。”师默有所契，即趋龙门，求入室。佛眼问：“从上祖师方册因缘，许你会得。”忽举拳曰：“这个因何唤作拳？”师拟对，眼筑其口曰：“不得作道理。”于是顿去知见。住后，上堂：“猛虎口边拾得，毒蛇头上安排。更不钉桩摇橹，回头别有生涯。婆子被我勘破了，大悲院里有村斋。”上堂：“净五眼，涌金春色晚。得五力，吹落碧桃华，唯证乃知难可测。”卓拄杖曰：“一片何人得？流经十万家。”上堂：“三祖道，但莫憎爱，洞然明白。当时老僧若见，便与一掴。且道是憎邪是爱邪？近来经界稍严，不许诡名挟佃。”解夏，上堂：“十五日已前不得去，少林只履无藏处。十五日已后不得住，桂子天香和雨露。正当十五日，大且如何？阿呵呵！风流不在着衣多。”上堂，举：“僧问投子：‘大死底人却活时如何？’子曰：

‘不许夜行,投明须到。’”师曰:“我疑千年苍玉精,化为一片秋水骨。海神欲护护不得,一旦鳌头忽擎出。”上堂:“华开陇上,柳绽堤边。黄莺调叔夜之琴,芳草入谢公之句。何必闻声悟道,见色明心?非唯水上觅沤,已是眼中着屑。”擘开胸曰:“汝等当观吾紫磨金色之身,今日则有,明日则无。大似无风起浪,全不知羞。且道今日事作么生?好个迷逢达磨,不知谁解承当?”僧问:“如何是佛?”师乃鸣指三下。问:“语默涉离微,如何通不犯?”师曰:“横身三界外,独脱万机前。”曰:“只如风穴道,长忆江南三月里,鹧鸪啼处百华香。又作么生?”师曰:“说这个不唧噹汉作么?”曰:“嫩竹摇金风细细,百华铺地日迟迟。”师曰:“你向什么处见风穴?”曰:“眼里耳里绝潇洒。”师曰:“料掉无交涉。”问:“莲华未出水时如何?”师曰:“未过冬至莫道寒。”曰:“出水后如何?”师曰:“未过夏至莫道热。”曰:“出与未出时如何?”师曰:“三十年后,不要错举。”问:“如何是佛?”师曰:“无柴猛烧火。”曰:“如何是法?”师曰:“贫做富装裹。”曰:“如何是僧?”师曰:“卖扇老婆手遮日。”曰:“如何是和尚栗棘蓬?”师曰:“不答此话。”曰:“为什么不答?”师大笑曰:“吞不进,吐不出。”问:“如何是一喝如金刚王宝剑?”师曰:“古墓毒蛇头戴角。”曰:“如何是一喝如踞地师子?”师曰:“虚空笑点头。”曰:“如何是一喝如探竿影草?”师曰:“石人拍手笑呵呵。”曰:“如何是一喝不作一喝用?”师曰:“布袋里猪头。”曰:“四喝已蒙师指示,向上还有事也无?”师曰:“有。”曰:“如何是向上事?”师曰:“锯解秤锤,随声便喝。佛眼忌拈香,龙门和尚阑提潦倒,不信佛法,灭除禅道。拶破毗卢向上关,猫儿洗面自道好。一炷沉香炉上然,换手槌胸空懊恼。”遂摇手曰:“休懊恼。”以坐具搭肩上,作女人拜,曰:“莫怪下房媳妇触忤大人好!”室中垂问曰:“猫儿为什么爱捉老鼠?”又曰:“板鸣因什么狗吠?”师家风严冷,初机多惮之。因赞达磨曰:“升元阁前慷慨,洛阳峰畔乖张,皮髓传成话霸,只履无处埋藏。不是一番寒彻骨，争得梅花扑鼻香。”雪堂行一见，大称赏曰：“先师犹有此人在。只消此赞，可以坐断天下人舌头。”由是衲子奔凑。临终登座，拈拄杖于左边，卓一下曰：“三十二相无此相。”于右边卓一下曰：“八十种好无此好。僧繇一笔画成，志公露出草藁。”又卓一下，顾大众曰：“莫懊恼，直下承当休更讨。”下座归方丈，俨然趺坐而逝。火后收灵骨设利，藏所建之塔曰仙人山。

方广深禅师

潭州方广深禅师，僧问：“一法若有，毗卢堕在凡夫。万法若无，普贤失其境界。未审意旨如何？”师曰：“富嫌千口少，贫恨一身多。”

世奇首座

世奇首座者，成都人也。遍依师席，晚造龙门。一日宴坐，瞌睡间群蛙忽鸣，误听为净发版响。亟趋往，有晓之者曰：“蛙鸣非版也。”师怳然，诣方丈剖露。佛眼曰：“岂不见罗睺罗？”师遽止曰：“和尚不必举，待去自看。”未几有省，乃占偈曰：“梦中闻版响，觉后虾蟆啼。虾蟆与版响，山岳一时齐。”由是益加参究，洞臻玄奥。眼命分座，师固辞，曰：“此非细事也。如金针刺眼，毫发若差，睛则破矣。愿生生居学地，而自锻炼。”眼因以偈美之曰：“有道只因频退步，谦和元自惯回光。不知已在青云上，犹更将身入众藏。”暮年，学者力请，不容辞。后因说偈曰：“诸法空故我心空，我心空故诸法同。诸法我心无别体，只在而今一念中。且道是那一念？”众罔措，师喝一喝而终。

净居尼慧温禅师

温州净居尼慧温禅师，上堂，举：“法眼示众曰，三通鼓罢，簇簇上来，佛法人事，一时周毕。”师曰：“山僧道，三通鼓罢，簇簇上来。拄杖不在，苕帚柄聊与三十。”

给事冯楫济川居士

给事冯楫济川居士，自壮扣诸名宿，最后居龙门，从佛眼远禅师。再岁，一日同远经行法堂，偶童子趋庭，吟曰：“万象之中独露身。”远拊公背曰：“好聻！”公于是契入。绍兴丁巳，除给事。会大慧禅师就明庆开堂，慧下座，公挽之曰：“和尚每言于士大夫前曰，此生决不作这虫豸，今日因甚却纳败缺？”慧曰：“尽大地是个杲上座，你向甚处见他？”公拟对，慧便掌。公曰：“是我招得。”越月，特丐祠坐夏径山，榜其室曰“不动轩”。一日，慧升座，举：“药山问石头曰：‘三乘十二分教，某甲粗知，承闻南方直指人心，见性成佛，实未明了，伏望慈悲示诲。’”头曰：“恁么也不得，不恁么也不得，恁么不恁么总不得。你作么生？”山罔措。头曰：“子缘不在此，可往江西见马大师去。”山至马祖处，亦如前问。祖曰：“有时教伊扬眉瞬目，有时不教伊扬眉瞬目。有时教伊扬眉瞬目者是，有时教伊扬眉瞬目者不是。”山大悟。慧拈罢，公随至方丈曰：“适来和尚所举底因缘，某理会得了。”慧曰：“你如何会？”公曰：“恁么也不得苏嚧娑婆诃，不恁么也不得唏唎娑婆诃。恁么不恁么，总不得苏嚧唏唎娑婆诃。”慧印之以偈曰：“梵语唐言打成一块。咄哉俗人，得此三昧。”公后知邛州，所至宴晦无倦。尝自咏曰：“公事之余喜坐禅，少曾将胁到床眠。虽然现出宰官相，长老之名四海传。”至二十三年秋，乞休致，预报亲知，期以十月三日报终。至日，令后厅置高座，见客如平时。至辰巳间，降阶望阙肃拜。请漕使摄邛事，着僧衣履，踞高座，嘱诸官吏及道俗，各宜向道，扶持教门，建立法幢。遂拈拄杖按膝，蜕然而化。漕使请曰：“安抚去住如此自由，何不留一颂以表罕闻？”公张目，索笔书曰：“初三十一，中九下七，老人言尽，龟哥眼赤。”竟尔长往。建炎后名山巨刹，教藏多不存，公累以己俸印施，凡一百二十八藏，用祝君寿，以康兆民。门人蒲大聘尝志其事，有《语录》《颂古》行于世。

开福宁禅师法嗣

大沩月庵善果禅师

潭州大沩月庵善果禅师,信州余氏子。上堂:“奚仲造车一百辐,拈却两头除却轴。”以拄杖打一圆相曰:“且莫错认定盘星。”卓一卓,下座,谢供头。上堂:“解猛虎颔下金铃,惊群动众。取苍龙穴里明珠,光天照地。山僧今日到此,赞叹不及。汝等诸人,合作么生?”竖起拂子曰:“贬上眉毛,速须荐取。”掷拂子,下座。上堂:“心生法亦生,心灭法亦灭。心法两俱忘,乌龟唤作鳖。诸禅德,道得也未?若道得,道林与你拄杖子。其或未然,归堂吃茶去。”僧问:“达磨九年面壁时如何?”师曰:“鱼行水浊。”曰:“二祖礼三拜,为什么却得其髓?”师曰:“地肥茄子大。”曰:“只如一华开五叶,结果自然成,明什么边事?”师曰:“贼以赃为验。”曰:“有时乘好月,不觉过沧洲。”师曰:“阇黎无分。”问:“有句无句,如藤倚树时如何?”师曰:“验尽当行家。”曰:“树倒藤枯,句归何处?又作么生?”师曰:“风吹日炙。”曰:“沩山呵呵大笑,聻!”师曰:“波斯读梵字。”曰:“道吾推倒泥里,沩山不管,此意又且如何?”师曰:“有理不在高声。”曰:“罗山道:道吾是撮马粪汉。又作么生?”师曰:“多口阿师。”曰:“今日足见老师七通八达。”师曰:“仰面哭苍天。”僧礼拜。师曰:“过。”问:“莲花未出水时如何?”师曰:“乾坤无异色。”曰:“出水后如何?”师曰:“遍界有清香。”

大随静禅师法嗣

钓鱼台石头自回禅师

合州钓鱼台石头自回禅师,本郡人也。世为石工,虽不识字,志慕空宗,每求人口授《法华》,能诵之。弃家投大随,供扫洒。

寺中令取崖石，师手不释锤凿，而诵经不辍口。随见而语曰："今日硿磕，明日硿磕，死生到来，作甚折合？"师愕然，释其器。设礼，愿闻究竟法，因随至方丈。随令且罢诵经，看赵州勘婆因缘。师念念不去心。久之，因凿石，石稍坚，尽力一锤，瞥见火光，忽然省彻。走至方丈，礼拜呈颂曰："用尽工夫，浑无巴鼻。火光迸散，元在这里。"随忻然曰："子彻也。"复献《赵州勘婆颂》曰："三军不动旗闪烁，老婆正是魔王脚。赵州无柄铁扫帚，扫荡烟尘空索索。"随可之，遂授以僧服。人以其为石工，故有回石头之称也。上堂："参禅学道，大似井底叫渴相似，殊不知塞耳塞眼，回避不及。且如十二时中，行住坐卧，动转施为，是什么人使作？眼见耳闻，何处不是路头？若识得路头，便是大解脱路。方知老汉与你证明，山河大地与你证明，所以道：十方薄伽梵，一路涅槃门。诸仁者，大凡有一物当途，要见一物之根源。一物无处，要见一物之根源。见得根源，源无所源。所源既非，何处不圆？诸禅德，你看老汉有什么胜你处，诸人有什么不如老汉处？还会么？太湖三万六千顷，月在波心说向谁？"

护圣愚丘居静禅师

潼川府护圣愚丘居静禅师，成都杨氏子。年十四，礼白马安慧为师。闻南堂道望，遂往依焉。堂举香严"枯木里龙吟"话，往返酬诘，师于言下大悟。一日，堂问曰："莫守寒岩异草青，坐却白云宗不妙。汝作么生？"师曰："且须挥剑。若不挥剑，渔父栖巢。"堂矍然曰："这小厮儿。"师珍重便行。出住东岩。上堂："月生一，东岩乍住增愁寂。红尘世路有多端，米面食储无颗粒。崖为伴，泉为匹，飒飒清风来入室。山王土地暗中忙，云版钟鱼偷泪滴。世人莫道守空岩，亦有东篱打西壁。"尝谓众曰："参学至要，不出先南堂道：最初句及末后句，透得过者，一生事毕。傥或未然，更与你分作十门，各各印证自心，还得稳当也未？一、须信有教外别传。二、须知有教外别传。三、须会无情说法与有情说法无二。四、须见性如观掌中之物，了了分明，一一田地稳密。五、须具择法眼。六、须行鸟道玄路。七、须文武兼济。八、须摧邪显正。九、须大机大用。十、须向异类中行。凡欲绍隆法种，须尽此纲要，方坐得这曲录床子，受得天下人礼拜，敢与佛祖为师。若不到恁么田地，只一向虚头，他时异日，阎老子未放你在。”间有学者各门颂出，呈师，师以颂示曰：“十门纲要掌中施，机会来时自有为。作者不须排位次，大都首末是根基。”

南岩胜禅师

简州南岩胜禅师，上堂召大众曰：“护生须是杀，杀尽始安居。会得个中意，分明在半途。且道到家一句又作么生？释迦弥勒没量大，看来犹只是他奴。”僧问：“放行五位即不问，把定三关事若何？”师曰：“横按镆铘全正令。”曰：“把定三关蒙指示，放行五位事如何？”师曰：“太平寰宇斩痴顽。”曰：“恁么则南岩门下，土旷人稀。”师曰：“灵利衲僧，只消一点。”曰：“自古自今，同生同死时如何？”师曰：“家贼难防。”曰：“今日学人小出大遇去也。”师便打。曰：“须是老僧打你始得。”僧礼拜，师曰：“切忌诈明头。”

梁山廓庵师远禅师

常德府梁山廓庵师远禅师，合川鲁氏子。上堂，举“杨岐三脚驴子”话，乃召大众曰：“杨其汤者，莫若扑其火；壅其流者，莫若杜其源。此乃智人之明鉴。佛法之至论，正在斯焉。这因缘，如今丛林中提唱者甚多，商量者不少。有般底，只道宗师家无固必，凡有所问，随口便答。似则也似，是即未是。若恁么，只作个乾无事会。不见杨岐用处，乃至祖师，千差万别，方便门庭，如何消遣？又有般底，只向佛边会，却与自己没交涉。古人道，凡有言句，须是一一消归自己，又作么生？又有般底，一向只作自己会，弃却古人用处，唯知道明自己事，古人方便却如何消遣？既消遣不下，却似抱桥柱澡洗，要且放手不得。此亦是一病。又有般底，却去脚多少处会。若恁么会，此病最难医也。所以他语有巧妙处，参学人卒难摸索，才拟心则差了也。前辈谓之杨岐宗旨，须是他屋里人，到恁么田地，方堪传授。若不然者，则守死善道之谓也。这公案直须还他透顶彻底汉，方能了得。此非止禅和子会不得，而今天下丛林中，出世为人底，亦少有会得者。若要会去，直须向威音那畔，空劫已前，轻轻觑着，提起便行，捺着便转。却向万仞峰前进一步，可以笼罩古今，坐断天下人舌头。如今还有恁么者么？有则出来道看。如无，更听一颂：三脚驴子弄蹄行，直透威音万丈坑。云在岭头闲不彻，水流涧下太忙生。湖南长老谁解会，行人更在青山外。”上堂：“天得一以清，地得一以宁，君王得一以治天下。这个说话，是家常茶饭。须知衲僧家，别有奇特处始得。且道衲僧门下有甚奇特处？天得一，斗牛女虚危室壁。地得一，万象森罗及瓦砾。君王得一，上下四维无等匹。且道衲僧得一时如何？要见客从何处来，闲持经卷倚松立。”浴佛上堂，举“药山浴佛公案”，拈云：“这僧问处，依稀越国，仿佛杨州。药山答来，眼似流星，机如掣电。点检将来，二俱不了。若是山僧即不然，当是时，才见他问，只浴得这个，且不浴得那个。但转木杓柄与伊，待他拟议之间，拦面便泼。假饶这僧有大神通，具大智慧，也无施展处。敢问大众，这个即且置唤什么作那个？”下座：“佛殿烧香，为你说破。”师有《十牛图并颂》行于世。

能仁默堂绍悟禅师

嘉州能仁默堂绍悟禅师，结夏上堂：“最初一步，十方世界现全身。末后一言，一微尘中深锁断。有时提起，如倚天长剑，光耀乾坤。有时放下，似红炉点雪，虚含万象。得到恁么田地，天魔外道，拱手归降。三世诸佛，一时稽首。便可以大圆觉为我伽蓝，于一毫端现宝王刹。如是则朝往西天，暮归东土，亦是禁足。百花丛里坐，淫坊酒肆行，亦是禁足。虽然如是，不曾动着这里一步。恁么则九旬无虚弃之功，百劫有今时之用。堪报不报之恩，以助无为之化。此即是涅槃妙心，金刚王宝剑。敢问大众，作么生得到这田地去?如人上山，各自努力。"上堂，举赵州访二庵主公案，颂曰："一重山尽一重山，坐断孤峰子细看。雾卷云收山岳静，楚天空阔一轮寒。"

土溪智陀子言庵主

彭州土溪智陀子言庵主，绵州人也。初至大随，闻举石头和尚示众偈，倏然领旨。归隐土溪，悬崖绝壑间有石若蹲异兽。师凿以为室，中发异泉，无涸溢，四众讶之。居三十年，化风盛播。室成日，作偈曰："一击石庵全，纵横得自然。清凉无暑气，涓洁有甘泉。宽廓含沙界，寂寥绝众缘。个中无限意，风月一床眠。"

南修造禅师

剑门南修造者，淳厚之士也。自大随一语契投，服勤不怠。归谒崇化赟禅师，坐次，赟以宗门三印问之，南曰："印空印泥印水，平地寒涛竞起。假饶去就十分，也是灵龟曳尾。"

莫将尚书

莫将尚书，字少虚，家世豫章分宁。因官西蜀，谒南堂静禅师咨决心要。堂使其向一切处提撕。适如厕，俄闻秽气，急以手掩鼻。遂有省，即呈以偈曰："从来姿韵爱风流，几笑时人向外求。万别千差无觅处，得来元在鼻尖头。"南堂答曰："一法才通法法周，纵横妙用更何求?青蛇出匣魔军伏，碧眼胡僧笑点头。"

龙图王萧居士

龙图王萧居士，字观复。留昭觉日，闻开静板声，有省。问南堂曰：“某有个见处，才被人问，却开口不得。未审过在甚处？”堂曰：“过在有个见处。”堂却问：“朝旆几时到任？”公曰：“去年八月四日。”堂曰：“自按察几时离衙？”公曰：“前月二十。”堂曰：“为什么道开口不得？”公乃契悟。

五祖自禅师法嗣

龙华高禅师

蕲州龙华高禅师，上堂：“象王行，师子住，赤脚昆仑眉卓竖。寒山拾得笑呵呵，指点门前老松树。且道他指点个什么？忽然风吹倒时，好一堆柴。”

南岳下十六世

径山杲禅师法嗣

教忠晦庵弥光禅师

泉州教忠晦庵弥光禅师，闽之李氏子。儿时寡言笑，闻梵呗则喜。十五，依幽岩文慧禅师圆顶。犹喜阅群书。一日曰：“既剃发染衣，当期悟彻。岂醉于俗典邪？”遂出岭，谒圆悟禅师于云居。次参黄檗祥高庵悟，机语皆契。以淮楚盗起，归谒佛心，会大慧寓广，因往从之。慧谓曰：“汝在佛心处所得者，试举一二看。”师举佛心上堂拈普化公案曰：“佛心即不然，总不恁么来时，如何劈脊便打，从教遍界分身。”慧曰：“汝意如何？”师曰：“某不肯他后头下个注脚。”慧曰：“此正是以病为法。”师毅然无信可意。慧曰：“汝但揣摩看。”师竟以为不然。经旬，因记海印信禅师拈曰：“雷声浩大，雨点全无。”始无滞，趋告慧。慧以举道者见琅邪并玄沙未彻语诘之。师对已，慧笑曰：“虽进得一步，只是不着所在。如人斫树，根下一刀，则命根断矣。汝向枝上斫，其能断命根乎？今诸方浩浩说禅者，见处总如此，何益于事？其杨岐正传，三四人而已。”师愠而去。翌日，慧问：“汝还疑否？”师曰：“无可疑者。”慧曰：“只如古人相见，未开口时已知虚实，或闻其语，便识浅深。此理如何？”师悚然汗下，莫知所诣。慧令究有句无句。慧过云门庵，师侍行，一日问曰：“某到这里，不能得彻，病在甚处？”慧曰：“汝病最癖，世医拱手。何也？别人死了活不得，汝今活了未曾死。要到大安乐田地，须是死一回始得。”师疑情愈深，后入室，慧问：“吃粥了也，洗钵盂了也？去却药忌，道将一句来。”师曰：“裂破。”慧震威喝曰：“你又说禅也。”师即大悟。慧挝鼓告众曰：“龟毛拈得笑哈哈，一击万重关锁开。庆快平生在今日，孰云千里赚吾来？”师亦以颂呈之曰：“一拶当机怒雷吼，惊起须弥藏北斗。洪波浩渺浪滔天，拈得鼻孔失却口。”住后，上堂：“有句无句，如藤倚树。放憨作么？及乎树倒藤枯，句归何处？情知汝等诸人，卒讨头鼻不着，为甚如此？只为分明极，翻令所得迟。”上堂：“梦幻空花，何劳把捉？得失是非，一时放却。”掷拂子曰：“山僧今日已是放下了也。汝等诸人，又作么生？”复曰：“侍者收取拂子。”僧问：“文殊为什么出女子定不得？”师曰：“山僧今日困。”曰：“罔明为什么却出得？”师曰：“令人疑着。”曰：“恁么则擘开华岳千峰秀，放出黄河一派清。”师曰：“一任卜度。”

东林卍庵道颜禅师

江州东林卍庵道颜禅师，潼川人，族鲜于氏。久参圆悟，微有省发。洎悟还蜀，嘱依妙喜，仍以书致喜曰：“颜川彩绘已毕，但欠点眼耳。他日嗣其后，未可量也。”喜居云门及洋屿，师皆在焉。朝夕质疑，方大悟。住后，上堂："一叶落，天下秋。一尘起，大地收。鸟窠吹布毛，便有人悟去。今时学者，为什么却不识自己？"良久曰："莫错怪人好！"上堂："欲识诸佛心，但向众生心行中识取。欲识常住不凋性，但向万物迁变处会取。还识得么？欲得不招无间业，莫谤如来正法轮。"上堂："诸人知处，良遂总知。良遂知处，诸人不知。作么生是良遂知处？"乃曰："鸬鹚语鹤。"上堂："仲冬严寒，三界无安。富者快乐，贫者饥寒。不识玄旨，错认定盘。何也？牛头安尾上，北斗面南看。"上堂："一滴滴水，一滴滴冻。天寒人寒，风动幡动。云门扇子，踍跳上三十三天，筑着帝释鼻孔。东海鲤鱼，打一棒雨似盆倾，不出诸人十二时中寻常受用。"上堂云："圆通门户，八字打开。若是从门入得，不堪共语。须是入得无门之门，方可坐登堂奥。所以道，过去诸如来，斯门已成就。现在诸菩萨，今各入圆明。未来参学人，当依如是法。从上诸圣，幸有如此广大门风，不能继绍，甘自鄙弃。穿窬墙壁，好不丈夫！敢问大众，无门之门作么生入？"良久云："非唯观世音，我亦从中证。"上堂："元宵已过，化主出门。六群比丘，各从其类。此众无复枝叶，纯有贞实。如是增上慢人，退亦佳矣。麒麟不为瑞，鸑鷟不为荣，麦秀两岐，禾登九穗，总不消得。但愿官中无事，林下栖禅，水牯牛饱卧斜阳，担板汉清贫长乐。粥足饭足，俯仰随时。筋篓不乱搀匙，老鼠不咬甑箄。山家活计，淡薄长情。不敬功德天，谁嫌黑暗女？有智主人，二俱不受。"良久曰："君子爱财，取之以道。"上堂："去年寒食后，今年寒食前。日日是好日，不是正中偏。"上堂："客舍久留连，家乡夕照边。檐悬三月雨，水没两湖莲。镬漏烧灯盏，柴生满灶烟。已忘南北念，入望尽平川。"上堂："旃檀林，无杂树，郁密深沉师子住。所以旃檀丛林，旃檀围绕。荆棘丛林，荆棘围绕。一人为主，两人为伴，成就万亿国土。士农工商，若夜叉，若罗刹，见行魔业，优哉游哉，聊以卒岁。"僧问："香严上树话，意旨如何？"师曰："描不成，画不就。"曰："李陵虽好手，争奈陷番何！”师曰：“什么处去来？”问：“如何是佛？”师曰：“汝是元固。”僧近前曰：“喏，喏。”师曰：“裈无裆，裤无口。”问：“如何是佛？”师曰：“志公和尚。”曰：“学人问佛,何故答志公和尚？”师曰：“志公不是闲和尚。”曰：“如何是法？”师曰：“黄绢幼妇,外孙齑臼。”曰：“是什么章句？”师曰：“绝妙好辞。”曰：“如何是僧？”师曰：“钓鱼船上谢三郎。”曰：“何不直说？”师曰：“玄沙和尚。”曰：“三宝已蒙师指示,向上宗乘事若何？”师曰：“王乔诈仙得仙。”僧呵呵大笑,师乃叩齿。

西禅懒庵鼎需禅师

福州西禅懒庵鼎需禅师，本郡林氏子。幼举进士有声。年二十五，因读遗教经，忽曰：“几为儒冠误。”欲去家，母难之。以亲迎在期，师乃绝之曰：“夭桃红杏，一时分付春风。翠竹黄花，此去永为道伴。”竟依保寿乐禅师为比丘。一锡湖湘,遍参名宿,法无异味。归里结庵，于羌峰绝顶，不下山者三年。佛心才禅师挽出，首众于大乘。尝问：“学者即心即佛因缘。”时妙喜庵于洋屿，师之友弥光与师书云：“庵主手段，与诸方别。可来少款，如何？”师不答，光以计邀师饭，师往赴之。会妙喜为诸徒入室，师随喜焉。妙喜举：“僧问马祖：‘如何是佛？’祖云：‘即心是佛。’作么生？”师下语，妙喜诟之曰：“你见解如此，敢妄为人师耶？”鸣鼓普说，讦其平生珍重得力处，排为邪解。师泪交颐，不敢仰视。默计曰：“我之所得，既为所排。西来不传之旨，岂止此耶？”遂归心弟子之列。一日，喜问曰：“内不放出，外不放入。正恁么时如何？”师拟开口，喜拈竹篦，劈脊连打三下。师于此大悟，厉声曰：“和尚已多了也。”喜又打一下，师礼拜。喜笑云：“今日方知吾不汝欺也。”遂印以偈云：“顶门竖亚摩醯眼，肘后斜悬夺命符。瞎却眼，卸却符，赵州东壁挂葫芦。”于是声名喧动丛林。住后，上堂曰：“句中意，意中句，须弥耸于巨川。

句铲意，意铲句，烈士发乎狂矢。任待牙如剑树，口似血盆，徒逞词锋，虚张意气。所以净名杜口，早涉繁词。摩竭掩关，已扬家丑。自余瓦棺老汉、岩头大师，向羌峰顶上，拏风鼓浪，玩弄神变。脚跟下好与三十，且道过在什么处？”良久云：“机关不是韩光作，莫把胸襟当等闲。”至节，上堂云：“二十五日已前，群阴消伏，泥龙闭户。三十五日已后，一阳来复，铁树开花。正当二十五日，尘中醉客，骑驴骑马，前街后街，递相庆贺。物外闲人，衲帔蒙头，围炉打坐。风萧萧，雨萧萧，冷湫湫。谁管你张先生，李道士，胡达磨。”上堂：“懒翁懒中懒，最懒懒说禅。亦不重自己，亦不重先贤。又谁管你地，又谁管你天。物外翛然无个事，日上三竿犹更眠。”上堂，举：“僧问赵州：‘如何是古人言？’州云：‘谛听谛听。’”师曰：“谛听即不无，切忌唤钟作瓮。”室中问僧：“万法归一，一归何处？”曰：“新罗国里。”师曰：“我在青州作一领布衫，重七斤。聻！”曰：“今日亲见赵州。”师曰：“前头见，后头见？”僧乃作斫额势。师曰：“上座甚处人？”曰：“江西。”师曰：“因什么却来这里纳败缺？”僧拟议，师便打。

东禅蒙庵思岳禅师

福州东禅蒙庵思岳禅师，上堂：“蛾羊蚁子说一切法，墙壁瓦砾现无边身。见处既精明，闻中必透脱。所以雪峰和尚凡见僧来，辊出三个木毬，如弄杂剧相似。玄沙便作斫牌势，卑末谩道将来，普贤今日谤古人，千佛出世，不通忏悔。这里有人谤普贤，定入拔舌地狱。且道谤与不谤者是谁？心不负人，面无惭色。”上堂：“达磨来时，此土皆知梵语。及乎去后，西天悉会唐言。若论直指人心，见性成佛，大似羚羊挂角，猎犬寻踪。一意乖疏，万言无用。可谓来时他笑我，不知去后我笑他。唐言梵语亲分付，自古斋僧怕夜茶。”上堂：“腊月初，岁云徂。黄河冻已合，深处有嘉鱼。活鲅鲅，跳不脱，又不能相煦以湿，相濡以沫。惭愧菩萨摩诃萨，春风几时来，解此黄河冻？令鱼化作龙，直透桃花浪。会即便会，痴人面前且莫说梦。”上堂，僧问：“如何是初日分，以恒河沙等身布施？”师曰：“从苗辨地，因语识人。”曰：“如何是中日分，复以恒河沙等身布施？”师曰：“筑着磕着。”曰：“如何是后日分，亦以恒河沙等身布施？”师曰：“向下文长，付在来日。”复曰：“一转语如天普盖，似地普擎。一转语，舌头不出口。一转语，且喜没交涉。要会么？惭愧！世尊面赤，不如语直。大小岳上座，口似礤盘，今日为这问话僧讲经，不觉和注脚一时说破。”便下座。上堂：“哑却我口，直须要道。塞却你耳，切忌蹉过。昨日有人从天台来，却道泗洲大圣在洪州打坐。十字街头卖行货。是什么？断跟草鞋，尖檐席帽。”

西禅此庵守净禅师

福州西禅此庵守净禅师，上堂：“谈玄说妙，撒屎撒尿。行棒行喝，将盐止渴。立主立宾，华擘宗乘。设或总不恁么，又是鬼窟里坐。到这里，山僧已是打退堂鼓。且道诸人，寻常心愤愤，口悱悱，合作么生？莫将闲学解，埋没祖师心。”上堂：“若也单明自己，不悟目前，此人有眼无足。若也只悟目前，不明自己，此人有足无眼。直得眼足相资，如车二轮，如鸟二翼，正好勘过了打。”上堂：“九夏炎炎大热，木人汗流不辍。夜来一雨便凉，莫道山僧不说。”以拂子击禅床，下座。上堂：“若欲正提纲，直须大地荒。欲来冲雪刃，未免露锋铓。当恁么时，释迦老子出头不得即不问，你诸人只如马镫里藏身，又作么生话会？”上堂：“道是常道，心是常心。汝等诸人，闻山僧恁么道，便道我会也。大尽三十日，小尽二十九。头上是天，脚下是地。耳里闻声，鼻里出气。忽若四大海水在汝头上，毒蛇穿你眼睛，虾蟆入你鼻孔，又作么生？”上堂：“文殊普贤谈理事，临济德山行棒喝。东禅一觉到天明，偏爱风从凉处发。咄！”上堂：“善斗者不顾其首，善战者必获其功。其功既获，坐致太平。太平既致，高枕无忧。罢拈三尺剑，休弄一张弓。

归马于华山之阳，放牛于桃林之野。风以时而雨以时，渔父歌而樵人舞。虽然如是，尧舜之君，犹有化在。争似乾坤收不得，尧舜不知名，浑家不管兴亡事，偏爱和云占洞庭。”上堂：“闭却口，时时说。截却舌，无间歇。无间歇，最奇绝。最奇绝，眼中屑。既是奇绝，为什么却成眼中屑？了了了时无可了，玄玄玄处亦须呵。”上堂：“佛祖顶𩕳上，有泼天大路。未透生死关，如何敢进步？不进步，大千没遮护。一句绝言诠，那吒擎铁柱。”开堂，拈香罢，就座。南堂和尚白槌曰：“法筵龙象众，当观第一义。”师随声便喝曰：“此是第几义？久参先德，已辨来端。后学有疑，不妨请问。”僧问：“阿难问迦叶，世尊传金襕外，别传何物？迦叶唤阿难，阿难应诺。未审此意如何？”师曰：“切忌动着。”曰：“‘只如迦叶道倒却门前刹竿着’”，又作么生？”师曰：“石牛横古路。”曰：“只如和尚于佛日处，还有这个消息也无？”师曰：“无这个消息。”曰：“争奈定光金地遥招手，智者江陵暗点头。”师曰：“莫将庭际柏，轻比路傍蒿。”僧礼拜，师乃曰：“定光金地遥招手，智者江陵暗点头。已是白云千万里，那堪于此未知休。设或于此便休去，一场狼藉不少，还有检点得出者么？如无，山僧今日失利！”僧问：“佛佛授手，祖祖相传。未审传个什么？”师曰：“速礼三拜。”问：“不施寸刃，请师相见。”师曰：“逢强即弱。”曰：“何得埋兵掉斗。”师曰：“只为阇黎寸刃不施。”曰：“未审向上还有事也无？”师曰：“有。”曰：“如何是向上事？”师曰：“败将不斩。”问：“古佛堂前，什么人先到？”师曰：“无眼村翁。”曰：“未审如何趣向？”师曰：“楖栗横担。”

开善道谦禅师

建宁府开善道谦禅师，本郡人。初之京师依圆悟，无所省发。后随妙喜庵居泉南，及喜领径山，师亦侍行。未几，令师往长沙通紫岩居士张公书，师自谓：“我参禅二十年，无入头处。更作此行，决定荒废。”意欲无行。友人宗元者叱曰：“不可在路便参禅不得也，去，吾与汝俱往。”师不得已而行，在路泣语元曰：“我一生参禅，殊无得力处。今又途路奔波，如何得相应去？”元告之曰：“你但将诸方参得底，悟得底，圆悟妙喜为你说得底，都不要理会。途中可替底事,我尽替你。只有五件事替你不得,你须自家支当。”师曰：“五件者何事，愿闻其要。”元曰：“着衣吃饭，屙屎放尿，驼个死尸路上行。”师于言下领旨,不觉手舞足蹈。元曰：“你此回方可通书。宜前进，吾先归矣。”元即回径山，师半载方返。妙喜一见而喜曰：“建州子，你这回别也。”住后，上堂：“竺土大仙心，东西密相付。如何是密付底心。”良久云：“八月秋，何处热。”上堂：“壁立千仞，三世诸佛,措足无门。是则是,太杀不近人情。放一线道,十方刹海，放光动地。是则是，争奈和泥合水。须知通一线道处壁立千仞，壁立千仞处通一线道。横拈倒用，正按傍提，电激雷奔，崖颓石裂。是则是，犹落化门到这里。壁立千仞也没交涉，通一线道也没交涉。不近人情,和泥合水,总没交涉。只这没交涉,也则没交涉。是则是，又无佛法道理。若也出得这四路头，管取乾坤独步。且独步一句作么生道？莫怪从前多意气，他家曾踏上头关。”上堂：“去年也有个六月十五，今年也有个六月十五。去年六月十五，少却今年六月十五。今年六月十五，多却去年六月十五。多处不用减，少处不用添。既不用添，又不用减，则多处多用，少处少用。”乃喝一喝曰：“是多是少？”良久曰：“个中消息子，能有几人知？”上堂：“洞山麻三斤，将去无星秤子上定过，每一斤恰有一十六两，二百钱重，更不少一厘。正与赵州殿里底一般，只不合被大愚锯解秤锤，却教人理会不得。如今若要理会得，但问取云门干屎橛。”上堂：“有句无句，如藤倚树。撞倒灯笼，打破露柱。佛殿奔忙，僧堂回顾。子细看来，是甚家具？咄！只堪打老鼠。”上堂：“诸人从僧堂里恁么上来，少间，从法堂头恁么下去，并不曾差了一步。因什么却不会？”良久曰：“只为分明极，翻令所得迟。”

育王佛照德光禅师

庆元府育王佛照德光禅师，临江军彭氏子。志学之年，依本郡东山光化寺吉禅师落发。一日入室，吉问："不是心，不是佛，不是物，是什么？"师罔措。遂致疑，通夕不寐。次日，诣方丈请益："昨日蒙和尚垂问，既不是心，又不是佛，又不是物，毕竟是什么？望和尚慈悲指示。"吉震威一喝曰："这沙弥，更要我与你下注脚在？"拈棒劈脊打出，师于是有省。后谒月庵果、应庵华、百丈震，终不自肯。适大慧领育王，四海英材鳞集，师亦与焉。大慧室中问师："唤作竹篦则触，不唤作竹篦则背。不得下语，不得无语。"师拟对，慧便棒。师豁然大悟，从前所得，瓦解冰消。初住台之光孝，僧问："浩浩尘中，如何辨主？"师曰："巾峰顶上塔心尖。"上堂："临济三遭痛棒，大愚言下知归。兴化于大觉棒头，明得黄檗意旨。若作棒会，入地狱如箭射；若不作棒会，入地狱如箭射。众中商量，尽道赤心片片，恩大难酬。总是识情卜度，未出阴界。且如临济悟去，是得黄檗力，是得大愚力？若也见得，许你顶门眼正，肘后符灵。其或未然，鸿福更为诸人通个消息。丈夫气宇冲牛斗，一踏鸿门两扇开。"上堂："七手八脚，三头两面，耳听不闻，眼觑不见。苦乐逆顺，打成一片。且道是什么？路逢死蛇莫打杀，无底篮子盛将归。"上堂："闻声悟道，落二落三。见色明心，错七错八。生机一路，犹在半途。且道透金刚圈、吞栗棘蓬底是什么人？披衰侧立千峰外，引水浇蔬五老前。"师住灵隐日，孝宗皇帝尝诏问道，留宿内观堂。奏对机缘，备于本录。后示寂，塔全身于鄮峰东庵。

华藏遁庵宗演禅师

常州华藏遁庵宗演禅师，福州郑氏子。上堂，拈起拄杖曰："识得这个，一生参学事毕。古人恁么道，华藏则不然。识得这个，更须买草鞋行脚。何也？到江吴地尽，隔岸越山多。"腊旦，上堂：

"一九与二九，相逢不出手。世间出世间，无剩亦无少。"遂出手曰："华藏不惜性命，为诸人出手去也。劈面三拳，拦腮一掌，灵利衲僧，自知痛痒。且转身一句作么生道？巡堂吃茶去。"上堂，举："南泉和尚道：'我十八上便解作活计'赵州和尚道：'我十八上便解破家散宅。'"师云："南泉赵州也是徐六担板，只见一边。华藏也无活计可作，亦无家宅可破，逢人突出老拳，要伊直下便到。且道到后如何？三十六峰观不足，却来平地倒骑驴。"

天童无用净全禅师

庆元府天童无用净全禅师，越州翁氏子。上堂："学佛止言真不立，参禅多与道相违。忘机忘境急回首，无地无锥转步归。佛不是，心亦非，觌体承当绝所依。万古碧潭空界月，再三捞摝始应知。"上堂，良久召众曰："还知么？"复曰："败缺不少。"上堂，举："长沙示众曰：'百尺竿头坐底人，虽然得入未为真。百尺竿头须进步，十方世界现全身。'大慧先师道：'要见长沙么？更进一步。'保宁则不然，要见长沙么？更退一步。毕竟如何？换骨洗肠重整顿，通身是眼更须参。"师到灵隐，请上堂："灵山正派，达者犹迷。明来暗来，谁当辨的？双收双放，孰辨端倪？直饶千圣出来，也只结舌有分。何故？人归大国方为贵，水到潇湘始是清。"复曰："适来松源和尚举竹篦话，令天童纳败缺。诸人要知么？听取一颂：'黑漆竹篦握起，迅雷不及掩耳。德山临济茫然，懵底如何插嘴？'"大慧尝举灵云悟桃花问师，师曰："灵云一见两眉横，引得渔翁良计生。白浪起时抛一钓，任教鱼鳖竞头争。"师自赞曰："匙挑不上个村夫，文墨胸中一点无。曾把虚空揣出骨，恶声赢得满江湖。"后示寂，塔于本山。

大沩法宝禅师

大沩法宝禅师，福州人也。上堂："唤作竹篦则触，不唤作竹篦则背。直须师子咬人，莫学韩卢逐块。阿呵呵！会不会？金刚脚下铁昆仑，捉得明州憨布袋。”上堂：“千般言，万种喻，只要教君早回去。夜来一片黑云生，莫教错却山前路。咄！”

玉泉昙懿禅师

福州玉泉昙懿禅师，久依圆悟，自谓不疑。绍兴初，出住兴化祥云，法席颇盛。大慧入闽，知其所见未谛，致书令来，师迟迟。慧小参，且痛斥，仍榜告四众。师不得已，破夏谒之。慧鞠其所证，既而曰：“汝恁么见解，敢嗣圆悟老人邪？”师退院亲之。一日入室，慧问：“我要个不会禅底做国师。”师曰：“我做得国师去也。”慧喝出。居无何，语之曰：“香严悟处不在击竹边，俱胝得处不在指头上。”师乃顿明。后住玉泉，为慧拈香。继省慧于小溪。慧升座，举：“云门一日拈拄杖示众曰：‘凡夫实谓之有，二乘析谓之无，缘觉谓之幻有，菩萨当体即空。衲僧见拄杖子但唤作拄杖子。行但行，坐但坐，总不得动着。’”慧曰：“我不似云门老人，将虚空剜窟宠。”蓦拈拄杖曰：“拄杖子不属有，不属无，不属幻，不属空。”卓一下曰：“凡夫、二乘、缘觉、菩萨，尽向这里，各随根性，悉得受用。唯于衲僧分上，为害为冤，要行不得行，要坐不得坐。进一步，则被拄杖子迷却路头；退一步，则被拄杖子穿却鼻孔。即今莫有不甘底么？试出来与拄杖子相见。如无，来年更有新条在，恼乱春风卒未休。正恁么时合作么生？”下座，烦玉泉为众拈出。师登座，叙谢毕，遂举前话，曰：“适来堂头和尚恁么批判，大似困鱼止泺，病鸟栖芦。若是玉泉则不然。”拈拄杖曰：“拄杖子能有、能无、能幻、能空，凡夫、二乘、缘觉、菩萨。”卓一下曰：“向这里百杂碎。唯于衲僧分上，如龙得水，似虎靠山。要行便行，要坐便坐。进一步则乾坤震动，退一步则草偃风行。且道不进不退一句作么生道？”良久曰：“闲持经卷倚松立，笑问客从何处来？”

荐福悟本禅师

饶州荐福悟本禅师，江州人也。自江西云门参侍妙喜，至泉南小溪，于时英俊毕集，受印可者多矣。师私谓其弃已，且欲发去。妙喜知而语之曰:“汝但专意参究,如有所得,不待开口,吾已识也。”既而有闻师入室者，故谓师曰:“本侍者参禅许多年，逐日只道得个不会。”师诟之曰:“这小鬼你未生时,我已三度霍山庙里退牙了,好教你知。”由是益锐志，以狗子无佛性话，举无字而提撕。一夕将三鼓，倚殿柱昏寐间，不觉无字出口吻，忽尔顿悟。后三日，妙喜归自郡城，师趋丈室，足才越阃，未及吐词。妙喜曰:“本胡子这回方是彻头也。”住后，上堂:“高揖释迦、不拜弥勒者，与三十拄杖。何故？为他只会步步登高，不会从空放下。东家牵犁、西家拽耙者,与三十拄杖。何故？为他只会从空放下,不会步步登高。山僧恁么道，还有过也无？众中莫有点检得出者么？若点检得出，须弥南畔,把手共行。若点检不出,布袋里老鸦,虽活如死。”上堂:“释迦掩室于摩竭，净名杜口于毗耶，须菩提唱无说而显道，释梵绝视听而雨华。大众,这一队不唧嵧汉,无端将祖父田园私地结契,各据四至界分,方圆长短,一时花擘了也。致令后代儿孙,千载之下,上无片瓦盖头，下无卓锥之地。博山当时若见，十字路头掘个无底深坑，唤来一时埋却，免见递相钝置。何谓如此？不见道，家肥生孝子,国霸有谋臣。”上堂:“乾闼婆王曾奏乐,山河大地皆作舞。争如跛脚老云门,解道腊月二十五。博山今日有条攀条，无条攀例,也要应个时节。”蓦拈拄杖，横按膝上，作抚琴势云:“还有闻弦赏音者么？”良久曰:“直饶便作凤凰鸣,毕竟有谁知指法？”卓一下,下座。

育王大圆遵璞禅师

庆元府育王大圆遵璞禅师，福州人。幼同玉泉懿问道圆悟。数载后还里，佐懿于莆中祥云。绍兴甲寅，大慧居洋屿，师往讯之。入室次，慧问三圣兴化出不出、为人不为人话：“你道这两个老汉，还有出身处也无？”师于慧膝上打一拳。慧曰：“只你这一拳，为三圣出气，为兴化出气？速道！速道！”师拟议，慧便打。复谓曰：“你第一不得忘了这一棒。”后因慧室中问僧曰：“德山见僧入门便棒，临济见僧入门便喝，雪峰见僧入门便道：‘是什么？’睦州见僧便道‘现成公案，放你三十棒。’你道这四个老汉，还有为人处也无？”僧曰：“有。”慧曰：“劄。”僧拟议，慧便喝。师闻遽领微旨。大慧欣然许之。

能仁枯木祖元禅师

温州雁山能仁枯木祖元禅师，七闽林氏子。初谒雪峰预，次依佛心才，皆已机契。及依大慧于云门庵，夜坐次，睹僧剔灯，始彻证。有偈曰：“剔起灯来是火，历劫无明照破。归堂撞见圣僧，几乎当面蹉过。不蹉过是什么？十五年前奇特，依前只是这个。”慧以偈赠之曰：“万仞崖头解放身，起来依旧却惺惺。饥餐渴饮浑无事，那论昔人非昔人？”绍兴乙巳春，出住能仁。上堂：“有佛处不得住，踏着秤锤硬似铁。无佛处急走过，脚下草深三尺。三千里外，逢人不得错举。北斗挂须弥，恁么则不去也。棒头挑日月，摘杨花。摘杨花，眼里瞳人着绣鞋。”卓拄杖，下座。上堂：“雁山枯木实头禅，不在尖新语句边。背手忽然摸得着，长鲸吞月浪滔天。”

灵岩东庵了性禅师

真州灵岩东庵了性禅师，上堂：“勘破了也，放过一着，是衲僧破草鞋。现修罗相，作女人拜，是野狐精魅。打个圆相，虚空里下一点，是小儿伎俩。拦腮赠掌，拂袖便行，正是业识茫茫，无本可据。直饶向黑豆未生已前，一时坐断，未有吃灵岩拄杖分。

敢问大众，且道为人节文在什么处？还相委悉么？自从春色来嵩少，三十六峰青至今。”上堂:“一苇江头杨柳春，波心不见昔时人。雪庭要识安心士，鼻孔依前搭上唇。”竖起拂子曰:“祖师来也，还见么？若也见得，即今荐取。其或未然，此去西天路，迢迢十万余。”僧问:“人天交接，如何开示？”师曰:“金刚手里八棱棒。”曰:“忽被学人横穿凡圣，击透玄关时，又作么生？”师曰:“海门横铁柱。”问:“如何是独露身？”师曰:“牡丹花下睡猫儿。”

蒋山一庵善直禅师

建康府蒋山一庵善直禅师，德安云梦人。初参妙喜于回雁峰下。一日，喜问之曰:“上座甚处人？”师曰:“安州人。”喜曰:“我闻你安州人会厮扑，是否？”师便作相扑势。喜曰:“湖南人吃鱼，因甚湖北人着鲠？”师打筋斗而出。喜曰:“谁知冷灰里，有粒豆爆出。”住保宁，上堂:“诸佛不曾出世，人人鼻孔辽天。祖师不曾西来，个个壁立千仞。高揖释迦，不拜弥勒，理合如斯。坐断千圣路头，独步大千沙界，不为分外。若向诸佛出世处会得，祖师西来处承当，自救不了，一生受屈。莫有大丈夫承当大丈夫事者么？出来与保宁争交。其或未然，不如拽破好！”便下座。一日，留守陈丞相俊卿会诸山茶话次，举“有句无句，如藤倚树”公案，令诸山批判。皆以奇语取奉。师最后曰:“张打油，李打油，不打浑身只打头。”陈大喜。

万寿自护禅师

剑州万寿自护禅师，上堂:“古者道，若人识得心，大地无寸土。万寿即不然，若人识得心，未是究竟处。且哪里是究竟处？”拈拄杖卓一下，曰:“甜瓜彻蒂甜，苦瓠连根苦。”

大沩了庵景晕禅师

潭州大沩了庵景晕禅师，上堂:“云门一曲，腊月二十五，瑞雪飘空，积满江山坞。峻岭寒梅花正吐，手把须弥槌，笑打虚空鼓。惊起憍梵钵提，冷汗透身如雨。忿怒阿修罗王，握拳当胸问云:毕竟是何宗旨？咄！少室峰前，亦曾错举。”

灵隐谁庵了演禅师

临安府灵隐谁庵了演禅师，上堂:“面门拶破，天地悬殊。打透牢关，白云万里，饶伊两头坐断。别有转身，三生六十劫，也未梦见在。”喝一喝，下座。

光孝寺致远禅师

泰州光孝寺致远禅师，上堂，举女子出定话，乃曰:“从来打鼓弄琵琶，须是相逢两会家。佩玉鸣鸾歌舞罢，门前依旧夕阳斜。”

雪峰崇圣普慈蕴闻禅师

福州雪峰崇圣普慈蕴闻禅师，洪州沈氏子。示众云:“旃檀丛林，旃檀围绕。师子丛林，师子围绕。虎狼丛林，虎狼围绕。荆棘丛林，荆棘围绕。大众，四种丛林，合向哪一种丛林安居好？若也明得，九十日内，管取个个成佛作祖。其或未然，般若丛林岁岁凋，无明荒草年年长。”

连云道能禅师

处州连云道能禅师，汉州人。姓何氏。僧问:“镜清六刮，意旨如何？”师曰:“穿却你鼻孔。”曰:“学人有鼻孔即穿，无鼻孔又穿个什么？”师曰:“抱赃叫屈。”曰:“如何是就毛刮尘？”师曰:“筠袁虔吉，头上插笔。”曰:“如何是就皮刮毛？”师曰:“石城虔化，说话厮骂。”曰：“如何是就肉刮皮？”师曰：“嘉眉果阆，怀里有状。”曰：“如何是就骨刮肉？”师曰：“漳泉福建，头匾如扇。”曰：“如何是就髓刮骨？”师曰：“洋澜左蠡，无风浪起。”曰：“髓又如何刮？”师曰：“十八十九，痴人夜走。”曰：“六刮已蒙师指示，一言直截意如何？”师曰：“结舌有分。”

灵隐最庵道印禅师

临安府灵隐最庵道印禅师，汉州人。上堂：“大雄山下虎，南山鳖鼻蛇。等闲撞着，抱赏归家。若也不惜好手，便与拔出重牙。有么，有么？”上堂：“五五二十五，击碎虚空鼓。大地不容针，十方无寸土。春生夏长复何云，甜者甜兮苦者苦。”中秋，上堂，举“马大师与西堂百丈南泉玩月”公案，师云：“马大师垂丝千尺，意在深潭。西堂振鬣，百丈摆尾，虽则冲波激浪，未免上他钩线。南泉自谓跃过禹门，谁知依前落在巨网。即今莫有绝罗笼、出窠臼底么？也好出来露个消息。贵知华藏门下，不致寂寥。其或未然，此夜一轮满，清光何处无？”

竹原宗元庵主

建宁府竹原宗元庵主，本郡连氏子。久依大慧，分座西禅。丞相张公浚帅三山，以数院迎之，不就。归旧里，结茆号众妙园。宿衲士夫，交请开法。示众曰：“若究此事，如失却锁匙相似。只管寻来寻去，忽然撞着，恶，在这里。开个锁了，便见自家库藏，一切受用，无不具足，不假他求。别有什么事？”示众曰：“诸方为人抽钉拔楔，解黏去缚，我这里为人添钉着楔，加绳加缚了，送向深潭里，待他自去理会。”示众曰：“主法之人，气吞宇宙，为大法王。若是释迦老子、达磨大师出来，也教伊叉手，向我背后立地，直得寒毛卓竖，亦未为分外。”一日，举：“世尊生下，一手指天，一手指地，云：‘天上天下，唯我独尊。’”师乃曰：“是怪不怪，其怪自坏。”垂语云：“这一些子，恰如撞着杀人汉相似。你若不杀了他，他便杀了你。”

近礼侍者

近礼侍者，三山人。久侍大慧，尝默究竹篦话，无所入。一日，入室罢，求指示。慧曰：“你是福州人，我说个喻向你，如将名品荔枝，和皮壳一时剥了，以手送在你口里，只是你不解吞。”师不觉失笑曰：“和尚，吞却即祸事。”慧后问师曰：“前日吞了底荔枝，只是你不知滋味。”师曰：“若知滋味，转见祸事。”

净居尼妙道禅师

温州净居尼妙道禅师，延平尚书黄公裳之女。开堂日，乃曰：“问话且止。直饶有倾湫之辩、倒岳之机，衲僧门下一点用不着。且佛未出世时，一事全无，我祖西来，便有许多建立。列刹相望，星分派列，以至今日，累及儿孙。遂使山僧于人天大众前无风起浪，向第二义门通个消息：语默该不尽底，弥亘大方。言诠说不及处，遍周沙界。通身是眼，觌面当机。电卷星驰，如何凑泊？有时一喝，生杀全威。有时一喝，佛祖莫辨。有时一喝，八面受敌。有时一喝，自救不了。且道那一喝是生杀全威？那一喝是佛祖莫辨？那一喝是八面受敌？那一喝是自救不了？若向这里荐得，堪报不报之恩。脱或未然，山僧无梦说梦去也。”拈起拂子曰：“还见么？若见，被见刺所障。”击禅床曰：“还闻么？若闻，被声尘所惑。直饶离见绝闻，正是二乘小果，跳出一步，盖色骑声。全放全收，主宾互换。所以道，欲知佛性义，当观时节因缘。敢问诸人，即今是什么时节？荡荡仁风扶圣化，熙熙和气助升平。”掷拂子，下座。尼问：“如何是佛？”师曰：“非佛。”曰：“如何是佛法大意？”师曰：“骨底骨董。”问：“言无展事，语不投机时如何？”师曰：“未屙已前，堕坑落堑。”

资寿尼无著妙总禅师

平江府资寿尼无著妙总禅师，丞相苏公颂之孙女也。年三十许，厌世浮休，脱去缘饰，咨参诸老，已入正信。作夏径山。大慧升堂，举“药山初参石头，后见马祖”因缘，师闻豁然省悟。慧下座，不动居士冯公楫随至方丈，曰：“某理会得和尚适来所举公案。”慧曰：“居士如何？”曰：“恁么也不得苏嚧娑婆诃，不恁么也不得唏哩娑婆诃。恁么不恁么，总不得苏嚧唏哩唏娑婆诃。”慧举似师，师曰：“曾见郭象注《庄子》，识者曰，却是《庄子》注郭象。”慧见其语异，复举岩头婆子话问之。师答偈曰：“一叶扁舟泛渺茫，呈桡舞棹别宫商。云山海月都抛却，赢得庄周蝶梦长。”慧休去，冯公疑其所悟不根。后过无锡，招至舟中，问曰：“婆生七子，六个不遇知音。只这一个，也不消得，便弃水中。大慧老师言：‘道人理会得。’且如何会？”师曰：“已上供通，并是诣实。”冯公大惊。慧挂牌次，师入室，慧问：“古人不出方丈，为什么却去庄上吃油餈？”师曰：“和尚放妙总过，妙总方敢通个消息。”慧曰：“我放你过，你试道看。”师曰：“妙总亦放和尚过。”慧曰：“争奈油餈何！”师喝一喝而出。于是声闻四方。隆兴改元，舍人张公孝祥来守是郡，以资寿挽开法，入院。上堂：“宗乘一唱，三藏绝诠。祖令当行，十方坐断。二乘闻之怖走，十地到此犹疑。若是俊流，未言而谕。设使用移星换斗底手段，施搀旗夺鼓底机关，犹是空拳，岂有实义？向上一路，千圣不传。学者劳形，如猿捉影。灵山付嘱，俯徇时机。演唱三乘，各随根器。始于鹿野苑转四谛法轮，度百千万众。山僧今日，与此界他方，乃佛乃祖，山河大地，草木丛林，现前四众，各转大法轮，交光相罗，如宝丝网。若一草一木，不转法轮，则不得名为转大法轮。所以道，于一毫端现宝王刹，坐微尘里转大法轮。乘时于其中间，作无量无边广大佛事，周遍法界，一为无量，无量为一。小中现大，大中现小。不动步游弥勒楼阁，不返闻入观音普门。情与无情，性相平等。

不是神通妙用，亦非法尔如然。于此倜傥分明，皇恩佛恩，一时报足。且道如何是报恩一句？天高群象正，海阔百川朝。”上堂，举：“云门示众云：‘十五日已前则不问，十五日已后，道将一句来。’自代云：‘日日是好日。’”师曰：“日日是好日，佛法世法尽周毕。不须特地觅幽玄，只管钵盂两度湿。”上堂：“黄面老人，横说竖说，权说实说，法说喻说，建法幢，立宗旨，与后人作榜样。为什么却道始从鹿野苑，终至跋提河？于是二中间，未尝说一字。点检将来，大似抱赃叫屈。山僧今日人事忙冗，且放过一着。”便下座。尼问：“如何是夺人不夺境？”师曰：“野花开满路，遍地是清香。”曰：“如何是夺境不夺人？”师曰：“茫茫宇宙人无数，几个男儿是丈夫？”曰：“如何是人境俱不夺？”师曰：“处处绿杨堪系马，家家门首透长安。”曰：“如何是人境两俱夺？”师曰：“雪覆芦花，舟横断岸。”曰：“人境已蒙师指示，向上宗乘事若何？”师便打。

侍郎无垢居士张九成

侍郎无垢居士张九成，未第时，因客谈杨文公、吕微仲诸名儒，所造精妙，皆由禅学而至也，于是心慕之。闻宝印楚明禅师道传大通，居净慈，即之，请问入道之要。明曰：“此事唯念念不舍，久久纯熟，时节到来，自然证入。”复举赵州柏树子话，令时时提撕。公久之无省，辞谒善权清禅师。公问：“此事人人有分，个个圆成，是否？”清曰：“然。”公曰：“为什么某无个入处？”清于袖中出数珠，示之曰：“此是谁底？”公俛仰无对。清复袖之曰：“是汝底，则拈取去。才涉思惟，即不是汝底。”公悚然。未几，留苏氏馆，一夕如厕，以柏树子话究之。闻蛙鸣，释然契入。有偈曰：“春天月夜一声蛙，撞破乾坤共一家。正恁么时谁会得？岭头脚痛有玄沙。”届明，谒法印一禅师，机语颇契。适私忌，就明静庵供云水主僧惟尚禅师，才见乃展手，公便喝。尚批公颊，公趋前。尚曰：“张学录何得谤大般若？”公曰：“某见处只如此，和尚又作么生？”尚举“马祖升堂，百丈卷席”话诘之。叙语未终，公推倒桌子。尚大呼：“张学录杀人！”公跃起，问傍僧曰：“汝又作么生？”僧罔措。公殴之，顾尚曰：“祖祢不了，殃及儿孙。”尚大笑。公献偈曰：“卷席因缘也大奇，诸方闻举尽攒眉。台盘趯倒人星散，直汉从来不受欺。”尚答曰：“从来高价不饶伊，百战场中奋两眉。夺角冲关君会也，丛林谁敢更相欺？”绍兴癸丑，魁多士，复谒尚于东庵。尚曰：“浮山圆鉴云，饶你入得汾阳室，始到浮山门，亦未见老僧在。公作么生？”公叱侍僧曰：“何不祗对？”僧罔措。公打僧一掌曰：“虾蟆窟里，果没蛟龙。”丁巳秋，大慧禅师董径山，学者仰如星斗。公阅其《语要》，叹曰：“是知宗门有人。”持以语尚，恨未一见。及为礼部侍郎，偶参政刘公请慧说法于天竺，公三往不值，暨慧报谒，公见但寒暄而已。慧亦默识之。寻奉祠还里，至径山，与冯给事诸公议格物。慧曰：“公只知有格物，而不知有物格。”公茫然，慧大笑。公曰：“师能开谕乎？”慧曰：“不见小说载唐人有与安禄山谋叛者，其人先为阆守，有画像在焉。明皇幸蜀，见之怒，令侍臣以剑击其像首。时阆守居陕西，首忽堕地。”公闻顿领深旨。题不动轩壁曰：“子韶格物，妙喜物格。欲识一贯，两个五百。”慧始许可。后守邵阳，丁父难，过径山饭僧。秉钧者意慧议及朝政，遂窜慧于衡阳，令公居家守服。服除，安置南安。丙子春，蒙恩北还。道次新淦而慧适至，与联舟剧谈宗要，未尝语往事。于氏《心传录》曰：“宪自岭下侍舅氏归新淦，因会大慧，舅氏令拜之。宪曰：‘素不拜僧。’舅氏曰：‘汝姑扣之。’宪知其尝执卷，遂举子思《中庸》‘天命之谓性，率性之谓道，修道之谓教’三句，以问。慧曰：‘凡人既不知本命元辰下落处，又要牵好人入火坑，如何圣贤于打头一着不凿破？’宪曰：‘吾师能为圣贤凿破否？’慧曰：‘天命之谓性，便是清净法身。率性之谓道，便是圆满报身。修道之谓教，便是千百亿化身。’宪得以告。舅氏曰：‘子拜何辞！’”继镇永嘉，丁丑秋丐祠，枉道访慧于育王。

越明年，慧得旨复领径山，谒公于庆善院。曰:“某每于梦中必诵《语孟》，何如?”慧举《圆觉》曰:“由寂静故，十方世界诸如来心，于中显现，如镜中像。”公曰:“非老师莫闻此论也。”其颂《黄龙三关》曰:“我手何似佛手?天下衲僧无口。纵饶撩起便行，也是鬼窟里走。〔讳不得。〕我脚何似驴脚?又被黐胶粘着。翻身直上兜率天，已是遭他老鼠药。〔吐不出。〕人人有个生缘处，铁围山下几千年。三灾直到四禅天，这驴犹自在旁边。〔煞得工夫。〕”公设心六度，不为子孙计。因取华严善知识，日供其二回食，以饭缁流。又尝供十六大天，而诸位茶杯悉变为乳。书偈曰:“稽首十方佛法僧，稽首一切护法天。我今供养三宝天，如海一滴牛一毛。有何妙术能感格?试借意识为汝说。我心与佛天无异，一尘才起大地隔。傥或尘销觉圆净，是故佛天来降临。我欲供佛佛即现，我欲供天天亦现。佛子若或生孤疑，试问此乳何处来?孤疑即尘尘即疑，终与佛天不相似。我今为汝扫狐疑，如汤沃雪火销冰。汝今微有疑与惑，鹞子便到新罗国。”

参政李邴居士

参政李邴居士，字汉老，醉心祖道有年。闻大慧排默照为邪禅，疑怒相半。及见慧示众，举赵州庭柏，垂语曰:“庭前柏树子，今日重新举。打破赵州关，特地寻言语。敢问大众:既是打破赵州关，为什么却特地寻言语?”良久曰:“当初只道茆长短，烧了方知地不平。”公领悟，谓慧曰:“无老师后语，几蹉过。”后以书咨决曰:“某近扣筹室，承击发蒙滞，忽有省入。顾惟根识暗钝，平生学解，尽落情见。一取一舍，如衣坏絮行草棘中，适自缠绕。今一笑顿释所疑，欣幸可量!非大宗匠委曲垂慈，何以致此?自到城中，着衣吃饭，抱子弄孙，色色仍旧。既无拘执之情，亦不作奇特之想。其余夙习旧障，亦稍轻微。临行叮咛之语,不敢忘也。重念始得入门,而大法未明。应机接物，触事未能无碍。更望有以提诲,使卒有所至,庶无玷于法席矣。”又书曰:

"某比蒙诲答，备悉深旨。某自验者三：一、事无逆顺，随缘即应，不留胸中。二、宿习浓厚，不加排遣，自尔轻微。三、古人公案，旧所茫然，时复瞥地。此非自昧者。前书'大法未明'之语，盖恐得少为足，当广而充之，岂别求胜解耶？净胜现流，理则不无，敢不铭佩！"

宝学刘彦修居士

宝学刘彦修居士，字子羽。出知永嘉，问道于大慧禅师。慧曰："僧问赵州：狗子还有佛性也无？赵州道：无。但恁么看。"公后乃于柏树子上发明，有颂曰："赵州柏树太无端，境上追寻也大难。处处缘杨堪系马，家家门底透长安。"

提刑吴伟明居士

提刑吴伟明居士，字元昭。久参真歇了禅师，得自受用三昧，为极致。后访大慧于洋屿庵，随众入室。慧举狗子无佛性话问之。公拟答，慧以竹篦便打。公无对，遂留咨参。一日慧谓曰："不须呈伎俩，直须啐地折、嚗地断，方敌得生死。若只呈伎俩，有甚了期？"即辞去。道次延平，倏然契悟。连书数颂寄慧，皆室中所问者。有曰："不是心，不是佛，不是物。通身一具金锁骨。赵州亲见老南泉，解道镇州出萝卜。"慧即说偈证之曰："通身一具金锁骨，堪与人天为轨则。要识临济小厮儿，便是当年白拈贼。"

门司黄彦节居士

门司黄彦节居士，字节夫，号妙德。于大慧一喝下，疑情顿脱。慧以衣付之。尝举首山竹篦话，至叶县，近前夺得拗折，掷向阶下曰："是什么？"山曰："瞎。"公曰："妙德到这里，百色无能，但记得曾作蜡梅绝句曰：拟嚼枝头蜡，惊香却肖兰。前村深雪里，莫作岭梅看。"

秦国夫人计氏

秦国夫人计氏法真，自寡处屏去纷华，常蔬食，习有为法。因大慧遣谦禅者致问其子魏公，公留，谦以祖道诱之。真一日问谦曰："径山和尚寻常如何为人？"谦曰："和尚只教人看狗子无佛性及竹篦子话，只是不得下语，不得思量，不得向举起处会，不得向开口处承当。狗子还有佛性也无？无。只恁么教人看。"真遂谛信。于是夜坐，力究前话，忽尔洞然无滞。谦辞归，真亲书入道概略，作数偈呈慧。其后曰："逐日看经文，如逢旧识人。莫言频有碍，一举一回新。"

虎丘隆禅师法嗣

天童应庵昙华禅师

明州天童应庵昙华禅师，蕲州江氏子。生而奇杰。年十七，于东禅去发，首依水南遂禅师，染指法味。因遍历江湖，与诸老激扬，无不契者。至云居礼圆悟禅师，悟一见痛与提策。及入蜀，指见彰教，教移虎丘，师侍行。未半载，顿明大事。去谒此庵，分座连云，开法妙严。后迁诸巨刹，住归宗日，大慧在梅阳，有僧传师垂示语句，慧见之，极口称叹。后以偈寄曰："坐断金轮第一峰，千妖百怪尽潜踪。年来又得真消息，报道杨岐正脉通。"其归重如此。上堂："九年面壁，坏却东土儿孙。只履西归，钝置黄面老子。"以拄杖画一画曰："石牛拦古路，一马生三寅。"上堂："德章老瞎秃，从来没滋味。掂得口，失却鼻。三更二点唱《巴歌》，无端惊起梵王睡。"喝一喝，曰："我行荒草里，汝又入深村。"上堂："临济在黄檗处三度吃棒底意旨，你诸人还觑得透也未？直饶一咬便断，也未是大丈夫汉。三世诸佛，口挂壁上。天下老和尚，将什么吃饭？"上堂："十五日已前，水长船高。十五日已后，泥多佛大。正当十五日，东海鲤鱼，打一棒雨似盆倾。直得三千大千世界，一切众生，悉皆欢喜。谓言打这一棒，不妨应时应节报恩，不觉通身踊跃。遂作诗一首，举似大众。蜻蜓许是好蜻蜓，飞来飞去不曾停。被我捉来摘却两边翼，恰似一枚大铁钉。”上堂：“若作一句商量，吃粥饭阿谁不会？不作一句商量，屎坑里虫子笑杀阇黎。”拈拄杖曰：“拄杖子罪犯弥天，贬向二铁围山，且道荐福还有过也无？”卓拄杖曰：“迟一刻。”上堂：“明不见暗，暗不见明。明暗双忘，无异流俗阿师。野干鸣，师子吼。师子吼，野干鸣。三家村里臭猢狲，价增十倍。骊龙颔下明月珠，分文不直。若作衲僧巴鼻，甚处得来？三十年后，换手捶胸，未是苦在。”上堂：“饭箩边、漆桶里，相唾饶你泼水，相骂饶你接觜。黄河三千年一度清，蟠桃五百年一次开花。鹤勒那咬定牙关，朱顶王呵呵大笑。归宗五十年前有一则公案，今日举似诸人，且道是什么公案？王节级，失却帖。”上堂：“三十二相，八十种好，从朝至暮，啾啾唧唧。说黄道黑，不知那里是二时。”上堂：“吃粥吃饭，不觉嚼破舌头。血溅梵天，四天之下，霈然有余。玉皇大帝恶发，追东海龙王，向金轮峰顶鞠勘。顷刻之间，追汝诸人作证见也。且各请依实供通，切忌回避。傥若不实，丧汝性命。”上堂：“赵州吃茶，我也怕他。若非债主，便是冤家。倚墙靠壁成群队，不知谁解辨龙蛇？”上堂：“五百力士揭石义，万仞崖头撒手行。十方世界一团铁，虚空背上白毛生。直饶拈却臙脂帽子，脱却鹘臭布衫，向报恩门下，正好吃棒。何故？半夜起来屈膝坐，毛头星现衲僧前。”上堂：“三世诸佛，眼里无筋。六代祖师，皮下无血。明果咬定牙关跱跳，也出他圈缋不得。何故？南泉斩猫儿。”上堂云：“参禅人切忌错用心。悟明见性是错用心，成佛作祖是错用心，看经讲教是错用心，行住坐卧是错用心，吃粥吃饭是错用心，屙屎送尿是错用心。一动一静，一往一来，是错用心。更有一处错用心，归宗不敢与诸人说破。何故？一字入公门，九牛车不出。”上堂云：“良工未出，玉石不分。巧冶无人，金沙混杂。纵使无师自悟，向天童门下，正好朝打三千，暮打八百。”蓦拈拄杖云：“唤作拄杖，玉石不分。不唤作拄杖，金沙混杂。

其间一个半个，善别端由，管取平步丹霄。苟或未然，”卓拄杖云：“急着眼看。”僧问：“婆子问岩头，呈桡舞棹则不问，且道婆手中儿子甚处得来？岩头扣船舷三下，意旨如何？”师曰：“燋砖打着连底冻。”曰：“当时若问和尚，如何对他？”师曰：“一棒打杀。”曰：“这老和尚大似买帽相头。”师曰：“你向甚处见岩头？”曰：“劄。”师曰：“杜撰禅和。”曰：“婆生七子，六个不遇知音，只这一个也不消得，掷向水中，又且如何？”师曰：“少卖弄。”曰：“岩头当时不觉吐舌，意作么生？”师曰：“乐则同欢。”曰：“僧问云门：‘如何是清净法身？’云门曰：‘花药栏。’此意如何？”师曰：“深沙努眼睛。”问：“只这是埋没自己，只这不是孤负先圣。去此二途，和泥合水处，请师道。”师曰：“玉箸撑虎口。”曰：“一言金石谈来重，万事鸿毛脱去轻。”师曰：“莫谩老僧好！”问：“人皆畏炎热，我爱夏日长。薰风自南来，殿阁生微凉时如何？”师曰：“倒戈卸甲。”虎丘忌日，拈香曰：“平生没兴，撞着这无意智老和尚，做尽伎俩，凑泊不得。从此卸却干戈，随分着衣吃饭。二十年来坐曲录木，悬羊头卖狗肉。知他有甚凭据？虽然，一年一度烧香日，千古令人恨转深。”师于室中能锻炼耆艾，故世称大慧与师居处为二甘露门。尝诫徒曰：“衲僧家着草鞋住院，何啻如蚖蛇恋窟乎？”隆兴改元，六月十三日，奄然而化。塔全身于本山。

育王裕禅师法嗣

清凉坦禅师

福州清凉坦禅师，有僧举大慧竹篦话请益，师示以偈曰：“径山有个竹篦，直下别无道理。佛殿厨库三门，穿过衲僧眼耳。”其僧言下有省。

净慈水庵师一禅师

临安府净慈水庵师一禅师，婺州马氏子。十六被削，首参雪峰慧照禅师，照举藏身无迹话问之。师数日方明，呈偈曰：“藏身无迹更无藏，脱体无依便厮当。古镜不劳还自照，淡烟和露湿秋光。”照质之曰：“毕竟那里是藏身无迹处？”师曰：“嗄。”照曰：“无踪迹处因什么莫藏身？”师曰：“石虎吞却木羊儿。”照深肯之。住后，上堂，举：“圆悟师翁道：参禅参到无参处，参到无参始彻头。水庵则不然，参禅参到无参处，参到无参未彻头。若也欲穷千里目，直须更上一层楼。”上堂：“冻云欲雪未雪，普贤象驾峥嵘。岭梅半合半开，少室风光漏泄。便恁么去犹是半提，作么生是全提底事？无智人前莫说，打你头破额裂。”上堂，举：“法眼示众曰，尽十方世界明皎皎地，若有一丝头，即是一丝头。”师竖起拂子曰：“还见么？穿过髑髅犹未觉。法灯云：尽十方世界自然明皎皎地，若有一丝头，不是一丝头。”师曰：“夜来月色十分好，今日秋山无限清。”上堂：“寂然不动，感而遂通古人恁么说话，大似预搔待痒。若教渠踏着衲僧关捩，管取别有生涯。”喝一喝，卓拄杖下座。

道场无庵法全禅师

安吉州道场无庵法全禅师，姑苏陈氏子。东斋川和尚为落发。师久依佛智，每入室，智以狗子无佛性话问之，师罔对。一日，闻僧举五祖颂云“赵州露刃剑”，忽大悟，有偈曰：“鼓吹轰轰袒半肩，龙楼香喷益州船。有时赤脚弄明月，踏破五湖波底天。”住后，上堂：“欲得现前，莫存顺逆。”卓拄杖云：“三祖大师变作马面夜叉，向东弗于逮、西瞿耶尼、南赡部洲、北郁单越，却来山僧手里。首身元来只是一条黑漆拄杖。还见么？直饶见得，入地狱如箭射。”卓拄杖，下座。上堂，拈拄杖曰：“汝等诸人，个个顶天立地，肩横楖栗，到处行脚，勘验诸方，更来这里觅个什么？才轻轻拶着，便言天台普请，南岳游山。我且问你，还曾收得大食国里宝刀么？”卓拄杖曰：“切忌口衔羊角。”僧问：“牛头未见四祖时如何？”师曰：“天下无贫人。”曰：“见后如何？”师曰：“四海无富汉。”乾道己丑七月二十五日，将入寂，众求偈，师瞪目下视。众请益坚，遂书“无无”二字，弃笔而逝。火后设利五色，塔于金斗峰。

延福寒岩慧升禅师

泉州延福寒岩慧升禅师，建宁人也。上堂，喝一喝曰：“尽十方世界，会十世古今，都卢在里许，逼逼塞塞了也。若乃放开一针锋许，则大海西流，巨岳倒卓，鼋鼍鱼龙，虾蟹蚯蚓，尽向平地上涌出波澜，游泳鼓舞。然虽如是，更须向百尺竿头自进一步，则步步踏转无尽藏轮，方知道鼻孔搭在上唇，眉毛不在眼下。还相委悉么？”复喝一喝曰：“切忌转喉触讳。”

大沩泰禅师法嗣

慧通清旦禅师

潭州慧通清旦禅师，蓬州严氏子。初出关至德山，值泰上堂，举：“赵州曰：台山婆子已为汝勘破了也。且道意在什么处？”良久曰：“就地撮将黄叶去，入山推出白云来。”师闻释然。翌日入室，山问：“前百丈不落因果，因什么堕野狐？后百丈不昧因果，因什么脱野狐？”师曰：“好与一坑埋却。”住后，上堂：“说佛说祖，正如好肉剜疮。举古举今，犹若残羹馊饭。一闻便悟，已落第二头。一举便行，早是不着便。须知个事：如天普盖，似地普擎。师子游行，不求伴侣。壮士展臂，不借他力。佛祖拈掇不起，衲僧愿见无门。迷悟双忘，圣凡路绝。且道从上诸圣以何法示人？”喝一喝曰：“莫妄想。”佛性和尚忌日，上堂：“三脚驴子弄蹄行，步步相随不相到。树头惊起双双鱼，拈来一老一不老。为怜松竹引清风，其奈出门便是草。因唤檀郎识得渠，大机大用都推倒。烧香勘证见根源，粪埽堆头拾得宝。丛林浩浩谩商量，劝君莫谤先师好！”

灵岩仲安禅师

澧州灵岩仲安禅师，幼为比丘，壮游讲肆。后谒圆悟于蒋山，时佛性为座元，师扣之，即领旨。逮性住德山，遣师至钟阜通嗣书，圆悟问曰:“千里驰来，不辱宗风。公案现成，如何通信？”师曰:“觌面相呈，更无回互。”曰:“此是德山底，那个是上座底？”师曰:“岂有第二人。”曰:“背后底，聻！”师投书，悟笑曰:“作家禅客，天然有在。”师曰:“付与蒋山。”次至僧堂前，师捧书问讯首座。座曰:“玄沙白纸，此自何来？”师曰:“久默斯要，不务速说。今日拜呈，幸希一览。”座便喝。师曰:“作家首座！”座又喝。师以书便打，座拟议。师曰:“未明三八九，不免自沉吟。”师以书复打一下，曰:“接时，圆悟与佛眼见。”悟曰:“打我首座死了也。”佛眼曰:“官马厮踢，有甚凭据？”师曰:“说甚官马厮踢，正是龙象蹴踏。”悟唤师至，曰:“我五百人首座，你为什么打他？”曰:“和尚也须吃一顿始得。”悟顾佛眼吐舌，眼曰:“未在。”却顾师，问曰:“空手把锄头，步行骑水牛。人从桥上过，桥流水不流，意作么生？”师鞠躬曰:“所供并是诣实。”眼笑曰:“元来是屋里人。”又往见五祖自和尚，通法眷书。祖曰:“书里说个什么？”师曰:“文彩已彰。”曰:“毕竟说个什么？”师曰:“当阳挥宝剑。”曰:“近前来，这里不识几个字。”师曰:“莫诈败。”祖顾侍者曰:“是那里僧？”曰:“此上座向曾在和尚会下去。”祖曰:“怪得恁么滑头。”师曰:“被和尚钝置来。”祖乃将书于香炉上熏，曰:“南无三曼多没陀南。”师近前，弹指而已。祖便开书。

回德山日，佛果佛眼皆有偈送之。未几，灵岩虚席，衲子投牒，乞师住持，遂开法焉。上堂:“参禅不究渊源，触途尽为留碍，所以守其静默。澄寂虚闲，堕在毒海。以弱胜强，自是非他，立人我量，见处偏枯，遂致优劣不分，照不构用，用不离窠。此乃学处不玄，尽为流俗。到这里，须知有杀中透脱，活处藏机。佛不可知，祖莫能测。所以古人道，有时先照后用，且要共你商量。有时先用后照，你须是个汉始得。有时照用同时,你又作么生抵当？有时照用不同时，你又向什么处凑泊？还知么？穿杨箭与惊人句，不是临时学得来。”

正法灏禅师

成都府正法灏禅师，上堂，举永嘉到曹溪因缘，乃曰：“要识永嘉么？掀翻海岳求知己。要识祖师么？拨动乾坤建太平。二老不知何处去，”卓拄杖曰：“宗风千古播嘉声。”

昭觉辩禅师

成都府昭觉辩禅师，上堂：“毫厘有差，天地悬隔。隔江人唱《鹧鸪词》，错认胡笳十八拍。”要会么？欲得现前，莫存顺逆。五湖烟浪有谁争？自是不归归便得。

护国元禅师法嗣

国清简堂行机禅师

台州国清简堂行机禅师，本郡人，姓杨氏。风姿挺异，才压儒林。年二十五，弃妻孥，学出世法。晚见此庵，密有契证。出应莞山，刀耕火种，单丁者一十七年。尝有偈云：“地炉无火客囊空，雪似杨花落岁穷。拾得断麻穿坏衲,不知身在寂寥中。”每谓人曰：“某犹未稳在，岂以住山乐吾事邪？”一日偶看斫树倒地，忽然大悟，平昔碍膺之物，泮然冰释。未几，有江州圆通之命。乃曰：“吾道将行。”即欣然曳杖而去。登座说法云：“圆通不开生药铺，单单只卖死猫头。不知那个无思算，吃着通身冷汗流。”上堂：“单明自已，乐是苦因。趣向宗乘，地狱劫住。五日一参，三八普说，自扬家丑。更若问理问事，问心问性，克由叵耐。若是英灵汉，窥藩不入，据鼎不尝，便于未有生佛已前转得身，却于今时大官路上捷行阔步，终不向老鼠窟、草窠里头出头没。若也根性陋劣，要去有滋味处咬嚼，遇着义学阿师，递相锢鏴，直饶说得云兴雨现，也是虾蟆化龙，下梢依旧，吃泥吃土，堪作什么？"上堂："仲秋八月旦，庭户入新凉。不露风骨句，愁人知夜长。"上堂："无隔宿恩，可参临济禅。有肯诺意，难续杨歧派。穷厮煎，饿厮炒，大海只将折箸搅。你死我活，猛火然铛煮佛喋。恁么作用，方可撑门拄户。更说声和响顺，形直影端，驴年也未梦见。"僧问："三圣问雪峰：透网金鳞，未审以何为食？"峰云："待汝出网来，即向汝道，意旨如何？"师曰："同途不同辙。"曰："三圣道，一千五百人善知识，话头也不识。"峰云："老僧住持事繁，又作么生？"师曰："前箭犹轻后箭深。"曰："只如雪窦道，可惜放过，好与三十棒。这棒一棒也较不得，直是罕遇作家。意又作么生？"师曰："阵败说兵书。"曰："这棒是三圣合吃，雪峰合吃？"师以拂子击禅床曰："这里荐取。"示众云："衲僧拄杖子，不用则已，用则如鸩鸟落水，鱼鳖皆死。正按傍提，风飒飒地，独步大方，杀活在我。所以道，千人排门，不如一人拔关。若一人拔关，千人万人得到安乐田地。还知么？鸳鸯绣出从君看，不把金针度与人。"示众云："观色即空成大智，故不住生死。观空即色成大悲，故不证涅槃。生死不住，涅槃不证，汉地不收，秦地不管，且道在什么处安身立命？莫是昭昭于心目之间，而相不可睹；晃晃于色尘之内，而理不可分么？莫是起坐镇相随，语默同居止么？若恁么，总是髑髅前敲磕。须知过量人自有过量用，且作么生是过量用？北斗藏身虽有语，出群消息少人知。"

焦山或庵师体禅师

镇江府焦山或庵师体禅师，台州罗氏子。上堂，举临济和尚四喝公案，乃召众曰："这个公案，天下老宿拈掇甚多，第恐皆未尽善。

焦山不免四棱着地，与诸人分明注解一遍。如何是踞地师子，咄！如何是金刚王宝剑，咄！如何是探竿影草，咄！如何是一喝不作一喝用，咄！若也未会，拄杖子与焦山吐露看。”卓一下曰：“笑里有刀。”又卓一下曰：“毒蛇无眼。”又卓一下曰：“忍俊不禁。”又卓一下曰：“出门是路。更有一机，举话长老也理会不得。”上堂：“年年浴佛在今朝，目击迦维路不遥。果是当时曾示现，宜乎恶水蓦头浇。”上堂：“热月须摇扇，寒来旋着衣。若言空过日，大似不知时。”上堂：“道生一，无角铁牛眠少室。一生二，祖父开田说大义。二生三，梁间紫燕语呢喃。三生万物，男儿活计离窠窟。多处添，少处减，大虫怕吃生人胆。有若无，实若虚，争掩骊龙明月珠。是则是，只如焦山坐断诸方舌头一句，作么生道？肚无偏僻病，不怕冷油齑。”拍禅床，下座。僧问：“如何是即心即佛？”师曰：“鼎州出狞争神。”曰：“如何是非心非佛？”师曰：“闽蜀同风。”曰：“如何是不是心，不是佛，不是物？”师曰：“穷坑难满。”问：“起灭不停时如何？”师曰：“谢供养。”问：“我有七弦琴，久居在旷野。不是不会弹，未遇知音者。知音既遇，未审如何品弄？”师曰：“钟作钟鸣，鼓作鼓响。”曰：“云门放洞山三顿棒，意旨如何？”师曰：“和身倒，和身擂。”曰：“饭袋子！江西湖南便恁么去，又作么生？”师曰：“泪出痛肠。”曰：“真金须是红炉锻，白玉还他妙手磨。”师曰：“添一点，也难为。”室中常举苕帚柄，问学者曰：“依俙苕帚柄，仿佛赤斑蛇。”众皆下语不契。有僧请益，师示以颂曰：“依俙苕帚柄，仿佛赤斑蛇。棒下无生忍，临机不识爷。”淳熙己亥八月朔示微疾，染翰别郡守曾公，逮夜半，书偈辞众曰：“铁树开花，雄鸡生卵，七十二年，摇篮绳断。”掷笔示寂。

华藏湛堂智深禅师

常州华藏湛堂智深禅师，武林人也。佛涅槃日，上堂：“兜率降生，双林示灭。掘地讨天，虚空钉橛。四十九年，播土扬尘。三百余会，纳尽败缺。尽力布网张罗，未免唤龟作鳖。末后拘尸城畔，椁示双趺。

旁人冷眼，看来大似弄巧成拙。”卓拄杖曰：“若无这个道理，千古之下，谁把口说？且道是什么道理？痴人面前切忌漏泄。”

参政钱端礼居士

参政钱端礼居士，字处和，号松窗。从此庵发明己事，后于宗门旨趣一一极之。淳熙丙申冬，简堂归住平田，遂与往来。丁酉秋微恙，修书召堂及国清瑞岩主僧，有诀别之语。堂与二禅诣榻次，公起趺坐，言笑移时。即书曰：“浮世虚幻，本无去来。四大五蕴，必归终尽。虽佛祖具大威德力，亦不能免。这一着子，天下老和尚、一切善知识还有跳得过者无？盖为地水火风，因缘和合，暂时凑泊，不可错认为已有。大丈夫磊磊落落，当用处把定，立处皆真。顺风使帆，上下水皆可。因斋庆赞，去留自在。此是上来诸圣，开大解脱，一路涅槃门，本来清净空寂境界，无为之大道也。今吾如是，岂不快哉！尘劳外缘，一时扫尽。荷诸山垂顾，咸愿证明，伏惟珍重！”置笔顾简堂曰：“某坐去好，卧去好？”堂曰：“相公去便了，理会甚坐与卧耶？”公笑曰：“法兄当为祖道自爱！”遂敛目而逝。

灵隐远禅师法嗣

东山全庵齐己禅师

庆元府东山全庵齐己禅师，邛州谢氏子。上堂，举：“修山主偈曰：‘是柱不见柱，非柱不见柱。是非已去了，是非里荐取。’”召大众曰：“荐得是，移华兼蝶至。荐得非，担泉带月归。是也好，郑州梨胜青州枣。非也好，象山路入蓬莱岛。是亦没交涉，踏着秤锤硬似铁。非亦没交涉，金刚宝剑当头截。阿呵呵！会也么？知事少时烦恼少，识人多处是非多。”莲社会道友，请上堂：“渐渐鸡皮鹤发，父少而子老；看看行步踉蹱，疑杀木上座。直饶金玉满堂，照顾白拈贼；岂免衰残老病，正好着精彩。任汝千般快乐，渠依合自由。无常终是到来，归堂吃茶去。唯有径路修行，依旧打之绕。但念阿弥陀佛，念得不济事。”复曰：“恶！这条活路，已被善导和尚直截指出了。也是你诸人，朝夕在径路中往来，因什么当面蹉过阿弥陀佛？这里荐得，便可除迷倒障，拔犹豫箭，截疑惑网，断痴爱河，伐心稠林，浣心垢浊，正心曲，绝心生死，然后转入那边，抬起脚，向佛祖履践不到处进一步。开却口，向佛祖言诠不到处说一句。唤回善导和尚，别求径路修行。其或准前，舍父逃走，流落他乡，撞东磕西，苦哉！阿弥陀佛。”

疏山归云如本禅师

抚州疏山归云如本禅师，台城人也。上堂：“久雨不晴，戊在丙丁。通身泥水，露出眼睛。且道是什么眼睛？”卓拄杖曰：“林间泥滑滑，时叫两三声。”

觉阿上人

觉阿上人，日本国滕氏子也。十四得度受具，习大小乘有声。二十九，属商者自中都回，言禅宗之盛，阿奋然拉法弟金庆航海而来，袖香拜灵隐佛海禅师。海问其来，阿辄书而对。复书曰：“我国无禅宗，唯讲五宗经论，国主无姓氏，号金轮王。以嘉应改元，舍位出家。名行真，年四十四。王子七岁，令受位，今已五载。度僧无进纳，而讲义高者赐之。某等仰服圣朝远公禅师之名，特诣丈室礼拜，愿传心印，以渡迷津。且如心佛及众生，是三无差别，离相离言，假言显之。禅师如何开示？”海曰：“众生虚妄见，见佛见世界。”阿书曰：“无明因何而有？”海便打。阿即命海升座决疑。明年秋，辞游金陵，抵长芦江岸，闻鼓声忽大悟，始知佛海垂手旨趣。旋灵隐，述五偈叙所见，辞海东归。偈曰：“航海来探教外传，要离知见脱蹄筌。诸方参遍草鞋破，水在澄潭月在天。〔其一。〕扫尽葛藤与知见，信手拈来全体现。脑后圆光彻太虚，千机万机一时转。〔其二。〕妙处如何说向人,倒地便起自分明。蓦然踏着故田地,倒裹幞头孤路行。〔其三。〕求真灭妄元非妙，即妄明真都是错。堪笑灵山老古锥，当阳抛下破木杓。〔其四。〕竖拳下喝少卖弄，说是说非入泥水。截断千差休指注，一声归笛啰啰哩。〔其五。〕”海称善，书偈赠行。归本国，住睿山寺，洎通嗣法书，海已入寂矣。

内翰曾开居士

内翰曾开居士，字天游，久参圆悟，暨往来大慧之门有日矣。绍兴辛未，佛海补三衢光孝，公与超然居士赵公访之。问曰:“如何是善知识?”海曰:“灯笼露柱，猫儿狗子。”公曰:“为什么赞即欢喜,毁即烦恼?”海曰:“侍郎曾见善知识否?”公曰:“某三十年参问,何言不见?”海曰:“向欢喜处见,烦恼处见?”公拟议,海震声便喝。公拟对,海曰:“开口底不是。”公罔然,海召曰:“侍郎向什么处去也!”公猛省，遂点头，说偈曰:“咄哉瞎驴，丛林妖孽。震地一声，天机漏泄。有人更问意如何，拈起拂子劈口截。”海曰:“也只得一橛。”

知府葛郯居士

知府葛郯居士，字谦问，号信斋。少擢上第，玩意禅悦。首谒无庵全禅师，求指南。庵令究即心即佛，久无所契。请曰:“师有何方便，使某得入?”庵曰:“居士太无厌生!”已而佛海来居剑池，公因从游，乃举无庵所示之语，请为众普说。海发挥之曰:“即心即佛眉拖地，非心非佛双眼横。蝴蝶梦中家万里，子规枝上月三更。”留旬日而后返。一日，举“不是心，不是佛，不是物”，豁然顿明，颂曰:“非心非佛亦非物，五凤楼前山突兀，艳阳影里倒翻身，野狐跳入金毛窟。”无庵肯之，即遣书颂呈佛海。海报曰:“此事非纸笔可既，居士能过我，当有所闻矣。”遂复至虎丘。海迎之曰:“居士见处，止可入佛境界。入魔境界，犹未得在。”公加礼不已。海正容曰:“何不道金毛跳入野狐窟?”公乃痛领。尝问诸禅曰:“夫妇二人相打,通儿子作证。且道证父即是,证母即是?”或庵体禅师着语曰:“小出大遇。”淳熙六年,守临川。八年感疾,一夕忽索笔书偈曰:“大洋海里打鼓,须弥山上闻钟。业镜忽然扑破,翻身透出虚空。”召僚属示之曰:“生之与死,如昼与夜,无足怪者。若以道论,安得生死?若作生死会,则去道远矣。”语毕,端坐而化。

华藏民禅师法嗣

径山别峰宝印禅师

临安府径山别峰宝印禅师,嘉州李氏子。自幼通六经,而厌俗务。乃从德山清素得度具戒,后听《华严》《起信》,既尽其说,弃依密印于中峰。一日,印举:“僧问岩头:‘起灭不停时如何?’岩叱曰:‘是谁起灭?’”师启悟,即首肯。会圆悟归昭觉,印遣师往省,因随众入室。悟问:“从上诸圣,以何接人?”师竖拳。悟曰:“此是老僧用底,作么生是从上诸圣用底?”师以拳挥之,悟亦举拳相交,大笑而止。后至径山谒大慧。慧问:“甚处来?”师曰:“西川。”慧曰:“未出剑门关,与汝三十棒了也。”师曰:“不合起动和尚。”慧忻然,扫室延之。慧南迁,师乃西还,连主数刹。后再出峡,住保宁、金山、雪窦、径山。开堂升座,曰:“世尊初成正觉于鹿野苑中,转四谛法轮,憍陈如比丘最初悟道。后来真净禅师初住洞山,拈云:今日新丰洞里,只转个拄杖子。”遂拈拄杖着左边,云:“还有最初悟道者么?若无,丈夫自有冲天志,莫向如来行处行。”遂喝一喝,下座。“若是印上座则不然,今日向凤凰山里,初无工夫转四谛法轮,亦无气力转拄杖子。只教诸人行须缓步,语要低声。何故?欲得不招无间业,莫谤如来正法轮。”上堂:“三世诸佛,以一句演百千万亿句,收百千万亿句只在一句。祖师门下,半句也无。只恁么,合吃多少痛棒!诸仁者,且诸佛是,祖师是?若道佛是祖不是,祖是佛不是,取舍未忘。若道佛祖一时是,佛祖一时不是,颟顸不少。且截断葛藤一句作么生道?大虫裹纸帽,好笑又惊人。”复举:

"僧问岩头:'浩浩尘中,如何辨主?'头云:'铜砂罗里满盛油。'"师曰:"大小岩头打失鼻孔。忽有人问保宁,浩浩尘中如何辨主?只对他道,天寒不及卸帽。"上堂:"六月初一,烧空赤日。十字街头,雪深一尺。扫除不暇,回避不及。冻得东村廖胡子,半夜着靴水上立。"上堂:"将心除妄妄难除,即妄明心道转迂。桶底趯穿无忌讳,等闲一步一芙蕖。"师至径山,弥浃,孝宗皇帝召对选德殿称旨。入对日,赐肩舆于东华门内。十年二月,上注《圆觉经》,遣使驰赐,命作序。师年迈,益厌住持。十五年冬,奏乞庵居,得请。绍熙元年十一月往见交承智策禅师,与之言别。策问行日,师曰:"水到渠成。"归,索纸书"十二月初七夜鸡鸣时"九字,如期而化。奉蜕质返寺之法堂,留七日,颜色明润,发长顶温。越七日,葬于庵之西冈。谥慈辩禅师,塔曰智光。

昭觉元禅师法嗣

凤栖慧观禅师

凤栖慧观禅师,上堂:"前村落叶尽,深院桂花残。此夜初冬节,从兹特地寒。所以道,欲识佛性义,当观时节因缘。时节若至,其理自彰。"喝一喝:"恁么说话,成人者少,败人者多。"

文殊道禅师法嗣

楚安慧方禅师

潭州楚安慧方禅师,本郡许氏子。参道禅师于大别,未几改寺为神霄宫,附商舟过湘南,舟中闻岸人操乡音,厉声云:"叫那!"由是有省,即说偈曰:"沔水江心唤一声,此时方得契平生。多年相别重相见,千圣同归一路行。"住后,上堂:"临老方称住持,全无些子玄机。开口十字九乖,问东便乃答西。如斯出世,讨甚玄微?有时拈三放两,有时就令而施。虽然如是,同道方知。且道知底事作么生？直须打翻鼻孔始得。”上堂：“达磨祖师在脚底，踏不著兮提不起。子细当头放下看，病在当时谁手里？张公会看脉，李公会使药，两个竞头医，一时用不着。药不相投，错错！吃茶去。”

文殊思业禅师

常德府文殊思业禅师，世为屠宰，一日戮猪次，忽洞彻心源，即弃业为比丘。述偈曰：“昨日夜叉心，今朝菩萨面。菩萨与夜叉，不隔一条线。”往见文殊，殊曰：“你正杀猪时见个什么，便乃剃头行脚？”师遂作鼓刀势。殊喝曰：“这屠儿参堂去！”师便下参堂。住文殊日，上堂举“赵州勘婆话”，乃曰：“勘破婆子，面青眼黑。赵州老汉，瞒我不得。”

佛灯珣禅师法嗣

稠岩了赟禅师

婺州义乌稠岩了赟禅师，上堂，举赵州“狗子无佛性”话，乃曰：“赵州狗子无佛性，万叠青山藏古镜。赤脚波斯入大唐，八臂那吒行正令。咄！”

待制潘良贵居士

待制潘良贵居士，字义荣。年四十，回心祖闱，所至挂钵，随众参扣。后依佛灯，久之不契。因诉曰：“某只欲死去时如何？”灯曰：“好个封皮，且留着使用，而今不了不当，后去忽被他换却封皮，卒无整理处。”公又以南泉斩猫儿话问曰：“某看此甚久，终未透彻。告和尚慈悲。”灯曰：“你只管理会别人家猫儿，不知走却自家狗子？”公于言下如醉醒。灯复曰：“不易，公进此一步，更须知有向上事始得。如今士大夫说禅说道，只依着义理便快活。大率似将买油餈，吃了便不饥。其余便道是瞒他，亦可笑也。”公唯唯。

泐潭明禅师法嗣

无为随庵守缘禅师

汉州无为随庵守缘禅师，本郡人，姓史氏。年十三病目，去依栖禅慧目能禅师。圆具，出峡至宝峰，值峰上堂，举永嘉曰:“一月普现一切水，一切水月一月摄。”师闻释然领悟。住后，上堂曰:“以一统万,一月普现一切水。会万归一,一切水月一月摄。展则弥纶法界，收来毫发不存。虽然收展殊途，此事本无异致。但能于根本上着得一只眼去，方见三世诸佛、历代祖师，尽从此中示现。三藏十二部、一切修多罗，尽从此中流出。天地日月，万象森罗，尽从此中建立。三界九地，七趣四生，尽从此中出没。百千法门，无量妙义，乃至世间工巧诸技艺，尽现行此事。所以世尊拈华，迦叶便乃微笑;达磨面壁，二祖于是安心。桃华盛开，灵云疑情尽净;击竹作响，香严顿忘所知。以至盘山于肉案头悟道，弥勒向鱼市里接人。诚谓造次颠沛必于是,经行坐卧在其中。既有如是奇特，更有如是光辉。既有如是广大，又有如是周遍。你辈诸人，因什么却有迷有悟?要知么，幸无偏照处，刚有不明时。”

龙翔圭禅师法嗣

云居顽庵德升禅师

南康军云居顽庵德升禅师，汉州何氏子。二十得度，习讲久之。弃谒文殊道禅师，问佛法省要。殊示偈曰:“契丹打破波斯寨，夺得宝珠村里卖。十字街头穷乞儿,腰间挂个风流袋。”师拟对,殊曰:“莫错。”师退参三年，方得旨趣。往见佛性，机不投。入闽至鼓山礼觐，便问:“国师不跨石门句，意旨如何?”竹庵应声喝曰:“闲言语。”师即领悟。住后,僧问:“应真不借三界高超即不问,如何是无位真人?”师曰:“闻时富贵，见后贫穷。”曰:“抬头须掩耳，侧掌便翻身。”师曰:“无位真人在什么处？”曰：“老大宗师，话头也不识。”师曰：“放你三十棒。”

狼山萝庵慧温禅师

通州狼山萝庵慧温禅师，福州人，姓郑氏。遍参诸老，晚依竹庵于东林。未几，庵谢事，复谒高庵悟、南华昺、草堂清，皆蒙赏识。会竹庵徙闽之乾元，师归省次，庵问：“情生智隔，想变体殊。不用停囚长智，道将一句来。”师乃释然，述偈曰：“拶出通身是口，何妨骂雨诃风？昨夜前村猛虎，咬杀南山大虫。”庵首肯。住后，上堂：“释迦老子，四十九年，坐筹帷幄。弥勒大士，九十一劫，带水拖泥。凡情圣量，不能铲除。理照觉知，犹存露布。佛意祖意，如将鱼目作明珠。大乘小乘，似认橘皮为猛火。诸人须是豁开胸襟宝藏，运出自己家珍，向十字街头普施贫乏。众中忽有个灵利汉出来道：‘美食不中饱人吃。’山僧只向他道：‘幽州犹自可，最苦是新罗。’”

云居悟禅师法嗣

双林德用禅师

婺州双林德用禅师，本郡戴氏子。上堂：“拈槌竖拂，祖师门下，将黄叶以止啼。说妙谈玄，衲僧面前，望梅林而止渴。际山今日去却之乎者也，更不指东画西，向三世诸佛命脉中，六代祖师骨髓里，尽情倾倒，为诸人说破。”良久曰：“啼得血流无用处，不如缄口过残春。”

万年无著道闲禅师

台州万年无著道闲禅师，本郡洪氏子。上堂：“全机敌胜，犹在半途。啐啄同时，白云万里。才生朕兆，已落二三。不露锋铓，成何道理？且道从上来事合作么生？诬人之罪，以罪加之。”上堂，举乾峰示众云：“举一不得举二。放过一着，落在第二。”云门出众云：“昨日有人从天台来，却往径山去。”峰曰：“典座来日不得普请。”

师曰:“相见不须瞋，君穷我亦贫。谓言侵早起，更有夜行人。”

中际善能禅师

福州中际善能禅师,严陵人。往来龙门云居有年,未有所证。一日,普请择菜次，高庵忽以猫儿掷师怀中。师拟议，庵拦胸踏倒，于是大事洞明。上堂:“万古长空，一朝风月。不可以一朝风月昧却万古长空，不可以万古长空不明一朝风月。且如何是一朝风月？人皆畏炎热,我爱夏日长。薰风自南来,殿阁生微凉。会与不会,切忌承当。”

云居普云自圆禅师

南康军云居普云自圆禅师，绵州雍氏子。年十九，试经得度，留教苑五祀。山关南下，历扣诸大尊宿。始诣龙门，一日，于廊庑间睹绘胡人，有省。夜白高庵，庵举法眼偈曰:“头戴貂鼠帽，腰悬羊角锥，语不令人会，须得人译之。”复筴火示之曰:“我为汝译了也。”于是大法明了。呈偈曰:“外国言音不可穷，起云亭下一时通。口门广大无边际，吞尽杨歧栗棘蓬。”庵遣师依佛眼，眼谓曰:“吾道东矣。”上堂,举:“僧问云门:‘如何是透法身句？’门曰:‘北斗里藏身。’”师曰:“南北东西万万千，乾坤上下两无边。相逢相见呵呵笑，屈指抬头月半天。”

乌巨行禅师法嗣

荐福退庵休禅师

饶州荐福退庵休禅师，上堂:“风动邪？幡动邪？风鸣邪？铃鸣邪？非风铃鸣,非风幡动。此土与西天,一队黑漆桶。诳惑世间人,看看灭胡种。山僧不奈何,趁后也打哄。瓠子曲弯弯,冬瓜直侊侗。”上堂:“结夏时左眼半斤，解夏时右眼八两。谩云九十日安居，赢得一肚皮妄想。直饶七穴八穿,未免山僧拄杖。虽然如是,千钧之弩,不为鼷鼠而发机。”上堂:“先师寻常用脑后一锤,卸却学者胸中许多屈曲。当年克宾维那,曾中兴化此毒。往往天下丛林,唤作超宗异目。非唯孤负兴化,亦乃克宾受辱。若是临济儿孙,终不依草附木。资福喜见同参,今日倾肠倒腹。”遂卓拄杖,喝一喝曰:“还知先师落处么?伎死禅和,如麻似粟。”上堂:“言发非声,是个什么?色前不物,莫乱针锥。透过禹门,风波更险。咄!”

龟峰晦庵慧光禅师

信州龟峰晦庵慧光禅师,建宁人。上堂:“数日暑气如焚,一个浑身无处安着,思量得也是烦恼人。这个未是烦恼,更有己躬下事不明,便是烦恼。所以达磨大师烦恼,要为诸人吞却,又被咽喉小;要为诸人吐却,又被牙齿碍。取不得,舍不得,烦恼九年。若不得二祖不惜性命,往往转身无路,烦恼教死。所谓祖祢不了,殃及儿孙。后来莲华峰庵主到这里,烦恼不肯住。南岳思大到这里,烦恼不肯下山。更有临济德山,用尽自己查梨,烦恼钵盂无柄。龟峰今日为他闲事长无明,为你诸人从头点破。”卓拄杖一下,曰:“一人脑后露腮,一人当门无齿,更有数人鼻孔没半边。不劳再勘,你诸人休向这里立地瞌睡。殊不知家中饭箩锅子一时失却了也。你若不信,但归家检点看!”

长芦且庵守仁禅师

真州长芦且庵守仁禅师,越之上虞人。依雪堂于乌巨,闻普说曰:“今之兄弟做工夫,正如习射,先安其足,后习其法。后虽无心,以久习故,箭发皆中。”喝一喝云:“只今箭发也,看!看!”师不觉倒身作避箭势,忽大悟。上堂:“百千三昧,无量妙门,今日且庵不惜穷性命,只做一句子说与诸人。”乃卓拄杖,下座。尝颂台山婆话云:“开个灯心皂角铺,日求升合度朝昏。只因风雨连绵久,本利一空愁倚门。”

白杨顺禅师法嗣

吉州青原如禅师

吉州青原如禅师，僧问："达磨未来时如何？"师曰："生铁铸昆仑。"曰："来后如何？"师曰："五彩画门神。"

云居如禅师法嗣

隐静圆极彦岑禅师

太平州隐静圆极彦岑禅师，台城人也。上堂："韩信打关，未免伤锋犯手。张良烧栈，大似曳尾灵龟。既然席卷三秦，要且未能囊弓裹革。烟尘自静，我国晏然。四海九州，尽归皇化。自然牛闲马放，风以时，雨以时，五谷熟，万民安。大家齐唱村田乐，月落参横夜向阑。"上堂："今朝八月初五，好事分明为举。岭头漠漠秋云，树底鸣鸠唤雨。昨夜东海鲤鱼，吞却南山猛虎。虽然有照有用，毕竟无宾无主。唯有文殊普贤，住，住！我识得你。"上堂，举正堂辩和尚室中问学者："蚯蚓为什么化为百合？"师曰："客舍并州已十霜，归心日夜忆咸阳。无端更度桑干水，却望并州是故乡。"

报恩成禅师

鄂州报恩成禅师，上堂："秋雨乍寒，汝等诸人，青州布衫成就也未？"良久，喝曰："云溪今日，冷处着一把火。"便下座。

道场辩禅师法嗣

觉报清禅师

平江府觉报清禅师，上堂，举："僧问云门：'如何是诸佛出身处？’门曰：‘东山水上行。’”师曰：“诸佛出身处，东山水上行。石压笋斜出，岸悬花倒生。”

何山然首座

安吉州何山然首座，姑苏人。侍正堂之久，入室次，堂问：“猫儿为什么偏爱捉老鼠？”曰：“物见主，眼卓竖。”堂欣然，因命分座。

黄龙忠禅师法嗣

信相戒修禅师

成都府信相戒修禅师，上堂，举马祖不安公案，乃曰：“两轮举处烟尘起，电急星驰拟何止？目前不碍往来机，正令全施无表里。丈夫意气自冲天，我是我兮你是你。”

西禅琏禅师法嗣

西禅第二代希秀禅师

遂宁府西禅第二代希秀禅师，上堂曰：“秋光将半，暑气渐消。鸿雁横空，点破碧天似水。猿猱挂树，撼翻玉露如珠。直饶对此明机，未免认龟作鳖。且道应时应节一句作么生道？野色并来三岛月，溪光分破五湖秋。”

净居尼温禅师法嗣

净居尼无相法灯禅师

温州净居尼无相法灯禅师，上堂，拈拄杖卓曰：“观音出，普贤入，文殊水上穿靴立。抬头鹞子过新罗，石火电光追不及。咄！”

大沩果禅师法嗣

玉泉穷谷宗琏禅师

荆门军玉泉穷谷宗琏禅师，合州董氏子。开堂日，问答已，乃曰："衲僧向人天众前一问一答，一擒一纵，一卷一舒，一挨一拶，须是具金刚眼睛始得。若是念话之流，君向西秦，我之东鲁，于宗门中殊无所益。这一段事，不在有言，不在无言，不碍有言，不碍无言。古人垂一言半句，正如国家兵器，不得已而用之。横说竖说，只要控人入处，其实不在言句上。今时人不能一径彻证根源，只以语言文字而为至道。一句来，一句去，唤作禅道，唤作向上向下，谓之菩提涅槃，谓之祖师巴鼻。正似郑州出曹门，从上宗师会中，往往真个以行脚为事底，才有疑处，便对众决择。只一句下见谛明白，造佛祖直指不传之宗，与诸有情尽未来际，同得同证，犹未是泊头处。岂是空开唇皮，胡言汉语来？所以南院示众云：'诸方只具啐啄同时眼，不具啐啄同时用。'时有僧问：'如何是啐啄同时用？'院曰：'作家不啐啄，啐啄同时失。'僧曰：'犹是学人问处。'院曰：'如何是你问处？'僧曰：'失。'院便打。其僧不契，后至云门会中，因二僧举此话，一僧曰：'当时南院棒折哪！'其僧忽悟，即回南院，院已迁化。时风穴作维那，问曰：'你是问先师啐啄同时话底僧哪？'僧曰：'是。'穴曰：'你当时如何？'曰：'我当时如在灯影里行。'穴曰：'你会也。"师乃召大众曰："暗穿玉线，密度金针，如水入水，似金博金。敢问大众，啐啄同时是亲切处，因甚却失？若也会得，堪报不报之恩，共助无为之化。便可横身宇宙，独步大方，若跳不出，依前只在架子下。"上堂，拈拄杖曰："破无明暗，截生死流，度三有城，泛无为海。须是识这个始得。"乃召大众曰："唤作拄杖则触，不唤作拄杖则背。若也识得，荆棘林中撒手，是非海里横身。脱或未然，普贤乘白象，土宿跨泥牛。参！"上堂："一切数句非数句，与吾灵觉何交涉？”师曰：“永嘉恁么道，大似含元殿上更觅长安。殊不知有水皆含月，无山不带云。虽然如是，三十年后赵婆酤醋。”上堂：“宗乘一唱殊途绝，万别千差俱泯灭。通身是口难分雪，金刚脑后三斤铁。好大哥。”僧问：“保寿开堂，三圣推出一僧，保寿便打，意旨如何？”师曰：“利动君子。”曰：“为复棒头有眼，为复见机而作？”师曰：“猕猴系露柱。”曰：“只如三圣道，你恁么为人，瞎却镇州一城人眼。又作么生？”师曰：“锦上铺华又一重。”问：“行脚逢人时如何？”师曰：“一不成，二不是。”曰：“行脚不逢人时如何？”师曰：“虎咬大虫。”曰：“只如慈明道，钓丝绞水，意作么生？”师曰：“水浸钢石卵。”问：“三圣道：‘我逢人即出，出则不为人。’意旨如何？”师曰：“兵行诡道。”曰：“兴化道：‘我逢人则不出，出则便为人。’又作么生？”师曰：“绵裹秤锤。”问：“不落因果，为什么堕野狐身？”师曰：“庐山五老峰。”曰：“不昧因果，为什么脱野狐身？”师曰：“南岳三生藏。”曰：“只如不落不昧，未审是同是别？”师曰：“倚天长剑逼人寒。”问：“初生孩子还具六识也无？赵州道：‘急水上打毬子。’意旨如何？”师曰：“两手扶犁水过膝。”曰：“只如僧又问投子急水上打毬子，意旨如何？”曰：“念念不停流，又作么生？”师曰：“水晶瓮里浸波斯。”问：“杨歧道：‘三脚驴子弄蹄行。’意旨如何？”师曰：“过蓬州了，便到巴州。”

大沩行禅师

潭州大沩行禅师，上堂横拄杖曰：“你等诸人，若向这里会去，如纪信登九龙之辇；不向这里会去，似项羽失千里乌骓。饶你总不恁么，落在无事甲里。若向这里拨得一路，转得身，吐得气，山僧与你拄杖子。”遂靠拄杖，下座。上堂：“不是心，不是佛，不是物。且道是个什么？不在内，不在外，不在中间，毕竟在什么处？苦！苦！有口说不得，无家何处归？”

道林渊禅师

潭州道林渊禅师，僧问："钟未鸣，鼓未响，拓钵向什么处去？德山便低头归方丈,意旨如何？"师曰："奔雷迸火。"曰："岩头道，这老汉未会末后句在，又作么生？"师曰："相随来也。"曰："岩头密启其意,未审那里是他密启处？"师曰："万年松在祝融峰。"曰："虽然如是，只得三年，三年后果迁化，还端的也无？"师曰："嚩呢哒唎吽唆吒。"临示寂，上堂拈拄杖示众曰："离却色声言语，道将一句来。"众无对。师曰："动静声色外，时人不肯对。世间出世间，毕竟使谁会？"言讫，倚杖而逝。

大洪老衲祖灯禅师

随州大洪老衲祖证禅师,潭州潘氏子。上堂："万象之中独露身，如何说个独露底道理？"竖起拂子曰："到江吴地尽,隔岸越山多。"僧问："云门问僧：'光明寂照遍河沙，岂不是张拙秀才语？'僧云是。门云：'话堕也。'未审哪里是这僧话堕处？"师曰："鲇鱼上竹竿。"问："离却言句，请师直指。"师竖拂子，僧曰："还有向上事也无？"师曰："有。"曰："如何是向上事？"师曰："速礼三拜。"

沩潭山堂德淳禅师

隆兴府沩潭山堂德淳禅师，上堂："俱胝一指头，一毛拔九牛。华岳连天碧，黄河彻底流。截却指，急回眸。青箬笠前无限事，缘蓑衣底一时休。"

保安复庵可封禅师

常州宜兴保安复庵可封禅师，福州林氏子。上堂："天宽地大，风清月白。此是海宇清平底时节。衲僧家等闲问着，十个有五双知有。只如夜半华严池吞却杨子江，开明桥撞倒平山塔，是汝诸人还知么？若也知去，试向非非想天道将一句来。其或未知。"掷下拂子曰:“须是山僧拂子始得。”

石亭野庵祖璿禅师

隆兴府石亭野庵祖璿禅师，上堂曰:“吃粥了也未，赵州无忌讳。更令洗钵盂,太煞没巴鼻。悟去由来不丈夫。这僧那免受糊涂。有指示，无指示，韶石四楞浑塌地。入地狱，如箭射，云岫清风生大厦。相逢携手上高山,作者应须辨真假。真假分,若为论,午夜寒蟾出海门。”

石霜宗鉴禅师

潭州石霜宗鉴禅师，上堂曰:“送旧年，迎新岁，动用不离光影内。澄辉湛湛夜堂寒,借问诸人会不会?若也会,增瑕颣,若不会，依前昧。与君指个截流机，白云更在青山外。”

石头回禅师法嗣

云居蓬庵德会禅师

南康军云居蓬庵德会禅师,重庆府何氏子。上堂,举:“教中道，若见诸相非相,即是如来。作么生是非相底道理?佯走诈羞偷眼觑，竹门斜掩半枝花。”

南岳下十七世

教忠光禅师法嗣

法石中庵慧空禅师

泉州法石中庵慧空禅师，赣州蔡氏子。春日上堂，拈拄杖卓一下曰："先打春牛头。"又卓一下曰："后打春牛尾。惊起虚空入藕丝里。释迦无路潜踪，弥勒急走千里。文殊却知落处，拊掌大笑欢喜。且道欢喜个什么？春风昨夜入门来，便见千花生碓觜。"上堂："千家楼阁，一霎秋风。只知襟袖凉生，不觉园林落叶。于斯荐得,触处全真。其或未然,且作寒温相见。"上堂,举《金刚经》云："佛告须菩提，尔所国土中，所有众生若干种心，如来悉知。何以故？如来说，诸心皆为非心，是名为心。要会么？春风得意马蹄疾，一日看尽长安花。"僧问："先佛垂范，禁足安居。未审是何宗旨？"曰："琉璃钵内拓须弥。"僧便喝，师便打。

净慈混源昙密禅师

临安府净慈混源昙密禅师，天台卢氏子。依资福道荣出家。十六圆具，习台教。弃参大慧于径山，谒雪巢一此庵元。入闽，留东、西禅，无省发。之泉南，教忠俾悦众。解职归前资。偶举香严击竹因缘，豁然契悟。述偈呈忠，忠举贤沙未彻语诘之，无滞。忠曰："子方可见妙喜。"即辞往梅阳，服勤四载。住后，上堂："诸佛出世，打劫杀人。祖师西来，吹风放火。古今善知识，佛口蛇心；天下衲僧，自投笼槛。莫有天然气概，特达丈夫，为宗门出一只手，主张佛法者么？"良久曰："设有，也须斩为三段。"上堂："德山小参不答话，千古丛林成话霸。问话者三十棒，惯能说诃说夯。时有僧出，的能破的，德山便打风流儒雅。某甲话也未问，头上着枷，脚下着匣。你是哪里人？一回相见一伤神。新罗人把手笑欣欣，未跨船舷，好与三十棒，依前相厮诳。混源今日恁么批判责情，好与三十棒。且道是赏是罚？具参学眼者试辨看。"上堂，举云门问僧光明寂照遍河沙因缘，师曰："平地摝鱼虾，辽天射飞鹗。跛脚老云门，千错与万错。"后示寂，塔于本山。

东林颜禅师法嗣

公安遁庵祖珠禅师

荆南府公安遁庵祖珠禅师，南平人。上堂：“不是心，不是佛，不是物。沥尽野狐涎，趯翻山鬼窟。平田浅草里，露出焦尾大虫，太虚寥廓中，放出辽天俊鹘。阿呵呵！露风骨，等闲拈出众人前，毕竟分明是何物？咄咄！”上堂：“玉露垂青草，金风动白苹。一声寒雁叫，唤起未惺人。”

报恩法演禅师

汀州报恩法演禅师，果州人。上堂，举俱胝竖指因缘，师曰：“佳人睡起懒梳头，把得金钗插便休。大抵还他肌骨好，不涂红粉也风流。”

净慈肯堂彦充禅师

临安府净慈肯堂彦充禅师，于潜盛氏子。幼依明空院义堪为师。首参大愚宏智、正堂大圆。后闻东林谓众曰：“我此间别无玄妙，只有木札羹，铁钉饭，任汝咬嚼。”师窃喜之，直造谒，陈所见解。林曰：“据汝见处，正坐在鉴觉中。”师疑不已，将从前所得底一时扬下。一日，闻僧举南泉道：“时人见此一株花，如梦相似。”默有所觉，曰：“打草只要蛇惊。”次日入室，林问：“哪里是岩头密启其意处？”师曰：“今日捉败这老贼！”林曰：“达磨大师性命在汝手里。”师拟开口，蓦被拦胸一拳。忽大悟，直得汗流浃背，点首自谓曰：“临济道，黄檗佛法无多子。岂虚语邪？”遂呈颂曰：“为人须为彻，杀人须见血。德山与岩头，万里一条铁。”林然之。往后，上堂：“世尊不说说，迦叶不闻闻。”卓拄杖曰：“水流黄叶来何处？牛带寒鸦过远村。”上堂，举雪峰示众云：“尽大地是个解脱门，因甚把手拽不入。”师曰：“大小雪峰话作两橛，既尽大地是个解脱门，用拽作么？”上堂：“一向与么去，法堂前草深一丈。一向与么来，脚下泥深三尺。且道如何即是？三年逢一闰，鸡向五更啼。”上堂，举卍庵先师道：“坐佛床，斫佛脚，不敬东家孔夫子，却向他乡习礼乐。”师曰：“入泥入水即不无，先师争奈寒蝉抱枯木，泣尽不回头。”卓拄杖曰：“灼然！有不回头底，净慈向升子里礼汝三拜。”上堂：“三世诸佛，无中说有，藺拾花针。六代祖师，有里寻无，猿猴探水月。去此二途，如何话会？侬家不管兴亡事，尽日和云占洞庭。元庵受智者请，引座曰：‘南山有个老魔王，炯炯双眸放电光。口似血盆呵佛祖，牙如剑树骂诸方。几度业风吹不动；吹得动，云黄山畔与嵩头陀、傅大士，一火破落户，依旧孟八郎，赚他无限痴男女，开眼堂堂入镬汤。’忽有个衲僧出来道：‘既是善知识，为甚赚人入镬汤？’只向他道：‘非公境界。’”后示寂，塔于寺之南庵。

智者元庵真慈禅师

婺州智者元庵真慈禅师，潼川人，姓李氏。初依成都正法出家。具戒后游讲肆，听讲《圆觉》，至“四大各离，今者妄身当在何处？毕竟无体，实同幻化”，因而有省，作颂曰：“一颗明珠，在我这里，拨着动着，放光动地。”以呈诸讲师，无能晓之者。归以呈其师，遂举狗子无佛性话诘之。师曰：“虽百千万亿公案，不出此颂也。”其师以为不逊，乃叱出。师因南游，至庐山圆通挂搭。时卍庵为西堂，为众入室，举：“僧问云门：‘拨尘见佛时如何？’门云：‘佛亦是尘。’”师随声便喝，以手指胸曰：“佛亦是尘。”师复颂曰：“拨尘见佛，佛亦是尘。问了答了，直下翻身。‘劝君更尽一杯酒，西出阳关无故人。’”又颂《尘尘三昧》曰：“钵里饭，桶里水，别宝昆仑坐潭底。一尘尘上走须弥，明眼波斯笑弹指。笑弹指，珊瑚枝上清风起。”卍庵深肯之。

西禅需禅师法嗣

鼓山木庵安永禅师

福州鼓山木庵安永禅师，闽县吴氏子。弱冠为僧，未几谒懒庵于云门。一日入室，庵曰："不问有言，不问无言。世尊良久，不得向世尊良久处会。"随后便喝，倏然契悟。作礼曰："不因今日问，争丧目前机。"庵许之。住后，上堂："要明个事，须是具击石火、闪电光底手段，方能险峻岩头全身放舍；白云深处得大安居。如其觑地觅金针，直下脑门须迸裂。到这里假饶见机而变，不犯锋铓，全身独脱，犹涉泥水。只如本分全提一句,又作么生道？"击拂子曰："淬出七星光灿烂，解拈天下任横行。"上堂，举睦州示众云："诸人未得个入处，须得个入处，既得个入处，不得忘却老僧。"师曰："恁么说话，面皮厚多少。木庵则不然，诸人未得个入处，须得个入处；既得个入处，直须扬下入处始得。"上堂，拈拄杖曰："临济小厮儿，未曾当头道着。今日全身放憨，也要诸人知有。"掷拄杖，下座。僧问："须弥顶上翻身倒卓时如何？"师曰："未曾见毛头星现？"曰："恁么则倾湫倒岳去也。"师曰："莫乱做。"僧便喝。师曰："雷声浩大，雨点全无。"

龙翔柏堂南雅禅师

温州龙翔柏堂南雅禅师，上堂曰："瑞峰顶上，栖凤亭边，一杯淡粥相依,百衲蒙头打坐。二祖礼三拜,依位而立,已是周遮。达磨老臊胡，分尽髓皮，一场狼籍。其余之辈，何足道哉！柏堂恁么道，还免诸方检责也无？"拍绳床云："洎合停囚长智。"上堂曰："大机贵直截，大用贵顿发。纵有啮镞机，一锤须打杀。何故？我王库内无如是刀。"上堂曰："紫蕨伸拳笋破梢，杨花飞尽绿阴交。分明西祖单传句，黄栗留鸣燕语巢。这里见得谛，信得及，若约诸方决定，明窗下安排。龙翔门下直是一槌槌杀。何故？不是与人难共住，大都缁素要分明。"

天王志清禅师

福州天王志清禅师，上堂，竖起拂子云：“只这个天不能盖，地不能载，遍界遍空，成团成块。到这里三世诸佛向什么处摸索？六代祖师向什么处提持？天下衲僧向什么处名邈？除非自得自证，便乃敲唱双行。虽然如是，未是衲僧行履处。作么生是衲僧行履处？是非海里横身入，豺虎丛中纵步行。”

剑门安分庵主

南剑州剑门安分庵主，少与木庵同肄业安国，后依懒庵，未有深证。辞谒径山大慧，行次江干，仰瞻宫阙，闻街司喝“侍郎来”，释然大悟。作偈曰：“几年个事挂胸怀，问尽诸方眼不开。肝胆此时俱裂破，一声江上侍郎来。”遂径回西禅，懒庵迎之，付以伽梨。自尔不规所寓。后庵居剑门，化被岭表，学者从之。所作偈颂，走手而成，凡千余首，盛行于世。示众：“这一片田地，汝等诸人，且道天地未分已前在什么处？直下彻去，已是钝置分上座不少了也，更若拟议思量，何啻白云万里？”蓦拈拄杖，打散大众。示众：“上至诸佛，下及众生，性命总在山僧手里。检点将来，有没量罪过。还有检点得出者么？”卓拄杖一下曰：“冤有头，债有主。”遂左右顾视曰：“自出洞来无敌手，得饶人处且饶人。”示众：“十五日已前，天上有星皆拱北。十五日已后，人间无水不朝东。已前已后总拈却，到处乡谈各不同。”乃屈指曰：“一二三四五，六七八九十，十一十二十三十四。诸兄弟今日是几？”良久曰：“本店买卖，分文不赊。”

东禅岳禅师法嗣

鼓山宗逮禅师

福州鼓山宗逮禅师，上堂：“世尊道，应如是知，如是见，如是信解，不生法相。”遂喝曰：“玉本无瑕却有瑕。”

西禅净禅师法嗣

乾元宗颖禅师

福州乾元宗颖禅师，上堂，卓拄杖曰：“性燥汉只在一槌。”靠拄杖曰：“灵利人不劳再举。而今莫有灵利底么？”良久曰：“比拟张麟，免亦不过。”

开善谦禅师法嗣

仙州山吴十三道人

建宁府仙州山吴十三道人，每以已事扣诸禅，及开善归，结茆于其左，遂往给侍。绍兴庚申三月八日夜，适然启悟，占偈呈善曰：“元来无缝罅，触着便光辉。既是千金宝，何须弹雀儿？”善答曰：“啐地折时真庆快，死生凡圣尽平沉。仙州山下呵呵笑，不负相期宿昔心。”

天童华禅师法嗣

天童密庵咸杰禅师

庆元府天童密庵咸杰禅师，福州郑氏子。母梦庐山老僧入舍而生。自幼颖悟，出家为僧。不惮游行，遍参知识。后谒应庵于衢之明果。庵孤硬难入，屡遭呵。一日，庵问：“如何是正法眼？”师遽答曰：“破沙盆。”庵颔之。未几，辞回省亲。庵送以偈曰：“大彻投机句，当阳廓顶门。相从今四载，征诘洞无痕。虽未付钵袋，气宇吞乾坤。却把正法眼，唤作破沙盆。此行将省觐，切忌便蹉跟。吾有末后句，待归要汝遵。”出世衢之乌巨，次迁祥符、蒋山、华藏，未几诏住径山、灵隐，晚居太白。僧问："虚空销殒时如何？"师曰："罪不重科。"上堂："牛头横说竖说，不知有向上关棙子。有般漆桶辈，东西不辨，南北不分，便问如何是向上关棙子？何异开眼尿床。华藏有一转语，不在向上向下，千手大悲摸索不着。雨寒无处晒眼，今日普请，布施大众。"良久曰："达磨大师，无当门齿。"上堂："世尊不说说，拗曲作直。迦叶不闻闻，望空启告。马祖即心即佛，悬羊头卖狗肉。赵州勘庵主，贵买贱卖，分文不直。只如文殊是七佛之师，因甚出女子定不得？河天月晕鱼分子，槲叶风微鹿养茸。"上堂，卓拄杖曰："迷时只迷这个。"复卓一下曰："悟时只悟这个。迷悟双忘，粪埽堆头重添搕𢶍。莫有向东涌西没全机独脱处道得一句底么？若道不得，华藏自道去也。"掷拄杖曰："三十年后。"上堂，举金峰和尚示众云："老僧二十年前，有老婆心。二十年后，无老婆心。"时有僧问："如何是和尚二十年前有老婆心？"峰云："问凡答凡，问圣答圣。"曰："如何是二十年后无老婆心？"峰云："问凡不答凡，问圣不答圣。"师曰："乌巨当时若见，但冷笑两声。这老汉忽若瞥地，自然不堕圣凡窠臼。"上堂，举婆子烧庵话，师曰："这个公案，丛林中少有拈提者。杰上座裂破面皮，不免纳败一上，也要诸方检点。"乃召大众曰："这婆子洞房深稳，水泄不通，偏向枯木上糁花，寒岩中发焰。个僧孤身迥迥，惯入洪波，等闲坐断泼天潮，到底身无涓滴水。子细检点将来，敲枷打锁则不无二人，若是佛法未梦见在，乌巨与么提持，毕竟意归何处？"良久曰："一把柳丝收不得，和烟搭在玉栏干。"上堂："动弦别曲，叶落知秋。举一明三，目机铢两。如王秉剑，杀活临时，犹是无风匝匝之波。向上一路，千圣把手共行，合入泥犁地狱。正当与么时，合作么生？江南两浙，春寒秋热。"上堂："尽乾坤大地，唤作一句子，担枷带锁；不唤作一句子，业识茫茫。两头俱透脱，净裸裸，赤洒洒，没可把。达磨一宗，扫土而尽。所以云门大师道，尽乾坤大地，无纤毫过患，犹是转句，不见一法，始是半提。更须知有全提底时节。大小云门，剑去久矣，方乃刻舟。"后示寂，塔不寺之中峰。

南书记

南书记者，福州人。久依应庵，于赵州狗子无佛性话，豁然契悟。有偈曰："狗子无佛性，罗睺星入命。不是打杀人，被人打杀定。"庵见，喜其脱略。绍兴末终于归宗。

侍郎李浩居士

侍郎李浩居士，字德远，号正信。幼阅《首楞严经》，如游旧国，志而不忘。持槖后，造明果，投诚入室。应庵揕其胸曰："侍郎死后，向什么处去？"公骇然汗下。庵喝出。公退参，不旬日竟跻堂奥。以偈寄同参严康朝曰："门有孙膑铺，家存甘赞妻。夜眠还早起，谁悟复谁迷？"庵见称善。有鬻胭脂者，亦久参应庵，颇自负。公赠之偈曰："不涂红粉自风流，往往禅徒到此休。透过古今圈襀后，却来这里吃拳头。"

道场全禅师法嗣

华藏伊庵有权禅师

常州华藏伊庵有权禅师，临安昌化祁氏子。年十四得度。十八岁，礼佛智裕禅师于灵隐。时无庵为第一座，室中以"从无住本，建一切法"问之。师久而有省。答曰："暗里穿针，耳中出气。"庵可之，遂密付心印。尝夜坐达旦，行粥者至，忘展钵。邻僧以手触之，师感悟，为偈曰："黑漆昆仑把钓竿，古帆高挂下惊湍。芦花影里弄明月，引得盲龟上钓船。"佛智尝问："心包太虚，量廓沙界时如何？"师曰："大海不宿死尸。"智抚其座曰："此子他日当据此座，呵佛骂祖去在！"师自是埋藏头角，益自韬晦。游历湖湘江浙几十年，依应庵于归宗，参大慧于径山。无庵住道场，招师分座说法，于是声名隐然。住后，上堂："今朝结却布袋口，明眼衲僧莫乱走。心行灭处解翻身，喷嚏也成师子吼。旃檀林，任驰骤。剔起眉毛顶上生，剜肉成疮露家丑。"上堂："禅禅！无党无偏，迷时千里隔，悟在口皮边。所以僧问石头：如何是禅？头云甋砖。又僧问睦州：如何是禅？州云：猛火着油煎。又僧问首山：如何是禅？山云：猢狲上树尾连颠。大众，道无横径，立处孤危。此三大老，行声前活路，用劫外灵机。若以衲僧正眼检点将来，不无优劣。一人如张良入阵，一人如项羽用兵，一人如孔明料敌。若人辨白得，可与佛祖齐肩。虽然如是，忽有个衲僧出来道：长老话作两橛也。适来道：道无横径，无党无偏，而今又却分许多优劣。且作么生祇对？还委悉么？把手上山齐着力，咽喉出气自家知。”淳熙庚子秋，示微疾，留偈，趺坐而逝。荼毗齿舌不坏，获五色舍利无数。瘗于横山之塔，分骨归葬万年山寺。

双林用禅师法嗣

三峰印禅师

婺州三峰印禅师，上堂举野狐话曰：“不落不昧，诬人之罪。不昧不落，无绳自缚。可怜柳絮随春风，有时自西还自东。”

大沩行禅师法嗣

德山子涓禅师

常德府德山子涓禅师，潼川人也。上堂：“见见之时，见非是见。见犹离见，见不能及。”遂喝曰：“鲸吞海水尽，露出珊瑚枝。”众中忽有个衲僧出来道：“长老休寐语，却许伊具一只眼。”上堂，横按拄杖曰：“一二三四五六七，七六五四三二一。循还逆顺数将来，数到未来无尽日。因七见一，因一亡七。踏破太虚空，铁牛也汗出。绝气息，无踪迹。”掷拄杖曰：“更须放下这个，始是参学事毕。”上堂，拈拄杖曰：“有时夺人不夺境，拄杖子七纵八横。有时夺境不夺人，山僧七颠八倒。有时人境两俱夺，拄杖子与山僧削迹吞声。有时人境俱不夺。”卓拄杖曰：“伴我行千里，携君过万山，忽然撞着临济大师时如何？”喝曰：“未明心地印，难透祖师关。”